EDITORA DO CONHECIMENTO

Auxiliando a humanidade a encontrar a Verdade

CB051758

HATASU
A RAINHA DO EGITO

LA

REINE HATASOU

ROMAN

DE L'ANCIENNE ÉGYPTE

PAR

J.-W. ROCHESTER

(W.-K.)

TOME PREMIER

PARIS

COMPTOIR D'ÉDITION

LETTRES, SCIENCES ET ARTS

14, RUE HALÉVY, 14

1891

J. W. Rochester

HATASU
A RAINHA DO EGITO

Título do original:
La Reine Hatasou
© 2009 – Conhecimento Editorial Ltda.

HATASU

A RAINHA DO EGITO
J. W. Rochester – Vera Ivanovna Kryzhanovskaia

Todos os direitos desta edição reservados à
CONHECIMENTO EDITORIAL LTDA.
Caixa Postal 404 – CEP 13480-970
Limeira – SP
Fone/Fax: 19 3451-0143
home page: www.edconhecimento.com.br
e-mail: conhecimento@edconhecimento.com.br

Tradução:
Mariléa de Castro

Capa e projeto gráfico:
Sérgio Carvalho
Colaborou nesta edição:
Antonio Rolando Lopes Jr.

Produzido no Departamento Gráfico de
CONHECIMENTO EDITORIAL LTDA
Fone/Fax: 19 3451-5440 – Limeira - SP
grafica@edconhecimento.com.br

Dados Internacionais de Catalogação na Publicação (CIP)
(Câmara Brasileira do Livro, SP, Brasil)

Rochester, John Wilmot, Conde de (Espírito)
Hatasu : A rainha do Egito/ J. W. Rochester ; [obra psicografada por Vera Ivanovna Kryzhanovskaia ; tradução de Mariléa de Castro] – 1ª. edição –, Limeira, SP: Editora do Conhecimento], 2009.

Título original: *La Reine Hatasou*
ISBN 85-7618-104-5

1. Psicografia 2. Romance inglês 3. Espiritismo I. Kryzhanovskaia, Vera Ivanovna 1861-1924. II Título.

09-05642   CDD – 133.93

Índice para catálogo sistemático:
1. Psicografia : Espiritismo 133.93
1. Romance mediúnico : Espiritismo 133.93

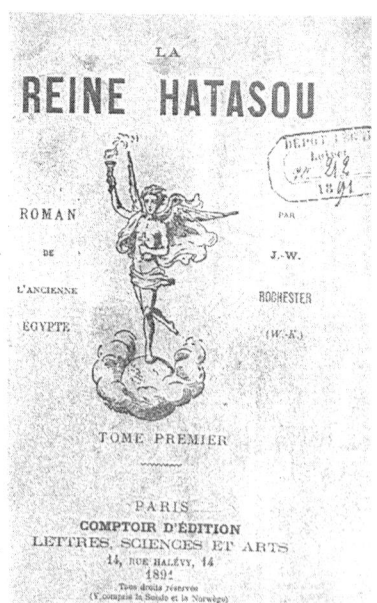

J. W. Rochester

HATASU
A RAINHA DO EGITO

1ª edição – 2009

EDITORA DO
CONHECIMENTO

Obras de J. W. Rochester, psicografadas por Vera Ivanovna Kryzhanovskaia editadas pela Editora do Conhecimento:

- O Castelo Encantado – 2001

- Num Outro Mundo – 2001

- Dolores – 2001

- O Terrível Fantasma (Trilogia – Livro 1) – 2001

- No Castelo Escocês (Trilogia – Livro 2) – 2001

- Do Reino das Trevas (Trilogia – Livro 3) – 2002

- Os Luciferianos (Bilogia: Os Servidores do Mal – Livro 1) – 2002

- Os Templários (Bilogia: Os Servidores do Mal – Livro 2) – 2002

- Ksenia – 2003

- A Filha do Feiticeiro – 2003

- O Paraíso sem Adão – 2003

- A Teia – 2003

- O Chanceler de Ferro do Antigo Egito – 2004

- No Planeta Vizinho – 2004

- O Faraó Mernerphtah – 2005

- A Vingança do Judeu – 2005

- Episódio da Vida de Tibério – 2005

- Herculanum – 2007

- A Abadia dos Beneditinos – 2008

- Hatasu – A Rainha do Egito – 2009

Obs: A data após o título se refere à nossa primeira edição.

Sumário

J. W. Rochester

Prefácio

Rochester é um mestre consumado na arte de escrever histórias. Ele sabe armar situações, criar e movimentar personagens, reproduzir com incrível perícia diálogos de impressionante realismo e naturalidade. Sabe, enfim, fascinar, manipular e arrastar o leitor até o último suspiro da última personagem.

HERMÍNIO C. MIRANDA

Hatasu não foi uma simples rainha. Além de ter sido a "grande esposa real" de Tutmés I, a quinta governante egípcia da XVIIIª dinastia foi a primeira e mais importante mulher a governar o Antigo Egito, sendo considerada muito mais poderosa que Nefertiti ou Cleópatra.

Nascida em Tebas, era a filha mais velha do faraó Tutmés I e da rainha Aahmés. Herdou a coroa quando seu pai "descansou da vida", segundo o eufemismo egípcio, e foi obrigada, segundo o costume real, a casar-se com seu meio-irmão Tutmés II.

Com a morte deste, Hatasu, ou Hatshepsut, assumiu o trono sozinha, proclamou-se faraó e reinou por vinte e um anos. Depois de sua morte, Tutmés III, outro meio-irmão, a substituiu, cumprindo o destino de ser um dos grandes faraós da história egípcia.

Assim que se tornou faraó, Tutmés III, considerado hoje o "Napoleão do Egito", ordenou a destruição de estátuas de Hatasu e mandou apagar as inscrições de seu nome nos monumentos. Textos nos obeliscos da rainha em Karnak foram

9

emparedados em pedra, o que não deve ter sido uma boa idéia de Tutmés, já que teve o efeito inesperado de preservá-los em perfeitas condições...

O nome de Hatasu foi suprimido das principais listas de reis do Antigo Egito e ficou durante muito tempo desconhecido, mas a sua "redescoberta" foi empreendida por egiptólogos nos anos 1920, quando descobriram uma série de estátuas da rainha em Deir-el-Bahari, onde ela construiu o templo que a imortalizou, contrariando pela única vez na história os cânones da arquitetura egípcia, e que até hoje perdura como um enigma a desafiar os egiptólogos.

Recentemente comprovou-se que uma múmia localizada há mais de um século era a múmia dessa rainha do Egito, finalmente identificada.

A ilustre mulher-faraó encontra-se hoje em uma das duas salas das múmias reais do Museu Egípcio do Cairo. E Hatasu pôde, finalmente, ver satisfeito o seu empenho de ser lembrada, como se percebe nas inscrições de um de seus obeliscos, em Karnak: "Meu coração palpita de preocupação só de pensar no que dirão as futuras gerações, aquelas que hão de ver meus monumentos nos anos vindouros e tecer comentários sobre meus feitos".

Em entrevista à revista *Universo Espírita*, o autor e pesquisador espírita Herminio C. Miranda contou sobre sua visita ao Museu Egípcio do Cairo: "Eu queria muito ver uma estátua da Hatshepsut, aquela mulher-faraó que figura no livro *Romance de uma Rainha*, de Rochester. Estava um pouco perdido, quando surgiu um guarda do museu e falou: "Você quer ver a estátua de Hatshepsut? Eu vou lhe mostrar". Surpresos, Herminio e sua esposa seguiram o guarda e puderam ver uma estátua de Hatasu ajoelhada. E ele termina: "É uma estátua pouco conhecida. Hatshepsut foi da geração dos Tutmés, uma geração de gênios. É impressionante a capacidade administrativa, a força daquela mulher!"

Nesta mesma linha, Catharine Roehrig, curadora de arte egípcia do *Metropolitan Museum of Art* de Nova Iorque, afirmou à *National Geographic* que "Hatshepsut governou durante duas décadas por ser capaz de fazer as coisas andarem. Acho que ela era muito astuta e sabia como jogar uma pessoa contra a outra para tirá-las de seu caminho sem assassiná-las ou ser por elas assassinada".

J. W. Rochester

Talvez Catharine tenha tido acesso a algum exemplar de *La Reine Hatasou*, título em francês do livro que você, leitor, tem em mãos.

Publicado pela primeira vez em 1891, conhecem-se traduções de *La Reine Hatasou* para diversas línguas, além do português. Esta que você está lendo, feita por Mariléa de Castro e publicada pela **EDITORA DO CONHECIMENTO**, é a mais atual e mantém o vínculo com o título da edição original, ao apresentar o nome da rainha Hatasu.

O autor é notadamente um dos mais conhecidos da literatura espírita, apesar de muitos não o aceitarem como "autor espírita". A verdade é que J. W. Rochester – nome assumido pelo espírito que viveu como John Wilmot, conde de Rochester, poeta inglês do século XVII – divulga e esclarece em seus livros um série de conceitos da doutrina espírita, trazendo ao público revelações sobre o mundo espiritual e os "mistérios" da história e da ciência.

Suas tramas instigam os leitores a saber mais sobre os assuntos tratados, aprofundando-se no estudo da doutrina. Quando analisa as questões morais de seus personagens, remete o leitor aos ensinamentos evangélicos de Jesus. Um excelente trabalho de divulgação do espiritismo!

Segundo se tem informação, Rochester assumiu a missão de velar por um grupo de espíritos afins que o acompanharam em diversas jornadas físicas, algumas relatadas em suas obras, e de auxiliar seu antigo amigo e mestre Allan Kardec, com quem teve a oportunidade de conviver em algumas de suas existências, a difundir a recém-codificada doutrina.

Para esta importante tarefa, preparou desde cedo a jovem russa Vera Ivanovna Kryzhanovskaia, possuidora de excelentes qualidades mediúnicas. Juntos trabalharam em dezenas de obras – contos místicos e romances históricos de formação moral, publicados no fim do século XIX e início do século XX.

Ao falar das antigas civilizações, Rochester sempre deu grande ênfase ao Antigo Egito. E ali está ambientado *Hatasu,* onde o autor revela os bastidores da história dessa mulher incomum e das pessoas com quem ela conviveu, narrando as intrigas e disputas pelo poder real.

O crítico V. P. Burenin, elogiando o romance no jornal russo *Novoe Vremia* de 13 de janeiro de 1895, observou que o autor conhecia o quotidiano dos antigos egípcios "talvez melhor do que o famoso (egiptólogo e) romancista histórico Ebers".

Rochester levanta o "véu de Ísis", como ele gosta de dizer, e mostra o porquê do ódio de Tutmés III por Hatasu, bem como o mistério que envolve a construção do templo de Deir-el-Bahari e as maquinações dos sacerdotes.

Durante a narrativa, mostra como o mundo espiritual era conhecido pelos egípcios, a interação com o mundo material, tratando claramente da reencarnação dos personagens e mostrando como agem as leis de Deus.

Aborda ainda assuntos como perispírito, fluidos, cura, visões, obsessão, sonambulismo e vampirismo, fazendo uma verdadeira dissertação sobre este último, onde apresenta um alerta quanto à necessidade de a ciência "se dedicar sinceramente ao estudo das energias misteriosas da alma, das quais o magnetismo, a mediunidade e o hipnotismo constituem apenas uma pequena parte". É importante notar que Rochester cita técnicas praticamente desconhecidas nos dias de hoje, entre os próprios espíritas, mas largamente utilizadas e estudadas por Kardec, que considerava o magnetismo animal, por exemplo, uma ciência irmã do espiritismo.

No romance encontramos também a figura do príncipe Horemseb, conhecido como "o feiticeiro de Mênfis", que era da família real de Hatasu, e que, aliando-se ao mago hitita Thaadar, protagoniza singulares episódios envolvendo indiretamente a rainha, sua relação com Tutmés III e o futuro da própria dinastia.

"Para o autor, o mago Thaadar voltaria mais tarde como Richard Wagner, o mago da ópera mística, lendária e misteriosa. O príncipe Horemseb teria sido o infeliz rei Ludwig II da Baviera, admirador incondicional do grande compositor e até seu mecenas. Isso faz sentido e nos leva a perceber melhor certos enigmas não solucionados da historiografia", afirmou Herminio em entrevista recente ao jornal *Correio Fraterno*.

Como sempre, Rochester consegue descrever os seus personagens com extrema destreza, tendo sempre o cuidado de mostrar a importância dos valores morais na vida e no destino de cada um.

Quanto aos espíritos que participam de outros romances históricos de Rochester, pode ser encontrado nesta trama pelo menos um dos vilões. Mena é o mesmo espírito que encarnou

J. W. Rochester

como Rhadamés em *O Faraó Mernephtah*, Daphne em *Herculanum* e Kurt de Rabenau em *A Abadia dos Beneditinos*.

E é bastante provável que possamos conhecer também, nesta obra, uma das encarnações do próprio Rochester e da médium Vera. Em *O Faraó Mernephtah*, ele é o próprio faraó e ela é Smaragda. No *Episódio da Vida de Tibério*, ele é Astartos e ela é Lélia. *Herculanum* traz Vera encarnada como Virgília e Rochester como Caius Lucilius. E em *A Abadia dos Beneditinos*, ela é Rosalinda e ele é Lotário de Rabenau. Cabe a você, leitor, identificá-los!

Cristian Fernandes
Outono de 2009

Primeira parte
Deir-el-Bahari *

Como um raio de sol, o homem
surge sobre a Terra para brilhar
um momento sobre a sua superfície
ilusória e então desaparecer como aquele,
sem deixar traço.

Rochester

* Deir-el-Bahari pertence a uma classe de templos egípcios que não se encontra em nenhum outro lugar fora de Tebas, nem em qualquer outra época; se Hatasu não sobrevive em tudo que realizou durante seu reinado, esse templo representa para a rainha o que o Ramesseum é para Ramsés II.

Esse monumento tem um aspecto único, de que não se encontra nenhum outro exemplo no Egito: foi construído com terraços superpostos, e precedido por uma aléia de esfinges.

Deve-se convir que Deir-el-Bahari é um monumento bastante estranho, e que nada parece, muito menos um templo egípcio; todas as hipóteses que sugerem ter sido a estrutura em terraços escolhida para utilizar a disposição natural do terreno e evitar obras enormes, se reduzem a zero pela comprovação de que outros templos ainda maiores foram construídos sobre terrenos mais escarpado, sendo a rocha totalmente aplainada para resultar numa superfície horizontal. O extraordinário projeto de Deir-el-Bahari permanece, pois, um enigma. Existe nele uma influência estrangeira? De qual país dos então conhecidos o Egito teria buscado essa inspiração, que somente ali foi aplicada? A época à qual nos reportamos, com os Tutmés, torna a resposta a essas questões quase impossível, e devemos, enquanto aguardamos uma solução para o problema, considerar esse monumento como uma exceção e um acidente na arquitetura do Egito.

(Extraído de "Deir-el-Bahari", de Mariette)

J. W. Rochester

A festa do Nilo

O reinado dos faraós da XVIIIª dinastia representa uma das épocas mais brilhantes da história do velho Egito; a expulsão dos hicsos, a união das duas metades do reino sob um único governo, e as campanhas vitoriosas desses soberanos empreendedores e audazes haviam dado um novo impulso às artes, às ciências e à indústria. A Ásia, conquistada e feita tributária dos faraós, fornecia tesouros até então desconhecidos, introduzindo com eles um grande refinamento dos costumes e um luxo exorbitante.

No dia em que começa nossa narrativa, a mais alegre animação reinava nas ruas de Tebas. A antiga capital, aumentada e embelezada por Tutmés I, pai dos atuais soberanos, se havia revestido de seus mais belos adereços; em todas as portas das casas, pintadas de cores vivas, se balançavam guirlandas de folhagens; flores ornavam as balaustradas dos tetos planos e se enroscavam em torno dos mastros colocados diante dos palácios; em toda parte se ouviam cantos e música; uma multidão enfeitada e alegre enchia as ruas.

Festejava-se a cheia do Nilo, cujas águas fecundantes acabavam de subir, inundando os campos ressecados e prometendo ao Egito um ano fértil e de colheitas abundantes.

Era, pois, às margens do rio sagrado que se comprimia a multidão compacta, que aumentava a cada momento, comprimindo-se o mais perto possível de uma grande escada de pedra ao pé da qual se achava atracado um grande barco dourado e embandeirado, tendo ao redor uma quantidade de embarcações igualmente ricas e elegantes, mas no momento ocupadas apenas pelos remadores.

Não longe desse foco de atenção e curiosidade, achava-se uma segunda descida, sem dúvida destinada à nobreza e outras pessoas distintas, pois ao final dos degraus se agrupavam as embarcações mais belas e ornamentadas, e justo nesse momento, um grande barco embandeirado e enfeitado na proa com uma flor de lótus dourada aproximava-se rapidamente, conduzido por remadores negros vestidos de túnicas brancas e de toucas listadas. Em um dos bancos, cobertos por ricos tapetes, sentava-se um jovem alto, esbelto e vigoroso; o rosto bronzeado era bem proporcionado, mas os lábios finos, a testa baixa, os olhos sombrios e profundos exprimiam tenacidade, dureza e paixões concentradas. Ricamente vestido, um colar de ouro de diversas voltas lhe ornava o pescoço, e do cinturão fenício de franjas douradas que lhe enlaçava o corpo pendia um punhal de cabo trabalhado.

Quando o barco atracou próximo aos degraus, esse personagem ergueu-se, e com o punho apoiado na ilharga, dedicou-se a examinar os recém-chegados que se amontoavam na escadaria. Nesse momento, de um carro que se deteve à margem, saltou um jovem oficial, que atirou as rédeas ao condutor e desceu correndo os degraus.

— Bom dia, Hartatef — exclamou em voz clara e alegre –, podes dar-me um lugar em teu barco?

— Claro, com prazer; mas pensei que estavas de serviço – respondeu Hartatef, apertando a mão do recém chegado.

— Eu me liberei para estar com vocês, e espero que não percebam minha ausência no cortejo – respondeu rindo o oficial.

— Assim espero; mas o que é feito de tua família, Mena? Já é mais que hora de se pôr a caminho; vê, Hatasu – que os deuses a protejam! – já vai chegar, os lacaios já estão afastando a multidão para dar passagem à procissão.

— Quando saí de casa, Pahir e os meninos já estavam prontos, mas as mulheres não haviam terminado de se arrumar; elas são insuportáveis nisso.

— Neith está bem? – indagou Hartatef.

— Fresca e bela como uma rosa, como poderás constatar, pois ei-la aí, com Satati – respondeu Mena, indicando com a mão duas elegantes liteiras que chegavam quase a correr.

Como eletrizado, Hartatef saltou do barco e se dirigiu aos que chegavam.

As liteiras acabavam de deter-se, e de uma delas desceu lentamente um homem de uns quarenta anos, seguido de dois rapazes de quatorze e dez anos.

Na segunda sentavam-se duas mulheres: a mais velha podia ter uns trinta e cinco anos; em seu rosto comum irradiava-se a doçura, mas o brilho dissimulado e maldoso que se desprendia por instantes dos olhos cinzentos, pálidos e insondáveis, desmentia essa aparente bonomia. Vestia-se com uma simplicidade calculada, e apenas algumas jóias de alto valor atestavam sua condição e riqueza. A jovem a seu lado aparentava apenas uns quatorze anos. De compleição frágil, os membros delicados, e a tez, ligeiramente amorenada, de uma transparência admirável; mas os grandes olhos negros cintilantes que iluminavam o rosto de contornos arredondados revelavam que uma alma de mulher apaixonada e voluntariosa animava esse corpo infantil. Estava vestida inteiramente de branco; um grande diadema incrustado de esmeraldas prendia sua opulenta cabeleira negra, e um colar, um cinto e braceletes ornamentados das mesmas pedras lhe completavam o traje.

— Bom dia, Satati; bom dia, Neith – disse Hartatef, ajudando as mulheres a descer e fingindo não notar o ar desdenhoso com que Neith respondeu à sua saudação.

— Estamos um pouco atrasados, e te fizemos esperar, mas tivemos que fazer uma volta por causa do ajuntamento nas ruas – disse Satati, subindo ao barco, onde sentou-se ao lado do marido, Pahir. Hartatef saltou após e, sem pedir o consentimento de Neith, que vinha por último, ergueu-a nos braços e a depositou no banco que ocupava.

— Detesto que me prestem serviços que não pedi – disse a jovem com desagrado – e vou sentar-me entre Assa e Beba.

— Não vais ter caprichos agora, e começar com manobras que podem fazer virar o barco – exclamou Pahir. – Olha, a rainha está chegando!

Hartatef parecia não ter ouvido nada; sentou-se ao lado de Neith e ordenou aos remadores: "Vamos!"

No mesmo instante, fez-se um tumulto; todas as faces se voltaram para o rio, e gritos ensurdecedores suplantaram por momentos todos os ruídos; na escadaria acabava de desembocar o início do cortejo; os sacerdotes, os dignitários, os oficiais desciam ordenadamente e se colocavam nas embarcações que formavam um semicírculo em torno daquela destinada à soberana. Em seguida surgiu, faiscando ao sol, uma liteira aberta, dourada e ornamentada, cercada de uma floresta ondulante de leques de plumas e de tecido sustentados por bastões dourados. Sobre esse trono, conduzido por doze jovens, assentava-se Hatasu, a empreendedora filha de Tutmés I, que tomara com mãos firmes as rédeas do estado, deixando a seu irmão Tutmés II apenas um papel bastante subalterno. A rainha era uma mulher jovem ainda, de altura média; seu belo rosto moreno, de traços bem proporcionados, era severo e altivo; a boca, de cantos abaixados, exprimia desmesurado orgulho; mas o que dava um tom particular a sua fisionomia eram os dois grandes olhos negros de um brilho difícil de sustentar. Ora flamejando de audácia e energia, ora frio e impenetrável, seu olhar estranho tinha um efeito subjugante sobre aqueles que fitava. Estava vestida com uma túnica branca ricamente bordada e um manto púrpura preso às espáduas por broches de ouro. À cabeça, trazia a dupla coroa dos soberanos do Nilo, e nas mãos via-se o cetro e o látego, insígnias do poder supremo.

A liteira se deteve junto à escada; a rainha desceu, e tomou lugar no barco, no assento preparado para ela sob um toldo. Depois, o cortejo retomou o trajeto pelo rio, dirigindo-se para o templo de Amon.

Entre as embarcações que haviam tomado lugar no cortejo real estava a de Hartatef. A calma voltara a reinar nela; a versátil Neith havia recobrado o bom humor, e examinava com interesse os incontáveis barcos que cobriam o Nilo, trocando a todo instante uma saudação ou um sorriso com os conhecidos. Voltada a meio para o lado oposto a seu vizinho, parecia não prestar atenção alguma à conversa deste com Pahir e Mena, embora, na realidade, não perdesse uma palavra dela.

— Enquanto estiverem no templo, serei obrigado a deixá-los, meus amigos – dizia Hartatef –, pois sabem que trouxeram do Mar dos Caniços[1] uma parte dos navios que Hatasu está construindo ali para uma expedição ao longínquo país de Punt,[2] que ela está preparando. Hoje, depois da cerimônia, ela quer inspecioná-los pessoalmente; devo portanto estar lá a tempo para recebê-la.

— Deve-se reconhecer que nossa rainha – que os deuses lhe dêem longa vida! – é uma mulher extraordinária; que vastos projetos ela faz! Com que ousadia adota novas idéias, como esse túmulo

1 N.E. — Mar Vermelho
2 N.E. — Antiga terra ao sul do Egito, acessível pelo Mar Vermelho. Sua localização exata não é conhecida, mas provavelmente incluía a costa da Somália, parte da Etiópia e sul da Núbia. As inscrições do templo de Deir el Bahari descreve em detalhes como foi a expedição à terra de Punt durante o reinado de Hatasu. De lá o Egito obtinha escravos, ouro e incenso.

J. W. Rochester

que está construindo, de um estilo totalmente diferente dos que os deuses e o costume consagraram! – exclamou Pahir, cuja face um pouco ingênua expressava a mais profunda admiração.

– Ah, sim! É um monumento que despertou bastante a ira dos sacerdotes e arquitetos – disse Hartatef, com um acesso de riso seco e estridente. – Mas a rainha Hatasu – que os deuses lhe concedam glória e saúde! – possui uma vontade diante da qual se tem que ceder ou desaparecer, e a construção progride tão bem, sob a direção de Semnut,[3] que logo deverá estar pronta.

– Dizem que Tutmés II está muito mal, e que sua morte não deve tardar – continuou Pahir – e fico curioso de saber o que a rainha fará então. Deixará o pequeno Tutmés em seu exílio em Buto,[4] ou o trará para partilhar o trono, como é o direito indiscutível desse menino? Pois afinal, ele é o filho do defunto faraó.

– São questões, meu caro Pahir, de que não convém nos ocuparmos; cabe aos deuses e a nossos soberanos, seus representantes terrestres, decidir sobre isso – interpôs Satati com a voz adocicada.

– Dize-me, Hartatef, seria possível que nos reuníssemos mais tarde à comitiva da rainha para ver também esses navios que ela vai inspecionar? Pois dizem que são de um tamanho e aspecto como nunca se viu.

– Sem dúvida, podem; sua posição lhes dá esse direito, e a benevolência que Hatasu demonstra sempre a Neith lhe impõe mesmo o dever de colocar-se à sua passagem para saudá-la.

Um pequeno choque o interrompeu e o fez voltar-se: um grande barco cheio de jovens acabava de emparelhar com o seu, raspando-lhe a borda; apertos de mão e cumprimentos foram trocados.

– Salve a bela Neith! – exclamou um jovem em traje militar; e tomando, de um ramo próximo de si, uma braçada de magníficas flores, atirou-as aos pés da jovem.

– Obrigada, Keniamun; toma esta em troca – respondeu Neith, sorrindo com amabilidade.

Tirou uma rosa do cinto e jogou ao oficial, que a pegou agilmente. As sobrancelhas negras de Hartatef se franziram vendo isso, e um fulgor sombrio lhe perpassou no olhar.

– Andem mais rápido, estamos perdendo nosso lugar! – ex-

---

3 N.E. – De origem provinciana, Semnut aparece na história egípcia como o pagem de Hatshepsut, ainda à época de Tutmés I. Com a ascenção de Hatasu ao trono, obteu maior prestígio e foi elevado à posição de vizir. Foi responsável também por várias construções durante o reinado da rainha, entre elas, a do templo de Deir-el-Bahari.
4 N.E. – Antiga vila ao norte do Egito, no delta do Nilo.

clamou num tom imperioso.

Impelido pelos vigorosos remadores, o barco avançou tão impetuosamente que foi atingir um outro com menor equipagem, que, tentando mudar de direção, voltava-se lentamente de lado. Ouviram-se gritos femininos, mas o susto durou só um instante, e logo pôde-se notar que na embarcação que fora abalroada achavam-se duas mulheres excessivamente enfeitadas: uma era uma jovem de formas opulentas, à qual os olhos negros e os cabelos de um vermelho intenso emprestavam uma beleza picante; a segunda era de certa idade, magra e sem viço, mas com pretensão a atraente, e rivalizava com os trajes de sua jovem companheira.

— Saudações e desculpas à nobre Tuaa e a sua filha Nefert – disse Hartatef, cumprimentando as duas mulheres bem conhecidas em Tebas, e cuja casa era o ponto de encontro da juventude despreocupada do Egito.

Pertenciam a uma família nobre e rica; suas festas eram famosas; mas sua conduta leviana, que há muito já havia quebrado todas as regras, fazia com que fossem evitadas pelas mulheres orgulhosas, que afetavam severa virtude, da alta sociedade.

— Só podemos ficar satisfeitas com o pequeno acidente que nos permite o prazer desse encontro, e a honra de saudar a ilustre Satati e a bela Neith.

Satati cumprimentou a velha senhora e trocou algumas palavras amáveis com ela. A esposa de Pahir era bastante indulgente com os defeitos alheios; não se arriscava a freqüentar abertamente a casa de pessoas que a poderiam comprometer diante das amigas da nobreza; mas de manhã, discretamente, ela visitava de quando em quando a casa de Tuaa para saber de todos os boatos escandalosos da corte e da cidade, que a mãe e a filha conheciam melhor que ninguém.

Enquanto as duas mulheres se cumprimentavam, Nefert havia trocado com Mena alguns olhares candentes, e o jovem oficial, obviamente sensível aos encantos de sua beleza, descobriu repentinamente que havia pouco espaço em seu assento, e rogou permissão para passar ao barco de Tuaá, que lhe foi gentilmente concedida.

Com um sorriso malicioso, Hartatef ordenou que encostassem a embarcação, mas Neith lançou um olhar furioso para o irmão, e voltando-se, pôs-se a conversar com Assa e Beba, os filhos de Satati.

Quando as cerimônias religiosas terminaram, Hatasu, com

J. W. Rochester

parte de sua comitiva, dirigiu-se ao porto, onde se encontravam fundeados os navios que desejava visitar, e onde Hartatef a aguardava. Entre os que se reuniram à comitiva real achavam-se Satati e Neith. A mulher de Pahir gozava do favor particular da rainha, que vinha de longa data: ainda em vida de Tutmés I, Satati acompanhara Hatasu, que seguira seu pai em uma expedição ao país de Naharin[5] (perto do Eufrates). Foi durante essa viagem que a princesa, então bem jovem, se interessara por sua acompanhante, e desde então a distinguira com sua proteção permanente.

Quando a inspeção terminou, com aprovação da rainha, e quando ela se dispunha a descer novamente para o barco que a trouxera, percebeu Neith e Satati postadas à sua passagem, de forma a serem vistas. Hatasu se deteve imediatamente, e seu olhar brilhante se fixou na jovem com uma expressão indefinível.

— Aproxima-se, Neith — disse com bondade, estendendo-lhe a mão.

A jovem ajoelhou-se, enrubescida de contentamento, e beijou respeitosamente a pequena mão morena e delicada da soberana.

Muitos olhares de inveja pousaram em Neith, diante dessa distinção excepcional, mas só Hartatef percebeu que os olhos da rainha deixavam com pesar a jovem, e enquanto se afastava, seu olhar pensativo e como velado continuou a buscá-la entre a multidão.

Enquanto os gritos e aclamações acompanhavam o cortejo real que retornava ao palácio, e toda Tebas se entregava ao prazer e à alegria, um pequeno barco, que singrava o rio desde a manhã, dirigiu-se, impelido pelos remos, ao extremo oposto da cidade, onde se situava o bairro dos estrangeiros. A minúscula embarcação era conduzida por dois negros fortes, e um terceiro personagem, envolto num manto escuro, sentava-se à frente, absorvido nos próprios pensamentos.

Quando tocaram a margem, o desconhecido saltou, entregou aos remadores dois anéis de prata e mandou que esperassem no mesmo lugar quando caísse a noite. A seguir, envolveu-se no manto e penetrou com decisão no labirinto de ruelas estreitas e tortuosas habitadas por artistas de rua, músicos, dançarinas, moças de vida alegre, e uma população heterogênea localizada nesse bairro, que as pessoas decentes evitavam. Entretanto, o local, habitualmente ruidoso e animado, achava-se nesse momento silencioso e deserto;

---

5 N.E. — Assim chamavam os egípcios o reino dos Mitanni durante o período da XVIIIª dinastia.

os habitantes do bairro dos estrangeiros estavam todos nas ruas e praças de Tebas, para tomarem parte na festa. Apenas, aqui e ali, se via um negro idoso ou uma mulher decrépita, sentados sobre as soleiras das portas para cuidar das casas vazias.

O estrangeiro parecia conhecer perfeitamente o lugar, pois sem pedir informações uma única vez, atravessou o amontoado de construções arruinadas, depois penetrou numa rua comprida, que ostentava nos dois lados jardins cercados por muros; diante de um deles, maior e mais bem cuidado que os outros, o desconhecido se deteve e bateu várias vezes a sineta de uma pequena porta engastada no muro. Em seguida, a cabeça grisalha de um negro idoso apareceu numa portinhola.

— Abre depressa, Ri, sou eu! – disse o visitante.

Uma exclamação de alegria e surpresa escapou dos lábios do velho.

— Tu aqui, senhor, que alegria! – disse, abrindo a porta.

— Boa tarde, velho; como está tua senhora? Está em casa?

— Sim, senhor, deve estar no terraço.

— Está bem, Ri, volta para teu lugar, eu vou sozinho – acrescentou o jovem.

Em seguida, dirigindo-se rapidamente à casa espaçosa e elegante, cercada de árvores seculares, atravessou um vestíbulo e algumas peças desertas, subiu uma escada em espiral e deteve-se à entrada de um enorme terraço ornamentado de plantas raras.

Sobre um divã, com as costas voltadas para a porta, estava reclinada uma mulher já idosa, mas que devia ter sido, quando jovem, de notável beleza; uma cabeleira branca, mas ainda espessa e anelada, emoldurava-lhe o rosto bronzeado, de traços regulares e altivos; nos olhos negros brilhavam a inteligência e uma energia juvenil.

— Avó, cheguei! – disse o recém chegado, jogando ao chão o manto e a touca listada da cabeça.

Viu-se então que era um adolescente de altura baixa; os membros, extremamente finos e flexíveis, denotavam, entretanto, uma força pouco comum, e toda sua pequena figura irradiava vigor e energia; dois grandes olhos negros cintilantes de orgulho e audácia animavam um rosto regular, e o sorriso que o iluminava nesse momento dava-lhe um encanto singular e inesperado.

Ao chamado dessa voz metálica, a velha senhora ergueu-se como eletrizada e estendeu os braços ao recém chegado:

— Enfim de revejo, meu Tutmés bem amado – repetia, cobrindo-o de carícias. – Não esperava mais ter essa alegria nesta vida, e quando soube que virias, temi por ti.

— Sim, o sumo sacerdote me chamou, e tive que arriscar-me a deixar meu exílio. Além disso, queria rever-te, avó, e a Tebas; não imaginas que sensação horrível oprime o coração de um banido – acrescentou o jovem, erguendo as faces enrubescidas e passando as mãos pela cabeleira espessa e anelada.

— Tanati, manda preparar uma refeição para nosso jovem senhor; ele está exausto da viagem – disse a matrona a uma velha escrava sentada, com um leque na mão, ao pé do divã.

Quando esta se foi, atraiu para si o neto e beijou-o na testa.

— Achas que sofres sozinho? – disse.

— Não; eu sei que me amas; mas podes compreender o tormento de se sentir jovem, ativo, tendo direito a comandar, e viver esquecido num deserto pantanoso?

E Tutmés deu um soco na mesa, derrubando uma caixinha cheia de frascos que caíram no chão.

— Acalma-te, meu filho! – disse a matrona, baixando a voz. – Escuta! O sumo sacerdote levantou teu horóscopo, e as estrelas disseram claramente que te tornarás um grande faraó, cuja glória vai eclipsar a de Hatasu, e fará teu nome imortal. Além disso, eu mesma fiz algumas experiências (sabes que sou hábil nesses mistérios) e todas te prenunciaram um grande futuro. Há dois anos atrás, na noite sagrada em que o Nilo transborda e todas as forças da natureza se unem para fertilizar a terra, eu plantei duas árvores do mesmo tamanho, dando-lhes o teu nome e o de Hatasu. Todos os dias eu as rego, com as palavras sagradas; de início, cresceram igualmente, mas agora, a tua está mais alta a largura de uma mão, e a outra está enfraquecendo e murchando, o que é um sinal certo de que vencerás. Tem paciência, pois; teu irmão está muito doente, e se ele morrer, Hatasu deverá chamar-te para partilhar o trono, pois todos os sacerdotes estão de teu lado. Mas aí está Tanafi, avisando que a refeição está servida; vem te recompor, meu filho, estás precisando.

Levantou-se, e Tutmés a seguiu silenciosamente a uma sala do andar térreo, onde se assentou à mesa prodigamente servida. Depois de comer e beber com apetite, o jovem se apoiou na mesa e se absorveu num devaneio silencioso.

— Quando e onde irei ver o sumo sacerdote de Amon? – perguntou de repente.

— Verás aqui, hoje à noite, Ranseneb, o auxiliar e confidente do sumo sacerdote, que não pode vir pessoalmente porque receia atrair a atenção. Dizem que Hatasu, que desconfia dele, manda seguir todos os seus passos. Também não queremos te arriscar a ser descoberto ou a ter um encontro perigoso. Recebi esta manhã tabuinhas nas quais o sumo sacerdote te pede que esperes aqui o seu enviado e não saias pelas ruas.

Um sorriso irônico franziu os lábios de Tutmés.

— Acho que o servo de Amon receia muito mais para ele que para mim os encontros perigosos, por exemplo, com minha ilustre irmã, que tem um ar sumamente decidido, como pude ver hoje, porque participei da procissão – acrescentou ele, com despreocupação.

— Como pudeste cometer uma imprudência dessas? – exclamou a avó, assustada. – Que loucura, Tutmés! Se Hatasu te reconhecesse!

— Nada temas, avó; eu estava no barco de um pescador, vestido simplesmente, e ninguém reparou em mim. Mas, se me permites, vou descansar e dormir um pouco; preciso ter a cabeça fresca para falar com Ranseneb.

A anciã o conduziu sem demora a um aposento contíguo, onde ele se estendeu sobre o leito e adormeceu quase imediatamente, com o sono despreocupado da juventude.

O banido e sua irmã

Algumas horas depois, caíra a noite, quando o toque da campainha anunciou um novo visitante, e alguns minutos após Tanafi introduzia nos aposentos de sua senhora um homem de estatura alta, envolto num manto e num capuz escuros.

— Boa noite, Ísis, que os deuses te abençoem – disse à matrona, que o saudou respeitosamente. – Vejo com prazer que estás com boa saúde e que a idade não tem poder sobre ti; mas onde está nosso jovem falcão, já chegou?

— Sim, decerto; está dormindo um pouco, repousando do cansaço da viagem; mas já vem. Enquanto esperas, senta, Ranseneb, e aceita um copo de vinho.

O sacerdote colocou o manto sobre uma cadeira e sentou-se;

era um homem idoso, com a face magra e enrugada; o crânio raspado luzia como marfim amarelado; a testa baixa, os lábios finos, mostravam uma vontade firme, mas nos olhos claros e impassíveis desenhava-se a superioridade calma dos homens habituados a ler o íntimo das almas e dominá-las. Não chegara a esvaziar o copo quando a porta se abriu e Tutmés entrou, saudando-o. O sacerdote ergueu-se imediatamente e estendeu as duas mãos.

— Deixa que te admire e te abençoe, filho de um grande rei, esperança e salvação do Egito! – disse com respeitosa amabilidade.

O jovem príncipe sustentou sem baixar o seu olhar perscrutador que o analisou de alto a baixo, e seu olhar inflamado mergulhou com altivez no do sacerdote.

— Sim — disse Ranseneb, depois de um instante de silêncio –, és pequeno no tamanho, porém leio em teus olhos que tua alma é viril e que Tutmés o pequeno poderá tornar-se Tutmés III, o *grande* faraó. E agora, príncipe, escuta com um ouvido atento minhas palavras; tenho muito a dizer-te e os minutos são preciosos.

Sentaram-se os três, e o sacerdote expôs rapidamente a situação do país, as queixas dos poderosos e sobretudo dos sacerdotes contra a rainha, que fingindo honrá-los, anulava sua influência e não admitia outra vontade que não a sua.

— Assim – disse –, ela se obstina, contra a opinião dos mais sábios e veneráveis sacerdotes, em construir para ela e Tutmés II um túmulo cujo projeto é contrário a todas as regras sagradas instituídas pelos deuses.

Ranseneb cerrou os punhos e um brilho de cólera lhe cintilou nos olhos.

— Ela tomou por modelo as construções de um povo impuro e vencido, e não encontrando entre nós auxiliares para esse plano ímpio, tirou do nada um homem insignificante, Senmut, distinguiu-o com todas as honras e com sua confiança, e agora esse dócil instrumento dela comanda os mais poderosos, e enterra somas absurdas nessa construção gigantesca, e apesar de tudo, se apressa em concluí-la.

— Mas – perguntou Tutmés, que escutava com atenção – que razão pode inspirar a Hatasu essa predileção pela arquitetura e os costumes desse povo vencido, cuja fraqueza e covardia ela pôde constatar? Ela acompanhou nosso pai nessa campanha e assistiu à derrota dos reis do país de Naharin; será que ela, tão orgulhosa e enérgica, poderia dar valor a qualquer coisa que viesse dos vencidos?

O sacerdote tossiu, e com os olhos semicerrados, pareceu absorver-se por instantes em profundas cogitações.

— Hum! – disse por fim –, essa predileção é sem dúvida um estranho mistério, dado o caráter altivo da rainha, e o mais estranho ainda é que essa predileção pelos hititas[6] começou justamente nessa campanha. Desde então, ela procura aliviar a sorte dos prisioneiros, colocou vários deles em seu palácio, e assim que teve o poder absoluto, começou a construção de seu *menu* (túmulo), onde deseja ser enterrada junto com Tutmés II, apesar da oposição dos sacerdotes de todo o Egito e da inquietação do povo, que olha com desconfiança esse monumento estrangeiro. Todos os olhares se voltam, pois, para ti, príncipe. Tu és a esperança de nossa terra, porque o rei está muito doente; mas a rainha, que nunca se entendeu muito com seu esposo e irmão, parece que agora deplora o fim próximo desse homem fraco e inerte, que ela domina completamente. Cuida dele com desvelo, e afastou os médicos do templo de Amon, e dá ao enfermo os remédios preparados pelo velho hitita Tiglat. É uma nova e grave ofensa feita a nossa casta; nós podemos espalhar entre o povo que ela rejeita a assistência dos sábios para que o rei morra mais depressa, para ficar sozinha no trono.

Tutmés foi tomado por um acesso de riso, e o ar perplexo do sacerdote e de sua avó pareceu aumentar mais sua hilaridade. Por fim disse, contendo-se:

— Apesar de minhas queixas, devo reconhecer que Hatasu é mais atilada que todos; está bem próxima da verdade, ao suspeitar que os sacerdotes gostariam de se ver livres de um homem que não os apóia em nada, e que garante a ela um reinado tranqüilo; e que os remédios dos filhos de Amon poderiam ajudar a tornar vago o lugar que *vós* me reservais junto dela; posso jurá-lo, vem daí o rancor insuperável que ela tem por mim. Talvez o seu instinto lhe segrede que uma vez que eu esteja no trono, ela é que deverá ceder, e que eu não admitirei outra vontade senão a minha.

— Com exceção da vontade dos deuses, e de seus servidores, que te terão colocado no trono – disse o sacerdote, com um olhar agudo e significativo.

— Sem dúvida, não se trata deles – disse Tutmés baixando os olhos –; a Amon e seus servidores mostrarei obediência sempre.

---

6 N.E. — Antigo povo indo-europeu que vivia na região da Anatólia (ou Ásia Menor) e estabeleceram um importante reino durante o segundo milênio a.C., tendo como capital a cidade de Hattusa. Eram descritos como homens fortes, de estatura baixa, com barbas e cabelos longos e cerrados.

J. W. Rochester

— Permanece fiel a esses princípios, meu filho, e reinarás gloriosamente sobre a nação de teus pais. Mas – acrescentou Ranseneb – temos que voltar ao presente.

Baixando a voz, expôs o plano de ação que se propunham seguir; combinou com o príncipe a melhor forma de manter com ele os contatos futuros que o manteriam a par dos acontecimentos em Tebas, e finalmente foi decidido que Tutmés voltaria a Buto e aguardaria calmamente até que o sumo sacerdote o avisasse que chegara o momento de agir.

Quando a grave conferência terminou, os dois homens se ergueram.

— Está na hora de partir, avô; antes que amanheça devo estar longe de Tebas – disse Tutmés, recolocando o manto e a grosseira touca listada na cabeça, que o faziam parecer um operário.

— Vai, meu filho querido, e que os deuses te protejam no caminho – disse Ísis, beijando-o. – Vai, e tem cuidado, a agitação está grande hoje!

— Fica tranqüila, avó, tenho um barco à minha espera, que me conduzirá direto à necrópole; meus cavalos e o fiel escravo que me acompanha estão escondidos na casa do velho Sagarta; essa casinha do vigia não é longe das novas construções de Hatasu; o lugar é bastante deserto à noite, portanto não precisas temer nenhum encontro perigoso.

À porta da casa, Tutmés despediu-se do sacerdote, e dirigiu-se com passos cuidadosos para a margem do Nilo. O bairro dos estrangeiros já havia reassumido parte de sua fisionomia habitual, e ao passar perto de uma das tabernas situados próximas do rio, ouviu cantos acompanhados da música de um bandolim e do sapatear de dançarinas. O jovem se deteve, sobrancelhas franzidas, e prestou atenção a esses ecos de ruidosa alegria. "Que aborrecido", murmurou com despeito, "não poder me divertir um pouco, e ser obrigado a fugir como um ladrão!"

Imerso no turbilhão de seus pensamentos, não havia notado que, desde que deixara a casa de Ísis, dois homens o seguiam silenciosamente, deslizando na sombra das casas.

Chegando junto ao Nilo, procurou em vão o seu barco; apesar da animação que reinava no rio sagrado (sulcado de embarcações iluminadas por lanternas) essa parte das margens achava-se completamente deserta.

Uma embarcação solitária se encontrava amarrada a um sicômoro; estendido no fundo, um homem, evidentemente encharcado de vinho, roncava ruidosamente.

— Olá! Barqueiro! – exclamou Tutmés, empurrando-o vigorosamente com o pé. – Queres levar-me ao outro lado? Desperta, eu te darei cinco anéis de prata.

O homem se ergueu, esfregando os olhos.

— Oh! Gostaria muito de ganhar isso – disse – mas não ouso sair daqui; meus amos podem voltar de um momento para outro.

No mesmo instante, dois homens enrolados em mantos se aproximaram rapidamente; um deles, pequeno e franzino, que parecia um adolescente, subiu silenciosamente no barco e sentou-se no banco ao fundo; o segundo lançou um olhar perscrutador sobre o príncipe, depois declarou com polidez:

— Vejo, estrangeiro, que não estás encontrando um barco; talvez possa ajudar-te. Vamos atravessar o rio, mas se não for um desvio muito grande, posso conduzir-te a teu destino.

— Agradeço, nobre desconhecido, por esse generoso oferecimento – respondeu Tutmés, satisfeito – e aceito com maior satisfação porque nosso caminho é o mesmo; eu também vou à outra margem, à cidade dos mortos.[7]

Cobrindo o rosto com o manto, o príncipe tomou lugar ao lado do desconhecido, que parecia pouco comunicativo, pois durante o trajeto não trocaram uma palavra. Sem demora apareceram, iluminados pelos raios da lua que acabava de se erguer, os gigantescos templos e outras construções da necrópole de Tebas.

— Onde queres que te deixemos? – perguntou o dono do barco. – Nós vamos até onde começa a avenida de esfinges que conduz ao novo túmulo que nossa ilustre faraó Hatasu está construindo.

— Então eu descerei junto – respondeu Tutmés.

Em seguida o barco se deteve, e os três desceram; o príncipe se preparava para agradecer a seus condutores, quando o menor pousou-lhe a mão sobre o braço:

— Gostaria de falar-te um instante a sós, estrangeiro; mas tranqüiliza-te, não te reterei por muito tempo longe dos bons cavalos que sem dúvida te esperam, para te conduzir a outros lugares – disse com uma voz vibrante e metálica.

Tutmés estremeceu, e involuntariamente sua mão se fechou no

---

7 N.E. — A necrópole de Tebas, constituída de tumbas reais e templos mortuários, bem como as residências de sacerdotes, soldados e servidores reais. Tebas foi uma das mais importantes cidades do Antigo Egito e sua extensão abrangia o vale dos reis, o vale das rainhas e os templos de Luxor e Karnak.

J. W. Rochester

cabo da arma pendurada na cinta.

— Não sei o que um desconhecido pode ter de tão grave a me confiar — respondeu — mas acabas de me prestar um serviço, e não quero te considerar um inimigo antes de escutar-te. Queres ir até o lado do templo funerário de nossa soberana? Ali estaremos sós.

O jovem desconhecido inclinou a cabeça e se dirigiu à frente para a construção cuja arquitetura original e de dimensões gigantescas era iluminada pela lua.

Chegando à avenida repleta de blocos e de esfinges parcialmente colocadas sobre os pedestais, o desconhecido se deteve:

— Não sei se te agradará ver-me, Tutmés, já que não sou um de teus amigos do templo de Amon — disse com ligeira ironia, retirando o pesado capuz que lhe ocultava a fisionomia. O príncipe soltou um grito abafado:

— Hatasu! Tu aqui! Então estás me espionando?

— Estou te observando como tenho o direito de fazer — respondeu orgulhosamente a rainha. — Além disso, não és muito prudente: eu te reconheci hoje durante a procissão; poderia ter te mandado prender, mas prefiro te perguntar diretamente: o que vieste fazer aqui? Como ousaste sair de Buto? Quem te autorizou?

— Eu mesmo — respondeu Tutmés, recuando um passo e cruzando os braços. — Com que direito tu me exilaste? Sou filho de teu pai tanto quanto tu, e sou homem!

— Filho ilegítimo, nascido de uma obscura concubina — murmurou Hatasu, e seu olhar caiu com desdém glacial sobre a fisionomia subitamente empalidecida do irmão.

Um estremecimento de raiva sacudiu o corpo de Tutmés.

— Quanto ao motivo de minha vinda — disse num tom brusco, cheio de emoção contida — não me convém dizer agora, mas um dia tua curiosidade será satisfeita, eu te prometo, e saberás a razão de minha vinda.

— Não preciso esperar, e vou dizer-te agora — respondeu a rainha. — Vieste chamado pelo sumo sacerdote de Amon, para combinar os meios de garantir para ti o lugar vago ao meu lado depois da morte de Tutmés II; mas eu te juro (ergueu a pequena mão crispada) tão certo como este monumento nos sobreviverá e falará aos séculos futuros de minha glória e poder, que terás que passar sobre meu cadáver para subir os degraus do trono.

— Então eu passarei sobre teu cadáver, porque estou cansado do exílio, e enquanto viver eu não renunciarei a meus direitos —

disse o jovem com energia.

Os olhares dos dois irmãos se cruzaram como duas chamas vivas, parecendo medir as respectivas forças.

— Então eu adivinhei certo; é para te garantir o caminho do trono que os sacerdotes jogaram um malefício mortal sobre o rei — disse Hatasu lentamente.

— Acusa abertamente os sacerdotes e depois mata-me! – ripostou Tutmés desafiadoramente. – Tu não ousarás fazer nem uma coisa nem outra, porque o povo, que ama os servidores de seus deuses, pedirá provas da acusação; e tu vais poupar minha vida para não deixar cair sobre ti a suspeita de haver assassinado os dois irmãos para reinar sozinha. Mas acalma-te; por ora, eu te obedeço, e retorno para meu exílio.

Hatasu recolocou o capuz.

— Não me obrigues – disse com voz sombria – a te provar o que eu posso ousar. O poder supremo ainda está em minhas mãos, e o povo do Egito poderá muito bem preferir a filha legítima da rainha Aahmés ao bastardo nascido de um capricho do faraó. Mas tens razão numa coisa: eu não faço questão de matar-te, não por receio, mas porque sou poderosa demais para precisar de uma morte.

Sem esperar resposta, ela se voltou e encaminhou-se para o início da avenida. Tutmés ficou imóvel por alguns minutos, mergulhado em seus pensamentos. "E no entanto, mulher orgulhosa, tu terás que dividir o poder comigo"; murmurou por fim, "e então eu vou construir monumentos que hão de superar os teus em tamanho e magnificência".

A rainha se apressara a retornar ao barco; dois oficiais que tinham estado vigiando invisíveis, à sombra das construções, subiram depois dela, e tomando os remos colocados sob os bancos, conduziram a embarcação para a margem oposta do rio. Meia hora depois, atracaram perto de uma pequena escada quase oculta na espessa vegetação dos imensos jardins que cercavam a residência real. Hatasu saltou rápida nos degraus, e seguiu por uma aléia sombreada; um dos oficiais e o primeiro remador a seguiram, enquanto o segundo se afastava com o barco.

Chegando a uma porta que dava acesso a uma das alas do palácio, a rainha se voltou:

— Não preciso mais de ti, Semnut – disse, rompendo pela primeira vez o silêncio. – Podes retirar-te com Hui.

Sem dar atenção às saudações dos dois homens, retirou uma

J. W. Rochester

chave do cinto, abriu a pequena porta, e com passos rápidos e leves, atravessou corredores e escadas totalmente desertos, abriu uma segunda porta, e erguendo a pesada cortina que a ocultava, penetrou num vasto aposento fracamente iluminado por uma lâmpada. Ao fundo, sobre um estrado coberto com peles de leão, se erguia um leito cercado de ricas cortinas, junto ao qual uma velha escrava dormia, com a cabeça apoiada no primeiro degrau.

Hatasu jogou o manto sobre uma cadeira, depois, aproximando-se da mulher adormecida, tocou-a ligeiramente com a ponta do pé; a mulher se ergueu, sobressaltada, e reconhecendo-a, se prosternou.

— Rápido, Ama, ergue-te e vê minhas roupas – disse a rainha.

– Não chames ninguém, tu me vestirás sozinha.

Enquanto a escrava a auxiliava silenciosamente a vestir a longa túnica branca, fechava o cinto e lhe colocava na cabeça anelada uma larga tiara de ouro, Hatasu indagou de repente:

— Minha ausência não foi notada? O rei não me chamou?

— Não, minha real senhora, nada aconteceu durante tua ausência – respondeu a velha. – O rei – benditos sejam os deuses! – dormiu, penso, e o velho Tiglat, de acordo com tuas ordens, não deixou sua cabeceira; mas não queres repousar um pouco ou permitir que te sirva um copo de vinho? Estás tão pálida e pareces tão cansada!

— Não, minha fiel Ama, não estou cansada, e quero ainda ir ver o rei – respondeu, envolvendo-se no véu de tecido transparente que a escrava lhe estendia.

Atravessando diversas salas cheias de mulheres, a rainha se dirigiu, através de uma longa galeria com sentinelas de guarda, para os aposentos do irmão; dois oficiais, imóveis como estátuas, levantaram à sua passagem uma espessa cortina de tecido fenício, e ela penetrou num quarto mobiliado com o maior luxo.

Sobre um leito de ouro maciço achava-se estendido um homem jovem, pálido e emagrecido, mergulhado em sono profundo e pesado; à cabeceira sentava-se um velho de barba branca, que se ergueu imediatamente, e cruzando os braços sobre o peito, inclinou-se profundamente. Hatasu se inclinou sobre Tutmés e examinou com atenção os traços exauridos. Após alguns instantes a contemplá-lo, endireitou-se, suspirando:

— Bem! Tiglat, que dizes do estado do rei? – perguntou, fazendo sinal ao velho para segui-la ao outro extremo do quarto.

— No momento, o faraó está melhor e recobra forças com o sono, mas não devo esconder-te, ilustre rainha, que não podes contar com um restabelecimento completo, e não posso precisar por quanto tempo os deuses me permitirão prolongar a vida do rei.

Hatasu não respondeu; despedindo com um gesto o ancião, que retomou seu lugar à cabeceira do leito, deixou-se cair sobre uma cadeira e se absorveu em penosas reflexões. O homem fraco e indolente que partilhava oficialmente o trono com ela ia morrer; mais de uma vez haviam entrado em desacordo, e ela agora lamentava isso, pois com o seu desaparecimento abria-se um vasto campo às maquinações de seus inimigos. Sabia que para manter vazio o lugar que ele ia deixar, seria preciso sustentar uma guerra encarniçada contra os inimigos que desprezava pela fraqueza de caráter, a astúcia e a hipocrisia, mas que eram perigosos, pois, não tendo nenhum escrúpulo, mantinham sob seu domínio a massa ignorante que os venerava como os intermediários entre eles e a divindade. E o adversário que devia enfrentar, esse jovem Tutmés que havia exilado desdenhosamente, acabava de constatar que era de temperamento diferente do enfermo que jazia ali, e que com ele teria que lutar de igual para igual.

Tomada por uma impaciência nervosa, a rainha levantou-se; a atmosfera desse quarto lhe parecia pesada e sufocante. Na sala contígua, uma escada em espiral conduzia a uma pequena torre acima do palácio; galgou-a rapidamente e chegou a um terraço, e foi apoiar-se na balaustrada; o ar puro e fresco da noite refrescou-lhe a testa ardente e aliviou-lhe o peito opresso.

Dessa altura onde se encontrava, uma paisagem admirável se estendia sob os olhos de Hatasu: a seus pés, Tebas adormecida, com seus palácios, templos e jardins; o Nilo que transbordara envolvia com um lençol cintilante a imensa capital, e lá longe, do outro lado do rio, erguia-se um monumento colossal que se apoiava nas rochas douradas ao redor; o túmulo que ela havia construído apesar de todos os obstáculos, contra a oposição mesquinha e rotineira de uma casta orgulhosa e contrária a qualquer inovação. O sentimento de orgulho satisfeito e a consciência de sua força dilataram o coração dessa mulher ambiciosa e ávida de poder; a nuvem que lhe toldara a fronte se dissipou, e uma energia indomável cintilou nos olhos negros.

— Terra abençoada dos deuses – murmurou –, jamais, enquanto eu viver, outra mão além da minha empunhará teu cetro;

　　　　　　　　　　　　　　J. W. Rochester

teu trono vale uma luta, mesmo que o preço seja a vida. Que os deuses decidam se é a Tutmés ou a mim que concederão a vitória!

A múmia penhorada

Em uma das mais belas ruas de Tebas, via-se uma casa espaçosa e elegante, pintada de cores vivas; dois mastros elevados, cujas pontas de cobre reluziam ao sol diante da porta, atestavam o nível e a riqueza do proprietário, que não era outro senão o nobre Pahir, que encontramos na festa do Nilo; atrás da casa estendia-se um jardim de tamanho médio, porém muito bem tratado e cheio de flores.

Alguns dias após os acontecimentos relatados, encontramos Pahir, sua mulher e sua bela pupila Neith reunidos numa pequena sala, ao lado do jardim, cuja vegetação luxuriante aparecia entre as colunatas que sustentavam um dos lados da peça, que se abria para fora. A conversa era tumultuosa, pois Pahir se erguera e exclamava, gesticulando com os dois braços:

— Tão certo como o Nilo transborda todos os anos, tu te casarás com Hartatef, que te adora, e cujo pedido eu, teu tutor, e teu irmão Mena, aceitamos.

— Nunca, nunca; odeio Hartatef!– contrapôs Neith, com o olhar chamejante. – É Keniamun que me agrada e é a ele que desposarei!

Fora de si, bateu na mesa com o leque de plumas que tinha na mão.

— Esse mendigo, que só possui de seu o capacete e a armadura, queres casar-te com ele! – exclamou Pahir, erguendo os olhos e os braços para o alto. – E por ele rejeitarias Hartatef, que é imensamente rico, e viria acrescentar ao brilho de nossa casa? Felizmente, nós estamos aqui para impedir a loucura de uma criança que não quer compreender as coisas; e eu, teu tutor, declaro que desposarás Hartatef. Hoje mesmo, durante a festa, eu apresentarei vocês como noivos; não te agites inutilmente, resistindo a uma coisa *irrevogavelmente* decidida.

Passou a mão no rosto incendiado e voltou-se para Satati que, sentada ao lado de uma mesa onde estavam um cestinho e um trabalho de mão, escutara silenciosamente.

— Preciso sair – disse ele – mas ficas encarregada de acalmar essa menina e de fazê-la voltar à razão.

Satati ergueu-se imediatamente; um sorriso adocicado lhe tomou o rosto, e sentando-se junto da jovem, enlaçou-lhe carinhosamente o talhe flexível.

— Neith, minha querida, acalma-te e acredita que nosso afeto por ti deseja fazer tua felicidade. Serias tão irrazoável a ponto de preferir um homem insignificante e obscuro como Keniamun ao rico Hartatef, que possui o mais belo palácio de Tebas, tem uma posição elevada e goza do favor de Hatasu? Com ele terás um futuro brilhante, sem falar que é um homem jovem e bonito, e te ama apaixonadamente!

— Deixa-me! – disse Neith, empurrando-a encolerizada. – Detesto Hartatef, desprezo seu amor, e não entendo por que preciso ser sua mulher. Somos suficientemente ricos sem o seu ouro, e o favor de Hatasu pode elevar Keniamun tão alto quanto Hartatef. Irei atirar-me aos pés da rainha, que é tão boa para mim, e ela saberá me proteger desse casamento que me causa horror!

Uma sombra de inquietação encobriu por um momento o rosto dissimulado de Satati, mas dominando-se, ela tomou amigavelmente a mão da jovem.

— Minha querida Neith, eu te garanto que uma atitude dessas, além de inconveniente, não servirá de nada, não há como voltar atrás dessa decisão. Agora, acalma-te e vai te arrumar, já é tempo de cuidar de tua toalete, e se não te importas de agradar a teu noivo, faz-te bela para Keniamun, que também assistirá ao banquete.

— É bem certo! Não desejo agradar Hartatef, e se Pahir ousar apresentá-lo como meu noivo, farei um escândalo e declararei diante de todos que o recuso; e depois, apelarei à rainha e só me submeterei à sua vontade.

Levantou-se, arrancou a mão de Satati e saiu tão impetuosamente que se chocou violentamente, à porta, com um homem que chegava; mas sem sequer se voltar, Neith seguiu em direção a seus aposentos.

— É o fato de ter que desposar Hartaterf que dá a Neith esse humor adorável? – perguntou Mena, rindo.

— Exatamente — respondeu Satati, recostando-se com ar pensativo sobre as almofadas de um divã.

Mena sentou-se numa cadeira, e inclinando-se para ela, murmurou, fixando-a com o olhar atrevido e incendiado:

— Como estás bela hoje, Satati! Há tempos que eu descubro em ti encantos sempre novos; devo dizer-te por que?

Um sorriso adocicado iluminou o rosto da jovem mulher.

— Vais dizer alguma loucura – disse, apoiando a mão bem cuidada sobre os lábios de Mena; – que diria Pahir se te escutasse? — Que ele ouse ter ciúmes, eu o farei calar-se sem demora! – exclamou o oficial. – Eu bem sei a quem ele chama por apelidos carinhosos e dá jóias caras!

Um intenso rubor cobriu de súbito as faces de Satati.

— Dizes isso, Mena, mas podes prová-lo?

— Não, não, tu estás acima disso; apenas quis te fazer entender que estaria apenas pagando uma dívida ao me conceder os teus favores. Mas diz-me, o que te preocupava tanto quando entrei?

— Neith me preocupa – disse Satati, contendo com esforço a curiosidade ciumenta. – A garota está enraivecida, não quer nem ouvir falar de Hartatef, ameaça fazer um escândalo e, se a impedirmos de desposar Keniamun, diz que vai queixar-se à rainha.

— Ah! Ah! Ah! E uma ameaça dessas te preocupa! – exclamou Mena. – Tranqüiliza-te, a rainha tem mais o que fazer neste momento que escutar as queixas de uma garota; a doença de Tutmés e as maquinações dos sacerdotes para favorecer o exilado de Buto lhe dão bastante pano para mangas.

— Tudo isso é fato; contudo, tenho certeza de que Hatasu encontrará tempo para escutar Neith e prestará ouvidos a suas queixas e desejos; não faças pouco de um risco cuja extensão não podes avaliar.

O olhar que acompanhou essas palavras acabou de convencer o oficial.

— Mas – disse ele, voltando a ficar sério – que motivo pode inspirar a Hatasu essa predileção por minha irmã? Desconfio há muito tempo que um estranho mistério se liga à pessoa de Neith; tu estás a par disso, Satati, eu o sinto; tem confiança em mim e conta-me a verdade.

Inclinou-se carinhosamente e pousou os lábios no ombro descoberto da jovem mulher.

— Não, não, te enganas, Mena; que mistério poderia envolver tua irmã? Não imagines nada disso. E agora deixa-me, preciso me arrumar.

Mena ergueu-se:

— Até logo, então; enquanto isso, vou tentar acalmar Neith, pois com essa raiva, ela é capaz de ofender Hartatef de forma irreparável, e nem quero pensar nas conseqüências.

Após um gesto de concordância de Satati, o jovem dirigiuse rapidamente aos aposentos de sua irmã; quando, um momento após, ergueu o tapete listado que lhe servia de porta e lançou um olhar para o interior, convenceu-se de que a intervenção de alguém era mais que necessária. No meio do quarto Neith, em pé, as faces rubras e os olhos chamejantes, empurrava obstinadamente as mãos das criadas que a tentavam vestir e respondia encolerizada às súplicas de uma velha ama que repetia, quase em lágrimas:

— Senhorazinha querida, luz dos meus olhos, acalma-te, permite que te arrumemos; então não queres mais deslumbrar a todos que te virem? Olha esta guirlanda, como ficará bem em teus cabelos negros!

— Não quero saber de uma guirlanda que eu tenho que oferecer a esse monstro, e não vou me arrumar! – exclamou Neith, empurrando as flores e arrancando um colar que acabavam de colocar-lhe e cujas pérolas se espalharam pelo chão. O leque quebrado, a túnica rasgada e os restos de flores que se espalhavam pelo quarto provavam que a bela caprichosa não poupava seus enfeites. Sem perder tempo, Mena se aproximou dela.

— Olá, Neith! – exclamou alegremente; e tomando as duas mãos da irmã, as levou aos lábios, permitindo com isso que as criadas pudessem fechar o cinto da jovem e colocar-lhe na fronte a guirlanda de flores. — Estás encantadora, e sem contestação, a mais linda moça de Tebas – disse, continuando a segurá-la com força. –Vamos, acalma-te e vamos conversar um pouco.

— Deixa-me, Mena; tu também és conivente de meus inimigos e queres a minha infelicidade – respondeu ela, tentando retirar as mãos. – Infeliz que sou, ninguém me defende contra esse homem odioso que, apesar da aversão e do desprezo que lhe demonstro, me persegue com seu amor e ganhou a todos vocês para sua causa! Se vens me falar dele, vai embora! – empurrou-o. – Não quero ouvir nada, não quero me arrumar, não o reconhecerei como noivo e eu mesma vou me defender dessa criatura detestável!

A entrada de Satati interrompeu a altercação; trazia uma rica caixinha, que colocou sobre uma mesa ao lado de Neith.

— Olha, teimosa, o que te enviou teu noivo, entre os cestos repletos de tecidos, de perfumes e de outros tesouros que estão na galeria – disse, erguendo a tampa e fazendo faiscar aos olhos da jovem um magnífico conjunto de adereços de pérolas e safiras.

Apesar da cólera, Neith curvou-se e examinou com um olhar

entendido o grande diadema, os braceletes e o colar de três voltas, cujo preço devia ser enorme.

— Oh! É maravilhoso! – murmurou involuntariamente.

— Essas jóias são dignas de uma rainha, e despertarão muita inveja quando as usares – aduziu Satati, fazendo sinal a uma criada negra que trouxesse um espelho; depois tomou o colar, e aproximando-o do pescoço da jovem, completou: — Olha como ficas linda!

Os olhos de Neith começaram a brilhar; deixou que fechassem o colar sem resistência, colocou ela mesma os braceletes e olhou-se com satisfação.

— Admito que essas jóias me ficam razoavelmente – disse, arrumando com garridice as voltas do colar –, mas mesmo assim não é para Hartatef que me arrumo, eu o detesto.

— Isso é contigo; mas em todo caso, lhe deverás um sucesso em nome do qual podes mostrar-lhe um pouco de cortesia hoje; depois veremos. Vem, Mena, Pahir te procura para ajudá-lo em alguma coisa, e eu vou arrumar-me o quanto antes.

— Como vai terminar isso tudo? – perguntou Mena com um trejeito, assim que penetraram na galeria.

— Esperemos que termine bem; as jóias produziram o efeito que eu esperava – respondeu Satati, fazendo sinal a diversos escravos que levassem a Neith grandes cestos repletos de tecidos bordados.

Um hora mais tarde, uma rica liteira, precedida por lacaios, e cercada de portadores de leques, se deteve diante da porta ornamentada com flores do palácio de Pahir; Hartatef desceu dela e, conduzido por um mordomo, dirigiu-se a uma sala de recepção, onde Satati e o marido o receberam com alegria e cordialidade.

— Meu caro Hartatef, como agradecer os magníficos presentes que me enviaste? Olha, estou usando as jóias – disse Satati.

– Fico feliz em contribuir um pouco para realçar a beleza da gentil mãe adotiva de minha futura esposa, e és tu que me honras aceitando os presentes de quem, a partir de hoje, espero, se torna teu parente. Mas, onde está Neith? – aduziu o jovem com um olhar perscrutador.

— Neith está no terraço; está amuada, e não pudemos convencê-la a descer – disse Pahir; mas, diante do olhar contrariado da mulher, calou-se e cedeu-lhe a palavra.

— Sabes, meu caro Hartatef, que Neith, com sua juventude e

inexperiência da vida, não avalia a felicidade que lhe coube, segue seus caprichos, diz tolices; mas se tiveres um pouco de paciência, tudo isso passará, e à medida que ela te conhecer mais, irá apreciar melhor o teu amor.

— Não duvido disso, e saberei suportar um pouco de frieza de sua parte – respondeu Hartatef, impassível. – Tenho certeza de vosso consentimento e apoio, e isso é o principal; minha afeição sincera fará o resto. Agora, vou ao encontro de minha noiva, apresentar-lhe minhas homenagens.

Com andar impaciente, atravessou diversas salas, onde os escravos, sob as ordens de Mena, davam os últimos retoques nos preparativos do festim, depois subiu as escadas coberta de esteiras que conduziam ao terraço. No último degrau, se deteve, e seu olhar apaixonado fixou-se em Neith, que apoiada na balaustrada, estava tão absorvida nos próprios pensamentos, que nem notou sua chegada. Nunca antes lhe parecera tão encantadora, apesar da expressão de cólera e desespero que lhe ensombrecia a face. Um túnica branca desenhava-lhe o talhe esbelto e flexível; no pecoço e nos braços brilhavam os adereços de safira. Ao vê-los, um sorriso de indizível ironia franziu os lábios do jovem egípcio. "O ponto fraco da mulheres", murmurou, "elas se enfeitariam até com as jóias de um inimigo mortal". Mas, dominando-se em seguida, aproximou-se e disse, com uma inclinação respeitosa:

— Teu humilde escravo te saúda, minha bela noiva, e espera que teus lábios rubros lhe concedam um sorriso e uma palavra de acolhida.

Ao som dessa voz metálica, Neith se endireitou, estremecendo.

— Esperas demais, Hartatef; ao amigo eu poderia conceder um sorriso e uma palavra amável; por um noivo que quer desposar-me contra a minha vontade, só sinto desprezo e aversão; tuas riquezas podem tentar minha família, mas a mim não me tentam. Renuncia a mim, Hartatef, e não me forces a repetir diante de todos o que vou dizer-te agora: eu não quero ser tua mulher.

— Hás de querer, Neith; teu tio e tutor me prometeu tua mão, tu lhe deves obediência e eu não sou homem de suportar uma afrontá com paciência. Tenho certeza de que vais me seguir calmamente à sala do banquete e confirmar a vossos convidados que me escolheste por esposo.

— Por quem me tomas? Acaso sou escrava de Pahir para que ele disponha de mim dessa forma? – exclamou Neith, com os olhos

J. W. Rochester

faiscantes. – Vamos descer, eu vou te provar agora mesmo que não receio nem tua cólera nem a de meu tio.

Tentou se lançar pela escada, mas Hartatef a tomou pelo braço e a impediu.

— Antes de fazer qualquer coisa, deixa que te pergunte, Neith, se estás a par dos negócios de tua família – disse em tom vibrante. – Sabes que Mena penhorou a múmia de teu pai por dez talentos da Babilônia?[8] A data do resgate está próxima, mas Mena está insolvente, e eu prometi pagar essa enorme quantia para salvar a honra de uma família à qual vou pertencer. Se manténs tua recusa, me considerarei desobrigado dessa promessa e de manter sigilo sobre esse caso que, de qualquer forma, logo se tornará público. Escolhe!

Como que atingida por um raio, Neith cambaleou e abateu-se sobre uma cadeira; a cabeça rodava. Se essa terrível notícia fosse verdadeira, e não podia duvidar, toda a família estava ameaçada de desonra. Na opinião dos egípcios, penhorar a múmia de um antepassado era algo pouco honroso; não resgatar um penhor tão sagrado era uma desonra irremediável. Seria impossível confiar sua angustia à rainha; iria ela manter sua benevolência para com uma família tão pouco recomendável? Oh! Hartatef havia calculado bem, na sua grosseria orgulhosa, que a moça preferiria sacrificar sua felicidade em prol da honra!

— E então, Neith! Queres dar-me a mão, e me anunciar como teu noivo no banquete? – perguntou o jovem que, os braços cruzados, se apoiara à balaustrada, e cujo olhar penetrante acompanhara todas as emoções que se desenhavam no rosto expressivo da jovem.

Com uma expressão abatida, Neith lhe estendeu a mão e se deixou conduzir ao salão, onde a sociedade já estava reunida e onde sua entrada causou sensação.

Pouco depois, todos se puseram à mesa. Mena estava colocado diante da irmã, mas ela evitava encará-lo, pois a alegria despreocupada do rapaz lhe inspirava desgosto e desprezo; começava a odiar esse irmão dissipado que nem sequer lhe confessara a verdade, deixando-a escutar a terrível notícia dos lábios detestados de Hartatef, e desejava fazer com que ela pagasse com sua vida por suas vergonhosas loucuras. Neith sabia que Mena era um folgazão, em cujas mãos o dinheiro rolava às soltas, e que contraía dívidas,

---

8 N.E. — Unidade monetária de muitos povos da antiguidade, o talento da Babilônia era dividido em 60 minas, de 60 siclos cada. Um talento de ouro pesava aproximadamente 39,118 gramas.

mas sabendo-se muito rica, ela não acreditara que ele chegasse a tal ponto. A pobre menina ignorava que Pahir, irmão mais moço de seu pai, era um gastador tão desenfreado quanto Mena, e seu fiel companheiro nas incursões noturnas às cortesãs de Tebas e às tavernas onde se jogava esse jogo de azar que se perpetuou até nossos dias com o nome de jogo de mora.[9] Há muito que os dois homens haviam minado as bases de sua enorme fortuna, e mais de uma vez haviam recorrido à bolsa de Hartatef, que, solidamente fechada para os outros, se abria de bom grado para eles.

Perto de Mena estava Keniamun, cujos olhos negros não abandonavam o rosto pálido e desfeito de Neith. Que significaria essa emoção da jovem, e o que pressagiava sua entrada junto com Hartatef, que tinha sido colocado ao lado dela? Há um bom tempo o jovem oficial fazia uma corte assídua à irmã de Mena e sonhava desposá-la, acreditando que fosse uma rica herdeira; pois o bom Keniamun gostava tanto de mulheres, do jogo e do vinho quanto seu colega, e não possuía mais um tostão da pequena fortuna deixada por seus pais.

As reflexões do oficial foram interrompidas por Pahir, que levantou o copo cheio e exclamou alegremente:

— Caros amigos e convivas, tenho a felicidade de anunciar que é uma celebração familiar que nos reúne hoje aqui: estamos celebrando o noivado de minha querida sobrinha. Tu, Neith – voltou-se sorrindo para ela –, mostra a nossos convidados quem é o preferido de teu coração.

Todos os olhares se voltaram para a jovem, cuja palidez e obstinado silêncio começavam a atrair a atenção, embora ninguém suspeitasse de que estava sendo violentada ao fazer essa escolha. Neith ficou imóvel por um instante; um tom lívido lhe tingira as faces; mas, como hipnotizada pelo brilho ameaçador dos olhos de Hartatef, ergueu-se, retirou a grinalda que lhe ornava os cabelos e depositou-a, voltando-se a meio, na cabeça de Hartatef; depois, exaurida pelo esforço que fizera para dominar a ira que fervia em si, recaiu sobre o assento.

Gritos e felicitações se ergueram de todos os lados; os escravos se apressavam a encher as taças assim que se esvaziavam; a animação e a alegria dos convivas aumentavam a cada momento, e atingiram o auge quando Hartatef se ergueu e, depois de agradecer

---

9 N.E. — Consiste em acertar o número de dedos da mão que são apresentados pelos participantes.

J. W. Rochester

os bons votos que lhe eram dirigidos, convidou todos os presentes para oito dias de festas consecutivos com os quais desejava celebrar seu casamento, assim que estivesse pronta a arrumação do novo palácio que acabara de construir no mais belo bairro de Tebas.

Somente Keniamun não tomava parte na animação geral; ao anúncio do noivado, ele empalidecera subitamente, pousando o copo cheio, e encarara a jovem com um olhar cheio de estupefação e cólera. A suspeita de alguma misteriosa pressão sobre a vontade de Neith aumentou nele; sua aproximação sempre tinha sido bem recebida por Satati e Mena, a jovem lhe havia prometido se casar com ele, e se ela tivesse por vontade própria mudado de idéia e preferido a ele o rico Hartatef, por que essa palidez, essa expressão penosa, esse silêncio obstinado? Ela não tivera uma só palavra de resposta a todas as felicitações. O jovem oficial, aliás, não era o único a fazer essas reflexões, e embora os convidados fossem bastante polidos para não dar a entender que notavam a estranha atitude da noiva, olhares espantados e curiosos, sorrisos ambíguos e mesmo comentários em voz baixa eram trocados cada vez com mais intensidade.

A curiosidade indiscreta não é um apanágio dos séculos modernos; ela existia da mesma forma na sociedade do antigo Egito, e é de lamentar-se para sempre que Moisés não tenha acrescentado a seus dez mandamentos um décimo primeiro que, em nome de Jeová, proibisse a curiosidade indiscreta e os mexericos que a acompanham, ameaçando com a cólera do Eterno as faladeiras de todas as épocas que consideram seu dever investigar os "comos" e "porquês" de tudo que acontece. As boas cidadãs de Tebas, reunidas à mesa de Pahir, começavam a torrar de impaciência por conhecer as razões que faziam Neith ficar tão abatida e pouco satisfeita com a perspectiva de desposar o rico Hartatef, que a maioria das jovens presentes teria aceito sem pestanejar; e mais de uma já havia tentado conquistar esse brilhante partido.

Satati e Mena observavam com um mal-estar crescente as manifestações dessa curiosidade desconfiada; a maneira como Neith se curvara a seus desejos estava longe de satisfazê-los, e se perguntavam, inquietos, de que modo Hartatef havia quebrado tão rapidamente a revolta e a teimosia da jovem, mas provocando seu evidente desespero.

Para ambos foi um alívio quando todos se levantaram da

mesa, mas em seguida um grupo de mulheres se reuniu em torno de Neith; perguntavam a data do casamento e a felicitavam novamente por desposar um homem tão atraente, tão rico e de tão alta posição. Com uma voz que mal se escutava, a jovem respondeu que o calor e a emoção a tinham deixado exausta, e que era indispensável que se retirasse um pouco para repousar. Satati, que a observava, inquieta, concluiu por seu rubor súbito e pelo tremor dos lábios que uma crise nervosa era iminente. Acercando-se de imediato, passou o braço em torno de Neith, e disse com seu sorriso doce e dissimulado:

— A alegria e a tristeza cansam igualmente; eu me lembro quantas emoções me agitaram quando fiquei noiva; e nossa querida Neith, que é tão delicada, sente tudo em dobro; vem, querida, vem repousar um pouco.

Conduziu-a rapidamente ao terraço, vazio nesse momento, porque os convidados se haviam dispersado pelos salões, e a juventude se dirigira aos jardins para jogar bola e outros jogos.

Mal Neith se viu só no terraço, empurrou Satati e, jogando-se sobre um divã, desatou em soluços. A esposa de Pahir compreendeu que palavras de consolo seriam inconvenientes nesse momento e só conseguiriam uma resposta irada; assim, desceu novamente, persuadida de que a solidão seria o melhor calmante para Neith, mas dando tratos à bola para descobrir a razão que poderia ter transformado a teimosia matinal nessa submissão desesperada. Como um relâmpago, veio-lhe a idéia de que Hartatef podia ter falado da múmia penhorada; empalideceu a essa possibilidade, que considerava uma grave imprudência; a seu ver, a garota devia ignorar para sempre essa história escandalosa.

Quando atravessava rapidamente uma das salas nesse momento vazia, percebeu Keniamun que, segundo lhe pareceu, dirigia-se para a saída. Desejando evitar uma explicação desagradável com o jovem, que havia enganado com falsas esperanças, Satati apressou-se a entrar numa peça onde várias mulheres conversavam ruidosamente.

Mas ela se enganava: o oficial não pretendia abandonar a festa, o que poderia atrair as atenções; ninguém deveria suspeitar a que ponto o feria a perda de Neith, a idéia de que ela o preteria pelas riquezas desse Hartatef que ele odiava; buscava apenas um lugar solitário onde pudesse organizar os pensamentos e acalmar a cólera que lhe comprimia o peito. Compreendia agora porque

J. W. Rochester

Mena o havia evitado ultimamente; mas Neith, ele jamais acreditaria que ela fosse capaz de semelhante perfídia; ela lhe parecia nesse momento mais bela e desejável do que nunca, e constatou encolerizado que amava a delicada jovem quase tanto quanto o magnífico dote que imaginava que ela possuia.

Quase maquinalmente, dirigiu-se para o terraço, que imaginava deserto, mas com espanto viu Neith estendida sobre o divã, chorando amargamente; a visão da tristeza da mulher amada acalmou um pouco o coração ferido de Keniamun.

— Neith! – exclamou – choras por causa de tua traição, ou lamentas o amor súbito que as riquezas de Hartatef te despertaram?

A jovem levantou a cabeça, e estendendo-lhe as duas mãos, disse com amargura:

— Se pensas que eu me caso com ele por causa de sua fortuna, muito mal me conheces.

Porém Keniamun cruzou os braços ao peito e perguntou com irritação:

— Por que vais casar com ele, então? Quem pode te obrigar? Teus pais estão mortos, teu irmão não tem esse direito; choras e pareces desesperada, e no entanto retiras a palavra que me havias dado; se não é por amor, então é o interesse que te leva a aceitar esse homem? Responde, explica-te, Neith, do contrário eu te odiarei e te desprezarei, porque te curvas por cupidez a uma união que te repugna, e fazes de meu amor uma brincadeira!

Diante dessas acusações, as lágrimas de Neith cessaram de imediato e seus olhos negros recomeçaram a brilhar.

— Juro, Keniamun, que uma terrível necessidade me força a casar com esse homem que eu detesto; ainda esta manhã eu lutei e combati pela minha felicidade. Porque cedi, não me perguntes, não posso dizer-te. Mas acredita que nenhuma das razões que citaste influenciou minha decisão.

— Não, não, isso não me basta; não se diz a um homem a quem se prometeu desposar "Estou te traindo por razões graves". Não! É preciso explicar e apresentar provas. Aquele que amas e que te ama tem direito à tua confiança. Ele saberá calar-se se for indispensável, mas quem sabe encontrará uma saída onde a tua angústia vê tudo perdido.

Tocada pela justeza desses argumentos, Neith ia talvez confessar a verdade, quando Mena, vermelho e furioso, irrompeu no terraço.

Informado por Satati da suspeita que ocorrera a esta, ele se dirigira a Hartatef, que confirmou sem perturbar-se que somente a notícia da penhora da múmia pudera suplantar a teimosia da jovem.

Inquieto e preocupado, decidiu-se a falar de imediato com a irmã, mas ao subir a escada reconheceu a voz de Keniamun e ouviu suas últimas palavras; o sangue lhe subiu à cabeça; se essa louquinha revelasse o terrível segredo, quem podia prever o uso que podia fazer dele o pretendente recusado? Todos gostavam muito de Keniamun na sociedade, era bem visto sobretudo pelas mulheres, por sua gentileza e talentos sociais; com uma arma dessa ele poderia acabar com a reputação de Mena e vingar-se da afronta recebida.

Tomado de receio e fervendo de cólera, ganhou o terraço, e colocando-se junto de Neith como que para defendê-la, exclamou em tom arrogante:

— Por que estás atormentando minha irmã? Viste a quem ela preferiu, e quanto aos motivos dessa decisão de família, não podem ter nenhum interesse para um estranho.

— Não sou um estranho para Neith – contrapôs Keniamun tremendo de cólera – mas como ela silencia sobre as razões dessa "decisão" de família, é a ti que eu pergunto, e deves responder, pois também me prometeste a mão de tua irmã. Lembras que quando pedi tua palavra de que não colocarias obstáculos a meus projetos, respondeste rindo: "Eu te juro! E por que colocaria? Que me importa com quem Neith se case?". Parece que depois disso, o caso se tornou menos indiferente para ti. Eu te intimo a que me expliques imediatamente por que preferes Hartartef e em que não sou eu um pretendente honrado!

O rosto de Mena assumira uma expressão de glacial indiferença.

— Estás louco – disse com desdém – exigindo explicações de um assunto que nada tem a ver contigo: é bem natural que não se dê importância a infantilidades quando se apresenta uma ocasião dessas de casar a menina. Hartatef é imensamente rico (olha esse colar de safiras e pérolas: é uma fortuna que ele deu hoje à mulher que escolheu); ele tem uma posição tão superior à tua que até Neith compreendeu que não se recusa um pretendente assim. Contenta-te com essa explicação e acalma-te.

Neith acompanhara, com os olhos faiscantes, a altercação dos dois; a essa última declaração do irmão, seu rosto enrubesceu,

— O que ousas dizer, miserável mentiroso, para salvar a honra

J. W. Rochester

pela qual eu estou me sacrificando? Para te provar o valor que dou aos presentes desse homem odioso, olha! (arrancou o colar de safiras com tal violência que os elos se romperam e as pedras rolaram pelo chão). Acredita-me, Keniamun – acrescentou, tremendo de indignação –, eu estou me sacrificando, mas não por riquezas; despreza-me se quiseres, não posso te dizer mais.

– Eu acredito em ti e te lamento. Quanto a Mena, eu não o importunarei mais, mas vou me lembrar muito bem deste momento – respondeu Keniamun. Depois, voltando-se, saiu.

Assim que ficaram sós, Mena se virou encolerizado para a irmã:

– Insensata – disse. – Vais nos perder a todos; quem sabe que suspeitas as tuas tolices inspiraram a esse intrigante? Ele vai tentar me incriminar. E esse colar... como se pode destruir assim uma jóia tão preciosa? Que dirá Hartatef?

– O que quiser; e tu, junta os restos dele e acrescenta ao preço que te pagaram pela múmia de nosso pai, filho desnaturado, desonra da família – disse Neith com desprezo.

Mena, porém, já havia recuperado o aprumo.

– Escutando-te, se acreditaria que fui o único a penhorá-la! – respondeu, cruzando os braços. – Pahir me ajudou cuidadosamente. Talvez não o teríamos feito se Hartatef não estivesse louco por ti, mas para te ganhar ele paga com satisfação; vamos resgatar a múmia sem pagar um anel de prata, e tu te tornas, ao mesmo tempo, uma das mulheres mais ricas e de melhor posição de Tebas; é uma grande infelicidade, não? E por uma coisa tão simples e tão vantajosa fazes escândalo sobre escândalo! Cuidado! As pessoas podem pensar que com todas essas lágrimas queres te desculpar por preferir um ricaço a esse mendigo de Keniamun, e a reprovação cairia sobre ti própria.

Neith não respondeu nada a esse excesso de despudor. Uma angústia pungente, um sentimento de isolamento e de abandono apertaram-lhe o coração como se o partissem; ela conhecia a despreocupação egoísta do irmão, mas ainda não a havia sentido de forma tão brutal; nunca, como nesse momento, havia sentido que era uma órfã cujo futuro e felicidade não interessavam a ninguém; sem nenhuma vergonha, negociavam com ela como se fosse uma escrava, e feito o negócio, ela teria que cumpri-lo ou se desonrar junto com a família.

Como num sonho, dirigiu-se para a escada. Mena abaixou-se imediatamente, e de joelhos juntou cuidadosamente os restos do colar até o último fragmento de ouro.

Absorvida em amargos pensamentos, a jovem dirigiu-se direto a seus aposentos, evitando as salas onde se achavam os convidados, mas à entrada da galeria encontrou Hartatef, que a procurava; o olhar agudo do jovem egípcio percebeu imediatamente que o colar de safiras que cobria quase inteiramente o pescoço e o peito dela haviam desaparecido.

— Onde vai minha bela noiva? – disse, inclinando-se vivamente para ela. – Por que está tão pálida e desfigurada, Neith, e onde está o colar que usavas no banquete? Era muito pesado?

— Sim e não; acharás os restos dele espalhados no chão do terraço; eu o arranquei – acrescentou com voz surda – porque Mena me acusou, diante de Keniamun, de me vender a ti por essa jóia e tua riqueza. E para provar-lhes o quanto dou valor a teus presentes, fiz em pedaços a tua jóia, e repito a ti próprio que prefiro colocar uma víbora no pescoço que tuas safiras e pérolas!

Hartatef meneou a cabeça:

— Mena é um tolo, e erraste em levar tão a sério sua tagarelice, a ponto de estragares um objeto tão precioso. Mas enfim, pode-se consertar a jóia, e tenho outras tão belas como essa, que usarás quando tua cólera passar; usarás sim – insistiu ele, vendo Neith sacudir negativamente a cabeça –, pois toda mulher gosta de ser bela, e para ficar bela é preciso se enfeitar; tu te enfeitarás para ti mesma, se não for para o esposo que odeias.

— Para quando marcaste o casamento? – interrompeu bruscamente a jovem.

— Dentro de três luas a partir de hoje meu palácio estará pronto para te receber.

— Bem; mas até esse dia nefasto, peço que me poupes de te ver; quero descansar e aproveitar os últimos dias de minha liberdade; não te canses para vir me ver e enviar-me presentes: nada quero de ti.

— Terás que ser razoável, Neith; não se pode ficar noiva durante três luas sem ver o futuro marido. Não te importunarei, mas virei e enviarei flores e presentes, porque não quero ser acusado de avareza. O mundo não saberá – continuou imperturbavelmente – quanto me custas caro: o resgate da múmia de meu sogro não é uma insignificância; mas deves ser justa e me conceder o prazer de ver minha bela noiva.

Neith virou-lhe as costas sem responder e se foi.

Em busca da verdade

Sem se preocupar mais com "o que vão pensar" Keniamun havia deixado imediatamente o palácio de Pahir; uma ira surda, um desejo acerbo de vingança tomava conta de seu ser. Antes, porém, de fazer qualquer coisa, era indispensável saber a verdade sobre as razões que haviam provocado a súbita decisão de Neith. Que ação infame teria cometido Mena que pudesse ser remediada com a união de sua irmã com Hartatef? Desejava intensamente saber, mas de que modo? De súbito, veio-lhe uma idéia. "Como não pensei nisso antes?", murmurou. "*Ela* deve saber, e pelo ouro trairia os segredos do próprio Osíris!"[10]

Com um sorriso de íntima satisfação, retirou das vestes uma fivela de ouro incrustada de pedras, e colocou-a à cinta; depois, dirigiu-se rapidamente para a margem do Nilo. Ali, alugou um barco e deu ordem para que o conduzisse a um bairro afastado, perto do bairro dos estrangeiros, pois não era longe desse lugar de má fama que vivia aquela que buscava.

Quando o barco encostou, Keniamun saltou lépido em terra, e ordenando ao barqueiro que esperasse sua volta, entrou numa rua estreita cheia de pequenos jardins cercados de muros caídos e casas arruinadas.

Depois de alguns minutos, penetrou em um pátio ao fundo do qual se erguia uma construção grande, de paredes rachadas. Gritos, cantos, uma mistura de vozes rudes e dissonantes escapavam do interior. Sem dar atenção a esses ruídos suspeitos, Keniamun se introduziu, por um vestíbulo de colunas carcomidas, numa sala vasta e comprida, iluminada, embora ainda estivesse claro lá fora, por tochas presas às paredes, cuja fumaça espessa as recobria, bem como o teto, de uma grossa camada de fuligem. Em torno de mesas de todos os tamanhos, cercadas de bancos e banquetas de madeira, amontoava-se uma turba de soldados, marinheiros, operários e um populacho que comia e bebia em grosseiras vasilhas de grés e de madeira. Mulheres vestidas com falsos brilhos estavam sentadas entre os homens; algumas, com as faces rubras, pareciam bêbadas e cantavam em altas vozes. No centro da sala, duas dançarinas magras e quase nuas dançavam aos acordes de um bandolim, enquanto outras duas, de cócoras, acompanhavam a música batendo

---

10 N.E. — Deus egípcio da fertilidade e personificação do rio Nilo. Assassinado por seu irmão Set, foi chorado por Ísis, sua irmã e esposa, que recolheu os seus restos mortais e lhes devolveu a vida, passando Osíris a ser o deus do Além.

palmas. Ao fundo, sobre um estrado com dois degraus, diversas mesas repletas de comidas, e mais duas cobertas de ânforas e taças.

Entre essas duas, sentada numa cadeira de braços, a dona do estabelecimento, controlando com o olhar enérgico seus turbulentos fregueses e os escravos que circulavam entre os grupos, servindo cerveja, vinho e frutas que eram pedidos.

Era uma mulher alta, de ombros largos, membros robustos e pescoço taurino; o rosto regular ostentava um ar de bonomia, desmentido pelos dois grandes olhos negros, dissimulados e penetrantes, com sobrancelhas espessas, que se uniam no centro; um nariz de águia, queixo proeminente e uma boca grande, com dentes alvos e pontiagudos, a faziam parecer um animal carnívoro. Vestia uma saia de listas berrantes, presa à altura dos quadris por um cinto de cobre; um amplo colar de vidrilhos lhe enfeitava o busto nu, e das orelhas pendiam argolas de um tamanho e peso tais que despertavam admiração pela solidez de seus suportes; na mão tinha um bastão com o qual batia com rudeza nos escravos que lhe pareciam lentos demais.

À vista do oficial, uma agitação desagradável se manifestou entre os freqüentadores da taberna; os gritos e a cantoria cessaram, e diversos soldados se esgueiraram para os cantos mais escuros. Fingindo não perceber a sensação produzida por sua chegada, Keniamun se dirigiu direto para o estrado.

— Boa tarde, Hanofer – disse ele. – Gostaria de falar-te alguns momentos sem testemunhas; pode ser agora?

— Sem dúvida, senhor, estou às tuas ordens – respondeu a proprietária, cumprimentando-o atenciosamente.

— Tu, Beki, cuida que tudo ande bem enquanto saio – disse a uma mulher idosa que lavava copos numa tina grande.

Em seguida, abriu uma porta ao fundo e conduziu o jovem, por uma galeria aberta, até um pavilhão bem conservado e sombreado por sicômoros.

— O que tens a me dizer, nobre Keniamun? – disse, oferecendo-lhe uma cadeira. – Aqui estamos longe de ouvidos indiscretos; mas por que vieste aqui e não pela outra entrada, à hora que sabes?

— Não queria encontrar ninguém, e precisava falar-te de imediato – respondeu Keniamun, sentando-se, mas recusando com um gesto o copo de vinho que lhe foi oferecido. – Não te tomarei muito tempo, e te darei esta fivela que vês, se puderes satisfazer minha curiosidade sobre a misteriosa forma pela qual Hartatef está obrigando Pahir a lhe dar Neith em casamento.

Apesar de seus quarenta anos, uma centelha de ciúme selvagem brilhou nos olhos de Hanofer.

— Será possível que ele insista nessa idéia louca de se casar com Neith, que o detesta? – exclamou vermelha de cólera. – Não estás enganado, Mena? – Está tão certo que hoje mesmo celebraram publicamente o noivado. O que é estranho é que ainda hoje de manhã Neith o havia recusado energicamente, e ela mesma me confessou chorando que é para salvar a honra da família que concordou com esse casamento. Agora, que relação pode haver entre Hartatef e a honra da família de Pahir? Isso é o que eu queria saber, e quem poderia dizer melhor que tu, minha cara Hanofer, cuja influência sobre Hartatef todos conhecem? – acrescentou rindo o oficial.

Enquanto ele falava, sua interlocutora havia examinado e sopesado a fivela nas mãos, e seu rosto adquirira uma expressão cúpida mesclada com uma maldade diabólica.

— Vou te explicar esse mistério – disse com um acesso de riso rude e grosseiro. – O nobre Mena, para atender a seus gastos absurdos, penhorou a múmia de seu pai, e para resgatá-la, vende a garota a esse asno encilhado de Hartatef, que, sem dúvida, prometeu dar-lhe os dez talentos da Babilônia de que ele precisa. Quem mais iria lhe emprestar essa quantia? E agora compreendes por que a honra deles está em suas mãos.

Keniamun escutara empalidecendo.

— Pobre Neith! – murmurou. – Agora compreendo teu sacrifício; não posso te salvar, mas te vingarei, e se Hartatef ganha teu corpo, teu coração me pertencerá.

Levantou-se:

— Obrigada, e até a vista, Hanofer; guarda essa jóia como lembrança do serviço que me prestaste.

— E o fiz de bom grado; por que esconderia que essa gente é baixa ao ponto de empenhar o corpo de um parente próximo e, não contentes de arruiná-la, ainda vendem a pobre menina indefesa? Talvez, se a história se tornasse conhecida, isso se estragasse por si só – acrescentou com um olhar sonso.

As últimas palavras da astuciosa megera caíram em solo fértil, oferecendo uma forma definida aos desejos íntimos de Keniamun. Sob uma aparência doce, alegre e amável, o jovem escondia uma caráter ambicioso e vingativo ao extremo. Sua falta de fortuna não lhe parecera um obstáculo ao casamento com Neith, que ele acreditava ser uma rica herdeira, apesar da rivalidade com o rico Hartatef.

Ter sido posto de lado como um móvel velho depois de ter sido encorajado, o havia ferido mortalmente; vingar-se e tornar pública em toda Tebas a desonra de Mena era seu único desejo; mas por onde começar para feri-lo mais profundamente?

Seu espírito sagaz e ardiloso indicou em seguida a Keniamun o caminho a seguir para atingir seu objetivo. Sabia que há vários meses Mena fazia uma corte assídua a uma jovem viúva muito rica, com quem desejava se casar. Keniamun lhe freqüentava a casa, onde era bem recebido por causa de seu talento social e sua amabilidade. Conhecia perfeitamente essa jovem mulher mimada e caprichosa, e sabia que a bela Roant era volúvel, ciumenta, e apesar de sua grande fortuna, muito parcimoniosa. Bastava abrir-lhe os olhos para os gostos pródigos de Mena e seus amores com Nefert (a filha de Tuaa) para acabar com as possibilidades de sucesso que pudesse ter com a jovem viúva; e se confiasse a ela a história da múmia penhorada, podia ter certeza de que essa história daria a volta à capital sem sequer comprometê-lo, se pedisse segredo a Roant.

Bem satisfeito com essa idéia, e decidido a não perder um instante, Keniamun voltou ao barco, e como o palácio da viúva ficava à beira do rio, não longe do palácio real, ordenou ao barqueiro que o conduzisse ali. Tinha certeza de encontrar a jovem mulher em casa; sabia que andava indisposta, e esse incômodo a havia impedido de assistir à festa em casa de Pahir.

Como esperava, foi recebido, e um escravo o conduziu ao terraço sombreado de árvores e ornado de plantas raras, onde se encontrava a dona da casa. Roant era uma bela moça de cerca de vinte e dois anos, alta, esbelta, de cabelos muito negros, mas de tez pálida e amarelada; a cabeleira admirável, grandes olhos vivos e inteligentes e uma boca vermelha como coral a tornavam de uma beleza sedutora; mas nesse momento parecia fatigada e preocupada, e uma compressa de água aromática lhe envolvia a testa.

— Que bons ventos te trazem, Keniamun? Pensei que estivesses na festa de Pahir – disse Roant, erguendo-se no divã e lhe estendendo a mão. – Mas senta-te e sê bem vindo; tua palestra alegre e interessante me distrairá e afastará o espírito malfazejo que me obsidia e me torna enferma. Mas que vejo? Estás pálido e triste. Que tens? Aborrecimentos no serviço?

J. W. Rochester

— Não, minha cara e amável Roant, meu serviço não me traz nenhuma preocupação; mas tens razão, estou triste, o bulício de uma festa me é detestável, e não sabendo onde espairecer o desgosto do coração, vim até aqui, onde sempre fui recebido com bondade, esperando que uma conversa com uma mulher inteligente e sensível como tu seja o melhor remédio para me devolver a calma e o equilíbrio.

— Fizeste bem em vir me ver, e conta sempre com a minha amizade – disse a jovem mulher com um sorriso amável. – Mas para que eu possa te ajudar efetivamente a recuperar a calma, conta-me o teu desgosto, Keniamun; diz o que te aflige; juro que serei discreta e não abusarei de tua confiança.

— Conheço-te o suficiente, Roant, para não precisar dessa promessa – disse Keniamun com um suspiro –, mas irás compreender-me, tu que és tão altiva, tão bela, e a cujos pés suspiram os homens mais ilustres de Tebas? Poderás partilhar o sofrimento de uma amor infeliz, de um coração ferido e desdenhado?

— Enganas-te, Keniamun; compreendo perfeitamente teus sentimentos, meu coração também está atormentado e sei que falar da própria tristeza nos alivia; fala com franqueza, é o ouvido de uma amiga, de uma confidente que te escuta. No entanto, admiro-me que fales de amor desdenhado; amas Neith, e ela parecia te aceitar muito bem; teria ela te enganado perfidamente?

— Ela, não; essa criança pura e altiva não conhece o mal – respondeu o oficial com ar sombrio. – Neith me ama e é incapaz de uma traição vil, mas há outros que não se importam de cometer baixezas, ações que não se esperaria desses homens da casta privilegiada, que para salvar-se de uma merecida desonra, vendem a inocente menina.

Roant afastou a pele de pantera que lhe cobria os pés e sentou-se; seu rosto refletia curiosidade mesclada de inquietação.

— Peço-te, Keniamun, diz-me tudo, sem restrições. De que indignidades falas e quem as cometeu? É bom que se saiba dessas coisas.

— Já que te importas com meu desgosto – disse Keniamun, fingindo não notar-lhe a agitação –, não vejo razão para te ocultar a verdade. O pai de Mena e de Neith, que morreu há alguns anos, deixou-lhes uma fortuna imensa, mas Pahir, seu irmão mais moço, sempre foi um pródigo: tornou-se tutor da rica herdeira e amigo de seu sobrinho, que ele nunca contrariou nas más inclinações. Pahir não se privou de nada, e Mena tornou-se um dos maiores libertinos e gastadores de Tebas. Não existe uma taberna do bairro dos estrangeiros, uma casa de má fama da cidade, onde esses homens não tenham dissipado quantias absurdas, no jogo e na libertinagem. Sem falar da ligação escandalosa de Mena com Nefert, a filha de Tuaa; o que custa a ele essa criatura desavergonhada, que devoraria o Egito inteiro, se pudesse, é incalculável. Deves compreender que esses excessos acabaram de minar mesmo a sólida fortuna do velho Mena. Para reerguer as finanças e manter a aparência de sua casa, Mena não achou nada melhor que penhorar a múmia de seu pai a um usurário qualquer por uma enorme quantia; e para liquidar essa dívida vergonhosa inventou um expediente não menos engenhoso.

Uma palidez mortal invadira as faces da jovem viúva durante o relato; seus olhos faiscavam e as mãos tremiam nervosamente; mas fingindo não perceber essas expressões de uma cólera que acabava de despertar, Keniamun continuou:

— Neith deve ter inspirado a Hartatef uma paixão muito tenaz e profunda, para ter levado esse avarento a um sacrifício inesperado, o resgate da múmia do velho Mena. Os detalhes dessa transação ignóbil me são desconhecidos, mas o fato é que, rejeitado por Neith, que o destesta, Hartatef se dirigiu a Mena, e este vendeu-lhe a irmã pelo preço do resgate da múmia. Colocada no terrível dilema de aceitar ou ser desonrada junto com a família, a pobre menina teve que ceder, e hoje eles festejaram o noivado, para cortar-lhe a retirada. Era de se ver Neith nesse banquete; o seu desespero sombrio contrastava estranhamente com o bom humor dos dois patifes, que para pagar sua libertinagem sacrificam um parente. Mena, sobretudo, me revoltava; arrebentava de orgulho e de insolência e se vangloriava abertamente de que em breve celebraria seu casamento com uma das mais belas mulheres de Tebas, que está louca de amor por ele e lhe suplica que apresse esse dia. Queria saber a quem se referia e lamento...

Uma exclamação rouca de Roant, que se erguera do divã, as faces rubras e os punhos crispados, interrompeu o oficial.

— Esse mentiroso insolente – exclamou fora de si. – É de mim que ele fala, vangloriando-se sem pudor! Não te escondo, Keniamun, que ele me agradou e eu encoragei seu assédio; mas nem lhe dei minha palavra, e ele me humilha diante de todos! E além disso, não sabia que é um sacrílego, que empenhou a múmia do pai e vende a pobre irmã!

Com um talento que faria honra a um ator de hoje, Keniamun fingiu-se petrificado de surpresa.

— Tu, Roant! É de ti que ele ousa falar tão descaradamente! — exclamou, erguendo-se e tomando as duas mãos da moça.

— Perdoa-me por te contar tudo isso e te deixar aflita; juro que não sabia de nada e não imaginava que uma mulher inteligente e sensível como tu pudesse amar um homem estúpido, brutal e depravado como Mena. Perdoa-me, mais uma vez, de ter me deixado levar por meu desgosto a te dizer coisas tão penosas, mas como podia saber?

— Falas de perdão, quando acabas de me prestar um grande serviço? — interrompeu Roant, voltando a sentar-se, trêmula. — Eu não vou esquecer que me abriste os olhos para conhecer esse homem indigno, que se gaba de meus favores sem sequer ter uma resposta concreta de minha parte, e cuja vida particular é um conjunto de horrores! Oh! O que teria sido de mim? Vejo agora que um espírito impuro toldou minha razão e me pergunto como pude amar Mena, e por causa dele, rejeitei duramente homens dignos, como, por exemplo, teu chefe Chnumhotep.

— Rejeitaste Chnumhotep? Erraste muito, minha cara Roant – disse Keniamun. – Perdoa-me a franqueza, mas nossa conversa de hoje foge das regras comuns; nosso chefe é um homem leal e bom, estimado por todos; nossa faraó Hatasu o protege, e por esses dias lhe fez doação de um vinhedo magnífico. É um partido digno de ti, e penso que será fácil reparar esse erro que cometeste sob a influência de um espírito impuro. Chnumhotep te ama apaixonadamente, sei disso, e o verdadeiro amor não guarda rancor; permite que eu diga a ele que andas indisposta e que o receberás com prazer; ele virá e considerará a maior honra conduzir a seu palácio solitário uma esposa tão bela e virtuosa.

— Tens razão, Keniamun, preciso casar-me para dar fim aos falatórios escandalosos que a gabolice de Mena vai despertar em torno de mim; diz a Chnumhotep que será bem-vindo se vier me ver, mas nada mais, entendes?

— Por quem me tomas? Eu iria te comprometer?

— Bem! Se teu chefe me ama ainda, eu o aceitarei como esposo, organizarei um banquete e ficarei noiva dele, embaixo do nariz de Mena; será minha desforra do banquete de hoje.

— É uma idéia magnífica e digna de uma mulher inteligente – exclamou Keniamun rindo desbragadamente. – Mas para que a vingança seja completa, é preciso que recebas Mena como antes, sem demonstrar tua cólera, e quando, com sua presunção habitual, ele se preparar para ser anunciado como teu noivo, indiques Chnumhotep.

Depois de uma animada conversa, em que o casamento de Neith, as ações condenáveis de Mena e a pessoa do chefe da guarda foram discutidas a fundo, os dois novos amigos se separaram, e Keniamun voltou para casa satisfeito com os resultados de sua noite. Faltava apenas prevenir seu chefe da direção favorável que tomavam seus amores; mas isso ficaria para amanhã, pois Chnumhotep estava de serviço no palácio, onde comandava a guarda noturna dos aposentos de Hatasu.

Ao amanhecer, Keniamun ergueu-se e se dirigiu ao palácio, onde uma das alas era reservada para a caserna; ali se encontravam também, no primeiro andar, os aposentos reservados aos oficiais e a seu comandante, que permaneciam sempre no palácio. Chnumhotep, que era solteiro, descansava sempre ali ao voltar do serviço, e quanto Keniamun foi introduzido em seu quarto, o encontrou à mesa diante de um copioso desjejum.

O chefe dos guardas de Hatasu era um homem de uns trinta e quatro anos, alto, magro e musculoso; os traços bem definidos denotavam energia, e seu olhar de águia, os movimentos bruscos e precisos, revelavam o homem habituado ao comando. Ao ver o jovem oficial, ergueu-se e perguntou amavelmente:

— Aconteceu algo imprevisto, para vires me ver de manhã?

Keniamun cumprimentou-o.

— Desejo falar-te a sós, Chnumhotep, mas a notícia que trago não diz respeito ao serviço, e será, creio, agradável a teus ouvidos; trata-se da bela Roant.

Um rubor repentino subiu às faces bronzeadas do chefe da guarda; com um gesto, ordenou ao escravo que saísse, e levando Keniamun até a mesa, o fez sentar-se.

— Fala! – disse, estendendo-lhe um copo de vinho.

— Estive ontem à noite com a nobre viúva, e após uma conversa provocada por um grande desgosto que passei, Roant me falou de ti; ela lamenta que estejas afastado de sua casa, e me autorizou a dizer-te que está enferma e que seria um grande prazer se a fosses visitar; entendes o que significa e pressagia um convite desses – concluiu Keniamun, com um sorriso significativo.

— És de fato mensageiro de boas novas, e te retribuirei isso, podes ter certeza! – exclamou Chnumhotep, os olhos brilhantes. –

J. W. Rochester

Mas não fales tão misteriosamente; que relação pode existir entre teu desgosto e essa reviravolta subida de Roant em meu favor? Ela parecia totalmente subjugada por esse asno do Mena, que Rá[11] arruíne! Estava aguardando o anúncio do casamento, e vens me devolver a vida e a esperança. Mas o que foi que a desencantou? Vamos! Sê franco, e eu te juro por minha honra que guardarei segredo.

— Se me dás tua palavra de que não vais contar a ninguém o que escutares, eu te direi tudo o que aconteceu antes e durante minha conversa com Roant.

E Keniamun relatou brevemente, mas sem nada omitir, a história do noivado de Neith, da múmia penhorada, e finalmente sua visita à bela viúva.

— Compreendes que, depois de saber disso tudo, Roant se curou de sua fraqueza por Mena, e convenceu-se de que somente a influência de um espírito impuro pode ter lhe obscurecido a razão ao ponto de a fazer preferi-lo a um homem legal e digno como tu. Se, pois, disse ela, o nobre Chnumhotep me amar ainda, ficarei feliz de reparar meu erro em relação a ele aceitando-o como esposo; mas diz-lhe apenas que ficarei satisfeita se vier me ver.

— Hoje mesmo irei ver Roant, e espero que ela não me fará esperar muito por essa felicidade – disse Chnumhotep radiante. – Mas quem diria que Mena fosse um canalha desses! Psss!(cuspiu energicamente). Aí está um que não poderá se queixar, quando os deuses o fizerem reviver no corpo de um porco. A ti, Keniamun, obrigado mais uma vez; espero te provar em breve que minha gratidão é mais que meras palavras. Por enquanto, toma comigo um copo à saúde da mais bela mulher de Tebas.

Quando, meia hora mais tarde, Keniamun deixou a caserna, um sorriso maligno e satisfeito lhe brincava nos lábios.

— Ah! Nobre Mena – murmurou. – Devolverei tua insolência, e mais de uma vez ainda te lembrarás desse banquete onde me trataste com tanto desprezo.

Neith no templo de Hator

Ainda estava escuro, mas a claridade pálida da lua e a brisa fresca vinda do rio anunciavam a chegada da manhã, quando

11 N.E. — Também conhecido por Rê, era o Deus egípcio do Sol e da criação, um dos mais importantes do panteão do Egito, do qual o faraó se considerava filho e encarnação.

uma liteira fechada, levada por quatro negros, deixou o palácio de Pahir e se dirigiu, pelas ruas quietas e desertas da capital, para o templo de Hator.[12] Na liteira iam Neith e uma velha criada que a acompanhava por toda parte. A jovem estava pálida e melancólica, e os grandes olhos úmidos, fixos no vazio, pareciam não enxergar nada do que a cercava. Abatida pela luta interior, ia buscar forças e consolo aos pés da poderosa deusa, protetora do amor e da felicidade conjugal, à qual Neith votara desde a infância uma devoção especial.

Ao chegar diante do vasto edifício do templo, ao qual as sombras da noite emprestavam dimensões ainda maiores, a liteira estacou. Um velho vigia, sentado diante da porta, aproximou-se imediatamente, mas reconhecendo a jovem, que era uma visitante assídua, inclinou-se respeitosamente.

— Venho orar, deixa-me entrar logo, Chamus – disse, estendendo-lhe um anel de prata.

O velho, satisfeito, a precedeu até a entrada do templo, onde ela penetrou com a fiel serviçal.

Na galeria que conduzia ao santuário, Neith se deteve; retirando o véu, ajoelhou-se, e erguendo os braços para a imagem da deusa, implorou a ela numa prece ardente. Todo o amargor que há três dias se acumulava em seu coração transbordou nesse momento; soluços convulsivos lhe sacudiram o peito e uma torrente de lágrimas inundou-lhe as faces.

Absorvida na prece e em seus tristes pensamentos, Neith não se apercebeu de que um homem, oculto na sombra da galeria, a observava com interesse e compaixão. Esse personagem, cuja longa veste branca e cabeça raspada revelavam um sacerdote, apoiava-se a uma coluna, com os braços cruzados, e seus olhos não deixavam o rosto encantador da jovem, iluminado pela claridade vacilante de uma lâmpada suspensa no teto.

— Quem poderá ser? – murmurou ele. – Tão jovem, tão bela e tão desesperada; talvez tenha perdido um ente querido, e eu a possa consolar.

Lentamente, sem ruído, o sacerdote avançou na direção da jovem egípcia e logo se achou atrás dela. Podia-se ver então que era um jovem de estatura elevada; seu rosto pálido era de uma beleza admirável, e os olhos aveludados, assim como a boca finamente

12 N.E. — Deusa egípcia do amor e da festividade, apresentada sob a forma de uma mulher com cornos e um disco solar na cabeça ou como uma deusa com cabeça de vaca. Na Grécia, foi associada à deusa Afrodite.

J. W. Rochester

modelada, expressavam uma profunda melancolia. Ficou imóvel, contemplando num misto de curiosidade e admiração a bela criatura ajoelhada à sua frente; depois, curvando-se, tocou-a levemente no ombro.

Neith estremeceu e se voltou: fixou por um momento o rosto calmo e suave que se inclinava para ela, depois murmurou:

— És um dos celestes mensageiros de Hator, que a deusa envia, compadecida de meu desespero?

— Sou um simples servidor da poderosa deusa neste templo, um mortal como tu, jovem – respondeu o sacerdote, com uma voz melodiosa e velada. – Vendo tuas lágrimas, aproximei-me para perguntar se seria possível aliviar tua tristeza.

Neith o escutava avidamente, perscrutando com o olhar cada traço daquele rosto que lhe parecia estranhamente familiar; onde ela havia contemplado esses olhos profundos e sonhadores, escutado esse timbre harmonioso que fazia vibrar cada fibra de sua alma? Sua memória emudecia, mas uma sensação poderosa e desconhecida lhe fazia refluir todo o sangue para o coração, e lhe inspirava pelo jovem sacerdote uma confiança, uma necessidade de desabafar que nunca havia sentido.

Sob o impulso desse sentimento, exclamou, estendendo-lhe as duas mãos:

— Servidor de Hator, eu te confiarei tudo que me oprime o coração, e teus conselhos me iluminarão; mas antes de tudo, saibas quem sou.

Meu nome é Neith, e sou a filha de Mena, o conselheiro do faraó Tutmés I, que acompanhou a este em todas as suas campanhas e comandava no campo e em todas as tendas reais. Desde sua morte, eu vivo com meu irmão na casa de meu tio Pahir, de quem talvez tenhas ouvido falar, pois é chefe das cavalariças reais.

Em rápidas palavras, a jovem contou toda sua vida passada, a história da múmia penhorada, a o sacrifício exigido dela para salvar a honra da família.

— Pela memória de meu nobre pai, preciso casar com esse homem odioso, mas terei minha desforra – concluiu com o olhar brilhante.

O jovem sacerdote a havia escutado com um interesse contido.

— É grande a prova que te impõem os deuses, nobre filha de Mena – disse ele com gravidade –, mas devo dizer-te que um sacrifício só é aceito pelos imortais quando é oferecido de fato, e o ódio não deve se misturar a um ato tão sagrado como o casamento. Com uma fé entusiasta e persuasiva, expôs à jovem a grandeza que reside em se sacrificar por outra pessoa, a calma e a satisfação que se encontra no exercício de uma rígida virtude. Mas Neith não pensava nesse momento nem em Keniamun nem em seu noivo; via apenas o jovem sacerdote que lhe falava, só escutava sua voz vibrante e harmoniosa; o sentido das palavras deslizava em seus ouvidos sem deixar traço; enlevada com o presente, o passado e o futuro haviam se diluído para ela.

Conversando, os dois jovens tinham se aproximado da porta de saída e um raio de sol que veio pousar sobre a soleira fez estremecer o sacerdote.

— Rá se eleva, devo fazer as preces da manhã; tu, nobre Neith, volta para casa, ora e cumpre teu dever; a divindade te sustentará. Até a vista!

Saudou-a com a mão e desapareceu na penumbra.

Neith abaixou o véu e chamou sua serva; como num sonho, tomou lugar na liteira. Suas faces queimavam, seu coração batia desordenado e todas as suas faculdades se concentravam num só pensamento: "onde é que eu já vi esse homem estranho e sedutor? E quando o verei novamente?"

— Oh! Se ele me amasse! – exclamou involuntariamente. – No mesmo instante, um ardente rubor lhe subiu ao rosto, e lançou para a serva um olhar envergonhado e assustado; mas a boa velha não havia entendido nem notado nada; além disso, tudo o que fazia e dizia sua senhorazinha adorada era perfeito aos olhos da excelente Beki, e acima de toda crítica. De volta ao palácio, Neith dispensou a todos e se atirou no leito; queria sonhar à vontade.

A partir desse dia, começou para a jovem uma vida estranha; seu ódio por Hartatef e seu amor por Keniamun ficaram apagados; indiferente a tudo que a cercava, absorvia-se em devaneios sem fim, vivendo num mundo de fantasia cujo centro e único objeto era o jovem sacerdote do templo de Hator. Não obstante, em sua ingenuidade, Neith não se dava conta de que uma violenta paixão havia lhe tomado o coração, e continuava de boa fé a deplorar a fatalidade que a separava de Keniamun.

Satati a observava com suspeita; não podia entender a causa dessa mudança inesperada, da indiferença amável que havia substituído os caprichos e os acessos de cólera da jovem inconstante.

Em uma manhã em que Satati havia saído para uma dessas visitas inconfessáveis onde buscava as notícias da cidade, a liteira de Roant se deteve diante do palácio de Pahir. Fazia alguns dias que a jovem viúva era a feliz noiva de Chnumhotep, graças à engenhosa intervenção de Keniamun. O chefe da guarda não tinha perdido tempo: levando um ramo das mais belas flores, tinha ido saber da saúde de Roant, e fora recebido muito bem. A jovem mulher aproveitara essa primeira visita para fazer uma comparação minuciosa entre Mena e seu chefe, e contra toda a expectativa, a vantagem ficou com o último. Os traços marcantes, o porte marcial, o olhar brilhante e enérgico de Chnumhotep lhe pareceram infinitamente superiores à beleza afeminada e ao olhar arrogante mas dissimulado de Mena. Além disso, a fortuna do jovem comandante era igual à sua, e seu posto lhe assegurava uma brilhante posição na corte. "Decididamente, eu estava louca e cega", pensou Roant, dirigindo a seu adorador um sorriso dos mais animadores.

Graças a essa boa disposição de ambas as partes, não tardou a acontecer uma explicação definitiva, e o chefe da guarda ficou no auge da felicidade. Após o beijo de noivado, Roant confessou a seu futuro marido que Mena a havia atormentado terrivelmente com seus caprichos e ciúme, desconfiado da rivalidade do chefe, e que não ousando demonstrá-lo a esse, desabafava sua raiva nela, a perseguia com suspeitas, e além de tudo, a havia comprometido com sua gabolice. Para puni-lo por tudo isso ela desejava, por sua vez, afrontá-lo publicamente, deixando-o pensar que o amava e revelando apenas no banquete quem era o verdadeiro escolhido de seu coração. Suplicou ao noivo que guardasse segredo absoluto até o dia da festa.

O bom Chnumhotep, que estava sinceramente apaixonado, concordou com tudo, e essa adoração, essa condescendência para com seus desejos, que contrastavam agradavelmente com o jugo pesado de Mena, encheram o coração de Roant de uma sincera gratidão por seu futuro esposo. Em sua felicidade, sentiu a mais afetuosa piedade de Neith, a desafortunada vítima da cobiça do irmão e de Pahir, e resolveu fazer amizade com ela, para oferecer-lhe oportunidade de ver Keniamun em sua casa, e trocar palavras de amor com o homem de quem a haviam separado tão indignamente.

Em razão desses planos, Roant fora pessoalmente à casa de Pahir convidar toda a família para a primeira festa que ia oferecer após a morte de seu marido; e para dissipar definitivamente qualquer desconfiança por parte de Mena e confirmar suas esperanças, havia remetido a ele naquela manhã tabuinhas contendo um convite assim expresso: "Decidi-me a oferecer a festa há muito desejada por meus amigos; saio do luto para recomeçar uma vida nova. Espero que não faltes a essa reunião, e conto contigo a meu lado".

Como se o destino quisesse favorecer os projetos de Roant, ela encontrou Neith sozinha em casa: Satati saíra para sua visita, Pahir e Mena a serviço. Pela primeira vez as duas jovens, que se conheciam pouco, conversaram à vontade, e a amabilidade da viúva conquistou prontamente a simpatia de Neith. Ela sentia-se isolada, e no seu atual estado de espírito, desejaria possuir uma amiga e confidente. O convívio dos parentes se lhe tornara odioso depois que constatara que eles a sacrificavam por seu egoísmo cúpido; e a prudente e astuciosa Satati sempre procurara afastá-la de qualquer amiga de sua idade. A esposa de Pahir não imaginaria uma visita inesperada de Roant, e menos ainda poderia prever que uma amizade íntima resultaria dela.

Após uma hora de conversa cada vez mais animada e cordial, Roant convidou a jovem a ir, dali a dois dias, visitá-la após o jantar. Neith, que considerava a viúva como sua futura cunhada, feliz de fugir do convívio de Satati, aceitou imediatamente, e despediram-se com um beijo fraternal.

À hora combinada, Neith se dirigiu ao palácio de Roant e foi recebida de braços abertos. Após uma refeição ligeira, as duas novas amigas foram para o jardim e se instalaram num pequeno pavilhão defronte ao Nilo. Maciços de roseiras e de acácias cercavam a delicada construção, oferecendo uma sombra agradável e mesclando o aroma delicioso das flores desabrochadas à brisa fresca do rio.

— Aqui poderemos descansar e conversar à vontade – disse Roant, levando sua amiga para um divã cheio de almofadas; – vamos, ergue a cabeça e expulsa os pensamentos sombrios, Neith; fico triste de ver uma criatura jovem, bela, digna de ser feliz como tu, esmagada por essa tristeza. Abre teu coração, pobre menina, e para te facilitar as confidências, vou dizer-te que conheço as verdadeiras razões de teu casamento e de teu sacrifício generoso.

— Como sabes? Por quem? – perguntou Neith, enrubescendo.

— Como e por quem, não posso dizer-te, mas acalma-te, teu segredo é sagrado para mim, e só mencionei isso para poder te consolar e te fazer ver o lado bom desses acontecimentos inevitáveis. Primeiro, vais tornar-te uma das mulheres mais ricas de Tebas; teu luxo será invejado, e todas as que desejaram conquistar Hartatef morrerão de inveja; essas vitórias têm um sabor que irás apreciar quando conheceres melhor a sociedade. Em segundo lugar, o trabalho de teu marido o afastará seguidamente de casa, às vezes semanas inteiras; isso te dará uma grande liberdade. E quem pode te impedir de visitar teus conhecidos e de encontrar ali teu preferido? Sei que amas Keniamun, e acho isso muito natural, porque é um homem encantador e digno de tua afeição.

Neith a escutava, vermelha e emudecida, com uma ligeira ruga se desenhando entre as sobrancelhas.

— Mas – murmurou em voz hesitante – se Hartatef soubesse disso, que diria? Não jurei amor e fidelidade a ele, é verdade, mas ter receio de ser surpreendida como um ladrão, é humilhante! E depois, que direito tenho de amar Keniamun, já que não vou casarme com ele?

A jovem viúva deu uma risada.

— És ainda uma criança *muito* ingênua, Neith; quando estiveres casada, mudarás de opinião, e tenho certeza de que virás me ver muitas vezes e não te negarás a encontrar Keniamun. Além disso, digo-te que se *deve* amor e fidelidade a quem se escolhe livremente. Um homem que te *compra* só merece o teu desprezo. Mas deixemos isso, por enquanto; diz-me se és capaz de guardar um segredo de uma amiga.

— Decerto! O que imaginarias? Se me confiares qualquer coisa, juro que me calarei, sobretudo para minha família, porque não gosto deles.

— Isso me basta, ainda mais que o segredo diz respeito a teu irmão – disse Roant, abraçando carinhosamente a jovem. – Ouve: estou noiva de Chnumhotep, mas antes da festa que vou dar no fim da semana, ninguém deve saber disso.

Neith endireitou-se, surpresa.

— Como? Não é Mena que escolheste? Então entendo por que ele deve ignorar isso – acrescentou com um sorriso irônico.

— Sim, vou fazê-lo pagar por sua presunção e todos os dissabores que me fez passar com seus caprichos e seu ciúme; não me condenes por lhe infligir essa dura lição.

— Não, e ficarei muda como um túmulo; ele merece o que o aguarda, esse indigno que fez do meu noivado o dia mais terrível de minha vida!

E o semblante encantador de Neith assumiu uma expressão de maligna e cruel satisfação que não se esperaria de seus traços infantis.

Uma alegre exclamação de Roant interrompeu a conversa:

— Olha que visitas agradáveis os deuses nos enviam: Chnumhotep e Keniamun!

Levantou-se para cumprimentar os dois jovens, e logo uma conversa animada se estabeleceu. Apenas Neith pouco falava; enrubescendo e empalidecento alternadamente, baixava os olhos e parecia pouco à vontade. Roant, que a observava, ergueu-se e fez sinal ao noivo para que a seguisse.

— Gostaria de tua opinião, Chnumhotep, sobre uns arranjos na sala do banquete; vem! E vocês, meus amigos, façam enquanto isso um passeio no jardim. Keniamun, serás o responsável se minha amiga se aborrecer.

Saudando-os amigavelmente, afastou-se com o chefe da guarda, e Keniamun não se fez de rogado; tomando a mão de Neith, arrastou-a para o jardim. Quando se viram sós, à sombra de uma aléia espessa, o oficial enlaçou a figura esbelta da jovem e imprimiu-lhe nos lábios um beijo apaixonado.

— Neith, minha bem-amada, tua palidez e tua tristeza dizem mais do que as palavras o quanto sofres por nossa separação. Apesar de tudo, estou feliz porque agora sei que não é um traição de teu coração, mas uma nobre generosidade que determinou tua atitude; eu te admiro tanto quanto te amo, e não renunciarei jamais a ti, apesar de teu casamento com Hartatef. Ele me roubou tua mão por meio de uma conspiração indigna, mas tenho teu coração. Diz que me amas, Neith, não recuses esse bálsamo a meu coração ferido.

Neith abaixou a cabeça; entre ela e Keniamun acabava de erguer-se o pálido e belo semblante e os olhos sonhadores do jovem sacerdote de Hator; mas afastando a visão tentadora, respondeu rapidamente:

— É claro, meu amor te pertence; quem mais eu poderia amar?

Esforçando-se por parecer alegre e despreocupada, Neith continuou o passeio. Não entendia mais a si mesma, e acabou por persuadir-se de que seu estranho estado de espírito era conseqüência de seu amor contrariado, e que a companhia de Keniamun lhe traria de volta o equlíbrio. Abandonou-se então sem restrições ao prazer do encontro e escutou, não sem satisfação de seu amor-próprio, as juras apaixonadas e os projetos futuros do jovem oficial; a idéia de pagar com uma infidelidade a perfídia de Hartatef não lhe pareceu tão abominável, e quando foram reencontrar Roant e seu noivo, Neith recuperara a alegria e a cor saudável.

Enfim chegou o dia da festa de Roant, e desde cedo Mena se dedicou a preparar-se com especial cuidado. Nem a mais leve suspeita de que a jovem viúva tivesse mudado tão completamente de idéia lhe perturbava a tranqüilidade; em sua presunção, ele se acreditava irresistível; e havia hesitado até esse dia em casar-se, esperando encontrar algo ainda melhor. A beleza e a grande fortuna de Roant, porém, o haviam feito decidir-se, e ele se vestia com todo o luxo adequado ao herói da festa. Por um momento, sentiu o impulso de agastar-se, de não ir à casa de Roant e puni-la assim pelas duas visitas que lhe fizera em vão. Da primeira vez, disseram-lhe que ela estava na cidade fazendo compras; na segunda, que tinha ido à cidade dos mortos para fazer sacrifícios na tumba de seu defunto marido. Que diria ele se soubesse que enquanto era despedido assim, sua suposta noiva zombava dele junto com Chnumhotep? Porém Mena não podia prever uma traição dessas, e desarmado pela lembrança das tabuinhas, do convite pessoal feito à sua família e das gentilezas da viúva para com Neith, desistiu de qualquer rusga e enviou mesmo a Roant flores e perfumes.

Antes de tomar a liteira, toda a família foi se reunindo aos poucos. Satati foi a primeira a aparecer depois de Mena; usava o magnífico colar que Hartatef lhe havia presenteado por seus bons ofícios, e escutou com um sorriso amável os cumprimentos exagerados que este lhe dirigiu por sua beleza. Neith foi a última a chegar; ao ver o irmão tão magnificamente vestido e com o rosto tomado de orgulhosa satisfação, mordeu os lábios e escondeu com o leque um sorriso cheio de ironia mordaz.

— Não manterás a cabeça tão erguida na volta, penhorador de múmia! – pensou com uma alegria maligna, enquanto Mena subia sozinho em uma liteira dourada e enfeitada com flores, como era próprio dos noivos.

Quando a família de Pahir entrou no enorme salão, um número considerável de convidados já aí se encontrava. Ao ver Chnumhotep em pé atrás da cadeira da dona da casa, conversando animadamente com ela, Mena franziu as sobrancelhas; mas o sorriso sedutor com o qual Roant lhe estendeu a mão, a satisfação que demonstrou com sua chegada, lhe devolveram o bom humor. A guirlanda de flores vermelhas que enfeitava os cabelos da moça pousaria em seguida sobre sua testa, e com ela, esse palácio magnífico, as terras e os vinhedos, os rebanhos e os escravos que se tornariam sua propriedade. Pelo seu ar triunfante, muitos convidados imaginavam que ele era o escolhido; felicitavam-no em voz baixa, e ele aceitava os cumprimentos com um ar de orgulho que não deixava dúvidas de sua vitória. Na verdade, ele se sentia no auge da realização: sua irmã casada com o rico Hartatef, ele se tornando esposo de Roant, que esplêndido futuro de luxo, de prazer e de gastos desenfreados!

Enquanto Mena se abandonava a esses risonhos projetos, Roant tomou Neith pelo braço e arrastou-a para longe Hartatef que, frio, reservado e orgulhoso como sempre, permanecia junto de sua noiva.

— Não ficas triste, não é, que te separe de teu noivo? – disse rindo. – Queria entregar-te esta rosa da parte de Keniamun; ele ficaria feliz de vê-la em teus cabelos durante o banquete.

— Perto dos diamante de Hartatef, ficará muito engraçado – disse Neith com um sorriso zombeteiro, prendendo a flor entre os pingentes de um rico diadema. – Como és boa, Roant! Apesar de tudo, lamento muito que não vás ser minha cunhada.

— Não lamentes nada, nem sempre é o parentesco de sangue que faz o verdadeiro afeto, tu pudeste provar isso. Eu sou e continuarei sendo tua irmã do coração, e te provarei isso. Agora, queria avisar-te de que hoje irás conhecer meu irmão, que vivia, como sabes, em Mênfis.[13] Voltou a Tebas faz algumas semanas, mas sai muito pouco; porém não pôde recusar-se a assistir à festa de hoje e quero colocá-lo a teu lado. Tu és tão alegre, tão inteligente! Tenta distraí-lo e alegrar um pouco o pobre Roma.

— Claro! Claro! Farei o possível, ainda mais que isso me dispensará de contemplar o rosto fechado de Hartatef – exclamou Neith. – Mas por que está triste o teu irmão? Está enfermo?

— Não, mas é tão infeliz no casamento! A mulher dele tem um temperamento realmente infernal – respondeu Roant, suspirando. – Ela é ciumenta, desconfia dele o tempo todo e o vigia de forma revoltante. Apesar de seu ótimo caráter, Roma está exausto e alquebrado por essas cenas e escândalos perpétuos; e se Noferura estivesse presente, eu não me arriscaria a fazê-lo sentar-se junto da moça mais bonita de Tebas. Felizmente essa mulher maldosa está doente e não pôde sair; mas, shh!, ei-lo ali!

---

13 N.E. — Cidade do Antigo Egito, na margem esquerda do Nilo, a 18 km da cidade do Cairo. Construída por Menes, o unificador e fundador da primeira dinastia egípcia, foi inicialmente capital do país até cerca de 2258 a.C. Tinha por divindade local o deus Ptah.

J. W. Rochester

Neith voltou a cabeça na direção indicada e seu coração parou de bater; no homem vestido de branco que se dirigia para ela, acabava de reconhecer o ideal de seus sonhos, o jovem sacerdote do templo de Hator. Então, ele era o irmão de sua amiga, o esposo dessa Noferura de quem acabava de ter uma descrição tão desagradável.

Um turbilhão de pensamentos tumultuados se agitou no espírito de Neith; mal escutou as palavras de Roant, que lhe apresentava o irmão, e as poucas palavras de Roma, que não mencionou o encontro de ambos. O aviso de que a refeição estava servida veio interromper todas as conversas. Os convidados se dirigiram à sala do banquete, onde Mena se aproximou daquela que considerava sua noiva. Sem sequer pedir-lhe permissão, colocou-se ao lado dela, e viu com desagradável surpresa Chnumhotep ocupar o assento do outro lado de Roant. Uma sombra lhe subiu à mente, mas a pretensão o ajudou a acalmar-se. "É em atenção a mim que ela honra assim o meu chefe, para que ele não guarde nenhum rancor de minha vitória", pensou, absorvendo-se nas delícias do repasto.

Keniamun, sentado diante de Neith, observava com surpresa seu ar preocupado e distraído; não sabia que a jovem fazia os maiores esforços para parecer calma, e os mais estranhos sentimentos, entre os quais predominava um rancor ciumento contra a abominável Noferura, a tornavam indiferente a todo o resto. "Ela deve ter tido alguma cena desagradável com esse demônio do Hartatef", concluiu ele por fim, e concentrou a atenção na cena que iria acontecer a qualquer momento.

A animação do banquete estava no auge quando Roant ergueu o copo e anunciou:

— Meus caros hóspedes e amigos, aproveito esta reunião para fazê-los participar de um acontecimento que enche minha alma de alegria e põe fim ao luto que há mais de dois anos ensombrece esta casa. Tendo prestado a meu esposo, que foi para Osíris, todas as honras que merecia; tendo honrado sua memória diante da posteridade por doações e sacrifícios dignos de sua posição e de seus méritos e que, assim espero, serão agradáveis a sua alma na morada dos imortais, decidi casar-me novamente; e por exata forma, vos revelo o esposo de minha escolha.[14]

14 N.T. — O egípcio foi o único povo da antiguidade em que as mulheres tinham uma posição de igualdade com os homens, possuíam liberdade de escolha e tinham participação idêntica na vida social.

Ergueu-se e retirou sua guirlanda. Mena já se preparava, com um sorriso amável, para inclinar a cabeça e erguer sua taça, quando Roant voltou de repente as costas para ele, e pousou as flores na cabeça de Chnumhotep, que se ergueu e tomou-lhe a mão.

— Eis – acrescentou ela – aquele que eu amo e vos apresento como meu futuro marido; em seu nome, e no meu, vos convido, caros convivas aqui reunidos, a vir dentro de três semanas festejar nosso casamento.

O silêncio da estupefação se seguiu por um instante a essas palavras. Esperava-se um outro nome, e aqueles que tinham visto Mena chegar triunfalmente com um cortejo de noivo, tinham confirmado essa suposição. No entanto, como Chnumhotep era muito mais estimado na sociedade que seu rival descartado, a vitória daquele despertou uma satisfação geral, e aclamações misturadas a bons votos se ergueram em honra dos noivos.

Com uma alegria maligna, Neith e Keniamun analisaram a face transtornada e perplexa de Mena, que, com a boca aberta, os olhos parados, parecia duvidar dos próprios ouvidos. "Ah! Patife estúpido e brutal, te fiz pagar agora os ultrajes do dia do noivado de Neith", pensou Keniamun trocando com a jovem um olhar de raiva satisfeita.

Porém Mena estava longe de possuir o sangue-frio e o tato que tinham poupado a Keniamun a metade dos olhares zombeteiros e da maledicência afiada das más línguas; assim que recobrou a capacidade de pensar e agir, ergueu-se, virou o copo, empurrou a cadeira com violência tal que a fez rolar estrepitosamente até o meio da sala, e voltando as costas a todos, saiu pálido de ira.

Ofendido com esse gesto, o chefe da guarda quis sair atrás dele, mas Roant tomou-o pelo braço e disse, bastante alto para ser ouvida por Mena:

— Peço-te, Chnumhotep, deixa-o partir e meditar sobre a cruel lição que acabo de dar-lhe e que lhe ensinará talvez a ser mais prudente no futuro, e menos cheio de si. Quanto a ti, creio que és suficientemente feliz para não quereres te vingar de um imbecil!

Uma gargalhada geral acolheu essas palavras; Chnumhotep sentou-se de bom humor e enquanto Mena, espumando de raiva, se jogava na liteira ornada de flores, o banquete continuou com animação maior ainda.

O príncipe hitita

À margem do Nilo, onde terminavam os últimos terrenos e edifícios do templo de Amon,[15] elevava-se, sobre um talude artificial, um pequeno palácio rodeado de vastos jardins. Apesar das dimensões restritas, era uma esplêndida habitação, decorada com todo o luxo da época; pelo lado da rua, dois mastros altos, com as pontas recobertas de cobre e ornados de bandeirolas, anunciavam aos passantes que ali era a morada de um personagem ilustre; pelo lado do Nilo, um vasto terraço ocupava parte da fachada.

Esse terraço, construído à beira do talude, dava acesso ao rio por uma escadaria de pedra cujos últimos degraus mergulhavam na água, e junto à qual estava atracada uma elegante barquinha de proa dourada; no alto da escadaria, duas esfinges de granito rosa pareciam sentinelas velando a descida.

O terraço, cercado por uma balaustrada, era ornamentado por uma profusão de plantas raras e arbustos de grande porte, plantados em vasos de madeira, que formavam bosquetes perfumados e com sombra.

À hora em que o calor do dia começava a dar lugar a um frescor agradável, à sombra de um dos bosquetes que acabamos de mencionar, um jovem de vinte e quatro a vinte e cinco anos se estendia sobre um divã, numa pose preguiçosa e indolente. Ao alcance da mão tinha uma mesa de alabastro com pés de bronze trabalhado, sobre a qual se encontravam uma ânfora de vinho, um copo e uma cesta cheia de frutas; dois escravos agachados, um à cabeceira e outro aos pés do divã, abanavam seu senhor com grandes leques de penas. Era um belo jovem, esguio e de altura média; o rosto magro e alongado era mais claro que o dos egípcios, animado por dois olhos grandes e penetrantes, sombreados por sobrancelhas negras e espessas; a boca, de cantos curvado, expressava orgulho e dureza, e por seu olhar perpassava às vezes (quando achava que ninguém o observava) alguma coisa de falso, de taciturno e dissimulado que estragava a harmonia do semblante agradável.

Vestia apenas um avental de tecido fenício, bordado de ouro na frente, que lhe cobria os quadris; sobre o torso nu, um colar de quatro voltas de placas de ouro esmaltadas, e um *claft*[16] listado de

---

15 N.E. — Importante deus egípcio cultuado na cidade de Tebas e posteriormente associado ao deus Rá na personalidade de Amon-Rá. Foi indentificado na Grécia com Zeus e em Roma com Júpiter.
16 N.E. — Capuz ou touca que fazia parte da vestimenta egípcia.

branco e púrpura, com a frente ornada por uma tira de pedrarias, recobria-lhe a testa.

O personagem que acabamos de descrever era Sargon, príncipe hitita, que fora feito prisioneiro quando criança por Tutmés I, quando da vitoriosa campanha deste às margens do Eufrates.[17] O rei seu pai fora morto durante a batalha, mas alguns membros da família tinham caído vivos nas mãos do vencedor, e entre eles Sargon, que tinha então cerca de dez anos. O menino fora trazido para Tebas junto com milhares de outros prisioneiros, mas a bondade de Hatasu o havia separado dos outros e lhe concedera uma posição digna de seu nascimento. A jovem princesa, quase uma criança, exercia, contudo, por sua energia e espírito precoce, uma grande influência sobre seu pai. Usara essa ascendência para fazer com que fosse dado ao jovem príncipe uma educação real e para aliviar a sorte de muitos prisioneiros hititas, alguns dos quais foram colocados mesmo em sua residência.

A proteção constante da rainha sobre o jovem jamais cessara; concedeu-lhe de seus próprios recursos uma dotação principesca e o palácio onde habitava; além disso, financiava generosamente de seu bolso os prazeres e mesmo as fantasias de Sargon, que gozava na corte de uma posição excepcional. Não ocupava, é verdade, nenhum cargo oficial, mas comparecia a todas as festas da rainha, e era convocado a prestar-lhe alguns serviços protocolares que a etiqueta reservava aos príncipes e aliados da casa real, apesar do descontentamento surdo que despertava uma distinção dessas, que parecia revoltante e arbitrária aos olhos dos egípcios, para os quais um prisioneiro deixava de ser uma pessoa, qualquer que fosse sua posição anterior.

Perceberia ele o antagonismo secreto despertado por sua posição privilegiada, e teria no fundo da alma ódio e rancor contra os vencedores que haviam destruído seu povo? De qualquer forma, Sargon não parecia feliz; sombrio e pouco sociável, não tinha intimidade com nenhum dos egípcios nobres, vivia retirado e indiferente em seu palácio, ocupando-se com a leitura e a caça, ou sonhando horas inteiras no terraço, seu refúgio preferido.

Nesse dia, mais uma vez, estava deitado havia mais de uma hora sobre o divã, os olhos fixos no rio, contemplando ora com interesse ora com indiferença as centenas de embarcações de todos

17 N.E. — O mais largo, extenso e importante rio da Ásia ocidental, situado na região da Mesopotâmia, o qual — justamente com o rio Tigre — foi o berço do desenvolvimento de várias importantes civilizações.

J. W. Rochester

os tipos que se deslocavam em todas as direções. Era realmente uma cena variada, animada, digna de atrair a atenção; entre os barcos pesados, carregados de todos os produtos do Alto Egito,[18] ou de caixotes de madeira onde baliam e mugiam animais, e que avançavam lentamente, rápidas e elegantes embarcações se cruzavam em todos os sentidos, mantendo um contato incessante entre as duas partes da cidade.

Uma pequena barca conduzida por um remador, que se destacava das demais, dirigindo-se rapidamente para o terraço, atraiu nesse momento a atenção de Sargon; este se soergueu, e para ver melhor colocou a mão sobre os olhos: um homem armado e com um capacete à cabeça sentava-se no barco.

— Ora! É Keniamun, aquele rapaz alegre e amável! – murmurou com um sorriso. – Mas por que estará uniformizado?

Nesse instante o barco atracou, o jovem oficial saltou nos degraus e em poucos passos encontrava-se no terraço.

— Venho trazer uma mensagem, príncipe Sargon – disse inclinando-se. – Avisar-te de que, daqui a uma hora, nossa gloriosa rainha – a quem os deuses concedam glória e saúde! – virá descansar de sua excursão neste terraço. Ela mandou te avisar.

Ao anúncio de uma mensagem real, o príncipe se havia levantado para escutá-la.

— É grande a minha alegria de que a imortal filha de Rá queira honrar minha humilde morada com sua presença – disse inclinando-se. – Onde se encontra a rainha?

— Está inspecionando neste momento as construções de seu túmulo; acaba de visitar as oficinas onde estão sendo esculpidas as esfinges destinadas à avenida que conduzirá ao *menu.*

— Obrigado pela boa notícia, Keniamun, e também por tua visita, embora involuntária – disse Sargon, apertando a mão do oficial. – Tens me esquecido, mas como estás aí, sê mil vezes bem-vindo. Senta e conversemos até a chegada da rainha; permite apenas que eu dê algumas ordens.

Bateu palmas e chamou:

— Chnum!

Um velho escravo apareceu sem demora.

— Levem este vinho e essas frutas e preparem outros; ali, perto dos arbustos floridos, coloquem esteiras e o assento real; e que o pessoal fique pronto a atender ao primeiro chamado. E agora,

---

18 N.E. – A parte sul do Egito.

conversemos – acrescentou jovialmente, sentando-se ao lado do visitante. – Conta-me as novidades e os boatos da cidade, Keniamun. Sei que estás sempre perfeitamente informado de tudo que acontece, e eu estou desatualizado. Há tempo que não saio de meu retiro, e uma indisposição me impediu até de assistir à festa do Nilo.

– Oh! As novidades não faltam! – respondeu Keniamun, que havia tirado o capacete e a espada. – Só não sei é o que poderá te distrair: vês pouca gente e não te interessas por ninguém, no que fazes mal, pois te privas voluntariamente de muitas horas alegres e divertidas.

– Tens razão, mas o que queres? Sinto-me pouco à vontade entre esses que, para ti, são amigos e compatriotas, mas para os quais eu continuo sendo um estranho. Assim mesmo, fala: conheço a todos e gosto de saber do que acontece. Mena afinal ficou noivo de Roant? É verdade que Hartatef vai casar com a pequena Neith? Pensei que tinhas uma queda por ela.

– Sobre Roant, há uma história magnífica: anteontem ela ficou noiva de Chnumhotep, e Mena recebeu com isso uma lição que não há de esquecer tão cedo. Mas quanto a Neith, é verdade. Oh, Sargon, se quizesses, poderias tirar-me um peso imenso do coração, e talvez fazer nossa felicidade, pois Neith corresponde a meu amor.

Um sorriso malicioso franziu os lábios do jovem hitita.

– Ah! Outra vez um amor fatal que oprime o coração? És incorrigível, Keniamun. Como podes te afligir por uma coisa insignificante? Segue meu exemplo: ama as mulheres como se ama as flores, as frutas, o vinho; usa-as sem te prender a essas criaturas pérfidas e volúveis; não posso entender que se perca o sono ou apetite por elas.

– Falas assim, Sargon, porque o verdadeiro amor ainda não te tocou o coração; mas tua hora chegará!

– É possível, embora pouco provável. E agora, para que eu possa te ajudar, preciso saber de tudo; conta, começando pela história de Roant.

– Preciso começar pela de Neith, pois o noivado de Roant é uma conseqüência – respondeu Keniamun, inclinando-se para o príncipe; e rapidamente expôs os acontecimentos que acabamos de relatar, sem omitir o interessante episódio da múmia penhorada.

– Queres então que eu influencie Hatasu para que afaste Hartatef e te coloque no lugar dele?

– Queria apenas que fizesses saber à rainha que estão forçando Neith a se casar com um homem que lhe é antipático; nossa ilustre soberana sempre mostrou uma grande bondade para com ela, e a livrará talvez de um vínculo odioso forjado por uma transação vergonhosa.

— Prometo que farei o possível e contarei a verdade à rainha. Hartatef é um homem muito desagradável, e seria de lamentar que Neith caísse em suas mãos; essa menina me interessa, por uma razão singular: ela se parece com meu falecido irmão Naromath.

— Tinhas uma irmão com quem Neith se parece? – indagou Keniamun, em cuja alma astuta e ardilosa acabava de despertar uma idéia estranha.

— Sim, um irmão mais velho que morreu durante o retorno de vosso exército; era filho de outra mãe, mas eu o recordo perfeitamente, e possuo um busto dele. Percebi sua semelhança com Neith por acaso; há quase dois anos, no templo, isso me chamou a atenção; é exatamente o mesmo perfil, os mesmos traços, apenas mais finos, mais delicados.

Gritos que vinham do rio atraíram a atenção dos dois jovens e puseram fim à conversa.

Keniamun recolocou rapidamente o capacete e a espada, enquanto Sargon dava um último olhar aos preparativos do terraço. À frente da descida, as lajes estavam recobertas de elegantes esteiras trançadas, no centro das quais se encontrava uma cadeira de encosto de cobre trabalhado, erguida sobre um largo estrado de madeira pintado de vermelho; sobre uma mesinha, também de cobre, estavam uma cesta repleta dos mais belos frutos, uma jarra de ouro e uma taça do mesmo metal, admiravelmente cinzeladas e incrustadas de pedrarias.

Constatando que tudo estava em ordem, o príncipe, seguido pelo oficial, desceu a escadaria e se deteve no último degrau, à espera da real visitante.

Na confusão de embarcações que cobriam o Nilo acabava de fazer-se uma abertura em sentido oblíquo ao rio, e por esse canal improvisado avançava sobre as vagas uma comprida barca dourada, impelida por oito remadores. A proa, muito alta, terminava por duas serpentes esculpidas, e sobre elas um falcão de asas abertas. Num assento recoberto com pele de leão sentava-se Hatasu, que respondia com um ligeiro aceno de mão às aclamações de seus súditos; atrás da rainha, dois oficiais em pé, as armas ao ombro, e à frente dela Semnut e duas mulheres sentados ao fundo do barco.

Em um instante, a barca real atracou, e Hatasu desceu, respondendo com um sorriso benevolente à saudação do príncipe. Semnut e as mulheres seguiram a rainha até o terraço, enquanto Keniamun e os dois oficiais se postavam nos degraus.

— Venho repreender-te, Sargon, por teu gosto excessivo pela solidão – disse Hatasu, depois de acomodar-se na cadeira preparada para ela. – Mal apareces nas grandes festas ou nas cerimônias públicas. Por que foges da sociedade? A alegria, as distrações, são apanágio da juventude; aos velhos e aos reis incumbem as preocupações e o trabalho incessante.

— É verdade. Mas não são as preocupações ou o trabalho que me impedem de gozar a vida; por tua graça, minha soberana e benfeitora, eu sou o homem mais livre do Egito; colho onde não semeei; simplesmente, sinto-me mais feliz quando fico sonhando neste terraço. Porém, posso esperar, divina filha de Rá, que aceites algo das mãos de teu servidor?

— Dá-me um pouco de vinho e um desses frutos apetitosos que tentam os olhos e os lábios. Eu também gosto deste terraço; a vista que se tem daqui, essa animação febril e barulhenta que reina no rio sagrado é a imagem de minha vida agitada pelas preocupações do governo. A cidade dos mortos, e a avenida de esfinges que conduzirá a meu túmulo, lembram-me a calma das moradas subterrâneas onde descansarei em Osíris depois das lutas da vida.

Aceitou a taça que Sargon lhe apresentava de joelhos e pousou nela os lábios, contemplando o rio com um olhar pensativo e distraído.

— Aí vão algumas de minhas egípcias que gostam de aproveitar a fresca – disse Hatasu, depois de um instante de silêncio, indicando com a mão um barco bastante enfeitado no qual se encontravam duas mulheres.

— Posso até, minha real senhora, dizer quem são – acrescentou Semnut. – Esse barco é de Pahir, e sem dúvida leva Neith e Satati.

— Bem a propósito – disse a rainha. – Há vários dias desejo chamar Satati; tenho que falar com ela, e o trabalho tem me impedido; já que está ai, vou fazer isso agora. Mandem alguém chamar o barco.

Um dos oficiais lançou-se imediatamente no barco de Sargon, e com algumas remadas chegou perto do barco de Pahir.

Satati já havia notado a barca real atracada ao pé da escadaria, e sem saber por que, a ordem de aproximar-se lhe inspirou um vago mal-estar.

J. W. Rochester

— Aproxima-te, Neith – disse Hatasu, saudando com a mão as duas mulheres, que se prosternavam – e senta aqui, a meus pés. Mas que vejo? Estás pálida e emagrecida, e me pareces bem triste para uma noiva feliz. O que te falta, pequena? – e a rainha passou a mão pelos cabelos negros e brilhantes da jovem, que enrubesceu e baixou a cabeça. Hatasu não insistiu, e iniciou uma conversa com Semnut e Sargon; mas, depois de um quarto de hora, ergueu-se e aproximando-se da balaustrada, chamou Neith e lhe disse com bondade:

— Aqui estamos sós; diz-me com franqueza, minha filha, se é de tua inteira vontade que escolheste Hartatef como esposo; tu o amas?

Neith ergueu para ela o olhar toldado pelas lágrimas; um rubor intenso lhe subira às faces. Oh! Como gostaria de poder confiar tudo a sua real protetora, cujo olhar, de hábito frio e altaneiro, pousava nela com a mais indulgente bondade! Mas como poderia confessar a conduta desprezível dos seus, atrair sobre a cabeça de Pahir e de Mena a desonra e a desgraça?

— Minha família assim quer, e com certeza isso será para o meu bem – balbuciou com voz sufocada.

Hatasu a fitou com um longo olhar perscrutador; depois, voltando-se, disse:

— Segue-me, Satati, quero falar-te; e tu também, Semnut. Sargon, confio-te Neith; distrai-a o melhor que puderes.

Deixou o terraço, e através de diversas salas vazias, dirigiu-se para um pequeno pátio interno com um jardim, onde sentou-se num banco e se absorveu em pensamentos pouco agradáveis, pois uma ruga profunda se fez em sua testa. Após um silêncio que pareceu uma eternidade a Satati, a rainha ergueu a cabeça e fixou-a com um olhar profundo:

— Como é que tu e Pahir ousaram fazer Neith ficar noiva de Hartatef antes que eu desse uma autorização expressa? Sabem que essa criança lhes foi confiada num momento muito duro e difícil para mim; mas não esqueçam que eu mesma é que decido tudo o que diz respeito a ela, e que ela não é uma criatura que dependa de vocês, que a influenciam talvez para satisfazer propósitos egoístas.

— Minha real senhora, nós só pensamos no bem de Neith ao fazê-la ficar noiva de um homem que Semnut pode confirmar que possui excelentes qualidades – balbuciou Satati, de olhos baixos.

— Satati e Pahir me falaram desse projeto e é verdade que eu considero Hartatef um funcionário ativo e inteligente, com uma reputação inatacável – disse Semnut calmamente. – Por outro lado, é um homem imensamente rico, de origem ilustre e que não me parece indigno de uma aliança tão elevada.

— Isso tudo é verdade, e não gostaria de ofender um nobre egípcio e fiel súdito me opondo a esse casamento; no entanto, seria teu dever trazer-me a menina para que eu a questionasse antes. Neith está abatida, pálida, e quando eu lhe perguntei se estava feliz com a escolha, deu uma resposta perturbada e evasiva. Eu quero deixar-lhe o tempo de refletir e gozar ainda a sua liberdade de moça; vou dizer eu mesma a Hartatef que o casamento só será celebrado dentro de doze luas. Estás ouvindo, Satati, e cuida para que assim aconteça; receberás de minha parte uma soma de dinheiro para o enxoval de Neith. E tu, Semnut, vem ver-me amanhã de manhã; eu te darei ordens a respeito do dote que eu vou destinar a ela de minha fortuna pessoal. E agora podem retirar-se e esperar no terraço por mim.

Quando ficaram sós no terraço – pois os oficiais postados na escadaria não os podiam enxergar –, Sargon e Neith ficaram um instante em silêncio, examinando-se reciprocamente; sem dúvida, conheciam-se há anos, e tinham se encontrado inúmeras vezes, mas quase sempre no templo, ou em reuniões oficiais, onde não haviam prestado atenção um no outro; em casa de Pahir, o jovem hitita só aparecia uma ou duas vezes por ano, pois Mena e Pahir lhe eram antipáticos.

Pela primeira vez, Sargon olhou para a jovem com real interesse, e achou-a encantadora. Estivera cego ao ponto de não notar essa beleza sedutora, de formas esbeltas, quase aéreas, e com um sorriso radioso? Nenhuma das filhas de Tebas tinha jamais provocado nele uma impressão tão singular; o coração lhe batia mais rápido, e enquanto persuadia a jovem de que devia experimentar os frutos servidos, absorvia-se na contemplação de seus movimentos leves e graciosos e seus traços mutáveis.

— Não, obrigada, comi frutas antes de sair e não tenho fome – disse Neith, cujos olhos negros esquadrinhavam curiosamente a sala contígua ao terraço –; em vez disso, mostra-me o teu palácio; há muito tinha curiosidade de visitá-lo; dizem que reuniste aqui muitas coisas lindas!

— Com prazer, embora eu receio que te desapontes; mas vem, julga por ti própria.

J. W. Rochester

Tomando-lhe a mão, ele a guiou pelo interior do palácio, mostrou-lhe uma esplêndida coleção de armas, de vasos raros, de jóias diversas, e finalmente um macaquinho que se divertia fazendo as mais estranhas piruetas numa peça repleta de arbusto perfumados.

— Oh! Que lindas flores! – exclamou Neith avistando um ramalhete das mais belas rosas e outras flores raras.

— Queres tecer uma guirlanda para enfeitar teus cabelos? – perguntou Sargon, aproximando gentilmente uma cadeira.

— Ah, sim, sem dúvida, se me permites – respondeu Neith, que havia recobrado todo seu bom humor.

E começou a fazer uma guirlanda para a qual Sargon escolhia as flores, deixando-se subjugar cada vez mais pela estranha fascinação que sua companhia exercia sobre ele.

— Por que me olhas com tanta atenção? – perguntou Neith de repente, erguendo a cabeça e encontrando o olhar ardente do príncipe.

— É que estou constatando, cada vez com maior admiração, tua incrível semelhança com meu irmão Naromath!

— E onde está teu irmão? Nunca ouvi falar dele – disse a moça, espantada.

Sargon suspirou com tristeza.

— Está morto – respondeu. – Foi gravemente ferido durante uma batalha, e caiu prisioneiro nas mãos dos egípcios. Tocado sem dúvida por sua bravura, Tutmés I o fez cuidar e tratou-o com consideração, e quando, alguns meses depois, tomaram a cidade à qual nosso pai me havia enviado com minha mãe, a rainha Hatasu conseguiu que me colocassem junto dele, sob a guarda de Semnut, que velara e tratara também de Naromath. Pouco depois, durante o cerco de nossa última praça forte, meu irmão ficou doente, de uma febre maligna, ao que parece, e morreu. Pranteei-o bastante.

— E achas que eu me pareço com esse irmão?

— Sim; e se queres comprovar isso, vem até meus aposentos; tenho lá um busto dele que Semnut mandou fazer um pouco antes de sua morte.

Neith colocou na cabeça com vivacidade a guirlanda pronta, e afastando as flores, seguiu com Sargon até um pequeno aposento ao lado de seu quarto de dormir; lá, cercado por arbustos floridos, estava colocada sobre um pedestal de granito a estátua, quase em tamanho natural, de um jovem sentado, com as armas na mão, tendo à cabeça um capacete pontudo de tipo estrangeiro; o rosto de Neith era realmente a reprodução em miniatura dos traços da estátua.

— Ah! Como teu irmão era bonito, e que bondade se vê no seu rosto! – exclamou a jovem, entusiasmada. – Sinto que eu o amaria se fosse vivo; eu queria dar um beijo nesse grande e nobre guerreiro – acrescentou ela, erguendo-se na ponta dos pezinhos; mas só alcançava os joelhos da estátua.

— Espera, eu vou te ajudar – disse Sargon, rindo.

Ergueu a menina, e aproximou-a da cabeça da estátua. Rindo também, com o riso fresco e argentino que era próprio dela, Neith apoiou as mãos nos ombros do guerreiro e pousou os lábios de carmim sobre a boca de alabastro.

Nem um nem outro notou que o reposteiro de lã que fechava a entrada do longo e escuro corredor se erguera e a própria Hatasu encontrava-se na soleira. Ao ver essa cena singular, deteve-se, e uma expressão indefinível de amor e melancolia velou por instantes seus traços altivos e severos.

— Que estão fazendo? – perguntou, dominando-se imediatamente.

Ao som dessa voz metálica, Sargon voltou-se de repente e, visivelmente sem jeito, colocou Neith no chão.

— Neith – respondeu – quis a todo custo beijar o busto de Naromath, que lhe agradou tanto que disse que o amaria se fosse vivo. E como ela não o alcançava, tive que erguê-la.

Um sorriso grave e benévolo iluminou a face da rainha, e seu olhar fixou-se com intensidade, por um instante, no rosto da estátua; depois, atraindo a si a jovem, beijou-a na testa. Feliz e confusa com essa honra, Neith caiu de joelhos e pousou os lábios na mão de sua protetora; esta a ergueu bondosamente.

— Teu coração te inspirou bem, minha filha; ama e admira sempre aquele de quem o acaso de deu os traços; era um herói, tão bravo quanto generoso. Mas voltemos para junto de minha comitiva. Não posso ficar mais, o rei enfermo exige meus cuidados.

Seguida pelos dois jovens, retornou ao terraço e, após uma despedida amável, voltou a seu barco.

Quando a embarcação real desapareceu, Satati suspirou, visivelmente aliviada, e declarou que ela também precisava retornar a casa, ou ficariam inquietos com sua longa ausência. Ao despedir-se de Sargon, Neith devolveu-lhe a grinalda que tirou dos cabelos, pedindo-lhe que a colocasse na cabeça do belo príncipe Naromath.

J. W. Rochester

O jovem prometeu, rindo; mas ao ficar só, atirou-se sobre o divã e abandonou-se a uma torrente de pensamentos tumultuados.

A lembrança de Neith não o abandonava, sua imagem sedutora refletia-se em seu espírito, fascinando-o, parecendo-lhe cada vez mais desejável, e uma resolução súbita nasceu-lhe no coração violento.

— Não vou cedê-la nem a Hartatef nem a Keniamun, é a mim que ela deve pertencer – murmurou com o olhar faiscante. – E Hatasu a dará a mim, pois mais de uma vez disse que desejava minha felicidade. Apenas, tenho que inventar alguma coisa para neutralizar Hartatef ou torná-lo inviável como marido, e isso por meio de Keniamun, que pensará estar trabalhando para si próprio. Amanhã mandarei chamá-lo. Quanto à múmia penhorada, nada direi à rainha até o momento em que seja útil desmascarar Mena e Pahir.

Na manhã seguinte, Sargon enviou tabuinhas a Keniamun por um mensageiro, convidando-o a vir falar-lhe sem demora sobre o assunto de que haviam tratado; mas o jovem oficial estava de serviço, e apenas no segundo dia após a visita real pôde se apresentar no palácio do príncipe hitita.

Sargon o recebeu com fingida amabilidade, pois interiormente já odiava Keniamun, o homem que ousava amar Neith e era correspondido; um ciúme surdo apertava o coração do príncipe.

Quando o oficial se acomodou e os criados se afastaram, o príncipe se inclinou para o visitante.

— Anteontem mesmo pude cumprir minha promessa de falar com Hatasu; mas, com pesar meu, ela respondeu que lhe é impossível, sem uma razão plausível, ofender um alto funcionário, um homem reconhecidamente honrado, opondo-se a seu casamento; a própria Neith não confessou nada da violência exercida sobre ela, embora a rainha a inquirisse diretamente. Seria vergonha, piedade ou receio? Ela calou-se, e sua majestade concluiu que a história da múmia poderia ser uma calúnia inventada pelos inimigos de Mena e Hartatef; este, aliás, se deseja sacrificar uma fortuna para resgatar a honra de um antepassado, se mostrou com isso honrado e generoso. "Somente com provas irrecusáveis de qualquer deslealdade, disse ela, poderei me decidir a negar-lhe Neith". Então, meu caro Keniamun, se desejas atingir teus objetivos – concluiu Sargon com fingida despreocupação – é preciso que descubras no passado ou na vida privada atual de Hartatef alguma vilania; ou então imagina alguma coisa que o destrua aos olhos da rainha.

— Agradeço-te, príncipe, pelo grande serviço que nos prestaste e que já deu seus frutos, como vi pela notícia que Chnumhotep me deu esta manhã. Ontem à tarde Hartatef foi chamado pela rainha, a qual lhe disse que, embora lhe concedendo a mão de Neith, estabelece um prazo de doze luas para o casamento. Graças à tua generosa proteção, ganhamos tempo, e não duvido de que encontrarei alguma coisa que comprometa Hartatef, pois o seu papel na história da múmia é suspeito. Não é por acaso que ele mantém relações misteriosas com Smenkara, o usurário mais ganancioso de Tebas, e com sua mulher Hanofer, esse chacal de saias que é amante dele.

— Desejo-te pleno êxito, e peço que me mantenhas a par das descobertas. Antipatizo com Hartatef por seu orgulho estúpido, e é de fato extraordinário que um nobre tão orgulhoso e rico mantenha relações com um usurário e uma alcoviteira.

Depois da partida do oficial, Sargon estendeu-se no divã e murmurou com um sorriso satisfeito: "Tudo vai às mil maravilhas; e logo, Hartatef, eu pagarei tua insolência de me fazer sentir que para ti não passo de um prisioneiro injustamente tirado da escravidão. E agora, irei um dia desses visitar Pahir."

Abracro

De volta a casa, Keniamun se encerrou, proibiu que o interrompessem, e começou a refletir seriamente no que lhe havia dito Sargon. Era preciso destruir Hartatef, e quanto antes, pois o desejo de desposar Neith havia crescido no coração do oficial depois que soubera da semelhança dela com o falecido príncipe Naromath. Como um raio, caíra em sua alma astuciosa a suspeita de que um laço secreto talvez unisse Neith a sua real protetora. Se essa suspeita tivesse fundamento, aquele que se tornasse esposo da jovem podia ser elevado ao ápice das honrarias e da riqueza, perspectiva tentadora para uma homem pobre e ávido de prazeres. Mas como se descartaria de Hartatef, e rapidamente, de forma definitiva?

Absorto, com o rosto em chamas, media em passos rápidos o quarto. Subitamente, bateu na testa e uma centelha de esperança e triunfo brilhou-lhe nos olhos.

— Como não pensei logo em Abracro? – murmurou. – Essa feiticeira poderosa me ajudará com uma solução ou um conselho.

Impaciente, o jovem decidiu não retardar a ida à célebre feiticeira, que fazia previsões e lia a sorte, e habitava nos confins de Tebas, numa casa isolada mas muito freqüentada pelas mulheres curiosas para ver o futuro, maridos ciumentos e apaixonados aflitos.

Tendo reunido numa elegante caixinha alguns objetos de valor, Keniamun mandou atrelar seu carro e dirigiu-se, acompanhado de um velho escravo fiel, ao bairro afastado onde habitava Abracro. Antes de se aventurar no labirinto de ruas sujas e estreitas que levavam à casa da feiticeira, o jovem desceu, ordenou a seu escravo que esperasse e continuou o caminho a pé.

Depois de vinte minutos de marcha, chegou a uma pequena praça deserta, cercada de casas arruinadas. Em um dos lados dela estendia-se um muro alto, atrás do qual viam-se palmeiras, acácias e sicômoros de um extenso jardim. Uma pequena porta, guarnecida por um círculo de metal que servia de sineta, dava acesso ao interior. Keniamun tomou o pequeno martelo suspenso junto da placa metálica e deu uma batida discreta; conhecia os costumes da casa, e não era a primeira vez que vinha procurar Abracro.

A última vibração do bronze não tinha se extinguido quando a porta se abriu, e o visitante se encontrou numa aléia sombreada que conduzia a uma pequena construção quase escondida na espessa vegetação.

— Bom dia, Hapi, pode-se ver tua senhora? – perguntou Keniamun, entregando um anel de prata ao anão corcunda que fechava cuidadosamente a porta.

— Sim, senhor, só terás que esperar um pouco, porque ela está falando com outra visita, mas segue-me, eu te chamarei quando puderes entrar.

Conduziu o oficial a um pequeno cômodo situado próximo à entrada e retirou-se. Ficando só, Keniamun pensou novamente na conversa que iria ter e na melhor maneira de obter o que desejava; conseguiria atrair para o seu lado a mulher estranha e mal-afamada, cujo espírito astuto e engenhoso ele conhecia?

Apesar do grande renome de que gozava a feiticeira em Tebas, ninguém sabia nada de concreto sobre a origem de Abracro; ela havia aparecido na capital pouco depois do retorno triunfante de Tutmés I de sua campanha às margens do Eufrates, e os mais bem informados achavam que era uma prisioneira hitita liberta graças à proteção de Hatasu, cuja predileção por todos esses miseráveis vencidos era um motivo interminável de indignação para o nacionalismo dos egípcios. Contava-se como fato real que uma predição notável, fielmente cumprida, que Abracro fizera à jovem rainha, resultara na doação por parte desta da casa em que vivia, e na honra de ser de vez em quando chamada ao palácio. A clientela da feiticeira era enorme, graças aos talentos que somava, pois não apenas previa o futuro, fazia sortilégios, fabricava filtros infalíveis, mas possuía conhecimentos misteriosos da arte de curar, e operava milagres onde a ciência oficial se declarava impotente.

As reflexões de Keniamun foram interrompidas pelo anão Hapi, que veio anunciar que sua senhora o aguardava; um instante depois, o corcunda erguia um reposteiro de couro e o oficial penetrava no santuário da feiticeira. Era uma peça grande, quase escura, pois uma lâmpada fumacenta colocada no centro, sobre uma mesa de pedra, espalhava uma claridade baça e vacilante. Junto da mesa, sentava-se uma mulher idosa, vestida numa túnica azul, a cabeça coberta com um *claft* de listas multicoloridas, de sob o qual algumas mechas de cabelos grisalhos lhe caíam na testa. O rosto magro e anguloso era de uma palidez amarelada, e nos olhos cinzentos e penetrantes brilhava um misto de astúcia, crueldade e pretensão contida. Sobre os joelhos da magista dormia, ressonando alto, um gato negro como ébano; um segundo gato, ruivo, sentava-se no espaldar da cadeira.

— Saúdo-te, sábia Abracro! – disse Keniamun, entrando com vivacidade. – Aceita como presente essas ninharias que te trago.

A mulher indicou-lhe uma cadeira com um gesto, depois, abrindo a caixinha, sopesou com ar entendido o pesado bracelete, o frasco trabalhado cheio de uma essência preciosa, e o amuleto ornado de um rubi, suspenso a uma fina corrente de ouro. Um sorriso amável lhe iluminou a face:

— Obrigada, meu jovem; tua atenção me alegrou, pois há muito eu desejava um amuleto desses. Mas diz o que te traz; sê franco e nada temas; qualquer que seja tua aflição, a velha Abracro saberá remediá-la.

Keniamun contou-lhe resumidamente do que se tratava e prometeu recompensá-la regiamente se ela encontrasse um meio de desacreditar Hartatef e separá-lo de Neith. Ao ouvir o nome de Hartatef, a velha, que escutava atenta, deu uma pequena risada seca:

— Sabes, Keniamun, quem esteve aqui antes de ti? Hartatef, que queria um filtro de amor para fazer-se amar por Neith.

— E tu lhe deste? – exclamou o oficial, pulando da cadeira.

J. W. Rochester

— Não, porque não possuo seu sangue e o da jovem para misturar; mas depois falaremos disso. Senta-te e escuta. Tenho queixas de Hartatef, que é avarento e só se deixa saquear por sua miserável amante, Hanofer; essa grosseira velha e pretenciosa tem ciúmes dele e o espiona, e tomou-lhe um colar que me era destinado, e me rouba os clientes ousando se vangloriar de que conhece melhor que eu o futuro e os segredos da natureza.

Vou desforrar-me dos dois, e o que se foi voltará para mim – acrescentou cerrando os punhos. – E agora, antes de te dar um conselho, Keniamun, deixa-me prever teu futuro; as linhas de tua testa pressagiam uma vida movimentada e interessante.

Embora fervesse interiormente de impaciência, o jovem tratou de aceitar e agradecer. Abracro então acendeu uns carvões numa trempe que colocou sobre a mesa, depois trouxe de um nicho fechado por uma cortina uma taça cheia de um líquido escuro e uma caixa contendo um pó do qual jogou várias pitadas ao fogo. Em seguida, bebeu o líquido, fez o oficial beber alguns goles, e tomando-lhe a mão, ficou imóvel.

Após uns minutos de silêncio, quebrados só pelo crepitar do carvão, a velha, que se inclinara sobre a trempe, aprumou-se; seu corpo parecia frio e rígido, os olhos muito abertos, fixos e sem expressão. Com um gesto automático, tomou umas tabuinhas, e escreveu nelas com uma rapidez extraordinária.

O som das tabuinhas caindo no chão tirou-a do transe; erugueu-as, e depois de ler, sacudiu a cabeça com visível espanto.

— Coisas bem estranhas me são reveladas aqui. Em primeiro lugar, a boa notícia de que conseguiremos destruir Hartatef; contudo, tu não se casarás com a mulher que amas; aquele que acabaste de ver antes de vir aqui se tornará seu esposo. Tu serás envolvido depois numa vasta conspiração cheia de sangue e vítimas, cujo centro será um homem em cuja testa paira a sombra do *uraeus*,[19] e serás tu quem irá pôr em movimento a roda que deve esmagar esse gigante. Se permaneceres inquebrantavelmente fiel a nossa grande faraó Hatasu, escaparás de todos esses perigos e acabarás se casando com uma mulher bela e rica.

Uma sensação dolorosa apertou o coração de Keniamun; a idéia de que tentariam atraí-lo para o partido do jovem Tutmés lhe atravessou a mente como um raio; mas, seria possível que Sargon

19 N.T. — A serpente da coroa dos faraós, símbolo da sabedoria, que lhes ornava a fronte.

viesse a desposar Neith?

— Agradeço-te, Abracro, mas deves saber que minha fidelidade a nossa gloriosa rainha só terminará com minha morte. E agora, diz-me de que modo poderei destruir Hartatef e o que te deverei quando isso acontecer.

— Não te coloco um preço; és generoso e me pagarás de acordo com meus serviços. Agora, escuta: já te disse que Hartatef pediu um filtro de amor, e que ele não possui as substâncias necessárias para fabricá-lo. Mas há um sangue que pode substituir o de Neith: é o do carneiro sagrado do templo de Amon. Se Hartatef matar o animal com suas próprias mãos, tirar-lhe o coração e me trouxer um vaso cheio de seu sangue, Neith o amará.

— Mas jamais ele cometerá um sacrilégio tão terrível – balbuciou Keniamun com um arrepio de temor supersticioso.

— Cabe a mim convencê-lo a tentar; tu deverás vigiá-lo, dar o alarme no momento preciso e surpreendê-lo no ato.

— Isso seria fácil; tenho um primo entre os sacerdotes que guardam o carneiro sagrado. Diz-me apenas a hora e eu farei com que o peguem.

— Eu te avisarei quando chegar a hora; não faças nada antes disso, e promete-me também o seguinte: só darás o alarme quando o crime estiver consumado, e me trarás o coração do carneiro.

Nesse instante, três batidas leves soaram à porta.

— Deves deixar-me, Keniamun, um novo cliente está à minha espera – disse Abracro precipitadamente. – Mas fica tranqüilo: eu não vou negligenciar o teu caso. Até a vista.

Quando o rapaz saiu, um brilho de alegria e triunfo iluminou o semblante da velha.

— Enfim – murmurou – terei o coração do carneiro sagrado, nascido nos rebanhos de Tutmés e doado por ele ao templo de Amon; agora tenho certeza: Hatasu vencerá e ele cairá.

Com o coração dilatado de satisfação e de radiosas esperanças, Keniamun voltou ao carro. O efeito da predição da Abracro se diluíra diante da possibilidade feliz de destruir Hartatef, e de uma forma tão radical que não precisaria jamais temer o rancor e a vingança dele. Já a possibilidade de um casamento de Sargon e Neith, afastou-a como uma fantasia vã. O príncipe hitita jamais havia demonstrado o menor interesse por ela; e depois, Neith o amava, a ele, e isso era o mais importante.

O calor começava a ficar sufocante, e Keniamun, que na sua

J. W. Rochester

impaciência, esquecera de almoçar, sentia o estômago rebelar-se contra esse jejum inabitual.

Fustigou os cavalos para chegar mais rápido, mas à vista de uma bela casa grande, pintada de azul e vermelho, mudou de idéia. "Vou pedir um almoço à bela Noferura, ela tem tanta simpatia pelos oficiais de Hatasu! (um sorriso frívolo e cínico lhe pairou nos lábios). Esse dever de cortesia me renderá uma excelente refeição e uma conversa alegre".

Deteve o carro, desceu, e ordenando ao escravo que voltasse sem esperá-lo, dirigiu-se à casa. Como ele esperava, a dona da casa o recebeu, e um jovem escravo o conduziu a um terraço sombreado, cercado de arbustos perfumados e de grandes árvores que mantinham uma frescura agradável. Perto de uma mesa, na qual se espalhavam apetrechos de um trabalho de mão, uma jovem mulher de uns dezenove anos reclinava-se num divã, deixando-se abanar por uma escrava negra. Era bonita, alta e esbelta, de tipo algo semítico; mas apesar da harmonia dos traços, do brilho do olhar e da frescura transparente de sua tez morena, o rosto de Noferura não possuía qualquer encanto; uma expressão cruel e sensual se refletia em sua boca, e o ar de aborrecimento e desgosto e a pose indolente não contribuíam para produzir uma impressão agradável.

Avistando Keniamun, ela se ergueu, estendeu sem cerimônia os braços cheios de pulseiras, depois, afastando a escrava, chamou o jovem para sentar-se a seu lado, no divã.

— Sê bem-vindo, Keniamun, são os deuses que te enviaram para distrair um pouco meu abandono e meu tédio – disse, colocando a mão no ombro do oficial.

Keniamun pousou os lábios nessa mão e mergulhou o olhar atrevido e incendiado nos olhos da jovem mulher.

— Estás brincando, Noferura; tu, a bela das belas, estarias abandonada? Eu, e muitos outros, bem sei, aguardamos um sorriso de teus lábios e só desejaríamos alegrar tuas horas de solidão.

— Galanteador! – disse Noferura, recostando-se com um ar satisfeito. – Mas estás com tanto calor! Aceitas um copo de vinho para refrescar-te?

— Não recusaria um copo de vinho de tua mão, e até...

— Compreendo – disse ela rindo. – Tens tanto fome como sede, e algo mais substancial não te desagradaria.

Bateu palmas e ordenou à escrava que apareceu que servisse um lanche.

Sem demora o oficial estava sentado diante de uma copiosa refeição, temperada por uma conversa cada vez mais animada e sedutora. Noferura estava de ótimo humor; os olhos negros cintilavam, e enquanto cuidava para que a taça do visitante não se esvaziasse, deixou-se convencer por diversas vezes a partilhá-la com ele.

– Afortunado Roma! Que vida de delícias os deuses te concederam – suspirou Keniamun quando os criados retiraram os restos da refeição. – Mas por que não se vê teu marido? Ainda não voltou do templo?

– Ele volta para a refeição da noite; mas para mim, é o mesmo que se uma múmia chegasse – disse Noferura desdenhosamente. – É o homem mais apático e aborrecido que existe, e não é nada agradável estar casada com ele. Meu sangue se revolta quando penso nele e o comparo a outros homens, a Chnumhotep, por exemplo: cada gesto, cada olhar dele expressam seu amor por Roant; enquanto Roma, que dorme em pleno dia, nada entende de paixão e nunca tem olhos para sua mulher; posso falar-lhe de amor quanto quiser, ele parece que nem escuta.

– Então, escuta as palavras de amor de alguém mais – disse Keniamun com um olhar atrevido. – Deixa-me falar, verás como sei fazê-lo, e como estou acordado!

– Fala, eu gosto do som de tua voz – respondeu Noferura com um olhar e um sorriso provocantes. – Mas não esqueças de que sou casada e devo alguma consideração a esse ingrato do Roma.

– És tu que deves deter-me se eu for longe demais; pois sabes como, uma vez acesa a chama, é difícil de apagar – murmurou o jovem enlaçando-a e depositando em seus lábios um beijo ardente.

Ela não resistiu e lhe devolveu o beijo.

– És uma visita agradável, Keniamun; vem ver-me sempre de manhã e conversaremos como hoje; Roma não volta nunca antes...

Interrompeu-se bruscamente, e soltando-se dos braços do oficial, pôs-se de pé, as faces rubras.

Keniamun endireitou-se também, desconcertado, pois no fim da aléia que levava ao terraço acabava de aparecer a figura alta, vestida de branco, do jovem sacerdote de Hator. Caminhava de cabeça baixa e como imerso em seus pensamentos, mas teria visto a cena interrompida por sua chegada? Essa pergunta perturbava igualmente os dois heróis da aventura.

Noferura, porém, não pensou muito: correndo ao encontro do

marido, jogou-se impetuosamente em seu pescoço e cobriu-o de beijos.

"Por Osíris, eis aí uma mulher decidida; se não estivesse bem acordado, até eu me enganaria", pensou Keniamun assombrado.

Com um gesto calmo, mas irresistível, Roma livrou-se dos braços da mulher e aproximou-se do oficial, a quem saudou amavelmente. Ao encontrar o olhar límpido e leal do jovem sacerdote, Keniamun foi tomado por um sentimento de vergonha e quis despedir-se; mas Roma o reteve e convidou-o com tanta amabilidade a ficar para a refeição da noite que ele teve que aceitar.

Logo os dois homens estavam absorvidos numa conversa animada e interessante, pois Roma quando queria era um bom interlocutor, e Keniamun o era sempre, por natureza e por hábito. Enquanto conversava alegremente sobre as novidades da corte e da cidade, Keniamun observava disfarçadamente seus anfitriões, e convenceu-se sem demora de que o jovem sacerdote tinha para com sua mulher uma frieza mal dissimulada; a seus olhares ardentes, às carícias que ela tentava fazer-lhe, ele respondia com uma indiferença gélida, quase com repulsa, e somente quando ela deixava o terraço ele parecia respirar à vontade. Noferura sentia uma aflição indescritível; as faces em fogo, os dentes cravados no lábio inferior, olhava com uma paixão não disfarçada o belo semblante do marido, e a indiferença desdenhosa de Roma a excitava a tal ponto que ela mal conseguia dominar-se na presença do convidado. Keniamun tinha ouvido muitas vezes Roant elogiar o excelente caráter de seu irmão, sua bondade e indulgência; o que lhe teria feito sua mulher para que ele mostrasse essa indiferença beirando a aversão? *Ela* o amava com paixão, era evidente, e os favores concedidos a ele ou a outros não passavam talvez de um consolo de suas desventuras conjugais.

Roma a teria surpreendido nos braços de Keniamun? O oficial sentia-se pouco à vontade, e jurou a si mesmo que não continuaria com a aventura; não faltavam belas mulheres em Tebas, e no momento ele tinha coisas muito mais graves para resolver e cuidar.

Ao terminar a refeição, ele se ergueu para despedir-se.

— Até a vista, Keniamun; à hora da refeição da noite eu estou sempre em casa; vem, pois, se quiseres *me* ver, e conversaremos – disse Roma com um sorriso sutil que fez subir o sangue às faces do oficial.

Mal os dois esposos ficaram a sós, Noferura saltou da cadeira, arrancou o colar que usava, e enfiando as duas mãos na espessa cabeleira, gritou com a voz sufocada de cólera:

— Homem miserável e indigno, esposo sem coração! Como ousas me tratar com uma frieza tão revoltante na presença de um estranho, sobretudo desse Keniamun que espalhará por toda a cidade que sou desprezada em minha própria casa e coberta de ofensas por aquele cujo dever é me amar?

Soluços convulsivos a impediram de continuar, e deixou-se cair numa cadeira, chorando e tremendo.

Sem dúvida o sacerdote estava habituado a cenas desse tipo; pareceu não ver o estado da mulher, ergueu-se sem dizer uma palavra, ajeitou sua longa veste branca, e tomando de sobre uma mesa um rolo de papiro, dirigiu-se à porta. Vendo isso, Noferura se jogou sobre ele como um abutre e lhe tomou o braço.

— Roma, não te vás, escuta-me, não quero sofrer tua indiferença!

Deixou-se deslizar até seus joelhos e abraçou-o.

— Sou tua mulher, eu te amo, e *tu tens* que corresponder a meu amor; pregas esse dever ao povo e não tens o direito de o recusar para ti!

Um intenso rubor cobriu o belo semblante do sacerdote: com um gesto brusco e cheio de aversão ele se libertou dos braços da mulher e recuou alguns passos.

— Quantas vezes já te disse, Noferura, que tuas cenas odiosas não levam a nada? Não acredito no amor de uma esposa que posso a qualquer momento encontrar nos braços de outro, como hoje nos desse oficial. Não guardo rancor de Keniamun, porque é a mulher que deve colocar a barreira entre ela e o homem; e o que sentes não é amor, mas uma paixão brutal que te desperta qualquer criatura masculina, qualquer que seja. Vamos! Ergue-te e pára de chorar – acrescentou com um pouco mais de bondade. – Procura suportar o inevitável com mais dignidade. Sabes que tu mesma me afastaste por tua conduta indigna, tuas traições contínuas. Eu não gosto mais de ti, não posso reavivar um sentimento de amor completamente extinto; lastimo que sejas tão ruim, tão cheia de paixões impuras; eu te suporto junto de mim, dando-te a posição de esposa em minha casa, provendo com largueza teus gastos com roupas e prazeres; contenta-se com isso, e não me tires meu último sossego, senão serei forçado a me retirar completamente para o templo.

Vendo Noferura erguer-se coberta de lágrimas e se apoiar cambaleante numa coluna, aproximou-se dela e disse compassivamente:

— Corrige-te, Noferura, e talvez então eu possa superar a repulsa que me inspiraram tuas atitudes.

Estendeu-lhe a mão. Porém, tomada por um novo acesso de cólera, a mulher o empurrou com violência e se foi.

Roma sentou-se junto a uma mesa, e apoiando-se nela, mergulhou em tristes pensamentos. "Oh! Por que os deuses cruéis me uniram a uma mulher assim?", murmurou com amargura. "Por que conheci tarde demais Neith, essa criança pura e altiva? Ela me teria feito feliz".

Sem nada desconfiar da armadilha que estavam prestes a preparar-lhe, Hartatef desejava mais que nunca obter o filtro que pudesse finalmente submeter o coração rebelde de sua noiva. A idéia de que Neith amava um outro acicatava seu ciúme; a indiferença da jovem por ele, um homem bonito e rico, ofendia seu orgulho, e a demora do casamento pela vontade de Hatasu o enchia de cólera e de um vago receio do futuro, embora continuasse senhor da situação, pois a múmia ainda não fora resgatada e Pahir e Mena continuavam inteiramente à sua mercê.

Cinco ou seis dias após os últimos acontecimentos relatados, toda a família de Pahir encontrava-se reunida no jardim, após a refeição da noite, na qual Hartatef tomara parte. Satati e o marido conversavam passeando, enquanto Mena e seus primos jogavam bola. Hartatef, encostado a uma coluna do terraço, observava com um olhar carregado Neith que, sentada no último degrau, brincava distraidamente com um cãozinho e parecia esquecida da presença do noivo.

De fato, os pensamentos da jovem andavam longe; pensava em Roma, cuja lembrança a perseguia; a idéia de que sua mulher o fazia infeliz a revoltava; com um ciúme febril, ela desejava conhecer essa Noferura, que dava tão pouco valor a sua felicidade. Gostaria de fazer mil perguntas a sua amiga Roant, mas quando estavam juntas, uma vergonha invencível lhe cerrava os lábios. Absorvida nessa luta interior, tinha se tornado apática; a presença de Hartatef a deixava indiferente, a de Keniamun a incomodava; não encontrava mais palavras de amor para este último, e a demora de seu casamento a alegrara pouco; o único homem que ela desejaria como esposo estava casado; como não podia pertencer-lhe, que importava o resto?

Nesse momento, um velho criado esbaforido chegou ao terraço, anunciando que a liteira do príncipe Sargon acabava de chegar à porta da casa. Todos trocaram um olhar de surpresa; o jovem hitita era uma visita tão rara, só aparecendo em ocasiões excepcionais, que sua chegada inesperada despertou um compreensível espanto. Não obstante, o protegido da rainha devia ser recebido com a maior consideração, quaisquer que fossem os sentimentos que se tivesse por ele, no fundo. Mena foi o primeiro a jogar fora a bola e enveredar pela casa, seguido de Pahir.

Hartatef não se moveu. A seus olhos, Sargon continuava sendo o escravo prisioneiro subtraído a sua sina por um capricho feminino, e considerava-se bem diferente em nível e nobreza do homem sem pátria e sem liberdade que ainda ousava se mascarar com o título de príncipe.

Neith e Satati mal haviam podido compor um pouco a toalete quando Sargon apareceu, conduzido por Pahir e Mena. Cumprimentou as mulheres com a maior gentileza, mas o imperceptível cumprimento de Hartatef lhe fez subir o sangue às faces; com um olhar faiscante, mediu o orgulhoso egípcio, depois, voltando-se bruscamente, tomou a mão de Neith e conduziu-a ao jardim, onde todos se acomodaram num bosquete com cadeiras.

Iniciou-se uma conversação animada, mas com uma surpresa e mal-estar crescentes, Neith percebeu que o olhar ardente do príncipe não a deixava e que ele nem tentava disfarçar sua admiração e o desejo de agradar-lhe. Um rubor intenso invadiu as faces da jovem, e não sabendo como disfarçar seu mal-estar, voltou-se na cadeira, queixando-se do calor, e com um gesto chamou uma escrava para abaná-la. Sargon ergueu-se imediatamente, e tomando o leque das mãos da criada, apoiou-se ao espaldar da cadeira de Neith e começou a abaná-la, acompanhando essa pequena gentileza com olhares e palavras sobre cujo sentido não podia haver dúvida. À vista disso, uma sensação de embaraço e mal-estar se apossou dos donos da casa; quanto a Hartatef, mal podia conter a ira; sem dizer palavra nem despedir-se de ninguém, deixou o jardim e a casa de Pahir.

Neith sufocava; o olhar ardente de Sargon a queimava; essa paixão declarada que a envolvia como uma emanação de fogo lhe inspirava temor e aversão, e não entendia esse amor súbito. Não suportando mais, afastou bruscamente a mão do príncipe e o leque, e pondo-se de pé, as faces em chamas, a respiração opressa, declarou que o calor lhe havia causado um mal-estar que a forçava a retirar-se. Evitando encontrar o olhar de Sargon, cumprimentou-o e retirou-se; pouco depois, o jovem hitita despediu-se, convidando Pahir e Mena e visitá-lo.

Fervendo de cólera, sobrancelhas franzidas, as veias da fronte inchadas como cordas, Hartatef deixou o palácio de Pahir.

— É preciso acabar com isso — resmungou entredentes. — Abracro precisa me conseguir a qualquer preço o filtro que me trará o amor de Neith, e se ela destruir esse miserável escravo assírio, eu lhe pagarei o peso de seu cadáver em ouro. Criatura covarde e impura que ousas, sob os olhos de um nobre egípcio, vir cortejar sua noiva, pagarás tua audácia com a vida!

Já era noite fechada quando Hartatef chegou à casa de Abracro. A feiticeira o recebeu com grande satisfação e declarou que se preparava para chamá-lo, pois havia encontrado um jeito de obter o que ele desejava. Entretanto, ao saber o que era necessário, o egípcio estremeceu de terror supersticioso e de medo.

Matar o carneiro sagrado era, não apenas um sacrilégio condenado com a máxima severidade pela lei, um crime que nem a morte poderia pagar, mas também algo muito difícil de realizar, porque o animal sagrado se encontrava no recinto do templo e durante todo o dia os sacerdotes e servidores o cercavam.

— Mas que queres? A felicidade não se conquista facilmente, e o coração de Neith vale esse risco, que não é tão grande se agires com cautela e prudência – disse Abracro, vendo sua hesitação. – E deves apressar-te, porque li nos astros que um rival poderoso e inesperado te cortará o caminho, e vencerá se não o impedires, conquistando o amor de Neith.

Essas palavras, que lhe pareceram confirmar a súbita rivalidade de Sargon, acicataram o ciúme de Hartatef a tal ponto que obscureceram a razão e a prudência, e o decidiram subitamente a tentar a aventura.

Satisfeita, Abracro bateu-lhe no ombro.

— Em boa hora! E não duvido de que tua audácia e coragem te farão consegui-lo. Deves agir à noite, o animal sagrado fica então sob o cuidado de uns poucos guardas adormecidos; para que não despertem na hora errada, toma este frasco: algumas gotas do conteúdo, jogadas no chão, espalharão ao redor um aroma sonífero tão forte que tu mesmo deves apressar-te a fazer o serviço e fugir. Prepara tua retirada, e uma vez fora do recinto do templo, quem irá provar que és o assassino?

Discutiram alguns detalhes, marcaram para dali a duas noites a execução do crime, e separaram-se.

Assim que Hartatef saiu, Abracro mandou Hapi levar a Keniamun tabuinhas em que lhe informava tudo que ficara decidido. O oficial esfregou as mãos, e como era muito tarde para ir ao templo, cujas portas deviam estar fechadas, escreveu a seu primo Quagabu, pedindo que viesse vê-lo sem demora, e ordenou a seu escravo que levasse o papiro ao destinatário ao alvorecer.

No dia seguinte, o sacerdote chamado por Keniamun se apresentou na casa do primo. Era um jovem magro e pálido, de testa baixa e olhar estrábico; alguma coisa de dissimulado, falso e maligno se irradiava dele.

— Queres fazer tua fortuna, Quagabu, e ganhar todos os anos um saco de anéis de ouro como este? – perguntou Keniamun à queima-roupa, assim que tinham bebido um copo de vinho e os escravos se afastaram.

Os olhos do sacerdote se cravaram com avidez selvagem no saco cheio do metal tentador

— O que preciso fazer? – perguntou apenas, com voz rouca.

— Ajudar-me a destruir um homem que me incomoda e me impede de casar com uma mulher imensamente rica!

E o oficial expôs sucintamente, sem dar o nome do rival, do que se tratava.

Para sua raiva e desapontamento, Quagabu, após alguma reflexão, declarou que era algo muito arriscado para que participasse. Confuso e ansioso, Keniamun tentou persuadi-lo, acenando com a recompensa prometida, mas nada adiantou, até que no ardor da argumentação, deixou escapar o nome de Hartatef.

— É Hartatef que queres destruir? – perguntou Quagabu como eletrizado. – Devias ter dito isso antes. Eu te ajudarei, fica descansado, e ninguém melhor que eu para fazer isso, porque sou um dos guardiões do carneiro sagrado, e cuidarei para que o miserável seja preso.

— Também tens contas a ajustar com ele? – perguntou surpreso o oficial.

Uma cintilação venenosa brilhou no olhar do sacerdote.

— Sim, um assunto particular cujos detalhes não interessam a ninguém. É bastante que saibas que te ajudarei a punir o insolente.

Na conversa que se seguiu, Quagabu informou a seu primo

sobre o interior do templo, o lugar onde se encontrava o animal sagrado e onde deveria ficar de tocaia a Hartatef, que sem dúvida obteria informações antes de tentar a aventura, e escolheria o caminho mais fácil e direto para penetrar no recinto sagrado.

Quase no mesmo momento em que Quagabu e seu primo combinavam a desgraça de Hartatef, este, cheio de esperança, fora visitar seu confidente e fiel instrumento, Smenkara, para confiar-lhe seu plano e ouvir-lhe as sugestões. Os dois homens estavam sozinhos num quarto isolado, pois Hanofer estava em seu posto no albergue, vigiando o turbulento público da taverna.

Smenkara, o temido usurário de Tebas, era um homem de cinqüenta anos, gordo, de expressão astuta e sensual. Usava como traje apenas um avental de linho e sandálias de palha trançada. Sentado de propósito entre a porta e a janela abertas, expunha à corrente de ar fresco o crânio calvo e os membros grossos. A tez era de um roxo quase negro, com o qual contrastavam estranhamente os olhos pequenos, de um cinza azulado, brilhantes de astúcia e dissimulada bonomia. Naquele instante, ocupava-se em desenhar com carvão uma espécie de mapa sobre a mesa de madeira clara junto da qual estava sentado com Hartatef.

— Repito que vais tentar uma loucura sacrílega que te perderá! — disse com ar de preocupação e desagrado. — Não podes conquistar o coração dessa jovem insensata quando ela for tua mulher?

— E esperar enquanto esse miserável escravo assírio a rouba debaixo de meu nariz? — murmurou Hartatef com os dentes cerrados. — Não tentes dissuadir-me, Smenkara, eu quero ser amado imediatamente. Mas obrigado por teus conselhos! O caminho por esta porta escondida é tão curto que corta a metade dos riscos. Que sorte que tenhas conservado essa chave!

— Eu sempre guardo as coisas úteis. Se esse malandro do Quagabu soubesse para o que ia servir essa chave, que ele me deu achando que eu desejava realmente roubar um pouco do estrume do carneiro sagrado, e graças à qual eu já fiz fugir a bela cantora, sua noiva, que te agradava tanto! Ah! Ah! Ah! Sorte que Quagabu ignore quem roubou sua bela, e também os teus planos de hoje; ele poderia te fazer passar um mau pedaço.

— Como não sabe de nada, não é preciso preocupar-se com ele — fez Hartatef, levantando-se. — Vou para casa descansar para estar repousado esta noite.

— Até logo! – disse Smenkara acompanhando-o. – E, meu último conselho: se por acaso algo acontecer e tiveres que fugir, vem para cá; tenho esconderijos perfeitos onde poderás ficar oculto até que possas aparecer novamente.

— Obrigado, embora eu espere não precisar de tua ajuda.

A noite chegara, uma dessas noites negras e sem lua, onde mal se distingue alguma coisa à frente. A imensa capital estava mergulhada no sono, e ninguém percebeu Hartatef quando, envolto num manto escuro, a cabeça coberta com um capuz, deixou seu palácio por uma entrada secreta e se dirigiu rapidamente para o templo de Amon. A residência do grande deus protetor de Tebas ocupava uma área enorme, incluindo templos, jardins, as dependências onde se alojavam os sacerdotes, as cantoras do deus e inúmeros criados.

Numa rua deserta que contornava uma parte do muro externo do templo, Hartatef se deteve, tirou uma chave do cinto, abriu uma porta dissimulada na muralha e desapareceu no interior. Imediatamente, um homem agachado num desvão no outro lado da rua se destacou da sombra e veio colocar-se junto da pequena porta. Era Keniamun, que há duas horas vigiava o local. Escutou avidamente, mas tudo permanecia calmo e silencioso.

Um intervalo que lhe pareceu uma eternidade transcorreu, quando de súbito ouviram-se gritos agudos, seguidos de um ruído surdo como um tumulto de passos e de vozes; no mesmo instante, a porta se abriu, e um homem se jogou para fora, saltando como um veado perseguido.

Mas Keniamun estava vigilante; colocando-se à frente de Hartatef, o fez tropeçar com uma rasteira bem dirigida, e atirou-se sobre ele. Uma luta silenciosa, mas desesperada, começou entre os dois homens, mas a iminência de um perigo mortal multiplicou as forças de Hartatef: as vozes em tumulto se aproximavam, a luz das tochas começava a clarear a rua, quando num esforço sobre-humano, ele conseguiu soltar-se dos braços do inimigo, e deixando-lhe o manto ao qual este se agarrava, ergueu-se e desapareceu como uma sombra na volta de uma ruela.

Quase ao mesmo tempo, homens trazendo tochas ocuparam a rua; eram os sacerdotes e criados do templo. Cercaram Keniamun que, ofegante, contou que passando ali por acaso, ouvira gritos e, vendo um homem fugir do recinto do templo, achou que fosse um ladrão e se atirara sobre ele. Com grande surpresa, quando a claridade das tochas iluminara a rua, havia reconhecido Hartatef, que se soltara de seus braços e fugira, deixando-lhe apenas o manto.

Gritos de cólera e indignação se ergueram; alguns criados correram à cidade para dar o alarme e tentar prender o culpado, outros examinaram o terreno e acharam um punhal ensangüentado de cabo ricamente trabalhado, enquanto um jovem sacerdote contava a Keniamun que um crime terrível fora cometido no templo, e o convidava a segui-lo imediatamente até o sumo sacerdote para dar seu testemunho.

Quando o oficial e seus acompanhantes penetraram no recinto que servia de estábulo ao carneiro de Amon, estava cheio de gente. O sumo sacerdote, cercado pelos adivinhos e anciãos, estava parado junto do animal sagrado, que jazia degolado no chão, com o peito aberto e o coração arrancado. Agitados, todos escutavam o relato de Quagabu, um dos guardiões do carneiro. Ele fazia uma ronda noturna acompanhado de um velho criado, e ambos tinham visto claramente Hartatef fugir do local do crime, mas não tinham podido pegá-lo. O testemunho de Keniamun, que vinha corroborar o de Quagabu, foi imediatamente registrado por um dos escribas, e quando finalmente o oficial deixou o templo repleto de clamores e gritos de desespero, um sorriso satisfeito lhe brincava nos lábios; o rival detestado estava definitivamente destruído, nenhum obstáculo lhe impedia mais o caminho para Neith e sua fortuna.

Rápido como um cervo perseguido pelos cães, Hartatef se dirigira à casa de Smenkara e penetrara por uma entrada que conhecia, mas estava no limite das forças, e jogou-se sem fôlego na primeira cadeira que encontrou. O usurário e sua mulher velavam, discutindo; as faces rubras e arranhadas provavam que a altercação havia chegado às vias de fato, mas ao verem seu amigo e protetor, exausto, acalmaram-se subitamente. Um olhar bastou a Smenkara para compreender que estava tudo perdido, e tomando-lhe o braço, murmurou:

— Rápido, vem comigo; é preciso esconder-te em lugar seguro.

Sustentando o jovem, que cambaleava nas pernas trêmulas, e precedido por Hanofer, que levava uma lâmpada, Smenkara se dirigiu através de vários corredores para uma vasta sala isolada e escura, que servia de guarda-móveis, e onde os mais diversos objetos se amontoavam. Num dos cantos achava-se uma enorme caixa cheia de utensílios de jardinagem; apesar de seu peso aparente, deslocou-se com facilidade ao primeiro empurrão de Hanofer. Ajudada por Smenkara, ela ergueu um alçapão e descobriu uma pequena escada de pedra que mergulhava no chão. Desceram os três, atravessando um corredor abobadado que levava a uma adega bastante espaçosa. Quando Hanofer acendeu uma tocha pregada à parede, viu-se que esse misterioso esconderijo continha uma cama coberta com peles de ovelha, uma mesa, alguns bancos e uma espécie de aparador sobre o qual havia algumas louças e uma ânfora. Enquanto Smenkara enchia de vinho um copo de grés antes de entrega-lo a Hartatef, Hanofer sentou-se num banco, colocou a lâmpada sobre a mesa e disse ao jovem, num misto de piedade e ironia sarcástica:

— No momento, estás fora de perigo; mas nunca poderia imaginar que este refúgio, que oferecemos às pessoas que têm problemas com as leis e podem pagar bem, serviria de abrigo ao ilustre e poderoso Hartatef. Mas assim é, e admiro a justiça dos deuses, que te punem por teu louco amor por essa Neith e tua ingratidão e deslealdade comigo. Se me tivesses contado tudo, em vez de fazer maquinações pelas minhas costas com esse imbecil incorrigível do Smenkara, eu teria te ajudado sem que te comprometesses com um crime inaudito.

Hartatef nada respondeu; tomando o copo das mãos de Smenkara, esvaziou-o avidamente; depois, enxugando a fronte molhada de suor, disse com voz rouca:

— Acho que fui reconhecido por Quagabu, e também por esse miserável Keniamun, que estava tão a propósito perto da portinhola que não é de acreditar que não foi o acaso que o levou ali. Mas antes que se determinem e ocupem minha casa para revistá-la, espero, Smenkara, que tenhas tempo de me prestar um serviço que te recompensarei. Corre imediatamente lá, pela entrada secreta que conheces, cuja chave aqui está. Entra na saleta ao lado de meu quarto; no cofre grande de madeira odorífera colocado contra a parede da direita, pega uma caixinha cinzelada e dois sacos. Leva Anúbis, teu escravo mudo, pois os sacos são pesados, e traz-me tudo aqui.

Smenkara, que escutara com atenção, prometeu fazer isso, e saiu rapidamente, seguido da mulher, que correu a acordar Anúbis, enquanto ele colocava um manto escuro e pendurava no cinto uma longa faca de dois gumes.

Quando ficou só, o jovem egípcio deitou-se na cama. Sua alma voluntariosa e cheia de orgulho sofria mil torturas; sem dúvida, ele tinha sido vítima de um complô habilmente preparado; caíra como

J. W. Rochester

um idiota na cilada e destruira seu futuro, perdera Neith para sempre. Mas quem teria inventado e conduzido a emboscada? Sargon ou Keniamun?

Essas reflexões foram interrompidas pelo retorno de Hanofer, que trazia uma galinha assada, um cesto cheio de pãezinhos apetitosos e uma coberta ricamente bordada. Tendo colocado esses objetos ali sem que o jovem parecesse prestar atenção, ela envolveu-lhe o pescoço com os braços robustos e deu-lhe um sonoro beijo na face. Apesar de sua ira interior, Hartatef submeteu-se silenciosamente às carícias; não ousava repudiar e irritar essa mulher brutal e apaixonada a cuja mercê se encontrava. Ergueu-se, apenas, e tomou maquinalmente um dos pãezinhos.

— Isso, meu rapaz, come e recobra as forças e a coragem – disse Hanofer. – Ainda não está tudo perdido, estás salvo e escondido, e quando tiver passado a cólera inicial, o ardor da perseguição, nós tentaremos te fazer fugir. Com o tempo, acho que se poderá, com presentes, conseguir o perdão do templo. Tu possuis amigos poderosos e Semnut te protege, e sua palavra tem muita influência sobre a rainha.

— Hatasu não se intrometerá nesse caso, ela própria está em luta com os sacerdotes – murmurou ele com raiva e amargura.

— É claro que isso não será amanhã; é preciso ter paciência; e por que não a terias, meu querido, já que ainda tens a mim? – disse Hanofer, com um risinho trocista. – Não sou tão bela como Neith, mas meu amor é mais duradouro e se manterá em todas as circunstâncias; viveremos aqui como dois jovens enamorados; eu te cuidarei, e à noite te levarei para tomar um pouco de ar perto do Nilo. Portanto, não te desesperes; e agora, até logo! Dorme e repousa bem, estás precisando disso.

Saiu e fechou cuidadosamente a entrada.

A notícia do crime inominável cometido no templo de Amon espalhou-se por Tebas com uma rapidez incrível; os primeiros raios do sol da manhã mal douravam o horizonte quando o sumo sacerdote, transtornado e com as vestes rasgadas, veio fazer o relato à rainha, que surpresa e revoltada, deu as mais severas ordens e prometeu uma régia recompensa a quem prendesse o culpado. Do palácio, a notícia voou como uma flecha de bairro em bairro, despertando tanto nos palácios como nos casebres um espanto mesclado de indignação. Uma agitação surda reinava nas ruas, e uma multidão compacta se espalhava nos arredores do templo de

Amon, enchendo o ar de clamores e vociferações.

Não obstante, as maiores interessadas, Neith e Satati, ainda nada sabiam. Pahir e Mena, que haviam saído ao amanhecer para o trabalho, ainda não tinham voltado, e Satati, um pouco indisposta, repousava ainda. A jovem acabava de fazer o desjejum, e sonhava preguiçosamente no terraço, quando sua ama acorreu em sobressalto e avisou que Keniamun pedia para vê-la imediatamente, tendo uma notícia da mais alta importância a transmitir-lhe. Neith ergueu-se, pálida e trêmula: o que teria contecido, para que ele viesse procurá-la assim? Ordenou que o fizessem entrar, e mal tivera tempo de envolver-se num longo véu quando Keniamun apareceu. Dispensando com um gesto imperioso a ama e uma outra escrava, o jovem correu para Neith, os olhos brilhantes, e tomando-lhe as duas mãos, murmurou com voz vibrante:

— Estás livre, minha adorada, nenhum obstáculo se interpõe mais à nossa união, se teu coração continuar fiel a mim!

— Que dizes? E Hartatef? – balbuciou Neith.

— Ele não pode mais se casar contigo, e está desaparecido; mas ouve o que aconteceu!

E Keniamun relatou rapidamente os acontecimentos que se haviam desenrolado no templo de Amon.

— Compreendes – concluiu – que um criminoso desses não pode mais estender a mão para ti; mas *eu*, lutarei com novas esperanças para te conquistar; permites que o faça?

Neith escutara, duvidando dos próprios ouvidos; mas a alegria que se irradiava da fisionomia do jovem oficial, o amor que brilhava em seus olhos, provaram-lhe que ela não sonhava. Com a rapidez do pensamento, raciocinou que como Roma, seu ideal, não podia ser seu marido, se ela desposasse Keniamun, que preferia aos outros, e que a amava apaixonadamente, teria um futuro tranqüilo e se livraria de Satati, de Pahir e de Mena, que ela detestava, depois que soubera da ignóbil transação de que a haviam feito vítima.

O resultado dessas reflexões foi que ela apoiou a bela cabeça no ombro de Keniamun e respondeu afetuosamente:

— Sim, meu caro Keniamun, repito que com prazer serei tua esposa se a rainha me permitir; e como é mais difícil para ti aproximar-te dela, eu mesma irei suplicar-lhe que nos dê sua autorização. Ela é boa para mim como a própria Hator; não recusará, e nós seremos felizes, apesar da conduta infame de Mena, que dissipou minha fortuna. Soube por Semnut que a rainha me dará um dote e

J. W. Rochester

que me destinará terras, vinhedos e grandes rebanhos. Na primeira ocasião, pois, eu suplicarei a Sua Majestade que autorize nossa união.

Um brilho de radiosa alegria cintilou nos olhos de Keniamun; atraindo Neith a seus braços, depositou-lhe nos lábios um longo beijo. Estava no auge da felicidade, e por sua mente desfilava um futuro de riqueza, prazeres e grandeza.

— E agora, adeus, minha querida! O trabalho me chama – disse ele, erguendo-se rapidamente. – Já devia estar no palácio, mas quis falar-te antes.

Ficando sozinha, Neith caminhou pelo terraço numa agitação febril; e no entanto, um imenso alívio parecia haver tirado de seu peito o peso de uma montanha.

Hartatef estava fora de sua vida; o homem orgulhoso e cruel fora destruído, reduzido a pó por seu próprio crime; mas que motivo poderia tê-lo impelido a cometer esse sacrilégio inaudito? Não podia compreender. Depois, pensou em seu noivado com Keniamun, e um sentimento de calma, uma doce quietude lhe envolveu a alma; sem dúvida, ele não exercia sobre ela essa estranha fascinação, não lhe dava essa felicidade inebriante que sentia na presença de Roma, mas ela se sentia próxima dele, e o jovem lhe parecia um abrigo, um apoio que a protegeria do olhar sinistro e ardente do príncipe assírio. A lembrança de Sargon e da paixão ardente que lera em seus olhos a perseguia como um pesadelo; não o odiava cegamente como Hartatef, mas ele lhe dava medo, seu amor devia ser terrível; pareceu-lhe que, se esse fosse o caso, não teria armas para combatê-lo como teria lutado contra Hartatef.

A entrada de Satati veio interromper as reflexões da jovem. Pálida e desfeita, deixou-se cair numa cadeira, e em palavras entrecortadas, relatou a notícia da morte do carneiro sagrado.

— Estamos perdidos – acrescentou torcendo as mãos – pois Hartatef ainda não resgatou a múmia de teu pai.

Neith empalideceu, mas refazendo-se por um esforço de vontade, disse:

— Não te desesperes; sei por Semnut que a rainha me destina um dote considerável; procura conseguir-me uma audiência e eu vou suplicar a Hatasu que me permita casar com Keniamun. Assim que tivermos na mão essa fortuna, eu pagarei tudo, e está terminado.

Satati abanou tristemente a cabeça.

— Teu marido nunca te permitirá gastar assim tua fortuna; e duvido muito que Hatasu queira te entregar a um pequeno oficial de sua guarda, sem fortuna nem posição; ela vai querer casar-te com algum personagem ilustre e poderoso; talvez mesmo o príncipe Sargon se candidate; seus olhares de anteontem me fazem supor isso.

— Ah! Notaste também que ele me devorava com os olhos? — exclamou Neith com a voz opressa. — Oh! Que Hator me defenda dele, esse assírio me dá medo, seu amor me deixa gelada!

— Não te agites assim, talvez nossas suposições sejam erradas, e esse selvagem que nunca mostrou interesse por ti pode ter obedecido apenas a um capricho passageiro. Mas eis Pahir e teu irmão. Que notícias temos?

Os dois homens pareciam perturbados e inquietos.

— Venho da casa de Smenkara — começou Pahir. — O patife se mostrou bastante tratável, mas não entendi a estranha condição que nos impôs. "Enquanto Neith continuar livre", disse ele, "me calarei e esperarei; no dia em que ela se casar, reclamarei a importância que me é devida."

Sem prestar atenção ao espanto das duas mulheres, Mena declarou:

— Eu acho essa condição muito cômoda; é evidente que, já que Neith pode, com uma coisa tão simples, salvar nossa honra, ela não se casará; mas esse Hartatef era um canalha! Em vez de liquidar de uma vez um assunto tão sagrado como o resgate de um morto, ele o retardou a pretexto de juntar o capital, e depois se atira nessa morte sacrílega!

— Prenderam-no? — indagou Satati.

— Não, continua desaparecido, e aposto o que quiserem que Smenkara e sua megera sabem onde ele se encontra, mas revistaram em vão a sua taberna, da adega ao telhado.

— Talvez tenha se matado para escapar à sorte terrível que o aguarda — disse Neith em tom inseguro.

— Não é tão tolo — escarneceu Mena. — Conta com a proteção de Semnut. Mas, a propósito, na hora em que eu saía do palácio, Sargon chegava, e pediu a Semnut que lhe conseguisse uma audiência imediata e secreta com a rainha; fiquei curioso de saber o que...

Foi interrompido pela chegada de um escravo que vinha trazer a Satati tabuinhas vindas do palácio real. A mensagem era de Semnut, que informava laconicamente que a determinada hora Satati e Neith eram chamadas a comparecer perante a rainha.

　　　　　　　　　　　　J. W. Rochester

Sargon com Hatasu

A notícia de que Sargon lhe suplicava que o recebesse, tendo a endereçar-lhe um pedido da maior importância, surpreendeu bastante a rainha; nunca até então o sombrio e silencioso rapaz havia manifestado ambição ou interesse por nada; nunca tivera que perdoar-lhe uma dessas loucuras que os jovens egípcios nobres cultivavam com ardor; que poderia desejar? Deu ordem para que o fizessem entrar em seguida, decidida a atender a seu pedido, se fosse humanamente possível, pois além da razão íntima que a fazia proteger todos os hititas, ela gostava de Sargon e desejava refazer, às margens do Nilo, a ventura que ele perdera próximo às do Eufrates.

Apesar da confiança que sentia na benevolência constante de Hatasu, o coração de Sargon bateu violentamente quando um oficial da guarda ergueu o pesado reposteiro listado de azul e ouro que fechava a porta do gabinete de trabalho da rainha. Era uma peça de tamanho médio, que se abria para um terraço, as paredes cobertas de tapeçarias e o chão de esteiras multicores. Diante da porta do terraço, sobre um estrado dourado, via-se uma mesa com gavetas, em madeira de cedro. Inclinada sobre ela, repleta de tabuinhas e rolos de papiro, a rainha lia com atenção um papiro aberto, mas com o ligeiro ruído produzido pela entrada do jovem, voltou-se, e com um aceno ordenou que se aproximasse. Sargon se aproximou e beijou o solo.

— Ergue-te e senta.

Hatasu indicou-lhe com a mão um tamborete de marfim colocado a poucos passos dela, junto ao qual se estendia um galgo, fazendo tilintar o triplo colar de ouro que levava ao pescoço.

— Poderosa soberana, permite-me rogar de joelhos uma graça da qual depende a minha felicidade – murmurou o moço.

— Posso escutar igualmente desse tamborete – disse a rainha, encorajando-o com um sorriso benevolente. – E agora, diz o que posso fazer pelo mais modesto de meus súditos! Sabes que desejo tua felicidade, mas és tão estranho, Sargon! Nem as honras nem as mulheres parecem te interessar!

Um rubor súbito cobriu as faces pálidas do príncipe.

— Minha rainha e generosa protetora, tua mão poderosa protegeu o infeliz prisioneiro da humilhação e da miséria; tua vontade pode conceder-me a felicidade completa dando-me a mulher que amo. Concede-me Neith por esposa; depois do dia de tua visita, sua imagem invadiu meu coração, e não posso mais viver sem contemplar seu rosto encantador, reflexo vivo de meu pobre irmão Naromath; o beijo que ela deu em sua estátua enfeitiçou minha alma. Ela está livre, o crime de Hartatef quebrou seu compromisso.

Ao som dessa voz vibrando de paixão contida, e à vista do olhar ardente que refletia os sentimentos tumultuados do jovem hitita, uma expressão de surpresa mesclada de alegria desenhou-se no rosto da jovem rainha.

— Amas Neith e queres se casar com ela? Certamente eu a entregarei de bom grado ao irmão de Naromath; apenas, precisa armar-te de paciência; é preciso dar a ela tempo de se acalmar e de esquecer o noivo que acaba de perder.

Com os olhos faiscantes, Sargon deixou o tamborete e veio ajoelhar-se perto da soberana.

— Rainha, Neith não necessita esquecer um homem que ela sempre detestou e que a forçaram a aceitar para salvar a honra da família.

— Que dizes? Forçaram Neith a isso? Quem teria ousado, e com que pretexto? – disse bruscamente Hatasu, uma onda de sangue inundando-lhe o rosto. – Fala, quero saber tudo! – ordenou imperiosamente.

Com íntima satisfação, Sargon pintou um quadro vívido da vida dissipada e imoral de Pahir e Mena, dos gastos desenfreados que os haviam levado a contrair uma imensa dívida, penhorando a múmia do velho Mena; e por fim descreveu a vergonhosa transação feita com Hartatef, da qual Neith se tornara o penhor contra sua vontade.

— Que abominação! – exclamou a rainha, fremente de cólera. – Meu pobre Mena, nobre e fiel servidor, que era honrado com a confiança de meu divino pai! Seus restos ultrajados, entregues por esses infames a um usurário! E Satati, essa odiosa criatura, ousou silenciar sobre um crime desses e atormentar Neith, a generosa criança que se sacrificou em silêncio! Ah! A que mãos confiei minha... – interrompeu-se e continuou depois de um instante de silêncio. – Mas e tu, Sargon, se eu a entregar a ti, juras amá-la fielmente, protegê-la durante toda sua vida e fazê-la feliz? Está bem, teu olhar é mais eloqüente que uma promessa; recebe pois a minha palavra. Neith se tornará tua esposa; hoje mesmo eu lhe comunicarei minha decisão. E tu, prepara teu palácio para amanhã: à tarde, eu mesma irei levar tua noiva, e diante da imagem daquele cujos traços ela tem e ao qual jurei proteger-te, colocarei sua mão na tua.

Palpitante de felicidade, Sargon inclinou-se e quis beijar o estrado onde se encontrava o assento da rainha, mas Hatasu estendeu-lhe a mão.

— Estamos sós — acrescentou com um sorriso melancólico, enquanto o príncipe pousava os lábios ardentes sobre seus dedos afilados.

Ficando só, a rainha recostou-se por um momento, as sobrancelhas franzidas; depois, tomando uma das pequenas bolas de ouro que enchiam um caixinha colocada sobre a mesa, a atirou-a num vaso de prata colocado sobre uma base cinzelada, ao lado de sua cadeira. Ao som vibrante e prolongado que se produziu, um camareiro de serviço apresentou-se imediatamente.

— Chamem Semnut aqui imediatamente — ordenou Hatasu.

Um quarto de hora após, o homem de confiança da rainha apareceu, e à sua ordem, instalou-se no tamborete de marfim; depois, com estupefação crescente, ouviu o relato dos acontecimentos revelados por Sargon.

— Ouvi alguns comentários sobre o perdularismo de Pahir e seu sobrinho, mas jamais imaginaria que pudessem cair tão baixo — disse ele, abanando a cabeça. — E Hartatef, esse louco criminoso, foi envolver-se numa transação dessas!

— Sim, foi indigno, e os deuses o puniram deixando-o cometer esse crime para o qual não encontro uma explicação plausível — disse a rainha, pensativa.

— Minha real senhora, permite a teu servo submeter-te uma idéia e pune-me se ela desagradar a tua sabedoria — falou Semnut, após um instante de reflexão —, mas me parece que a imensa fortuna de Hartatef, assim como o magnífico palácio que ele acabou de construir, é de direito que sejam herdados por sua noiva, e devem ser acrescentados ao dote que destinas à nobre Neith.

— Teu conselho, como sempre, é sábio, fiel Semnut, e vem ainda mais a propósito porque devo casar Neith em breve com o príncipe Sargon; entretanto, é justo que o templo de Amon receba uma indenização pela ofensa feita ao deus, e para isso ordeno que a terça parte de todos os bens de Hartatef seja oferecida ao templo; acrescentarás o resto ao dote da menina. Além disso, amanhã de manhã, Semnut, manda chamar o usurário e resgata de meu tesouro a múmia de Mena, cujo *ka*[20] deve estar profundamente aflito com o ultraje sofrido por seu invólucro material. Farás saber

20 N.E. — O perispírito segundo os egípcios.

também a esse miserável que, embora a lei permita que se aceitem tais garantias, eu desaprovo essa forma de desmoralizar as pessoas, ajudando-as a empenhar em loucuras o que têm de mais sagrado. Diz-lhe que se ele não for mais prudente, eu poderei enviá-lo a aprender um novo ofício nas pedreiras da Etiópia.[21] E agora, meu fiel servidor, podes retirar-te; mas avisa a Neith e Satati que desejo vê-las após a refeição da noite.

À hora indicada, as duas mulheres se apresentaram ao palácio, Satati vagamente inquieta, Neith feliz por encontrar tão em seguida a oportunidade de apresentar seu pedido à rainha. Uma das aias desta as recebeu na antecâmara, pediu à esposa de Pahir que aguardasse, e introduziu a jovem nos aposentos da rainha. Hatasu estava sozinha, estendida sobre um divã; parecia absorvida em pensamentos inquietantes; mas, ao ver Neith, sorriu e acenou-lhe para que se aproximasse. Quando esta, feliz e enrubescida, se ajoelhou perto do divã, a rainha retirou o *claft* que cobria a cabeça da jovem, acariciou-lhe os cabelos sedosos, e disse com bondade:

— Porque não me confessaste, tolinha, que ias desposar Hartatef contra tua vontade? Vamos, não tremas e não baixes a cabeça, eu perdôo tua falta de franqueza; não é para te censurar que te chamei, mas para te anunciar algo muito feliz. Hoje o príncipe Sargon te pediu em casamento a mim, e eu lhe concedi tua mão.

— Sargon! – exclamou Neith, rubra de emoção e atemorizada.

— Sim; ele te desagrada ou te inspira repugnância? – indagou Hatasu, surpresa.

— Não, eu o conheço tão pouco; mas essa idéia me assusta – balbuciou a jovem.

— Só isso! – disse a rainha com um sorriso divertido. – Esse temor logo passará; e se não o amas ainda, o amarás, porque ele é bom, bonito, inteligente e te ama com paixão. Tu ainda não sabes o que é o amor, Neith, é por isso que ele te assusta. Não tens um nome para isso, ainda não criaste uma imagem daquele que será teu futuro; pois bem, digo-te que o homem que te trará a felicidade é Sargon; seu braço será teu amparo, seu coração teu escravo; e, sem preocupações, viverão no belo palácio de Hartatef, que acrescentarei a teu dote, junto com a maior parte de sua fortuna. Assim se realizará um desejo que sempre tive na alma.

Neith inclinou a cabeça; seu coração estava apertado, sentia a

---

21 N.E. — A história da Etiópia é bem antiga; nesta época sua exata localização é incerta, mas possivelmente incluía parte da Núbia, Eritréia e/ou o reino de Axum.

J. W. Rochester

cabeça pesar-lhe; um temor vago a oprimia; e contudo, faltava-lhe a coragem para levantar objeções ao desejo de sua orgulhosa rainha, que ela amava e temia ao mesmo tempo, e para dizer-lhe: "Eu não quero o homem que escolheste, prefiro um obscuro soldado que teu olhar talvez não tenha notado entre os que te cercam".

— Teu desejo, minha rainha e benfeitora, é sagrado para mim, obedeço-te e casarei com Sargon – murmurou.

— Não irás te arrepender – respondeu Hatasu, e um brilho radiante cintilou em seus olhos negros (absorvida em seus próprios pensamentos, ela não notara a luta interior de Neith). – Amanhã, minha filha, eu mesma te conduzirei ao palácio de teu futuro marido, e para festejar teu noivado, faço-te presente de um traje e de uma jóia que eu mesma já usei, e que receberás ainda hoje; possam eles te trazer felicidade.

Alegria e orgulho sobrepujaram momentânemente a apreensão, no coração versátil de Neith, e com os olhos brilhando, agradeceu à rainha, a qual, não menos satisfeita, beijou-lhe a fronte e despediu-se dela.

Ao penetrar por sua vez nos aposentos reais, Satati prosternou-se e beijou o solo com respeito e humildade; depois, vendo que nenhum sinal de benevolência lhe ordenava erguer-se, permaneceu ajoelhada, e um tom amarelo terroso invadiu sua fisionomia morena. Um olhar que lançou para a rainha, que caminhava em passos rápidos de lá para cá, deu-lhe a certeza de que uma tempestade se avizinhava. As sobrancelhas franzidas de Hatasu cavavam uma ruga na testa pálida; as narinas finas fremiam e a boca assumia a expressão de dureza glacial que a caracterizava nos momentos de cólera.

— Serva infiel e ingrata – disse Hatasu em tom irritado, detendo-se bruscamente –, como ousaste fazer isso? Violentaste e vendeste ao miserável Hartatef a criança que eu te confiei, e para esconder as infâmias de dois homens sem vergonha e sem honra, que não recuaram diante do sacrilégio de empenhar o corpo de um parente! O que são Pahir e Mena para Neith? Servos que deviam beijar as suas pegadas, e respeitar como uma ordem todos os seus caprichos. Esqueceste que eu te paguei para velar por ela, não para vendê-la como uma escrava? Ou acreditaste, na tua audácia criminosa, que a verdade jamais chegaria a meus ouvidos e nunca te pediria contas de teus atos? Responde! E treme diante da minha justa cólera!

Tremendo como uma folha na tempestade, Satati caiu prosternada novamente, como pregada ao solo pelo olhar que a trespassava; depois arrastou-se até a rainha, que continuava de pé, olhos chamejantes, e elevou para ela os braços em súplica.

— Filha de Rá, grande e poderosa como ele, sei que teu sopro pode destruir-me como o vento do deserto seca um arbusto; sei que teu olhar pode reduzir-me a cinzas; sou culpada, mas em memória do passado, da hora em que me confiaste essa criança, do amor e dos cuidados maternos que dediquei a Neith desde que nasceu, sê clemente, perdoa-me essa única falta e permite-me explicar como tudo isso ocorreu.

Percebendo que no olhar da rainha a cólera havia se aplacado, continuou com mais coragem:

— Pahir e Mena ignoram a origem de Neith; sem me consultar, eles dispuseram dela como se fosse uma parente de verdade, e quando eu soube do que acontecera, a vergonha e o temor de atrair a desonra sobre meu marido e meus filhos me selaram os lábios; e também a idéia de que Hartatef, belo, rico, nobre e amando-a apaixonadamente, faria, afinal de contas, a felicidade de Neith.

Hatasu nada respondeu; uma torrente de lembranças doces e pungentes acabava de brotar-lhe da memória; o apelo ao passado, que Satati arriscara, tinha despertado nela, de súbito, todos os sentimentos adormecidos do único momento em que ela obedecera à voz do coração, do sonho de amor inebriante e fugitivo que passara como um furação sobre sua alma orgulhosa. Neith, a imagem viva daquele que deixara no coração da jovem mulher uma marca indelével, parecia-lhe a personificação desse oásis de calma e felicidade onde ela havia esquecido a ambição, onde a áspera luta contra seus irmãos e os sacerdotes, pela coroa e o poder, não lhe havia ainda dilacerado a alma. Recordou o momento em que havia confiado a criança a essa mulher pálida e prosternada, e sua cólera dissipou-se.

— Levanta, Satati; desta vez eu te perdôo; hoje é um dia feliz para mim; trouxe a realização de um desejo secreto ao qual eu já tinha renunciado. Sargon vai unir-se a Neith, e essa alegria me predispõe à clemência. Em memória de Mena, cuja sombra aflita paira com certeza em torno de seu corpo ultrajado, vou por esta vez salvá-los da ruina. Semnut resgatará de meu tesouro a múmia de meu fiel servidor, e acertará as dívidas de Pahir e Mena; que eles lhe confiem tudo o que devem; mas que não contem mais com minha indulgência, e tratem seriamente de emendar-se; não quero que os nobres que me cercam dêem o exemplo de caírem em excessos e de desprezarem os antepassados, e se me chegar aos ouvidos uma

J. W. Rochester

outra indignidade, Pahir será destituído de seu cargo e exilado de Tebas com a família; quanto a Mena, eu o mandarei comandar um destacamento nalgum forte perdido, ou nas minas de pedras azuis, para que a solidão lhe traga juízo. Transmite isso a eles.

Satati se prosternou novamente, balbuciando palavras de agradecimento; todo o corpo lhe tremia nervosamente.

— Ergue-te e fica calma – disse Hatasu com bondade. – Eu não perdôo pela metade. E agora, escuta: amanhã eu vou conduzir Neith a seu futuro esposo; tu a trarás para mim à hora da refeição da noite. Para essa ocasião, eu a presenteio com um traje de bisso[22] bordado de fios de ouro e de pérolas, que vais pedir agora à supervisora de meu guarda-roupa, que já recebeu ordens minhas. E dá-me agora essa caixinha que está junto de minha cama.

Quando Satati lhe apresentou o objeto, a rainha abriu a caixa e retirou um colar riquíssimo, mas de uma ourivesaria diferente da das jóias egípcias; era como uma longa fita de ouro incrustada de rubis, e ostentando em baixo uma franja de pérolas. A rainha contemplou a jóia por um instante, depois, recolocando-a na caixinha, estendeu-a a Satati.

— Coloca-a amanhã em Neith, e que ela possa sentir-se tão feliz como eu, quando o usei pela primeira vez!

No dia seguinte, desde a manhã, reinava grande animação no palácio do príncipe hitita. O próprio Sargon, alegre e animado como nunca se vira, fiscalizava os preparativos da festa; por toda parte, os criados colocavam tapeçarias, estendiam esteiras e suspendiam guirlandas e bandeirolas; no terraço e na sala contígua, preparavam-se iguarias em finas baixelas.

A chegada de Keniamun veio tirar Sargon das ocupações.

— Obrigado por teres vindo em seguida – disse saudando o oficial e conduzindo-o a seus aposentos.

— Recebi tuas tabuinhas ao chegar do serviço, e vim, curioso para saber o que terias a dizer-me. Mas que festa é que vais oferecer em tua casa, que vejo toda em alvoroço?

— Já vais saber, e espero que apesar do que vou dizer-te, não fiques meu inimigo – disse Sargon, erguendo a cortina de seu quarto e quase arrastando Keniamun até uma mesa grande, repleta de

22 N.E. – Linho finíssimo.

objetos preciosos. – Olha! Tudo isso é para ti.

O moço recuou, e seus olhos erraram com espanto sobre os pratos, taças, ânforas de ouro e prata, a caixinha cheia de jóias e uma bacia grande repleta até as bordas de anéis de ouro.

— Estás zombando de mim, príncipe Sargon! – disse por fim.

– Por que iria eu merecer esse presente de ti? O que vejo aqui representa uma fortuna!

— Oh! Tu a mereces pela penosa notícia que preciso te comunicar; além disso, sei que não estás bem de vida e que desejas casarte. Esta mesa te auxiliará; não faltam belas moças em Tebas; mas deves renunciar a Neith. Keniamun, eu me enamorei dela; uma paixão como jamais senti me devora; então supliquei a Hatasu que a desse a mim por esposa, e ela concordou; virá pessoalmente trazer-me Neith hoje, e é para receber a rainha e minha noiva que estou preparando meu palácio.

Keniamun escutava aturdido. Neith perdida de novo, e com ela o futuro de grandeza e riquezas que sonhara! Essa mesa era uma compensação ridícula para uma perda dessas. Um rubor acobreado lhe tomou as faces, e sua ira foi tal que o fez esquecer sua reserva e prudência habituais.

— Enganas-te, Sargon! – disse em tom sufocado. – Não posso te vender o coração que me pertence ou trocá-lo pelo que está nesta mesa; ontem de manhã Neith me garantiu que me ama, prometeu se casar comigo e deu-me o beijo de noivado; se para ti uma ordem real supera tudo isso, pede a Hatasu, já que ela ordenou a Neith que se case contigo, que lhe ordene também que te ame. E digo-te ainda que é covardia trair a um homem desprevenido e roubar-lhe a mulher que ama e que o ama.

Virou-se bruscamente e saiu, sem dar ouvidos a Sargon que, rubro de cólera, tentava detê-lo.

Num primeiro momento, o príncipe se entregou inteiramente à ira; mas depois, refletiu que Keniamun, depois que voltasse à calma, lamentaria sua atitude, e isso o acalmou. Ordenou que levassem à casa de seu rival vencido os tesouros que lhe destinara; e quando, algumas horas mais tarde, o cortejo real que trazia Neith chegou ao palácio, Sargon esquecera a existência do oficial.

Uma sombra obscurecia a fronte de Hatasu; a saúde do faraó, seu esposo, inspirava-lhe novos receios, e, absorvida por esses graves pensamentos, não prestou atenção à palidez da noiva e a sua resignação desanimada.

Não obstante, a rainha testemunhou a Sargon a mais amável benevolência; aceitou as iguarias, bebeu à saúde dos noivos, e, unindo suas mãos, lembrou ao príncipe que ele era responsável perante os deuses e ela mesma pela felicidade da jovem; a Neith, que devia, com sua submissão e um amor fiel, fazer a felicidade de seu marido.

Depois de conversar com todos e conceder a cada um uma palavra amável, Hatasu retornou a seu palácio, mas ordenou a Satati que permanecesse junto com Neith e procurasse oferecer aos noivos a oportunidade de conversarem a sós e se conhecerem melhor.

Depois que a soberana se retirou, Sargon, que ardia de impaciência para ficar a sós com a futura esposa, propôs a Neith mostrar-lhe o jardim, e tendo sua concordância, tomou-lhe a mão e a conduziu. De início, passearam, conversando com calma, e Neith, que examinava tudo detidamente, não notou o rubor que tomava o rosto de Sargon, nem a expressão devoradora do olhar que a fixava. De súbito, ele enlaçou o corpo flexível da moça, apertando-a furiosamente contra si, e cobriu-lhe o rosto e as mãos de beijos ardentes.

O ataque foi tão inesperado que Neith, tomada de surpresa, não resistiu; muda e como petrificada, sentiu-se sufocar de aversão e pavor; a respiração lhe faltava, um ferro em brasa parecia lhe queimar os lábios; os olhos incendiados de paixão selvagem que mergulhavam nos seus lhe pareciam os de um animal selvagem. Com um grito débil, tentou em vão libertar-se do aperto de ferro que a apertava contra esse peito ofegante; mas de súbito, pareceu recobrar a presença de espírito, seu corpo frágil se retesou como se feito de aço, e empurrando Sargon, arrancou-se de seus braços com tanta força que deu alguns passos cambaleando, e teria caído se não encontrasse uma árvore, à qual se apoiou, os lábios frementes, as mãos estendidas como para repelir outro ataque.

— Que significa isso, Neith? Tu me detestas? – perguntou Sargon. Estava pálido como a túnica que vestia, e o orgulho ferido, junto com a paixão, lhe sacudiam o corpo com um estremecimento nervoso.

Neith passou a mão na testa molhada de um suor gelado.

— Eu te detestarei mais do que detestava Hartatef, se ousares alguma vez te aproximar de novo de mim dessa maneira – respondeu com a voz embargada. – Tua paixão desenfreada me gela de horror e de medo. Quero suportar teu afeto e me casar contigo, mas deves tratar-me com calma e respeito; mesmo o miserável Hartatef o fazia, compreendendo que não se força assim uma mulher; e tu, que me pedes como esposa a nossa rainha sem sequer me prevenir, que te contentas com minha submissão a uma ordem real, não tens nenhum direito a uma violência dessas. Sabias que amo outro e passaste por cima disso, sem escrúpulos; contenta-te pois com a concessão da rainha, que pode me ordenar que espose o príncipe Sargon, mas não que o ame. Já que a sorte fatal me separa do homem que amo, pouco me importa com quem me caso. Por ti eu sinto apenas indiferença, e se não queres que eu te deteste, trata de não me assustar com os excessos de um sentimento que eu não partilho.

A cabeça em fogo, a respiração ofegante, olhos injetados de sangue, Sargon fixava a jovem que, mais calma, porém fremente de orgulho e de uma tenaz resolução, lhe indicava o comportamento futuro que devia ter com ela.

— Neith, tu me pagarás por este momento! – exclamou com voz rouca. – E farei teu amor se extinguir por falta de objeto; destruirei Keniamun, esse verme que ousa se colocar no meu caminho; quero que me ames, e tu me amarás apesar de tudo, porque só eu tenho direito a isso.

Deteve-se sufocado, com espuma nos lábios; uma palidez cadavérica lhe substituía a púrpura das faces. Neith contemplou num misto de horror e compaixão os traços descompostos do jovem, e aproximando-se, colocou-lhe a mão no braço.

— Acalma-te, Sargon; eu não te guardo rancor por haveres forçado a me casar contigo; aceito teu amor, tua proteção, e quero ser para ti uma esposa submissa e devotada; apenas, não me exijas um sentimento que eu não posso te dar; contenta-te com minha amizade e sê bom para mim. Não odeies nem persigas Keniamun: ele é apenas um amigo para mim, e não perco nada renunciando a ele; o homem que amo com todas as forças está separado de mim por um abismo; nem tu nem ninguém neste mundo saberá jamais quem é ele. Acalma-te, portanto, e se me amas de verdade, sê bom e não me assustes como acabaste de fazer.

Sua voz vacilou, e ela apoiou a testa contra o ombro do príncipe e desatou a chorar.

Sargon estremeceu e pareceu despertar de um sonho; apesar do abalo que acabara de sofrer, que atingira o máximo com a amarga descoberta de que Neith amava um desconhecido, as lágrimas da mulher amada, o contato de sua cabeleira sedosa e perfumada agiram sobre ele como um calmante. Com um gesto hesitante, passou um braço em torno dela e pousou-lhe na testa os lábios trêmulos e

J. W. Rochester

frios. Depois, endireitando-se, disse em voz abafada:

— Voltemos ao terraço, nossos convidados devem estar nos procurando.

Neith enxugou as lágrimas, estendeu-lhe a mão, e quando reapareceram aos convidados reunidos, ambos haviam reconquistado calma suficiente para não despertar atenções. Sargon reuniu-se aos homens, só dispensando à noiva a atenção indispensável, e apenas quando a reconduziu à liteira a beijou para despedir-se; e então seu olhar a envolveu com uma chama devoradora. Ela ficou pálida e estremeceu, mas forçando-se a sorrir, devolveu-lhe o beijo.

Não trocaram uma só palavra no retorno, mas ao descerem da liteira, Satati disse a meia-voz:

— Quando tiveres trocado de roupa, despede as criadas; eu quero falar-te.

Neith fez um sinal de assentimento, e meia hora mais tarde as duas mulheres se encontravam a sós no quarto dela.

Sentando junto da moça, que em seu longo traje de noite acomodava-se pálida e desfeita em uma cadeira, Satati tomou-lhe a mão.

— Em primeiro lugar, quero dar-te uma boa notícia: todas as nossas preocupações financeiras terminaram: a rainha, em memória de teu pai, resgatou sua múmia e pagou as dívidas de Pahir e de teu irmão. Por esse lado estamos salvos; mas há algo que me preocupa: é tua relação com o assírio, cuja paixão desvairada pode se tornar fatal para ti. Sê prudente, Neith: não lhe demonstres tão abertamente tua indiferença; ele não é como Hartatef, que apesar de seus defeitos, em seu amor obstinado, não se deixava ofender por nenhum de teus caprichos; seu amor desprezado pode se transformar em ódio, e então esse homem não terá piedade de ti. Evita pois, minha filha, de irritá-lo, e temo que já o tenhas feito irremediavelmente; ao voltarem do jardim, ele tinha uma expressão estranha, e surpreendi seu olhar te fixando com uma raiva odienta que me espantou; conta-me, Neith, o que se passou entre vocês.

Apesar da desconfiança e da inimizade secreta que sentia por Satati, Neith sentiu que dessa vez ela tinha razão, e seus conselhos eram ditados por uma boa intenção.

— Tens razão, Satati – disse suspirando –, mas temo que teu conselho já chegue tarde demais – e contou-lhe o que se passara entre eles.

— Isso é deplorável, e difícil de reparar – disse Satati preocupada. – Mas não esqueças, Neith: se acontecer alguma cena grave entre tu e Sargon, deves me avisar imediatamente para que eu avise a rainha; Hatasu te ama e vela por ti como a própria Hator; nenhum perigo pode te atingir se ela souber; seu auxílio poderoso te seguirá sempre, porque um laço secreto te une a ela. Pensa nisso, Neith, mas não traias jamais o que acabo de dizer-te.

Depois da partida dos convidados, Sargon se recolhera, numa agitação violenta; arrancando as jóias que trazia, despedira os escravos, e como um tigre enjaulado, caminhava pelo quarto. Por que terrível desilusão terminava esse dia, que ele pensava que ia ser um dos mais belos de sua vida! Conquistara a mão da mulher amada, mas não o seu coração; e ele, o orgulhoso, que desdenhava e zombava do amor das mulheres, fora por sua vez desprezado e desdenhado por essa que ele amava com uma paixão insensata. Recordando a dureza com que lhe proibira de aproximar-se dela e dar vazão a seus sentimentos, à lembrança da aversão com que se livrara de seu abraço e de seus beijos, uma tormenta de desespero, de raiva impotente e de sede de vingança se desencadeou na alma no jovem hitita; tudo fervia dentro dele, gemidos roucos escapavam de seu peito, e mil projetos fantásticos se chocavam dentro de seu cérebro superexcitado. Não queria ser suportado, queria se amado como ele próprio amava. Vencido enfim pela tortura moral e a exaustão física, acabou jogando-se no leito e adormeceu com um sono pesado e febril.

Ignorando tudo que se passava no exterior, com exceção das raras notícias que lhe transmitiam seus guardiões, Hartatef continuava a viver no esconderijo subterrâneo, de onde saía apenas à noite para respirar um pouco de ar fresco à margem do Nilo. O desalento do cansaço havia tomado conta dele; seus sentimentos estavam destruídos, e a atmosfera pesada e malsã em que se encontrava afetava-lhe de forma negativa os nervos e a saúde. Sabia por Hanofer que continuavam a procurá-lo com denodo, mas soubera que a múmia do velho Mena fora resgatada.

Ao saber que Semnut o chamava, o temor deixou Smenkara paralisado. Ao dirigir-se à audiência, esquadrinhava uma e outra vez a longa série de crimes e ações ilegais que tinha acumulado, perguntando-se angustiado qual de suas infâmias teria, talvez, transpirado e atraído a atenção do poderoso ministro de Hatasu.

Ao saber que se tratava apenas do resgate da múmia, acalmou-se; mas as palavras duras e ameaçadoras de Semnut, que declarou que ia manter os olhos nele, e que ao primeiro delito o enviariam para as pedreiras, lhe colocavam um peso na alma, e uma surda inquietação quanto ao futuro.

Uma noite, cerca de quinze dias após os últimos acontecimetos, Hanofer e seu marido, tendo encerrado as contas do dia, e visitado Hartatef, se dispunham a ir dormir, quando repetidos golpes se ouviram à porta da casa. Surpreso e inquieto, Smenkara foi ver quem ousava se apresentar a uma hora tão inconveniente.

— Abre, ou te darás mal – respondeu uma voz imperiosa, e a mão impaciente bateu de novo.

Intimidado, o usurário abriu e deixou entrar um homem alto, tão enrolado num manto escuro com capuz que era impossível distinguir-lhe o rosto ou os trajes.

Vendo que o visitante estava só, Smenkara tranqüilizou-se.

— Que desejas? E quem és, para ousar perturbar-me a esta hora?

O desconhecido, que fechara cuidadosamente a porta, se voltou, e retirando o manto, descobriu a longa veste branca e a cabeça raspada de sacerdote.

— Ranseneb! – exclamou Smenkara recuando, a boca aberta como à vista de um fantasma; depois, caindo, de joelhos, beijou o chão. — Que os deuses te abençoem e protejam os teus passos, grande servidor de Amon; diz o que te traz a meu humilde teto.

— Levanta-te – disse o sacerdote – e vamos a um lugar onde possa falar-te sem risco de ser espionado.

O usurário ergueu-se e conduziu Ranseneb à sala contígua, onde Hanofer o recebeu com todos os sinais de humildade e respeito.

— Conduz-me até junto de Hartatef que, eu sei, está escondido aqui; preciso falar-lhe – disse o sacerdote sem preâmbulos.

Pálidos e aturdidos, os dois quiseram negar, mas o sacerdote continuou, hipnotizando-os com olhar penetrante:

— Não mintam; Hartatef foi visto; ele vai tomar ar todas as noites à margem do Nilo, no desvão da velha escadaria abandonada do bairro dos estrangeiros; foi visto e seguido; portanto, teria sido fácil prendê-lo ali ou aqui, cercando estava taverna com os guardas do templo; mas não desejamos mais a morte de Hartatef. Conduz-me imediatamente a ele, e espera aqui que eu termine de falar-lhe.

Sem mais protestar, Smenkara e a mulher conduziram o sacerdote ao esconderijo e o ajudaram a descer a escada de pedra.

— Dá-me a lâmpada e sobe até que eu volte e te chame – disse Ranseneb.

— Senhor, ele está armado e vai pensar que está perdido; deixa-me preveni-lo – murmurou o usurário.

— Que seja; vai à frente; diz-lhe que uma visita veio falar com ele – respondeu o sacerdote.

Vendo seu cúmplice entrar com a lanterna e ouvindo-o anunciar a chegada de uma visita, Hartatef se ergueu em sobressalto de seu catre; mas vendo Ranseneb, empalideceu e apertou nervosamente o cabo do punhal que lhe pendia à cinta.

— Acalma-te, não vim como inimigo – disse o sacerdote, sentando-se e fazendo sinal ao usurário para retirar-se. – É fácil compreender que, já que conhecemos teu esconderijo, é como se já estivesses preso; mas tomamos conhecimento de várias coisas nos últimos dias, e o templo necessita não de tua morte, mas de teus serviços.

Uma surpresa incrédula desenhou-se no rosto emagrecido de Hartatef.

— Em que um miserável como eu pode servir o mais poderoso dos deuses, que tão insensatamente ofendeu?

— É verdade, teu crime seria inaudito se tivesse germinado em tua alma, mas temos razões para crer que tua louca paixão por uma mulher foi explorada para te conduzir a um crime cujo objetivo secreto era bem diverso desse de ganhar o coração volúvel de uma garota. Não foi por instigação de Abracro que agiste?

— Sim, ela me prometeu um filtro infalível – balbuciou o rapaz, enrubescendo.

— Abracro é uma hitita. O que são para ela os deuses do Egito? Mas ela é devotada à rainha, que protege esses impuros, e, versada na magia, quis destruir o animal sagrado que o jovem Tutmés doou de seus rebanhos, para liquidar com sua possibilidade de subir ao trono; para isso, jogou sobre ti um malefício, um mau-olhado que obscureceu tua razão; mas os deuses vêem a verdade, e te perdoaram. Já estás suficientemente punido com a perda de tua posição e tua fortuna, da qual a rainha destinou um ínfima parte ao templo; o resto, e teu novo palácio, ela, a conselho de Semnut, acrescentou ao dote de Neith, essa misteriosa filha de Mena que Hatasu protege e adora, e acaba de se tornar noiva de Sargon, esse hitita vencido que ela trata e honra como se fosse um príncipe do Egito!

Como uma fera ferida, Hartatef se pôs em pé de um salto, com um grito rouco, e apoiou-se cambaleando na parede; seu olhar parecia vazio, e o corpo ágil e nervoso tremia como em febre. Neith noiva de Sargon! E sua própria fortuna jogada às mãos do rival, cuja ardente paixão por aquela que considerava sua ele tinha observado! Que catástrofe! Seus punhos se crisparam, e um ciúme infernal mesclado de raiva lhe apertou o coração como um ferro em brasa.

O sacerdote observava com um olhar satisfeito a luta interior do infeliz; sabia que o amor ferido lhe forjaria um instrumento dócil, e esperava em silêncio.

Enfim, Hartatef acercou-se da mesa.

— Nada mais tenho a oferecer a Amon e à vingança além de minha vida; disponham dela! – disse, passando a mão pelos cabelos desalinhados.

— Bem. Senta neste banco, porque estás alterado. Vou transmitir-te algo da situação e as ordens que o sumo sacerdote te envia através de mim. Sabes que nossa faraó Hatasu, apesar do espírito que lhe foi dado por Rá, está impelida por uma influência impura a ofender os deuses, na pessoa de seus servidores. A construção de seu túmulo, contrária a todas as regras sagradas, é condenável; essa reprodução dos monumentos de um povo covarde e vencido é uma ofensa aos deuses, aos sacerdotes e ao povo do Egito. Não contente com isso, e inspirada pelos conselhos do homem insignificante que ela elevou à mais alta posição, ela acumula ofensas. Confiou o tratamento de Tutmés II a Tiglat, o hitita, retirando dos médicos da classe sacerdotal um privilégio que ninguém jamais ousara disputar. Deseja agora prolongar os dias do esposo que repelia e detestava desde que teve que desposá-lo, mas que em suas mãos é um instrumento dócil e uma defesa contra Tutmés III, que estende as mãos avidamente para a herança a que tem direito. Contudo, o faraó vai morrer em breve, seus dias estão contados, e é nosso dever garantir os direitos desse filho do rei, o qual, por seu avô, o marido da velha Ísis, é da nossa classe, e no qual inculcamos os sentimentos de devoção que convêm a um faraó.

Mas a rainha previu tudo isso; exilou o rapaz em Buto, e desde que Tutmés veio a Tebas, durante a festa do Nilo, e ela ficou sabendo, ele é guardado tão severamente que é impossível acercar-se dele; a guarnição foi dobrada; escravos estúpidos, funcionários obscuros foram colocados a seu serviço, e Antef, o comandante da fortaleza, é um parente de Semnut, astuto, vigilante e fiel a Hatasu de corpo e alma. Nenhum de nós, ninguém conhecido pode se aproximar do príncipe, mas um servidor bem instruído, inteligente e astuto poderia insinuar-se em sua presença e transmitir-lhe as mensagens indispensáveis. É a ti que escolhemos para esse papel; bem disfarçado, serás colocado como escriba no templo de Uazit em Buto; ninguém te procurará entre os servidores do deus. Antef não te conhece; e sem despertar suspeitas, poderás nos servir de mensageiro e de intermediário junto ao príncipe.

— Servirei fielmente a Tutmés e não recuarei diante de nada que ajude a destruir Hatasu, que me tirou a noiva e a fortuna para dá-las a meu rival – disse Hartatef, e uma indescritível expressão de ódio crispou-lhe a face. – Diz-me apenas, servidor de Amon, quando e como devo partir, e que mensagem devo transmitir ao príncipe.

— Vai amanhã à noite ao lugar onde foste visto; um barco com dois homens irá atracar ali; um deles, que é um escriba do templo, dirá "Amon", e responderás "Uazit", e o seguirás. Ele vai conduzir-te a um lugar seguro, onde passarás pelas purificações indispensáveis para penetrar num lugar santo; depois partirás, de posse de todas as instruções necessárias.

— Estarei lá, e farei com que Smenkara me consiga um disfarce.

— A propósito, o usurário e sua mulher são de confiança? Pode-se contar com eles, se forem bem pagos? – indagou Ranseneb, que já se erguera para sair.

— Respondo por eles.

— Então, diz a eles que podem ganhar uma boa recompensa prestando serviços a Amon. Devem sondar cuidadosamente a opinião do populacho sobre a construção do monumento estrangeiro, sobre Semnut e sobre a situação do jovem Tutmés após a morte de seu irmão. Devem espalhar discretamente o boato de que a rainha desafia os deuses, despreza os conselhos dos sacerdotes e quer se livrar dos dois irmãos para reinar sozinha. E finalmente, que tratem de identificar homens decididos, que tenham ascendência sobre os que os cercam, para poderem, quando chegar o momento, ficar à frente de uma rebelião.

— Assim será feito.

O sacerdote cumprimentou com um gesto e saiu...

✿ ✿ ✿

A destruição de suas esperanças tinha sido um golpe terrível para Keniamun; no primeiro momento, sua cólera foi tal que quis tirar uma vingança cruenta de Sargon. Para pensar nisso com calma, pediu a obteve de Chnumhotep uma licença de alguns dias, e retirou-se para uma pequena propriedade que possuía nos arredores de Tebas. Porém, à medida que o silêncio e a solidão lhe devolveram o sangue-frio, compreendeu que lutar com o príncipe seria tão difícil como perigoso; que, pobre e dependendo do favor de todos, devia baixar a cabeça e sofrer essa injustiça, se não quisesse correr o risco de represálias que o destruíssem. Com o coração pesado, tomou a decisão de encarar da melhor forma a má fortuna, de arrancar do coração o amor por Neith, porém manter com ela uma relação de amizade que poderia vir a lhe ser útil. Ao voltar para casa, encontrou os ricos presentes que Sargon lhe tinha enviado apesar de sua recusa, e dominando a vontade de lançar todos eles na face do insolente doador, escreveu-lhe algumas palavras de reconhecimento.

"Recebo teu magnífico presente como recordação de tua benevolência e como prova de que desculpas as palavras irritadas que saíram de meu coração ferido, porém jamais como uma compensação pela mulher que amo e que me tiraste. A reflexão me fez compreender que um pobre oficial como eu não pode rivalizar com um ilustre príncipe, e que tens mais direito de ficar com Neith, que, por sua beleza, foi destinada a enfeitar um palácio".

O portador que levou a carta trouxe de volta, para sua surpresa, uma resposta de Sargon assim redigida: "Reconheço mais uma vez, Keniamun, que errei ao te arrebatar a mulher cujo coração pensas possuir, mas a paixão nos torna egoístas. Vem ver-me, preciso falar-te com urgência".

Bastante intrigado, Keniamun dirigiu-se no dia seguinte à casa de Sargon, que o recebeu no terraço, seu retiro preferido. O jovem hitita emagrecera e estava pálido, e em seus olhos havia um brilho febril. Recebeu Keniamun cordialmente, e depois de o fazer sentar numa cadeira de marfim a seu lado e aceitar um copo de vinho, disse, fixando no oficial um olhar estranho e profundo:

— Desejo, Keniamun, dizer-te algo que aliviará tua tristeza e acalmará o ciúme que te desperta a minha ventura. Acreditas que Neith te ama, não é assim?

— Sim, ela mesma o disse e prometeu se casar comigo, na manhã daquele mesmo dia em que foste pedi-la a Hatasu.

— Ó falsidade feminina, os deuses poderão sondar-te? – disse Sargon com uma risada curta e estridente. – Deixa que te diga, Keniamun, que te enganas. No dia de nosso noivado Neith me declarou que sente por ti apenas amizade, e que lhe é indiferente casar com um outro, "já que", disse ela, "amo com todas as forças de minha alma um homem ao qual não posso pertencer e do qual ninguém saberá jamais o nome; mas não é Keniamun que me impede de te amar!"

O oficial ficou perplexo, mudo de espanto. Dois pensamentos se agitavam em seu cérebro: Neith não o amava, e Sargon, o noivo ofendido, o confessa a ele; por que? E tinha razão de admirar-se: o sombrio e vingativo assírio com certeza não confiaria a seu rival a afronta recebida, o desprezo por seu amor que Neith demonstrara, se um desejo selvagem de conhecer o homem preferido pela jovem não lhe tomasse a alma; e para satisfazê-lo precisava de Keniamun, porque, taciturno e desconfiado, Sargon tinha evitado quanto possível a sociedade egípcia; sentia-se mal visto e aturado com desdém entre os orgulhosos vencedores e destruidores de seu povo, que só respeitavam o prisioneiro sem posição e sem pátria por ser o protegido da rainha. Essa reserva o tornara estranho à vida da cidade; da própria Neith ele nada sabia, ignorava a quem ela podia encontrar que pudesse agradar-lhe.

Keniamun, que era recebido por todos e conhecia todo mundo, devia ajudá-lo a descobrir esse rival desconhecido; tocado pela descoberta de que ele também havia sido enganado, e impelido pelo ciúme, o oficial descobriria a verdade, e então Sargon encontraria sem tardança o meio de destruir sem dar na vista o homem odiado que se colocara no caminho de sua felicidade. Seu amor por Neith tinha aumentado estranhamente depois da cena dolorosa em que ela o havia rejeitado com tanta dureza; apenas, esse sentimento se mesclara e envenenara com uma raiva surda, uma sede acerba de vingança. Possuí-la contra sua vontade, e fazê-la pagar com humilhações cruéis a afronta que lhe fizera, era seu único pensamento.

Passada a surpresa inicial, Keniamun refletiu; rapidamente, passou em revista todos os jovens que Neith poderia conhecer; nenhum, tinha certeza, oferecia qualquer risco para ele; mas, de súbito, um outro pensamento lhe ocorreu. Com certeza, os dois noivos haviam tido uma conversa, e Sargon exigira que Neith renunciasse

J. W. Rochester

a seu amor por Keniamun, e a moça, em face da cólera e do ciúme selvagem do príncipe, havia imaginado esse estratagema para proteger o homem amado da perseguição e talvez de um assassinato.

Um olhar para o rosto sombrio do príncipe, a expressão cruel que tinha nos olhos, o tremor nervoso que lhe agitava os lábios, confirmaram essa suposição, que ele evitou naturalmente de expressar.

Erguendo-se, deu uma volta pelo terraço, e depois se deteve diante de Sargon.

— Tenho que acreditar, já que ouviste dos próprios lábios de Neith, que ela não me ama. Pois bem! (franziu as sobrancelhas), eu encontrarei esse homem misterioso que se insinuou em seu coração e saberei que espécie de abismo os separa; se é que isso não foi um jogo de sedução feminina, para tornar-se mais desejável.

— Seria um péssimo golpe; eu não sou homem de ficar suspirando por uma noiva que deseja um desconhecido. Mas deixemos disso: tenho necessidade de me acalmar e distrair-me; e para isso, quero pedir-te, Keniamun, que me leves à casa de Tuaa; dizem que sua filha é encantadora, que um círculo numeroso se reúne lá.

— Oh! Tuaa ficará muito satisfeita de ver-te em sua casa, e se desejares, levar-te-ei lá dentro de poucos dias; Tuaa e Nefert vão dar uma de suas famosas festas, e terás a ocasião ideal para conhecê-las e de te distrair.

Casamento e luto no Egito

Várias semanas se passaram. A data fixada pela rainha para o casamento de Neith e Sargon se aproximava, mas esse fato se diluía na expectativa ansiosa e na surda inquietação despertada em todo o Egito pela perspectiva dos graves acontecimentos políticos que se anunciavam. A saúde de Tutmés II piorava a cada dia, e aproximava-se o momento em que o frágil faraó, dominado por sua real e enérgica esposa, deixaria vago o lugar que ocupava a seu lado. Todos pressentiam que a mulher orgulhosa e ambiciosa que segurava com mãos firmes as rédeas do estado não iria querer dividir novamente o poder. Sabia-se também, contudo, que o jovem Tutmés era apoiado por um grande partido, que se constituía dos sacerdotes e dos nobres; os primeiros não perdoavam a Hatasu sua independência de espírito, os segundos o fato de haver colocado acima deles um homem que viera do nada, como Semnut. Em contrapartida, a rainha era muito amada pela gente simples do povo, aos quais o seu governo sábio e pacífico garantia a tranqüilidade, favorecendo o comércio; e sua origem, como filha legítima de uma mãe de estirpe real, agraciada, como seu pai, pelo favor divino, a envolvia numa aura que era uma poderosa proteção.

Contudo, as revoluções, as intrigas palacianas e as lutas fratricidas eram coisas comuns no país, e muitos corações sentiam-se receosos ao pensar nos fatos sangrentos que o futuro próximo poderia trazer. O partido de Tutmés estava irado, porque Hatasu tomara medidas de precaução que provavam seu sangue-frio e decisão, e tornavam quase impossível uma tentativa de se apoderarem da pessoa do pretendente ao trono, cuja presença era necessária para iniciar uma rebelião, no momento da morte de Tutmés II. A guarnição de Buto fora dobrada, as tropas etíopes que a constituíam eram comandadas por oficiais fiéis, e o comandante da praça, Antef, homem vigilante e ardiloso, velava sobre o jovem príncipe como sobre um prisioneiro; sentinelas guardavam todas as saídas do palácio, uma escolta numerosa e bem armada acompanhava Tutmés em seus passeios; e somente no templo, onde ia fazer orações, os sacerdotes conseguiam transmitir-lhe, no santuário (onde seus acompanhantes não podiam penetrar) notícias de Tebas, conselhos e conforto.

Enquanto esses graves acontecimentos absorviam a atenção da rainha e de todo o Egito, os dois noivos continuavam a viver numa situação cada vez mais falsa e incômoda, e a aproximação do casamento despertava no coração de Neith uma ansiedade mesclada de desespero. É verdade que Sargon não lhe dava mais motivos de queixar-se da violência de sua paixão; ao contrário, a evitava quanto possível, mas nessa reserva exagerada ela percebia uma raiva surda e um intenso desejo de humilhá-la, por sua negligência e pela vida dissipada a que se entregava ostensivamente. O príncipe, que era taciturno e misantropo, havia se tornado um conviva assíduo da casa de Tuaa: cortejava Nefert e a cumulava de jóias, gastava a mancheias, e freqüentava os lugares suspeitos de Tebas, de onde mais de uma vez seus escravos o trouxeram em estado de completa embriaguez.

Tentava sufocar nesses excessos a ardente paixão que lhe subjugava o ser, mas eram vãos esses esforços; a imagem da noiva, com a auréola de pura e altiva beleza, o perseguia nos descalabros

J. W. Rochester

da orgia e nos vapores do vinho. As alternâncias de raiva desesperada e de taciturna apatia lhe afetavam sensivelmente a saúde e o caráter.

Neith ficou sabendo da conduta condenável do noivo; entretanto, não o criticava jamais, e o acolhia, em suas raras visitas, com uma tranqüila e indulgente bondade, ignorando que essa amabilidade irritava ainda mais Sargon, que a traduzia como humilhante indiferença.

Um dia em que Neith estava na casa de Roant, já casada com Chnumhotep, Keniamun chegou. Olhou com interesse e curiosidade para ela, que pouco tinha encontrado depois de seu noivado com o príncipe. Ela mudara muito naquelas semanas; o rosto, pálido e emagrecido, fazia os olhos parecerem ainda maiores, mas a expressão de resignada tristeza que se lia neles dava um encanto ainda maior a sua fisionomia.

Percebendo o olhar atento do oficial, Roant imaginou que ele quisesse ter uma conversa particular, e pretextando ter que dar algumas ordens, saiu. Pela primeira vez, desde aquela manhã em que ele viera dar notícia do crime de Hartatef, Keniamun se encontrava sozinho com Neith. Inclinando-se para ela, tomou-lhe a mão e perguntou emocionado:

— É verdade, Neith, o que me disse Sargon, que amas um desconhecido e que eu nada sou para ti?

Ela enrubesceu, e ignorando a primeira pergunta, respondeu, erguendo para ele um olhar úmido:

— Não é verdade, tu és muito para mim, Keniamun: um amigo, um irmão, que me inspira simpatia e confiança. De bom grado eu teria me casado contigo, mas sem dúvida os deuses se opõem a nossa união, pois pela segunda vez nos separaram. Sê meu amigo; eu estou tão sozinha! Desconfio de meus parentes; meu destino foi decidido por outros. Sargon me é odioso, seu amor só me inspira medo, e será fatal para mim, eu pressinto.

A voz lhe tremeu, e lágrimas quentes lhe correram pelas faces. Apesar do egoísmo e da vaidade que ressecavam o coração de Keniamun, sentiu uma compaixão afetuosa pela pobre menina, aparentemente cercada por todas as benesses do mundo, e no fundo tão infeliz, vítima de mil maquinações.

Sentando-se junto dela, a atraiu para si.

— Minha pobre Neith, conta sempre comigo como teu amigo devotado; não tenho mais dúvida de que amas alguém, mas não te guardo rancor por isso; ninguém manda no coração, e teu destino é bem duro, porque ser mulher de Sargon é algo pouco invejável. Quero agradecer-te também pela corajosa confissão que fizeste a ele, afim de desviar de mim seu ódio e seu ciúme; aprecio teu sacrifício, e nunca o esquecerei; e se precisares de um conselho, de um defensor, chama-me e estarei contigo de corpo e alma.

Sem responder, Neith apoiou a cabeça no ombro de Keniamun, e lágrimas em profusão lhe rolaram dos olhos; por fim, ela se endireitou e apertou a mão dele.

— Obrigada, Keniamun; se algum dia estiver em perigo, eu te chamarei. Mas deixa que eu te faça mais um pedido: aceita um presente meu que eu trouxe para cá, a fim de que Roant te entregasse como lembrança minha; mas os deuses te trouxeram aqui para me dar a alegria de entregar-te pessoalmente.

Ergueu-se e tomou de cima de uma mesa uma caixinha ricamente trabalhada, contendo várias jóias de grande valor.

— Aceita, e também o que Roant vai te enviar de minha parte. Ganhei tantos objetos de valor da rainha, e também como herança de Hartatef, que gostaria de dar-te alguns; e além disso, jura-me que se alguma vez estiveres em necessidade, é a mim que o dirás; ficarei feliz de ajudar um amigo.

— Neith – disse Keniamun, bastante emocionado e tocado pela generosidade da jovem –, como agradecer-te? Estás me dando muito, mas devo aceitar tua generosidade?

— De uma irmã e amiga podes aceitar tudo; eu queria, casando contigo, te libertar para sempre de todas as mesquinhas preocupações de dinheiro, pois sei que não és rico, Keniamun, e que vives em dificuldades, com as exigências de tua posição; deixa-me dividir contigo um pouco dessa fortuna que me sobra.

Com os olhos úmidos, o jovem tomou as duas mãos dela e as levou aos lábios.

— Obrigado, Neith; aceito teu presente, e se for necessário, tua ajuda amiga; eu te perdi, tu que és a melhor a mais bela das mulheres, mas tenho certeza de que ainda tenho um lugar em teu coração, e fico feliz com isso. Não me recuses o que vou pedir-te: deixa que te beije pela última vez para dar adeus ao que passou, para selar nosso pacto de amizade.

Sem hesitar, Neith pousou as mãos em seus ombros e lhe ofereceu os lábios vermelhos. Agitado pelos mais diversos sentimentos, ele a atraiu para si e beijou-a. Depois, voltou-se bruscamente para deixar o terraço.

— Keniamun! Estás esquecendo a caixinha! – exclamou Neith. Ele retornou precipitadamente, tomou a caixinha e, sem se voltar, saiu e deixou a casa.

Ficando sozinha, Neith se estendeu no divã e enterrou a cabeça nas mãos. Por que, pensou com amargura, o destino, que lhe negava Roma, lhe recusava também Keniamun, que a amava com tanta sinceridade, a perdoava por amar outro, e se contentava humildemente com sua amizade, feliz de ocupar o menor dos lugares em seu coração? Ele também a beijara e abraçara, mas não havia sentido o medo mesclado de aversão que lhe causara o beijo sufocante de Sargon e seu olhar ardente como fogo. Depois, seu pensamento voltou-se para o homem que adorava e que pertencia a essa Noferura, que não o fazia feliz. Raiva, ciúme e desespero invadiram o coração apaixonado de Neith com uma violência tal que ela desatou em soluços, dizendo, quase em voz alta: "Roma! Roma! Por que fui te conhecer?".

Um suspiro sufocado lhe chegou aos ouvidos nesse momento e a fez estremecer. Endireitou-se, e deu um grito: a alguns passos de distância, apoiado a uma colunata, estava parado o jovem sacerdote de Hator. Com certeza devido ao calor, não trazia a longa veste sacerdotal, mas o traje habitual dos nobres egípcios: uma túnica branca curta, um colar de duas voltas e o *claft*.

Imóvel como uma estátua, observava Neith com um olhar estranho, sem parecer dar-se conta da agitação dela, que, tomada de surpresa, tremia de vergonha e de receio de haver revelado o segredo de seu coração àquele a quem amava. Parecia-lhe que Roma podia ler no fundo de sua alma e talvez risse dela, que deixara escapar seu nome imprudentemente. A esse pensamento, o sangue lhe subiu à cabeça; erguendo-se de um salto, passou como uma flecha perto do sacerdote e internou-se no jardim. Queria esconder-se até que ele fosse embora; ver Roma nesse momento lhe faria mal. Mas antes que chegasse à sombra espessa dos sicômoros, uma mão lhe tomou o braço e a deteve.

— Por que foges de mim, Neith? Fica tranquila – disse Roma, fixando-a com o olhar brilhante.

Mas a emoção tinha sido forte demais para ela, já superexcitada pela angústia dos últimos dias e pela conversa com Keniamun; a cabeça lhe girava, os ouvidos zumbiam, e pareceu-lhe cair, dando voltas, num abismo escuro.

Quando abriu novamente os olhos, viu-se deitada num banco de pedra à sombra de um caramanchão; sua cabeça descansava no peito de Roma, e ouvia-lhe a respiração agitada. Vendo-a voltar a si, o moço a fez sentar-se, amparando-a com um braço.

— Neith — disse com bondade –, estás doente, tua agitação sem motivo prova isso; precisas acalmar-te e contemplar com mais tranqüilidade o futuro que te reserva a felicidade. Disseste que detestavas Hartatef; os deuses te livraram dele e te concedem como esposo um homem jovem, bonito, que te ama e saberá fazer-te feliz. Por que essas lágrimas? Elas me dizem que existe uma dissonância em tua alma, e que não amas nenhum dos homens com que podes legitimamente casar. Mas acredita, Neith, desejar o que não se pode ter não traz nem dá felicidade. Só o cumprimento do dever preencherá o vazio de tua alma. Não olhes nem para um lado nem para outro, procura retribuir o amor de teu marido, e a paz retornará a tua alma. A vida de casada te dará novas alegrias, alegrias sagradas quando te tornares mãe; todos os teus pensamentos se concentrarão no pequeno ser que te enviarão os imortais, e sorrirás ao lembrar de teus sonhos infantis.

Neith ergueu-se com as faces enrubescidas.

— Não digas isso, Roma — interrompeu com vivacidade. – O que dizes soa com a virtude serena e a severa sabedoria da divindade a que serves, mas não compreendes nada dos sentimentos apaixonados. Falas de dever: mas o coração se preocupa com dever, quando se acha subjugado pela imagem de alguém? Meu coração não está vazio como imaginas; está ocupado pelo único homem a quem amo, e...

Uma onda de sangue inundou de súbito o semblante do sacerdote, e em seu olhar tranqüilo brilhou de súbito uma chama, ao contemplar o rosto transtornado de Neith, que não desconfiava de quão sedutora ficara no arrebatamento apaixonado que lhe tomara o ser e quase lhe arrancara a confissão de seu amor.

— Neith! Neith! – disse Roma com voz trêmula e tomando-lhe as mãos. – Não digas mais nada, falarias demais e depois te arrependerias; não tenho o direito de conhecer os segredos de teu coração; sei que a aflição que sentes te faz esquecer com quem estás falando, e mais tarde fugirias de mim como há pouco no terraço.

Como se acordasse de repente, ela se interrompeu, mas não tentou fugir; um invencível sentimento de vergonha e desespero a mantinha pregada ao chão. As palavras de Roma a tinham conven-

J. W. Rochester

cido de que, amando sua mulher, ela a fizera deter-se a tempo para não ter que responder com uma verdade humilhante para ela: "Não posso amar-te!". Se visse o olhar cheio de dor e paixão que Roma endereçava a seu rosto abaixado, sentir-se-ia consolada, mas não ousava erguer os olhos, e não se moveu nem quando o sacerdote se inclinou e murmurou:

— Não penses que sou frio e insensível, Neith; compreendo o que te pesa no coração, e ninguém rogará mais ardentemente aos deuses por teu sossego e tua felicidade que o sacerdote de Hator.

Somente quando ouviu os passos de Roma se afastando, ela deixou-se cair sobre o banco e desatou em soluços.

— Por Rá e Hator, que fazes aqui sozinha, chorando? – perguntou instantes depois a voz clara de Roant. – Pensei que estavas com Keniamun, e quando soube que ele tinha saído e vim te procurar, encontro Roma que foge daqui com um ar estranho, e te encontro assim chorando; tiveste uma discussão com ele?

Neith endireitou-se, e enlaçando o pescoço da amiga, que se inclinava para ela, chorou mais ainda.

— Vamos, acalma-te e diz o que aconteceu – disse Roant abraçando-a carinhosamente contra o peito. – Sabes que te amo como uma irmã menor, e o que me disseres ficará guardado comigo; fala com franqueza e sem restrições. Tiveste uma briga com Keniamun, ou Roma te ofendeu? Noto que ele anda estranho, há algum tempo; tu evitas falar nele, e agora ele me pareceu transtornado; o que está acontecendo com vocês?

Neith endireitou-se e enxugou as lágrimas que continuavam a rolar-lhe nas faces.

— Oh, Roant! Que me importa Keniamun? É teu irmão é um ser tão puro, tão bom, que longe de ofender a quem quer que seja, ele sofre com os que estão aflitos. A agitação dele foi causada por minha terrível imprudência; estive prestes a confessar-lhe o que escondi até de ti própria: que amo Roma com paixão, e ele, tão virtuoso e severo, ficou com certeza transtornado com minha falta de dignidade; mas deixa-me contar tudo – e relatou rapidamente o que tinha acabado de se passar.

O belo semblante de Roant pareceu por um instante paralisado de espanto; depois, com uma risada gostosa, deu dois beijos estalados nas faces de Neith.

— Tu amas meu querido Roma! Isso faz com que te ame mais ainda. Mas tranqüiliza-te, criança, não seria uma confissão tão lisonjeira que o deixaria transtornado, e daria minha cabeça a cortar que ele fugiu, não por causa de tua dignidade, mas com medo de si próprio, porque és bela demais para que ele fique indiferente, sobretudo sabendo-se amado. Posso te garantir que Roma é feito da mesma massa que todos os homens, capaz de sentir um amor proibido e todas as emoções; ele tem essa aura de virtude, porque sua mulher lhe pesa como um rochedo.

— Por que se casou com ela, então?

— Ah! Foi uma loucura da juventude, que prova o que acabei de dizer-te, que Roma, como todos os homens, pode se deixar arrastar por tolices irreparáveis e depois lamentar; e assim é que está amarrado a uma mulher inferior a ele pelo nascimento, que ele não ama mais e nem pode estimar, porque Noferura tem uma virtude duvidosa e um caráter insuportável.

— Mas ele a amou um dia – suspirou Neith. – Diz-me, Roant, ela é muito mais bonita que eu?

— Não, não, és sem comparação muito mais bonita, e ela não tem nenhum encanto; acalma-te, eu vou tirar isso a limpo, e arrancarei de Roma a confissão da verdade; quando ele tiver confessado que te ama, eu te direi, podes ter certeza.

— Não posso acreditar que ele me ame – murmurou Neith. – Ele não quis ouvir minha confissão e me chamou à razão; faria isso se sentisse o mesmo que eu?

— Para mim, isso só prova o quanto ele tinha medo de si próprio; mas vem, Neith querida, Chmunhotep vai chegar e preciso ver se tudo está pronto para a refeição.

Enquanto andavam, Neith repetia:

— Ah! Como eu queria conhecer Noferura! Parece de propósito que nunca a tenha encontrado em tua casa!

— É verdade, vocês se desencontram sempre; mas se o desejas, eu a convidarei um dia especialmente.

Uma jovem criada negra acorreu nesse momento e anunciou:

— Senhora, senhora, a nobre Noferura acaba de chegar a pede para falar-te um momento.

Roant despediu a serva e arrastou Neith.

— Eis o teu desejo realizado – disse rindo. – Mas que poderá ela querer a esta hora?

Ao se aproximarem do terraço, encontraram Noferura, que vinha a seu encontro. Estava vestida elegantemente, sobrecarregada de anéis e braceletes; um largo diadema incrustado de rubis lhe prendia o cabelo negro; sobre a testa balançava-se uma flor de lótus, e nas mãos trazia um ramo das mesmas flores.

Sem dar atenção ao cumprimento de Roant, o olhar brilhante de Noferura se fixou curioso em Neith, que, pálida e confusa, contemplava a esposa do homem amado.

— Sê bem-vinda, Noferura, e antes de sentar-nos deixa que te apresente minha melhor amiga, Neith, filha do nobre Mena, a noiva do príncipe Sargon.

— Ah! Um feliz acaso que agradeço aos deuses; há muito desejava conhecer a bela noiva protegida de nossa rainha.

As três sentaram-se no terraço, e Noferura começou a explicar à cunhada a razão de sua visita inesperada: uma mensagem que recebera de uma parente sua que morava em Mênfis; um assunto difícil para o qual solicitava a intervenção e proteção de Chmunhotep.

Sem envolver-se na conversa, Neith acompanhava com ávida e ciumenta curiosidade cada movimento de sua rival. A voz estridente de Noferura, seus gestos bruscos, seu olhar atrevido e provocante desagradaram-lhe profundamente; não obstante, admitiu que era suficientemente bela para reconquistar o amor do marido, *se é que* o havia perdido mesmo. Um ciúme violento contraiu o coração de Neith e lhe infligiu o mais acerbo sofrimento que jamais sentira. Roma tomava essa mulher nos braços; beijava apaixonadamente esses lábios vermelhos; ela podia a qualquer momento estar com ele, ouvir-lhe a voz, mergulhar o olhar nos olhos doces e fascinantes do sacerdote. Neith cerrou os olhos por um instante; sentia-se sufocar.

— Não queres ficar para o jantar? Chmunhotep deve voltar a qualquer momento, e poderás falar diretamente com ele – dizia Roant.

— Não, não, teu pedido terá muito mais efeito em teu marido; além disso, vim apenas por um instante; vou à casa de Tuaa, onde há uma festa hoje; a gente se diverte imensamente lá.

Uma expressão de espanto e desprezo se desenhou no rosto de Roant.

— Vais às festas de Tuaa, essa criatura que tem tão má fama quanto a filha Nefert, e que todas as mulheres de nossa condição evitam? Admiro-me de que Roma te permita isso.

Noferura ficou rubra de cólera.

— E eu me admiro de que calunies duas mulheres tão amáveis – exclamou com voz aguda e agitando as mãos com a violência que a caracterizava. – Tuaa é uma nobre viúva, rica e independente, que pode receber quem quiser, e apenas a inveja espalha que suas festas e amizades tenham má fama. E Nefert, evitam-na por inveja de sua beleza, com a qual poucas de nós podem rivalizar; as que não temem comparações a freqüentam com prazer.

– Especialmente se não temem por sua reputação e não se preocupam com a opinião do marido – ajuntou Roant em tom mordaz.

– Roma não tem nada que me proibir, e eu não lhe peço permissão para sair – retrucou Noferura com o olhar faiscante. – Digo-te com franqueza, estou cansada de seus ciúmes, de suas eternas suspeitas; não posso ficar fechada eternamente em casa para escutar suas repreensões e suportar cenas de ciúme feroz. Amo Roma e aprecio o profundo amor que ele me dedica, mas é preciso ter medida para tudo, e o amor tem que ter limites. E agora, adeus, Tuaa me espera!

Pálida até os lábios, tomada por um tremor nervoso, Neith escutara as últimas declarações de Noferura, a qual, despedindo-se, fixou com olhar perscrutador e surpreso a aparência perturbada da moça.

Assim que a cunhada saiu, Roant exclamou, com um ar ao mesmo tempo compassivo e risonho:

– Pobre Neith, não te impressiones assim com as mentiras que diz essa desavergonhada. Há muito tempo Roma não a ama mais e não lhe dá atenção. Essa mulher o desonra e tem ciúme dele, e...

A entrada de Chnumhotep interrompeu a conversa, e apesar dos pedidos dos amigos, Neith despediu-se em seguida. Estava sufocada; um sentimento desconhecido e atroz lhe dilacerava o coração, e queria ficar só para entregar-se a seus pensamentos tumultuados. Em sua mente perpassava Roma falando de amor a Noferura, e tal era sua raiva, que se nesse momento ele lhe caísse nas mãos, poderia matá-lo a sangue frio. Nessa noite, Neith não dormiu.

– A pobre Neith não se parece nada com uma noiva feliz – disse o chefe da guarda, entrando no quarto e retirando as armas. – Pelo menos, Roant, tinhas outro ar dois dias antes de nosso casamento. Hoje, especialmente, Neith estava terrivelmente abatida.

– Sim, e eu me admiro de que a rainha, que gosta tanto dela, esteja cega e não veja o horror que lhe inspira esse casamento – respondeu Roant, tomando as armas das mãos do marido para colocá-las sobre a mesa.

J. W. Rochester

— Hum! Eu não me admiro tanto porque vejo a atividade da rainha, assoberbada de preocupações – disse Chnumhotep em voz baixa. – O faraó está cada vez pior, suas horas estão contadas, e ela tem muito a fazer para se prevenir do que virá.

— Achas que os sacerdotes conseguirão colocar o pequeno Tutmés no trono?

O chefe da guarda deu de ombros.

— É difícil dizer; sabes que os sacerdotes são uma força, mas de qualquer modo vai ser mais difícil que depois da morte de Tutmés I, quando forçaram Hatasu a casar-se com o irmão, embora o falecido a tivesse nomeado herdeira do trono. Hoje eles não têm o pretendente ao alcance, o príncipe está bem guardado em Buto, e Hatasu tomou providências para sufocar qualquer rebelião. Há um exército em Tebas, e provavelmente nada acontecerá; mas no meio de tais preocupações, é compreensível que a rainha não dê muita atenção a caprichos de menina.

— Neith não está triste por um capricho. Ah, Chnumhotep! Se eu tivesse certeza de tua discreção! Mas se me jurares ficar mudo como um túmulo, contar-te-ei algo muito tocante.

Intrigado com a agitação da mulher, Chnumhotep fez os mais sérios juramentos, afirmando que seria discreto como um túmulo fechado. Confiante, Roant contou-lhe a confidência de Neith, que a sufocava.

O bom Chnumhotep lamentou sinceramente o amor infeliz da jovem e o malfadado casamento de Roma; mas não se estendeu muito a respeito: tinha fome e ansiava por sentar-se à mesa.

Roant, por outro lado, só tinha um pensamento: minorar de alguma forma a infelicidade de sua amiga, pelo menos livrá-la do ciúme que ia tirar-lhe o sossego. Feliz, amada, descuidada e nunca contrariada, ela não admitia que se precisasse renunciar à felicidade e achava que qualquer meio de realizar seus desejos era permissível e desculpável.

Roant também não dormiu nessa noite, e o resultado de suas reflexões foi que se Roma amava Neith, o que era mais que provável, tudo se arranjaria pelo melhor; era necessário apenas arrancar a verdade desse dissimulado, e depois fazê-lo confessar seus sentimentos a Neith, o que acalmaria seu ciúme. Depois, ela, irmã e amiga, velaria pela felicidade deles e lhes proporcionaria em sua casa encontros que aliviariam a jovem esposa de Sargon do desgosto desse casamento forçado, sem despertar suspeitas no príncipe.

Como preliminar desse grande projeto, assim que levantou escreveu um bilhete a Roma, pedindo-lhe carinhosamente que viesse vê-la assim que terminasse o serviço matinal no templo, pois tinha coisas da maior importância a tratar com ele.

Nunca Roant tivera tanta pressa de ver o marido sair; queria ficar sozinha com o irmão. Quando este chegou, levou-o imediatamente para seu quarto. Mas quando ia começar a séria conversa, achou que poderia haver ouvidos indiscretos por perto. – Vamos para o terraço – disse ao irmão que, sombrio e distraído, a seguiu com indiferença. Mal se haviam sentado, quando um jardineiro que passava despertou novos receios em Roant. – Não, aqui não podemos conversar! – exclamou, saltando da cadeira, e tomando a mão de Roma, o levou para um pavilhão isolado, seu recanto preferido.

— É uma conspiração contra Hatasu? – perguntou Roma com ironia.

Sem responder, ela acomodou-se a uma mesa de pedra e examinou com ar atento o rosto pálido e o ar sombrio e abatido do irmão.

— Ah! Ah! Tu também estás pálido, abatido e desanimado!

— Espero que não tenha sido para analisar minha aparência que me chamaste – disse Roma com irritação. – Afinal, o que queres dizer-me?

— Que és um tolo, Roma, tolo de dar pena – respondeu Roant com ar de comiseração.

Indescritível espanto se refletiu por um segundo no rosto expressivo do sacerdote, que depois enrubesceu intensamente.

— Não é uma opinião lisonjeira, e me pergunto se era necessário me arrastar pela casa inteira para me dizer uma coisa tão simples. Podes dizer-me por que mereci esse acesso de admiração fraternal?

— Certamente; pois não tinhas que ser um tolo para impedir Neith de concluir a confissão que ia te fazer? Por que agiste assim? Porque não correspondes a seu amor, ou porque tens medo de ti próprio?

Roma ergueu-se bruscamente, os olhos faiscando.

— Que dizes? Ela teria tido a imprudência de te confessar sua loucura?

— Loucura! Naturalmente, é uma loucura amar um insensível sem coração como tu. A pobre menina está duplamente arrasada, porque, por tua atitude, ela acha que mereceu teu desprezo, tua

J. W. Rochester

reprovação por sua falta de dignidade, que sei eu! E tu, tratas assim essa pobre menina, tão linda, tão infeliz! Francamente, Roma, acho que estás cego... Não, não, não tentes fugir, vais me responder direitinho! – exclamou Roant, pegando o braço do irmão, que se voltara, vermelho e confuso.

Fazendo-o sentar de novo com energia, tomou-lhe o rosto com as duas mãos, e mergulhando o olhar sorridente e brincalhão nos olhos perturbados de Roma, e beijando-o, aduziu:

— Vamos, sê franco, tu sabes como te amo!

— Ah! Roant, o que me pedes! – suspirou ele. – E a que pode levar a admissão de minha loucura? É verdade que amo Neith desde a primeira vez em que meu olhar mergulhou em seus olhos límpidos; dia e noite sua imagem radiosa me persegue; o ciúme, o desejo de ser amado por ela me devoram, mas sou casado, e ela, pela vontade da rainha, vai se tornar em poucos dias a esposa de Sargon. Posso, como um homem honesto, como sacerdote de Hator, encorajar sentimentos proibidos, e distanciar-me completamente de meu dever, confessando meu amor? Não é melhor deixá-la pensar que reprovo seus sentimentos, que ela não significa nada para mim, e assim, ferida em seus sentimentos e seu orgulho, ela me esqueça e se torne uma esposa afetuosa e feliz com o homem que os deuses lhe destinaram?

Emocionada, Roant o escutara, acompanhando a luta interna entre o dever e a paixão que se refletia no belo rosto do irmão.

— Neith tem razão, tu és o melhor dos homens – murmurou, encostando a face na dele. – Mas Roma, tua virtude é dura e cruel para minha pobre amiga; esse casamento a paralisa de medo e só lhe inspira repulsa, porque o amor de Sargon é impetuoso e destruidor como o de um espírito impuro. O amor que Neith sente por ti e seu ciúme lhe tiram o resto do sossego; ela precisa ser consolada e amparada. Não é também um dever teu acalmar seus sentimentos tumultuados, dissipar seu ciúme admitindo que a amas e estimas? Quem melhor do que tu poderá lhe trazer a paz, e dirigi-la para o caminho do dever?

Enrubescendo e empalidecendo alternadamente, respirando com dificuldade, ele escutara os argumentos especiosos da irmã.

— Tu me tentas, Roant, e me propões o impossível; não vou ter qualquer ocasião de ver Neith sem testemunhas.

— Já pensei em tudo, e se seguires meus conselhos, verás Neith no dia do casamento, durante a festa. Eu conheço perfeitamente o palácio de Sargon, o qual, como sabes, pertenceu a Semnut antes que a rainha o desse ao príncipe. Pois bem! Ao final do jardim que margeia o Nilo, há um pavilhão isolado a que se pode chegar do rio, por uma escada. Quando anoitecer, tu irás de barco até lá, disfarçado de pescador ou operário. Eu levarei Neith, e poderão conversar durante uma meia hora. Poderás acalmá-la com a certeza de teu amor, e lhe farás compreender que ela deve contentar-se com essa certeza e viver só para seu dever.

— Não, não, é uma loucura! – murmurou Roma.

Mas Roant insistiu; desfez passo a passo os escrúpulos e objeções do irmão, incitando habilmente seus sentimentos, e como derradeiro argumento, descreveu-lhe a tortura moral experimentada por Neith enquanto Noferura se vangloriava do amor alucinado de Roma e das cenas de ciúme que lhe fazia.

— Noferura ousou dizer isso? – exclamou o sacerdote, erguendo-se, as faces afogueadas. – Ela ousa dizer que a amo, quando eu suporto com desgosto sob meu teto essa desavergonhada que me trai! Tens razão, Roant, devo me defender diante de Neith de uma acusação dessas; não quero que ela pense que prefiro a ela, essa criança pura e altiva, essa criatura degradada! Prepara tudo, Roant; na noite do casamento, estarei no pavilhão.

— Dou-te os parabéns pela sábia decisão – disse ela satisfeita. – Mas há ainda outra coisa que devias fazer: proibir Noferura de freqüentar a casa de Tuaa e Nefert; ali ela tem um largo espaço para suas infidelidades e de qualquer modo, *tua mulher* devia evitar essas reuniões de má fama.

— Vou proibi-la – respondeu Roma distraidamente. – Mas não hoje; vou voltar ao templo e ficarei lá até depois de amanhã. Preciso ficar só; a certeza de ser amado, de ter nas mãos a felicidade, e de não poder impedir a mulher adorada de cair sob o poder de Sargon, tudo isso me transtorna a alma.

O casamento de Sargon e Neith foi celebrado com pompa quase real; todos os príncipes, dignitários e grandes senhores de Tebas se reuniram no palácio do noivo, e até a rainha veio para a festa, apesar de suas preocupações e de não querer afastar-se do faraó moribundo. Apesar disso, Hatasu não deixou transparecer sua inquietação velada; com a graça altiva que lhe era própria, saudou

J. W. Rochester

os convivas, felicitou o jovem casal e ocupou o assento elevado que fora preparado para ela na mesa do banquete. Porém não reparou na palidez e no abatimento de Neith, nem na extraordinária agitação de Sargon, cujo olhar ardente não deixava sua jovem esposa, que, de olhos baixos, parecia não vê-lo. Uma expressão cada vez mais dura e amarga recurvava os lábios do príncipe; um profundo suspiro ergueu a túnica de púrpura fenícia que usava e fez tilintar levemente as correntes de pedrarias que trazia ao pescoço.

Dominando-se com esforço, ele ergueu o copo para brindar à saúde do glorioso reinado de sua real protetora. Assim que o banquete terminou, Hatasu retornou ao palácio com toda sua comitiva, na qual se incluíam Semnut e Chmunhotep; mas a saída da rainha deu novo impulso à alegria dos convidados, liberando-os da contenção imposta por sua presença; a animação ficou cada vez mais ruidosa, e os copos, sempre cheios, começavam a esquentar as cabeças.

A multidão elegante, animada e alegre dispersou-se pelos salões, o vasto terraço e os jardins. Sargon, cercado pelos convivas, via-se forçado a cumprir com amabilidade seus deveres de anfitrião. Satati se ocupava das mulheres, compensando, com uma animação polida, a tristeza apática da noiva. A noite descera rapidamente, sem crepúsculo, como acontece nesse país, e tudo se iluminara com lampiões, tochas, e o alcatrão aceso nos vasos dava uma claridade avermelhada à verdura dos bosquetes.

Roant, que esperava esse momento com impaciência, deu um jeito de, conversando com a noiva, conduzi-la para uma aléia na sombra.

— Rápido, vem comigo — murmurou, arrastando-a rapidamente para o pavilhão.

Intrigada por essa misteriosa corrida, Neith a seguiu, perguntando aonde a estava levando.

Logo chegaram perto da pequena construção, que só tinha uma peça e um terraço que dava para o Nilo, e que Semnut havia construído para quando quisesse trabalhar em total solidão.

— Espera um momento aqui! – disse Roant, entrando no pavilhão.

O pequeno aposento, mobiliado apenas com uma mesa e algumas cadeiras e fracamente iluminado por uma tocha presa à parede, estava vazio; mas quando Roant apareceu no terraço, um homem vestido de pescador se destacou da escuridão.

— És tu, Roma? – perguntou a moça.

— Sim.

— Vem, eu trouxe Neith.

— Onde estás, Roant? Tenho medo, aqui – disse Neith nesse momento.

Sem responder, a amiga tomou-lhe a mão e, levando-a para o pavilhão, a fez entrar, murmurando, "Fica aqui até que eu venha te buscar". E virando-se, saiu.

Perplexa, Neith lançou ao redor um olhar assustado; ao ver Roma, que ela reconheceu imediatamente apesar do disfarce, deu um grito abafado e cobriu o rosto.

— Não fujas de mim, minha bem-amada, estou aqui para te confessar que te amo mais que a vida – murmurou o sacerdote, tomando-a nos braços.

Duvidando do testemunho dos sentidos, Neith ergueu os olhos; ao encontrar o olhar apaixonado que buscava o seu, uma felicidade indizível a invadiu; enlaçou o pescoço do jovem e seus lábios se uniram num beijo ardente.

— Oh! Agora eu posso suportar tudo – murmurou ela. – Sei que me amas, que não me desprezas e não me condenas por meu amor, e que Noferura não é nada para ti.

— Neith, eu te amo demais, pois estou aqui contrariando a voz da consciência e do dever – murmurou Roma, e um misto de felicidade e amargura lhe vibrava na voz. – Mas o destino me pune com dureza; deu-te a mim para te tomar em seguida, e me condenar a todas as torturas do ciúme, sabendo-te entregue ao amor legítimo de Sargon.

— Não te atormentes por isso – disse Neith, feliz. – Eu tenho que suportar Sargon, mas ele não terá um só pedaço de meu coração; pensarei sempre em ti, e nós nos encontraremos na casa de Roant e no templo; tu me consolarás com tuas palavras de amor, me sustentarás com teus conselhos; em qualquer perigo eu poderei te chamar em meu auxílio, e não terei mais ciúmes – acrescentou abraçando-se a ele.

Roma a contemplou com adoração. Como estava bela em seu esplêndido traje nupcial! As jóias que a cobriam cintilavam na semi-obscuridade, lançando reflexos multicores, e o brilho de seus olhos negros rivalizava com o das pedrarias.

— Tu não terás ciúmes, egoistazinha, mas e eu? – disse ele com um suspiro.

J. W. Rochester

— É verdade; como vou suportar me arrancar de teus braços para suportar o amor de Sargon? – exclamou Neith com a súbita exaltação do desespero. – Mata-me, Roma: depois deste momento de felicidade, não é melhor morrer que viver com um homem que me é odioso? E tu também não sofrerás mais – as lágrimas a impediram de continuar.

— Nunca! Tu deves viver, Neith, porque tua vida é minha vida, minha salvação, minha esperança; quem sabe se os deuses não terão piedade de nós e não nos unirão um dia? Enquanto esperamos, nós nos veremos, e nos apoiaremos um ao outro...

Nesse momento, um clamor lúgubre se elevou dos lados do palácio, estendendo-se pelo rio, entremeado de gritos agudos.

— O que será isso? – disse o sacerdote aprumando-se inquieto. Não tinha terminado de falar quando Roant irrompeu no pavilhão, pálida e trêmula.

— Um enviado de Chmunhotep veio trazer a notícia de que o faraó expirou; terminou a festa, o luto cobre o Egito. Roma, apressa-te a voltar para o templo; e tu, Neith, vem: poderiam notar tua ausência; os convidados vão partir.

Roma deu um último beijo nos lábios de Neith, depois saltou no barco; as duas moças tomaram correndo o rumo do palácio. A desordem havia substituído a alegre animação dos convidados; com gritos e lamentações, senhores e escravos arrancavam as vestes, tisnavam a fronte de pó e batiam no peito, deplorando em altas vozes a morte do faraó.

Quando Neith, vermelha e meio sem fôlego, reuniu-se a seu marido, ele estava em uma sala próxima da saída, despedindo-se dos convidados que se dispersavam rapidamente. Com um olhar sombrio e desconfiado, mediu a jovem, cujo rosto enrubescido parecia iluminado por uma felicidade íntima, e tinha mudado completamente de expressão.

Sem demora os dois esposos ficaram a sós; durante alguns instantes, ambos ficaram parados, silenciosos e perturbados.

— O luto da nação estragou nossa festa de casamento; triste presságio para o futuro – disse Sargon por fim. – Nossos convidados se foram, os escravos e criados perderam a cabeça; deixa que te conduza ao quarto nupcial; ambos necessitamos de repouso, depois da agitação deste dia.

Aproximou-se e tomou a mão da esposa; vendo-a estremecer e recuar, um brilho cintilou-lhe nos olhos e sua voz se tornou surda.

— Não receies que te importune com sentimentos impetuosos; o amor rejeitado não se humilhará diante de ti. Não quiseste meu amor indulgente, escravo de tua beleza; muito bem! Irás sentir a severidade do esposo, e como tal, irei velar para que tua paixão por outro não ameace a minha honra.

Neith ergueu a cabeça com orgulho; satisfação e desafio brilhavam em seu olhar e vibravam-lhe na voz, quando disse bruscamente:

— Tanto melhor, teu ódio é para mim preferível a teu amor; mas decides tarde demais velar sobre meus sentimentos e meus atos. Olha: minha boca, minhas faces ardem ainda com os beijos do único homem que amo; vibro ainda de felicidade, mas o segredo que nos une é insondável como meu amor, e jamais alguém saberá o nome daquele a quem eu pertenço de corpo e alma!

Sargon a escutou como petrificado; cambaleando, deu um passo atrás, e um grito rouco escapou-lhe da garganta.

— Traidora! – sibilou com uma voz irreconhecível, os olhos injetados de sangue. – Horas depois de ter jurado diante dos deuses me ser fiel, manchas a minha honra? Morre, então!

Uma arma brilhou em sua mão e mergulhou no flanco de Neith; ela deu um grito dilacerante, estendeu os braços e caiu de joelhos, manchada de sangue; depois caiu estendida, imóvel.

Como voltando a si, Sargon deixou cair o punhal e recuou estarrecido. – Que fiz eu? Eu a matei – murmurou, passando a mão na testa molhada por um suor gelado. – Oh, Neith! Por que minha mão te feriu? – incapaz de pensar, de pedir auxílio, deixou-se cair numa cadeira.

A prostração de Sargon era tal que não ouviu os passos rápidos que se aproximavam, nem os dois gritos que soaram quase ao mesmo tempo. Mena e Keniamun acabavam de deter-se na soleira de porta, contemplando petrificados a noiva estendida imóvel numa poça de sangue. Os dois moços haviam se demorado a tratar de um assunto de serviço com Pahir, e iam buscar as armas e os mantos quando o grito de Neith os atraiu. Voltando do estupor, ambos se precipitaram para a moça e a ergueram, apalpando-a ansiosamente para ver se sua vida se extinguira.

— Ela ainda respira! – disse Keniamun, arrancando a echarpe que a envolvia para colocar como bandagem provisória sobre a ferida.

— É preciso chamar Satati; ela não deve ter saído, pois queria despedir-se de Neith – exclamou Mena.– Rápido! Alguém corra a chamar a nobre esposa de Pahir – acrescentou, vendo junto da porta as faces assustadas de um bando de escravos que aumentava sem parar. No mesmo instante, seu olhar caiu sobre Sargon, que continuava mergulhado em completo torpor; seu rosto se contraiu, expressando furor mesclado de brutal satisfação.

– Ah! Estás aí, miserável assassino! – gritou, precipitando-se para ele e sacudindo-o brutalmente.

Esse ataque brusco pareceu despertar o príncipe.

– Ela me traiu e eu a feri! – balbuciou, tentando empurrar Mena; porém este, bem mais forte, continuou segurando-o.

– Traidor és tu! Achas que te permitiram casar com uma nobre filha do Egito para caluniá-la e depois matá-la? Prestarás contas à rainha desse crime e de tua ingratidão; é o que acontece quando se faz de um escravo um fidalgo. Vocês, tragam cordas! É preciso evitar que esse chacal fuja antes que a rainha tenha decidido a sua sorte.

Enquanto amarravam Sargon, Satati apareceu, pálida e tremendo, seguida de Pahir, cujo semblante pouco inteligente expressava uma alteração quase cômica.

– Deixa-o livre, ele não vai fugir – disse ao ver o tratamento dado ao príncipe.

– Ocupa-te de Neith; eu respondo pelo que estou fazendo – disse Mena com rudeza. – Achas que vou ver minha irmã sendo assassinada e fazer reverências a essa serpente?

Arrastaram Sargon para um quarto distante, onde foi jogado como um fardo, e foram colocados escravos à porta para vigiá-lo.

Ajudado por Keniamun, Pahir carregou Neith para o quarto do casal, onde a estenderam sobre o leito para despi-la e colocar uma compressa de água fria sobre a ferida, aguardando a chegada de um médico.

– Caro Keniamun – disse Satati, que, pálida e com as mãos trêmulas, ajudara as criadas a retirar os colares e pesados anéis de que a jovem estava sobrecarregada –, corre, eu te suplico, a buscar um médico, depois vai ao palácio e procura chegar até Semnut. Diz-lhe o que aconteceu e ele transmitirá à rainha; *é preciso* que Sua Majestade seja informada o mais breve possível.

– Vou correndo – respondeu o moço, deixando o quarto.

Rainha e mãe

Quando Keniamun chegou ao palácio real, tudo estava em polvorosa; um burburinho semelhante ao de uma colméia enchia o imenso edifício. As liteiras dos conselheiros e dignitários chegavam sem cessar; ninguém queria esperar até de manhã para apresentar suas condolências e as felicitações ao poder único que mantinha agora o cetro e distribuía graças; cada um desejava manifestar seu zelo e devotamento. Até mesmo os que não podiam aproximar-se do faraó Hatasu sabiam que ela seria informada de sua presença e não os esqueceria, os que vinham colocar sua fidelidade aos pés dela.

Tebas não dormia nessa noite; o povo enchia as ruas, tomando as praças, e enchendo os arredores do palácio; em toda parte ouviam-se gritos agudos, prolongados, cheios de um desespero estranho e pungente, que o *fellah*[23] de hoje, assim como o egípcio de outrora, emitem como expressão de dor; e esses múltiplos clamores, unindo-se, pairavam como um só gemido sobre a imensa capital, como um eco da dor do Egito que chorava seu rei. Entretanto, não havia desordem em parte alguma; uns com receio, outros com desconfiança e cólera interior, todos davam lugar aos soldados que, comandados por oficiais, percorriam a cidade em todas as direções, dispersando os ajuntamentos muito barulhentos e mantendo severa ordem.

Não sem dificuldade, Keniamun se esgueirou até as antecâmaras da rainha; regogitavam de gente, como o resto do palácio, e um camareiro de serviço lhe declarou que era totalmente impossível falar com Semnut no momento, mas que o avisaria assim que terminasse uma audiência que a rainha concedia a uma representação de sacerdotes dos principais templos.

A rainha, de fato, não tivera um instante de descanso, mas sua natureza nervosa e elástica lhe sustentava a energia e suportava galhardamente a prova.

Ao voltar do banquete de casamento, ela havia encontrado Tutmés II agonizante; sem sequer retirar seus adornos, ela velara pelo moribundo. Quando o rei expirou, ela se entregou, com certo sangue-frio sem dúvida, mas sem nada omitir, a todas as práticas requeridas pela tradição e o protocolo. Gemeu, arrancou as jóias, rasgou as vestes, e, com a testa tisnada de poeira, os cabelos caídos

---

23 N.T. — Camponês egípcio.

J. W. Rochester

no rosto, pronunciou as preces usuais, e as lamentações que proclamavam a glória e as virtudes de seu defunto esposo.

Tendo cumprido esses deveres, chamou Semnut, depois outros conselheiros, e ditou a todos ordens e disposições que não deixavam qualquer dúvida sobre sua lucidez e sobre a energia de ferro com a qual reunia em sua mão os fios condutores da máquina governamental. Surpresos, subjugados, os dignitários se retiraram; mesmo os que eram seus adversários, e que no íntimo apoiavam o jovem Tutmés, sentiam que não seria fácil sacudir o jugo dessa pequena mão de mulher, e que não tratavam mais com a jovenzinha que, desesperada com a morte do pai que adorava, se deixara vencer, casar e afastar do poder supremo.

Mal havia despedido o conselho, tencionando ir repousar um pouco, quando lhe anunciaram que os representantes dos sacerdotes dos principais templos de Tebas acabam de chegar ao palácio e solicitavam ser admitidos a sua presença. A esse aviso, a rainha se aprumou como um corcel fogoso esporeado; seus inimigos já se apresentavam: mas com que objetivo? Em todo caso, agora não a pegariam mais de surpresa, como outrora... Um impulso de cólera se ergueu em seu íntimo, à lembrança de sua derrota e do casamento com o que acabava de expirar; mas nada transpareceu desses sentimentos tumultuados, e calmamente ordenou que conduzissem os sacerdotes a uma sala de recepção que ela indicou, que prevenissem Semnut e alguns conselheiros para que ficassem prontos a acompanhá-la, e enfim a Chmunhotep que guarnecesse as entradas da sala com oficiais de elite.

Graves, impassíveis e majestosos, os sacerdotes se colocaram na sala indicada; via-se ali os sumos sacerdotes dos principais templos da capital, conhecidos e venerados por todos, e alguns sábios ainda jovens, mas distinguidos com a pena de avestruz, símbolo da iniciação superior. Ao lado do sumo sacerdote de Amon estava Ranseneb. Todas as faces estavam sérias e os olhos se fixavam na porta pela qual devia entrar a rainha.

Sem demora, dois oficiais ergueram o pesado reposteiro franjado e Hatasu apareceu, seguida por seus conselheiros. Com um passo rápido e firme, dirigiu-se para o trono erguido sobre alguns degraus, e ficou em pé, com uma mão apoiada ao braço da cadeira. Ao vê-la, os sacerdotes se prosternaram dando um longo gemido; a rainha inclinou-se, erguendo os dois braços em sinal de dor, mas erguendo-se em seguida, fixou os representantes com um olhar faiscante.

Os sacerdotes, que tinham se erguido, prosternaram-se novamente, e o sumo sacerdote de Amon falou:

— Depois de prestar nosso tributo de dor e pesar ao grande rei que o Egito acaba de perder, permite-nos, rainha Hatasu, dispensadora de vida e graça, saudar tua ascensão: possam os deuses dispensar-te saúde, glória, felicidade e te conservar por incontáveis anos para o amor de teu povo!

A rainha inclinou a cabeça com benevolência.

— Agradeço-vos – respondeu – nobres e veneráveis servidores dos deuses. Tendes ainda algum pedido a fazer-me? Falai: meus ouvidos estão atentos e minha alma cheia de vontade de atender-vos.

A um sinal do sumo sacerdote de Amon, Ranseneb adiantou-se.

— Filha de Rá – disse –, tua sabedoria entendeu que um sério pedido nos traz aqui; possam os deuses, que te dotaram dessa maravilhosa sagacidade, iluminar teu coração e guiar tuas decisões, pois justo e razoável é o que vimos dizer-te. A alma divina de Tutmés II acaba de voltar a Osíris; a nós, vivos, cabe o dever de preparar-lhe uma sepultura que agrade a sua alma, evitando-lhe qualquer incômodo e desagrado. Vimos portanto perguntar-te onde te propões depositar o corpo do faraó. Desejas construir um *menu* digno de teu poder, ou colocar a múmia no túmulo provisório onde se encontram os sarcófagos de teus divinos pais?

Uma sombra passou pela fronte de Hatasu, e seus olhos cintilaram; sentou-se e disse com voz vibrante:

— Vossa pergunta me surpreende. Ignorais tanto assim o que acontece no Egito, veneráveis padres, que não sabeis que estou construindo na cidade dos mortos um soberbo monumento destinado à sepultura de minha família? Para lá transportarei os sarcófagos de meus pais, lá repousará meu divino esposo Tutmés II, lá depositareis meu corpo quando Osíris me chamar para junto dele.

Um murmúrio surdo perpassou entre os sacerdotes, e Ranseneb exclamou, erguendo os dois braços:

— Oh, rainha! Persistes em santificar esse monumento ímpio, construído contra todas as regras sagradas, aberto à curiosidade de todos como uma praça de feira, ao invés de cercado de majestade e mistério, como faz a divindade?

— Sim! — exclamou o sumo sacerdote de Amon, homem violento e fanático. – Sim, ímpia é a idéia de colocar nossos reis nesse monumento, cópia das construções de um povo impuro e vencido. Tudo que vem dos estrangeiros é odioso às divindades do Egito e a seus servidores, que tu ofendes, ó rainha, desprezando as leis sagradas de que eles são os intérpretes. Não esqueças, faraó Hatasu, que é nos ombros dos sacerdotes que se apóiam solidamente os tronos; todos os soberanos que te precederam têm entendido isso, e respeitaram os direitos dos servidores da divindade, que lhes garantiram, por sua influência, a submissão de seus súditos. Renuncia, pois, rainha, te suplicamos – continuou o irritado ancião, com a fisionomia inflamada. – Renuncia a escolher como sepultura um monumento que desaprovamos, que o povo contempla com receio e desconfiança; pois, se persistires nisso, nós te negaremos nosso apoio e nenhum de nós acompanhará a esse sepulcro reprovável o corpo de Tutmés II.

Um profundo silêncio seguiu-se a essa impetuosa declaração. Os sacerdotes trocaram olhares inquietos; uma declaração de guerra aberta ia além de suas intenções, e exatamente o receio da impulsividade do sumo sacerdote de Amon os havia feito escolher Ranseneb como porta-voz; mas o ardoroso fanatismo do ancião o havia arrastado. O séquito da rainha estava petrificado com a audácia.

Hatasu escutara em silêncio as palavras atrevidas e insolentes do sacerdote, mas sua fisionomia expressiva refletia sentimentos tumultuados, bem diversos da calma que aparentava. À derradeira ameaça, empalideceu mortalmente, depois enrubesceu, e sua mão crispou-se na cabeça de leopardo que arrematava o braço do trono. Mas sua ira durou apenas um instante; depois, seus lábios se crisparam numa expressão de orgulho e obstinação, e em seus olhos acendeu-se aquele brilho estranho e dominador, que lhe tornava o olhar tão difícil de suportar, e parecia fulminar os interlocutores.

— Tuas palavras são duras, servidor de Amon, e as ameaças soam mal aos ouvidos de um faraó – disse com a voz clara e metálica. – Escolhestes mal o momento para tentar contrariar minha vontade; reconheço vosso poder, mas não o temo. Há no Egito muitos templos que aspiram à minha graça, e sacerdotes que, embora servindo aos deuses, continuam meus fiéis servidores. São esses que chamarei para conduzir ao lugar de repouso o corpo de Tutmés II. E as cabeças rebeldes que se erguem para ameaçar os que deveriam adorar, tenho o poder e o *direito* de abatê-las. A vitória, numa guerra assim, é imprevisível; mas (Hatasu inclinou-se e seu olhar perpassou como uma flama sobre o grupo de sacerdotes) eu não desejo a guerra. Reconheço que os servidores dos deuses são o sustentáculo do trono e sou a primeira a honrá-los e lhes fazer justiça; desejo reinar apoiada no esteio dos sacerdotes, mas como senhora absoluta do povo que conduzo à vitória e à glória. O faraó que porta a dupla coroa do Alto e do Baixo Egito exige dos servidores dos deuses o exemplo de obediência à vontade de sua soberana; porém, como acredito que, como intérpretes da vontade dos imortais, tendes o poder de tornar puro o que é impuro, de santificar o que é reprovável, então peço vosso apoio: santificai com vossa bênção a construção que reprovais, e essa bênção vinda de vós em nome de Osíris retirará dela todas as sombras. Eu construí o *menu* de pedras, mas vós lhe dareis existência eterna, abençoando-o. O povo, que vê por vossos olhos e sente como sentis, perderá a desconfiança e vos aclamará; eu vos agradecerei com doações magníficas, e aos deuses com sacrifícios dignos deles e de mim. Aguardo vossa resposta.

Os sacerdotes se entreolharam admirados; não podiam deixar de admirar o sangue-frio e a inteligência sutil da jovem rainha, que contendo o orgulho e a violência, lhes oferecia diplomaticamente uma forma de reconciliação, uma retirada honrosa onde haviam ido longe demais. Na realidade, os sacerdotes receavam uma luta aberta, de resultado imprevisível, com a enérgica filha de Tutmés I, muito amada pelo povo; a concessão que lhes fazia, reconhecendo o seu poder, lhes lisonjeava o orgulho.

— Tuas palavras são verdadeiras, faraó – respondeu o sumo sacerdote. – Nós temos o poder de tornar puro o que é impuro, e teu pedido humilde e justo é agradável ao nosso coração e aos ouvidos dos deuses. Além disso, reconhecemos que grandes somas e imenso trabalho foram empenhados nessa construção, que sem nós ficará inútil, e que o povo só honrará quando a tivermos abençoado. Que seja feito, pois, segundo a tua vontade, ó rainha! Conduziremos a teu *menu* o corpo de teu esposo e traremos a ele o povo e a bênção dos deuses; em troca, esperamos tua obediência e teu favor.

— Uma e outro vos são garantidos; enormes serão os sacrifícios que oferecerei aos deuses em meu túmulo, e grandes as doações que recebereis da herança de meu real esposo. Jamais, espero, haverá outro mal-entendido entre nós.

— Agradecemos tua promessa, poderosa filha de Rá – disse o sumo sacerdote de Amon. – E espero que em teu coração não permaneça nenhuma cólera pelas palavras severas que me inspiraram a fidelidade às antigas leis de nossos ancestrais, e meu respeito à grandeza de nossos reis!

J. W. Rochester

A rainha sorriu.

— Não guardo qualquer rancor contra o homem sábio e prudente que me viu nascer; e além disso, à altura do trono nenhuma ofensa pode chegar. Entendo que pelo excesso de zelo com que defendeste os direitos dos deuses, honraste o sangue de Rá que corre em minhas veias. Como prova da graça e da amizade com que te agracio, aproxima-te, digno servidor de Amon-Rá: a partir de hoje, não desejo mais que toques o pó diante de mim com tua fronte venerável: concedo-te beijar o pé de tua rainha.

Novo murmúrio, dessa vez de satisfação orgulhosa, se elevou entre os sacerdotes; esse supremo favor concedido a um deles em tal momento parecia realmente comprovar o desejo da rainha de conviver em bons termos com sua poderosa casta, e a partir disso, o exilado de Buto devia ter paciência. Com orgulhosa satisfação, o sumo sacerdote de Amon se prosternou e pousou os lábios no pequeno pé de Hatasu. Nem ele nem seus companheiros perceberam o reflexo de ironia mordaz, de desprezo irado que errou fugazmente nos lábios da rainha.

De retorno a seus aposentos, Hatasu estendeu-se num divã e despediu a todos, proibindo que a perturbassem; sentia-se exausta. Pouco mais de um quarto de hora se passara em absoluto silêncio quando um ligeiro ruído fez estremecer a rainha; soerguendo-se sobre um braço, percebeu sua velha criada que, de joelhos, arrastava-se em sua direção, fitando-a com ansiedade.

— Que desejas, Ama? Não podem deixar-me repousar um instante? – indagou Hatasu aborrecida.

— Perdoa-me, minha real senhora, mas o nobre Semnut pede para te falar imediatamente, e com tanta insistência que ousei entrar apesar de tua ordem.

— Semnut? Está bem; acende a lâmpada nessa mesa e o faz entrar, mas sozinho – disse a rainha erguendo-se e passando a mão sobre a testa úmida.

Um instante depois, Semnut entrou, com a fisionomia tão dolorosamente transtornada que Hatasu exclamou:

— Fala, Semnut! Tutmés escapou de Buto?

— Não, rainha; a notícia que te trago vai ferir penosamente o teu coração, mas para teu poder não traz nenhum perigo. Em Buto, servidores fiéis velam pelo jovem príncipe. Mas aqui uma atrocidade incompreensível foi cometida: Sargon feriu Neith com uma punhalada.

Com um grito abafado, a rainha deixou-se cair numa cadeira; mas imediatamente após, ergueu-se, fremente de cólera, as mãos crispadas.

— Minha pobre filha! Neith assassinada! Ah, miserável, escravo ingrato que paga assim o meu favor! Que seja entregue ao carrasco! Antes que Rá deixe as sombras, que ele tenha cessado de viver, é a minha vontade!

Semnut ajoelhou-se e ergueu a mão.

— Sei que arrisco minha própria cabeça ao te contradizer, faraó, mas sei também que irias me amaldiçoar se eu executasse tua ordem sem recordar-te que não podes vingar a filha de Naromath matando seu irmão, que ao morrer ele confiou à tua misericórdia.

A rainha cobriu o rosto com as duas mãos e apoiou-se na mesa, cambaleante; passado um momento, ergueu a cabeça e estendeu a mão a Semnut.

— Ergue-te e recebe o agradecimento de tua rainha, fiel e corajoso conselheiro; chamaste-me à razão, e estás certo. Sargon não deve morrer; mas que motivo o poderia levar a esse crime? Parecia amar tanto Neith! A pobre menina ainda vive?

— O que sei, ouvi de Keniamun, um oficial de tua guarda, que se havia demorado na festa; ele não sabe dizer as razões da desgraça, mas quando deixou o palácio de Sargon, a princesa ainda estava viva; ele enviou um médico para ela.

— Continuo confusa, mas quero vê-la ainda esta noite e saber como está. Que infelicidade que Tiglat esteja enfermo e não possa levantar-se! Mas creio que Abracro conhece também o segredo que permite controlar o sangue e fechar os ferimentos. Envia de imediato um homem de confiança para buscá-la; apressando-se, dentro de uma hora ela pode estar aqui. Enquanto isso, manda minha barca ficar pronta na descida do jardim. Tu, Hui e Kemiamun me acompanharão; antes do amanhecer estaremos de volta; vai!

Uma hora e meia depois, uma barca levando duas mulheres e três homens atracava silenciosamente junto da escadaria ornada de esfinges do palácio de Sargon. Keniamun foi o primeiro a subir correndo os degraus, e mal a rainha chegava ao terraço, Pahir acorria e se prosternava para recebê-la.

— Deixa as cerimônias por ora, Pahir, e conduz-me rápido até ela. Está viva?

— Sim, rainha, um médico de Amon acaba de deixá-la depois de colocar uma bandagem no ferimento.

O supervisor das cavalariças ergueu-se e guiou respeitosamente as duas mulheres até a câmara nupcial. Era um aposento grande, coberto de tapeçarias, ao fundo do qual via-se um leito dourado envolto em cortinados de tecido fenício; algumas lâmpadas com óleo aromático espalhavam uma claridade fraca e vacilante.

Sobre o leito estava Neith, pálida e imóvel como um cadáver. Ao vê-la, Hatasu se deteve, a respiração opressa; a luz de uma lâmpada iluminava o rosto da jovem, e talvez nunca sua maravilhosa semelhança com Naromath havia tocado tanto a rainha. O olhar de Hatasu ficou pregado naquela fisionomia que fazia reviver diante dela o belo hitita, o único homem que a filha de Tutmés I amara com um sentimento intenso, apaixonado e total como todos os de sua alma orgulhosa.

Dominando a emoção, fez sinal a Abracro para ocupar-se da enferma, e enquanto a feiticeira abria uma caixinha que trouxera e examinava o ferimento, Satati aproximou-se da soberana para saudá-la. Mas Hatasu havia exigido demais de suas forças, com as múltiplas emoções da noite: teve uma vertigem, e teria caído se Satati não a segurasse, fazendo-a sentar-se numa cadeira. Abracro precipitou-se para ela, e as duas mulheres se apressaram a fazê-la respirar essências aromáticas, friccionar-lhe as têmporas e oferecer-lhe um copo de vinho. Ao cabo de um instante, a rainha se endireitou.

— Não é nada, um pouco de fraqueza devido à exaustão; isso vai passar. Abracro, volta para junto da enferma.

A feiticeira obedeceu e murmurou abanando a cabeça:

– Foi mesmo um espírito impuro que guiou a mão desse louco.

A seguir, pediu a Satati que lhe arranjasse uma trempe com carvões acesos e cuidasse para ninguém entrar no quarto. A esposa de Pahir informou que não precisava temer nenhuma interrupção, pois, para ocultar a presença da rainha, todos haviam sido afastados, e Pahir velava à porta junto com Semnut; a seguir, trouxe ela mesma a trempe solicitada. Abracro então colocou num recipiente um líquido desconhecido, deitou ali umas folhas e bagas negras, e ferveu tudo sobre os carvões, pronunciando conjuros; em seguida, esfriou o líquido, lavou com ele o ferimento, e soprou sobre ele; depois aplicou uma bandagem na qual colocara uma pasta ou pomada que trouxera na caixinha. A enferma começou a se agitar, e quando Abracro lhe massageou as têmporas e lhe derramou entre os lábios algumas gotas de uma essência avermelhada, Neith abriu os olhos com plena consciência.

— Minha real senhora, a enferma voltou a si e podes fazer-lhe algumas perguntas – disse a velha, dirigindo-se à rainha, que se ergueu imediatamente, e inclinando-se sobre a jovem, beijou-lhe a testa.

— Como te sentes, pobre criança, e como pôde acontecer esta incompreensível infelicidade?

Um expressão de alegria e gratidão mista de receio desenhou-se na fisionomia desfeita de Neith.

— Estou sofrendo menos agora que te vejo, minha real protetora; como és boa! Mas, diz que me perdoas; sei que te causei aflição; eu te direi o que aconteceu, mas perdoa-me! — E tentou levar aos lábios a mão da rainha que segurava a sua.

— Tudo, tudo eu te perdôo, criança bem-amada, mas acalma-te, não te atormentes com nada; vive para mim; eu preciso enxergar teu olhar inocente nas horas difíceis da minha vida – murmurou Hatasu tão baixo que só a enferma escutou.

— Ah! Como eu te amo! – disse Neith, num impulso de alegria e gratidão.

Ela não compreendia a emoção que tornava tão carinhosa e indulgente a orgulhosa e inabordável soberana; mas de repente recordou-se das palavras de Satati, dizendo que um elo secreto a unia à rainha, a um sentimento de calma e confiança no futuro lhe tomou a alma.

— Poderosa filha de Rá, perdoa à tua serva ousar interromper-te – disse Abracro –, mas a enferma tem absoluta necessidade de silêncio e repouso; entretanto, nada temas, a velha Abracro responde por sua vida. E tu, minha rainha, estás exausta também; bebe este copo de vinho em que coloquei uma essência fortificante, que acalmará teu coração e te trará o sono e as forças necessárias para as tarefas que te esperam.

A rainha esvaziou o copo, e quase imediatamente um ligeiro rubor coloriu-lhe a face pálida.

— Obrigada, Abracro; Semnut te enviará de minha parte uma medida de anéis de ouro; toma também isto, como recordação deste momento e do serviço que me prestaste.

Retirou do pescoço uma fina corrente de ouro da qual pendia um magnífico escaravelho de ouro e esmeralda, e estendeu-o à velha, cujos olhos brilharam de satisfação.

Certificando-se de que Neith dormia um sono profundo e reparador, Hatasu deixou o quarto; havia recuperado o sangue-frio e a elasticidade mental que lhe eram próprios.

— Conduz-me até o culpado, quero interrogá-lo eu mesma — disse ela a Pahir, que velava com Semnut no aposento ao lado.

Pahir correu a dispensar os escravos que guardavam o criminoso, depois conduziu a soberana e seu conselheiro à pequena sala, ainda enfeitada com guirlandas de flores, em cujo piso jazia Sargon, pés e mãos amarrados.

O infeliz rapaz não pareceu notar a entrada dos dois; seu rosto parecia petrificado numa expressão de raiva e desespero; flocos de espuma pendiam-lhe dos cantos da boca contraída, e a túnica de púrpura e a jóias que portava contrastavam de forma lamentável com as cordas que o prendiam.

— Estás pensando em teu crime inaudito? Que fizeste, assassino ingrato, com a criaturinha que te confiei e que dizias amar? – perguntou Hatasu com severidade.

Ouvindo o som irritado daquela voz metálica, o prisioneiro pareceu despertar de um sonho e quis levantar-se, mas impedido pelas cordas que lhe cortavam a pele, recaiu novamente no chão com um gemido surdo.

Uma sombra obscureceu a fronte da rainha.

— Soltem-no e depois saiam! – ordenou bruscamente.

Num instante os dois homens cortaram as cordas, depois se retiraram. Cambaleando como embriagado, Sargon apoiou-se na parede.

— Agora estamos sós; responde, ingrato, e confessa, o que te levou a cometer esse crime abominável, em troca de tudo que te fiz?

— Sei que sou culpado, e nada mais devo esperar de tua graça – respondeu Sargon com voz rouca e sibilante –, nem sequer desejo inocentar-me, porque a vida me é odiosa, mas tu conheces o sangue ardente que me corre nas veias e que me tirou a razão; nenhum homem pode admitir, quando se aproxima cheio de amor de sua noiva, ser repelido como um ser impuro, e ouvir a mulher que ama como louco dizer: "Chegas tarde, eu amo outro; vê, minhas faces e meus lábios ardem dos beijos desse outro ao qual eu pertenço de corpo e alma!"

Interrompeu-se, sufocado.

— Estás louco; como podes acreditar que essa criança pura e inocente seria capaz de uma traição tão vil? – disse a rainha, encolerizada.

— Escuta antes de me julgares, rainha – continuou Sargon, e

contou resumidamente a primeira cena com Neith, sua conversa com Keniamun, e tudo que se seguira até o casamento. – Convencido de que ela não amava nem a mim nem a Keniamun – acrescentou –, mas um desconhecido que não podia descobrir quem fosse, me mantive reservado e observei; depois de tua partida da festa do casamento, ó rainha, ela desapareceu. Envolvido com os convidados, meus olhos a buscavam em vão, e o ciúme me dilacerava a alma. Somente quando a notícia da morte do faraó dispersou os convidados ela reapareceu, com o rosto inflamado e o olhar brilhante de alegria. Levado por meu ciúme legítimo, eu lhe disse, quando ficamos sós, que não a importunaria com meu amor, mas velaria por minha honra. Quando ela respondeu que acabava de sair dos braços de meu rival, uma nuvem sangrenta me obscureceu a vista. Como o punhal veio parar em minhas mãos? Como feri a traidora? Não sei. Reconheço que sou culpado por erguer a mão contra ela, mas qual é o homem que no meu lugar teria agido de outra maneira? Esse gesto foi o impulso desesperado de um coração destruído. Eu amei essa mulher, a quem o acaso deu os traços de Naromath, como um louco; por um sorriso de seus lábios eu teria dado a vida. Eu a matei, e só desejo morrer também; mas se és justa, soberana do Egito, tu me desculparás. Se alguma vez sentiste amor – e dizem, Hatasu, que amaste de todo coração um homem de meu povo, um infeliz prisioneiro como eu – deves compreender meus sentimentos e...

A rainha escutara com espanto e emoção crescentes; às últimas palavras de Sargon, empalideceu como um cadáver, e inclinando-se com vivacidade, apoiou a mão sobre os lábios de Sargon.

— Silêncio, insensato, não repitas jamais o que acabas de dizer, se prezas a vida. Eu te compreendo e não condeno o sangue violento que obscureceu tua mente e impeliu teu braço, mas repito que não creio no erro de Neith; irritada e imprudente como uma criança, ela disse o que não era verdade para te ofender. É possível que ela ame um outro que não tu, mas nunca lhe pertenceu, tenho certeza, e o futuro provará isso. De resto, os deuses te evitaram consumar o crime. Neith vive e vai se restabelecer; mas como estou convencida de que nas tuas mãos sua vida estará sempre em perigo, farei com que os sacerdotes anulem esse casamento; tomarei Neith de volta e a darei ao homem que ela ama; e tu, ficando livre, escolherás outra esposa.

Sargon deu um grito selvagem e levou as duas mãos à cabeça.

— Deixa-me morrer antes, porque, enquanto eu viver, tentarei matá-la, não a entregarei aos braços de outro. Suplico-te, Hatasu, deixa-a comigo, e juro pelo que tenho de mais sagrado, pela memória de Naromath, que nunca mais atentarei contra sua vida. O inferno destas horas que acabo de passar me curou; por mais culpada que ela seja, por mais terrível a sua traição, deixa-a comigo, e não lhe farei nenhum mal porque sem ela não posso viver, meu coração se consome e definha.

Caíra de joelhos, estendendo as mãos suplicantes para a rainha. Estranhamente tocada, ela se apoiou a uma cadeira; de novo o passado se erguia diante dela. Sargon não se parecia ao irmão nos traços, mas o timbre de voz era o mesmo, e na excitação do momento, seu olhar tinha algo do ardor e do encanto do herói hitita que ela tinha amado. Tudo desapareceu: o presente, o suplicante de joelhos diante dela, as preocupações que a atormentavam; ela via apenas a sala isolada do palácio semidestruido pelo incêndio onde seu pai triunfante havia estabelecido quartel, e o belo e altivo jovem, ainda pálido devido aos ferimentos, que também se havia ajoelhado à sua frente, e num misto de raiva e paixão murmurara:

— Manda matar-me, Hatasu, por minha audácia; eu, o prisioneiro, o vencido desonrado, te amo, orgulhosa filha do conquistador, do destruidor de meu povo; ou, por piedade, dá-me uma arma para que me liberte da vida e deste amor fatal.

Dando um profundo suspiro, a rainha passou a mão pela testa úmida.

— Ergue-te, infeliz insensato; eu te lamento e farei o que puder para devolver-te a felicidade e trazer-te de volta o coração de Neith; mas antes disso é preciso salvar tua cabeça. Conheces a lei: ela condena à morte qualquer estrangeiro que fira um egípcio, e atentaste contra a vida de uma jovem da nobreza, e tua própria esposa! Enfim, tentarei remediar tua loucura.

Saudou-o ligeiramente com a mão e saiu.

Ficando só, Sargon se deixou cair numa cadeira e cobriu o rosto com as mãos.

– É verdade, de acordo com as leis do país, serei condenado à morte se ela não me salvar – murmurou. – Ó Neith, a que me levou meu amor por ti! Mas que estranho mistério une essa rainha altiva a ti, que tens os traços de Naromath? Oh! (bateu na testa) Descobri finalmente: a proteção constante de Hatasu por nosso povo, o *menu* que ela construiu no modelo de nossos palácios, aquela cena estranha em que Naromath moribundo a fez jurar que me protegeria, e a que Semnut me arrastou apesar de minhas lágrimas! Sim, agora compreendo: Neith é filha dela!

Depois de deixar Sargon, a rainha chamou Semnut, relatou-lhe a estranha acusação do príncipe e indagou ao fiel conselheiro que medidas julgava mais adequadas para salvar o infortunado jovem de sua loucura criminosa.

Semnut balançou a cabeça gravemente:

— Não é fácil, minha real senhora; conheces a lei; se a história se espalhar, o que é provável, virão prender Sargon e então não poderás deter o curso da justiça sem despertar novos desagrados, que é melhor evitar neste momento. Na minha opinião, é preciso esconder o príncipe, fazê-lo fugir e deixá-lo afastado até que se acalme a repercussão do caso; a nobre Neith, ao se restabelecer, pode perdoar a seu esposo e implorar o seu perdão, e então tudo se acertará.

— Ocupa-te disso imediatamente, então, meu fiel Semnut; aprovo tua sugestão; eu vou retornar ao palácio para repousar um pouco. Quando acordar, me darás conta do que foi feito.

Retornando ao palácio, a rainha deitou-se e adormeceu imediatamente, exausta. Era dia alto quando acordou. Seu primeiro olhar caiu sobre a velha criada que, abaixada ao pé do leito, acompanhava todos os seus movimentos.

— Que fazes aí, Ama? Aconteceu alguma coisa?

— Não, não, poderosa filha de Rá, apenas o nobre Semnut espera há alguma horas na antecâmara, impaciente para ver levantar-se o sol do Egito e aquecer-se aos raios de tua graça.

— Por que não me chamaste? – disse a rainha erguendo-se com presteza – Rápido, ajuda-me a vestir-me.

— Eu não faria isso, porque não ordenaste – respondeu a velha – e estavas tão cansada! Seria demais que o faraó não pudesse descansar, quando o último dos carregadores de água pode dormir quanto quiser!

A rainha sorriu; a velha Ama, que a servia desde que nascera, que a embalara nos joelhos e a adorava como a menina de seus olhos, tinha grandes privilégios e podia dizer o que ninguém mais ousaria.

— Tu não entendes – disse –; Ama, assim como os deuses protegem os mortais, o faraó deve velar para que os carregadores de água durmam em paz. Bem; rápido, dá-me o véu e manda introduzir Semnut no gabinete de trabalho.

— Que notícias trazes? – perguntou Hatasu, respondendo com uma inclinação de cabeça à saudação do conselheiro e acomodando-se à mesa de trabalho.

— Más notícias, grande rainha – respondeu Semnut erguendo-se. – Chegamos tarde demais: Sargon está preso.

— Ah! Como pôde acontecer isso? – exclamou Hatasu empalidecendo.

— Ninguém dormiu em Tebas nesta noite; e assim, a notícia do crime se espalhou com extraordinária rapidez. Mena a espalhou no corpo da guarda do palácio; o jovem médico de Amon, que atendeu Neith, levou a notícia ao templo, na hora em que os sacerdotes voltavam da audiência; eles não deixaram de aproveitar a oportunidade de destruir um dos assírios que proteges e que lhes causam grande despeito. A notícia correu como um flecha; um jovem sacerdote de Hator, chamado Roma, mostrou um zelo fanático, alvoroçou os outros, e tinhas acabado de sair, e eu me preparava para levar Sargon para minha casa, quando chegaram os sacerdotes acompanhados por soldados que o prenderam e conduziram à prisão.

— O que fazer agora? Não quero deixá-lo morrer! – murmurou a rainha.

— Se quiseres, ó rainha, ouvir meu conselho, não detenhas por ora o curso da justiça; no momento decisivo, farás tudo para salvar-lhe a vida, e depois poderemos aliviar sua sorte até que tenhas ocasião de indultá-lo.

— Que assim seja feito! E agora, deixa-me, Semnut, e que ninguém ouse entrar até que eu chame; quero ficar só.

Quando o conselheiro saiu, Hatasu apoiou os cotovelos na mesa.

– Ó Naromath – murmurou –, esse é o destino do infeliz cujo futuro confiaste a mim! Ele destruiu a si próprio, e não sei se poderei salvar-lhe a vida! – uma lágrima ardente deslizou-lhe pela face.

Erguendo-se, caminhou agitada pela sala. Quantas lutas e preocupações lhe trazia esse dia que aguardara ansiosamente, o dia em que finalmente ocuparia sozinha esse trono que lhe parecera estreito demais enquanto o tivera que dividir com Tutmés II! Ela tivera que comandar a vida do homem hesitante e indolente que, escravo de sua vontade, deixara o poder nas mãos fortes e no espírito viril de sua irmã e esposa. Nesse momento, ela sentia falta do apoio e da garantia que representara para ela o tíbio faraó; reinava sozinha, é verdade, mas sozinha teria que combater o exilado de Buto e os descontentes; e esse pequeno Tutmés seria não apenas um adversário digno dela (sabia-o desde seu último encontro) mas tinha atrás dele, unidos como um só homem, a casta poderosa dos sacerdotes do Egito, que desejavam ver sobre o trono esse menino, instrumento de sua vontade: esses sacerdotes que ela tinha vencido nesse dia, mas que não cessariam de solapar disfarçadamente o seu poder e buscar avidamente qualquer oportunidade de atingir e ferir a rainha, nem que fosse através de seus protegidos. A esse último pensamento, um rubor intenso subiu ao rosto da rainha; ela, a legítima soberana, filha da divina Aahmés, dobrar-se diante do bastardo, ceder a esses homens insolentes, *jamais*! O caráter de Hatasu era da têmpera daqueles a quem o perigo estimula e as dificuldades parecem trazer novas energias; com um sorriso de desafio, ergueu a cabeça com orgulho:"Eu carrego o cetro", disse a si mesma,"e minha vontade será tua lei, Egito! Sargon viverá, Tutmés ficará em Buto, e vós, sacerdotes orgulhosos, é que vos curvareis sob a minha sandália!".

Mais de um mês transcorrera desde a noite trágica da morte de Tutmés II. Durante vários dias a vida de Neith pareceu suspensa por um fio, mas fosse porque as conjurações de Abracro fossem poderosas, ou que sua natureza jovem tivesse forças para resistir à morte, o perigo passou, e ao cabo de quinze dias começou a sua convalescença. Mas estava tão fraca que a recuperação, segundo tudo indicava, seria lenta.

Para não irritar os sacerdotes, um médico do templo de Amon continuava a tratar da enferma, e apenas à noite, no maior segredo, Abracro vinha examinar e tratar o ferimento e pronunciar suas conjurações.

Satati cuidava da sobrinha com o maior devotamento, enviando três vezes ao dia notícias à rainha, que estava presa no palácio por uma indisposição e uma sobrecarga de trabalho. Roant também estava à cabeceira da amiga e auxiliava a mulher de Pahir nas vigílias; a jovem estava torturada pelo remorso, e se acusava amargamente de ter combinado aquele encontro com Roma, que quase levara Neith à morte. Chmunhotep soubera por um sacerdote de Amon, seu parente pelo lado materno, do motivo do gesto

J. W. Rochester

de Sargon, e censurara com veemência sua mulher pela leviandade com que induzira à tentação o irmão e a amiga, quase destruindo o infeliz Sargon, que definhava na prisão, enquanto o processo contra ela prosseguia ferozmente.

Descrever os sentimentos de Roma durante essas penosas semanas seria difícil; ele se acusava, mais amargamente ainda que a irmã, de haver cedido à tentação e ter atraído a inocente jovem a seus braços no dia mesmo de seu casamento com outro, e com a confissão de seu amor lhe ter exacerbado os sentimentos a ponto de fazê-la cometer a imperdoável loucura pela qual quase pagara com a vida.

O sumo sacerdote de Hator, que fazia parte do grupo que fora à audiência com a rainha, ao voltar para o templo havia trazido a notícia do atentado contra Neith. Por um momento, Roma sentiu-se arrasado; depois o invadiu uma raiva concentrada, uma violenta ira contra Sargon. Tinha consciência de haver respeitado o seu direito de esposo, de amar Neith com um sentimento puro e resignado; somente o coração dela lhe pertencia, e disso ela tinha direito de dispor; e esse bruto, em seu ciúme, havia ferido a moça poucas horas depois do casamento. Seu coração gelava e tudo nele se revoltava ao pensar que Neith pudesse continuar em poder desse homem, o qual, apesar de seu crime inaudito, a rainha por certo iria proteger; não tivera sempre uma fraqueza inexplicável por esses estrangeiros? Apesar do desagrado dos nobres, não tinha elevado esse prisioneiro à condição de príncipe? Ela o cobrira de honra e fortuna, e lhe dera por esposa uma das mais nobres filhas do Egito. Portanto, se a vida de Neith devia correr um perigo constante, era necessário dispor de Sargon antes que o poder real o subtraísse à justiça. Impelido por tais sentimentos, Roma demonstrara uma energia e habilidade inesperadas; havia instigado e sublevado os sacerdotes, argumentando que após a derrota que tinham sofrido no caso do túmulo, era indispensável provar a Hatasu que seus protegidos não estavam acima da lei e que a justiça dos sacerdotes castigaria a insolência de seu favorito que ousara atentar contra a vida de uma nobre egípcia.

Seus esforços não foram vãos. Sargon foi preso imediatamente e colocado na prisão, mas o processo se arrastava, e antes da condenação estava aguardando, dizia-se, o depoimento de Neith, sem o qual era impossível julgar com clareza a situação. Roma, cujo ímpeto declinara, não se envolveu mais com o caso, mas imaginava, e com razão, que essa demora se devia à influência da rainha. O zelo dos sacerdotes também diminuíra, e depois da distinção que Hatasu lhe concedera, o sumo sacerdote de Amon ficara muito mais conciliador e ameno em seu fanatismo pelos deuses e pelo jovem Tutmés.

Neith ignorava tudo o que se passava; embora estivesse em plena convalescença, sua fraqueza era extrema; ficava deitada durante horas sem pronunciar uma palavra, e o médico havia proibido que a questionassem ou agitassem com o que quer que fosse. Depois do triste acontecimento, Pahir e toda a família haviam se instalado no palácio de Sargon. Mena, principalmente, havia influenciado nessa decisão, e tratara da mudança com uma presteza e zelo notáveis. Havia persuadido Pahir de que era seu dever administrar as propriedades que haviam ficado acéfalas, e ajudar Satati na direção da casa, enquanto as vigílias lhe tomassem mais tempo.

Diante das pessoas, Mena comentava com ar presumido sobre o amor que sentia pela irmã, e o devotamento da família que, sem hesitação, abandonara o lar para ficar perto da enferma e velar por ela.

Sem cerimônia, ele se instalara nos aposentos de Sargon, vagos depois da prisão deste, e vasculhara cofres e estojos, tomando posse das jóias e objetos preciosos que a previdente Satati não tivera tempo de colocar sob chave. Com firmeza tranqüila, esta colocara ferrolhos e fechaduras em tudo, guardando com prudência, para Neith, os tesouros de seu marido; e eram numerosos, porque Sargon, econômico e taciturno, que pensava mais que vivia, gastava pouco das numerosas dádivas de Hatasu. Satati, que ainda estremecia à lembrança da cena terrível que tivera com a rainha, quis prevenir uma pilhagem que lhe poderia valer uma nova repreensão, e colocou limites à cobiça ávida do sobrinho. Mena teve que contentar-se com as migalhas de que pôde lançar mão.

Não obstante, achava-se ele muito bem na nova residência, e no íntimo, bendizia o ciúme do jovem hitita, porque contava abastecer-se largamente dos rendimentos das propriedades que Pahir administrava.

A presença de Roant era desagradável para Mena, que a ignorava ostensivamente; mas há muito já a esquecera, e mesmo, em sua tola presunção, sentia-se satisfeito de estar livre, e acreditava que poderia encontrar algo ainda mais vantajoso para si.

Tal era a situação no momento em que retomamos nossa narrativa.

J. W. Rochester

Certa manhã, enquanto Satati, que passara a noite, descansava, Roant velava sozinha junto da enferma, que dormia um sono profundo e reparador; contemplava, com afeto e pena, o rosto emagrecido de Neith, afastando com cuidado os insetos que viessem perturbá-la. Por fim, ela despertou, abriu os olhos e estendeu a mão à amiga.

— Minha querida Roant, como poderei agradecer-te por essa dedicação? Mas em seguida, espero, não precisarás cuidar-me mais; sinto-me tão bem, tão forte, que tenho vontade de levantar-me.

— Deixa isso para daqui a uns quinze dias, pelo menos – disse Roant rindo. – E para distrair-te enquanto esperas, sente o perfume destas rosas que Roma te enviou; ele te suplica que te cuides bem, e tenho certeza de que é por causa de suas preces contínuas que os deuses preservaram tua vida, que na realidade esteve por um fio.

Enrubescendo, Neith tomou o ramo de magníficas rosas e encostou os lábios e a fronte nelas.

– Ah! Se eu pudesse vê-lo! – murmurou; mas subitamente empalideceu e acrescentou hesitante: — Sargon! – Era a primeira vez, após a noite fatal, que pronunciava o nome do marido.

— Acalma-te: Sargon está vivo, mas nunca mais te fará nenhum mal; saberás dos detalhes mais tarde. E agora, pensa apenas em coisas agradáveis – disse Roant, apertando-lhe a mão. – Tenho uma boa notícia para ti: a rainha virá te ver dentro de poucos dias. Realmente, ela é boa como Hator para ti, e com uma proteção assim, não deves recear nada. Eu te conseguirei também um encontro com Roma, fica descansada.

E Roant começou a contar tudo que Roma tinha sofrido, tudo que comprovava seu grande amor; perspicaz, ela notara que à menção da rainha, uma sombra perpassara na fronte da amiga, e sabia que nenhum outro assunto como o de seu amor poderia distraí-la tão bem.

A partir daí, a convalescença de Neith se fez rapidamente; suas forças retornavam a olhos vistos; começava a caminhar, amparada por Satati e Roant, e pela manhã a levavam para o ar livre, acomodada num divã.

Num entardecer, à hora em que o calor sufocante dá lugar a um frescor agradável, Neith encontrava-se no terraço junto ao Nilo, onde um dia Keniamun viera anunciar ao príncipe hitita a visita da soberana. Ela também aguardava nesse dia a visita de Hatasu, e ao pensar nesse encontro, um sentimento de vergonha, receio e remorso lhe apertava o coração. Decerto a rainha lhe pediria contas de sua atitude, e exigiria saber o nome de seu amado, pois sem dúvida Sargon, para desculpar-se, lhe teria contado as razões de seu gesto violento.

Quanto mais refletia, mais seu olhar se ensombrecia. Uma grande mudança se operara na alma de Neith durante a longa enfermidade; o sofrimento a amadurecera, desenvolvendo-lhe a mente; a criança tornara-se mulher. Recordando a terrível noite do casamento, a fisionomia alterada de Sargon ao feri-la, escumando de raiva e louco de ciúme, uma voz interior lhe dizia que errara gravemente em relação ao infeliz jovem que a amava com todas as forças da alma. Em sua cólera impotente, ela lançara ao rosto do esposo um insulto e uma mentira abominável; desonrara a si própria; e a essa lembrança, um rubor intenso lhe subiu ao rosto. Sem dúvida, sua alma pertencia a Roma, mas o resto era uma invenção torpe, que trouxera as mais deploráveis conseqüências. Que teria acontecido com Sargon? Ninguém, nem mesmo a loquaz Roant, dissera uma só palavra sobre o seu destino. Ela conhecia o suficiente da lei para compreender que o mesmo poderia ser muito duro; talvez a rainha lhe dissesse a verdade. Com um suspiro, Neith passou a mão na fronte e tentou afastar esses pensamentos tristes, para só pensar em Roma e no seu amor; mas nisso também a felicidade não era perfeita. Quisera estar com ele sempre, inebriar-se com sua voz e seu olhar apaixonado, e nem uma só vez ele pudera vir. Roant lhe transmitia os recados, as flores e as ternas palavras dele, mas eram alegrias efêmeras, e com amargura Neith refletia que Roma não era livre, era casado, e só poderiam falar de seus sentimentos como dois ladrões; para sua natureza franca e orgulhosa essa falsa situação era uma tortura, e uma dor aguda lhe trespassava o coração a cada vez que pensava no sacerdote de Hator.

A entrada de Satati, seguida de Pahir e dos dois filhos, pôs fim aos devaneios solitários de Neith; com uma indiferença cansada, acompanhou as arrumações que se faziam no terraço sob a supervisão de Pahir; deixou-se envolver num véu transparente, os pés cobertos por uma pele de leopardo, e pousou os olhos na cadeira de cobre trabalhado que foi posta ao lado do divã para a rainha.

A voz de Pahir, avisando que uma embarcação, que devia ser a da rainha, se aproximava, veio interromper uma discussão entre Assa e Beba e toda a família, com Satati à frente, se precipitou para a escadaria; apenas Neith, que não podia caminhar sem auxílio, permane-

J. W. Rochester

ceu deitada. Um barco simples, com duas mulheres e alguns homens, atracou nesse instante; a rainha saltou com presteza nos degraus e subiu, seguida por Semnut, sua criada e dois oficiais. Com algumas palavras amáveis, impediu Pahir e os seus de saudarem-na de acordo com o protocolo, já que não viera oficialmente; e assim que colocou os pés no terraço, seus olhos brilhantes procuraram a enferma. Vendo que Neith tentava erguer-se, exclamou em tom imperioso:

— Fica deitada, ordeno-te; e vós todos (voltou-se para os demais) retirai-vos para as salas próximas; tu, Satati, vela para que nenhum ouvido indiscreto se aproxime.

Todos compreenderam que a rainha queria interrogar a jovem esposa de Sargon, e num instante o terraço se esvaziou em ruído.

Quando o pesado reposteiro desceu atrás de Pahir, o último a sair, Hatasu aproximou-se rapidamente e, atraindo a trêmula Neith a seus braços, beijou-lhe os lábios pálidos.

— Enfim, pobre criança, te vejo quase curada e de retorno à vida depois do terrível perigo que correste – disse afetuosamente, enquanto a jovem, em lágrimas, pousava os lábios na mão da rainha.

— Não, não quero ver lágrimas – disse Hatasu, sentando-se a acariciando-lhe a testa. – Não vim para te censurar, mas para conversar de coração aberto. Fica tranqüila, e diz-me toda a verdade. Meu coração está aflito, Neith, porque uma grave acusação pesa sobre ti; mas seja o que for que tenhas feito, diz-me. Tu não tens mãe, Neith; imagina que eu seja tua mãe; conta-me tudo sem restrições. Sabes que eu sempre encontrarei indulgência e desculpas para ti; és tão jovem, tão inexperiente! Foi talvez por culpa minha que não ganhei mais confiança de tua parte, e não compreendi os sentimentos que agitavam teu jovem coração.

— Ah! Tua bondade para comigo sempre foi sem limite – murmurou Neith com um olhar de gratidão. – Eu é que sou culpada de tudo. Mas pergunta, minha real benfeitora, e eu te abrirei o fundo de minha alma.

A rainha apertou-lhe a mão, que segurava.

— Sabes o que aconteceu com o infeliz insensato que te feriu num momento de loucura? Está na prisão, e sua condenação à morte é iminente, pois a lei, que condena os próprios egípcios por assassinato, é triplamente severa para um estrangeiro, um desventurado prisioneiro que somente o meu apoio sustentava, e que ousou ferir uma nobre filha do Egito. Mas é verdade, Neith, o que ele me disse para explicar seu crime, e o que disse aos juízes, que sua mulher, que havia desaparecido durante a festa, voltando depois não se sabe de onde, declarou abertamente que saía dos braços de um homem ao qual pertencia de corpo e alma?

Pálida como um espectro, os olhos arregalados, Neith escutava; às últimas palavras da rainha, o sangue inundou-lhe o rosto, que cobriu com as duas mãos.

— Não, não é verdade, não penses que eu seja tão impura, divina filha de Rá, e não me desprezes pela abominável mentira que eu disse a Sargon, só para feri-lo.

— Eu sempre acreditei que assim fosse; conta-me, pobre criança, o que te levou a dizer essa mentira – disse Hatasu com bondade.

Em voz baixa e entrecortada, Neith contou a sua protetora a história de seu inocente romance com Keniamun, depois com Roma, a fatalidade que a separava do jovem sacerdote de Hator, casado com a malvada Noferura, e por fim seu terno mas inocente encontro no dia do casamento.

— Eu mesma não compreendo – disse ao terminar – como pude chegar a dizer uma mentira tão ultrajante para mim; mas alguma coisa no olhar e no tom de Sargon me revoltou; em minha cólera cega, lancei-lhe isso em rosto e recebi o que merecia por ter despertado a sua cólera imprudentemente.

— Sim, minha filha, Sargon se achou atingido nos direitos mais sagrados, e em tais momentos um homem que ama fica mais terrível que um tigre faminto errando no deserto. Que esta dura lição te sirva para o futuro; és bela, Neith, e já despertaste o amor de mais de um coração. Sê prudente, pois, e não brinques com a paixão de um homem com palavras tão insensatas, que destruíram teu infeliz esposo: pois mesmo que eu consiga salvar-lhe a vida, ele será condenado às minas ou às pedreiras; vê o erro terrível que cometeste contra Sargon.

— Oh! Eu não desejava isso! – murmurou Neith, trêmula.

Receando o efeito de uma emoção muito grande para a convalescente, a rainha enxugou as lágrimas de Neith e disse num tom animador:

— Acalma-te, minha filha, se me amas, e conta com tua rainha para reparar tua imprudência. É uma grande alegria para mim saber que és pura e inocente, e Sargon paga por sua violência e sua louca cegueira. E agora vou dizer-te o que pode acalmar teus remorsos. Tua confissão diminui a culpa de Sargon, e darei um jeito para que ele seja enviado às minas; lá faremos com que ele

J. W. Rochester

seja auxiliado, e com o tempo, eu o indultarei e lhe restituirei os bens. E então, Neith, será o momento em que poderás reparar o mal terrível que fizeste a esse infeliz, despertando sua justa cólera.

Reflete nisso, e procura transformar em amizade o amor que te inspira o sacerdote de Hator; ele é casado, e um amor maculado por um duplo adultério não traz felicidade. Sei que é difícil vencer o próprio coração, mas acredita-me, o sentimento do dever cumprido também traz felicidade, e nos garante a bênção dos deuses.

Com as faces inundadas de lágrimas, Neith levou aos lábios a mão da rainha.

— Farei tudo para que fiques contente comigo; mas perdoa-me.

— Tudo está perdoado e esquecido, tranqüiliza-te; não quero mais ver essas lágrimas. Vais ter uma surpresa: sabes o que te trago do palácio? Meu cãozinho branco, que não cansavas nunca de acariciar; faço-te presente dele.

— Com o colar? – perguntou impulsivamente Neith, cujos olhos haviam se iluminado; mas caindo em si, corou intensamente.

— Com o colar, é claro; Semnut já vai te trazer o animalzinho – respondeu Hatasu, que sorrira à ingênua pergunta – e agora, minha pequena, adeus! Preciso voltar ao palácio.

Neith ergueu para ela um olhar suplicante.

— Eu...eu queria fazer-te um pedido.

— Fala, minha filha; o que posso fazer para ti? – indagou a rainha, voltando a sentar-se.

— Gostaria de ficar sozinha neste palácio, que me pertence graças a ti – murmurou Neith com hesitação. – A presença de toda essa família que negociou comigo e penhorou a múmia de meu pai é penosa para mim. Mostraram tão pouco afeto e respeito pela memória dele, tanta indiferença pela minha felicidade, que nem Pahir, nem Mena, nem mesmo Satati, me inspiram confiança. Sem eles, eu me sentirei mais livre, e com minha saúde melhorando dia a dia, quero eu mesma administrar minha fortuna. Conheces, grande rainha, o perdularismo de meus parentes; se ficar à mercê deles, poderiam me arruinar novamente.

Hatasu acenou com a cabeça e ergueu-se.

— Teu desejo, Neith, é justo e sábio, e será realizado sem demora.

Beijou a testa de Neith e deixou o terraço.

Ao fundo da grande sala contígua estavam reunidos o séquito da rainha e os donos da casa, aguardando as ordens da soberana.

— Voltem para o terraço, com exceção de Pahir, com quem

desejo falar – disse Hatasu – e Semnut, entrega a Neith o presente que lhe trouxe. Mas onde está o animal?

— Aqui está, rainha – respondeu um dos oficiais, tirando de sob o manto uma encantadora fêmea de galgo branca, de focinho afilado, cujo pescoço flexível era adornado por um colar de ouro de duas voltas, incrustado de pedras de diversas cores.

A rainha sentou-se numa cadeira de marfim, e vendo-se só com o superintendente das cavalariças, indagou, fixando-o com um olhar prescrutador:

— Quem se encarregou, na ausência de Sargon, da direção de suas propriedades, dos rebanhos, vinhedos etc?

— Fui eu, grande filha de Rá, que me encarreguei de administrar esses bens.

— Lamento, Pahir, não poder deixá-los em tuas mãos; és o parente mais próximo de Neith, mas... (um olhar severo desceu sobre o semblante pálido do perdulário) não tenho mais nenhuma confiança em ti e em Mena; sob a tutela de dois empenhadores de múmia como vós, ela estaria arriscada a perder sua fortuna. Vais, portanto, colocar tudo nas mãos de Semnut, que escolherá um intendente de confiança para zelar pelos bens de Neith; e como sua saúde já não exige maiores cuidados, tu e os teus podeis deixar o palácio de Sargon. Vossos próprios bens necessitam dos cuidados teus e de Satati. Que os deuses abençoem vosso retorno a casa. Quanto a Neith, é meu desejo que ela se habitue a dirigir-se e se ocupar ela própria de seus deveres.

Sem dar atenção à palidez e à estupefação sombria de Pahir, Hatasu voltou-se e partiu.

O furor de Mena, ao saber das ordens da rainha, não teve limites. Satati contentou-se em dizer com um ar venenoso:

— Era de prever; quem dissipa sua fortuna com as mulheres perdidas só ganha desprezo e desconfiança.

Nenhum deles suspeitou que Neith fosse a causa de sua expulsão; entretanto, quando, dois dias após, se mudaram, as despedidas à jovem foram frias, e mesmo Satati se mostrou reservada em suas visitas à convalescente. Neith respirou aliviada, ao ver-se sozinha. Suas forças retornavam a olhos vistos; Roant lhe fazia companhia fiel, e uma noite, trouxe-lhe uma visita cuja presença era a vida para a jovem. Quando Roma a apertou contra o peito, murmurando em tom abafado: "Neith, enfim, enfim te revejo!", a alegria fez retornar às faces dela todo o viço, e a seus olhos o brilho da saúde.

Novidades na casa de Tuaa

O luto do Egito havia finalmente terminado. Acompanhada por todos os sacerdotes, cercada das maiores homenagens religiosas, a múmia da Tutmés II tinha sido transportada ao *menu* construído por Hatasu, e depositada na câmara mortuária escavada na rocha, onde a seguiriam mais tarde os despojos mortais da esposa e irmã do rei. No dia seguinte a essa grave cerimônia, a rainha foi, cercada de indescritível pompa, ao templo de Amon-Rá, para sacrificar ao deus. Depois, retornando ao palácio, aparecera numa sacada, portando todas as insígnias reais, e falara ao povo que, em multidão compacta, cobria a praça e as ruas adjacentes. Em palavras breves, mas dignas e enérgicas, a rainha declarou a seu povo que, apesar da dor pela perda de seu real esposo, e do duplo fardo que colocava nos ombros assumindo sozinha o governo que dividira com o falecido rei, esperava decididamente ver o Egito prosperar em seu reinado, em glória e riqueza, e desejava conduzir seu povo à vitória, seguindo o exemplo de seu divino pai, Tutmés I.

Aclamações frenéticas acolheram esse discurso, e ainda por muito tempo depois de a rainha se retirar, os gritos, as bênçãos e as exclamações alegres se erguiam, como uma tempestade entusiástica. Depois, lentamente, a multidão ruidosa e agitada se dispersou pelas ruas da antiga capital.

Na noite desse dia cheio de emoções, um pequeno grupo se encontrava reunido em casa de Tuaa. Não era uma daquelas festas brilhantes e repletas de gente pelas quais a viúva ficara famosa em Tebas; não houvera tempo para isso, pois havia poucos dias que Tuaa retornara de Mênfis, onde havia passado seis semanas acertando o caso de uma herança. Nefert tinha passado o aborrecido período do luto nacional, que impedia qualquer festa ou divertimento, visitando uma parenta em Heliópolis. Assim que descansaram um pouco do cansaço da viagem, a mãe e a filha, ávidas de novidades e dos mexericos da corte e da cidade, convidaram alguns amigos íntimos. Uma dezena de homens e mulheres, entre os quais Mena, Noferura e Keniamun, encontravam-se reunidos no terraço enfeitado de flores; uma enorme mesa repleta de carnes frias, vinho, doces e frutas se achava no centro, e os convidados se serviam a seu gosto; os escravos tinham sido afastados de propósito, para que pudessem conversar à vontade.

Na cabeceira da mesa achava-se Tuaa; num vestido amarelo bordado de púrpura, os cabelos pintados e sobrecarregados de jóias, as faces pintadas, fazia trejeitos enquanto conversava alto com um velho militar comandante da guarnição de Tebas, que os boatos diziam ter sido o primeiro a induzir em tentação a virtuosa Tuaa, então jovem e bela, e pouco apaixonada por seu rico e feio marido.

Do outro lado, junto de Mena, Nefert reclinava-se preguiçosamente nas costas da cadeira; mastigava um doce, prestando uma atenção limitada às olhadelas e miradas ardentes do vizinho. Era uma criatura atraente, de formas voluptuosas e sedutoras, e o contraste de sua tez morena com os cabelos de um vermelho intenso conferiam-lhe uma atração especial. Usava uma saia listada de verde e branco, presa por um cinto de pedrarias, e uma espécie de blusa de mangas curtas, de um tecido tão transparente que fazia jus ao nome de rede de vento, que não escondia nada de seus encantos. Tinha o pescoço, os braços e os tornozelos enfeitados de jóias.

Acabavam de comentar em detalhes o discurso de Hatasu e os funerais do rei; tagarelaram sobre a riqueza da barca funerária, o esplendor das cerimônias religiosas e a presença maciça de sacerdotes na consagração do novo templo.

— A procissão não tinha fim – dizia uma das mulheres. – Nunca teria imaginado; os sacerdotes condenaram tanto esse monumento, de fato um pouco estranho; e agora vieram em massa abençoá-lo e colocar Tutmés II nele!

— És muito ingênua se te surpreendes com isso, Herneka – disse rindo um jovem oficial. – Isso prova apenas que querer e poder são duas coisas diferentes; e como eles acabaram cedendo, tiveram que fingir satisfação e afetar um excesso de zelo. Ah! Hatasu é uma mulher que sabe o que quer, e mais ainda, sabe impor o que deseja; penso que Tutmés III terá que esperar muito para trocar seu exílio de Buto pela metade do trono!

— Também acho – interveio Nefert. – O sumo sacerdote de Amon parecer ter se acomodado depois que a rainha lhe concedeu a insigne graça de beijar-lhe o pé.

— Pelo menos ele não deixa de fazer uso dessa honra sempre que a ocasião se apresenta – acrescentou com um sorriso o comandante de Tebas.

— Mas a rainha é tão bondosa quanto enérgica, e fiel aos que protege; salvou a vida de Sargon, apesar de tudo, e ele vai ser apenas enviado às pedreiras – disse Keniamun.

J. W. Rochester

— Sim, nisso houve uma mãozinha dela – disse malignamente o velho oficial. – O hitita teve a vida salva, apesar de seu crime inaudito para um estrangeiro; e ele foi condenado não às pedreiras, mas às minas, de onde vai voltar indultado e com mais honras do que nunca, pode-se garantir. Amanhã parte para a Etiópia junto com os outros condenados; já deviam estar a caminho, mas quiseram dar aos oficiais e soldados da escolta a oportunidade de assistir aos funerais.

— Essa é uma história extraordinária, e gostaria de saber a verdade sobre ela – exclamou Tuaa. – Pobre Sargon! Apesar de tudo, lamento por ele; era um belo rapaz, tão delicado; ser mandado para as pedreiras é horrível! Mas que razão o teria levado a esse crime? Como se pode imaginar, ninguém tenta matar a mulher, poucas horas depois do casamento, por nada.

— Tenho certeza de que aí há uma infidelidade, e que a bela protegida de nossa rainha não é tão inocente como quer parecer – escarneceu Noferura. – Essas descobertas tornam os homens enfurecidos.

— Noferura o sabe por experiência – acrescentou maldosamente Keniamun. – Por mim, creio firmemente que tudo não passou de um mal-entendido.

— Hum! Um terrível mal-entendido – disse Tuaa, abanando a cabeça. – Vamos, Mena, explica-nos o que aconteceu; deves saber a verdade sobre tua irmã.

O rapaz empergou-se com ar grave.

— É um mistério impenetrável, conhecido apenas da rainha e do sumo sacerdote de Amon, e... quanto a minhas suposições, creio que não tenho o direito de comentá-las.

— Deixa-o, mãe, sabes que Mena gosta de mistérios, e quanto à discrição, ele não tem rival; lembra como ele guardou o segredo de Chmunhotep, no noivado de Roant – disse Nefert com indolência, fixando com ironia mordaz a fisionomia subitamente enrubescida do oficial.

Olhos arregalados, lábios tremendo de cólera, porque a gargalhada geral provocada pela observação de Nefert o tinha exasperado, Mena preparava-se para dar uma resposta enérgica quando Tuaa, que desejava evitar um desentendimento, disse com autoridade:

— Chega dessa história e de todas as novidades de Tebas; permitam, meus amigos, que lhes conte uma coisa interessante, que soube em Mênfis, e que diz respeito ao príncipe Horemseb, esse parente da família real que todos conhecem, ao menos de nome. – Horemseb, o filho da bela Anaitis? – perguntou o velho comandante de Tebas. – O que faz ele em Mênfis? Já se vão sete anos que não aparece mais na corte, e já foi totalmente esquecido; mas na última vez em que esteve aqui, comentava-se várias coisas estranhas sobre ele. Deve ter agora uns vinte e sete anos.

– Oh! É um homem realmente extraordinário, e sua vida é um mistério que atrai todo mundo em Mênfis – exclamou Tuaa, animada. – Quero justamente contar-lhes o que soube a respeito disso.

Há cerca de nove anos, ele começou (logo após a morte de seu pai) a comprar todos os terrenos e jardins em torno de seu palácio, especialmente ao longo do Nilo; essa área imensa foi, segundo se diz, transformada num único jardim, que contém inclusive dois lagos; pelo menos, tanto quanto o olhar alcança, enxerga-se uma floresta de palmeiras, de sicômoros, uma extensa vegetação. O terreno é cercado por um muro muito alto, que só tem duas saídas, ao que se sabe, uma do lado da cidade e outra no lado do rio; esta dá para uma escadaria enfeitada de esfinges; ao lado dessa escada, há uma espécie de hangar de pedra que se comunica também com o interior, e no qual há uma barca da qual irei falar em seguida.

Durante o dia, um silêncio total parece reinar nessa residência; é como uma fortaleza adormecida. O próprio Horemseb é invisível de dia. Antigamente, ele aparecia pelo menos três ou quatro vezes por ano nas grandes festas religiosas, ou para fazer sacrifícios no túmulo de seu pai; mas de um ano e meio para cá, negligencia até esses deveres e só pode ser visto à noite, quando passeia no Nilo numa embarcação que é uma maravilha, tão rica que nem Hatasu possui igual. Imaginem, meus amigos, uma barca muito grande e totalmente dourada; o rebordo tem uma faixa de marfim incrustada de pedrarias, que dá o efeito de um colar precioso em torno dela. Na proa tem uma esfinge alada que parece ser de ouro e prata maciços; a cabeça deve ser oca, porque das órbitas se projetam luzes vermelhas; provavelmente lanternas. Outras duas, grandes, se vêem atrás da embarcação. Dentro, a barca é forrada de tecidos preciosos, e sob um toldo, o próprio Horemseb vai estendido em almofadas; seu olhar trespassa como uma chama os que cruzam com sua barca, que é conduzida por oito remadores surdo-mudos, ao que se diz.

J. W. Rochester

– Contas isso tudo como se o tivesses visto – exclamou Noferura, que escutara com os olhos brilhantes.

– Mas decerto, vi o barco e o feiticeiro, como é chamado em Mênfis – respondeu Tuaa com satisfação. – Admito que não foi fácil.

– Então conta-nos tudo com detalhes – disseram várias vozes, pois todo o grupo havia escutado com curiosidade o relato da viúva, satisfeita com o interesse que despertara.

– Já que o desejam, meus amigos, vou contar detalhadamente tudo que vi e fiquei sabendo – disse Tuaa sorrindo. – Mas para isso, preciso voltar um pouco atrás.

Sabem que tive que partir inesperadamente para Mênfis por causa da morte de meu irmão Paaker, para acertar sua herança. Foi um assunto complicado, em que tive que lutar contra a má-vontade de diversos primos, e nos primeiros dias, essas dificuldades me absorveram inteiramente. A boa Noferura me havia dado uma carta de recomendação para um parente seu em cuja casa vive sua irmã menor, Neftis, e esse excelente homem foi para mim um grande apoio e um sábio conselheiro. Por intermédio dele, conheci um alto funcionário, o nobre Psammetich, cuja intervenção me ajudou a resolver tudo rapidamente, e com cuja família me relacionei tão bem que me receberam e trataram em sua casa como se fosse uma parenta próxima.

Uma noite, cerca de oito dias antes de meu regresso, Psammetich e sua mulher me convidaram para um passeio pelo Nilo; aceitei com prazer e partimos. Ao passarmos perto do imenso muro atrás do qual se via uma floresta verdejante, perguntei o que era.

– Atrás desse muro fica o palácio do príncipe Horemseb, o feiticeiro de Mênfis, como o povo o chama – respondeu Psammetich sorrindo. – Essa escadaria ornamentada de esfinges que estás vendo é uma das saídas dessa residência enfeitiçada; ela só se abre quando Horemseb faz um passeio noturno no Nilo, e só então se consegue ver o homem sobre o qual correm tantas histórias estranhas.

Roguei a meu amigo que me contasse o que sabia; eu mesma já tinha ouvido falar do príncipe de forma misteriosa, mas pensara que era exagero, invenção de boatos.

– Não há dúvida de que se inventa muita coisa, e que se atribui a Horemseb tudo que acontece de misterioso em Mênfis, e que ele ignora totalmente – observou Psammetich. – Mas o estilo de vida estranho do jovem príncipe dá lugar a todos esses rumores. É verdade que um silêncio suspeito reina todo o dia na casa, e que à noite (dizem) ouve-se cantos e como que o rumor surdo de uma festa. O velho Hapzefaa, o homem de confiança do príncipe, vem fazer compras para ele, acompanhado de escravos mudos que só respondem com sons incompreensíveis. Ele compra muitos escravos, de preferência surdos-mudos, e muitas meninas de dez e onze anos, e todos eles desaparecem no palácio, sem jamais reaparecer, sem serem vistos mais por quem quer que seja. Com isso, os curiosos concluíram barbaridades, e quando, alguns anos atrás, desapareceu um famoso cantor e tocador de harpa, depois um ourives renomado, e finalmente um escultor bem conhecido, e apesar dos esforços das autoridades, não se achou nenhum rastro deles, a opinião pública concluiu que tinham desaparecido na casa de Horemseb. Mas como nada absolutamente justificava essa suspeita, tudo ficou por aí.

No ano passado aconteceu um fato realmente estranho, e que se presta a muitas suposições. Uma jovem escrava, filha de uma prisioneira de guerra, teve que ser vendida por seu senhor, que teve problemas financeiros. Hapzefaa, que é mudo como um túmulo, a comprou, e não se ouviu mais falar dela. Mas, por um acaso cujos detalhes não conheço, essa moça conseguiu fugir do palácio e voltou para a casa dos antigos senhores. Podem imaginar como a questionaram; mas calculem a surpresa de todos quando ela declarou que nunca tinha visto o senhor de que falavam. Contou que junto com muitas companheiras, morava numa construção dentro de um pátio fechado, que um homem vestido de branco vinha ensiná-las a cantar e tocar harpa, e algumas delas a dançar. Muitas vezes, sobretudo em noites de lua, vestiam as dançarinas com trajes leves, enfeitavam-nas com colares e diademas de ouro, e elas dançavam com rapazes jovens, também ricamente vestidos, sobre um relvado, ao redor de trípodes que exalavam aromas inebriantes, ou à beira de um lago iluminado por archotes; e as cantoras, as faziam subir nas árvores, onde elas cantavam escondidas nas folhagens. Mas a finalidade dessas danças e cantos ela não sabia; do senhor, ela jamais vira a sombra, e tinha falado apenas com o velho vestido de branco que as ensinava; os poucos escravos que as atendiam pareciam surdos e mudos. Imagina-se o interesse que despertou essa história; mas no dia seguinte a seu retorno, a jovem foi encontrada morta. Qual foi a causa de sua morte? Ninguém soube jamais.

J. W. Rochester

Podem imaginar, meus amigos, que impressão produziu em mim o que Psammetich contou; eu ardia de curiosidade, e decidi fazer o impossível para ver esse homem extraordinário. Psammetich tentou me dissuadir desse intento, que qualificava de loucura; garantiu que o encontro com Horemseb trazia desgraça e que eu não encontraria remadores que fossem de bom grado expor-se ao mau olhado. Mas eu persisti; esse desejo me consumia, e quando falei dele a Neftis, ela me apoiou e prometeu acompanhar-me. Resolvemos agir em segredo para evitar comentários e obstáculos. Aluguei um barco com dois remadores fortes, bem dispostos e que não tinham medo de nada, e me garantiram que como era justamente lua cheia, era quase certo que encontraríamos o príncipe, que nesses dias não deixava de ir passear.

Quando chegou a noite, tomamos o barco, Neftis e eu, e partimos; tua irmã, minha cara Noferura, estava muito alegre; tinha se enfeitado e estava muito bela. "Cuidado", eu lhe disse, "Se agradares ao feiticeiro, estás perdida!" Ela riu como louca e declarou que não o temia, e que tinha se enfeitado justamente para atrair sua atenção, a fim de que nos fosse mais fácil examiná-lo. A razão era válida, e continuamos, alegres, mas numa expectativa cheia de impaciência.

De súbito, um dos remadores se inclinou para mim e disse:

— Olha, nobre senhora, ei-lo aí!

Ao mesmo tempo, ele e seu companheiro se abaixaram e, abrigados pelo rebordo da barca, ergueram os dedos em cornos, para prevenir o mau-olhado. Eu teria rido se não estivesse tão absorvida, pois a misteriosa embarcação se aproximava rapidamente; os olhos avermelhados das esfinges já tingiam a água de um tom sangrento, fazendo cintilar as pedrarias do colar que lhes enfeitava o pescoço; um instante depois, a barca do príncipe nos alcançou, quase raspando nosso costado. Concentrei-me toda em olhar, tão estranho e maravilhoso era o que meus olhos viam; minha atenção, contudo, concentrou-se no príncipe, que se estendia imóvel nas almofadas. Eu o vira em Tebas, onze ou doze anos atrás, quando veio com seu pai, mas com certeza não o teria reconhecido: o adolescente magro e um pouco débil se transformara num homem de uma beleza surpreendente; formas admiráveis, membros finos mas atléticos, a fisionomia admirável, mas de uma beleza sinistra; e seu olhar chamejante dava arrepios. Vestia um avental curto bordado de pedrarias, e um *claft* enfeitado com um diadema; no pescoço e nos braços, brilhavam um colar e braceletes que não tive tempo de examinar. Estava imóvel como uma estátua, e apenas seus olhos terríveis pareciam vivos; mas de súbito, um estranho sorriso lhe entreabriu a boca, e dentes semelhantes a pérolas apareceram por um instante entre os lábios vermelhos; depois, retirou do cinto uma rosa que tinha, e a jogou nos joelhos de Neftis, a qual, pálida e com os olhos arregalados, se inclinava para a frente, tão absorvida que até esqueceu de pegar a flor.

Um instante depois, a barca passava e se afastava como um raio; só então Neftis voltou a si e exclamou triunfante:

— Olha, Tuaa! Horemseb me atirou uma rosa vermelha, mas diferente das nossas, maravilhosa, como tudo que vem dele. Que perfume tem! Mas, o que é isso? Está molhada!

Inclinei-me para a rosa, cujo aroma era realmente sufocante, mas como não gosto de perfumes tão fortes, e como estava muito emocionada, esse perfume me fez mal; durante vários dias, fiquei tonta, tive dores na cabeça e no peito, e como que um fogo nas veias.

— Foi talvez a visão do feiticeiro, e não o perfume da rosa, que agitou assim teu sangue; és tão sensível à beleza, Tuaa! – observou maliciosamente o comandante.

— Estás ficando velho, Neitotep, e a inveja de tudo que é jovem e belo transparece em tuas palavras. O mais provável é que a delicadeza de minha natureza a torne tão impressionável. Neftis, que aspirava continuamente a rosa, não se queixava de nada quando me despedi dela, alguns dias depois, e me disse que conservaria a flor como recordação de Horemseb.

Todos riram e discutiram por algum tempo as esquisitices do feiticeiro de Mênfis, agradeceram à dona da casa por sua história interessante, depois a conversa mudou de assunto e a chegada de uma nova visita fez esquecer o relato.

Algumas horas antes dessa reunião em casa de Tuaa, Neith e Roant achavam-se no quarto da primeira, conversando animadamente. A jovem esposa de Sargon parecia completamente restabelecida, mas nesse instante um rubor febril lhe tomava as faces, uma ruga profunda se cavava entre suas sobrancelhas e uma expressão de cólera e teimosia lhe brilhava nos olhos.

— Roma tem idéias muito estranhas, e não entendo como pode me pedir uma coisa dessas – disse ela, os lábios tremendo nervosamente. – É como exigir de ti que pedisses perdão a Mena por amar Chnumhotep.

J. W. Rochester

Roant passou o braço em torno de Neith, e atraindo-a a si, beijou-a.

— Vamos! Acalma-te, e conversemos calmamente. Tua comparação não é válida, porque, ao escolher Chmunhotep, eu só feri o amor-próprio de Mena; sua liberdade e posição não foram atingidas. Sargon está destruído, e o coração honesto e generoso de Roma sofre mil remorsos; o destino do infeliz lhe pesa como se ele pessoalmente houvesse cometido o crime. Sua consciência o acusa sem cessar de ser a causa de teu ferimento, da ruína e da prisão de Sargon. Ontem ainda ele me dizia: "Os deuses sempre nos punem quando nos desviamos do caminho do dever. Se eu tivesse ficado firme, se tivesse escondido de Neith meu amor condenável, ela não teria corrido esse perigo mortal e o infeliz hitita teria evitado esse destino terrível".

— Pobre Roma, ele não tem razão de se torturar; só eu tenho culpa, e ele não é responsável por meu amor por ele – murmurou Neith. – No entanto, admiro-me de que ele lamente tanto Sargon e se arrependa de me haver feito feliz; ele chama isso de amor? – acrescentou com um despeito súbito. – Eu não pensei que Sargon pudesse me ferir em sua cólera; o que eu lhe disse foi para me afastar dele e poupar a Roma um ciúme compreensível; agora devo me convencer de que meu amor é maior do que o dele.

— Não, está sendo injusta; o que te pede Roma? Que vás ver por alguns instantes o infeliz condenado, dizer-lhe palavras de consolo, para tirar-lhe do coração o pensamento horrível e injusto de que pertences a outro. Amanhã os condenados partirão para as minas; muito poucos voltarão vivos; serás tão dura a ponto de recusar algumas palavras amigas ao infeliz que aceitaste por esposo? Vamos, sê boa, atende ao pedido de Roma; eu irei contigo, depois me acompanharás a minha casa, passaremos o serão juntas, com alguém que virá te agradecer calorosamente por haveres aliviado seu coração de um remorso.

Neith encostou a cabeça no ombro da amiga e desfez-se em lágrimas.

— Está bem, irei! – murmurou enfim. – Mas como chegaremos até ele? É possível ver os condenados?

— Não te preocupes com nada; hoje é permitido a quem desejar dizer adeus aos condenados. Além disso, Chnumhotep, que está a par de tudo, deu-me uma carta para o chefe da prisão, que é seu amigo; entraremos sem nenhuma dificuldade, sem que nos perguntem nada, e ficaremos a sós com ele. Enrola-te num véu espesso; eu farei o mesmo. Iremos em minha liteira até a esquina da rua, e de lá a pé até a prisão; ninguém nos reconhecerá.

Duas horas mais tarde, duas mulheres vestidas com simplicidade e envoltas em longos véus se apresentaram à entrada da prisão reservada aos deportados e na qual estavam de guarda soldados etíopes. Chamado por um deles, o oficial de serviço saiu do corpo da guarda e veio saber o que desejavam as visitantes. Um olhar o convenceu de que se tratava de damas da nobreza; quando Roant lhe estendeu silenciosamente as tabuinhas endereçadas ao comandante da prisão, cumprimentou respeitosamente e saiu com rapidez.

Após um intervalo que pareceu uma eternidade às duas mulheres, o oficial retornou e pediu que o seguissem.

– Vosso pedido foi aceito – acrescentou fitando-as com curiosidade.

Atravessaram primeiro um pequeno pátio cheio de soldados, depois um corredor abobadado, estreito e escuro, que levava a um segundo pátio, grande e cercado de altos muros. Nesse recinto, umas duzentas pessoas se dispersavam em grupos; homens com correntes nos pés ou acorrentados um ao outro, sentados ou deitados no chão; mulheres e crianças se amontoavam em torno deles; eram famílias inteiras de deportados, e essa massa de seres humanos macilentos, quase nus, tinha nas faces uma expressão de desespero sombrio, ou de uma apatia próxima do embrutecimento. Guardas armados de bastões e chicotes circulavam entre os grupos, batendo nos condenados que lhes pareciam merecer um castigo ou nas crianças que choravam.

Trêmulas e confusas, Roant e sua companheira buscaram com o olhar Sargon entre a multidão de infelizes, mas o oficial seguiu ao longo de um muro onde se abriam várias portas baixas, e deteve-se junto da última delas; abrindo o ferrolho, fez entrar as mulheres numa cela com o teto semiaberto. Ao fundo, via-se um monte de palha à guisa de leito; do outro lado, sobre uma grande pedra que servia de assento, estava sentado um homem no qual seria difícil reconhecer o elegante e orgulhoso príncipe Sargon: uma corrente soldada à parede prendia-lhe o pé, um tecido grosseiro cingia-lhe os quadris; com as costas voltadas para a porta, apoiava a cabeça na pedra e parecia não ver nem ouvir coisa alguma.

Petrificada, as mãos convulsivamente apertadas contra o peito, Neith encostou-se em Roant, enquanto o oficial se aproximava do prisioneiro:

J. W. Rochester

— Vieram ver-te, Sargon – disse, tocando-o ligeiramente no ombro; depois, voltando-se para Roant, acrescentou respeitosamente: — Deixo-as com o prisioneiro, nobres senhoras, mas ficarei ao alcance da voz, para o caso que necessitem de mim.

Sargon se endireitou e fixou com olhar sombrio as duas mulheres veladas. Estava terrivelmente mudado: as faces encovadas, os olhos, afundados no fundo das órbitas, brilhavam como carvões ardentes: e uma indefinível expressão de amargura, raiva e desprezo de si próprio lhe contraía a boca.

— Quem sois e o que quereis de mim? – perguntou bruscamente.

Neith retirou o véu, e indo em direção a ele, as mãos unidas, disse com angústia e lágrimas na voz:

— Sargon, perdoa-me por todo o mal que te fiz.

À vista de sua mulher, ao som de sua voz, o infortunado rapaz ergueu-se e quis lançar-se sobre ela; mas, preso pela corrente, cambaleou e teria caído se não tivesse se apoiado na parede.

— Que vieste fazer aqui, traidora? Alegrar-te com a minha desgraça? – disse com um riso seco e desesperado. – Encontraste um momento para te arrancar dos braços de teu amante e te distraíres vendo minha impotência, para escarnecer de minha humilhação? Ah! Se estivesses ao alcance de minhas mãos, criatura depravada, que enxovalhaste minha vida e minha honra, eu te esmagaria como uma serpente venenosa! – disse com raiva, espuma nos lábios e os punhos crispados.

Neith recuou, as mãos estendidas; os lábios trementes se recusavam a obedecer-lhe. Mas Roant avançou corajosamente.

— Enganas-te, Sargon, supondo que Neith veio escarnecer de tua infelicidade; é o arrependimento e o remorso que a trouxeram aqui, é o desejo de confessar a verdade e acalmar teu justo ressentimento.

Uma ardente compaixão, um remorso pungente a tinham invadido à vista do infeliz.

— Sim, Sargon – exclamou Neith interrompendo Roant –, vim para dizer-te a verdade: não precisas desprezar-me, pois eu não manchei a tua honra, não te traí como disse. Menti indignamente, mas tua arrogância, tuas palavras duras me deixaram furiosa; quis ferir-te e te afastar de mim; mas nunca, nunca caí tão baixo. Acredita, Sargon, e perdoa-me essa cólera fatal que te perdeu; agora compreendo meu erro terrível... – as lágrimas a impediram de continuar.

O moço havia escutado trêmulo, os olhos cravados nela, e a visão do semblante encantador inundado de lágrimas, do olhar ansioso e suplicante, despertou novamente o amor apaixonado que lhe inspirara e que o excesso de sofrimento havia sufocado.

— Neith, dizes a verdade? – murmurou com a voz entrecortada. – Não me traíste covardemente?

— Não, não! Que motivo teria eu para vir até esta prisão para mentir-te? É o remorso que me fez vir para dizer-te a verdade, juro por Hator e pelos juízes do Amenti.[24]

Tal acento de sinceridade vibrava em sua voz que as dúvidas de Sargon se dissiparam; um terrível arrependimento por sua vida loucamente destruída o tomou então; recaindo pesadamente no assento de pedra, encostou novamente a cabeça contra a parede e soluços convulsivos lhe sacudiram o corpo inteiro. Neith o contemplou por um instante, tremendo como uma folha; o que se tornara em poucas semanas o soberbo príncipe hitita? Arruinado e degradado, acorrentado e condenado a trabalhos forçados aos quais sucumbiam os mais robustos, retornaria ele um dia? Teria merecido isso por causa do amor apaixonado que sentira por ela?

Um remorso intenso segredava a Neith que ela tinha errado terrivelmente em sua cólera infantil, ao excitar o ciúme e a paixão desse homem até levá-lo à própria perdição. Ela certamente não desejara isso. Um impulso de compaixão e arrependimento invadiu o coração jovem e impressionável de Neith; esquecendo o perigo que poderia significar para ela um repentino acesso de raiva do infeliz, aproximou-se dele, e ajoelhando-se, colocou as mãos pequenas no braço do prisioneiro.

— Sargon, Sargon, perdoa-me, e não desesperes do futuro; a graça de Hatasu é imensa como seu poder; ela te salvou a vida, ela me disse que tornaria mais leve a tua sorte, e na primeira ocasião te indultaria e devolveria tua fortuna e posição. Tem coragem, pois, espera na bondade dos deuses e da rainha, e quando voltares, eu tratarei de reparar todo o mal que te fiz.

A essas palavras, que esboçavam diante do infeliz prisioneiro um futuro de felicidade e de amor, ódio e cólera se fundiram.

— Neith! – murmurou inclinando-se para ela e apertando-lhe febrilmente as mãos. – Juras esperar-me fielmente e me aceitar de

---

24 N.E. — Segundo a tradição egípcia, estes juízes — ao todo quarenta e dois, representantes de cada um dos nomos egípcios — juntamente com Osíris e outros deuses, eram os responsáveis pela condenação ou absolvição do morto no além-túmulo.

J. W. Rochester

novo como esposo se eu algum dia voltar?

— Sim, juro-te! – respondeu Neith exaltada. – Que Hator, que escuta meu juramento, me puna se eu faltar a ele!

Um brilho de radiosa alegria cintilou nos olhos de Sargon e iluminou sua face emagrecida.

— Que os deuses te abençoem mil vezes por essas palavras, minha Neith adorada. Tua promessa será meu sustento no trabalho das minas, a brisa que me refrescará sob os raios ardentes do sol do deserto; na lembrança desta hora eu encontrarei força, coragem, esperança e submissão.

Num ímpeto de paixão e reconhecimento, atraiu Neith para seu peito e depositou em seus lábios um beijo ardente; dessa vez, ela recebeu seu abraço sem repugnância; uma afetuosa compaixão lhe enchia o coração, e sob o impulso desse sentimento, devolveu-lhe o beijo; ah! ele o tinha comprado bem caro.

Nesse momento, o oficial entreabriu a porta, mas à vista da estranha cena, e reconhecendo Neith, retirou-se bruscamente. Perturbada e descontente com essa interrupção, Roant aproximou-se de sua amiga, ergueu-a e recolocou-lhe o véu. As duas trocaram ainda algumas palavras afetuosas com Sargon, recomendando-lhe coragem e esperança, e depois se retiraram.

O prisioneiro ficou só; porém não era mais um desesperado, revoltado contra os homens e os deuses; uma infinita felicidade lhe enchia a alma; a esperança, essa companheira enganosa do homem, fazia-o esquecer o presente e povoava sua prisão de radiosas visões do futuro.

Silenciosamente, as duas amigas retomaram a liteira, absortas cada uma em seus pensamentos; mas sem dúvida as emoções que acabava de sentir tinham sido demais para o organismo enfraquecido de Neith, pois ao chegar à casa de Roant ela desmaiou.

Com ternura maternal, a amiga devotou mil cuidados à convalescente, e quando ela voltou a si a fez deitar e só a deixou quando um sono reparador lhe cerrou os olhos.

No terraço, onde quis repousar ao ar fresco, Roant encontrou seu irmão que a aguardava.

— E então? – perguntou sentando-so ao lado dela.

Roant relatou com detalhes os esforços que fizera para convencer Neith a ir à prisão, depois descreveu o encontro e os resultados dele.

Ao saber da promessa feita a Sargon por Neith, a fisionomia

do jovem sacerdote ensombreceu-se; erguendo-se, caminhou agitado de um lado para outro do terraço; ciúme, cólera, arrependimento, lutavam dentro dele e se refletiam em seu rosto expressivo. Mas em seguida a alma generosa e pura de Roma triunfou sobre esses maus impulsos; condenou-se por invejar essa esperança dada a seu infeliz rival, e que talvez nunca se realizasse, e se felicitou por ter aliviado sua dor moral.

— Posso ver Neith? – perguntou voltando-se para a irmã.

— Ela está dormindo, mas não faz mal, vem! – respondeu Roant.

Um instante depois, Roma se debruçava sobre o divã onde Neith se encontrava, dormindo profundamente; como se tivesse sentido o olhar amoroso fixado sobre si, a jovem estremeceu e abriu os olhos.

Ao encontrar o olhar aveludado, doce e amoroso, que tinha o poder de acalmar todas as tempestades de sua alma, Neith sorriu e estendeu as duas mãos ao moço.

— Fiz o que querias, Roma!

— Fizeste bem – disse o jovem sacerdote com energia.

— Mas sabes também – murmurou Neith, e seus lábios tremeram – que eu por assim dizer renunciei a ti, prometendo a ele que o aceitaria novamente como marido se a graça de Hatasu lhe concedesse a liberdade e sua posição de volta?

O olhar brilhante de Roma mergulhou no seu, cheio de amor e convicção.

— Jamais, Neith, nada nos fará renunciar um ao outro, pois nosso amor, livre de qualquer mácula, é agradável aos deuses e independe dos laços que nos prendem a ambos. Tu serás sempre a alegria de meus olhos, a criatura em que reside toda a felicidade de minha alma; enquanto viver, serei sempre teu amigo afetuoso, indulgente, fiel, teu conselheiro, teu apoio nas horas difíceis. Esse laço de afeto desinteressado, os direitos de Sargon não podem mudar. Quanto a tua promessa, só posso repetir que fizeste bem; o casamento é sagrado e é teu dever reparar, na medida de tuas forças, o mal terrível que fizeste a teu marido. A mim, que fui, embora involuntariamente, a causa dessa desgraça, cabe o dever de te apoiar em tua decisão generosa.

Com lágrimas nos olhos, Neith passou os braços pelo pescoço de Roma e apoiou a cabeça em seu peito.

— És tu que és generoso e bom como um deus; enquanto me amares e me guiares, eu ficarei feliz e cheia de coragem.

Em Buto

Numa planície baixa e pantanosa, distante dos centros habitados e de difícil acesso devido às estradas excepcionalmente ruins, situava-se a cidade de Buto, lugar onde se exilava as pessoas incômodas, aonde se retiravam os que não queriam ser vistos, e no momento, era a residência do jovem irmão da rainha Hatasu. À época de nossa narrativa, a cidade era pouco extensa, cercada por uma muralha e um fosso que lhe davam a aparência de uma praça forte. No centro, sobre uma elevação artificial, erguia-se um pequeno palácio de madeira e tijolos. Os dois andares do prédio, pintado de vermelho vivo, se destacavam vivamente do verde do jardim bastante grande que o cercava. Um vasto pátio estava repleto de soldados, que se agrupavam ao redor de um poço, observando os escravos que circulavam em todas as direções.

Havia sentinelas postadas em todas as saídas, nas escadarias e até nas portas de uma sala bastante grande, ao centro da qual dois homens achavam-se sentados junto de uma mesa repleta de travessas; diversos escravos apressavam-se a servi-los e encher os copos assim que se esvaziavam. Um dos convivas era um moço de altura mediana, cuja fisionomia agradável expressava franqueza e energia; mas em seus olhos cinzentos, calmos e profundos, cintilava às vezes um olhar penetrante e cauteloso que demonstrava que sob essa máscara se escondia bastante astúcia, sagacidade e ambição. Esse personagem era Antef, o comandante de Buto, o fiel instrumento de Semnut, que guardava com acerba vigilância o precioso e perigoso prisioneiro que lhe fora confiado. Usava um colar simples de ouro; um grande punhal ao cinto; e sobre um tamborete ao alcance da mão tinha o capacete, o manto e uma pequena machadinha de cabo de marfim. Enquanto comia com apetite, observava disfarçadamente seu vizinho à frente, o jovem príncipe banido, cujo semblante belo e inteligente estava sombrio como um céu de tempestade. Uma ruga profunda se desenhava entre as sobrancelhas de Tutmés, uma surda irritação lhe brilhava nos olhos. Visivelmente preocupado, apoiava os cotovelos na mesa, sem tocar em nenhuma das iguarias que lhe serviam; apenas, quando seu copo se esvaziava, erguia a mão para que o enchessem de novo.

De súbito, afastou os pratos colocados diante de si e levantou-se.

— Manda trazer os cavalos, Antef, quero respirar um ar puro e me distrair com um longo passeio – disse em tom sucinto.

— Príncipe, sinto não poder obedecer-te, mas uma ordem superior vinda de Tebas me proíbe qualquer saída fora dos muros de Buto. Tudo que puder divertir-te na cidade, colocarei sem demora a teu dispor; fora disso, nada posso fazer. Lamento ter que despertar tua cólera, mas diante de uma ordem real, compreendes que um subalterno como eu só pode obedecer ou arriscar insensatamente a cabeça.

Uma nuvem vermelha passou pela fisionomia de Tutmés; chamas saíram de seus olhos; mas dominando com esforço a cólera e o tremor nervoso dos lábios, disse com desdém:

— Que Rá me defenda de arriscar tua cabeça, tão preciosa para minha divina irmã e para o miserável escravo que ela tirou da lama para fazer seu conselheiro. Preparem minha liteira, vou ao templo – ordenou a um escravo; depois, virando as costas a Antef, dirigiu-se a um aposento contíguo.

Sufocava; quando ficou só, abandonou-se a um acesso de ira desvairada, sapateando e rangendo os dentes.

— Destino maldito – murmurou, jogando-se numa cadeira. – Saber que o trono está vago, e apodrecer aprisionado aqui, enquanto uma *mulher* empunha o cetro! Mas aguarda! (sacudiu os punhos cerrados) Quando eu chegar finalmente ao poder, eu te esmagarei, Hatasu, tu e teus fiéis servidores, como víboras!

A entrada de um velho escravo etíope que vinha trazer-lhe o manto e o *claft* o trouxe de volta a si. Vestiu-se em silêncio e desceu ao pátio, onde o esperavam Antef em uniforme de serviço e uma liteira aberta conduzida por seis homens fortes. Quando o príncipe se acomodou, o oficial tomou lugar a seu lado e o pequeno grupo colocou-se em marcha, cercado e seguido por um destacamento de soldados e precedido de batedores que abriam caminho para a liteira, pois o ajuntamento aumentava a cada momento; toda a população da pequena cidade abandonava seus afazeres para contemplar curiosamente o príncipe banido.

Sombrio e silencioso, Tutmés não abriu a boca durante o trajeto; apenas o tremor nervoso dos lábios indicava que uma tempestade continuava a rugir em seu íntimo. Quando o cortejo se deteve diante do templo, o sumo sacerdote, prevenido por um dos batedores, recebeu seu ilustre visitante à entrada, junto com alguns dos videntes.

— Sê bem-vindo na casa do deus – disse, saudando-o.

— Saúdo-te, venerável padre – disse Tutmés descendo da liteira. – Desejo sacrificar ao deus e espero (voltou-se para Antef e mediu-o com um olhar de ironia e desprezo) que a ordem superior vinda de Tebas não te obrigue a relatar a teus soberanos as preces que dirijo aos imortais.

Um rubor fugidio coloriu as faces do comandante de Buto.

– Tenho apenas uma soberana – replicou. – O faraó Ra-ma-ka,[25] que os deuses conservem e cubram de glória! A ordem que recebi a teu respeito não determina que tuas preces fiquem ao alcance de meus ouvidos, mas diz que tua pessoa, mesmo no templo, deve estar ao alcance de meus olhos.

E com imperturbável sangue-frio, Antef seguiu Tutmés e os sacerdotes até junto de uma sala que precedia o santuário, onde lhe era proibido entrar, e ali apoiou-se a uma coluna. Tinha certeza de que seu prisioneiro não lhe escaparia, pois enquanto entrava no templo os soldados o cercaram, guardando todas as saídas.

Quando enfim se viu longe das vistas de seu guardião, Tutmés sentou-se na primeira cadeira que lhe ofereceram e apertou com as duas mãos o peito arquejante; a cólera insensata que fervilhava nele anulava-lhe toda a presença de espírito e controle de si mesmo.

O sumo sacerdote o contemplou por um instante com interesse e compaixão; era um homem já idoso, de ar ascético, olhar penetrante e espiritual. Passando a mão no ombro do jovem, disse em voz baixa e persuasiva:

– Coragem, meu filho! A paciência, a perseverança e o domínio de si mesmo são três grandes virtudes indispensáveis aos reis; aproveita teu infortúnio atual para adquiri-las. Aliás, não tens motivo para desesperar; amigos dedicados cuidam de teus interesses e trabalham intensamente para reconquistar o lugar que te é devido; os astros te predizem longa vida e um reinado glorioso; és apenas um adolescente, cheio de saúde e força; contempla o futuro com confiança e segue submisso o caminho que te foi traçado pelos imortais!

Tutmés suspirou profundamente.

– Todas as tuas palavras, venerável padre, irradiam sabedoria e verdade; mas a paciência e a submissão são tão difíceis de adquirir!

– Quanto mais difícil, mais louvável e meritório – respondeu o sacerdote com um sorriso – E agora, levanta a cabeça, meu filho,

25 N.E. – Nome real de Hatasu (na verdade, os historiadores trazem "Ma'at-ka-Ra", que significa algo como "a justiça é o espírito de Rá"). Já Hatshepsut significa "a primeira das damas nobres".

para ouvir as notícias de Tebas; o mensageiro que nos anunciou a morte do faraó, teu irmão, e que retornou com tua mensagem para Ranseneb, acaba de voltar esta noite. Vieste a propósito, hoje; quero te apresentar esse homem, que uma fatalidade estranha trouxe para nosso lado, e que será um fiel servidor teu, porque detesta a rainha, e é seu inimigo pessoal.

— Por que razão? – indagou Tutmés com interesse.

— Numa outra vez dar-te-ei os detalhes; em resumo, é um homem da alta nobreza, chamado Hartatef, que ocupava uma posição elevada; impelido por um enredo abominável a cometer um terrível crime, deveria ser morto, mas *nós* o escondemos e salvamos. Como a rainha, entre outras coisas, tomou-lhe a noiva e a fortuna para dá-las a seu rival, ele a odeia mortalmente e nos serve com uma presteza e habilidade que ultrapassam qualquer elogio. Como escriba do templo, ele circula livremente entre Tebas e Buto, faz compras e leva recados sem despertar suspeitas dos espiões reais.

— Peço-te, chama esse homem para o qual despertaste meu maior interesse.

O sumo sacerdote abriu uma porta dissimulada na parede e disse algumas palavras em voz baixa. Um instante depois, a mesma se abriu e um homem de estatura elevada entrou e se deteve, saudando; usava as vestes de escriba, e na cabeça uma enorme peruca que lhe cobria a testa. Sua tez era quase tão escura como a de um etíope, e os olhos pequenos, de olhar agudo, brilhavam com um reflexo sombrio.

— Aproxima-te, Ameni – disse o sacerdote em voz baixa –, e repete ao príncipe o que viste e ouviste em Tebas.

O escriba inclinou-se e contou sucintamente, mas sem esquecer nenhum detalhe importante, todos os fatos acontecidos, as medidas tomadas pela rainha, os funerais do faraó, a consagração do novo monumento funerário, e por fim o discurso feito ao povo por Hatasu ao retornar da solene procissão ao templo.

— Olhem só! Hatasu quer carregar nos ombros o duplo peso do governo – disse Tutmés com uma risada zombeteira. – Vou procurar, o mais breve possível, dividir com ela esse fardo pesado demais para suas forças. Por Rá e Osíris! É de fato um milagre para os deuses e um mistério para os homens que esse faraó de saias, que não admite nem reconhece outra vontade que não a sua, submeta a orgulhosa nobreza do Egito ao comando de um camponês miserável como Semnut, e dobre a sua vontade até a poderosa cas-

J. W. Rochester

ta dos sacerdotes, levando-os a consagrar um monumento que eles desaprovam e é um verdadeiro deboche a todas as leis sagradas!

O sumo sacerdote enrubesceu intensamente e suas sobrancelhas se franziram.

— É verdade que a rainha governa e comanda com uma audácia e orgulho extraordinários, e que por várias razões e no interesse mesmo de nossa causa, os sacerdotes tiveram que ceder temporariamente e consagrar esse monumento ímpio que é um ultraje aos deuses, como toda inovação. Os sacerdotes se dobraram, como dizes, mas sem aprovar nem esquecer o que é condenável. E não esqueças, meu filho, que um trono só tem solidez quando é apoiado pelos servidores dos deuses, e que o orgulho e a falta de respeito para com os representantes da divindade destroem um rei com mais certeza do que uma batalha perdida.

— Se um dia eu chegar ao trono, lembrarei de tuas palavras – exclamou Tutmés com os olhos brilhantes. – Aos deuses e a seus servidores darei as honras que lhes são devidas, dividirei com eles os frutos de todas as vitórias, e quanto mais me tornar grande e poderoso, mais grandiosos serão os monumentos que construirei para imortalizar minha glória e reconhecimento pelos imortais.

— Eles escutam e concederão a teu reinado uma glória imortal! Um deus me inspira e confirma o que dizem os astros: Tutmés III, Tutmés o Grande, irá eclipsar todos os faraós que reinaram no Egito. Por longos anos, até o final de tua velhice, a dupla coroa ornará tua fronte; conduzirás teus soldados de vitória em vitória, e as nações conquistadas colocarão seus tesouros a teus pés, seus reis sob tuas sandálias.

Uma exaltação profética parecia ter tomado conta do sacerdote; as mãos estendidas na direção do príncipe, a fisionomia inflamada; o olhar estático parecia mergulhar nas profundezas desconhecidas do porvir.

Com emoção e temor supersticiosos, Tutmés escutou essas palavras pronunciadas em tom vibrante e convincente, e uma calma cheia de satisfação, uma fé inquebrantável num futuro de grandeza e poder invadiram seu coração; nesse instante, ele se sentia forte, paciente e indulgente.

— Que tuas palavras se cumpram, e tudo que prometi cumprirei cem vezes mais – disse, os olhos faiscantes, estendendo as duas mãos ao sacerdote. – E agora, adeus! Não quero ficar demais aqui, mas parto tranqüilo e consolado. Tu, Ameni, continua a servir-me com dedicação e prudência; quando tiver conquistado o lugar que me é devido, saberei vingar os ultrajes que te fizeram e te devolver a mulher que amas.

— Trabalharei para ti, príncipe, como um cão fiel; juro-o por minha sede de vingança – respondeu o escriba, inclinando-se.

Quando Tutmés subiu novamente na liteira, Antef notou com surpresa a expressão de alegria, orgulho e triunfo que se refletia em sua fisionomia. Tentou em vão imaginar as causas dessa mudança; mesmo que os sacerdotes lhe tivessem contado os detalhes dos funerais do faraó, do triunfo de Hatasu e sua vitória sobre eles na questão do túmulo, nada disso era motivo para satisfação.

De volta ao palácio, Tutmés o reteve, e a pretexto de conversar, divertiu-se criticando de forma mordaz a rainha, seu gosto pelos estrangeiros, suas inovações ímpias, e por fim a escolha de seus conselheiros e servidores, que em vez de serem, de acordo com a tradição, membros da mais alta nobreza do Egito, eram recrutados entre as classes mais baixas.

Antef compreendeu perfeitamente que o príncipe queria atingi-lo, desdenhando de sua origem simples e de seu parentesco com Semnut; contudo, suportou as agressões sem pestanejar, não se afastando um só momento da reserva respeitosa que achava devida ao ilustre banido.

Vendo que sua mordacidade produzia tão pouco efeito no governador de Buto e não lograva fazê-lo perder o sangue-frio, Tutmés calou-se e fixou com um olhar pensativo e perscrutador a fisionomia pálida mas impassível do jovem oficial. "Realmente, esse homem é mais atilado do que eu imaginava", pensou. "Procura me contrariar o menos possível, nunca me faz sentir que é ele quem manda aqui, e não responde jamais a meus ataques. Será que no fundo ele imagina que os sacerdotes conseguirão colocar-me no trono, e receia que, chegando ao poder, eu o faria pagar caro as insolências passadas? De fato, se isso acontecer, o pobre comandante de Buto ficará numa situação fatal diante de seu faraó".

De natural cáustico e zombeteiro, Tutmés achou essa última idéia tão cômica que desatou a rir, e o ar pasmo do outro aumentou sua hilaridade. De súbito, ergueu-se e deu uma palmada vigorosa mas amigável no ombro de Antef.

— És de fato um rapaz notável – disse ainda a rir. – E admiro a forma como desempenhas tua difícil missão; é verdade! Gostaria de possuir tua tranqüilidade, pois entendo que tua posição entre eu e minha divina irmã é pouco invejável.

— Se compreendes isso, príncipe, por que não me demonstras a generosidade que deve possuir um filho do faraó por um soldado fiel a seu dever? – respondeu Antef, em tom de leve censura.

— Tens razão, estou errado em fazer-te pagar por meu mau humor – disse o príncipe com uma careta. – Mas se soubesses que morro de tédio; se pelo menos me arrumasses alguma bela jovem para me distrair, a vida seria mais suportável; e tu, não amas ninguém?

— Amo e sou amado, príncipe – disse Antef sorrindo. – Tenho uma noiva em Mênfis, e espero casar-me no próximo ano.

— E ela é bela, de boa família, rica?

— Chama-se Neftis, tem quatorze anos, e na minha opinião, é muito bela; vive em Mênfis com um parente de sua mãe que é muito rico e sem filhos; mas sua beleza, para mim, vale mais que sua fortuna – acrescentou o oficial com orgulho.

— Isso é ótimo para ti, Antef, e desejo que quanto antes sejas feliz nos braços de tua Neftis; mas *eu*, nada ganho com isso – suspirou o príncipe. – Peço-te, arranja-me uma mulher bonita, é a forma mais certa de me distrair e deixar-me de bom humor.

Antef riu.

— Tenho uma idéia que tentarei executar, mas não sei se conseguirei!

— Tenta, tenta, Antef; uma pequena aventura amorosa de que só nós dois saberemos, não abalará o trono do faraó Hatasu, que os deuses conservem e cubram de glória – exclamou Tutmés rindo. – E agora, vamos para o jardim, jogar pelota – acrescentou dirigindo-se à escada, novamente alegre e despreocupado como um colegial em férias.

Segunda parte
O feiticeiro de Mênfis

A alma é uma luz escondida. Quando a negligenciamos, ela se obscurece e extingue; mas quando lhe colocamos o sagrado óleo do amor, ela se ilumina como uma lâmpada imortal.

Hermes

A rosa vermelha

Era noite; a calma e o silêncio invadiam aos poucos as ruas de Mênfis; o ruído e o movimento que desde o amanhecer enchiam a imensa cidade como o fervilhar de uma colméia se extinguiam; a segunda capital do Egito adormecia para recuperar as forças indispensáveis à atividade febril que recomeçaria quando os primeiros raios de Rá rompessem vitoriosos as trevas.

A Lua clareava com uma luz suave as construções originais da antiga cidade, os enormes templos, as casas multicoloridas, e brincava na superfície polida do Nilo e nos barcos retardatários que o cruzavam. Em uma residência grande e bonita, situada numa das ruas de maior movimento, tudo já estava em silêncio; patrões e empregados repousavam, fatigados, e apenas num pequeno quarto do segundo piso brilhava ainda uma luz fraca. O quarto, cuja janela dava para um pátio interno plantado de palmeiras e sicômoros, era mobiliado com simplicidade, como se podia ver à luz de uma pequena lâmpada cheia de óleo colocada perto da cama; sobre um tamborete, perto da janela aberta, sentava-se uma jovem de radiosa beleza, mergulhada em profundo devaneio.

A casa em que introduzimos o leitor pertencia a Hor, homem rico e considerado, possuidor de vastos vinhedos cujo produto vendia. A jovem sonhadora era sua sobrinha Neftis, a irmã mais moça de Noferura, que vivia em sua casa desde a morte de seus pais.

A mãe da jovem era uma irmã mais moça de Hor, nascida de

uma prisioneira de guerra, que o pai de Noferura havia desposado em segundas núpcias. Dessa forma, Neftis não se parecia de forma alguma com sua irmã, tipo de beleza egípcio, de tez morena e olhos negros. Mais baixa que Noferura, porém mais delicada e elegante de formas, Neftis era de uma brancura levemente amarelada, lembrando o marfim; espessos cabelos de um rubro dourado a envolviam, nesse momento, como um manto ondulante, mas o que emprestava a seu rosto fino e regular uma originalidade especial eram os grandes olhos verdes, fosforescentes como os de um gato; apática e indiferente no curso normal da vida, seu olhar tornava-se cauteloso e feroz como o de um tigre quando a paixão ou a cólera despertavam nela.

O devaneio que lhe roubava o sono nesse momento devia ser penoso, porque um rubor febril queimava as faces da jovem, uma respiração difícil e entrecortada lhe erguia o peito, e os braços, que envolviam os joelhos, tremiam nervosamente. De súbito, ergueu-se, afastou com as duas mãos os cachos sedosos de seus longos cabelos, e erguendo os braços, murmurou angustiosamente:

— Que fazer? Deuses imortais, que fazer? Não posso mais suportar esse sofrimento que me devora. Oh! Se ao menos uma vez eu pudesse revê-lo, ficaria feliz e recuperaria a calma!

Cobriu o rosto com as mãos e desatou em soluços convulsivos.

— Dia e noite sua imagem me persegue, seu olhar me atrai e me queima como uma chama devoradora; ao dormir, me parece vê-lo se debruçar para mim, e quando, cheia de uma louca alegria, quero abraçá-lo, desperto e compreendo que era um sonho; meu coração parece que se quebra!

Apoiou a cabeça na parede; depois, subitamente, dirigiu-se a uma mesinha que sem dúvida lhe servia para a toalete, porque aí se via um espelho de metal, um pente, potes de creme e alguns frascos de ônix e alabastro. Afastando confusamente esses objetos, tomou uma caixinha, abriu-a e dentre várias jóias retirou um colar formado de placas quadradas esmaltadas de vermelho e azul, unidas por elos.

A placa central, ornada de pendentes, abriu-se à pressão de seus dedos e descobriu uma espaço vazio onde se achava prensada uma rosa murcha, mas que ainda exalava um perfume muito forte. Neftis abaixou-se perto da cama, contra a qual se encostou, e com o rosto inclinado para o colar, aspirou avidamente o aroma suave e inebriante que se exalava da flor, e que se espalhou em seguida por

J. W. Rochester

todo o quarto. Ao cabo de um instante, suas mãos tombaram sobre os joelhos e a cabeça pendeu sobre o leito; parecia aturdida, mas suas faces queimavam e tremores nervosos a sacudiam. Esse torpor não durou mais que um instante; erguendo-se bruscamente, fechou novamente o medalhão, recolocou o colar na caixinha e começou a caminhar nervosamente pelo quarto.

— Jamais poderei me casar com Antef, esse insignificante perdido numa multidão de mediocridades parecidas com ele – murmurou. – Horemseb! Horemseb! Belo como Osíris, misterioso e magnífico como um deus, é só a ti que amo, que desejo rever; é a ti que desejo pertencer! Mas onde ver-te, tu que só sais à noite? Não sei, mas isso *tem que acontecer*, eu quero.

Deteve-se, as mãos comprimindo as têmporas que latejavam, e seus olhos fosforescentes brilhavam na penumbra como os de uma pantera. Enroscada sobre si mesma, lembrava, pela pose, a graça ondulante de seus membros e os reflexos fulvos da cabeleira, essa princesa do deserto, quando, estendendo os músculos de aço, prepara-se para saltar sobre a presa. De repente, estremeceu, e um grito de alegria sufocado a meio escapou-lhe dos lábios:

— Achei! Enfim, enfim te verei novamente, Horemseb! Louca que fui de não ter pensado nisso antes! – radiosa e um pouco mais tranquila, ela deitou-se e logo adormeceu com um sono pesado e inquieto.

No dia seguinte, mal o sol se erguia quando Neftis acordou. Vestiu-se rapidamente e desceu para uma sala térrea onde sua tia Setat, a esposa de Hor, já estava distribuindo às escravas as tarefas do dia.

— Minha querida tia – disse a moça, beijando-a –, se não vires inconveniente, gostaria de ir passar o dia hoje com a velha Asnath; ela me pede há tempo para ir ensinar a suas criadas a forma de tecer que utilizas, e tu mesma querias enviar-lhe algumas coisas.

— É verdade, quero mandar-lhe uma peça de tecido, vinho, e dois gansos, porque minha pobre prima idosa não ganha muito vendendo os pastéis de carne que os pobres oferecem em sacrifício – respondeu Setat. – Fizeste-me lembrar que depois de amanhã é o aniversário da morte de seu marido; ela ficará feliz de sacrificar um ganso de verdade. Concordo com tua ida, mas não sei se poderá ser hoje: Hor está colocando o vinho nas ânforas e garrafas, e não poderá ceder-te um escravo para te acompanhar e levar as coisas.

— Oh, tia, não é necessário tirar ninguém do trabalho; levarei Anúbis. Mas não te preocupes se eu voltar um pouco tarde; vou passar o dia com Asnath, mas ao entardecer, gostaria de ir ver Nekebet, e ela sempre me faz ficar mais com ela.

— Está bem; vai com Anúbis e te distrai, não te preocupes – respondeu Setat com um sorriso.

Rápida e contente, Neftis correu para a área de serviço, e num pequeno telheiro encontrou um jovem escravo ocupado em moer grãos com um pequeno moinho manual. O trabalho era lento e não muito perfeito, porque era cego, e só se guiava pelo tato.

Reconhecendo os passos de Neftis, Anúbis ergueu-se com ar feliz. Era um jovem núbio de uns vinte anos, ágil e desembaraçado, cujos grandes olhos negros só denunciavam a cegueira pela completa falta de expressão. Anúbis era cego de nascença; tinha sido criado com Neftis e Noferura, e após a morte dos pais destas, Hor, atendendo ao pedido da sobrinha, ficara com o jovem escravo, que não podia fazer muita coisa, e que sua jovem protetora ocupava para seu próprio serviço ou para pequenas tarefas da casa, que ele percorria com a segurança de quem enxergasse.

Anúbis adorava sua antiga companheira de infância, era dedicado a ela como um cão fiel, e a obedecia cegamente. A notícia de que ia deixar sua aborrecida tarefa para acompanhá-la o encheu de alegria.

Duas horas mais tarde, os dois jovens deixavam a casa. Anúbis carregava um fardo de tecido, uma ânfora, e às costas dois gansos, com os bicos cuidadosamente amarrados com um fio de junco, para impedir que os gritos das infelizes aves aborrecessem sua jovem ama. Ela ia à frente, levando uma pequena cesta com frutas secas e um frasco de óleo aromático, guiando Anúbis com um delgado fio amarrado no braço dele.

Sem demora atingiram o Nilo, alugaram um barco para o dia inteiro, e tendo pago o valor combinado, instalaram-se nele com as provisões. Neftis tomou o leme, Anúbis os remos, e a pequena embarcação avançou rapidamente pelo rio.

— O tempo está tão bonito que desejo fazer um pequeno passeio antes de chegar – disse a jovem, e logo o barco deslizou próximo do muro que cercava o palácio do príncipe Horemseb. Com o coração palpitando, faces incendiadas, Neftis contemplou a mansão encantada onde vivia, invisível, frio e indiferente a todos, o feiticeiro de Mênfis, herói de mil histórias e relatos fantásticos. O palácio e o jardim estavam silenciosos; nem o mais leve ruído

J. W. Rochester

se ouvia atrás da maciça muralha; tudo parecia adormecido, até as esfinges de pedra da escadaria, em cujos derradeiros degraus marulhavam as águas do Nilo.

— Felizes os que podem atravessar essa porta, os que podem te ver, te servir nem que seja como o último dos escravos – murmurou Neftis com um profundo suspiro.

O dia pareceu à jovem arrastar-se infindavelmente. Nem a alegria e as mil gentilezas da pobre Asnath, nem a tagarelice da amiga conseguiam distraí-la; seu pensamento se concentrava num único ponto: a esperança de ver Horemseb.

Já era noite quando tomou novamente o barco com Anúbis. Dirigiu-se novamente para o palácio do príncipe e, próximo da escadaria de esfinges, mandou parar, dizendo:

— Temos que esperar; há uma fila de barcos carregados enchendo o rio, e poderíamos virar ou bater.

O cego assentiu com a cabeça, segurou os remos e esperou calmamente a ordem de continuar.

Com agitação febril, Neftis fitava a escadaria misteriosa; se Horemseb fosse sair para seu passeio nessa noite, teria que sair ou entrar por ali, e passar perto do posto de observação escolhido pela inquieta jovem. A sorte a auxiliou; mal se haviam passado dez minutos, quando do hangar de pedra saiu a barca maravilhosa, enfeitada e iluminada como de costume, e veio atracar nos degraus de pedra. Quase no mesmo instante, a porta existente no muro se abriu, e vários homens com tochas saíram e se enfileiraram na escada; depois uma única pessoa desceu, e instalou-se sob o dossel da barca. À distância em que se encontrava, Neftis não podia distinguir-lhe os traços, mas à claridade das tochas viu que era alto e esbelto, vestido de branco, e que em seu pescoço, braços e testa cintilavam jóias. Palpitante e quase sem respirar, a jovem inclinou-se para a frente, com os olhos fixos obstinadamente na magnífica embarcação que parecia voar sobre as águas. Já conseguia distinguir à luz avermelhada das lanternas o semblante imóvel do príncipe, quando o olhar ardente deste fixou-se nela; novamente um sorriso estranho entreabriu os lábios de Horemseb, e erguendo a mão, pareceu fazer sinal a um homem em pé atrás dele. Imediatamente, a barca mudou de direção e encaminhou-se diretamente para a embarcação dos dois jovens, e um instante depois, emparelhou rente com ela; então se deteve. O coração de Neftis cessou de bater. Horemseb tinha se erguido, e inclinando-se para ela, estendeu-lhe a mão, mergulhando em seus olhos o olhar profundo e ardente. Como fascinada, a jovem colocou a sua naquela mão fina mas gélida, que a apertou com força e puxou-a. Incapaz de pensar, de dar um só grito, hipnotizada pelo olhar candente do príncipe e pelo perfume embriagante que dele se exalava, Neftis abandonou-se; como em sonho, sentiu que dois braços fortes a erguiam e colocavam aos pés do príncipe, a sua cabeça tombou-lhe pesadamente nos joelhos.

Esta cena, longa para descrever, não durou mais que alguns segundos, e no instante em que o cego, preocupado, gritava:

— Neftis! Neftis! Vamos bater em algum barco, estou ouvindo o barulho dos remos! – A barca misteriosa retomava seu curso e sumia como um flecha no hangar de pedra, cujos amplos batentes se fecharam atrás dela.

Não obtendo resposta, Anúbis chamou outra vez, e tateando, procurou encontrar as vestes de sua ama, que pensava estar adormecida; ao constatar que o barco estava vazio, deu um grito de desespero, e tomando os remos, pôs-se a remar em desatino, gritando, e fixado numa só idéia: informar a seus amos do inexplicável acontecimento. Os gritos do cego e os ziguezagues estranhos que imprimia ao barco atraíram a atenção de alguns pescadores; abordaram-no, conduziram-no à margem, e só conseguindo entender de seu relato confuso o nome de seu senhor, um dos homens o conduziu à casa de Hor.

O desaparecimento de sua sobrinha deixou a este em compreensível desespero. Em vão ele e Setat interrogaram Anúbis; ele só conseguia repetir que lhe parecera que uma embarcação havia passado perto de seu barco, e que, ao procurar Neftis, ela tinha desaparecido. Ambos se perderam em conjecturas; era inadmissível que a jovem não tivesse gritado ou resistido se fosse cometido um rapto audacioso; e também, se tivesse caído n'água, o barco se teria sacudido, o que Anúbis notaria; mas não havia nada, nenhum indício que pudesse colocá-los na pista certa. Todas as buscas e providências tentadas por Hor e sua mulher foram inúteis, e o desaparecimento de Neftis permaneceu envolto num véu de mistério impenetrável.

Profundamente aflitos, Hor e Setat enviaram mensageiros a Antef e Noferura para dar-lhes a triste notícia, e com o intuito também de rogar à sobrinha que viesse passar algum tempo em Mênfis para os consolar.

Noferura não teve dificuldade de obter a permissão de Roma

J. W. Rochester

para visitar os parentes e passar um mês com eles; o jovem sacerdote ficou feliz em afastar-se dela, de seus ciúmes, de suas cenas, de sua presença que se lhe tornava a cada dia mais detestável.

A perda de Neftis representou um rude golpe para a irmã, que a amava sinceramente e perdia com ela sua melhor amiga, a confidente a quem contava sem restrições seus desenganos e tristezas. Apesar de seus instintos frívolos e sua inconsequência, Noferura sentia-se profundamente isolada e infeliz; a beleza notável de Roma lhe inspirava uma paixão violenta e tenaz que a frieza dele instigava ainda mais. Suas primeiras infidelidades tiveram por objetivo despertar o ciúme do marido; como o resultado foi totalmente contrário ao que esperava, e sentindo-se aturada a custo, e vendo o marido, cada vez mais indiferente e desgostoso, fugir dela e do lar, buscou distrair-se com aventuras amorosas e sufocar seu amor infeliz em festas e distrações de toda espécie. Roant, que sempre havia desaprovado o casamento de Roma, nada representava para Noferura, que invejava sua riqueza, sua alta posição, e sobretudo o amor de Chnumhotep.

Triste, e com o coração cheio de recordações de sua irmã morta de forma tão misteriosa, Noferura voltou a Tebas e encontrou a casa vazia. Como de costume, Roma estava ausente; embora ela o tivesse avisado de sua chegada, ele não a esperava, e foi com uma raiva surda que ela entrou em seus aposentos e supervisionou a abertura de suas bagagens. No meio delas, encontrou a caixinha de jóias de Neftis, que Setat lhe dera como lembrança, na véspera de sua viagem. Noferura tomou a caixa, e entrando no quarto, examinou-lhe o conteúdo. Com lágrimas nos olhos, retirou os anéis, amuletos, fivelas e outros objetos miúdos que haviam sido de Neftis, depois algumas pulseiras, um colar de pérolas, e finalmente um colar formado de placas esmaltadas que exalava um perfume intenso mas suave.

– Olhe só! – exclamou Noferura admirada. – É desse colar que se desprende esse estranho perfume que me chamou a atenção ao abrir a caixinha. De onde Neftis teria conseguido esse perfume extraordinário? É como uma mistura de rosa com outra flor que não consigo definir – e aspirou avidamente o aroma tentador. – Vou guardar tudo isso para devolver a minha irmã, se ela reaparecer um dia, o que eu tenho esperança, porque não encontraram seu corpo; mas este colar, vou usar como recordação dela, e não usarei nenhum outro; lembro que ele pertenceu a minha madrasta, e tem um perfume tão agradável! – Prendeu o colar ao pescoço, e guardando as outras jóias na caixa, colocou esta em um móvel. Depois saiu para o terraço e estendeu-se num divã, pois sentia-se pesada, fatigada e sonolenta. Uma velha escrava negra, a seu pedido, colocou-lhe ao alcance da mão uma bebida refrescante e retirou-se. Noferura cerrou os olhos; algo estranho estava acontecendo com ela; parecia que um calor escaldante lhe corria nas veias, despertando-lhe idéias amorosas; mas não era em Roma que pensava. A estranha história de Tuaa lhe turbilhonava na mente; parecia-lhe enxergar a maravilhosa barca do feiticeiro de Mênfis vir em sua direção, e um homem, cujos traços não podia distinguir, mas cujo olhar a queimava e atraía, debruçava-se sobre ela. Um sentimento selvagem e impetuoso de paixão a impelia para esse desconhecido; estendia os braços para atraí-lo a si, mas não conseguia tocá-lo; exausta e ofegante, sentia uma dor aguda no peito, que lhe cortava a respiração; depois, parecia-lhe girar, entrando num abismo em chamas.

Noferura repousava havia quase uma hora quando Roma chegou. Ao saber, pelos criados, que sua mulher retornara de Mênfis, dirigiu-se ao terraço. Vendo-a deitada, deteve-se a alguns passos, e apoiado a uma coluna, contemplou irado a mulher que só lhe inspirava desprezo e repugnância, e que, como obstáculo intransponível, lhe barrava o caminho da felicidade, separando-o de Neith, que idolatrava.

Entretanto, sua atenção acabou sendo despertada pelo mal-estar que Noferura parecia estar sofrendo: tinha o rosto afogueado, a respiração pesada e entrecortada, e tremores nervosos lhe sacudiam o corpo. "Está doente", pensou Roma, que tinha um pouco de médico como todos os sacerdotes, e aproximando-se, se inclinou sobre a mulher. Um aroma suave e embriagante o envolveu, mas não lhe deu atenção, preocupado apenas com a saúde de Noferura. Estava fitando havia um instante a mulher adormecida, quando sentiu um ligeiro atordoamento, e o sangue lhe subiu à cabeça, fazendo seu coração bater com uma violência estranha. "Como é bela", pensou, "e que louco sou de desprezá-la".

Quase inconscientemente, debruçou-se ainda mais e pousou os lábios na boca entreaberta de Noferura. Ela abriu os olhos, e com um pequeno grito, enlaçou com os braços o pescoço do marido. Dessa vez, ele não a repeliu como de hábito; com a cabeça pesada, o peito opresso, aceitou as carícias apaixonadas que ela

J. W. Rochester

lhe prodigalizava. De súbito, atraiu-a a si, e devolveu-lhe os beijos, murmurando palavras apaixonadas.

Tudo foi esquecido: a imagem de Neith empalideceu, e uma atração irresistível o arrastava para a esposa que detestava; torrentes de fogo pareciam correr nas veias de Roma, e, sem dar-se conta, aspirava avidamente o delicioso perfume que se exalava dela e o penetrava de um bem-estar desconhecido.

A partir desse dia, um estado estranho e incompreensível se apossou dos dois; uma paixão selvagem, impetuosa, insaciável, devorava Roma, e essas emoções tão diversas da natureza calma, casta e harmoniosa do jovem sacerdote lhe afetavam inclusive a saúde: sentia tonturas, dores agudas no peito, e uma inquietação nervosa que não lhe dava um instante de sossego, mesmo durante o serviço do templo. A imagem de Noferura o perseguia em toda parte, e com ela o aroma indefinível que ela exalava; somente junto dela, quando a apertava nos braços e se embriagava com o perfume que a envolvia, Roma encontrava certa calma, e um novo impulso de paixão cega o fazia esquecer tudo, apagando por momentos a impaciência e a angústia que o devoravam longe dela. Noferura não entendia a súbita reviravolta do marido; porém, apesar da satisfação que sentia ao vê-lo enfim compartilhar de sua paixão, não experimentava aquela felicidade completa que tinha imaginado; um desencanto, um vazio, sentimentos contraditórios que não entendia a perseguiam até quando estava nos braços de Roma; e quando ele não estava e se estendia, cansada, sobre um divã, sonhos estranhos a atormentavam: a imagem imprecisa de um desconhecido se inclinava para ela, seus olhos brilhantes como chamas lhe tiravam a respiração, e despertava alquebrada, palpitante de desejos para os quais não tinha nome.

Sob a ação desses sentimentos e do império da paixão, os dois esposos se tornaram esquivos, e esse recolhimento excessivo surpreendeu a todos. Roant não entendia o que se passava; mas a ansiedade e o ciúme de Neith, ao não ver mais o homem amado, excediam todos os limites.

— Dizem que ele está tomado de uma paixão enlouquecida por sua mulher e que para não deixá-la é que não vai a parte alguma. Acreditas nisso, Roant? – perguntou a sua amiga, angustiada e com lágrimas nos olhos.

A moça sacudiu a cabeça, entre risonha e inquieta.

— Seria um verdadeiro milagre que depois de cinco anos de

casamento ele começasse a amar essa tola desavergonhada; mas acalma-te, Neith, amanhã de manhã irei à casa dele e tirarei a limpo essa história estranha, e o trarei para ti.

Cumprindo a promessa, a jovem esposa de Chnumhotep foi visitar o irmão. Encontrou-o no jardim com Noferura, e seus olhares, o modo como a abraçava ao caminhar, não deixavam dúvida nenhuma sobre seus sentimentos. A visita de Roant não pareceu causar grande prazer a nenhum dos dois, e ela constatou preocupada que seu irmão tinha mau aspecto, um olhar febril e vago que ela nunca lhe tinha visto, e que sua mão queimava.

Vendo que ele evitava olhá-la e respondia evasivamente às perguntas que lhe fazia, Roant o arrastou aparte.

— O que está acontecendo aqui, Roma? Por que estás indiferente comigo? E sobretudo, por que não vais mais ver Neith? A pobre criança está desesperada com tua ausência. Como podes amá-la e entristecê-la assim?

O olhar dele acompanhava com avidez os movimentos de sua mulher, que continuava a caminhar na extremidade da aléia do jardim, e uma impaciência visível o assaltava.

— Que sei eu de Neith! – exclamou irritado. Não posso vê-la, porque só amo Noferura. Só agora entendo o que é o verdadeiro amor; perto dela, sinto algo que não posso descrever; é um deleite, uma felicidade como jamais senti. E Neith, por mais bela que seja, deixa-me frio e indiferente.

Roant o escutava muda de espanto; depois, um rubor de cólera lhe subiu às faces.

— Não estou entendendo nada do que estás dizendo! Perdeste o juízo, ou Noferura te enfeitiçou? Pois então, por que nunca sentiste esse grande paixão antes? Teu comportamento com Neith é covarde e indigno, e enquanto não estiveres curado dessa loucura não quero ver-te. Mas antes de ir, dou-te um conselho: vai ao templo e pede para te tratar; estás doente ou com mau olhado. Resumindo, tu e Noferura estão os dois estranhos e mudados; estás magro, abatido, e teus olhos parecem dois carvões em brasa, e me dão medo. Que aconteceu com vocês?

— Peço que poupes tuas advertências; eu estou bem, e não preciso ser curado do amor legítimo que sinto por minha mulher – respondeu Roma encolerizado e voltando as costas à irmã.

Roant partiu bastante preocupada e sem compreender o que se passava com o irmão. Neith a aguardava e a crivou de perguntas.

Roant quis dissimular ou atenuar a realidade, mas a insistência enérgica da jovem acabou por arrancar-lhe a confissão de que inegavelmente uma violenta paixão por Noferura tomava a alma de Roma, fazendo-o esquecer tudo mais.

— Isso tudo é incompreensível, e tenho certeza de que existe aí algum mistério – acrescentou Roant com irritação e tristeza. – Ou essa mulher maldosa o enfeitiçou, ou um terrível mau olhado caiu sobre ele, mas isso há de passar, ele compreenderá o seu erro e voltará mais apaixonado que antes.

— Oh! Se isso acontecer um dia com ele, espero que minha loucura já esteja curada sem possibilidade de voltar – respondeu Neith, que a tinha escutado pálida e com os olhos chamejantes.

– Agradeço-te por me teres contado a verdade, Roant; saber que essa Noferura me substituiu no coração do homem em cujo amor acreditei cegamente, é um remédio amargo mas salutar (riu com amargura). Amor! Só o senti uma vez na vida, mas esse sentimento indigno, o arrancarei do coração como uma serpente venenosa; isso é o que farei com Roma; e se quiseres minha amizade, não pronuncies nunca mais o nome do traidor; quero esquecer quem me deixou por uma criatura indigna... – deteve-se, sufocada pela emoção, e lágrimas ardentes lhe correram pelas faces.

Sinceramente angustiada, Roant a abraçou e tentou acalmá-la, atribuindo à magia a inexplicável infidelidade de seu irmão; porém, mortalmente ferida em seu orgulho e seu amor, Neith não quis admitir nenhuma desculpa para o homem que ousava traí-la e esquecê-la. Devorada pelo ciúme, dominando com esforço seus sentimentos em tumulto, despediu-se da amiga e, durante alguns dias, fechou-se em seu palácio, ruminando projetos de vingança. Com uma satisfação cruel, felicitou-se por não ter nunca, em seu amor, ultrapassado os limites da honestidade; pelo menos, nessa situação deprimente, não precisava envergonhar-se de si própria, e nenhuma fraqueza anterior a deixaria indefesa diante do infiel, se algum dia acaso ele voltasse a buscá-la.

Várias semanas se passaram sem trazer nenhuma alteração. Roma e Noferura continuavam a amar-se loucamente, mas era um sentimento tão legítimo, e a reconciliação dos dois esposos uma coisa tão banal, que ninguém lhe prestou mais atenção. Apenas Roant, sabendo dos sentimentos secretos do irmão e da aversão que lhe inspirara sua mulher, pela conduta indigna que tivera, se afligia e inquietava cada vez mais, pois o amava de todo o coração.

Apesar da ameaça de não vê-lo mais, foi visitá-lo várias vezes e constatou, assustada, que uma terrível mudança se fizera nele: esse homem tão doce e calmo, que tinha uma serenidade harmoniosa em todos os gestos, havia se tornado irritável, violento de gestos e de palavras bruscas; uma chama inconstante ardia em seu olhar antes tão límpido, e sua paixão satisfeita não lhe dava, era evidente, nem sossego nem felicidade. O mais estranho é que Noferura sofrera uma mudança parecida: não era mais a mulher frívola, sedenta de prazeres, exuberante de energia e insaciável por festas; em sua fisionomia pálida e emagrecida lia-se o mesmo cansaço, e a mesma inquietação febril a devorava, tirando-lhe a satisfação e o repouso. Angustiada e cada vez mais convencida de que Roma estava sob o domínio de alguma força misteriosa, Roant foi procurá-lo um dia no templo, e com lágrimas nos olhos, suplicou-lhe que lhe dissesse o que tinha. Com um ar ausente, o jovem passou a mão pela testa.

— Tens razão, Roant: algo estranho se passa comigo: um fogo me queima por dentro, meu corpo pesa como chumbo, e uma ansiedade indefinível me afasta de todos; somente perto de Noferura me sinto aliviado, encontro um pouco de descanso e esqueço. Sei que antes era diferente, e que foi um amor súbito que me assaltou; às vezes, quando estou em prece aqui, eu mesmo me espanto disso tudo; mas, que queres? Sou escravo desse sentimento e me faltam forças para lutar contra ele.

— Meu pobre Roma, é evidente que és vítima de um feitiço; usa toda tua energia, consulta os sábios e os magos, faz um tratamento; talvez possam te libertar! – exclamou Roant desfazendo-se em lágrimas.

Roma prometeu fazer isso, e cumpriu a palavra; mas não adiantou, e na sua aflição, Roant confiou um dia a seu amigo Keniamun o que se passava com o irmão, sem mencionar, é claro, o amor de Roma por Neith.

Surpreso e intrigado, o oficial aconselhou-a a consultar Abracro, tão eficiente em matéria de feitiços. Com esperança renovada, a moça, munida de ricos presentes, foi ver a feiticeira, que lhe deu vários pós e uma bebida que devia dar a Roma sem que este soubesse. Mas nada disso deu resultado, como o tratamento dos sábios, e Abracro declarou com franqueza que não fazia idéia de que feitiço fora empregado nesse caso.

Enquanto isso, Neith continuava a viver em total isolamento. Sua primeira cólera desesperada dera lugar a uma calma sombria

J. W. Rochester

e cheia de amargura. A vida lhe parecia vazia e odiosa, os homens lhe despertavam desconfiança e desprezo. Que seria dos outros, se Roma, esse homem ideal que ela havia adorado como um deus, em cuja fidelidade apostaria a própria vida, a tinha traído covardemente com uma mulher que ele dizia desprezar? Entregando-se a essa paixão vulgar, era mais desprezível que todos. Neith não admitia a influência de forças sobrenaturais; em seu orgulho ferido e no ciúme concentrado que a devorava, não queria conceder-lhe nenhuma desculpa.

Possuída por esses sentimentos, Neith evitava a sociedade, e mesmo na corte só aparecia raramente; a curiosidade com que haviam especulado as razões de sua misteriosa briga com Sargon, no dia infeliz do casamento, a tornava ainda mais arredia.

Apenas Roant era recebida por ela com satisfação e amizade; mas como jamais sua boca orgulhosa pronunciava o nome do homem que a tinha esquecido, evitando qualquer assunto que pudesse recordá-lo, Roant sentia-se pouco à vontade. Roma tinha sido sempre o assunto principal de suas conversas; agora só tratavam de coisas superficiais, e a conversa morria, terminando em geral num longo silêncio de ambas as partes.

Num dia em que Neith sentia-se ainda mais triste e isolada que de costume, Keniamun veio visitá-la, trazendo um recado de Semnut. A jovem recebeu-o amavelmente, e fazendo-o sentar junto dela, ofereceu-lhe uma bebida.

— Por que vens me ver tão raramente, Keniamun? É porque te aborreces junto de mim – disse com um sorriso.

O rapaz sacudiu a cabeça.

— És tu, Neith, que estás totalmente mudada; sinto-me mal ao ver-te, pensando que me expulsaste totalmente de teu coração, que não sentes mais confiança em mim, não tens uma palavra amiga para me oferecer.

— Estás enganado, Keniamun; agora, como sempre, tenho por ti uma afeição sincera, e nunca precisei tanto de um amigo fiel. Escuta-me sem te aborreceres, e não me peças amor; não se pode oferecer algo em que não se acredita, e eu não acredito mais em amor eterno. Expiei duramente por causa desse sentimento, cego e inconstante como as batidas do coração que ele agita; amei e pensei que era amada; engano! Loucura! Fui traída covardemente. Não queiras saber desse sentimento enganador que só traz uma ventura passageira e frágil, que não se pode garantir que vá durar mais que um dia; aceita, em vez disso...

— Blasfemas, Neith; a traição de um único ser não pode te fazer condenar o amor verdadeiro e profundo que outros têm por ti. Estás livre, porque o crime de Sargon te desligou dele; por que não poderias ser e fazer alguém feliz?

— Enganas-te, achando que estou livre – respondeu Neith sacudindo a cabeça. – Estou unida a Sargon por um juramento indissolúvel. Na véspera de ser deportado, tive um encontro com ele, e jurei, tomando Hator por testemunha, que o receberia de novo por esposo se voltasse do exílio. E ele vai voltar, pois na última vez em que falei com a rainha, ela me disse que recebeu notícias do príncipe: que ele suporta sua pena com coragem e submissão, que procuram aliviar-lhe a sorte quanto possível, e que dentro de dois, no máximo três anos, ela o indultará e lhe devolverá a fortuna e a posição. Estás vendo que não posso, portanto, casar contigo; mas aceita meu afeto de amiga, de irmã, e dá-me também esse afeto, o único que não se contamina de egoísmo e de interesse. Deteve-se, com os olhos úmidos e os lábios trementes. — Sinto-me tão sozinha, tão abandonada! – acrescentou baixinho.

Keniamun tinha abaixado a cabeça; após um instante, ergueu-a, e tomando a mão de Neith, respondeu emocionado:

— Agradeço a confiança que me dás, Neith, e tentarei ser digno dela. A partir de agora, expulso em definitivo do coração qualquer sentimento egoísta; serei apenas teu amigo, teu irmão, e se precisares, teu defensor; em troca, promete que me dirás com franqueza tudo que te aflige, e dá-me o direito de te visitar, distrair-te e partilhar tuas preocupações.

— Está combinado, mas a confiança deve ser recíproca; tenho que ficar sabendo de tuas preocupações como tu das minhas...

E Neith, sorrindo, estendeu-lhe ambas as mãos.

A partir desse dia, estabeleceu-se entre eles uma relação de verdadeira amizade fraterna. Keniamun, com sua alegria, seu espírito aguçado e cáustico, sabia distrair a amiga e, sem jamais mostrar uma curiosidade indiscreta, afastar-lhe do semblante as nuvens mais sombrias. Neith ficava feliz em surpreendê-lo com algum presente, e poupá-lo das dificuldades pecuniárias provocadas por sua falta de recursos.

Por esse época, Noferura recebeu um recado de que sua tia, Setat, que estivera sempre doente desde a desaparição de Neftis, estava muito mal e desejava vê-la, talvez pela última vez.

Não podia recusar-se a ir; e Roma, que não desejava separar-se dela por um único dia, decidiu acompanhá-la. Alugaram um pequeno barco e partiram para Mênfis, viajando dia e noite para chegar mais depressa.

Era noite quando se aproximaram da antiga cidade. Pesado e exaurido como de costume, Roma se recolhera à pequena cabine e estava profundamente adormecido. Noferura, porém, mais angustiada que nunca, devorada por esse fogo interior que não se extinguia nem com os beijos ardentes nem com a louca paixão do marido, sentara-se à proa do barco para respirar o ar fresco da noite, esperando com isso acalmar seu mal-estar. Com a cabeça apoiada na mão, contemplava os imensos edifícios dos templos e palácios de Mênfis, que já se podia distinguir claramente à luz do luar, quando sua atenção foi atraída por luzes avermelhadas que deslizavam rapidamente sobre o rio. Ergueu-se para ver melhor, e em seguida percebeu uma enorme barca, magnificamente ornamentada, onde, sob um dossel, um homem estava estendido sobre almofadas. Seu coração começou a bater impetuosamente; veio-lhe à memória a estranha história de Tuaa; ela ia ver o feiticeiro de Mênfis; a esfinge de olhos flamejantes à proa da barca não deixava nenhuma dúvida. Os dois barcos se aproximavam rapidamente, e logo ficaram lado a lado. Noferura, que se inclinara avidamente, de súbito deu um grito rouco e estendeu os braços: no homem coberto de jóias que se recostava nas almofadas, cujo olhar ao mesmo tempo sombrio e faiscante parecia perdido no vazio, acabava de reconhecer o desconhecido de seus sonhos, o fantasma fascinante que se desfazia em suas mãos quando tentava pegá-lo, e que Roma não conseguia substituir.

A esse grito de paixão enlouquecida, o desconhecido ergueu-se sobre um braço, e fixou com olhos muito abertos a mulher que de pé, braços estendidos, parecia devorá-lo com o olhar chamejante. O que se passava com Noferura nesse instante é difícil de descrever; uma nuvem de fogo parecia subir-lhe à cabeça, anulando tudo mais, qualquer outro pensamento que não fosse o de unir-se a esse homem, agarrá-lo antes que desaparecesse novamente. Seu peito ofegava, diante de seus olhos que escureciam cintilavam faíscas, o coração se dilatava. Teria tentando, num salto desesperado, atingir a barca de Horemseb, ou refrescar-se nas águas? O fato é que saltou como desatinada, os braços estendidos, e afundou pesadamente, à distância de um braço da embarcação misteriosa, que continuou seu curso e logo desapareceu na distância.

Um dos remadores atirou-se à água e conseguiu resgatar o corpo da jovem, que deitaram na proa. Roma, desperto pelos gritos e o ruído, acorreu, e como louco, precipitou-se para a mulher, tentando reanimá-la. Uma jovem criada, chamada Acca, que dormia ao fundo do barco, acorreu também, assustada, e fez o que pôde para ajudá-lo; mas todos os esforços foram inúteis, e Noferura chegou inanimada à casa de seu tio. Enquanto, sob o comando de Hor, despiam a jovem e faziam tudo que era possível para trazê-la de volta à vida, Roma correu ao templo, onde servira enquanto vivia em Mênfis, para buscar um sacerdote que ele conhecia e era excelente médico.

Quando os dois sacerdotes penetraram no quarto onde jazia Noferura, rígida e imóvel, Roma correu para ela; mas estremeceu, porque em lugar do amor apaixonado que sentira até então, um sentimento quase de repulsa insinuou-se em sua alma. Com a mente confusa, endireitou-se e acompanhou com o olhar quase indiferente os gestos do amigo, o qual, após um rápido exame, declarou que Noferura estava morta. O jovem sacerdote ouviu isso sem perder a calma, que contrastava estranhamente com sua agitação anterior; declarou que estava fatigado, e sem lançar um olhar sequer para a defunta, retirou-se para seu quarto e adormeceu profundamente.

Quando acordou, o dia estava alto. Sentia-se cansado, exaurido, como se estivesse saindo de uma doença grave, mas tranquilo, com a alma tomada por um bem-estar que há meses não sentia. Ergueu-se, e sentando perto da janela aberta, começou a refletir. Que significaria o sonho doloroso do qual parecia estar acordando? Que se passara no decorrer dele? Guardava apenas lembranças confusas, nas quais se misturavam cenas de amor e sensações penosas, mas tudo se misturava e embaralhava em sua memória quando tentava aprofundar suas atitudes e o motivo delas. De súbito, a imagem de Neith lhe veio à mente; ela também se apagara de sua vida durante esse sonho escuro e doloroso; há muito, muito tempo não a via; devia estar ofendida, sem dúvida! Seu coração bateu com violência; como tinha podido esquecer e desprezar essa pura e encantadora criatura pela mulher frívola que o atormentara tanto com seus caprichos, seus gostos vulgares, e cuja paixão brutal lhe inspirava antes desgosto e repulsa?

Com a testa molhada, Roma ergueu-se; decididamente, estivera enfeitiçado! Mas o que teria feito romper-se o encanto? Seria a morte de Noferura?... Foi ver o corpo, que, envolto num lençol, ia

J. W. Rochester

ser levado pelos embalsamadores, e convenceu-se mais uma vez de que nenhum sentimento o atraía para essa mulher. "Livre, enfim!" murmurou aliviado. Mas não se deu conta de que o perfume terrível que se exalava sempre de Noferura, que o embriagava, subjugando-o e prendendo-o a ela, havia desaparecido ao mesmo tempo que a angústia febril, o fogo interior que o consumia. Quando, por ordem de Hor, haviam despido Noferura para massagear-lhe o corpo gelado, Acca, a criada que a acompanhava, havia retirado também o colar que sua ama não tirava nunca (ela o considerava um talismã de sorte, pois desde o dia em que Noferura o colocara, o marido voltara para ela novamente, e o usava sempre, dia e noite), e o levara junto com as roupas molhadas.

A convicção de que sua mulher havia empregado um feitiço contra ele revoltava Roma, tornava-lhe odiosa a memória de Noferura, e ele ansiava por retornar a Tebas para explicar-se com a irmã e se reconciliar com Neith.

Assim, tendo explicado a Hor que o trabalho o chamava de volta de forma imperiosa, deixou Mênfis poucos dias após, e mal chegou a Tebas, correu à casa de Roant para contar-lhe do ocorrido, que o tornava livre. A jovem o recebeu de braços abertos e quis dar-lhe os pêsames pela dolorosa perda, mas ele a interrompeu:

— Deixa isso, Roant, essa perda é uma graça dos deuses; dizme antes: o que faz Neith? – falou em tom hesitante.

Roant o fitou espantada.

— Meu caro Roma, vejo com alegria que os deuses ouviram minhas preces e te libertaram ao mesmo tempo dessa mulher odiosa e do sortilégio que ela te colocou. Recuperaste a razão e os verdadeiros sentimentos de teu coração. Porém, meu pobre irmão, devo dizer-te que Neith, apesar de sua pouca idade e do seu grande amor por ti, ficou tão enfurecida com tua traição, como ela diz, que há meses não pronuncia sequer o teu nome; distanciou-se de ti, com a alma amargurada, e o que se passa em seu coração eu ignoro.

Roma empalideceu ao escutá-la.

— Sei que sou culpado diante de Neith, embora involuntariamente – disse após um instante. – Estava impotente contra a força terrível que me dominava os sentidos; mal me recordo do que fiz durante esses meses, durante esse sonho horrível do qual só despertei diante do cadáver de Noferura; mas meu coração sempre pertenceu a Neith, e não acredito que ela possa me repelir quando lhe contar a verdade. Vou vê-la agora mesmo, e se alguma vez me amou de verdade, há de perdoar-me por essa falta involuntária.

Roant tentou retê-lo, alegando que era tarde e que era melhor prevenir Neith de sua visita; mas Roma não quis ouvir nada. Dirigiu-se apressadamente ao Nilo, alugou um barco e rumou para o palácio de Sargon. Extremamente agitado, saltou na escadaria, ordenou ao barqueiro que o aguardasse por ali, ao alcance da voz, e subiu as escadas.

À porta que conduzia do terraço ao interior da casa velava um velho escravo agachado; reconheceu o sacerdote, e quando este indagou se sua ama estava só e onde se encontrava, respondeu com um sorriso aberto que Neith estava no terraço que dava para o jardim, e que Keniamun, que a estivera visitando, acabara de sair.

Com passos rápidos e impacientes, Roma atravessou os aposentos que conhecia bem, e deteve-se, como pregado ao solo, à porta do terraço, iluminado pela claridade avermelhada de várias tochas e de grandes tripeças com betume, colocadas ao pé da escada que levava ao jardim. Sentada no primeiro degrau, com a cabeça apoiada na balaustrada, Neith, imóvel, parecia uma estátua encantadora. As chamas vacilantes das tripeças a iluminavam com uma claridade fantasmagórica, lançando reflexos avermelhados em seu vestido branco, cintilando no colar e nos braceletes maciços e na cinta de ouro que prendia os cabelos de um negro azulado, que, em anéis espessos e sedosos, lhe cobriam as espáduas e as costas, espalhando-se pelos degraus.

Por alguns instantes, Roma a contemplou, mudo e absorto; nunca a mulher que adorava, e da qual uma força oculta o separara, lhe havia parecido tão bela como nesse momento em que devaneava com uma expressão de intensa amargura. Arrastado pelos sentimentos que lhe transbordavam da alma, aproximou-se, e estendendo os braços para ela, murmurou:

— Neith!

Ou ouvir esse tom vibrante e bem conhecido, ela saltou como impelida por uma mola; fitou-o por um instante, os olhos muito abertos, como se fosse uma visão, depois recuou:

— Roma! – exclamou, com o olhar chamejante, medindo o audacioso como se o quisesse consumir.

Porém, ao reencontrar o olhar límpido e caricioso dos olhos aveludados que a fitavam suplicantes, a chama do seu olhar extinguiu-se, a cólera morreu, e tomado por um tremor nervoso, ela se apoiou à balaustrada.

J. W. Rochester

— Que desejas de mim? – disse com amargura. – Explicar tua traição covarde? Desculpar-te? Para quê tudo isso? Não tenho nenhum direito sobre teus sentimentos; sou casada, e meu compromisso é com Sargon; tu também és comprometido; teu amor é legítimo; volta para tua esposa, por quem foste tomado de um repentino amor; deixa-me, e não perturbes o sossego que conquistei depois de reconhecer o meu erro e minha culpa.

Deteve-se e baixou os olhos; a voz lhe faltava, e sentia-se vencida sob o olhar que a envolvia de censura.

— Oh, Neith, não esperava ouvir palavras tão duras de tua boca! Que posso dizer para desculpar-me pela ferida que causei a teu coração? Não tenho outra desculpa senão essa força nefasta, esse feitiço terrível que me cegava e arrastava como um escravo para a mulher que o lançou sobre mim, dominando-me os sentidos. Perdi a razão, pensei que amava Noferura, essa criatura culpada, cuja morte acaba de me libertar! Com a alma curada, volto para ti, meu único e verdadeiro amor, apesar do pesadelo que me tornou culpado e lançou uma sombra sobre minha sinceridade. Acreditaste mesmo que de repente eu tinha passado a amar de tal forma essa mulher de quem não gostava, que por causa dela te esqueceria covardemente? Ficas calada, Neith? Esqueceste-me a tal ponto que (a voz lhe tremeu) não acreditas mais no que digo? Olha para mim! Tenho o ar de quem passou meses de felicidade?

Ela ergueu o olhar e fixou-o no semblante emagrecido e esgotado do rapaz, que recuara, e com a cabeça baixa, encostava-se no batente da porta. Sim, essa fisionomia tinha as marcas do sofrimento; seria possível que um encantamento fatal o tivesse arrastado e o tornasse infiel contra sua vontade? Neith começava a acreditar. Roma tinha o poder de despertar nela os bons sentimentos; os impulsos de cólera, impuros ou egoístas se apagavam em sua presença, dissipados pelo afeto profundo e leal que sentia por ela. E nesse momento, novamente, a tristeza desalentada do homem amado, sua reserva, a piedade despertada por seu sofrimento, derreteram a camada de gelo que apertava o coração da jovem egípcia. Deu alguns passos hesitantes na direção dele, depois, num impulso repentino, atirou-se em seus braços. Roma estremeceu e apertou-a ao peito.

— Perdoas o que passou, e me devolves teu afeto, que vai iluminar minha alma escurecida? – murmurou ele mergulhando o olhar radiante e caricioso nos olhos úmidos de sua amada.

Um sorriso infantil e cheio de felicidade brincou nos lábios de

Neith; enlaçou com os braços o pescoço de Roma, e respondeu-lhe com um beijo; cólera e tristeza, tudo estava esquecido.

Pobre Neith! Fruía, sem saber-lhe o preço, um amor sem culpa e sem sofrimento, o único que traz a verdadeira felicidade e enobrece o espírito, pois é uma centelha do fogo divino de que nossa alma foi feita. Não sabia que o futuro lhe reservava um inferno que também é chamado de amor, uma daquelas subjugações fatais que arruínam o corpo e obscurecem a alma. Ela iria experimentar, em grau mais intenso, todos os sofrimentos suportados por Roma; mas felizmente o futuro se oculta dos mortais, e nenhuma sombra perturbou a felicidade da reconciliação.

— E agora, chega de brigas e explicações – exclamou Neith com o olhar cintilante. – Vem, meu pobre Roma, comer alguma coisa; tua infidelidade te fez ficar magro e abatido como uma sombra; precisas engordar e ficar bonito outra vez!

O rapaz deixou-se levar, e em seguida estava sentado à mesa diante de um jantar dos mais requintados. Neith, que recuperara o bom-humor, fazia brincadeiras irônicas com o enfeitiçamento de Roma, e enquanto o servia, caçoava de forma tão divertida dele e de si mesma, que o jovem sacerdote ria com vontade.

Uma risada cristalina fez ambos se voltarem: Roant estava parada à porta. Batendo palmas, risonha, dirigiu-se a Neith, abraçou-a, e depois apertou Roma nos braços; tomando da mesa um copo de vinho, ergueu-o num gesto triunfal:

— Bendita seja Hator! Fez-se a paz, o passado está esquecido, e os espíritos impuros se afastaram para sempre!

As aventuras do colar encantado

Acca, a jovem criada que acompanhara Noferura, havia carregado as vestes e jóias que tirara dela. Durante a confusão, ninguém se preocupou com elas, mas quando os embalsamadores levaram o corpo e Acca começou a arrumar as roupas e jóias de sua defunta ama para levar a Tebas, sentiu a tentação de apropriar-se do colar, que há tempos cobiçava. Refletiu que seria difícil provar que a morta não o tivesse perdido dentro d'água ou durante o salvamento. Setat, que estava dormindo, não tinha visto como a sobrinha tinha chegado, e Hor, assim como Roma, não se preocupariam com certeza com o colar. Assim refletindo, decidiu-se, e escondeu o colar entre suas coisas e o levou para Tebas, para onde seguiu com Roma.

Acca não era escrava, mas uma pobre órfã, parente de Hanofer, que se encarregara dela após a morte de seus pais. A megera, avara, e invejando a juventude e o viço da menina, querendo livrar-se dela, conseguira colocá-la em casa de Noferura, a qual, preguiçosa, tagarela e vulgar, agradara-se da loquacidade de Acca, que adquirira, no estabelecimento de Hanofer, um repertório inesgotável de histórias picantes e escandalosas que contava com verve.

Com a morte de Noferura, os serviços de Acca não eram mais necessários, mas Roma, com sua bondade habitual, ao despedir-se dela, pagou-a generosamente, e fez-lhe presente de uma parte do guarda-roupa e de vários objetos que haviam pertencido a sua falecida esposa e que lhe traziam penosas recordações.

Radiante e cheia de orgulho, Acca voltou para a casa de Hanofer, levando, cuidadosamente escondido entre os presentes que ganhara, o colar esmaltado de cuja existência Roma tinha esquecido. Acca se dispunha a ajudar Hanofer na taberna, esperando encontrar um pretendente entre os freqüentadores; agora era rica, e podia fazer mostra disso, porque todos esses objetos caros tinham sido presentes do antigo patrão.

Hanofer viu com inveja as posses de sua prima, e só se acalmou um pouco quando, por meio de acusações e ameaças, conseguiu extorquir de Acca uma parte dos presentes recebidos, a título de recompensa pelas despesas com a manutenção e educação da moça.

Várias semanas se passaram. Certo dia, celebrava-se em Tebas uma festa anual e esperava-se grande afluência de fregueses. Acca vestiu-se com especial cuidado, e retirando da caixinha onde estivera guardado até esse momento o famoso colar, colocou-o no pescoço. "Como irão invejar-me hoje, a começar por esse velha megera, Hanofer", pensou Acca, olhando-se com satisfação no espelho redondo de metal polido que herdara de Noferura. "E que perfume delicioso exala este colar! Nunca senti nada parecido", acrescentou para si mesma, aspirando com avidez o aroma embriagador que se exalava do colar.

Com as faces enrubescidas, os olhos brilhantes, Acca deixou seu quartinho para dirigir-se ao salão; no longo corredor que o precedia, encontrou Smenkara.

— Como estás de bom aspecto hoje, e... com todos os deuses! Que colar é esse que estás usando? É uma jóia de alto valor, incrustada de pedras azuis verdadeiras, sabias? – disse o usurário incinandose para ela, apalpando e admirando o trabalho e o valor da jóia. – E que perfume maravilhoso é esse? Ah! Não me cansaria de aspirá-lo! – acrescentou, cheirando ruidosamente o pescoço da moça.

— Esse perfume delicioso vem do colar; sei o valor dele, e espero que me traga sorte – respondeu Acca com orgulho. – Minha falecida ama o usava sempre, e como ela se afogou usando esse colar, o nobre Roma o deu a mim de presente.

O nariz de Smenkara parecia grudado no colar; de repente, seu rosto largo tornou-se escarlate, seus olhinhos cinzentos começaram a cintilar de forma estranha, e abraçando Acca, a apertou contra si com paixão. Por um instante, a moça pareceu corresponder; enlaçando o pescoço de Smenkara, trocou com ele alguns beijos ardentes, mas de repente soltou-se de seus braços, empurrou-o violentamente e fugiu.

No salão, Hanofer sentava-se em seu posto habitual, vigiando com olhar de águia a correção e a presteza do serviço, pois a taberna estava repleta; ao ver a magnífica jóia que enfeitava o pescoço de sua prima, um ar sombrio tomou-lhe a fisionomia, e seus olhos faiscantes de inveja não abandonaram mais Acca, que circulava entre os fregueses com uma agitação febril, fitando com insistência os homens sentados às mesas. Mais de um a fitou com curiosidade e surpresa, e as infelizes mulheres quase nuas e enfeitadas com jóias falsas que faziam parte do público a devoravam com os olhos.

Logo em seguida, porém, o ciúme de Hanofer tomou nova direção: com espanto e cólera, constatou que Smenkara seguia Acca como sua sombra, dirigindo-lhe olhares ardentes, inclinando-se quase rente a seu pescoço, e mostrando sem o menor disfarce um interesse insultuoso para ela. Sem dúvida, a fidelidade conjugal de Smenkara não era impecável, mas assim abertamente, na presença da esposa, e ao alcance de seus punhos que ele temia com razão, jamais ousara fazer nada.

Hanofer franziu as sobrancelhas e lançou ao marido um olhar ameaçador; mas, com uma coragem que ela nunca tinha visto, ele não prestou nenhuma atenção a esse aviso de tempestade; como embriagado, só enxergava Acca; ávido pelo aroma que se desprendia dela, seguia-a, murmurando entredentes:

— Por Osíris, essa garota é sedutora; nunca me atraiu tanto como hoje, e quero possuí-la!

Não compreendendo a insolência do marido, pois jamais acontecera algo semelhante, Hanofer estava sufocada; ao surpreender um olhar fatal com que Acca respondia aos avanços do usurário, sua paciência se esgotou: como uma pantera, lançou-se atrás dos dois, que haviam desaparecido da sala, decidida a puni-los exemplarmente.

Após uma busca de início infrutífera, localizou os dois fujões num depósito escuro de vinho e cerveja. Seus punhos fortes desceram como maças sobre os traidores; mas Smenkara, que de hábito se tornava manso e obediente com essas punições, mostrou dessa vez tal ferocidade que Hanofer se espantou. Entretanto, a obstinação e o receio de perder por completo a autoridade a impeliram a arriscar uma luta. Com esforço inaudito, conseguiu afinal lançar o marido para fora, e quis avançar sobre Acca. Mas a moça também parecia de humor belicoso.

— Não me toques, Hanofer! – disse com o olhar chamejante.

– Não tenho culpa se Smenkara me persegue; antes de entrar no salão, ele já tinha avançado em mim e tive que empurrá-lo. Esse velho pateta é ridículo, e só sinto aversão por ele.

Hanofer acalmou-se subitamente e mediu a moça com um olhar perscrutador.

— É verdade? Não queres nada com ele? Nesse caso, vem comigo; vou levar-te para o outro lado; vais servir os fregueses nobres que estão chegando; talvez até tenhas sorte por ali (um sorriso maligno franziu-lhe os lábios). Mas posso contar com tua discrição? Aos quartos pequenos vêm às vezes pessoas que não querem ser vistas ou identificadas, e têm o braço longo para punir indiscrições.

— O que achas que eu sou? Seria louca de me prejudicar? – respondeu Acca com desdém. – Sei perfeitamente que tratam de assuntos sigilosos, e acho que devias confiar mais na discrição de tua prima que na dessa velha bruxa, Sachepris.

— Vem comigo. Mas onde conseguiste esse perfume com que te untaste?

— Não é isso: é o colar que estou usando que tem esse aroma, e que o nobre Roma me deu, porque sua mulher se afogou usando-o.

— Que loucura, dar uma jóia assim a uma criada! – murmurou Hanofer, despeitada.

As duas mulheres atravessaram em silêncio um longo corredor, depois um enorme pátio cercado de muros que ficava atrás da taberna e tinha algumas construções, depósitos e estábulos, tão arruinados como o prédio principal. Ao fundo, numa reentrância escura do muro, havia uma pequena porta que Hanofer abriu com uma chave que retirou do cinto. Penetraram então num vasto jardim com árvores frutíferas e hortaliças; um segundo jardim, separado daquele por uma sebe, era repleto de sicômoros, acácias e palmeiras, entre as quais se viam platibandas com flores. Em seguida apareceu entre a vegetação uma segunda construção, menor, mas de aparência elegante. Cruzando um espaçoso terraço ornamentado de arbustos, Acca e sua companheira penetraram numa sala sustentada por colunas pintadas de amarelo e preto, onde um grupo de mulheres estava reunido. Eram todas jovens e belas. Algumas, evidentemente dançarinas, usavam largos cintos de metal, colares e braceletes de bijuteria, e tinham nas mãos longas echarpes de tecido transparente; duas delas tinham o cabelo pintado de um vermelho vivo, enrolado no alto da cabeça como torres rubras, e esse penteado singular lhes conferia um aspecto selvagem e fantástico. Deitadas em esteiras, exibiam sem constrangimento a nudez dos corpos esbeltos e flexíveis, untados com óleo aromático. Outras, vestidas com túnicas listadas curtas, tinham harpas de três cordas e bandolins, e estavam agachadas, conversando em voz baixa. À entrada de Hanofer, uma mulher encurvada e enrugada, dessa feiúra repulsiva que ostentam às vezes as velhas no Oriente, e que parecia vigiar o grupo de moças, ergueu-se de um banco.

— Ninguém dos nobres visitantes apareceu ainda, patroa – disse obsequiosamente; e curvando-se, acrescentou em tom mais baixo: — Apenas o sacerdote Ranseneb encontra-se numa das salinhas; está esperando alguém, e pediu vinho e frutas.

— Está bem, Sachepris; estou trazendo Acca para te ajudar aqui; manda-a servir os fregueses mais distintos; para começar, ela pode servir ao sacerdote o que pediu.

— Vai! – acrescentou voltando-se para Acca. – E guarda tua língua; um sacerdote de Amon está aqui para fechar um negócio.

A moça fez um gesto de concordância; sabia há muito tempo que vários sacerdotes e dignitários, de quem não se suspeitaria tal frivolidade, iam ali divertir-se com o jogo e outros prazeres, mas que também se fazia transações financeiras de vulto, de que Smenkara era o intermediário. Acca estava decidida a ser a prudência e a discrição personificadas, e sua transferência feita por Hanofer a encantara; havia muito desejava trocar o serviço no albergue pela elegante taberna onde se divertia uma quantidade e oficiais e jovens da nobreza, despreocupados e generosos, que cobriam de ouro qualquer carinha bonita que os agradasse. No estado de superexcitação em que se encontrava, Acca aspirava ardentemente ao amor de um homem bonito e de elevada posição. A imagem imprecisa de um ideal desse tipo flutuava em sua mente sem que pudesse dar-lhe uma forma concreta; essa imagem às vezes assumia o semblante do belo Roma, seu antigo amo, às vezes a de um oficial que visitava Hanofer de vez em quando. Ambos lhe despertavam nesses momentos uma violenta paixão, mas não sabia a qual deles dar preferência, pois nem um nem outro correspondia perfeitamente à imagem do desconhecido que buscava.

Imersa nesses pensamentos, com a cabeça pesada e ardendo, Acca colocou numa bandeja uma carne de ave assada, uma pequena ânfora de vinho, uma taça e um cesto com frutas, e dirigiu-se para uma pequena sala separada das outras que Sachepris lhe indicou. Nesse salinha, que possuía uma entrada privativa, o confidente do sumo sacerdote de Amon estava sentado a uma mesa, absorvido na leitura de tabuinhas abertas à sua frente; ao ver a jovem criada, fechou-as e enrolou um papiro estendido na mesa.

Respondendo com uma inclinação de cabeça complacente à profunda e respeitosa saudação da moça, Ranseneb serviu-se da carne assada e começou a comer, enquanto Acca, segurando a ânfora, colocou-se atrás da cadeira, pronta para encher-lhe a taça quando solicitasse. Alguns minutos se passaram em silêncio; o sacerdote comia com apetite, e erguia a taça pela segunda vez, quando de súbito aspirou ruidosamente o ar, respirou várias vezes, e voltando-se, indagou:

— O que vem a ser esse aroma suave e penetrante que estou sentindo? De onde vem?

— Venerável padre, é o colar que estou usando que exala esse perfume – respondeu Acca um tanto perturbada.

— Mostra-me esse colar, e diz-me de quem o obtiveste.

— Do nobre Roma, o sacerdote de Hator, que o deu a mim junto com outras coisas que pertenciam a sua falecida esposa Noferura.

Acca colocou-se diante do sacerdote e inclinou-se para ele enquanto examinava curiosamente a jóia.

— É um aroma estranho; apesar da suavidade, acho que depois de algum tempo pode dar tonturas – murmurou Ranseneb, que continuou, apesar desse observação, a aspirar com as narinas dilatadas o perfume enganador.

Como se cedesse a uma atração invencível, tomou o braço da

jovem, atraiu-a para si e inclinou o rosto até quase tocar-lhe o pescoço. De repente, estremeceu e endireitou-se: seu crânio luzidio e os pômulos salientes tingiram-se de escarlate, e em seus olhos cintilou uma chama selvagem, enquanto fitava Acca que continuava inclinada para ele.

— Senta-te aqui junto de mim, garota, e serve-me vinho – disse ele, com um olhar e um sorriso que contrastavam estranhamente com sua figura sombria e ascética; como Acca hesitava, fitando com receio sua face inflamada, Ranseneb abraçou-a, e atraindo-a bruscamente para si, tentou beijar o pescoço, depois os lábios da jovem criada.

Nesse momento, abriu-se uma porta ao fundo, e um homem alto, vestido como escriba e com uma grande peruca, surgiu à entrada. Ao contemplar essa cena galante, que tinha como protagonista o venerável vidente do templo de Amon, Hartatef – pois era ele – se deteve, duvidando do testemunho de seus olhos. Seria mesmo o rígido e fanático Ranseneb, cuja implacável severidade se exercia pesadamente sobre os jovens sacerdotes, punindo a menor falta, que vinha em busca de aventuras com uma criada de taberna?

Acca, que por um instante havia cedido ao abraço do sacerdote e retribuído seu beijo, soltou um grito e, empurrando Ranseneb, fugiu pela porta oposta àquela junto da qual Hartatef estava parado.

Como arrancado de um pesadelo, Ranseneb passou a mão pela testa. "Que significa isso? Será que desatinos viriam perturbar minha velhice, e não terei visto mulheres bonitas o suficiente para que uma vulgar criada de taberna me faça perder o juízo?", pensou com ar sombrio. Nesse momento, seu olhar caiu sobre Hartatef, que, profundamente inclinado, deixava ao sacerdote o tempo de recompor-se. Uma onda de sangue inundou o semblante de Ranseneb; esse surbordinado tinha que ter testemunhado sua loucura inexplicável?

— Aproxima-te, Hartatef – disse, dominando-se com esforço. – Que notícias trazes?

O moço aproximou-se respeitosamente, entregando-lhe algumas tabuinhas e vários rolos de papiro, e, à maneira clara e sucinta que lhe era própria, fez um relatório detalhado de sua viagem a Buto. Ranseneb indagou minuciosamente de Tutmés, Antef, suas relações etc, e marcou um encontro com ele para dali a poucos dias, em local que indicou; depois expôs detalhadamente os manejos disfarçados com que procuravam incitar o povo contra a rainha, espalhando cuidadosamente que ela desejava a morte de Tutmés II, e não possuindo ela própria descendentes, acabaria por extinguir por completo a gloriosa linhagem de Tutmés I, deixando o Egito sem um faraó legítimo. Isso era o que o povo mais temia, e deveria voltá-lo para o partido do príncipe, jovem que tinha um futuro pela frente e do qual se podia esperar uma numerosa descendência.

Enquanto os dois homens assim discutiam o caso do exilado e o futuro do Egito, Acca retornara ao salão, onde já se encontrava uma grande número de visitantes.

Sentado a uma mesa do terraço, no meio de vários homens e absorvido no jogo, Pahir, agitado e ávido, só enxergava e escutava as possibilidades de ganhar ou perder.

As dançarinas e cantoras haviam se dispersado parcialmente; algumas ainda se entregavam a uma dança voluptuosa e provocante, ao centro de um grupo de jovens que riam, aplaudiam e comentavam abertamente o talento e os atributos físicos das bailarinas. Na primeira fila dos assistentes estava Mena; com as duas mãos ao cinto da túnica curta, manifestava-se ruidosamente, excedendo a todos em gracejos dúbios e grosseiros, e incitando as infelizes criaturas a danças cada vez mais ousadas. Embotado e enfastiado, não sabia a qual das mulheres ali concederia o favor de distrai-lo, quando seu olhar caiu sobre Acca, que acabava de entrar. A moça tinha uma boa aparência, em seu vestido ricamente bordado; o rosto corado, os olhos negros cintilantes, e a agitação nervosa que a tomava distinguiam-na com vantagem de todas as outras. Agradou a Mena, que, deixando imediatamente o círculo, aproximou-se dela e disse, encarando-a de forma ousada:

— Bela menina, leva-me ao jardim uma taça e uma boa ânfora de vinho, que me servirás; aqui o barulho e o calor me estão incomodando.

Acca percorreu com o olhar inflamado o porte esbelto mas robusto do jovem oficial; encontrava-se cada vez mais sob a influência do terrível aroma que estava aspirando havia várias horas, e que, mais embriagador e excitante que o mais forte dos vinhos, fazia-lhe ferver o sangue. Mena percebeu esse olhar, um sorriso pretensioso lhe errou nos lábios, e voltando-se, dirigiu-se com passo indolente para um bosquete do jardim, onde havia um banco e uma mesa, ocultos dos passantes pelos maciços de rosas e acácias. Ele conhecia e apreciava esse local retirado e discreto, que lhe trazia à lembrança mais de uma voluptuosa recordação.

Mal tinha se acomodado, quando Acca apareceu, trazendo uma ânfora de vinho, uma taça e uma cesta de pastéis.

– Estou às tuas ordens, senhor – disse, colocando tudo na mesa e enchendo a taça.

Mena a fitou com essa familiaridade audaciosa que o homem mundano de todas as épocas se permite ter com uma moça do povo de que deseja fazer um passatempo passageiro.

– Vem cá, garota, e diz-me teu nome – disse, abraçando-a e puxando-a para o banco. – Tu me agradas – acrescentou, dando um beijo no pescoço da moça.

No mesmo instante, um aroma suave e embriagante lhe atingiu o olfato; o sangue lhe subiu ao cérebro com tal violência que por um momento sentiu-se aturdido. Seu beijo parecia ter feito Acca perder a razão; como ébria, lançou-se ao pescoço do oficial, apertando-o até sufocá-lo. O perfume venenoso exercia um efeito terrível sobre a natureza forte, violenta e voluptuosa da jovem; nuvens ardentes lhe passavam diante dos olhos, anulando a razão e o pudor, e no meio delas oscilava em sua mente o rosto pálido de um homem de olhar profundo e sombrio, que parecia fitá-la com um estranho sorriso.

Trêmula, Acca se endireitou, depois, inclinando-se avidamente, quis mergulhar a vista nesses olhos fascinantes; mas em lugar do semblante atraente que lhe aparecera na imaginação, enxergou a face rubra de Mena e seu olhar inflamado. Com um grito abafado, ela recuou; parecia que sufocava, sua cabeça em fogo parecia estalar e desconjuntar-se; uma dor aguda lhe trespassava o peito. Com as duas mãos apertando o coração, que batia forte, caiu desmaiada sobre o banco.

– Mas o que tem essa moça, e de onde vem esse delicioso perfume? – murmurou Mena, inclinando-se sobre Acca e respirando com avidez. – Ah! É do colar que se desprende esse aroma divino... dessa placa grande no centro... Mas de onde, por todos os deuses nefastos, a malandra terá roubado uma jóia dessas? – e tentou tirar-lhe o colar para examiná-lo melhor. Não o conseguindo, tomou com impaciência o punhal e abriu os elos que seguravam o medalhão. – Para essa rústica, o que resta do colar é suficiente – rosnou, e sem lançar um único olhar para Acca, voltou à sala, pagou o vinho e deixou o local.

– É um achado – pensou, tirando a jóia do cinto e aspirando

　　　　　　　　　　　J. W. Rochester

com avidez. – Vou mandar pendurar essa placa em um de meus colares e todos me invejarão esse perfume novo e admirável. – E não parava de aspirar o aroma deletério, sem notar que aos poucos um mal-estar o acometia; uma vaga inquietação o oprimia, a cabeça lhe pesava e uma sede ardente lhe ressecava a garganta. Desistiu da idéia de dar mais uma volta e dirigiu-se diretamente ao palácio de Pahir.

Ao atravessar uma das salas por onde precisava passar para chegar a seus aposentos, encontrou Satati, a qual, pouco habituada a ver seu sobrinho voltar para casa tão cedo, indagou surpresa:

— Já voltaste, Mena? Pahir voltou contigo? Não; mas que tens? Teu rosto está corado, e teus olhos estão febris; estás doente?

— Não, sinto-me bem, apenas tenho uma sede terrível e estou cansado.

— Vem comigo à sala de refeições; já jantamos e os meninos foram deitar, mas farei que te sirvam algo de beber – respondeu Satati, conduzindo-o a uma sala junto de seus aposentos. Ordenou a uma escrava que trouxesse vinho e carnes frias, e sentando-se à frente de Mena, começou a servi-lo.

O rapaz serviu e bebeu vários copos de vinho, e depois recostou-se, com ar fatigado, sem tocar nos alimentos.

— Decididamente, Mena, algo estranho se passa contigo; estás agitado, e ao mesmo tempo aturdido; não estás comendo nada; o que te falta?

O rapaz aprumou-se bruscamente; os olhos avermelhados e com um brilho estranho se fixaram na tia com uma expressão que a fez estremecer e recuar; mas, rápido como um raio, Mena a abraçou, puxando-a com força para o assento a seu lado, e disse:

— O que me falta é que te amo, Satati; voltei nem sei por quê, mas ao ver-te me dei conta do que sinto.

O ataque fora tão imprevisto que por um instante a esposa de Pahir ficou como aturdida, com a testa apoiada no peito de Mena; depois, endireitando-se, empurrou-o e tentou inutilmente soltar-se dos braços robustos que a prendiam.

— Deixa-me, Mena – disse encolerizada. – Que escândalo seria se uma das escravas nos visse! Estás louco?

O oficial examinou a sala com um olhar sorrateiro.

— Estamos sozinhos; ouve-me: desta vez, podes acreditar, sinto que meu amor é verdadeiro e nenhuma mulher pode se comparar a ti.

Como se a resistência lhe faltasse de súbito, Satati recaiu sobre o banco; sua cabeça girava, e um peso estranho lhe oprimia o peito; na emoção causada pelo receio e a surpresa, ela não notara o perfume embriagador que se exalava dele, e o aspirava inconscientemente.

Algo estranho, novo e incompreensível para essa mulher fria, egoísta e cobiçosa se apoderava dela. Satati nunca amara nem Pahir, nem ninguém; deixara-se cortejar por orgulho, mas a ambição e o cálculo eram seus únicos sentimentos profundos. Se nesse momento fosse capaz de raciocinar, ficaria profundamente espantada com as batidas tumultuosas e apaixonadas de seu coração e com a atração que lhe despertava Mena, cuja beleza e olhar profundo a fascinavam. Uma embriaguez a invadia cada vez mais; parecia-lhe flutuar numa atmosfera perfumada, seus ouvidos zumbiam, os beijos ardentes de Mena lhe acendiam um fogo nas veias. Fechou os olhos e sua cabeça se apoiou pesadamente no peito do oficial.

Os dois enfeitiçados não notaram que um longo tempo se passara, e nem o ruído de passos pesados e hesitantes que se aproximavam os despertou do delírio. Apesar da embriaguez em que se encontrava, Pahir – pois era ele – deteve-se estupefato a alguns passos da mesa; havia sofrido um terrível revés no jogo, onde perdera até o colar, e, furioso e embriagado, deixara a taberna de Smenkara apenas uma hora depois do sobrinho. Ia dirigir-se diretamente a seu quarto, quando a luz na salinha de trabalho de sua mulher lhe atraiu a atenção. À vista de Satati nos braços do sobrinho, ficou por um instante petrificado; depois, foi tomado por uma cólera furiosa. Empunhando a espada de Mena, que estava numa cadeira, desferiu neste um golpe tão violento que o rapaz deu um grito abafado e tombou ao chão coberto de sangue. Felizmente para ele, foi a mão incerta de um embriagado que deu esse golpe, que de outra forma teria sido mortal.

— Ah! Traidores! Mulher miserável! – rugiu Pahir, espumando e tentando pegar Satati, que, bruscamente despertava de seu enlevo amoroso, tentava fugir do marido, cujo furor a assustava. Perseguindo-a, Pahir derrubou a mesa; o ruído terrível da louça que caiu e se espatifou nas lajes ressoou por todo o palácio, mas Pahir não lhe deu a menor atenção: acabava de segurar a mulher, e tentava derrubá-la, enquanto buscava o punhal que trazia ao cinto.

–Vais pagar por esse ultraje a minha honra! Não vou esperar que o carrasco coloque em teu rosto a marca das adúlteras: vou cortar-te o nariz eu mesmo – e tentava com uma das mãos prender o pescoço de Satati, brandindo o punhal com a outra, para executar a ameaça. Porém o desespero, o medo terrível de se ver mutilada de verdade, decuplicaram as forças da mulher: com um grito selvagem, arrancou-se das mãos de Pahir e fugiu para o jardim, onde a escuridão o impediu de persegui-la.

Além disso, o excesso de cólera havia exaurido as forças do superintendente das cavalariças reais, e provocou uma reação: com as pernas trêmulas, apoiou-se pesadamente a uma das colunas do terraço e passou a mão na testa úmida. Parecia-lhe despertar de um sonho ruim, e após um instante, dirigiu-se novamente à sala onde Mena jazia inconsciente. Em torno dele reuniam-se diversos escravos pálidos e ansiosos, assim como Assa e Beba, atraídos pelos gritos e o barulho. A vista dos filhos e dos escravos acabou de dissipar a embriaguez de Pahir. Esforçando-se por parecer calmo, ordenou que erguessem Mena e o conduzissem a seu quarto, depois acalmou os meninos e respondeu evasivamente a suas perguntas sobre a mãe, cuja ausência lhes parecia incompreensível, ordenando-lhes que voltassem a deitar-se, enquanto ele ia supervisionar os primeiros socorros ao ferido.

Ficando sozinhos, Assa e Beba se entreolharam espantados.

– O que significa isso, e onde pode estar nossa mãe? – murmurou Assa inquieto.

Súbito, Beba, cujo olhar examinava curiosamente a sala, abaixou-se, e recolhendo a malfadada jóia que caíra do cinto de Mena, exclamou:

– Olha! Nossa mãe perdeu essa jóia; acho que é uma das que Hartatef lhe deu por ocasião do noivado de Neith!

– Não, não; conheço todas as jóias dela; não tem nada parecido; com certeza deve ser de Mena.

– Que cheiro bom tem essa jóia; onde Mena a terá conseguido? Parece que era pregada em alguma coisa. Vou colocá-la no vaso que está em nossa sala de jogos. Ele pode pegá-la depois – disse Beba com um risinho matreiro, arrastando o irmão para seus aposentos.

Pahir fora atrás dos escravos que carregavam Mena, e mandou chamar um velho sacerdote médico; quando este declarou que o ferimento não era grave, e que o ferido não tardaria a voltar a si, Pahir deixou o quarto do rapaz e foi para seus aposentos. A visão do sobrinho lhe era odiosa nesse momento. Certamente não tinha ciúmes de Satati, que mesmo na juventude nunca lhe despertara sentimentos apaixonados. Ele temia a mulher, cujo caráter forte e astucioso o dominava por completo; mas habituara-se a vê-la salvar as aparências com seriedade, e embora suspeitando vagamente de alguns pecadilhos de juventude, sabia que era impossível provar algo, e se contentava com isso, não sendo ele próprio um modelo de fidelidade. E de repente essa mulher recatada, reservada e prudente, e de idade madura, abandonava-se a uma paixão enlouquecida por esse velhaco de Mena, tão volúvel que afastaria qualquer mulher; e Satati, tão calma e moderada de hábitos, se comprometia assim, com um encontro escandaloso numa sala aberta, expondo-se ao escárnio dos escravos, e Mena se esgueirava da taberna de Hanofer para encontrá-la! Pahir deu um longo suspiro e estendeu-se na cama. Sua cólera se dissipava aos poucos; por um momento arrependeu-se mesmo de ter feito um escândalo daqueles. Sem duvida Satati não ia deixar que ele lhe cortasse o nariz; mas que escândalo em toda Tebas! Felizmente ela tinha escapado; restava o ferimento de Mena, que daria bastante o que falar. Mas também, por que, com todos os espíritos impuros, esses dois insensatos se expunham assim, quando, vivendo na mesma casa, podiam esconder tão facilmente a sua paixão?

O superintendente das cavalariças tinha um caráter calmo e conciliador; nenhuma paixão intensa, nenhum orgulho supérfluo encontravam abrigo em sua alma; tinha o espírito estreito. Gastador por natureza, gostava de mulheres, da boa mesa e do jogo, no qual se concentravam seus sentimentos mais fortes. Cada vez mais preocupado, Pahir pensava em todas as cenas que o aguardavam; Satati, mesmo culpada e ausente, retomava seu domínio sobre ele; perguntava-se onde poderia ter se escondido e por que não voltava; e foi no meio dessas preocupações que o sono o surpreendeu.

Não suspeitando da reviravolta do marido, Satati encontrava-se nesse momento no palácio de Sargon. Após ter se livrado das mãos de Pahir, havia atravessado o jardim como uma flecha; passando por uma pequena porta do pátio externo, e ordenando a um escravo que velava à entrada que a seguisse, havia corrido para o Nilo.

Saltando no primeiro barco que apareceu, fez-se conduzir ao palácio assírio. Todos já dormiam ali, mas conhecendo a casa, entrou pelos fundos e precipitou-se ao quarto de Neith.

– Salva-me! Pahir quer matar-me! – exclamou, sacudindo a jovem, que despertou espantada.

J. W. Rochester

Quando Neith, passado o susto inicial, saltou da cama e chamou as criadas, deparou com a tia estendido inconsciente no chão, e muito esforço foi preciso para que voltasse a si. A pobre mulher não sabia que era o encanto do colar enfeitiçado que a impelira a essa desgraça inexplicável.

O palácio do feiticeiro

Sombrio e silencioso como um colosso adormecido, elevava-se à margem do Nilo o palácio do príncipe Horemseb, ou melhor, o espesso e alto muro que cercava o imenso terreno, só deixando ver ao olhar curioso os maciços de vegetação e alguns tetos dispersos à sua sombra.

Muitos olhares de interesse, desconfiança e raiva contemplavam esse enigma silencioso contra o qual se chocavam, há anos, a curiosidade e a malevolência dos habitantes de Mênfis, e esse último sentimento já se fazia dominante. Os sacerdotes ofendiam-se com a indiferença explícita do príncipe para com os deveres religiosos; entre o povo circulavam os mais diversos boatos sobre a misteriosa habitação, cujos criados eram tão invisíveis como seu senhor. Apenas a posição elevada de Horemseb se sobrepunha aos malevolentes, obrigando a animosidade surda a ficar contida.

Deve-se notar que essa moradia estranha contrastava de fato com os palácios dos nobres egípcios, sempre cheios de vida, de ruídos e de atividade. Ali tudo era silêncio e solidão, e os camponeses que traziam ao palácio os produtos de suas vastas propriedades – os únicos, aliás, que podiam gabar-se de cruzar a porta da muralha que dava para a cidade — contavam que havia ali um vasto pátio cercado de celeiros e depósitos onde se recolhiam os produtos: o velho Hapzefaa, auxiliado por alguns escribas silenciosos, recebia e registrava tudo, e após os camponeses eram despedidos sem sequer terem enxergado a porta que se comunicava com o resto da moradia. Essa entrada, dissimulada numa pequena construção que servia para os registros, abria-se para um segundo pátio também amplo, em torno do qual ficavam as cozinhas, as áreas destinadas à lavanderia e a outras atividades grosseiras. Essa parte da habitação ficava separada por um sólido muro do interior do palácio, bem como das construções onde viviam as dançarinas e cantoras, sob a vigilância dos eunucos, e os cantores, dançarinos e outros escravos do sexo masculino destinados ao serviço particular do senhor.

Para virem buscar os alimentos, frutas, vinho, etc, destinados à mesa do príncipe e à alimentação do resto dessa misteriosa população, os escravos tinham que passar por uma porta severamente vigiada por eunucos armados, e que se abria somente para isso. Esses pobres seres cumpriam sua tarefa calados, temerosos, esmagados pelo peso de uma dupla infelicidade; e na verdade eram mais infelizes ainda que seus irmãos de escravidão, porque todos eram mudos, e na maioria também surdos.

O próprio palácio era uma mistura de arquitetura egípcia e estrangeira. Possuía extensas galerias, uma infinidade de terraços, pátios grandes e pequenos plantados com palmeiras e outras árvores, e um verdadeiro labirinto de salas de todos os tamanhos. Tudo era decorado com um luxo principesco: tapetes caros, tecidos raros e pinturas variadas cobriam as paredes; pesadas tapeçarias franjadas e bordadas de ouro fechavam todas as portas; os móveis, de ébano incrustado de marfim e de prata maciça, eram admiráveis. E contudo, sobre todo esse luxo, todas essas maravilhas de arte e riqueza, parecia pesar algo de lúgubre e glacial. Todos esses luxuosos aposentos eram vazios, e sua atmosfera sobrecarregada de perfumes em excesso. Tripeças e defumadores de ouro em profusão se espalhavam por todas as peças, por onde circulavam como sombras meninos de onze a doze anos, mantendo cuidadosamente o fogo dos carvões e deitando-lhes a intervalos determinados diversos perfumes.

As pobres crianças eram ricamente vestidas com cintos curtos bordados; colares e braceletes de ouro cintilavam-lhes no pescoço e nos braços; porém uma tristeza sombria se refletia em seus semblantes. Jamais trocavam uma só palavra, e a apatia, o desencanto mortal de seus olhares parecia de anciãos.

Nos vastos jardins que cercavam o palácio, o mesmo silêncio e idêntica solidão. Nenhum ser humano passeava sob as aléias ensombradas; os jardineiros, calados e como receosos de serem vistos, esgueiravam-se sob as árvores, e um sono enfeitiçado parecia envolver a tudo.

Entre a espessa vegetação, cintilava a superfície polida e tranquila de dois lagos. Um, bem maior, situava-se defronte da fachada do palácio; uma barca dourada balançava-se nele, presa aos degraus de granito rosa por uma corrente de prata.

J. W. Rochester

O segundo ficava nos fundos do jardim; em suas margens havia grandes árvores e arbustos maciços, que compunham uma parede de vegetação em torno dele. Numa ilhota ao centro desse lago erguia-se um pavilhão de tijolos, que ocupava toda a superfície dela. Num dos lados dessa ilhota, uma construção redonda sobre pilotis avançava sobre a água. Essa espécie de torre, totalmente aberta na parte superior, possuía ao redor janelas compridas e estreitas, fechadas por cortinas. Duas pontes leves davam acesso à ilhota: uma, do lado do palácio; outra, do lado oposto, conduzia a uma aléia estreita, bordada de arbustos espinhosos, que levava a um maciço espesso e sombrio no centro do qual se erguia uma grande construção em forma de pirâmide.

Junto a um dos numerosos pátios pequenos plantados de árvores e flores, que mencionamos, havia um apartamento composto de duas peças de tamanho médio, decoradas com o luxo refinado que caracterizava o palácio. Uma, obscura, iluminada por uma lâmpada de óleo perfumado, servia de quarto de dormir; a outra se abria de um lado para o pequeno jardim, e de outro para uma comprida galeria que conduzia ao interior do palácio; mas a ampla porta era fechada por uma grade de madeira dourada trancada por fora.

Sobre um divã de cedro forrado de tecido azul com bordados vermelhos, estava reclinada uma mulher, com a cabeça enterrada nas almofadas. Uma túnica branca desenhava-lhe as formas esbeltas e elegantes, e uma opulenta cabeleira de um rubro dourado, presa por uma tira enfeitada, cobria-lhe os ombros e as costas com sua massa sedosa e encaracolada.

A penumbra da noite descera rapidamente, quase sem transição, mas ela parecia não ter notado. Subitamente, levantou-se, e erguendo a cabeleira com as duas mãos, murmurou angustiada:

— Ah! Quando é que ele virá? Hator, poderosa e misericordiosa deusa, dá-me paciência para essas horas mortais que passo longe dele! – e Neftis, pois era ela, ergueu os braços em súplica para uma estatueta da deusa protetora do amor.

A pobre menina estava bastante mudada desde aquele dia em que, em companhia da inconsequente Tuaa, havia tentado a louca aventura que resultara no encontro com o feiticeiro. Emagrecera, a cor saudável dera lugar a uma palidez doentia, e seus grandes olhos esverdeados cintilavam numa superexcitação nervosa que beirava a demência.

Ao cabo de um instante, ela ergueu-se com desalento, a boca

crispada com indescritível amargura. Desceu ao jardim, circundou-o em passo arrastado, e depois, como impelida por outra idéia, dirigiu-se à porta da galeria, acocorou-se nas lajes e apoiou a testa nas grades.

— Ah! Estou me consumindo em vida num braseiro! – murmurou ofegante. – Onde acharia, para me refrescar, uma pedra tão gelada como o coração desse que idolatro, e que não tem piedade de meu sofrimento? Quando cessarei de ansiar por esses momentos fugazes em que ele me concede a triste ventura de contemplá-lo? – lágrimas ardentes lhe orvalharam as faces; no entanto, seu olhar sondava com avidez a profundeza sombria da galeria contígua a sua prisão, que nas duas pontas parecia perder-se na distância.

De repente, um rubor intenso cobriu as faces pálidas de Neftis e um tremor nervoso sacudiu-lhe o corpo: em uma das extremidades da galeria acabava de surgir uma claridade avermelhada. Escravos com tochas apareceram correndo e se postaram a intervalos.

— Enfim, enfim ele vai chegar! – disse a jovem, e seus olhos se fixaram na alta figura de um homem que, seguido e precedido por meninos carregando tochas, aproximava-se rapidamente.

Era Horemseb. Vestia uma túnica branca franjada, ao estilo assírio, presa por um cinto de ouro; uma larga fita de ouro incrustada de pedrarias prendia-lhe a espessa cabeleira negra.

Chegando diante da grade, deteve-se, e percebendo a jovem ajoelhada do outro lado, um sorriso malicioso errou-lhe nos lábios; em seguida, tirou uma chave do cinto e abriu a grade.

Com uma exclamação de alegria, a prisioneira dirigiu-se para ele, e caindo de joelhos, cobriu-lhe de beijos a orla da túnica, depois a mão que ele lhe entregou por um instante, fitando-a com uma expressão indefinível de ironia e piedade.

— Está bem, Neftis, acalma-te! – disse com indiferença. – Sei quanto te alegras ao ver-me, mas deves lembrar que não gosto de ser atormentado por teus sentimentos; vem, a refeição nos aguarda.

Voltou-se e recomeçou a andar, seguido de Neftis, que tinha abaixado a cabeça sob seu olhar glacial.

A galeria terminava em uma sala no meio da qual se achava uma mesa ricamente preparada para duas pessoas. Horemseb sentou-se em uma cadeira dourada, sua companheira num banco diante dele, e os escravos, sempre em silêncio, começaram a servir. Seus pés nus deslizavam sem ruído sobre as lajes, e como dirigidos pela batuta de um mágico, trinchavam os alimentos e serviam as taças sem que uma palavra fosse dita.

O príncipe comia com apetite, porém Neftis parecia satisfazer-se em vê-lo, pois mal tocou os pratos requintados que foram servidos, e em seus olhos, cravados em Horemseb, refletia-se um amor que chegava à adoração.

Terminada a refeição, o príncipe se ergueu e desceu ao jardim. Por uma aléia secundária, chegou, andando lentamente, a um pequeno pavilhão erguido sobre vários degraus.

O interior era fracamente iluminado por duas grandes tripeças cheias de carvão, nos quais dois meninos pequenos colocavam constantemente perfumes, cujo aroma perturbador enchia o pavilhão e o bosque em torno.

Ao fundo dessa construção pequena e frágil, feita de bambu, e cujas cortinas de tecido se podia abrir à vontade, havia uma abertura grande, que ia do chão ao teto, e dava para um relvado cercado de árvores. Os arbustos perfumados ocultavam por fora o pavilhão, deixando apenas uma abertura suficiente para que uma pessoa deitada num divã colocado diante de um maciço de vegetação pudesse enxergar comodamente o que acontecia lá fora.

Com ar fatigado, o príncipe deixou-se cair nas almofadas púrpura do divã, e seu olhar sonhador perpassou com indiferença por Neftis, que o tinha acompanhado, e acomodada num assento baixo, continuava a acompanhar todos os seus movimentos numa intensa adoração.

Horemseb ficou algum tempo reclinado, absorto em seus pensamentos. Depois, erguendo-se a meio, bateu palmas. Quase imediatamente, da sombra das árvores se elevou um canto cadenciado e estranho – ora suave, morrendo num murmúrio melodioso, ora erguendo-se em sons agudos, selvagens, semelhantes ao silvar do vento na tempestade, que excitava de forma estranha os nervos dos que a ouviam. Por fim, o canto terminou em um acorde prolongado, queixoso, que parecia repercutir e perder-se na distância. O príncipe, que escutara com os olhos semicerrados, como embalado num sonho por aqueles sons embriagantes que excitavam os sentidos e todas as paixões, endireitou-se e fitou o gramado, no qual principiava a desenrolar-se um espetáculo fantástico.

A lua acabava de surgir, e sua luz prateada iluminava as mulheres vestidas de branco que, saídas uma a uma da sombra espessa das árvores, colocavam-se sobre a relva. Eram bem jovens, e as túnicas transparentes mal ocultavam suas formas esbeltas e elegantes. Os braceletes e colares de ouro que usavam contrastavam intensamente com sua pele bronzeada. Umas traziam pequenas harpas douradas e enfeitadas de flores; outras, grandes véus brancos e compridos.

Acompanhadas pelos instrumentos, as jovens iniciaram uma dança agitada e voluptuosa, ora aproximando-se ora se afastando do pavilhão; os corpos flexíveis se torciam ou giravam num círculo alucinante; os véus brancos se estendiam, agitando-se como nuvens esbranquiçadas sobre as cabeças das bailarinas, que, como aparições vindas do reino das sombras, pareciam deslizar sobre o relvado, que mal tocavam com os pés ágeis. A seguir, apareceram rapazes que traziam tripeças e incensórios de onde saíam turbilhões de fumaça perfumada. Misturaram-se às dançarinas, e acendendo o betume dos tripés, formaram círculos em torno desses focos chamejantes, cujo clarão avermelhado intensificou o aspecto fantasmagórico da extraordinária cena.

Nesse momento, um homem vestido de branco aproximou-se de Horemseb. Trazia numa bandeja duas taças e dois frascos cinzelados, um de ouro e outro de prata, que lhe apresentou com deferência. O príncipe tomou o frasco de ouro, encheu uma taça e bebeu; depois derramou o conteúdo do outro na segunda taça, e a ofereceu a Neftis, que encostada no divã, acompanhara com ar apático o maravilhoso espetáculo que se desenrolava à sua frente. Mal o aroma penetrante do líquido lhe atingiu o olfato, estremeceu, e tomando a taça, esvaziou-a de um só gole.

Como se houvesse bebido um fogo líquido, seu rosto pálido ficou repentinamente corado, os grandes olhos esverdeados lançaram faíscas intensas, e aproximando-se de Horemseb, tomou-lhe a mão e murmurou em voz entrecortada:

— Oh, Horemseb, concede-me um olhar de amor, uma palavra de carinho; não posso mais suportar esta vida... Ama-me como eu te amo, ou deixa-me morrer a teus pés!

Ele se voltou; nenhuma emoção se refletia em seu belo rosto, e o olhar calmo e sorridente mergulhou por um instante nos olhos ardentes de sua vítima. Enlaçando a cintura de Neftis, atraiu-a para mais perto dele e, com a outra mão apontado o relvado, disse:

— Olha! É possível, diante desse quadro maravilhoso, pensar em outra coisa?

Ao contato de seu braço, um tremor nervoso a sacudiu.

— Horemseb, estou cega para tudo que não seja tu! – mur-

J. W. Rochester

murou envolvendo com os braços o pescoço do príncipe e tentando beijar a boca sorridente que parecia acenar-lhe com a felicidade.

Como transfigurado, Horemseb ergueu-se; um brilho ameaçador lhe surgiu nos olhos, e uma expressão de orgulho sobranceiro crispou-lhe os lábios.

— Insensata — murmurou, livrando-se dos braços dela e empurrando-a com rudeza –, sempre essa tua impura e louca paixão perturbando os momentos em que eu quero te fazer participar do êxtase que me enche a alma!

Voltou-se, e tomando um pequeno martelo de bronze, tocou num sino de metal. Imediatamente uma fila de criados entrou no pavilhão, e enquanto um eunuco arrastava Neftis, muda e sem ação, outros cercaram o príncipe. Colocaram-lhe um manto púrpura, e na cabeça uma coroa totalmente coberta de pedrarias; por fim, prenderam-lhe nas espáduas, com presilhas passadas sob as axilas, duas asas douradas semelhantes às das esfinges assírias.

Assim vestido, Horemseb deixou o pavilhão e sentou-se num trono portátil como o dos faraós, carregado às costas de oito homens. O estranho cortejo, tendo à frente portadores de tochas, pôsse em marcha através do jardim. De várias aléias surgiram grupos de homens e mulheres carregando ânforas, taças, harpas e guirlandas de flores, e cantando, uniam-se ao cortejo do príncipe.

Finalmente alcançaram uma vasta clareira arenosa, ao fundo da qual, sob um teto apoiado em colunas de alvenaria, erguia-se um altar muito alto, ao pé do qual ardiam perfumes em altas tripeças. Os escravos subiram por uma escada atrás do altar, levando Horemseb, e ali depuseram o trono dourado em que ele estava imóvel como um ídolo, contemplando com olhar sombrio e glacial a massa que se juntava a seus pés, no meio da qual circulavam meninos enchendo as taças de uma bebida inebriante.

Imitando as danças sagradas e os cânticos usados nas cerimônias religiosas, os pares se aproximavam do altar, faziam libações e, depois de reverenciar o deus mortal nele entronizado, começaram uma dança desenfreada, girando sobre si mesmos, sacudindo as tochas e as taças, que eram enchidas novamente assim que se esvaziavam.

Sem demora, um verdadeiro frenesi pareceu tomar conta da massa alucinada, fremente, que girava como uma multidão de demônios ao clarão rubro das tochas e das tripeças. O aroma sufocante dos perfumes, misturado às emanações do vinho e ao suor da massa exaurida, compunham uma atmosfera pesada que nem o frescor da noite lograva dissipar. Nela se agitavam criaturas mais miseráveis que animais; as danças tinham degenerado numa orgia cujas cenas odiosas a pena se recusa a descrever. Apenas o deus sentado no altar parecia acima das paixões brutais que havia desencadeado. Frio, mas com as narinas frementes de uma satisfação selvagem, acompanhava com o olhar as peripécias da orgia, e quando por fim a massa ululante começou a cair ao chão e adormecer pesadamente, e apenas ele ficou vigiando no alto, isolado, contemplou com um sorriso de escárnio e satisfação a confusão obscena e terrível que reinava em torno de si.

Finalmente ergueu-se, desceu do altar e dirigiu-se lentamente para o muro do jardim que margeava o Nilo. Chegando a uma porta, abriu o ferrolho e entreabriu-a. Diante dele estava a escadaria das esfinges, ao pé da qual corria o Nilo, com reflexos de ouro e rubi dos raios do sol que acabara de surgir. Como fascinado, Horemseb encostou-se na muralha e contemplou o astro resplandecente que, cintilando vitorioso, abandonava as trevas, inundando a terra de uma cascata ígnea e vital. Os raios dourados da divindade protetora do Egito se refletiam na tiara faiscante, no manto púrpura e nas asas douradas do pigmeu que tentava rivalizar com seu esplendor. Pobre iludido, deus frágil, perecível e cego, cuja alma obscura não deixava passar a luz da razão e da consciência.

Durante alguns instantes, Horemseb permaneceu no devaneio silencioso: sentia-se como um deus expulso de uma pátria luminosa, e por momentos um sentimento de vazio, de desgosto e mal-estar o invadiu; mas os gritos de alguns barqueiros ao longe, o burburinho da imensa cidade que acordava para as atividades do dia, arrancaram-no de seus pensamentos. Cerrou bruscamente a porta e se dirigiu para o palácio.

Um velho escravo que esperava à entrada o precedeu a seu quarto e o ajudou a despir-se. Exausto, Horemseb estendeu-se no leito e adormeceu.

Horemseb e o gênio mau

O pavilhão que se erguia sobre o menor dos dois lagos do jardim de Horemseb, e que acima descrevemos, tinha dois aposentos: um, pequeno, que servia de quarto de dormir, ligava-se por um corredor estreito com a construção redonda sobre pilotis. O outro era bastante grande, rodeado de janelas altas, cerradas neste momento por cortinas listadas de vermelho e branco. Ao meio da peça uma enorme mesa repleta de papiros, caixas, frascos e pacotes de plantas secas. Uma lâmpada de óleo iluminava fracamente a confusão de objetos, no meio dos quais um belo gato, negro como ébano, estirava os membros elásticos, fitando com as pupilas fosforescentes a cabeça calva de um homem sentado junto à lâmpada, absorvido na leitura de um papiro.

Esse personagem, magro e de altura mediana, vestia-se com um longo traje de lã branca terminado em franjas e preso à cintura por um cinto bordado. O rosto macilento e enrugado era pálido, apesar da pele bronzeada, e mostrava uma energia de ferro. A testa alta e larga indicava a mente poderosa que ali se abrigava, e sob as sobrancelhas espessas brilhavam dois olhos cinzentos, sombrios e profundos, de uma dureza implacável. Absorvido no trabalho, desenrolou e releu vários papiros; depois, tomando uma faixa larga de couro, começou a traçar nela, com um estilete de ferro, símbolos misteriosos, murmurando nomes e números que indicavam que se dedicava a um cálculo complicado.

Tão absorvido se encontrava, que nem notou que o reposteiro da entrada se erguera e Horemseb acabava de deter-se na soleira da porta. Nem um reflexo da altivez glacial que lhe era peculiar aparecia nesse momento na fisionomia do príncipe; fitava o sábio com um olhar repleto de admiração e deferência, e aproximando-se, disse respeitosamente:

— Salve, mestre!

O ancião soergueu-se de imediato, e fitando o visitante, um sorriso benevolente iluminou-lhe a fisionomia severa.

— Sê bem-vindo, meu filho, e que os imortais protejam todos os teus passos – disse, estendendo-lhe a mão.

Horemseb apertou-a, e depois, sentando-se ao lado do velho, indagou com os olhos brilhando:

— E como vão as tuas experiências, mestre? Teu trabalho não tem sido infrutífero?

O sábio tomou uma taça cheia de leite, bebeu alguns goles, e pousando-a, disse satisfeito:

— Não, o Grande Ser tem abençoado meus esforços, e em breve, acredito, conseguirei manejar as ondas de perfumes levando-as à sutileza desejada. Então, meu filho, teu desejo ardente poderá realizar-se; poderei desvendar-te o futuro, e também o passado – menos interessante, sem dúvida, porque só mostra sofrimentos e provas já suportadas.

— Ah, Thaadar, como desejo conhecer o futuro e compreender totalmente essas leis estranhas que nos regem! – murmurou Horemseb e um rubor furtivo passou por seu rosto pálido.

— Uma curiosidade legítima e compreensível, meu filho. O futuro é o destino de nossa alma, e se chegarmos a captar o aroma exalado no espaço por nosso corpo astral, saberemos, por assim dizer, o determinante de nossos atos; pois é o aroma que predomina sobre os outros o que determina nossas ações, gostos e paixões. Cada aroma específico desenvolve sentimentos diferentes; cada criatura, cada povo possui seu odor astral específico; e também as pedras, e todas as espécies de plantas e animais. É o odor que cria os ódios raciais e a antipatia pessoal, que faz a criatura viciosa detestar a virtude, e torna esta insuportável para o vício. Quanto o aroma pode influenciar os atos e os sentimentos já comprovaste, meu filho, pelo cultivo das flores do amor; o aroma vivificante e excitante dá vida, o excesso dele traz a morte, cortando os laços vitais; é bem sabido também que um leito de flores pode ser mortal. Assim como cada sentimento produz no espaço uma determinada luz, cada aroma é a raiz de um sentimento. O aroma produz a luz e o som; o som cria a música. Cada som tem o seu odor peculiar, imperceptível, é claro, para o corpo material e os sentidos grosseiros e não cultivados do homem, ainda abafados pela vida material, mas cujo poder é imenso.

Para provar a veracidade do que digo, lembra que as pessoas enfermas e privadas de alimentação percebem freqüentemente odores não captados pelos que as cercam; da mesma forma, muitos animais têm o olfato tão desenvolvido que podem seguir a pista de um homem ou animal a grandes distâncias, guiando-se pelo odor que estes deixam atrás de si.

Toda luz possui seu odor, como os sons musicais, e se pudermos encontrar o meio de intensificar a força das vibrações aromáticas sobre os sentimentos, para estimulá-los, poderemos dissipar as sombras que nos obscurecem a visão e o cérebro, e produzir luz para enxergar o futuro. Os sentidos da vista, do ouvido, do olfato, do gosto e do tato são perceptíveis ao homem equilibrado, mas cada um deles é apenas a raiz grosseira cujas ramificações infinitas e cada vez mais sutis estendem-se por todo o seu ser durante a

　　　　　　　　　J. W. Rochester

vida, e após a morte continuam, extraordinariamente potencializados em seu corpo astral. Esse corpo não terrestre, aéreo e de uma flexibilidade indescritível, produz, em sua atividade, sons, quando pensa e se move, luzes diferentes quando trabalha ou estuda, e aromas quando se manifestam os impulsos da alma, da vontade. Desses aromas internos, o produto das qualidades adquiridas pelo espírito, nascem o amor, o ódio, a inveja, a abnegação, a paciência, o bem e o mal.

Diz-se que o cheiro de sangue atrai os animais carnívoros; o odor age sobre os sentidos ferozes do animal e lhe aumenta a crueza, da mesma forma que durante as batalhas o cheiro de sangue derramado excita os combatentes, os torna cruéis e os embriaga como o vinho. Esses exemplos devem te fazer compreender que o aroma que cada ser exala, unindo-se às emanações da mesma espécie, pode intensificar os sentimentos ao mais alto grau, assim como, numa orgia, a sensualidade de uns inflama os outros.

O cheiro de ouro provoca sensações que chamamos de avareza, e se o corpo astral de um homem ficar saturado desse aroma, será dominado pelo vício.

Sabes, meu filho, que vivemos muitas vezes, e isso é indispensável para a purificação dos aromas que agem em nós; o conhecimento da força e da intensidade desse aromas traz a possibilidade de prever as vidas futuras, a uma longa distância. É bem difícil dominar os próprios aromas instintivos, se não levarmos uma vida bem regrada, que não deixe penetrar do exterior nenhum aroma que reforce os outros, o que tornaria a luta impossível. A depuração se faz lentamente, pois quando um sentimento desperta em nós, produz um aroma que age sobre nossos atos, nos embriaga e influencia nossas paixões.

Há homens que fogem do mundo, vivem em cavernas, só se alimentam de plantas e raízes; são os que desejam purificar seus aromas instintivos e temem a tentação, ou seja, o aroma contagioso que, unido ao seu, os embriagaria.

Mas existem também aromas que destroem as emanações astrais, calando-as, como o odor do líquido que mata a sensualidade, meu filho, e te permite fitar sem emoção uma bela mulher inflamada de amor por ti; deve-se acrescentar que não terás mérito nenhum com isso, pois não é consequência da depuração.

Se, portanto, conseguirmos isolar e perscrutar os aromas instintivos, teu futuro se abrirá para mim, tuas vidas futuras serão colocadas diante de ti, pois os juízes do reino das sombras te imporão existências de acordo com os aromas de teu corpo astral, até que chegues a dominá-los e eles se tornem puros como o aroma dos astros, impassíveis e inatingíveis em sua gravidade tranquila, como a daqueles que os governam.

Enquanto o homem não dominar em si próprio a luta dos aromas, enquanto aspirar com avidez o que atrai do exterior e o que atiça suas paixões, não ficará jamais satisfeito; matar o mundo exterior para gozar da beatitude interna, é o resultado da vitória daqueles que não sofrem mais as tentações, que não se embriagam mais com os aromas da matéria.

O espírito encarnado é, pois, o escravo do corpo, e enquanto não tiver vencido as tentações que os aromas materiais colocam diante dele, voltará a viver sobre a Terra, cedendo à embriaguez e expiando em seguida esse abuso, como depois de uma orgia que deixa o coração vazio e o corpo alquebrado.

Uma última observação que preciso fazer – concluiu Thaadar com um sorriso –; quanto mais o corpo astral estiver intimamente unido aos aromas materiais, mais difícil se torna a morte e a separação da sombra imortal de seu invólucro carnal, pois o corpo astral, que é para a alma apenas a morada do fogo celeste, ficará preso à matéria em decomposição. É por essa razão que os vossos sacerdotes preservam cuidadosamente os cadáveres da putrefação, embalsamando-os com os mais preciosos perfumes, procurando tornar mais agradável à alma sua estada junto a seu antigo invólucro. Profundo equívoco, aliás, pois o que se deve fazer, é queimar os cadáveres; o fogo purifica tudo, somente ele destrói os laços que unem o corpo astral à matéria densa.[1]

Horemseb escutara palpitante de interesse e emoção.

— Oh! Se pudéssemos contemplar, mestre, aonde nos conduzirá no futuro a vontade dos imortais! Se pudéssemos falar livremente com os que nos precederam no espaço!

O sábio meneou a cabeça.

— Converso às vezes com alguns que já deixaram a terra e vêm visitar-me. Eles também ainda são bastante cegos, e que podem predizer? Não obstante, seus conselhos são sábios, e me inspiraram mais de uma idéia nova, de uma indicação para meu trabalho.

---

1 N.T. — Se substituímos o termo "aromas" por "vibrações", os ensinos de Thaadar adquirem toda a veracidade, à luz do conhecimento oculto. Assim como a luz e o som, os aromas também possuem características vibratórias próprias. Sao essas vibrações que identificam as energias no plano da matéria.

J. W. Rochester

— Thaadar, suplico-te, faz-me contemplar quanto antes tudo isso! – exclamou Horemseb, com os olhos brilhando.

— Paciência, meu filho, o momento de te iniciar não chegou ainda, mas virá em breve – disse o sábio, erguendo-se e apertando a mão do discípulo com um ar de encorajamento.

A seguir aproximou-se de uma janela, ergueu a cortina e olhou para fora.

— O dia está nascendo, vamos ver as flores, Horemseb; pega uma tocha, até que a claridade se faça por completo; teremos tempo de preparar o necessário.

Enquanto o moço acendia a tocha, Thaadar aproximou-se de um balcão de ébano, sobre o qual se achavam frascos cinzelados, potes e frascos de vidro e de louça, bem como vasos de alabastro de boca larga; tomou um destes, um frasco, alguns objetos miúdos, e saiu seguido pelo príncipe.

Atravessaram o quarto de dormir, o pequeno corredor, depois o sábio ergueu um reposteiro de couro e chegaram à construção redonda. À claridade baça do amanhecer, misturada à luz avermelhada da tocha que o príncipe acabara de colocar num gancho, podia-se ver que o centro do pavilhão era ocupado por um tanque cheio d'água, em torno do qual corria uma galeria de pranchas; à entrada do corredor, essa galeria formava uma plataforma sobre a qual se achavam duas tripeças, uma arca de madeira e duas ânforas altas.

O príncipe foi andando em torno do tanque, afastando as cortinas que fechavam as aberturas do local; em seguida voltou para junto do sábio, que havia retirado da arca um pacote de plantas secas, rosas e outras flores também secas; colocou-as nas trípodes, derramou por cima o óleo aromático do frasco que trouxera, e ateou fogo.

As plantas secas embebidas no óleo queimaram estalando, e espalharam um aroma de tal modo sufocante que uma pessoa não habituada teria indubitavelmente caído asfixiada; porém o sábio e seu discípulo estavam evidentemente acostumados com essa atmosfera irrespirável, pois nenhum dos dois pareceu incomodar-se, e Horemseb ajudava ativamente o mestre a conservar o fogo, colocando mais plantas secas e acrescentando mais óleo, que tiravam das duas ânforas.

Quando por fim o fogo se extinguiu, restou no fundo das trípodes um resíduo misto de cinza e óleo, formando uma massa negra e graxosa. Thaadar retirou do cinto uma espátula de marfim, e tomando esse resíduo ainda quente, depositou-o no vaso de alabastro que Horemseb segurava. Quando as duas trípodes ficaram vazias, os dois apagaram a tocha e se aproximaram do tanque. Já erá dia claro e podia-se distinguir perfeitamente uma estranha planta que crescia ao centro dele. Esse tanque, largo mas pouco profundo, continha uma água transparente como cristal; no fundo, via-se uma grande cesta de vime redonda, cheia de terra, da qual se erguiam levemente várias raízes de um vermelho cor de sangue; delas subiam grossos caules. O primeiro, de um branco leitoso e como salpicado de pó prateado, subia reto e firme, erguendo-se até cerca de meio metro acima da superfície da água. O segundo caule, rosa-pálido, coberto por uma penugem avermelhada, enrolava-se em espiral, como uma serpente, em torno do outro. A partir do ponto em que ambos chegavam à superfície, brotavam folhas verde-escuras que se estendiam sobre a água, e cuja forma lembrava as do nenúfar, porém muito maiores. Na extremidade dos caules, havia mais folhas e vários botões quase completamente encobertos por duas flores totalmente desabrochadas e de um tamanho incomum.

A flor do caule branco, inteiramente aberta, possuía pétalas oblongas, espessas e úmidas, de um branco brilhante e que parecia polvilhado de prata; na corola tinha uma espécie de fruto em formato de coração (parecendo um tomate), transparente e da cor do sangue vivo. A segunda flor, semifechada como uma tulipa, porém com o dobro do tamanho desta, inclinava-se para a superfície da água, como pelo efeito de seu peso; suas pétalas, de um azul pálido, eram finas e transparentes, raiadas de veias azuis que pareciam semeadas de gotas de orvalho; longos estames, rosados como o caule, pendiam em cacho para fora da flor.

Retirando as sandálias e a túnica, Thaadar desceu os dois degraus que davam acesso ao tanque, e ajoelhando-se na água, tomou com as duas mãos a massa negra que Horemseb lhe apresentava no vaso, e com ela recobriu cuidadosamente as raízes até a altura dos caules, alisando com as duas mãos; depois subiu, recolocou as vestes e retornou com o príncipe ao primeiro aposento do pavilhão.

— Os botões vão abrir-se em seguida; em duas noites, no máximo, deveremos cortar as flores – disse o sábio, sentando-se. – Já pensaste nisso, Horemseb?

— Sim, mestre, a jovem que deve nos servir está preparada; mas da próxima vez escolherei uma das escravas. Receio que se comece a notar o desaparecimento de moças que têm família. E sua origem é indiferente, basta que o sangue seja de uma virgem.

— Sem dúvida – respondeu Thaadar, e erguendo-se, tomou de cima do balcão duas pequenas ânforas cinzeladas, mas de formato diverso; encheu uma delas de um líquido transparente e incolor, a outra de um licor avermelhado, fechou-as cuidadosamente, e estendeu-as ao príncipe. — Aqui estão as bebidas, meu filho; na terceira noite a partir de hoje, ela deve estar adormecida no leito de flores; o resto já sabes.

— Sim, mestre; nesse ínterim, ela deve tomar todo o conteúdo desta ânfora. Assim será feito.

— A mulher que destinas ao sacrifício não é uma de pele branca, olhos verdes e cabelos avermelhados? Eu a vi passeando no jardim nas horas em que descansas.

— Sim, mestre, é ela.

— Uma bela criatura! Teu coração e tua mão não irão hesitar no momento decisivo? – indagou Thaadar com um sorriso sinistro, mergulhando o olhar penetrante nos olhos calmos e límpidos de Horemseb. Este deu de ombros.

— Nada temas; meu sangue é mais frio que a água desse tanque, e eu gozo do amor somente pelo olhar; à hora aprazada tudo estará feito. E agora, mestre, até logo: vou descansar.

Tomou as duas ânforas e saiu, dirigindo-se lentamente para o palácio. Não notou que alguém, que espreitava sua saída do pavilhão escondido entre os arbustos, o seguiu como uma sombra até que atingiu o terraço e desapareceu no interior do palácio. Esse espião, que deslizava entre as árvores com uma agilidade de serpente, era um garoto de uns quinze anos, magro e estigmatizado por aquele ar de velhice precoce que caracterizava a criadagem de Horemseb. Nesse momento, sua fisionomia cansada refletia uma agitação sombria, e o olhar que acompanhava a figura alta e elegante do príncipe brilhavam com um ódio intenso e selvagem.

Quando se certificou de que seu amo se fora, o jovem escravo esgueirou-se com cuidado até outra parte do jardim e escondeu-se nos arbustos, observando atentamente a face do palácio que dava para aquele lado. Estava ali havia cerca de uma hora quando se abriu uma porta e Chamus, o chefe dos eunucos, apareceu seguido por Neftis. Depois de trocar algumas palavras com a jovem, o eunuco entrou novamente e ela desceu os degraus e dirigiu-se com lentidão para a aléia que conduzia ao fundo do jardim.

Com a cabeça baixa, no semblante um desespero sombrio,

Neftis caminhava ao acaso. Pensamentos tristes a afligiam, e diante do excesso de sofrimento físico e moral que a esmagava, sua razão se rebelava. Maldizia o dia em que a rosa fatal lhe caíra no colo na barca de Tuaa; desde esse hora fatídica ela não tivera mais sossego, e o futuro lhe parecia igualmente escuro; não acreditava mais que pudesse ser feliz.

Um som rouco e ininteligível perto dela a tirou de seus pensamentos; no mesmo instante, sentiu que lhe puxavam a bainha do vestido, e parou assustada; mas percebendo o rapazinho ajoelhado que, com um dedo sobre os lábios, a fitava com uma atitude suplicante, sorriu amavelmente e com ar compassivo perguntou:

— Que desejas, pobre criança? Fala sem receio.

Uma expressão indescritível de raiva, amargura e desespero tomou a fisionomia pálida do adolescente. Sacudiu a cabeça, mas, com um gesto expressivo, apontou as palavras que escreveu rapidamente na areia com uma varinha.

Com indizível espanto, Neftis leu: "Sou mudo, cortaram minha língua como todos que servem a 'ele', mas se não queres morrer como minha irmã, como todas as outras que morreram antes de ti, foge!"

— Estás sonhando! – murmurou a moça, pálida e trêmula. – Como sabes disso?

O menino apagou rapidamente os caracteres traçados e escreveu novamente:

"Eu o odeio e vigio; nossa história é longa, mas há três anos eu caí aqui com minha irmã; ela era bela e inocente como tu; nos separaram e me cortaram a língua. Depois de meses, consegui chegar até ela, que me confessou que amava o monstro ao ponto que seria feliz de morrer por ele, e quando tomava uma bebida que ele lhe dava, sua paixão aumentava. Foge, se não queres morrer como minha irmã. Não sabes que o bruxo não deixa viver nenhuma de suas vítimas?"

Neftis soltou um grito abafado, e arrancando do cinto uma rosa vermelha que Horemseb lhe dera, a jogou fora, horrorizada. O menino juntou a flor, e atirou-a com raiva na direção do palácio; depois, alisou a areia com as duas mãos, e mergulhando novamente entre as árvores de onde surgira, desapareceu como uma sombra.

Cambaleando, com a cabeça ardendo, a moça arrastou-se até um banco de relva e deixou-se cair nele. Uma luz terrível acabava de fazer-se em seu íntimo. "Sim", murmurou, "cada vez que eu tomo essa bebida infernal, parece que vou morrer com essa paixão louca; daria a vida por um gesto de amor, para sentir uma única vez seus lábios nos meus. Mas nada; ele ri de meu sofrimento, e quando cansar de me ver, me matará. Preciso fugir; mas como? E além disso, separar-me dele não é pior que a morte?". Escondeu o rosto e chorou amargamente.

Não saberia dizer por quanto tempo ficou assim, mergulhada em sua dor; por fim, um som agudo e prolongado a fez estremecer: era o sinal de que devia recolher-se, e pelo impulso do hábito, ergueu-se e tomou o rumo do palácio. Ao entrar em sua prisão, deixou-se cair exangue sobre o divã. Uma luta terrível se travava em seu íntimo; a razão lhe dizia que ela se encontrava em um perigo mortal, que Horemseb abusava de sua fraqueza de maneira odiosa, que devia procurar um jeito de fugir; mas a todas essas razões o coração respondia: "Não, antes morrer que deixá-lo". O terrível veneno que lhe queimava o sangue a ligava ao feiticeiro. Por um momento, pareceu-lhe que ia morrer ao embate dessas duas emoções contrárias. Seu peito arquejava, um suor ardente lhe molhava a testa e uma opressão dolorosa lhe apertava o coração.

— Não, hoje vou recusar quando ele me oferecer a taça – murmurou por fim; e totalmente exausta, adormeceu num sono pesado e febril.

O ruído dos passos de Horemseb e a claridade das tochas a tiraram do torpor. Cambaleando, ergueu-se e seguiu o príncipe. Quando, porém, se viu sentada diante dele, quando seu olhar fitou o belo rosto sorridente, os olhos que refletiam a suave tranquilidade do céu, toda sua amargura se evaporou, sua revolta se fundiu em muda adoração.

Terminada a refeição, o velho escravo, o único que podia tocar na bebida misteriosa, trouxe as duas taças e os dois frascos trabalhados. Ao vê-los, a razão voltou a Neftis, que, com um gesto de súplica, recusou a taça que seu amo lhe estendia. Uma centelha de surpresa e ameaça brilhou no olhar de Horemseb, mas, dominando-se, com um gesto fez os criados se retirarem e disse ao velho escravo:

— Hapu, manda preparar meu barco enquanto escuto os cantos; depois vem buscar as taças.

Ficando sozinho com Neftis, aproximou-se dela, enlaçou-lhe

a cintura, e curvando-se até tocar com o rosto o dela, murmurou:

— Alegra teu belo rosto, enxuga as lágrimas, minha amada; em breve teu coração encontrará sossego, nossos lábios se unirão nesse beijo que sonhas, e dormirás feliz.

Tremendo, subjugada por essa primeira atitude carinhosa, ela mal notou o sorriso estranho e sinistro que perpassava nos lábios de Horemseb quando tomou de novo a taça e a aproximou dos lábios dela. Fascinada por seu olhar, como o pássaro pela serpente, a moça não resistiu e tomou docilmente o conteúdo da taça enfeitiçada. Um brilho de satisfação cintilou nos olhos do príncipe, que retirou o braço, e bebendo com deleite da segundo taça, dirigiu-se, seguido por Neftis, ao pequeno pavilhão que já descrevemos.

Dessa vez, o relvado estava iluminado por tochas e resinas que queimavam, e nessa claridade avermelhada as dançarinas formavam grupos e círculos graciosos; porém Neftis nada viu desse espetáculo fantástico. Abaixada junto do divã, estava absorvida em pensamentos tumultuados. Nunca sofrera tanto fisicamente; sentia-se queimar como num braseiro, um fogo líquido lhe corria nas veias, um formigamento doloroso lhe percorria o corpo, e por um momento faltou-lhe o ar. Contudo, o pensamento que a preocupara durante todo o dia voltava a intervalos a sua mente confusa; compreendia agora que seu sofrimento era efeito da bebida amaldiçoada. O aviso do jovem escravo lhe vinha à memória e o receio da morte a fazia quase desfalecer.

Dessa vez a apresentação foi curta. Em seguida, Horemseb se ergueu, estendeu uma rosa a Neftis, e disse-lhe com um sorriso amável:

— Até logo, até breve; lembra da minha promessa.

Ela não respondeu; mas movida por um impulso instintivo, aproveitou-se da confusão momentânea produzida pela saída do príncipe para ocultar-se num esconderijo, em silêncio. Escutou a voz de Chamus que a chamava, depois tudo ficou quieto; por certo, sabiam que ela não podia escapar e desistiram de procurá-la.

A frescura de noite lhe fez bem, trouxe-lhe um pouco de alívio.

O pensamento se tornou mais lúcido, e concentrou-se de novo no que acontecera. Apesar de sua decisão, ela tinha tomado a bebida; no dia seguinte, cederia outra vez, cairia de novo nesse sofrimento infernal que lhe parecia só poder encontrar alívio nos braços de Horemseb; mas será que isso aconteceria?

De repente, uma outra idéia lhe veio à mente: se pudesse to-

J. W. Rochester

mar o líquido da ânfora azul, que o príncipe bebia – ele que era sempre calmo, isento de paixão e de sofrimento – talvez encontrasse o sossego! Mas como obter o líquido salvador?

– Preciso tentar – murmurou, deixando o esconderijo. – Só preciso encontrar o quarto dele e subornar o velho Hapu. Ah! Talvez a rosa amaldiçoada que ele me deu possa ajudar; senão, vou asfixiar o velho!

Rápida como uma gazela, correu para o palácio; rodeando-o com cuidado, chegou perto de um terraço iluminado; em um dos degraus dele estava o jovem escravo que lhe falara de manhã.

– Hator, graças por tua proteção – murmurou Neftis aproximando-se rapidamente. – Aqui são os aposentos dele, e estás esperando-o? – perguntou.

O menino fez um gesto afirmativo.

– E Hapu está aí?

O garoto sacudiu a cabeça confirmando, e indicou-lhe com um gesto que tomasse a direita.

Sem perder um instante, Neftis penetrou no interior, tomou a direita e achou-se num pequeno aposento que antecedia o quarto do príncipe, que podia enxergar por uma porta com a cortina erguida. À claridade das lâmpadas, enxergou o velho escravo agachado na soleira, levemente adormecido. Perto dele, sobre um pequeno balcão, estavam os dois frascos cinzelados e as taças.

Um suspiro de alívio ergueu-lhe o peito. Tirando da cintura a rosa, aproximou-se, deslizando como um gato sobre o espesso tapete, e colocou a flor sob o nariz do escravo. O velho aspirou várias vezes o aroma embriagante, depois despertou em sobressalto: seu olhar anuviado vacilava de forma estranha, as narinas largas se dilatavam e uma expressão feroz e bestial lhe contraiu a fisionomia envelhecida. Arrancando a rosa das mãos da moça, levou-a ao nariz, ergueu-se e deu alguns passos vacilantes; depois, como embriagado, apoiou-se à parede. Neftis correu para o balcão, e tomando o frasco azul, bebeu o conteúdo até a última gota.

À medida que ingeria a estranha bebida, um frescor delicioso se espalhava em seu corpo que queimava; depois, tomada por uma fraqueza súbita, caiu desfalecida.

Foi por pouco tempo; depois de um quarto de hora, tornou a abrir os olhos e ergueu-se; estava tranquila, e uma sensação de serenidade havia substituído o sofrimento físico e moral que a devorava antes; o fogo que lhe queimava o cérebro se extinguira. Analisou a situação com frieza e lucidez; lembrava com precisão de cada detalhe do que se passara, e compreendeu que estaria duplamente perdida se Horemseb descobrisse o que acabara de fazer. Para evitar uma morte horrível, tinha que fugir naquela noite mesmo. A idéia de deixar o príncipe não a detinha mais; sua louca paixão por ele tinha perdido a força, e a iminência do perigo intensificava-lhe a energia e as faculdades.

Todas essas reflexões, longas de descrever, não duraram mais de um instante. Fria a resoluta, Neftis se ergueu e sondou o quarto com o olhar brilhante: estava vazio. O velho escravo tinha desaparecido. Pegou então o frasco vermelho, que poderia vir a lhe ser útil um dia, colocou no cinto um punhal que viu próximo ao leito do príncipe, envolveu-se num manto escuro que estava numa cadeira, e, abaixando o capuz, internou-se no jardim. Já tinha um plano. Horemseb estava passeando no Nilo; à sua volta, a porta que dava para a escadaria das esfinges seria aberta; por ali ela fugiria.

A sorte a protegeu; orientou-se rapidamente, e quando chegou próximo à porta, ela estava entreaberta. Chamus, o chefe dos eunucos, aguardava o retorno do amo. Parado no último degrau, contemplava as sombras que cobriam o rio.

Aproveitando a inesperada oportunidade, Neftis esgueirou-se para fora; com a agilidade de um felino, passou por cima das esfinges e agachou-se entre os arbustos que costeavam o muro. Um instante depois, ouviu o eunuco subir, e só então prosseguiu, arrastando-se com cuidado. Não tinha ido longe quando estremeceu de repente e agachou-se na sombra da muralha. Um clarão avermelhado acabava de surgir sobre o Nilo; aqueles dois olhos rubros eram bem conhecidos de Neftis, e seu olhar cravou-se na barca maravilhosa que se aproximava rapidamente. O príncipe estava sentado sob o dossel, e ao fitar o belo rosto impassível, um sentimento amargo e pungente apertou o coração da jovem. Aquela sensação ardente não lhe anulava mais a razão, o feitiço terrível se quebrava, e contudo ela sentia que seria muito difícil esquecer esse homem.

– Oh, Horemseb! – murmurou, com lábios trêmulos. – Precisarias de veneno e feitiços para ser amado?

Quando o barco se afastou, ergueu-se e se dirigiu apressadamente para a cidade. Desejava chegar à casa de seu tio, encontrar Anúbis, saber notícias da casa, e se possível, embarcar nessa mesma noite para Tebas, sem ser vista por ninguém. Os cúmplices do príncipe a buscariam por toda parte para recuperar o frasco e matá-la, disso não tinha a menor dúvida. Ignorando a morte de Noferura, pensava em buscar refúgio junto dela.

O sol nascia quando chegou à casa de Hor. Dirigiu-se a uma porta escondida que dava acesso ao segundo pátio, e na ruela que conduzia a essa entrada, a sorte que a protegia fez com que encontrasse Anúbis. Reconhecendo a voz de sua querida ama que acreditava morta, o jovem escravo ficou ensandecido; a muito custo Neftis o fez calar-se e conseguiu saber dele que Setat havia morrido e que seu tio estava viajando por alguns dias. Ele, porém, entendeu sem custo que a moça desejava deixar Mênfis sem chamar atenção, e declarou que a acompanharia de qualquer maneira até o fim do mundo. Garantiu que se fossem imediatamente ao porto, ainda poderiam tomar um barco carregado de trigo cujo comandante era seu amigo e que ia para Tebas.

Uma hora depois, Neftis e o cego estavam a bordo de uma das pesadas embarcações que desciam o Nilo carregadas de mercadorias. O frasco e as jóias que estivera usando estavam numa sacola de pano grosseiro, às costas de Anúbis. Mênfis já tinha desaparecido no horizonte havia um bom tempo quando o rapaz se lembrou e contou a sua ama da morte de Noferura. Embora ferida por essa segunda morte, Neftis não alterou seu plano de fuga. Roma continuava sendo seu cunhado, sua casa era um asilo seguro, e o resto se arranjaria. Arrasada pela notícia desse segunda perda, Neftis encostou-se a um saco de trigo e chorou amargamente.

O beijo mortal

Voltando do passeio, Horemseb ficou muito espantado ao não encontrar o velho escravo agachado como sempre à porta de seu quarto. Que significaria essa negligência por parte de Hapu, o mais fiel dos criados, o único que suportava junto de si para seu serviço particular?

Com as sobrancelhas franzidas, lançou um olhar em torno; de repente estremeceu, e os olhos muito abertos pousaram na preciosa ânfora azul caída no chão. Erguendo-a com presteza, viu que estava vazia; com um olhar para o balcão, constatou que o frasco vermelho tinha desaparecido. Uma exclamação abafada de raiva escapou-lhe dos lábios.

– Ah! Cão infame, ousaste tocar no segredo de teu amo! – murmurou. – Irás pagar mil vezes por essa traição! – Tomando uma lâmpada, revistou os aposentos próximos, depois o terraço; tudo estava deserto e silencioso. Tremendo de cólera, dirigiu-se para o jardim, e ia encaminhar-se para um pavilhão vizinho e chamar o chefe dos eunucos, quando, no início da aléia, topou com algo estendido no chão e quase caiu. Abaixou-se para verificar e, com novo espanto, reconheceu o velho Hapu estendido com o rosto em terra, a mão crispada contra a face.

Arrastando o velho pelo cinto, Horemseb o levou para o terraço, trouxe uma lâmpada e iluminou o corpo imóvel. Ao debruçar-se sobre ele, um aroma forte e bem conhecido lhe chegou ao olfato: abrindo com esforço a mão do etíope, que parecia colada ao rosto franzido, viu uma rosa quase esmagada, com pétalas murchas e dilaceradas, que se despetalou ao tocá-la.

— Que significa esse novo mistério? – murmurou Horemseb erguendo-se inquieto. – Como uma rosa dessas estaria nas mãos desse homem? Seria de propósito, para vencer sua comprovada fidelidade, que lhe deram essa flor? Aproveitando o efeito produzido nele, não acostumado com esse perfume, um malfeitor teria esvaziado o frasco azul e roubado o vermelho. É preciso que Hapu volte a si e conte o que aconteceu – murmurou sacudindo o escravo, que recaiu inerte. — Por todos os deuses nefastos! Acho que o bruto aspirou demais o perfume venenoso e seu corpo velho não resistiu – rosnou o príncipe, dirigindo-se rapidamente a uma galeria situada atrás de seu quarto, onde vários escravos velavam, agachados junto de tripeças que exalavam uma fumaça perfumada.

À ordem do príncipe, os homens se ergueram e o seguiram ao terraço.

— Ergam-no e tragam-no à morada do sábio – ordenou Horemseb apontando Hapu, que continuava estendido imóvel. Alguns minutos depois os escravos deitavam o corpo do etíope na primeira peça do pavilhão de Thaadar; depois, à ordem do amo, voltaram ao palácio. Quando se retiraram, o sábio apareceu na soleira do aposento contíguo.

— O que te traz assim de repente, meu filho? – indagou.

— Perdoa-me incomodar-te, mestre, mas um incidente suspeito ocorreu durante meu passeio no rio.

E Horemseb contou rapidamente o que acabara de suceder, e concluiu pedindo a Thaadar que fizesse, se possível, com que o velho escravo recobrasse a consciência para saber quem lhe havia

J. W. Rochester

dado a flor e provavelmente roubado a ânfora.

Enquanto ouvia, o sábio examinava Hapu com cuidado.

— Deve ter sido uma mulher que cometeu esse roubo audacioso, e deves fazer tudo para impedir que nos prejudique – disse Thaadar sacudindo a cabeça. – Não te admires, meu filho, do que te digo: já por duas vezes li nos astros que lutas difíceis nos aguardam, e que pela traição de uma mulher seremos os dois ameaçados por um perigo mortal. O que acaba de acontecer pode bem ser o primeiro passo para o cumprimento dessa predição.

Horemseb empalideceu levemente, mas sem responder, auxiliou o assírio a reanimar o escravo. Por muito tempo seus esforços foram inúteis; nem as compressas de água fria, nem as essências com que lhe friccionaram a testa e as têmporas produziram efeito, e o príncipe começava a tremer de impaciência, quando por fim Hapu suspirou, abriu os olhos e sentou-se, mas seu olhar continuava confuso e embotado, os membros paralisados e trêmulos.

Thaadar tomou então uma taça, colocou leite de uma jarra grande de três asas, pingou nele algumas gotas de uma essência incolor e aproximou-a dos lábios do negro, que bebeu com avidez. Quase imediatamente após, seu olhar desanuviou-se e por certo a memória retornou, pois, reconhecendo o amo, deu um grito, e atirando-se com a face no chão, gemeu:

— Perdoa-me, senhor, tem piedade de mim.

— Confessa tudo que aconteceu e talvez eu tenha piedade de ti – respondeu o príncipe com severidade. – Mas trata de não esconder nem dissimular nada – acrescentou com olhar sombrio.

— Direi tudo, tudo que sei – urrou o velho escravo, curvando-se aterrorizado. – Eu estava te esperando, senhor, e receio que tenha adormecido um pouco, quando algo estranho me despertou; estava cercado pelo aroma de mil rosas, que me sufocava, e um fogo parecia me correr pelo corpo; entorpecido, vi a mulher ruiva com quem fazes a refeição da noite perto de mim, e segurando sob meu nariz uma flor, que eu peguei. Levantei imediatamente. Não sei o que se passava, mas quando fiquei em pé senti um peso terrível e um tremor no corpo inteiro; tive que me encostar na parede; e então vi a mulher ruiva ir até o balcão, pegar a ânfora azul e beber tudo que continha. Em seguida ela caiu no chão, e eu, vendo que ela tinha cometido um crime que eu devia ter impedido, só tive um pensamento: avisar-te, senhor, ou pedir socorro. Não me lembro para onde corri, aspirando sempre a maldita flor que parecia, por assim dizer, colada em meu nariz. Parece que havia um trovão em minha cabeça, e depois não me lembro mais de nada. É só o que sei, senhor, e os deuses imortais são testemunhas – concluiu o velho, chorando desconsolado.

Horemseb escutou pálido e com os punhos crispados.

— Considero-te inocente, Hapu, e te perdôo – disse depois de um instante. – Mas essa mulher infame, é preciso encontrá-la e prendê-la. Depois que fizermos isso, virei falar contido, Thaadar. E tu, Hapu, vem comigo.

Quase a correr, o príncipe retornou ao palácio e se dirigiu direto aos aposentos de Neftis: estavam vazios. Fremente de raiva, mandou chamar Hapzefaa e Chamus; castigou brutalmente o chefe dos eunucos por sua negligência, e ordenou que fizessem buscas minuciosas.

Acompanhado de escravos com tochas, percorreram todo o palácio, depois os jardins, revistando cada arbusto, esquadrinhando todos os recantos; mas tudo inútil: não encontraram Neftis. Horemseb, lívido e espumando, havia dirigido pessoalmente as buscas, e não tinha mais dúvida: ela tinha conseguido fugir, levando a ânfora preciosa e comprometedora.

O sol se erguia quando o príncipe retornou para junto do sábio, e exausto de cólera e fadiga, deixou-se cair numa cadeira.

— A miserável fugiu; que vamos fazer agora, Thaadar? Precisamos cortar as flores sagradas e a vítima preparada desapareceu – disse passando a mão pela teste úmida.

— É um contratempo fatal – respondeu o sábio com o olhar sombrio. – Mas como não se pode protelar isso, e como é indispensável regar os botões com o sangue de uma virgem, tens que escolher entre as escravas, cantoras ou dançarinas, uma criatura inocente, e lhe dares a beber o que eu vou preparar. E agora, meu filho, vai repousar um pouco; estás exausto.

— Tudo será feito como dizes, mestre; antes que o sol se ponha virei receber tuas últimas instruções.

Retornando ao palácio, mandou chamar Chamus, que não se fez esperar; apesar dos numerosos ferimentos que lhe marcavam o pescoço e o rosto quadrado, o homem de confiança do príncipe se prosternou diante do senhor com mostras de adoração e respeito. Horemseb, que caminhava pela sala com os braços cruzados, deteve-se à frente dele e disse em voz baixa:

— Hoje foste culpado de uma negligência inaudita, mas em

J. W. Rochester

consideração aos teus muitos serviços fiéis, desejo manter minha confiança em ti. Antes do fim do dia, vais trazer-me aqui uma jovem escrava que irás escolher; deve ser bela, virgem e com não mais de quinze anos. Além disso, na refeição da noite quero que dispenses todos os criados e, até o amanhecer, cuida para que ninguém ponha os pés nos jardins.

— Senhor, espero que fiques satisfeito – respondeu o eunuco com deferência. – Ontem de manhã comprei uma jovem de quinze anos, bela como a própria Hator; é filha de uma Núbia e um egípcio, pelo que me disse o vendedor.

— Muito bem, sei que tens bom gosto e recompensarei tua dedicação.

O dia estava alto quando Horemseb despertou, descansado e bem disposto; banhou-se, vestiu-se com cuidado e dirigiu-se para a moradia do sábio. Antes de entrar no pavilhão, porém, foi até a pirâmide de pedra que descrevemos antes, e que se erguia na parte deserta do jardim, atrás do pequeno lago, rodeada por um cinturão de árvores altas e frondosas.

Perto da pirâmide havia uma choupana de bambu, onde dois negros fortes, mas de fisionomia embrutecida, estavam solidamente presos. Ao ver o amo, prosternaram-se com a face no chão. Horemseb retirou-lhes as correntes e, seguido por eles, penetrou na pirâmide, que se iluminou com a claridade de várias tochas que os escravos acenderam e colocaram nos ganchos de ferro fixados à parede. Podia-se ver então que a estranha construção era recoberta, interna e externamente, de pedras de granito, e no vértice tinha uma abertura circular que servia de chaminé e conduto de ar. Ao centro dela, sobre dois degraus de pedra, havia um colossal ídolo de bronze, representando um homem sentado, as mãos sobre os joelhos, a cabeça coberta por um chapéu em ponta e ornado de chifres de touro. Entre as pernas da estátua abria-se uma estreita porta de bronze que dava acesso a uma espécie de forno onde os escravos começaram a colocar tijolos que cercaram de lenha, resina, palha e outros materiais inflamáveis.

Deixando-os entregues ao trabalho, Horemseb abandonou a pirâmide, fechando a entrada com uma grade de ferro que, deixando entrar o ar, impedia que os infelizes fugissem. Após, dirigiu-se ao pavilhão.

— Vejo pelo teu ar satisfeito que tudo está pronto – disse Thaadar com um sorriso.

— Sim, mestre, e vim perguntar apenas como, isto é, em que dose devo ministrar a bebida que enviaste.

— Três taças bastarão; além disso, dá a ela este buquê – respondeu o sábio, indicando um vaso colocado sobre a mesa e no qual desabrochavam várias rosas vermelhas.

— Então, até mais! Prepara-te, mestre; antes que Rá deixe as sombras, eu te trarei a vítima.

Trocando um sorriso amável com o sábio, o príncipe pegou as flores e saiu. Chegando ao terraço que conduzia a seus aposentos, encostou-se à balaustrada, colocou as rosas sobre a borda e absorveu-se em profundo devaneio. Quem o visse assim, sério e calmo, o olhar límpido e sereno, como perdido na contemplação da natureza, imaginaria certamente que a alma pura e entusiasta desse belo jovem elevava-se sonhando com um mundo melhor, acima das misérias e torpezas terrestres. Quem suspeitaria que esse sonhador era um criminoso endurecido, que se preparava na maior tranquilidade para cometer um crime odioso; que só inspirava amor nas criaturas para depois matá-las?

Um ligeiro ruído fez Horemseb estremecer e arrancou-o de seus pensamentos. Voltou-se instantaneamente e percebeu Chamus, atrás do qual se encontrava uma mulher coberta por um véu.

— Senhor, aqui está a jovem de que falei – disse o eunuco. – Vem cá! – falou, empurrando a escrava para a frente e retirando o véu que a cobria.

Trêmula e confusa, a jovem se inclinou, depois permaneceu parada, os braços cruzados, os olhos fitos com ansiedade no temível senhor de quem dependia sua sorte.

Era uma criatura encantadora, daquelas que o Oriente produz às vezes, encantadora flor humana cuja beleza mal desabrochava. Flexível e esbelta, com uma delicadeza de formas quase aérea, mas admirável; possuía um rosto alongado, com uma pele tão transparente que quase se podia ver o sangue correr sob o tom bronzeado. Uma espessa cabeleira negra, presa por uma estreita cinta de ouro, lhe caia nos ombros, e os grandes olhos aveludados, doces e assustados como os de uma gazela, eram franjados por cílios tão longos e espessos que faziam sombra nas faces.

Até o olhar gelado de Horemseb iluminou-se com um brilho de surpresa e admiração ao ver essa menina adorável; e no entanto, nem uma fibra de seu coração de bronze estremeceu de piedade, nem uma centelha de arrependimento por essa vida jovem que ia destruir brilhou em sua mente escurecida.

— Estou satisfeito, Chamus – disse, despedindo o eunuco com um gesto benevolente, e inclinando-se para a jovem escrava que, sob seu olhar perscrutador, caiu de joelhos e o fitava num misto de receio e adoração.

— Ergue-te, criança, e não tremas assim, teu senhor deseja o teu bem – disse com um sorriso, estendendo-lhe a mão que ela beijou com reverência.

Um novo sorriso perpassou pelos lábios de Horemseb; essa adoração apaixonada o divertia, mas não o tocava; sem remorso nem pena, mergulhou o olhar fascinador nos olhos inocentes. Sentando-se, fez-lhe sinal para ocupar um tamborete; estendeu-lhe o pérfido buquê, que tomou da balaustrada, e iniciou uma conversa amável, perguntando à jovem por seu passado, seu nome, seus pais etc. A pequena escrava, perturbada e intimidada, inicialmente respondeu com hesitação, mas aos poucos encorajou-se e relatou ingenuamente os pequenos fatos de sua curta vida, até o feliz momento em que Chamus a fizera vestir a bela túnica branca bordada de ouro, o precioso colar e a bela tiara nos cabelos, para conduzi-la ao desconhecido senhor, que temera tanto e que descobria ser o mais belo e o melhor dos homens.

Algumas horas se passaram assim; Kama (era o nome da jovem escrava) animava-se progressivamente à medida que aspirava o aroma das rosas que segurava; suas faces estavam rubras e seu olhar cintilava quando Horemseb enfim se ergueu para passar à sala de refeições. Dessa vez, ninguém o acompanhava; a longa galeria estava vazia e silenciosa como a sala.

O príncipe tomou lugar à mesa posta com uma rica baixela, fez Kama sentar-se à sua frente e serviu-lhe diversas iguarias, convidando-a amavelmente a comer e beber. A singela e inocente criança pensava estar sonhando, mas embora pela primeira vez na vida participasse de um festim semelhante, não sentia apetite; em compensação, uma sede ardente a consumia, e tomou com avidez uma taça que Horemseb lhe estendeu. Com olhar atento, este observou o tom rubro que inundava as faces da escrava e o tremor nervoso que lhe sacudiu os membros delicados. Depois, quando ela pareceu mais calma, tomou de novo a pequena ânfora trabalhada e encheu novamente a taça. Kama bebeu com um sorriso de satisfação; depois, tomada de uma súbita embriaguez, jogou-se aos pés de Horemseb, abraçou-lhe os joelhos e apoiou a testa em brasa na mão úmida e fria do príncipe. Com um gesto acariciador, este afastou os espessos cachos negros, a fez sentar a seu lado, e murmurando-lhe palavras de amor ao ouvido, aproximou-lhe dos lábios a terceira taça de veneno.

A escrava ficou aturdida por um instante; depois, tremendo, quis enlaçar Horemseb, mas este já tinha se erguido.

— Espera; volto já para buscar-te – disse com um sorriso, dirigindo-se ao jardim. A jovem quis segui-lo, mas as pernas trêmulas se recusaram a obedecer-lhe e ela caiu de volta no assento, com os braços estendidos e os olhos ardentes fixos na porta por onde o príncipe acabara de sair.

Enquanto isso, ele se dirigira às pressas para um maciço de rosas situado atrás do grande lago, no centro do qual se erguia um pequeno pavilhão oculto pela vegetação. A lua acabava de sair, inundando com sua claridade mágica as aléias, os maciços de árvores, e fazendo cintilar a superfície polida da água como um espelho de prata.

O interior do pavilhão tinha um aspecto feérico: lâmpadas cuidadosamente escondidas nos arbustos clareavam suavemente o pequeno recinto, literalmente repleto das flores mais raras; o chão estava coberto delas; ramos floridos, em enormes vasos, formavam uma cobertura perfumada sobre um grande divã de cedro e marfim, cujas almofadas púrpura quase desapareciam sob um tapete de rosas e lírios. À cabeceira desse leito traiçoeiro achava-se um tamborete de marfim.

Horemseb examinou tudo com um olhar agudo e perscrutador; depois, tirando do bolso um pequeno frasco de vidro azul com listas amarelas, aspergiu o conteúdo sobre o leito de flores, depois atirou o pequeno frasco num canto. Saiu então, fechando cuidadosamente a porta, e retomou o caminho do palácio.

Estava quase chegando quando ouviu soluços altos, que o fizeram apressar o passo, e em seguida viu Kama, que, fora de si, com os cabelos soltos, as vestes em desalinho, o buscava, correndo para todos os lados.

Ao ver o príncipe, soltou um grito selvagem e atirou-se para ele como desvairada. Ele abraçou-a, passou a mão fria em seu rosto ardente e procurou acalmar com palavras doces seus soluços convulsivos. Embalando-a com o som de sua voz melodiosa, enlaçou-lhe a cintura, amparou-lhe os passos vacilantes, e conduziu-a pouco a pouco até o pavilhão, onde a estendeu sobre o leito de flores;

depois sentou-se no tamborete ao lado dela.

A jovem não opôs qualquer resistência; com os braços enlaçando o pescoço do príncipe, a cabeça apoiada em seu ombro, parecia mergulhada num torpor de paixão extática; somente seus olhos, fixos nos lábios de Horemseb, falavam uma linguagem ardente. Então ele se inclinou e pousou os lábios frios nos de Kama: um beijo longo, sufocante, mortal, no qual se dissolveu todo o sofrimento da inocente vítima, mas também pareceu extinguir-se-lhe a vida, pois de súbito um tremor lhe sacudiu o corpo frágil, seus olhos se embaciaram, suas mãos pequenas se estenderam, e a cabeça cacheada tombou inerte, mergulhando profundamente no leito de flores.

Horemseb ergueu-se, pálido como um cadáver; um suor intenso lhe molhava a testa, e seu corpo robusto tremia como em febre. Com passos cambaleantes, deixou o pavilhão, e com um olhar fixo, dirigiu-se para um banco sob uma árvore. Deixou-se cair nele e apoiou a testa na casca fria do tronco.

Mais de uma hora se passou em profundo silêncio. Pouco a pouco, o frescor da noite dissipou o torpor e a prostração produzidos, mesmo no organismo habituado do príncipe, pelos perfumes deletérios que havia aspirado. Ergueu-se, passou as mãos pelos cabelos, depois retirou do cinto um pequeno frasco de cristal de tampa pontiaguda e fechado com uma tampa de ouro presa a uma pequena alça por uma correntinha fina. Abrindo-o, aspirou várias vezes a essência que continha e friccionou com ela a testa e as têmporas. Toda sua energia pareceu voltar. Ergueu-se, deu algumas voltas, esticou os braços, e depois, com passo vivo e rápido, retornou ao pavilhão.

Iluminada pela suave claridade das lâmpadas, a escrava continuava estendida imóvel sobre o divã. Um sorriso de felicidade parecia colado a seus lábios pálidos, mas uma lividez cadavérica tomara conta de seu rosto encantador.

Horemseb a contemplou por um instante com uma expressão estranha, misto de admiração e crueldade; mas dominando imediatamente qualquer sentimento, ergueu o corpo, e carregando o ligeiro fardo, deixou o pavilhão, dirigindo-se à morada do sábio.

Tomado de impaciência e visivelmente animado por uma excitação fanática, Thaadar o aguardava no primeiro aposento. Trocara seu traje habitual, vestindo um avental de tecido preto que ia até os joelhos, bordado com símbolos estranhos. No peito, suspenso a uma corrente, ostentava um peitoral de ouro no qual se via uma mulher nua e alada, usando um chapéu pontudo e segurando os seios com as duas mãos; em torno dessa deusa se agrupavam diversas figuras horrendas, com cabeças e caudas de animal. A cabeça do sábio estava coberta por um chapéu cônico negro, ornado à frente por dois chifres dourados.

Sem trocar uma palavra, os dois homens passaram ao recinto do tanque, onde todas as cortinas estavam erguidas. A luz da lua, penetrando em jorros pelo teto descoberto, clareava de forma fantasmagórica a estranha planta que desabrochava no tanque, assim como a plataforma, onde estava colocado um altar de alabastro baixo e quadrado e uma mesa onde se via um prato cheio de terra, dois vasos esmaltados de cores diferentes, duas taças e uma faca de lâmina brilhante. Horemseb colocou o corpo de Kama sobre o altar do sacrifício, depois afastou-se um pouco e permaneceu parado, com as mãos no peito, a direita sobre a esquerda; temor e recolhimento se refletiam em sua fisionomia.

Thaadar arrancou as vestes da jovem, e depois, tomando a faca, elevou os braços ao alto e pronunciou com voz baixa, mas vibrante e cadenciada, uma conjuração evocando Astarte,[2] e ordenando aos demônios que submetessem à sua vontade as forças da natureza.

No instante seguinte, a faca desceu como um raio e mergulhou no peito da vítima; então, coisa terrível, um tremor sacudiu-lhe o corpo, seus olhos se abriram, velados mas cheios de espanto; um gemido abafado escapou dos lábios entreabertos; depois tudo terminou. Thaadar retirou a faca e um jato de sangue vivo jorrou borbulhando da ferida. Ele encheu alternadamente as duas taças, que ele e Horemseb, que se aproximara, beberam com satisfação; uma terceira taça foi derramada nos botões da estranha planta, que estremeceu e pareceu tingir-se de vermelho sob esse orvalho sanguinolento.

A seguir Thaadar misturou com sangue a terra preparada, e recobriu com ela as raízes; cortou as duas flores desabrochadas, que fechou cuidadosamente nos vasos esmaltados, acompanhando tudo isso por conjurações ritmadas, pronunciadas ora em voz alta ora baixa, e de gestos cabalísticos.

Terminada essa primeira parte do sacrifício, Thaadar ergueu o cadáver e, auxiliado por Horemseb, saiu recuando do pavilhão.

2 N.E. — Astarte aparece na história do Antigo Egito durante a XVIIIª dinastia, juntamente com outras deidades que eram cultuadas pelos povos semíticos. Era adorada especialmente em sua forma de deusa guerreira.

J. W. Rochester

Depois de atravessar o lago, parou, girou três vezes sobre si mesmo, e em passo rápido dirigiu-se para a pirâmide, precedido pelo príncipe, que abriu a grade.

O colosso, aquecido há várias horas, espalhava um calor sufocante, que devia ser altamente desagradável para os dois infelizes negros os quais, agachados junto à grade, aspiravam com avidez o ar fresco de fora. Ao verem o amo, correram cada um para um lado do ídolo, pegando compridas correntes presas às mãos do mesmo. Nesse momento chegou Thaadar. Entoando um canto estranho e selvagem, subiu uma escada portátil colocada à frente da entrada e que o deixou quase à altura dos joelhos da estátua, sobre os quais jogou o corpo que carregava. Imediatamente os escravos esticaram as correntes, o estômago de bronze se abriu lentamente, deixando escapar línguas de chama, e o leve fardo dobrou-se e desapareceu na voragem incandescente; depois a abertura se fechou. Thaadar desceu, trocou um abraço com Horemseb, felicitando-o por ter bebido o elixir da vida; depois retornou ao pavilhão, enquanto o príncipe tratava de colocar tudo em ordem. A pedra que fechava a entrada da pirâmide foi recolocada no lugar e os dois negros acorrentados de novo em sua cabana. Mudos, e recebendo apenas a cada oito dias a alimentação indispensável de outros escravos mutilados como eles, os infelizes não podiam trair aqueles odiosos segredos. Sentinelas estranhas e silenciosas, velavam o cruel Moloch,[3] que sorrateiramente se havia esgueirado e estabelecido em Mênfis, aquele centro de elevada ciência dentro da civilização elegante e refinada do Egito.

Dois dias após, Horemseb veio à tarde ver seu mestre, e depois de ligeira conversa sobre o sacrifício da penúltima noite, disse o príncipe:

— Preciso falar-te de vários assuntos importantes, Thaadar. Em primeiro lugar, depois dos oito meses de abstinência com que me preparei para receber o elixir da vida e da juventude eternas, me autorizas novamente a gozar dos prazeres materiais?

— Sim, meu filho, durante três meses és livre para gozar todas as alegrias que a vida oferece a um homem sadio e forte, de tua idade e posição. Mas lembra que se quiseres contemplar o futuro,

---

3 N.E. — Deus adorado em várias culturas do oriente médio (citam-se amorreus, hebreus, canaanitas, fenícios, e certamente hititas, entre outros) sob rituais de orgias sexuais e sacrifícios de crianças, as quais eram jogadas numa cavidade da estátua representando o deus — cuja aparência era de corpo humano com a cabeça de boi — e consumidas pelo fogo ainda vivas.

deverás te submeter a nova abstinência de dez meses, pois somente diante de uma alma impassível o desconhecido se desvela. Apenas um corpo temperado e depurado pelo jejum e a abstinência torna-se apto para tocar e contemplar o invisível.

— Obedecerei, e me submeterei a tudo, pois desejo conhecer o destino que nos reservam os imortais – respondeu Horemseb com decisão concentrada. – Tendo conseguido a vida eterna, não veremos ciclos infinitos de anos se desenrolar sob nossos olhos? Talvez, quando a última dinastia dos faraós houver se extinguido, e os destinos do mundo estiverem prestes a se cumprir, nós ainda viveremos, invulneráveis às misérias dos mortais, tendo escapado aos quarenta e dois juizes terríveis que pesam os corações dos homens. Maravilhoso futuro! O que não suportaria e sacrificaria para te conhecer, para saber o que seremos, como viveremos, enquanto milhares de gerações terão descido à tumba?

Tinha se animado enquanto falava, e uma exaltação extática lhe iluminava o semblante. Thaadar o escutava com um sorriso de orgulho; com o olhar brilhante, inclinou-se e murmurou em voz entrecortada:

— Sim, o que sonhas se realizará; viveremos eternamente, e o futuro desvendará a nossos olhos seus recônditos misteriosos. Durante minhas últimas preces e experiências, o próprio Moloch me apareceu e disse que, tocado por nossas preces e sacrifícios incessantes, consente em tornar-se nosso guia.

Horemseb recuou, pálido e estremecendo.

— Tu viste o deus? Como é seu aspecto?

— É de uma altura assustadora; um manto esverdeado, cheio de chamas, flutua em torno dele; suas asas negras e imensas erguem-se para o alto como uma nuvem escura. Seu rosto é coberto por um véu, e a voz é como o sopro de um vento tempestuoso misturado ao crepitar de um braseiro; e essa divindade terrível prometeu-me sua ajuda.[4]

— És feliz, Thaadar, grande pela ciência e pelo mérito, se um deus assim te favorece; eu continuarei sendo teu discípulo fiel e não

4 N.T. – Essa e outras formas monstruosas do astral inferior são formadas, na plástica matéria desse plano, por entidades de grande poder mental, cristalizadas há milênios no "mal" e na ambição de dominar o plano terrestre do planeta; sempre estiveram por trás de todos os "ídolos" e "deuses" sanguinolentos que exigiam sacrifícios humanos e animais, de cuja vitalidade alimentam seus impérios nefastos e planos maquiavélicos. Os sacerdotes e servidores de tais cultos – que mudam apenas de nome, em épocas e latitudes diversas – são o prolongamento vivo, na matéria, dessas hostes diabólicas. Geralmente tais entidades são de origem extraterrestre, degredados de outros planetas.

J. W. Rochester

falhei, nem contigo nem com o deus. E agora, mestre, ouve-me e diz-me se aprovas o que pretendo fazer. Desejo ir a Tebas e passar ali o tempo prazeroso que me concedes. Tenho dois motivos para essa viagem; um é o dever imperioso de saudar Hatasu e oferecer-lhe presentes em honra de sua ascensão; para um príncipe da casa real, já demorei demais. O outro é que, segundo as pesquisas feitas por Hapzefaa, é mais ou menos certo que a miserável Neftis fugiu para a capital. Estando lá poderei fazer, sem chamar atenção, as diligências necessárias para encontrá-la, recuperar a ânfora roubada e calar-lhe a boca para sempre.

— Teu plano é razoável, meu filho, e tem minha aprovação.

— Não preciso dizer que durante minha ausência ficas como o senhor daqui, e serás obedecido como eu mesmo. Agora, uma última pergunta. Sei, há muito tempo, pelo fiel Hapzefaa, que correm boatos suspeitos sobre mim; que os sacerdotes de Mênfis me consideram irreligioso, e suas suspeitas irritadas poderiam suscitar desconfianças na corte e trazer consequências desagradáveis. Para dar fim a esses rumores e contentar a casta dos sacerdotes, desejo antes de viajar tomar parte numa grande procissão religiosa, e depois fazer sacrifícios solenes no túmulo de meu pai. Mas será que não iria ofender Moloch com isso?

Um sorriso glacial e cínico pairou nos lábios de Thaadar.

— Nada receies, meu filho; é a fé, a prece, o impulso da alma que criam os laços entre o homem e a divindade, nunca as fórmulas exteriores. Cuida portanto calmamente de nossa segurança. Moloch vê o teu coração fiel, e ele, assim como os vossos deuses, prescreve o respeito aos mortos.

— Livraste-me de uma preocupação. Esta noite mesmo enviarei um mensageiro a Tebas ordenando que preparem meu palácio.

Os planos de Neftis

Depois de uma viagem longa e um tanto aborrecida, mas isenta de qualquer acontecimento desagradável, Neftis chegou a Tebas e se dirigiu, junto com Anúbis, à casa de seu cunhado.

Durante as longas horas de imobilidade forçada, ela tinha readquirido a calma e refletira bastante sobre o passado e o futuro. A lembrança de Horemseb ainda lhe enchia a alma, mas não o amava mais com uma paixão louca; compreendia que ele nunca sentira nada por ela, que com uma crueldade cínica a excitava para rir de seu sofrimento, brincando com seus sentimentos como o gato com o rato. No entanto, quando a amargura e a raiva lhe inspiravam a idéia de denunciar o príncipe e os crimes inauditos que se cometiam em seu palácio, seu coração fraquejava. Compreendeu que apesar de tudo esse homem ainda a dominava e que jamais teria a coragem de denunciá-lo. Não, jamais, ninguém deveria saber o segredo de seu misterioso desaparecimento; e para Horemseb ela deveria desaparecer para sempre, pois o conhecia o suficiente para saber que estaria condenada se ele a encontrasse.

Sem que tivesse consciência, uma profunda transformação física e moral se produzira nela depois de sua fuga miraculosa. Expansiva e apaixonada por natureza, superexcitada até a loucura pelo veneno, parecia que toda essa vivacidade, essa excitação emocional desaparecera sob uma frieza súbita que tomava conta dela. Tornara-se calma e fria; sua mente tornara-se mais aguçada e sutil, e dominava todos os impulsos do coração que, entorpecido e indiferente, parecia bater mais devagar. O sangue não se aquecia como antes, não lhe coloria mais as faces, de uma palidez de cera; uma chama estranha lhe brilhava nos olhos, e sua boca risonha e tagarela se curvava numa expressão sombria, dura e amargurada.

Pode-se imaginar a estupefação de Roma ao ver chegar a sua casa, bem viva, essa Neftis tida como morta fazia quase um ano. Como o serviço o chamava ao templo, confiou a instalação dela e de Anúbis a sua velha governanta, e convidou a jovem a repousar, deixando conversas e explicações para depois do jantar.

Quando a refeição da noite terminou, o sacerdote conduziu a cunhada ao terraço e pediu-lhe que explicasse o mistério de seu desaparecimento e de seu retorno, e finalmente onde e como tinha vivido todo esse tempo.

— Eu poderia mentir, satisfazer tua legítima curiosidade com uma invenção – respondeu Neftis após um instante de silêncio. – E com outros agirei assim, mas a ti farei apenas um pedido: não me perguntes, Roma, não posso dizer nada sobre esse episódio de minha vida. Juro-te apenas que continuo sendo digna de tua estima, e que nenhuma desonra entrou sob teu teto junto comigo.

— Isso me basta, e agradeço tua franqueza – disse o moço com um sorriso.

Neftis apertou-lhe a mão e conduziu a conversa para sua falecida irmã e as causas de sua morte, que ela ainda ignorava.

Ao ouvir o nome de Noferura, uma sombra perpassou pela fisionomia do sacerdote, e o breve relato que fez das circunstâncias da morte da mulher deixavam perceber uma repulsa tão visível que a moça a percebeu.

— Por que razão ela se atirou n'água tão de repente permanece um mistério – concluiu Roma. – Os barqueiros disseram que ela foi tomada de uma loucura repentina após o infeliz encontro que tivemos com a barca do feiticeiro de Mênfis, que traz desgraça a quem a enxerga.

— O feiticeiro de Mênfis! – repetiu Neftis, empalidecendo de repente.

— Ou seja, o nobre príncipe Horemseb, que o povo ignorante considera, não sei por que, como bruxo; mas o que tens?

— Nada; apenas notei que falavas a contragosto de Noferura; isso me faz mal, e gostaria de saber a razão.

— Serei franco também – respondeu o sacerdote após um instante de hesitação. – O caráter de Noferura era violento e passional em excesso; suas atitudes me davam tanto desgosto que não pude amá-la como ela exigia. Ela então teve um procedimento no meu entender ignóbil e criminoso: usou um feitiço que foi buscar em Mênfis, onde esteve após teu desaparecimento, a pretexto de consolar Hor e Setat.

Desde que retornou dessa viagem, comecei a sentir por ela uma paixão que não parecia normal; corria-me um fogo nas veias, meu sofrimento era indescritível, e só junto dela encontrava um relativo repouso.

Mais tarde, dei-me conta de que, durante todo esse tempo que durou minha loucura, um aroma sufocante de flor me perseguia: parecia vir de Noferura, e quando não o aspirava, parecia que me faltava o ar.

Com toda certeza eu teria definhado de exaustão ou perdido a razão, se os deuses não tivessem tido piedade de mim. Quando Noferura precisou ir ver Setat que agonizava, eu fui junto, para não nos separarmos um só dia; e no momento de sua morte o encanto foi quebrado. Entretanto, a lembrança disso me desperta uma repulsa que mal consigo dominar.

Neftis escutou o relato pálida e com a testa franzida. Compreendia melhor que o narrador o seu sentido oculto.

— Compreendo-te, e lamento ter despertado essas lembranças que são penosas para ti – disse por fim. – Mas, Roma, sabes se por acaso Noferura trouxe de Mênfis minha caixinha de jóias? Eu guardava ali algumas lembranças de minha mãe que gostaria de ter.

— Como não! Vou mandar entregar-te de imediato; ordenei que a guardassem.

Alguns minutos depois, uma velha camareira trazia a caixinha. Neftis remexeu nela, tirou um anel que colocou no dedo, e perguntou despreocupadamente:

— Não sabes se Noferura trouxe ou guardou entre suas jóias um precioso colar, formado por placas esmaltadas unidas por elos e escaravelhos? Gostava muito dele, porque era o presente de casamento ganho por minha falecida mãe.

— Placas esmaltadas azuis e vermelhas? Ah, sim, lembro-me: Noferura o usava sempre depois que voltou de Mênfis; como recordação de ti, disse ela. Estava usando-o no momento do acidente, mas depois disso não vi mais essa jóia; teria sido roubado, ou caiu no rio durante o salvamento? Não sei, estava agitado demais para pensar nisso, e só agora me fizeste lembrar dele. Lamento muito, cara Neftis, que fiques sem essa recordação; espero que me dês a satisfação de aceitar algumas jóias de tua irmã em troca dessa que perdeste.

A moça agradeceu. Já sabia o que desejava, e a conversa tomou outro rumo. Falaram do futuro, de Antef, o noivo de Neftis, que ficara até então fiel à sua memória, e provavelmente desejaria retomar o noivado, ao saber que estava viva. Falando nisso, Roma observou que o mais sensato para ela, no seu entender, seria procurar Antef em Buto e casar-se com ele.

— Para uma moça nessa posição delicada – acrescentou – é duplamente necessário colocar-se sob a proteção de um esposo. O mistério desses últimos meses não te trouxe felicidade, está escrito em teu rosto; mas se não tens do que te envergonhar, esquece isso e assume uma nova situação de esposa. Podes crer que apenas a amizade sincera me inspira esse conselho.

— Não duvido disso, Roma, e sei que és generoso e não ficarias contrariado de me oferecer asilo sob teu teto. Minha própria razão me diz que estás certo, porém uma decisão tão grave precisa ser amadurecida; dá-me alguns dias para refletir.

— Claro, sem dúvida; decidirás quando e como quiseres. Considero-te como uma irmã, cara Neftis, e nessa condição tens um lugar garantido em minha casa. E agora, permite que te deixe, pois tenho que ir ver Peubesa, um velho pastóforo do templo de Amon,

J. W. Rochester

meu amigo, que está doente e que prometi visitar.

Ficando sozinha, Neftis voltou a seu quarto, estendeu-se num divã e absorveu-me em profunda reflexão. Roma tinha razão, seria de bom alvitre resolver sua situação, colocar uma barreira entre ela e esse passado cujo segredo ela não podia nem desejava desvendar. Até sob a perspectiva da segurança Buto era um refúgio bastante adequado; lá certamente Horemseb não a procuraria, e quanto a Antef, ele a desposaria, se ela quisesse; acaso não tinha um meio garantido de reavivar seu amor, se tivesse se diluído, e de vencer suas restrições, se as tivesse? A essa altura de suas reflexões, a imagem de Antef se desenhou em sua mente. Ele a agradara muito, antigamente: simpático, inteligente, rico, e com um brilhante futuro assegurado, como sobrinho de Semnut, Antef lhe parecera um excelente partido, e com prazer tinha prometido desposá-lo. A nomeação dele para o posto de comandante de Buto protelara o casamento, mas depois de uma carta insistente de Antef, Setat se dispusera a levar a sobrinha para o noivo, quando a fatal aventura com Tuaa veio mudar tudo.

Nesse momento, porém, a idéia de casar com Antef despertou quase repulsa em Neftis; sua figura lhe pareceu tão descolorida, o aspecto tão vulgar, o futuro a seu lado tão árido e mesquinho! Entre ela e seu antigo noivo erguia-se a imagem pálida e os olhos sombrios de Horemseb, aquele olhar fascinante do feiticeiro que gelava a alma com desdém zombeteiro, mas também subjugava quando, sorridente e caricioso, parecia prometer uma infinita felicidade.

— Ah, Horemseb! – murmurou com um profundo suspiro. – Que fatalidade é essa que me obriga a amar-te ainda, criatura cruel de quem devo fugir? Pois junto de ti está a morte, e nenhuma piedade deteria o punhal em tua mão.

Em sua lembrança surgiu a imagem do rapazinho que a tinha prevenido do perigo; depois, viu-se nas aléias sombrias do jardim onde aconteciam as fantásticas e poéticas danças ao luar, e também as hediondas cenas das orgias a que o feiticeiro presidia como um deus. Ela tinha assistido muitas vezes, agachada atrás do trono, a essas espantosas cenas secretas, e um arrepio lhe percorreu o corpo a essas lembranças.

Não, tinha que apagar todas as recordações do passado e tratar de recobrar a paz no amor de Antef. De repente, estremeceu e seu rosto enrubesceu. Uma idéia infernal acabava de ocorrer-lhe. Como não tinha pensado antes que Tutmés, o pretendente ao trono, vivia em Buto, vigiado por seu ex-noivo? Sem dúvida, Tutmés, banido e prisioneiro, a interessava pouco; mas se viesse a subir ao trono, o que não daria a quem o tivesse auxiliado a conquistar isso? Por que não poderia ser ela, Neftis, quem o fizesse? Não possuía um feitiço todo poderoso, ao qual a própria Hatasu ficaria sujeita, tanto quanto o último dos carregadores de água? Se ela conseguisse fazer fugir o jovem príncipe, dando-lhe uma rosa encantada que dobrasse o coração frio e altivo da rainha, o que Tutmés poderia recusar a quem lhe prestasse um serviço desses?

Enveredando por essa linha de pensamento, Neftis começou a amadurecer e expandir seus planos. Idéias cada vez mais ambiciosas lhe invadiam a mente; não poderia fazer-se amar ela mesma por Tutmés, e sentar-se a seu lado no trono do Alto e Baixo Egito? Hatasu era mortal; considerando seu temperamento e o ódio que inspirava aos sacerdotes, ela poderia muito bem vir a perder a vida junto com a coroa. Neftis tomaria seu lugar, e Horemseb, que zombara de seu sofrimento, teria que prosternar-se e beijar o chão diante dela.

As faces de Neftis ardiam, seus olhos esverdeados lançavam chamas; já se via como rainha, adorada pelo faraó, a quem o feitiço tornaria escravo de seus menores desejos, e a seus pés se inclinava o feiticeiro, tremendo diante de sua cólera e vingança. Contudo, a imagem do príncipe tinha o poder de sobrepor-se e empanar qualquer outro sentimento. Empalidecendo, Neftis apertou o peito com as mãos. "Felicidade, futuro, sossego, me roubaste tudo, Horemseb; minha mente está lúcida, meu sangue não ferve mais, e no entanto meu coração rebelde não quer te esquecer. O trono, o amor do faraó, a veneração do Egito, tudo eu trocaria por um só beijo de teus lábios, para ver uma única vez teu olhar cheio de amor mergulhando no meu!" E Neftis cobriu o rosto com as mãos e mergulhou em seus pensamentos.

De súbito, porém, ergueu-se, afastou a massa sedosa de seus cabelos ruivos e murmurou em tom decidido:

— Chega de sonhos absurdos! Horemseb é incapaz de amar como os outros mortais; seu coração é ressecado e vazio; não deve impedir-me de atingir meus propósitos. A caminho de Buto, e lá os deuses hão de me inspirar!

No dia seguinte, em conversa com Roma, Neftis declarou que tinha refletido e estava decidida a partir para Buto, mas que antes gostaria de visitar uma jovem parente sua que morava em Tebas, e pedir-lhe que a acompanhasse.

— Menchtu é viúva – acrescentou – e como seu marido era primo de Antef, isso lhe dá condições de visitá-lo. Se, como espero, ela concordar, será um alívio para mim, pois seria por demais inconveniente chegar sozinha, ignorando se meu noivo permaneceu fiel, e sem saber se ele poderá hospedar-me no palácio, onde provavelmente não se admite mulheres, até o casamento. Na companhia de uma mulher casada, minha situação ficará mais conveniente, e tudo poderá ser feito sem pressa.

— Aprovo inteiramente o teu plano, cara Neftis; minha liteira e meu pessoal estão a teu dispor para quando quiseres fazer essa visita, e quando tiveres decidido com tua parente a época da partida, irei falar com Semnut e lhe pedirei para conceder-lhes um salvo-conduto para entrar em Buto, que é vigiada como uma fortaleza.

A visita de Neftis a sua parente teve o resultado que esperava. Menchtu, bela moça de 23 anos, a recebeu de braços abertos, e sem hesitar declarou-se pronta a acompanhá-la. Alegre, frívola e ávida de prazeres, a jovem viúva se entediava; embora o luto já houvesse terminado, diversas complicações familiares a impediam de freqüentar a sociedade como gostaria. Assim, a perspectiva de uma viagem e um casamento lhe pareceu uma distração enviada pelos deuses. Combinaram partir assim que Roma conseguisse o salvo-conduto. Absorvida com os planos e preparativos, Menchtu não se preocupou em aprofundar a veracidade do que Neftis sustentou a respeito de seu misterioso desaparecimento; acreditou em sua palavra.

A tentativa de Roma foi coroada de êxito; dentro de dois dias, anunciou alegremente à cunhada que o poderoso conselheiro de Hatasu recebera com benevolência o seu pedido e concedera o salvo-conduto. Além disso, por feliz coincidência, surgiu uma oportunidade de fazerem a viagem sob a proteção de um alto dignitário e sua escolta.

— O escriba real Hornecht, que encontrei hoje ao sair do palácio — contou Roma – parte depois de amanhã para uma turnê de inspeção; vai fiscalizar os cobradores de impostos, e passará por Buto; prometeu entregá-las sãs e salvas nas mãos de Antef. Assim poderão fazer a viagem com todo o conforto.

Tudo assim combinado, Neftis ocupou-se das bagagens. Com sua generosidade habitual, Roma atendera a todas as necessidades de sua cunhada, que chegara com a roupa do corpo, e lhe oferecera um belo enxoval. Em sua caixinha de jóias, contendo agora várias que tinham pertencido a Noferura, ela levava, cuidadosamente en-rolada, a pequena ânfora vermelha tirada do feiticeiro, que considerava como a chave de seu futuro sucesso.Durante os últimos dias, tivera ocasião de fazer algumas descobertas surpreendentes sobre as propriedades do precioso líquido. Observou que durante o dia o aroma enfraquecia, e à noite aumentava até ficar sufocante; constatou também que ao ser colocado numa rosa, o perfume deletério conservava sua intensidade mesmo durante o dia, causando dores de cabeça e tonturas se o aspirasse. Descobriu ainda que se banhasse imediatamente o rosto e as mãos com água fresca, o efeito do veneno diminuía.

No dia combinado, as duas jovens se puseram a caminho. Menchtu estava numa alegria louca; não parava de tagarelar a respeito de Antef, de imaginar sua alegria e surpresa ao ver chegar, viva e bela, a noiva que julgara perdida para sempre. Ou então, conversava e ria com Hornecht, quando o galante escriba real, um viúvo de meia idade, se aproximava do carro de quatro rodas, coberto por um dossel de couro, onde estavam suas duas protegidas.

Neftis participava pouco dessa animação. Silenciosa e preocupada, recolhia-se para amadurecer os detalhes do plano que havia concebido. Só trouxera a jovem viúva como instrumento para se desembaraçar de Antef (queria ficar livre para agir junto de Tutmés), e ao mesmo tempo para testar nos dois a dose e o emprego do feitiço. Com esse objetivo, havia comprado um colar de contas de madeira odorífera e um escaravelho de prata oco; tinha mergulhado o colar durante uma noite inteira em óleo misturado com algumas gotas do elixir: o resultado pareceu satisfatório. No escaravelho, colocara algumas pétalas de rosa igualmente preparadas.

Quanto a Tutmés, decidira não lhe inspirar amor; era preciso antes que ele se tornasse alguma coisa. Apenas quando Hatasu estivesse morta ou vencida valeria a pena conquistá-lo e fazer com que a desposasse – se não se decidisse a seguir uma outra idéia que lhe ocorrera na viagem. Com o coração tomado por uma única imagem, a idéia de pertencer a outro lhe era odiosa; mas se o faraó ordenasse a Horemseb que a desposasse, o príncipe certamente não ousaria recusar, e também não se arriscaria a matar a mulher protegida pelo monarca.

Neftis estava persuadida de que Tutmés, reconhecido àquela que lhe houvesse proporcionado a liberdade e o trono, atenderia a seu pedido. Quanto à hipotética felicidade que lhe proporcionaria semelhante união, ela não cogitava; chamar Horemseb de esposo, possuir direitos inquestionáveis sobre ele, era o apogeu de sua ambição. O que aconteceria depois pouco lhe importava, após essa satisfação dada a seu ciúme e orgulho.

Aproximava-se o fim da viagem quando Mechtu, que não cessava de tagarelar, e que se impacientava com o silêncio e os devaneios da companheira, indagou, apertando-lhe a mão:

— O que tens, Neftis? Por que estás tão triste? Não te alegras de rever Antef? Lembro que quando meu pobre Ptahotep partiu para a guerra, eu contava as horas para seu regresso; os dias pareciam não ter fim; e quase adoeci de alegria ao reencontrá-lo.

— Ptahotep era teu marido, tinhas certeza de seu afeto. Eu vou encontrar um noivo que há um ano pensa que estou morta; admiras-te de que eu receie esse primeiro encontro, quando descobrirei talvez que fui esquecida?

— Como podes ter receio disso? – exclamou a inconsequente Menchtu. – És tão bonita, tão diferente das outras, com essa pele mate, teus olhos verdes brilhantes e teus cabelos dourados! Não, não, tenho certeza de que ao primeiro olhar que te der, o amor de Antef retornará mais ardente que nunca, e só terá um pensamento, o de apressar essa união!

Interrompeu-se bruscamente, bateu com força na testa e repetiu várias vezes:

— Ah! Que tonta! Que estúpida sou, o que fiz?

— O que houve? – perguntou Neftis surpresa.

— O que houve é que sou uma idiota sem cabeça; esqueci em casa um pacote que Tachot, a irmã de Antef, me deu para entregar a ele. Era um cinto bordado e um colar com amuletos.

— Se é só isso, acalma-te, que resolverei o caso – disse Neftis sorrindo. – Trago comigo um colar muito belo, enfeitado com amuletos, de madeira perfumada; comprei-o recentemente, porque o raro e admirável perfume que tem me encantou. Vou dá-lo a ti. Antef ganhará com a troca, e eu não perco nada, porque ele voltará para mim depois do casamento, junto com o dono. Tachot de nada saberá. E até que se vejam novamente, esse ligeiro incidente estará esquecido.

— Obrigada, obrigada, és muito boa mesmo, e me tiras de um grande embaraço!

Ao cair da noite chegaram a Buto, e foram conduzidas a Antef, que quase caiu de costas ao reconhecer Neftis. Cheio de grande e sincera alegria, aceitou sem questionar as explicações dela sobre seu desaparecimento, declarou que o casamento deveria celebrar-se o mais breve possível e instalou as duas mulheres em seus aposentos, e ele próprio contentou-se com um leito improvisado numa antecâmara do príncipe, a quem informou de sua inesperada ventura. Antes de dormir, Neftis desenrolou o colar envenenado e entregou-o à jovem viúva, evitando com cuidado aspirar o perfume deletério. Menchtu, ao contrário, cheirou-o sem desconfiança e ficou encantada.

— Ah! Que perfume maravilhoso! Nunca vi um igual. Jamais encontrei uma jóia assim, e confesso que tenho pena de ter que dá-la a Antef.

Um estranho sorriso perpassou nos lábios de Neftis. "Os deuses me favoreçam", pensou "desse modo eu o prenderei com mais certeza a ela". E em voz alta:

— Se de fato esse colar te agrada tanto, aceita-o como um presente meu, cara Menchtu; desculpa-te com Antef por teu esquecimento involuntário, e guarda o colar, com a condição apenas de o usares com freqüência.

— Obrigada! – disse Menchtu batendo palmas com alegria. – Aceito, e cumprirei essa condição tão bem que amanhã mesmo vou colocar o colar e o usarei todos os dias.

No dia seguinte, Neftis achou uma forma de dizer, brincando:

— Repara, Antef, no colar que Menchtu está usando: era para ser teu, mas essa bela enganadora, não contente de esquecer o pacote que Tachot te enviava, confiscou essa jóia que eu lhe havia dado para substituir a outra. É verdade que ele exala um perfume delicioso, mas desconhecido. Poderias dizer-me de que madeira são feitos esses amuletos?

— Muito bonito! Tomar-me assim o que era para ser meu! – disse o oficial rindo. – Mas vamos ver esse perfume pérfido que inspirou tal idéia a Menchtu.

Inclinando-se para a viúva, que, com as faces coradas, parecia nervosa e excitada, cheirou várias vezes, curiosamente, os amuletos que trazia ao pescoço.

Neftis, que o observava, percebeu que seu rosto enrubescia subitamente e seu olhar deslizou com uma expressão estranha sobre as espáduas descobertas e o rosto inflamado de Menchtu. Em seguida, arrastou uma cadeira para junto dela e iniciou uma conversa tão animada que pareceu ter esquecido de Neftis.

Alguns dias se passaram, trazendo uma estranha mudança

J. W. Rochester

nas maneiras e mesmo no temperamento do jovem comandante de Buto. Uma cega e súbita paixão parecia ligá-lo a Menchtu. A presença da noiva se tornara penosa para ele, e tentava inutilmente dissimular o que sentia. A impassibilidade de seu caráter fora substituída por uma irritação nervosa e febril; negligenciava seu ilustre prisioneiro, inventando mil pretextos para se ausentar e ficar junto da jovem viúva, que também o procurava avidamente.

Certa manhã, vendo-os novamente absorvidos numa conversa interminável, Neftis retirou-se discretamente (sabendo que aguardavam esse momento para se beijarem) e dirigiu-se ao jardim, onde estava passeando o príncipe Tutmés, ao qual tinha sido apresentada e com quem já conversara diversas vezes.

O jovem banido estava sentado num banco de pedra, à sombra de um enorme sicômoro, triste e pensativo. Ao ver a moça, alegrou-se, e um sorriso iluminou-lhe o rosto de contornos infantis. Tutmés era bastante sensível à beleza feminina, as paixões começavam a despertar nele, e a visão de uma bela mulher era suficiente nessa altura para desviá-lo dos sonhos ambiciosos e fazê-lo esquecer momentaneamente seu exílio.

— Bom dia, bela Neftis — disse, respondendo com uma amável inclinação de cabeça ao respeitoso cumprimento da moça. — Vem sentar perto de mim, e distrair o pobre prisioneiro guardado por teu noivo como um criminoso, falando de Tebas, onde reinam a vida e a alegria.

Convidou-a a sentar, e fitando-a com um olhar ardente e ousado, acrescentou:

— O amor te deve uma boa indenização, por tudo que sacrificas deixando Tebas por Buto; por mim, estou bem satisfeito e gostaria de apressar teu casamento, porque a presença de uma esposa tão jovem e bela ocupará Antef bastante e me livrará de sua presença, que me é detestável porque vejo nele um carcereiro.

Neftis suspirou e baixou a cabeça.

— Duvido, príncipe, que eu venha a ser esposa de Antef. Durante minha longa ausência, seu coração afastou-se de mim, e a beleza de minha jovem parente o encantou.

— Impossível; Antef sempre me falou de ti com tanto amor! Sua alegria ao ver-te foi tão sincera, que na minha opinião estás enganada, e tua suspeita não tem fundamento. Antef é um homem honesto e inteligente, que desempenha com grande tato sua difícil função junto de mim; apesar do poder irrestrito que meus inimigos lhe concederam, sabe conciliar seu dever com a deferência que me é devida. Penso que seria incapaz de uma inconsequência.

— Conheço os méritos de Antef, e por isso lamento mais tê-lo perdido; mas o futuro, príncipe Tutmés, provará que tenho razão.

Apesar disso, eu o estimo muito e não colocaria obstáculos à sua felicidade, e sem qualquer ciúme cederei meu lugar a Menchtu – interrompeu-se ao perceber Antef que se dirigia para eles; parecia excitado e seu olhar, normalmente tão claro e impassível, estava perturbado e indeciso.

— Perdoa-me, príncipe, por ter demorado a vir receber tuas ordens; desejarias dar um passeio ou ir ao templo?

— Não, não tive vontade de fazer nada, porque tua bela noiva me fez companhia – respondeu Tutmés alegremente. – E embora sejas uma boa companhia, confesso que a prefiro como guardiã. Espero, Antef, que não tenhas ciúme e autorizes tua noiva, depois tua esposa, a me distrair com freqüência contando-me histórias de Tebas, de Mênfis, enfim desse mundo de que estou separado.

— Ficarei sempre satisfeito de ver Neftis amenizando tua solidão, e nunca poderia ter ciúmes de ti, príncipe – respondeu Antef com um riso forçado e evitando o olhar perscrutador da moça.

Um sorriso zombeteiro e satisfeito perpassou nos lábios desta. "Metade do plano está feita, Antef não atrapalhará meus projetos", pensou com satisfação.

Passaram-se mais alguns dias. O jovem comandante envolvia-se cada vez mais com sua paixão louca e cega, correspondida por Menchtu; parecia indiferente a tudo mais, negligenciava a vigilância de seu perigoso prisioneiro e fugia da presença da noiva. Neftis demonstrava a maior discrição e evitava importunar os dois apaixonados; por outro lado, buscava todas as oportunidades de encontrar Tutmés, que não saía do jardim, aguardando a bela jovem de quem se tornava cada vez mais amigo.

Um dia, após o jantar, os dois estavam como de hábito sentado em baixo do sicômoro, mas a conversa morria, porque uma preocupação melancólica enrugava a testa do exilado e uma profunda tristeza velava seus olhos brilhantes e vivos. Na véspera, soubera no templo que sua avó tinha morrido, e a perda do único ser que o tinha amado sem restrições e sem segundas intenções o abatia profundamente, deixando-o silencioso. Neftis o observou em silêncio durante algum tempo, depois inclinou-se e tocou-lhe de leve o braço.

— Ergue a cabeça, príncipe Tutmés, e não permitas que o desânimo escureça tua alma, nem a dor te roube as forças; recupera a esperança e a alegria, filho de Rá; o poderoso deus que te criou saberá tirar-te do exílio indigno; e quem sabe não estás mais perto do trono que tua esperança mais audaciosa possa imaginar?

O rapaz endireitou-se, empalidecendo, e mergulhou um olhar desconfiado e escrutador nos olhos brilhantes de Neftis, mas sua perspicácia inata lhe deu de imediato a certeza de que ela estava sendo sincera.

— Vejo que desejas o meu bem; mas nos enganarmos com uma falsa esperança seria insensato. Minha irmã Hatasu é ambiciosa demais para dividir pela segunda vez o trono; enquanto ela viver, eu vou agonizar miseravelmente aqui; e que chance poderias vislumbrar de tirar o cetro dessa mão de ferro?

Neftis inclinou-se para seu ouvido e murmurou com voz vibrante:

— Existe uma força que dobra os mais orgulhosos, que vence até a ambição; o amor reina até sobre os reis! Hatasu está sujeita a ele como os simples mortais; amando-te, ela te fará sentar a seu lado no trono dos faraós.

Uma intensa palidez invadiu o rosto jovem de Tutmés; com os lábios entreabertos, os olhos dilatados, fitava a interlocutora com espanto e incredulidade.

— Tu divagas, Neftis, e não te entendo – disse em voz hesitante. – Como poderia Hatasu sentir por mim um amor que superasse sua ambição? Essa mulher de espírito e coração viris é inacessível ao amor; além disso, não é mais tão jovem, é muito mais velha que eu, e me odeia como pretendente ao trono e filho ilegítimo de nosso pai; não, não, *ela* não me amará jamais.

Neftis sorriu.

— Dizes a verdade, e eu também não esperaria nada pelas vias comuns, se não tivesse o poder de fazer-te amar pela rainha.

— De que maneira? – murmurou Tutmés com voz sufocada pela emoção.

— Vou dar-te um feitiço que, se puderes fazer com que chegue às mãos de tua irmã, irá despertar nela um sentimento tão forte por ti que não poderá viver sem tua presença e teu poder sobre ela será absoluto.

— Faz isso, Neftis, e não te arrependerás; te serei grato pelo resto da vida! – disse o príncipe com os olhos brilhantes, apertando com força as mãos dela.— E diz-me; em que consiste esse feitiço?

— É um perfume – murmurou Neftis a seu ouvido – e creio que, se impregnares com ele um papiro e o enviares à rainha, será suficiente para que ela te chame para junto dela.

O rapaz refletiu um instante, depois sacudiu a cabeça:

— Não, esse jeito não serve; acho muito arriscado entregar ao acaso algo tão valioso; quem sabe que confusões causaria, em que mãos iria cair antes de chegar a Hatasu? Antes de tentar algo, preciso estar em liberdade, Neftis, ou seja, fugir para Tebas, onde o sumo sacerdote de Amon e o primeiro vidente do templo, Ranseneb, me esconderiam e encontrariam uma forma de me aproximar de minha irmã e entregar-lhe o feitiço.

— Mas o segredo do feitiço não deve ser conhecido pelos sacerdotes – disse a moça, preocupada.

— Fica tranquila; achas que eu entregaria um segredo desses aos sacerdotes, para me colocar à mercê deles? Jamais! Quero me valer deles apenas para ter um refúgio em Tebas, e possibilidade de chegar ao palácio; mas para isso devo estar livre.

— Então, é preciso que estejas – disse Neftis com energia – e acho que em breve se oferecerá uma ocasião de fugir. Vês que Antef, absorvido por sua paixão, relaxou consideravelmente a vigilância sobre ti. Deves escolher para a fuga o dia de seu banquete de casamento. Pensaremos nos meios depois; mas antes de tudo, deves enviar uma mensagem ao templo de Amon para prevenir de tua chegada. O casamento se fará quando tiveres recebido a resposta; eu darei um jeito de levar a situação até o momento necessário.

— É uma boa idéia, vou imediatamente ao templo; anteontem chegou de Tebas um mensageiro de confiança; deveria retornar dentro de alguns dias, mas eu o enviarei nesta noite mesmo com uma mensagem para Ranseneb e saberei quando ele poderá trazer a resposta. A partir disso, faremos planos. Vem encontrar-me aqui amanhã de manhã; tenho ainda várias coisas a perguntar-te.

Ficando sozinha no banco onde acabava de atar os fios de acontecimentos futuros de cuja importância nem suspeitava, Neftis entregou-se a risonhos devaneios de futuro. A imagem de Horemseb como seu esposo se desenhava em sua mente; não sabia que era o instrumento inconsciente de um desses acasos que podem mudar o destino de um império, e que buscando seus interesses pessoais e mesquinhos iria imprimir ao leme do Egito um movimento que iria ter sérias consequências. Porém o homem é cego, e felizmente para ela, Neftis não podia prever o futuro.

J. W. Rochester

Com o coração inflado por uma nova esperança, já começando a sentir o ar da liberdade e a embriaguez do poder, Tutmés dirigiu-se ao templo. O fiel mensageiro que mencionara a Neftis era Hartatef. Teve com ele e o sumo sacerdote uma curta conversa, na qual ficou decidido que o suposto escriba retornaria naquela mesma noite e voltaria dentro de doze dias; o resto seria decidido de acordo com as notícias e sugestões que trouxesse de Tebas.

Na manhã seguinte, Tutmés informou sua confidente das decisões tomadas, e impaciente, suplicou-lhe que lhe explicasse como deveria empregar o feitiço para conquistar e conservar o domínio sobre Hatasu.

— Vou dar-te um pequeno frasco — respondeu ela sorrindo — e quando tiveres certeza de poder aproximar-te da rainha, derrama algumas gotas do perfume que ele contém sobre uma rosa vermelha, e dá essa flor a ela. Além disso, dar-te-ei um colar com amuletos que deves usar quando fores falar com Hatasu, dando um jeito para que o aroma que ele exala seja sentido por ela. Esse perfume é muito forte, e te fará mal também, mas banhando com freqüência o rosto e as mãos em água fria, ficarás aliviado. Enfim, quem quer ter êxito precisa ter paciência. E espero que quando chegares ao poder, Tutmés, ajudes a fazer minha felicidade.

— Fica tranquila; seja o que for que desejes, riquezas, honrarias, ou mesmo um marido escolhido entre os primeiros nobre do reino, eu te concederei, palavra de faraó! – disse rindo.

Para dar tempo ao mensageiro de Tutmés de voltar de Tebas, Neftis deixou que se passassem vários dias sem parecer dar-se conta do sofrimento e da luta interior de seu noivo. Incapaz de dominar sua louca paixão, mas não sem dar-se conta de sua atitude insincera para com Neftis, Antef encontrava-se num estado febricitante. O fogo que lhe ardia nas veias lhe obscurecia a razão, e a luta interna que sofria o desmoralizava inteiramente. Estava cego e surdo para o que se passava em torno, e deixava Tutmés à vontade para preparar tudo para a fuga.

Finalmente, certa manhã, Neftis aguardou um momento em que ele se encontrava sozinho no terraço e veio sentar-se junto. Evitando olhá-la e tremendo nervosamente, Antef quis levantar-se e se esquivar, porém ela lhe tomou a mão e o reteve.

— Fica, Antef, e deixa que eu esclareça o que não tiveste coragem de confessar-me. Achas que sou cega, que não percebo que amas Menchtu e que ela também te ama? Teu coração honesto sofre por faltar com o compromisso que pensas ter que manter comigo, e essa tortura está te matando. Mas, meu caro Antef, tenho uma afeição sincera por ti, e só desejo tua felicidade, e sou eu quem te digo: casa com Menchtu e sê feliz. Eu ficarei algum tempo com vocês. Ficarei satisfeita com a felicidade de ambos, sem sentir ciúmes, juro-te; e espero que me concedam em sua casa o afeto e a condição de irmã.

Antef a escutou empalidecendo e enrubescendo alternadamente; às últimas palavras, tomou-lhe as duas mãos e apertou-as febrilmente aos lábios.

— Neftis, tua doce generosidade me humilha ainda mais a meus próprios olhos; e no entanto, tens razão, amo Menchtu com uma paixão desvairada, não posso viver sem ela; uma força invencível me prende a ela, e quando a deixo, sinto uma inquietação, um sofrimento que não posso suportar; só recobro uma relativa calma quando a vejo novamente. Talvez, com a certeza de teu perdão e unido a Menchtu, eu recupere a saúde do corpo e da alma. Preciso dizer que serás sempre para mim uma irmã querida, e que minha casa é a tua, até que um marido mais digno que eu te leve para a sua?

Nesse momento apareceu Menchtu, mas vendo a animada conversa, deteve-se, pálida de ciúme e cólera; ao vê-la, Neftis se ergueu e disse alegremente:

— Acalma essa cólera injustificada, e deixa-me unir tua mão à de nosso caro Antef; tudo está esclarecido; tu é que ficarás noiva dele, e em breve serás sua esposa. Promete apenas, Menchtu, que o farás feliz.

Com um grito de alegria e gratidão, a viúva atirou-se nos braços de Neftis. Depois falaram do futuro. Os dois pobres enfeitiçados se acreditavam os mais felizes dos mortais.

Com a ajuda de um sacerdote versado nesses assuntos complexos, escolheram um dia favorável para celebrar o casamento e ocuparam-se ativamente dos preparativos necessários.

Três dias antes da boda chegou Hartatef, com uma mensagem de Ranseneb. O vidente no templo de Amon expressava sua surpresa e curiosidade em relação ao plano do príncipe, contudo assegurava que tudo estaria pronto para recebê-lo, e sugeria que escapasse disfarçado de escriba, em companhia de Hartatef, munido de instruções detalhadas para sua segurança.

Uma impaciência febril devorava o jovem exilado, pois Neftis já lhe havia entregue o colar enfeitado com um escaravelho de prata e o precioso frasco que devia sujeitar a vontade de Hatasu. Não obstante, deu provas de um domínio próprio e uma dissimulação que eram um bom prenúncio para sua futura condição real.

Com a mais franca e despreocupada alegria, Tutmés tomou parte nos preparativos da festa, exigiu que o banquete fosse feito no palácio e que houvesse também um banquete para os soldados e criados; enfim, parecia divertir-se tanto, estar tão distante de qualquer intenção suspeita, que até um homem mais perspicaz que Antef em seu estado naquele momento poderia ter se iludido.

Enfim chegou o dia tão esperado. Tutmés, aparentemente mais alegre do que nunca, ofereceu à noiva um rico bracelete, e ao noivo uma magnífica espada, e quis presidir ele próprio ao banquete. O vinho corria em abundância, aumentando a cada minuto a animação dos convivas. Quanto a Antef, estava numa embriaguez quase total, pois Neftis dera um jeito de colocar em sua taça algumas gotas do elixir enfeitiçado.

Quando se levantaram da mesa, ninguém reparou que Tutmés desaparecera da sala. Enquanto continuavam a rir e festejar, conduzindo os recém-casados com grande pompa à câmara nupcial, o jovem príncipe, envolto num manto escuro, esgueirou-se do palácio e atingiu sem percalços uma ruela escura, onde Hartatef o aguardava com duas mulas e um disfarce de escriba. Num piscar de olhos, Tutmés tirou seu rico traje e jóias, fazendo um embrulho deles, colocou a túnica simples e a enorme peruca, e montou na mula; o embrulho foi jogado num fosso cheio d'água.

Seguindo a trote, chegaram à porta da cidade, que foi transporta sem dificuldades, com o passe que traziam. A alguma distância de Buto, na casa de um pastor do templo, trocaram as mulas por dois magníficos cavalos sírios e dirigiram-se a toda pressa para a capital.

Após o copioso banquete onde o vinho rolara em abundância, dormiu-se até tarde no palácio de Buto, e o dia estava alto quando do Antef finalmente deixou seus aposentos. Sentia-se alquebrado e com a cabeça pesada; contudo, desejava ver o príncipe e agradecer os seus favores.

Neftis o deteve a caminho, felicitando-o e conversando alegremente; estava certa de que seu aliado a essa altura estava longe, e qualquer perseguição seria inútil; no entanto, todos os minutos que retardassem a descoberta de sua fuga lhe pareciam preciosos.

À porta do quarto do príncipe, seu criado, tremendo, informou que Tutmés não aparecera durante a noite inteira. A notícia era grave o bastante para contrabalançar até o efeito do veneno. Subitamente sóbrio e pálido como um cadáver, o oficial precipitou-se para o interior do quarto: estava vazio.

Depois de revirar todo o palácio, Antef correu ao templo, com uma débil esperança de encontrar o prisioneiro ali. Responderam, surpresos, que o príncipe não havia aparecido, e o autorizaram sem hesitar a revistar até o santuário.

Com a morte na alma, Antef retornou ao palácio. Não podia iludir-se: Tutmés havia fugido. Sem responder às perguntas ansiosas de sua mulher e de Neftis, jogou-se numa cadeira e murmurou em tom surdo:

— Apostei minha cabeça e perdi.

Um sentimento de piedade pelo homem que a amara com sinceridade e que havia sacrificado a seu egoísmo apertou o coração de Neftis. Jurou a si mesma fazer com que Tutmés o indultasse se viesse a chegar ao poder, e aproximando-se dele, disse com energia:

— Em vez de gemer, deves pensar em tua salvação, Antef; foge para o deserto ou tenta juntar-te a alguma caravana, mas foge da cólera inicial de Hatasu. Semnut tem poder, ele pode conseguir teu perdão, mas por agora deves desaparecer, levando tudo que tiveres de ouro e jóias. Não te preocupes com Menchtu, cuidarei dela e não a abandonarei.

Antef compreendeu que era um bom conselho, e depois de uma triste despedida à jovem esposa, escapou da cidade. Haviam decidido que Neftis e sua companheira retornariam a Tebas, e combinaram a forma de receberam notícias do fugitivo.

Apesar de sua impaciência para deixar Buto, Neftis ficou retida ali por uma grave doença de Menchtu. Exaurida e superexcitada pelo aroma venenoso, foi tomada por uma intensa febre, e passaram-se semanas até que recobrasse forças suficientes para empreender a viagem para Tebas.

Hatasu sob o domínio do feitiço

Era uma bela noite, calma e serena; no azul escuro do céu cintilava uma multidão tão grande de estrelas que parecia uma cúpula tecida de fios de ouro. Através das ruas desertas e silenciosas de Tebas adormecida, uma liteira fechada, levada por quatro homens

J. W. Rochester

fortes, se dirigia rapidamente ao templo de Hator. Penetrando no recinto do templo, se detiveram diante da entrada do santuário, cujas maciças colunas pintadas projetavam sombras espessas.

Uma mulher envolta nas dobras de um longo véu desceu da liteira, e seguida por uma negra idosa, subiu os degraus e penetrou no templo, a cuja entrada um sacerdote com uma tocha recebeu-a respeitosamente, iluminando-lhe os passos. A visitante noturna não suspeitava que alguém, colado à sombra de uma das grossas colunas por onde acabava de passar, a observava com o olhar brilhante desde que saíra da liteira.

Esse alguém, envolto num manto escuro com capuz, trazia na mão um objeto que escondia com cuidado nas dobras do manto, não tirando os olhos da entrada do templo. Teve que esperar por muito tempo, e a impaciência lhe fazia tremer a mão e ofegar a respiração, até que finalmente a claridade da tocha reapareceu e projetou um débil traço luminoso avermelhado nas lages do peristilo e na figura esbelta da mulher velada. No instante em que ela passava rapidamente junto da coluna, o homem colado à sombra dela surgiu tão bruscamente diante da misteriosa visitante, que ela recuou involuntariamente, fitando com surpresa os contornos imprecisos de um rosto iluminado por olhos fosforescentes como os de um gato, à sombra do capuz. Mas antes que ela se desse conta do que se passava, sentiu que lhe tomavam a mão e depositavam nela algo fresco e úmido; no mesmo instante, o homem mergulhou novamente na sombra e desapareceu.

— Que significa isso? – exclamou a mulher, voltando-se e chamando o sacerdote, que se detivera na soleira da porta. Ele se aproximou imediatamente, e então Hatasu, pois era ela, viu que tinha na mão uma magnífica rosa vermelha mal desabrochada, com um botão quase aberto.

— Quem ousou aproximar-se de ti, rainha, e se insinuar no recinto sagrado? – exclamou o sacerdote. – Vou dar o alarme de imediato e fazer com que procurem o ímpio.

A rainha fez um brusco sinal em contrário.

— Volta, Setnecht, proíbo-te de fazer alarde por uma futilidade, e de perseguir o pobre insano que sem dúvida me tomou por outra.

Voltou para a liteira, e com um sorriso, aspirou várias vezes a flor, cujo aroma forte e suave lhe pareceu mais agradável que o de qualquer outra rosa que conhecera. Encalorada e sentindo a cabeça lhe pesar, retornou ao palácio, e chegando a seu quarto, examinou novamente a rosa tão misteriosamente ofertada. O olhar abrasador que se fixara nela por um instante não deixava nenhuma dúvida de que não se tratava de um equívoco do ofertante.

— Uma homenagem em forma de flor... à rainha ou à mulher?
— murmurou.

Um sorriso zombeteiro e desdenhoso lhe passou pelos lábios; quem, no Egito, ousaria erguer os olhos para ela, e ver a mulher na orgulhosa rainha Hatasu, que desprezando as fraquezas de seu sexo, usava audaciosamente nessa ocasião o cetro, a espada e a barba postiça do faraó?

Contudo, aspirou várias vezes a rosa e ordenou a Ama que a colocasse num vaso, numa mesa não longe de seu leito. Depois deitou-se e dormiu; mas a respiração opressa, os tremores que lhe sacudiam o corpo, a agitação com que se virava de um lado e outro, atestavam que esse sono não era reparador. De fato, sonhos pesados e cansativos como um pesadelo perseguiam a rainha. Parecia-lhe ver Tutmés, seu irmão e rival, que tentava asfixiá-la sob uma massa de rosas cujo perfume sufocante lhe tirava o ar; depois, via que não era o exilado de Buto, mas um jovem desconhecido, que se inclinava sobre ela, trespassando-a com um olhar tão penetrante que seu peito parecia atravessado por um dardo. Por fim, tudo isso desapareceu e viu Naromath, que oscilando dentro de uma nuvem esbranquiçada, lhe estendia os braços, tentando aproximar-se dela sem conseguir.

Hatasu levantou-se tarde; sentia-se pouco à vontade, a cabeça estava pesada e dolorida, as faces queimavam, uma angústia interior a torturava, e sua impaciência e irritação durante a toalete surpreenderam e assustaram as criadas. No conselho, que presidiu em seguida, escutou distraidamente os relatórios dos dignitários, repreendeu duramente algumas omissões leves, e voltou cheia de irritação e de uma angústia imprecisa. Por acaso, seu olhar caiu sobre a rosa ainda no vaso; pegou-a e aspirou o perfume, mas este havia diminuído sensivelmente, embora a flor estivesse fresca ainda. Depois, tomada de súbita impaciência, murmurou:

— Flor estúpida, talvez tenha sido esse perfume tão forte que me deu essa dor de cabeça; sou louca de ficar guardando esse presente de um desconhecido audacioso – e com um gesto brusco, atirou a flor pela janela aberta; a rosa traiçoeira ficou presa aos galhos de um jasmineiro; a rainha deitou-se, inquieta, descontente com tudo e pensando em Naromath.

O anoitecer lhe trouxe uma notícia que dissipou como por encanto qualquer devaneio amoroso: pálido e com os joelhos vacilantes, Semnut veio avisá-la de que Tutmés havia fugido de Buto.

Apesar de fora de si de cólera, Hatasu, ao saber do perigo para sua posição, dominou todos os outros sentimentos para tomar, com seu sangue-frio habitual, enérgicas providências.

Vários dias se passaram numa atividade febril. Tutmés continuava desparecido, mas as medidas de precaução tomadas por toda parte eram de tal sorte que uma rebelião nesse momento não teria nenhuma possibilidade de êxito.

Cerca de oito dias após a visita noturna ao templo de Hator, a rainha, esgotada moral e fisicamente pelo trabalho, preocupações e emoções dos últimos dias, estava no terraço. Havia dispensado os criados, e estendida num divã, devaneava em silêncio.

Era um vasto terraço, ornamentado à volta de maciços de arbustos perfumados, plantados em grandes vasos; alguns degraus, no alto dos quais velavam dois leões de granito, levavam ao jardim.

Duas palmeiras, ao pé da escada, projetavam a sombra de suas ramagens sobre as lajes de granito rosa; entre o arvoredo do jardim cintilava a superfície de um vasto tanque. A lua acabara de sair, clareando com a luz suave mas radiosa toda essa área, envolta numa calma profunda e misteriosa. Somente o coração humano não refletia a quietude da natureza; a dona desse palácio magnífico, desse jardim encantado, estava cega para a beleza que a cercava; a voz sublime da divindade, que através de suas obras lhe pedia serenidade, a contemplação de sua perfeição e da fragilidade humana, não penetrava em sua alma repleta de orgulho, ensombrecida pela ambição.

Pensamentos amargos e tumultuados agitavam o espírito de Hatasu. Censurava-se por ter confiado Tutmés a outras pessoas, permitindo assim que seus inimigos, os sacerdotes e os descontentes, pudessem envenenar o coração do rapaz, despertar nele uma ambição precoce, fazendo-o instrumento dócil de suas maquinações criminosas. Não, devia tê-lo conservado junto de si, para moldar essa alma jovem de acordo com sua vontade.

E onde estaria escondido, o perigoso fugitivo que de um momento para outro poderia surgir onde menos se esperasse e levantar a bandeira da rebelião?

Pensamentos ainda mais penosos, mesclados de esperança e temor, faziam bater com violência o coração de um adolescente de baixa estatura, encolhido entre os arbustos no outro extremo do terraço: seus olhos ardentes não abandonavam a fisionomia da soberana.

Esse silencioso acompanhante de Hatasu era Tutmés, que viera experimentar o efeito do poderoso feitiço sobre ela. Contudo, ao pensar que o sortilégio poderia não funcionar, um suor frio lhe molhava a testa; se isso acontecesse, ele teria jogado e perdido a liberdade e talvez a vida. Os sacerdotes, que não conheciam seu segredo, haviam taxado seu plano de loucura, e tentaram impedilo de tentar fazer isso, mas pela primeira vez o jovem falcão havia mostrado as unhas e declarou sua decisão inabalável de conquistar sua irmã e a liberdade incondicional, ou então morrer, preferindo a morte a uma vida de prisioneiro ou fugitivo. Um cúmplice dos sacerdotes, então, o fizera entrar no palácio e lhe indicara o terraço onde a rainha ia com freqüência gozar o frescor da noite, e pelo qual ele podia penetrar também em seus aposentos.

Fazia quase meia hora que ele se encontrava escondido entre os arbustos quando a rainha apareceu no terraço e, depois de caminhar agitada de um extremo a outro, estendera-se num divã. Passou-se um bom tempo e o rapaz não se decidia a tentar o passo decisivo. Contemplava a irmã com uma agitação crescente. O aroma intenso e deletério do colar enfeitiçado que usava lhe subia à cabeça, fazendo palpitar-lhe as têmporas e oprimindo-lhe a respiração. Mil hipóteses sobre o que poderia acontecer lhe giravam na mente superexcitada; mas de repente veio-lhe a idéia de que se o perfume enfeitiçado inspirasse amor por ele em Hatasu, ela poderia muito bem desposá-lo, e esse alternativa resolveria tudo a seu favor. Um sentimento estranho apertou o coração do adolescente, o sangue lhe subiu às faces, e pela primeira vez ele examinou e buscou curiosamente a *mulher* naquela irmã, aquela ambiciosa rainha na qual até então vira apenas a rival. O acaso favoreceu essa investigação. Estava quase tão claro como o dia, e a transparência perfeita da atmosfera lhe permitia distinguir cada incrustação do divã, cada torneado da mesinha de sândalo esculpida na qual estavam uma taça de ouro e um leque de plumas multicores; mas o olhar de Tutmés deslizou sobre essas coisas e fixou-se intensamente sobre a mulher estendida, imóvel, nas almofadas de púrpura pontilhadas de ouro.

Uma túnica leve e justa de linho envolvia a rainha, moldandose ao corpo e ressaltando as formas esbeltas e elegantes, que não

J. W. Rochester

tinham perdido nada da elasticidade e da graça da juventude; o braço, que saia da manga curta e se destacava nitidamente na brancura no traje, era admirável, e terminava numa mão tão pequena e fina, de dedos afilados, que era de admirar-se que essa mão frágil de menina pudesse segurar o cetro com tanta dureza e determinação, e dirigir o leme de um grande império. A espessa cabeleira de Hatasu, livre de adornos e penteado, espalhava-se nas almofadas, e envolvia como um véu escuro o rosto de contorno fino e traços regulares. Estendida assim, com o nariz afilado, a boca enérgica, os olhos fechados, sombreados por longos cílios encurvados, poderia passar por uma estátua.

— Sim, é bela ainda e pode fazer bater o coração – murmurou Tutmés sem querer; mas será que o feitiço agiria sobre esse temperamento cuja têmpera lhe era bem conhecida? Poderia alterar o curso dos pensamentos que fervilhavam atrás dessa fronte lisa, as decisões talvez sinistras que indicavam essas sobrancelhas franzidas?

Sob o efeito dessas preocupações e do mal-estar que o agitava, o rapaz esqueceu onde estava; suspirou profundamente, e o movimento brusco com que levou a mão à testa fez tilintar seus braceletes contra os elos do colar.

A esse som metálico, a rainha ergueu-se bruscamente e seus olhos brilhantes sondaram ao redor; com indizível espanto, viu uma forma baixa e esbelta de adolescente surgir na extremidade do terraço e dirigir-se para ela, rápida e leve como uma sombra. Antes que ela pudesse pensar ou dar um grito, o rapaz estava ajoelhado, abraçando-lhe os joelhos, e dizia com voz baixa e vibrante:

— Não chames ninguém, Hatasu, sou eu!

— Tutmés! Insensato! Ousaste vir aqui? – murmurou a rainha aturdida e voltando a sentar-se.

— Sim, sou eu, e não venho como rebelado, mas como suplicante que se entrega a tua graça; por piedade, mata-me, se minha vida é um entrave para ti, ou deixa-me viver perto de ti como um irmão mais moço, teu súdito, um príncipe de tua família; mas não me exiles nesse buraco onde estou enlouquecendo de tédio e desespero. Lembra que somos filhos do mesmo pai, e não me rejeites.

Inclinou-se para ela como para perscrutar-lhe a fisionomia, e tomando-lhe as mãos, atraiu-a para si.

A rainha não respondeu; como tomada por uma fraqueza súbita, encostou-se nas almofadas. O efeito debilitante do veneno que acabara de aspirar agia sobre ela, fazendo pesar-lhe a cabeça e oprimindo-lhe o peito; entretanto, fosse porque o aroma pernicioso fosse menos forte ao ar livre, ou que a natureza excepcionalmente racional da rainha, seu hábito de dominar e submeter os sentimentos lhe servisse de defesa, o fato é que apenas um sentimento de piedade, de indulgência maternal despertou nela por aquela criatura jovem que, apesar de tudo, era seu irmão. Como se as últimas palavras de Tutmés a tivessem evocado, a imagem de seu pai lhe veio à mente; recordou uma noite em que, pouco antes de sua morte, ele conduzira a seu quarto um frágil garoto de uns sete anos e dissera com tristeza:

— Pressinto que meu fim está próximo: promete-me, Hatasu, que por amor a minha memória, protegerás esta criança; que este pedido meu sirva de defesa e amparo ao pequeno órfão, aconteça o que acontecer.

Angustiada e com os olhos cheios de lágrimas, ela tinha pousado a mão na cabeça do menino e respondera:

— Que espírito nefasto te inspira esses pensamentos sombrios? Tu viverás, meu querido pai, para a glória de teu povo; mas se minha promessa te dá satisfação, eu juro que velarei por esta criança – e erguendo o menininho, o abraçara. Um sorriso de satisfação iluminou o rosto pálido de Tutmés I. E agora, sua sombra não teria vindo recordar essa promessa a sua filha e herdeira? Esse menino teria culpa de que a ambiciosa casta dos sacerdotes fizesse dele um instrumento de discórdia para abater a independência de espírito da rainha, que desdenhava de sua supremacia? Nesse momento, a sorte não lhe estava oferecendo inesperadamente a ocasião de reparar um equívoco que ela mesma estava deplorando alguns momentos antes?

A rainha endireitou-se, com um suspiro, e seu olhar caiu sobre o rosto infantil de Tutmés, que ainda ajoelhado, os lábios ansiosamente entreabertos, olhos cheios de lágrimas, a fitava, não entendendo seu longo silêncio. Novamente um sentimento brando de afeto e saudade, um impulso de carinho lhe tomou a alma; inclinando-se, tomou nas mãos o rosto do adolescente e deu-lhe um beijo.

— Vens suplicar-me invocando a memória de nosso divino e glorioso pai; teu apelo não foi em vão, e dou-te o beijo de irmã, pois é melhor amar que ser severa. Faz, Tutmés, com que eu não me arrependa deste momento. Não te dou o trono, porque devo reinar sozinha, mas concedo-te os direitos e honras devidos a um irmão, e um dia (sorriu melancolicamente) esta coroa que ambicionas será tua por direito, pois não tenho herdeiros.

Ao ouvir essas palavras, recebendo esse beijo dado com sinceridade, um sentimento confuso de vergonha e humilhação agitou a alma jovem, honesta e altiva de Tutmés. Ao pensar no meio que empregara traiçoeiramente para obter uma afeição que não merecia, que os sacerdotes queriam utilizar para destruir essa mulher que lhe dera o beijo de irmã, um rubor violento lhe invadiu as faces. "Estou te traindo!" quase gritou sob o império desses sentimentos e da pressão do perfume venenoso.

Conseguiu sufocar essas palavras, mas não as lágrimas que lhe brotaram subitamente dos olhos e inundaram as mãos da rainha, nas quais encostou o rosto que queimava.

Hatasu, surpresa com esse súbito acesso de desespero, o atribuiu ao efeito dos temores e apreensões que o rapaz havia sentido. Ergueu-lhe a cabeça bondosamente, enxugou as lágrimas que escorriam por suas faces redondas, e disse com um sorriso:

— Acalma-te, o passado está morto e esquecido, e o futuro faraó Tutmés III não pode ser um chorão. Senta aqui neste banco e vamos conversar sobre a tua nova vida.

Tua posição e idade te descortinam um radioso futuro. Aproveita com alegria, mas dentro dos limites razoáveis, a despreocupação e os prazeres que são próprios de juventude; logo em seguida virão as preocupações, o áspero trabalho do governo: é pesada essa coroa maciça dos soberanos do Nilo.

E outra coisa, Tutmés: não escutes nem creias cegamente nas insinuações dos sacerdotes; um futuro rei deve aprender a julgar por si próprio e ler nas almas dos homens. Os servidores do templo te ensinaram a odiar-me como uma inimiga, mas eles é que nos separaram, transformando-te em uma arma para ameaçar minha vida e minha autoridade.

Por que? Para fazer de um menino sem experiência, que colocariam no trono, seu escravo, o instrumento de seu poder, que gostariam de colocar acima da autoridade real, pois eles se dizem os representantes, os mandatários dos deuses que dirigem o universo. Que seja! Que o povo os considere assim, mas os soberanos do Egito são filhos de Amon-Rá, o sangue do deus corre em nossas veias, e não há necessidade de intermediários entre o faraó e seu pai imortal. Os imensos templos, as tumbas magníficas que erguemos, são homenagens aos deuses, monumentos que devem perpetuar nossos nomes, nossa glória, e a grandeza de nossas realizações; mas essa classe insaciável e intrigante queria fazer desses monumentos gigantescos, nos quais empregamos somas incalculáveis tomadas dos povos vencidos, um pedestal para eles, e aproveitando-se do nome da divindade, erguer-se acima de nós. Nenhum rei digno desse nome suportaria isso; um único sol brilha no céu, e a vontade do faraó é que deve reger o império.

A rainha se animara ao falar; o desmesurado orgulho que lhe enchia a alma transbordava de seus olhos faiscantes, na curva de seus lábios, na vibração viril de sua voz metálica. Tutmés escutara, extremamente abalado; essa soberba convicção de estar acima da humanidade, essa sobranceria real, encontrava eco em sua alma altiva e ambiciosa. Sentiu que Hatasu tinha razão, que ele era um instrumento nas mãos dos sacerdotes, e pela primeira vez uma surda revolta se ergueu nele contra os que lhe repetiam sempre que a eles é que ele deveria o poder que alcançasse.

Procurava uma resposta que conciliasse essas idéias com a cautela, quando a rainha, com sua agilidade mental costumeira, o dispensou disso, indagando repentinamente:

— Como conseguiste fugir? Foi Antef quem te auxiliou?

— Não, pela memória de nosso divino pai, juro que Antef foi sempre teu fiel servidor; aproveitei o seu banquete de casamento para fugir.

— Com quem e onde te escondeste aqui? O inquérito descobriu que dois servidores do templo, com um passe, atravessaram os porões da fortaleza.

— Sim, eu estava disfarçado de escriba, e aqui, escondido no templo de Amon; mas, Hatasu, não os castigues por isso – balbuciou Tutmés, perturbado pelo olhar penetrante e escrutador da rainha.

— Tranquiliza-te, não vou punir ninguém, já que te perdoei. Mas foram os sacerdotes que te aconselharam a vir falar comigo?

— Não, foi idéia minha.

Um sorriso indefinível se desenhou nos lábios de Hatasu.

— Foste bem inspirado – disse ela – em não seguir o conselho deles de aguardar o momento favorável para me desafiar abertamente. Mas chega por hoje; segue-me, vou dar ordens para tua instalação provisória.

Ergueu-se e, levando Tutmés para seu quarto, onde pediu que esperasse, passou a um gabinete contíguo e deu três golpes num sino. Imediatamente, o reposteiro da porta se ergueu, e o oficial de guarda surgiu: era Keniamun.

J. W. Rochester

— Vai e transmite imediatamente ao comandante do palácio que lhe ordeno reunir em minha sala pequena de recepção o chefe da guarda, os oficiais e funcionários de serviço nesta noite; que chamem também meus escribas e o astrólogo Rameri, que encarreguei de ler esta noite nas estrelas a vontade dos imortais. Apressate, pois dentro de meia-hora eu estarei com eles; se Semnut ainda não partiu, que venha aqui de imediato.

O rapaz correu para executar as instruções, e a meia-hora indicada não se passara e uma massa considerável de oficiais, sacerdotes e funcionários estava reunida na sala indicada, fartamente iluminada por tochas e lâmpadas.

Todos estavam ansiosos e não compreendiam essa convocação noturna; esse sentimento se transformou em profunda estupefação quando Hatasu apareceu conduzindo pela mão o jovem Tutmés. Já se sabia em Tebas que o exilado havia escapado de Buto, e esperava-se acontecimentos terríveis e sangrentos, não essa aliança totalmente incompreensível.

A rainha, que colocara sobre seu traje branco uma túnica de linho púrpura e cingira a testa com um diadema de ouro, subiu ao estrado e ficou em pé diante do trono; o príncipe ficou parado no penúltimo degrau. Então, indicando-o à assembléia, a rainha declarou que, inspirada por Amon-Rá, ela decidira reconciliar-se com seu irmão, conferindo-lhe os direitos e honras devidas a seu parente mais próximo, e herdeiro presuntivo do trono.

Aclamações, gritos e bênçãos se seguiram a essas palavras, e a maioria era sincera, pois essa miraculosa reconciliação afastava a assustadora perspectiva de uma guerra civil. A seguir, a rainha ordenou que no dia seguinte se reunissem os conselheiros, os escribas reais e os superintendentes do tesouro, para regularizar os direitos do príncipe, e sua posição. O superintendente dos aposentos do palácio recebeu ordem de alojar provisoriamente o jovem príncipe, o chefe da guarda de fornecer-lhe uma pequena guarda noturna; depois Hatasu despediu amavelmente Tutmés e a assembléia e retirou-se.

O feiticeiro de Tebas

A notícia do acordo estabelecido entre a rainha e o irmão produziu a mais profunda sensação em todo o Egito. Todos os partidários da ordem e da tranquilidade se regozijaram sinceramente; os descontentes e ambiciosos se calaram, esperando que essa paz não durasse. A população de Tebas tomou a parte mais ativa nesse grave acontecimento político, não só por discussões intensivas, como pela presença ao vivo, pois a rainha foi com Tutmés ao templo de Amon-Rá, e depois à cidade dos mortos, onde ambos fizeram sacrifícios sobre o túmulo do pai. A essas duas solenidades, que foram celebradas com uma pompa nunca vista, compareceram não apenas os habitantes da capital, mas também a população das regiões vizinhas, e nunca a soberana fora saudada com aclamações mais frenéticas.

A emoção produzida pela reconciliação da família real não tinha se acalmado ainda quando uma notícia não menos inesperada veio despertar a curiosidade de todos: o príncipe Horemseb, diziase, viria a Tebas saudar sua real parenta e soberana e oferecer-lhe presentes por sua ascensão ao trono. A longa ausência do príncipe, sua vida misteriosa e retirada, já haviam feito correr tantos boatos estranhos sobre ele que, com a notícia de sua chegada, o interesse de todos se voltou imediatamente para o vasto palácio que ele possuía, não longe da residência real, deserto e silencioso havia muitos anos.

Como por encanto, a imensa moradia havia despertado: sob a direção do velho Hapzefaa, um exército de servidores trabalhava para renovar e colocar tudo em ordem; diversos barcos carregados de objetos preciosos chegaram de Mênfis, e pela suntuosidade dos preparativos, era fácil deduzir que o príncipe desejava fazer boa figura em Tebas. Causou admiração apenas o fato de o intendente haver comprado tantos escravos novos, em lugar de os trazer consigo; e a curiosidade de ver a singular figura aumentou ainda mais.

Em uma bela noite, umas três semanas após os acontecimentos narrados, Neith e Roant encontravam-se no terraço da casa desta última. A esposa do chefe da guarda falava animadamente, embalando ao colo um menino de alguns meses. A criança adormeceu, e a jovem mãe recomeçou com verve a repetir as últimas novidades sobre Horemseb. Sabia, pelo marido, que a rainha tinha marcado a apresentação do príncipe para o mesmo dia da grande recepção dos representantes dos povos tributários que vinham apresentar

J. W. Rochester

suas homenagens. A cerimônia deveria ser das mais pomposas, e todos os pensamentos de Roant se concentravam na chegada do feiticeiro e no lugar que ela conseguiria na comitiva real para poder ver de perto o desfile do cortejo.

Ocupada com o filho e com esses planos, parecia não notar o silêncio entristecido da amiga, que, com a cabeça reclinada no encosto da cadeira, os olhos perdidos no vazio, parecia mal escutar.

— Consegues realmente te interessar tanto pela chegada desse homem desconhecido, e aposto que fútil e pretensioso? Todo esse mistério que o cerca é criado para chamar a atenção – interrompeu Neith subitamente, e uma irritação nervosa lhe vibrava na voz. – Deixemos para lá esse tolo Horemseb; diz-me antes quando Roma voltará de Heliópolis. Preciso vê-lo e dizer-lhe que tudo é culpa dele: já poderíamos estar há muito tempo casados e felizes, se ele não tivesse me forçado a aceitar aquela despedida fatal. Agora não ouso faltar a minha promessa, para a qual chamei Hator por testemunha.

Roant a fitou espantada.

— Roma vai chegar logo, e com certeza não está esperando censuras por esse assunto antigo! Quanto ao príncipe, não entendo o que te faz ficar irritada contra ele, a não ser (começou a rir) que seja um pressentimento de que vais te apaixonar por ele, pois todas as mulheres, ao que dizem, se enamoram se Horemseb as olha com afabilidade, e certamente não vai ser por ti, a moça mais bela de Tebas, que ele passará indiferente.

Longe de achar graça, Neith ia retrucar, quando a entrada do chefe da guarda veio interromper a conversa. Chnumhotep beijou o filho e a mulher, apertou a mão de Neith, depois livrou-se das armas, sentou e disse alegremente:

— Estavam falando de Horemseb; pois tenho o prazer de anunciar que ele acaba de chegar. Encontrei o magnífico cortejo que o seguia do barco ao seu palácio; ele próprio ia sentado na liteira, impassível e indiferente como um deus de granito.

— É mesmo tão bonito como dizem? – interrompeu Roant com curiosidade.

— Não sou um juiz muito competente de beleza masculina, no entanto achei-o sedutor o bastante para despertar receios em todos os maridos, pais e amantes de Tebas – respondeu Chnumhotep, rindo a valer. – Dizem que é terrivelmente perigoso e cruel: aviso-as! Tem o coração inacessível e frio aos maiores encantos, e contenta-se em despertar paixões.

— Por mim, ele pode ficar frio como um cadáver, não me interessa nada; e a sensação que me oprime desde hoje de manhã é um antídoto contra essas frivolidades amorosas – disse Neith com ar sombrio.

— Que significa todo esse mistério? – exclamou Roant com impaciência. – Há horas vejo que estás com a morte na alma e não me dizes o motivo, a mim, tua melhor amiga!

— Sargon foi indultado – murmurou Neith; e angústia e cólera se mesclavam em sua voz.

— Sargon indultado! Desde quando? É impossível! – exclamou Roant estupefata.

— Pois é verdade, e ele não é o único que vai escapar à justa punição, por uma graça imerecida – respondeu Chnumhotep, lançando um olhar de compaixão à jovem, que tinha fechado os olhos e apoiara a testa no ombro da amiga.

— Quem mais?

— Não sei o nome de todos que vão ser anistiados, mas à testa da lista constam, além de Sargon, Hartatef e Antef.

— Esse traidor! Esse sacrílego! – exclamaram ao mesmo tempo Roant e Neith, desviadas de sua preocupação por essas notícias inacreditáveis.

— Ainda compreendo que a rainha perdoe Sargon, mas Antef, que a traiu!... E sobretudo, é estranho que ela queira ofender os sacerdotes, indultando um sacrílego como Hartatef!

— Há três semanas que os milagres acontecem em Tebas; pois foi o sumo sacerdote de Amon quem pediu e obteve o indulto de Hartatef – disse Chnumhotep em tom de troça, divertindo-se com as expressões perplexas e o ar de incredulidade das duas.

Mas recuperando-se em seguida, ambas o pressionaram para obter todos os detalhes desse fato incrível, e como o chefe da guarda se fazia um pouco de rogado, cercaram-no de todas as atenções para convencê-lo. Neith, desperta em parte de seu abatimento, levou dali o bebê, que tinha acordado e exibia uma voz digna de um futuro comandante de tropas. Roant afagou o marido, serviu-lhe vinho e frutas, depois sentou-se junto dele, abanando um leque para refrescá-lo enquanto falasse.

Depois de ter zombado um pouco de sua curiosidade e atenções, Chnumhotep disse, retomando o ar sério:

— Vocês têm razão, isso tudo parece inacreditável, e no entanto foi decidido com toda facilidade ontem à noite, e de forma inesperada. Os detalhes que vou contar são verdadeiros: o que eu mesmo não presenciei, ouvi de Ranseneb, que estava junto com o sumo sacerdote.

Vocês sabem que as boas relações entre a rainha e Tutmés vão além de todas as previsões; não posso julgar se é o sentimento, ou apenas a habilidade política que determina essa atitude da rainha; em todo caso, no meu entender, ela neutralizou por muito tempo a influência dos sacerdotes sobre o príncipe, o qual, embriagado pela liberdade e os prazeres da vida, só pensa em se divertir e compensar o tempo perdido no exílio. É justo lembrar que ela lhe concedeu recursos principescos, nomeou-o seu herdeiro, e parece ter prazer em cumular o irmão de presentes e honrarias. Ontem, fizeram uma esplêndida caçada; a própria rainha matou dez gazelas; tem uma firmeza espantosa na mão. Tutmés se encantou, e quando conseguiu matar um filhote de leão (aliás bem grande) seu entusiasmo e satisfação foram sem limites. Na volta, ele pediu para tomar o lugar do condutor do carro da rainha, para contar à irmã os detalhes de sua proeza, o que ela concedeu.

— Encontrei ontem o séquito da rainha, ao voltar da casa de Tahoser – disse Neith – e me admirei ao ver Tutmés conduzindo o carro dela. Que magníficos cavalos! Estavam tão enfeitados de púrpura, com bordados de ouro e pedrarias, que dava para ter inveja deles, e tive pena de ver coisas tão bonitas cobertas de poeira!

— Sim, Hatasu ama a magnificência; mas voltemos à história. Voltaram ao palácio de ótimo humor. Encontraram lá o sumo sacerdote de Amon e Ranseneb, que vinham agradecer à rainha por um carregamento de madeira de sândalo e ânforas de essências preciosas que ela tinha enviado de presente ao templo.

Como se pode imaginar, falaram da caçada (aqui repito a história de Ranseneb, porque eu já tinha saído). A rainha elogiou a coragem e a destreza do irmão, e deu-lhe de presente a magnífica coleção de armas de Tutmés I, que achou ser ele digno de possuir.

Tutmés ficou louco de alegria; a rainha lembrou-lhe, rindo, que um futuro faraó deve ser mais moderado na expressão dos sentimentos. Agora imaginem o mal-estar de todos quando o rapaz imprudentemente declarou que não podia deixar que se passasse um dia daqueles, em que a rainha irradiava a alegria em torno dela como uma verdadeira filha de Rá, sem lhe rogar o perdão para um homem de cuja infelicidade dependera a sua própria. E nomeou Antef.

Um silêncio constrangido se fez, e Semnut, dizem, ficou pálido como um cadáver. Ele sabia que mereceria ter sido enviado às minas por ter recomendado seu estúpido sobrinho. Mas a rainha não pareceu nem um pouco aborrecida.

— Teu pedido te faz honra – disse ela – é próprio de um rei não esquecer os que lhe prestaram um favor, mesmo involuntariamente. Indulto Antef, e com isso desejo provar mais uma vez a estima e gratidão que sinto por meu dedicado e fiel servidor Semnut.

Este, sem dúvida bastante emocionado, prosternou-se, e chorando, agradeceu à soberana, e depois balbuciou:

— Ah, rainha, divina benfeitora, se tua misericórdia perdoa assim a um grande criminoso, não poderia estender-se a outro condenado, Sargon, que o amor desgraçou, e que se consome nas pedreiras, longe de teu olhar que dá vida, e de sua jovem esposa?

Ranseneb pensa como eu, que o astuto Semnut quis agradar a rainha oferecendo-lhe essa oportunidade de agraciar seu protegido. O fato é que ela sorriu a concedeu a graça, e acrescentou que desejava aproveitar a ocasião para uma anistia mais ampla, e que o sumo sacerdote de Amon e Semnut preparassem uma lista dos que se poderia indultar. Foi então que o sumo sacerdote pediu por Hartatef. Vendo a surpresa da rainha, explicou que Hartatef, homem religioso e honesto, fora induzido ao sacrilégio por um terrível feitiço; que isso fora descoberto, e que o deus o perdoara e, pela boca de seu servidor, intercedia por ele. Hatasu não fez objeção, e ordenou que lhe restituíssem a fortuna, exceto a parte doada ao templo.

Fiquei sabendo de tudo esta manhã; e sem dúvida foi Semnut quem te deu a notícia. Mas não te entristeças, Neith: ainda se passarão uns dois meses antes que Sargon chegue. Terás tempo de te habituar à idéia, e acredita, o cumprimento do dever atrai a bênção dos imortais; e a ti também eles conduzirão a um final feliz.

— Agradeço, Chnumhotep, por tuas palavras de conforto; mas é bem difícil ser uma boa esposa quando se ama um outro – respondeu Neith com tristeza. Depois acrescentou, erguendo-se: — Preciso ir; estou com muita dor de cabeça e sinto um mal-estar geral; até logo, meus amigos.

— Cuida-te bem, lembra que depois de amanhã é a grande cerimônia da apresentação de Horemseb – disse a risonha Roant acompanhando a amiga e prometendo ir visitá-la no dia seguinte.

Na noite anterior à recepção dos tributários, dormiu-se pouco em Tebas. A cerimônia teria lugar de manhã cedo, antes do calor mais forte; e desde a noite, um exército de escravos, de criados e funcionários da corte se ocupava de preparar tudo. Na sala aberta diante da qual iria desfilar o cortejo, fixaram tapetes, colocaram esteiras, penduraram bandeirolas e ergueram o trono.

Pelas ruas, os curiosos mais previdentes ocupavam os melhores lugares, e muito antes do alvorecer, massas humanas compactas tomavam todas as ruas adjacentes ao palácio real. Os destacamentos de policiais distribuíram muitas bastonadas para manter a ordem e impedir que o povo invadisse o espaço reservado para o cortejo.

Quando por fim o sol se ergueu, a animação geral aumentou. Primeiro, os destacamentos de soldados chegaram cantando, com ramos floridos na mão, e se enfileiraram nos dois imensos pátios cercados de colunatas, ao final dos quais se achava a sala aberta; eram as tropas de elite chamadas "os filhos de Tebas" e "os lanceiros reais", airosamente armados de lanças e machados. A seguir, o público privilegiado começou a entrar nos dois pátios e ocupar os lugares reservados sob as colunatas, enquanto lá fora se reunia o cortejo dos tributários, seguindo as instruções dos mestres de cerimônia. Por fim, Chnumhotep, com um destacamento de guardas nobres, ocupou os degraus que conduziam à sala aberta, magnificamente decorada, na qual já estavam reunidos diversos dignitários.

Essa sala, à qual se chegava do pátio por uma dezena de degraus, abria-se num dos lados para uma comprida galeria que conduzia ao interior do palácio; por ali entraria a corte. As paredes estavam totalmente recobertas de tapetes preciosos e de tecidos de púrpura, e próximo à escada, dois longos bastões dourados, projetados para a frente, sustentavam uma enorme cortina listada de ouro e púrpura. Diante da escada, sobre um grande estrado de madeira dourada, estavam os tronos reais. No centro do estrado, estendia-se um dossel sustentado por quatro colunatas esmaltadas de cores vivas e terminadas por folhas de palmeira; na frisa desse dossel, sobre um fundo de esmalte vermelho, via-se uma bordadura de *uraeus* de ouro, com o disco solar sobre a cabeça. O trono de ouro maciço, quadrado, de espaldar baixo, era ornado dos dois lados com incrustações de lápis-lazúli representando feixes de lótus e de papiros unidos, o emblema simbólico do Alto e Baixo Egito unidos sob o mesmo cetro.

No mesmo estrado, porém fora do dossel, havia um trono semelhante, destinado a Tutmés. Tudo estava pronto; os retardatários ocupavam às pressas seus lugares, e a procissão dos tributários já se enfileirava no primeiro pátio, quando chegou Horemseb.

Numa liteira dourada, precedida por batedores e escravos que traziam os presentes destinados à soberana, o príncipe permanecia indiferente e sonhador, não parecendo perceber os milhares de olhos curiosos que o fitavam, nem o murmúrio de admiração despertado por sua beleza e pela riqueza de seu cortejo.

À entrada do segundo pátio, menor, a liteira se deteve. Horemseb desceu e dirigiu-se a pé para a tribuna. Nesse momento, diversas fanfarras soaram, anunciando a chegada da corte; imediatamente o barulho silenciou, a multidão ondulou em todas as direções, depois se imobilizou, cada um em seu lugar, e todos os olhares se fixaram na galeria, ao fundo da qual se desenrolava uma imensa fita multicor semeada de reflexos metálicos, coberta por uma floresta ondulante de leques de plumas e de seda.

À frente do cortejo Hatasu avançava rapidamente. Vestia um traje branco estreito, enfeitado na orla, nas mangas e ao redor do pescoço com belos bordados de ouro; à cintura, uma faixa púrpura franjada de ouro e bordada de pedrarias; um colar de sete voltas, de incalculável valor, lhe enfeitava o pescoço, e pesados braceletes lhe tomavam os braços quase até os cotovelos. Em vez da dupla coroa, trazia na cabeça a plumagem de uma galinha de angola, tendo em cima uma coroa redonda serrilhada. De sob as asas abaixadas da ave, escapavam seus cabelos negros ondulados, e por incrível que pareça, esse estranho penteado, que dificilmente se poderia imaginar à cabeça de uma mulher de hoje, sentava perfeitamente na fisionomia de traços finos de Hatasu.

Alguns passos atrás dela vinha Tutmés, usando um boné em forma de casquete, enfeitado na frente com dois *uraeus* cujas caudas se enrolavam em espiral; na mão trazia uma vara dourada que terminava por uma cabeça de Hator.

A rainha subiu ao estrado com passos firmes e sentou-se. Vista assim, nessa pose hierática, cintilante de jóias, na serena imobilidade que a etiqueta do antigo Egito impunha a seus reis, poderia ser tomada por uma estátua de granito. De modo geral, toda essa cena, cercada de construções imensas e singulares, com uma diversidade cambiante de cores e tipos humanos estonteante, com a originalidade de seu fausto primitivo e grandioso, oferecia um espetáculo de que nenhuma solenidade moderna pode dar uma idéia, mesmo aproximada.

Quando Tutmés tomou seu lugar, e os portadores de leques

J. W. Rochester

e dignitários se colocaram ao redor do trono, um mestre de cerimônias se prosternou, anunciando que o príncipe Horemseb implorava a graça de saudar Sua Majestade e depositar a seus pés presentes em honra de sua ascensão ao trono. Erguendo-se, estendeu a mão, e os criados do príncipe começaram a subir os degraus, trazendo os presentes realmente magníficos que o príncipe oferecia a sua real parenta. A seguir Horemseb adiantou-se; mas ao vê-lo, uma expressão de desagrado perpassou no semblante imóvel da rainha; um sentimento quase de cólera despertou em sua alma contra o belo rapaz que parecia feito para inspirar simpatia; cólera e angústia lutaram dentro dela por um instante, enquanto as faces bronzeadas de Tutmés se cobriram de uma ligeira palidez, e um desfalecimento interior o fez cerrar os olhos por um instante.

Sem desconfiar do mal-estar e do antagonismo provocados na alma dos soberanos, Horemseb se prosternara, beijando o chão, mas ao erguer-se encontrou o olhar de Hatasu, frio e penetrante como um dardo, e uma dura severidade vibrava na voz da rainha quando, em rápidas palavras, agradeceu os presentes e acrescentou:

— Vieste um pouco tarde cumprir teus deveres para com a chefe de tua família; o lugar de um príncipe egípcio é junto do trono. Por que razão foges do mundo, levando uma vida inativa e inútil? Por que te eximes dos deveres de esposo e pai, e não tens até hoje nem esposa nem herdeiro para perpetuar tua raça?

Um ligeiro rubor tomou as faces de Horemseb, mas reprimindo a cólera que rugia nele a essa repreensão pública, inclinou-se profundamente, com os braços cruzados ao peito, e respondeu respeitosamente:

— Divina filha de Rá, digna-te ouvir sem encolerizar-te a resposta de teu súdito mais humilde e fiel. Um voto feito aos imortais é que me impõe uma vida de solidão e isolamento. Sabes que uma promessa feita aos deuses é inviolável, e a luta entre o intenso desejo de vir prosternar-me a teus pés e o receio de um perjúrio por muito tempo me dilacerou a alma; mas um sinal da divindade me autorizou a deixar meu retiro para retemperar e alegrar meu espírito com a visão de tua grandeza; e me impôs o compromisso de retornar em poucas semanas a meu solitário palácio de Mênfis.

A rainha escutou com visível surpresa essa estranha explicação. Muitos boatos estranhos e suspeitos lhe tinham chegado sobre o bruxo de Mênfis, mas nenhuma queixa séria; e por anormal que fosse um príncipe jovem e belo se submeter por uma promessa a uma vida solitária, se não fazia mal a ninguém, podia-se pensar que fosse indiferente a tudo e a todos.

— Longe de mim a idéia de querer que fosses perjuro para com os deuses – disse ela. – Age de acordo com a tua consciência. És bem-vindo à minha corte durante o tempo em que estiveres em Tebas; e agora, ocupa teu lugar atrás do assento do príncipe meu irmão.

Mal Horemseb ocupou o lugar indicado, aproximaram-se dois dignitários vestidos de túnicas brancas, sobre as quais traziam um tecido branco transparente e finamente plissado. O primeiro, cujo *claft* era enfeitado por um *uraeus,* trazia em uma das mãos um cajado de ouro, na outra um leque; o segundo, uma espécie de pasta ou pequena bolsa dourada. Ambos se prosternaram e com palavras pomposas imploraram permissão, o primeiro para fazer desfilar o cortejo, o segundo para apresentar à rainha os príncipes tributários da Ásia, que vinham implorar a continuidade da paz e da benevolência real. A rainha inclinou o cetro em sinal de aprovação, e o desfile começou.

Primeiro os príncipes tributários asiáticos, uns morenos como os egípcios, outros de um amarelo pálido, todos barbudos e de pronunciado tipo semítico; vestiam-se por baixo com uma túnica amarela, que formava, até os tornozelos, calções colantes, com mangas parecidas; sobre ela, envolviam-se em grandes chales franjados, vermelhos e azuis; uma pequena faixa branca lhes cingia a testa, caindo em duas pontas compridas sobre as costas.

Chegando diante do trono, flexionavam um joelho, e com as mãos erguidas, exclamavam:

— Glória a ti, rainha do Egito, sol que iluminas o mundo com teus raios, como o disco solar; sê favorável a nós, dispensadora de vida e alegria, senhora dos milhões de anos, pois o que dizes é o destino da Terra, e digna-te aceitar o tributo que nós, teus mais humildes escravos, trazemos para alegrar teus olhos e aumentar tuas riquezas.

Depois dessa arenga começou um desfile verdadeiramente interminável de todas as riquezas da Ásia e da África: pratos de ouro e prata repletos de lápis-lazúli, ágata, cornalina e diversas pedras; ânforas de todos os tamanhos, cheias de vinho e de óleos preciosos e aromáticos. Algumas dessas ânforas, brancas, com bases de ouro circundadas do mesmo metal, eram carregadas por dois homens. Havia também vasos de ouro enfeitados de flores, para colocar na

J. W. Rochester

mesa, tecidos, armas, e um carro magnificamente trabalhado e incrustado de esmalte de diversas cores.

Depois dos asiáticos, vieram os cuchitas, que se reconhecia por sua pele mais clara, vestidos com blusas brancas e cintos vermelhos, barretes de penas na cabeça, e peles de pantera sobre os ombros; negros de cabelos crespos, com aventais barrados de branco e vermelho ou preto; suas mulheres usavam saias longas listadas de azul, vermelho ou amarelo, e lenços na cabeça. Esses africanos traziam como tributo arcos e flechas, lanças, penas e ovos de avestruz, dentes de elefante, liteiras carregadas de peles de leão e leopardo, perfumes, ouro e prata, leões e panteras vivos e até uma girafa. Finalmente, ao término da procissão, vinham os rebanhos, macacos, plantas raras em grandes caixas de madeira esculpidas e pintadas.

Quando terminou esse longo desfile, que durou mais de duas horas, a rainha, visivelmente fatigada, ergueu-se e dirigiu algumas palavras amáveis ao sumo sacerdote de Amon, comunicando-lhe que enviaria ao templo muitos presentes. Depois, escoltada por Tutmés e seu séquito, voltou a seus aposentos ao som de fanfarras e acompanhada pelas aclamações frenéticas da multidão.

O povo, entusiasmado e discutindo animadamente sobre a magnificência da cerimônia, a riqueza dos tributos e o enorme valor dos tesouros que acabavam de desfilar sob seus olhos, dispersou-se lentamente, apressando-se a voltar para casa para contar o que tinha visto aos que não haviam podido assistir ao soberbo espetáculo.

Os dias que se seguiram foram alegres; uma sequência contínua de festas para a sociedade de Tebas. Todos queriam agradar a Horemseb, infatigável adepto de todas as distrações, e ao mesmo tempo receber em casa o misterioso solitário de Mênfis, sobre o qual circulavam tantos rumores estranhos, e que todos estavam ávidos para conhecer de perto.

Horemseb se entregava com toda a boa vontade a essa curiosidade geral, que parecia não notar. Com amável simplicidade, aceitava todos os convites, recebia em sua casa com uma hospitalidade principesca, e participava sem pestanejar de todos os prazeres da juventude descuidada. Conseguiu algo difícil: conquistar o bom conceito dos velhos dignitários e dos jovens dissipados da capital. Quanto às mulheres, ficaram encantadas com o belo e ilustre rapaz, sempre amável com todas, mas que não parecia notar nenhuma em particular. Sob esse aspecto Horemseb não parecia ter mudado:

seu coração continuava frio, e parecia não perceber que despertava perigosas paixões no coração dessas jovens ardentes como o sol tropical sob o qual tinham nascido. As mais belas e ricas herdeiras lhe mostravam abertamente sua preferência; bastaria uma palavra para obter a mais orgulhosa delas como esposa. Mas o príncipe, como dissemos, embora sempre amável, permanecia frio e distante de todos os avanços, e foi em vão que mais de um pretendente sério se viu desprezado, e mais de um casamento prestes a se concretizar foi rompido.

Assim transcorreram mais de três semanas. Neith não comparecera a nenhuma das festas; uma grave indisposição, seguida de extrema fraqueza, a conservava presa em casa; mas Roant a visitava com assiduidade e a mantinha a par do que acontecia.

Por fim, ela ficara restabelecida, e sua amiga lhe arrancou a promessa de participar de um grande banquete que Chnumhotep daria em homenagem ao príncipe Horemseb, e que havia sido protelado especialmente para aguardar seu restabelecimento.

Neith consentiu, apesar da tristeza interior que a consumia. O retorno cada vez mais próximo de Sargon a oprimia como um pesadelo. Esse obstáculo insuportável ia erguer-se entre ela e Roma, e a idéia de pertencer a esse homem, pelo qual sentia apenas compaixão, dava-lhe arrepios. Esses tristes pensamentos empalideciam o rosto delicado da jovem egípcia e cobriam de melancolia seus grandes olhos aveludados. Contudo, sua flexibilidade de espírito não diminuíra a ponto de fazê-la negligenciar a aparência, e preparou-se para a festa com um gosto e luxo que ressaltavam ainda mais sua extraordinária beleza.

Usava um longo e amplo vestido de tecido escarlate, bordado em baixo com ouro e pérolas; um cinto incrustado de pérolas e turquesas cingia-lhe o corpo esbelto e flexível, um colar e braceletes das mesmas pedras lhe enfeitavam o pescoço e os braços, e um pequeno *claft* também escarlate lhe cobria a cabeça, enfeitado na testa por um admirável diadema, presente de Hatasu.

Não querendo fazer uma entrada triunfal, Neith foi para a casa da amiga antes do início da festa, mas como Roant ainda estava ocupada com a toalete e com as últimas providências, ela foi para um dos terraços; estendendo-se numa poltrona, ficou devaneando, aspirando os frescos aromas do jardim. Não saberia dizer por quanto tempo ficou assim, imersa em seus pensamentos, quando Roant irrompeu no terraço.

J. W. Rochester

— Que fazes aí, Neith, escondida nesse terraço, enquanto eu te procuro por toda parte? Os convidados estão reunidos, Horemseb vai chegar de um momento para outro. Mas como estás linda! – acrescentou abraçando e examinando a amiga. – Até a palidez te vai bem, e essa ruga de tristeza nos lábios te dá um encanto especial. Horemseb será decididamente cego se ficar indiferente ao te ver.

Neith ergueu os ombros com desdém.

— Duvido que meus encantos tenham mais efeito que o de todas as belas que suspiram e sofrem aos pés desse feiticeiro impiedoso, e nem quero isso. Um homem como ele, habituado a agradar a todas as mulheres, deve ser aborrecido e insuportável, e (um clarão de orgulho cintilou em seus olhos negros) desdenho de me atrelar ao carro triunfal desse orgulhoso, que as mais belas moças do Egito já carregam.

— Neith! Neith! Que linguagem! – exclamou Roant. – Mas serás menos severa para as pobres criaturas que se apaixonaram, quando o vires. Digo-te que ele é belo como Horus, e que seu olhar fascinante envia uma chama ao coração de qualquer mulher jovem e livre. Cuida para não sucumbires ao seu encanto.

Um sorriso zombeteiro errou nos lábios da moça, e algo de hostil vibrava no tom mordaz com que respondeu:

— Belo como Horus, um deus digno de ser amado! Então não sabes que um deus se adora, mas não se ama? Posso adorar o divino Horemseb, mas não receio vir a amá-lo jamais.

— Neith, imprudente, não provoques esse homem estranho e misterioso; uma voz aqui dentro me diz que isso te trará... – Roant interrompeu-se, empalidecendo, e um grito abafado escapou-lhe dos lábios: seu olhar acabava de pousar sobre um homem que se encostava, de braços cruzados, no leão de granito que ornava o último degrau da escada do terraço.

Angústia e terror apertaram o coração de Roant. Como Horemseb, pois era ele, teria chegado ali, e desde quando? Sem dúvida, fiel à sua predileção pelos aparecimentos repentinos, devia ter entrado pela porta lateral, enquanto todos os aguardavam formalmente na entrada principal. Roant teve o pressentimento de que se as audaciosas palavras de Neith tivessem sido escutadas por ele; isso poderia lhe custar caro.

À exclamação da amiga, Neith voltou-se, e com desagradável surpresa, fitou o rapaz parado ao pé do terraço; nunca o tinha visto, mas uma intuição lhe segredou que era o príncipe. Ele parecia indiferente, mas dentre suas pálpebras semicerradas um olhar flamejante e agudo dardejou sobre as duas mulheres, enquanto um sorriso indefinível lhe perpassou nos lábios, deixando ver entre o vermelho escuro deles o esmalte deslumbrante dos dentes.

— Ah, príncipe, como nos assustaste! Não é bom surpreender assim as pessoas – disse Roant, dominando a emoção.

— Bem ao contrário, felicito-me, pois é uma bela cena ver assim reunidas duas belas mulheres que não suspeitavam que estavam sendo admiradas – respondeu o príncipe galgando lestamente os degraus do terraço.

Apertou amigavelmente a mão de Roant, e aproximando-se de Neith, saudou-a respeitosamente. Uma expressão de surpresa mesclada de ironia cintilava no olhar sombrio que fixou na jovem audaciosa que afrontava e desdenhava de seu poder.

Ao vê-lo aproximar-se, Neith tinha se levantado, erguendo a cabeça com desdém; uma expressão de insuperável orgulho recurvou sua boca vermelha, os belos olhos brilhantes pareciam velados por uma indiferença glacial, e toda ela irradiava uma revolta sufocada e uma hostilidade não disfarçada.

— Saúdo a mais bela moça de Tebas, e sinto-me feliz de conhecer finalmente a nobre Neith, filha de Mena, o glorioso amigo de meu pai – disse Horemseb, sem parecer notar a atitude hostil da interlocutora. – E permite que te diga – continuou – que ouvi tuas cruéis e injustas palavras; estás me condenando por uma falta que não cometi. Não teria também o direito, Neith, de censurar tua beleza, os dons de que os deuses te dotaram? Os adoradores que suspiram a teus pés, podes amá-los a todos?

Inclinou-se para ela, tão próximo que seu hálito ardente roçou a face de Neith e seu olhar fascinante pareceu atravessá-la.

— Eu mesmo – acrescentou ele – estou prestes a descer de meu carro triunfal para me atrelar ao teu, para obter um sorriso dessa boquinha tão rebelde e desdenhosa.

Com o rosto subitamente corado, Neith recuou; um aroma suave, mas sufocante, acabava de chegar-lhe ao olfato, oprimindo-lhe a respiração; seus lábios tremeram nervosamente, e a voz lhe saiu abafada ao dizer:

— O deus não deve descer do pedestal onde é adorado pelo povo para fazer-se de escravo junto a uma simples mortal. E também seria em vão; não posso dar-te um sorriso, Horemseb, porque sou casada; meu marido, o príncipe Sargon, chega em poucas semanas; seu braço é forte, seu punhal afiado, e ele não admitiria que um outro fora dele se atrelasse ao carro de triunfo de sua esposa.

Ela falara com uma agitação crescente; começava a compreender que esse homem, por sua beleza e por uma influência estranha que ela sentia sem poder definir, podia exercer um poder fatal sobre os corações femininos. Como impelida pelo instinto de conservação, mencionara o nome de Sargon, seu esposo e legítimo defensor, como um escudo contra essa perigosa fascinação.

Pálida e silenciosa, Roant escutara a conversa, que para seu grande alívio foi interrompida por Chnumhotep, seguido por duas parentas suas.

A conversa se generalizou, e em seguida passaram a uma vasta sala cheia de convidados. Horemseb foi imediatamente cercado, enquanto Neith conversava com Keniamun; mas um velho dignitário chamou o rapaz, e ela sentiu-se, sem saber por que, triste e isolada no meio da festa. A cabeça lhe pesava, a imagem de Horemseb a perseguia. Seu hálito ainda lhe queimava o rosto, e atormentada por um intenso mal-estar, esquivou-se e foi para o jardim.

O ar fresco lhe fez bem; contudo, suas pernas tremiam, respirava com dificuldade, e um peso de chumbo lhe tomava os membros.

– Ainda estou fraca, e não devia ter vindo – murmurou, deixando-se cair sobre um banco, à sombra de um sicômoro. Apoiou a cabeça no tronco da árvore e ficou devaneando, enquanto se abanava com o leque. A imagem do príncipe a perseguia, mas afastou-a, encolerizada, esforçando-se por pensar em Roma, comparando seu olhar puro e suave com os olhos sombrios do príncipe, que sob o encanto aparente pareciam esconder algo de cruel e glacial.

Enquanto assim pensava, caiu num leve adormecimento. Não saberia dizer por quanto tempo dormiu; despertando em sobressalto, sentiu-se envolvida por um perfume agradável, mas muito intenso, como se estivesse no meio de um roseiral; seu rosto estava afogueado e o coração pulsava aceleradamente.

Levou a mão ao peito, mas tocando em algo fresco e úmido, a retirou assustada: com um olhar, notou que uma belíssima rosa vermelha, toda orvalhada e com um botão quase entreaberto, estava presa em seu vestido.

– Ah! Eu adormeci, e alguém veio aqui e deixou esta rosa; que desagradável! – murmurou, arrancando a flor com irritação, e atirando-a na relva, voltou precipitadamente ao salão e sentou-se junto a um grupo feminino.

Pouco depois, os escravos trouxeram mesinhas e serviram vinho, frutas e doces, enquanto músicos e dançarinas distraiam os convidados. Horemseb deu um jeito de sentar-se à mesa de Neith, e iniciou uma conversa à qual ela não podia esquivar-se. Aparentemente alegre e animada, manteve uma conversação brilhante, respondendo com uma verve e finura de expressão que suscitaram risos e admiração dos ouvintes; mas um observador atento teria notado que a cor de suas faces tinha algo de febril, o brilho dos olhos não era normal, e que em sua voz havia por vezes como lágrimas contidas.

Na verdade, Neith se encontrava num estranho estado de alma; uma raiva surda lutava dentro dela com uma atração apaixonada pelo príncipe; às vezes não podia despregar os olhos do rosto dele, e outras se revoltava contra o misterioso poder que exercia sobre ela, e então lhe parecia ler nos olhos sombrios de Horemseb a avidez cruel e cautelosa de um tigre de tocaia; seu sorriso amável parecia o rictus triunfante e zombeteiro de um demônio. Então se aprumava, com orgulho, e um olhar frio e hostil, uma resposta altiva e mordaz concluíam a réplica animada, cortavam sua tirada como uma dissonância aguda.

Neith voltou para casa profundamente indisposta. Seu corpo queimava, a cabeça girava, e uma angústia dolorosa lhe oprimia o peito. Enquanto as criadas a despiam, desmaiou; e só conseguiu adormecer, com um sono inquieto e agitado, quando os raios do sol douravam o horizonte.

Os dias que se seguiram foram penosos para ela. Sentia-se alquebrada física e moralmente; o coração lhe parecia vazio, parecia que Roma não tinha mais lugar nele, e Sargon estava esquecido. Em compensação, a imagem tentadora de Horemseb a perseguia até nos sonhos. Não compreendendo a si própria, decidiu evitar qualquer novo encontro com esse homem perigoso; não era em vão que o chamavam de feiticeiro. Pretextando estar doente, confinou-se em casa, e recusou obstinadamente todos os convites. Assim várias semanas se passaram sem que ela reencontrasse o príncipe, que toda a Tebas continuava a assediar.

Hatasu veio visitá-la uma vez, repreendeu-a amigavelmente por essa reclusão, que seu estado de saúde não justificava, e contou que Sargon ficara seriamente enfermo durante a viagem de retorno e teve que ser deixado em um forte; mas estava fora de perigo, e chegaria a Tebas dentro de seis semanas.

Num entardecer, à hora em que um frescor agradável substituía o calor sufocante do dia, Neith ocupava seu lugar preferido no terraço à beira do Nilo; recostada numa cadeira macia, com os pés pequenos calçados de sandálias brancas estendidos num banquinho, devaneava, desfolhando distraidamente uma flor de lótus que tomara de um vaso esmaltado sobre a balaustrada próxima. Uma jovem criada, em pé atrás da cadeira, a abanava delicadamente, enquanto outra, agachada a alguns passos, cantava, acompanhando-se com a harpa, uma melodia cadenciada e monótona, mas extremamente suave.

A entrada de uma menina negra, trazendo uma cesta cheia de flores, veio arrancar Neith do devaneio.

— Senhora, um criado ricamente vestido, mas que não quis dizer o nome de seu amo, trouxe isto para ti – disse a menina, mostrando-lhe as magníficas rosas vermelhas dispostas com arte numa encantadora cesta dourada.

Um pouco surpresa, Neith se inclinou para as flores, mas o aroma delicioso e penetrante que conhecia lhe assaltou o olfato; cansada e subitamente enfraquecida, pousou a cabeça no encosto da cadeira; um calor ardente lhe corria nas veias, o coração batia-lhe dolorosamente, e de novo a imagem de Horemseb lhe aparecia, atraindo-a irresistivelmente. Nunca sentira um desejo tão intenso de revê-lo; viver sem ele lhe parecia acima de suas forças.

Porém a natureza enérgica, a alma reta e orgulhosa de Neith lutavam contra o efeito do veneno. Passando a mão na testa úmida, ergueu-se.

– Estou louca, deixando-me vencer por esses impulsos humilhantes! – murmurou. – Antes morrer que amar Horemseb! – e com um gesto brusco, sem saber por que agia assim, tomou a cesta e atirou-a com violência no Nilo.

Satisfeita e como aliviada, inclinou-se sobre a balaustrada; mas no mesmo instante estremeceu e fitou uma elegante barca dourada que, quase tocando a margem, parecia dirigir-se para a escadaria do terraço. À frente da embarcação estava sentado Horemseb; podia distinguir perfeitamente suas feições e os olhos brilhantes fixos no ponto onde a cesta afundara, indicado pelas rosas esparsas que se balançavam graciosamente nas ondas. Pareceu-lhe que uma expressão de raiva e indizível maldade desfigurava o semblante do príncipe; mas em seguida se curvou, tomou uma flor, e ficando em pé, exclamou, erguendo a mão:

— Salve, nobre Neith! Os deuses hoje me favoreceram duplamente: enviam-me um presente de tuas mãos e me permitem ver-te em boa saúde. Permites que suba um instante? Gostaria de falar-te.

Com o coração apertado, Neith inclinou a cabeça a fez um gesto de assentimento; não havia qualquer razão plausível para recusar um pedido tão simples, feito por um príncipe da família de Hatasu.

Enquanto ela ordenava às escravas que trouxessem uma cadeira e servissem bebidas, a barca encostou. Horemseb subiu lestamente os degraus. Sem dar atenção ao ar glacial e cerimonioso com que Neith o acolhia, o príncipe sentou-se, aceitou um copo de vinho e depois de algumas frases banais, disse com um sorriso:

— Vim constatar se de fato a mais bela moça de Tebas ainda está enferma, como todos dizem, pois não te encontrei mais depois da festa do nobre Chnumhotep. Porém – acrescentou com um ligeiro suspiro – minha estada aqui está terminando; vou retornar à minha solidão em Mênfis, para sempre, com certeza, e antes de ir gostaria de reunir pela última vez em minha casa os amigos de Tebas que se mostraram tão amáveis comigo. Venho pedir a honra de ver-te também, nobre Neith, enfeitando minha festa com tua presença; recusarias essa concessão a alguém que parte para não voltar mais?

Inclinando-se, mergulhou um olhar acariciante de súplica nos olhos confusos e inocentes de Neith.

"Ele vai embora, os deuses sejam louvados!" pensou imediatamente; e no entanto, uma dor aguda e pungente lhe apertou o coração, e a idéia de não rever mais Horemseb parecia-lhe cobrir com um véu escuro sua vida dali em diante.

Dividida entre essas emoções contrárias, baixou a cabeça e disse em voz hesitante:

— Agradeço a honra do convite, príncipe Horemseb, e tentarei ir à tua festa, se minha amiga Roant for também.

— Por certo a bela esposa de Chnumhotep não deixará de assistir a uma festa que nossa gloriosa rainha irá honrar com sua presença; portanto, nada pode impedir-te de ir, nobre Neith, a não ser tua própria vontade – respondeu Horemseb, fitando com um ar de satisfação cruel a cabeça inclinada de Neith, que balbuciou uma promessa de comparecimento.

Alguns minutos depois, ele se ergueu e despediu-se, deixando

J. W. Rochester

Neith sob o peso de uma opressão. Quando a barca do príncipe desapareceu, ela apertou a testa escaldante e murmurou:

— Preciso e quero esquecê-lo!

A festa com que Horemseb se despedia de Tebas distinguia-se por uma magnificência sem igual. Todas as pessoas distintas da corte e da cidade ali estavam reunidas; a rainha também compareceu, porém, com um mal-estar e uma dor de cabeça nervosa que a assaltavam havia algum tempo, retirou-se em seguida, deixando para representá-la o jovem Tutmés, cuja inesgotável alegria, entusiasmo e afabilidade aumentavam a animação da festa.

Horemseb se superava em atenções para os convidados, mas distinguia Neith especialmente, indo ao seu encontro no meio de todos para trocar algumas palavras amáveis, oferecer-lhe flores ou mostrar-lhe algum objeto raro e precioso; finalmente convidou-a para dar um passeio no jardim, que acabava de ser iluminado feericamente.

Ela aceitou; sentia-se indisposta, com a cabeça pesada, o rosto escaldante. O aroma das rosas que o príncipe lhe oferecera parecia sufocá-la, e esperava que o ar fresco de fora a aliviasse. Caminhava silenciosamente ao lado de Horemseb, que parecia não notar seu mal-estar, e conversava animadamente, e depois de algumas voltas pelas aléias iluminadas por lampiões multicores, retomou a direção do palácio. Chegando a um terraço que nesse momento se encontrava vazio, deteve-se e disse com amabilidade:

— O calor parece fazer-te mal, nobre Neith; permite que te ofereça uma bebida refrescante.

— Agradeço e aceito – respondeu ela, apoiando-se à balaustrada. – De fato, estou morrendo de sede e sinto-me exausta com o calor.

— Aguarda um instante aqui, que mandarei servir-te.

Horemseb dirigiu-se ao interior do palácio, mas dentro de instantes voltou trazendo ele mesmo uma taça que ofereceu a Neith. Ela bebeu com avidez, mas no mesmo instante um súbito arrepio a sacudiu, a taça lhe escapou das mãos, e como tomada de uma vertigem, cambaleou e, com os olhos cerrados, encostou-se a uma coluna.

Horemseb permaneceu imóvel, observando com uma satisfação irônica o estado da jovem. De repente, Neith se endireitou; o rubor intenso das faces dera lugar a uma palidez lívida; os olhos arregalados pareciam fitar com terror e surpresa algo invisível.

— O abismo, o abismo aberto e terrível, aí, à nossa frente — murmurou — e esse rio de sangue! Oh! Quem são essas mulheres sangrando, com uma ferida aberta no peito e rodeadas de chamas?

Recuou estremecendo, e com os braços estendidos, parecia repelir as sombras que enxergava, e teria caído se Horemseb não se precipitasse para segurá-la.

— Volta a ti, Neith! Que visão te persegue? Que abismo é esse que vês? — perguntou empalidecendo e curvando-se para a jovem, inanimada em seus braços, que parecia não ver nem ouvir nada.

De repente ela ergueu a mão, e com voz estranhamente vibrante, exclamou:

— Renuncia a Moloch, que te mantém preso e quer a tua destruição; ou foge, Horemseb, foge antes que seja tarde; o abismo te atrai, as vítimas te arrastam para ele!

Calou-se de repente e sua cabeça pendeu pesadamente; estava sem sentidos.

Uma palidez mortal tomara por instantes o rosto do príncipe; seu olhar fixou-se nos lábios pálidos da moça; mas dominando a emoção, ergueu Neith e murmurou:

— Estranha criatura, quem te revelou meus atos e meus segredos? Mais uma razão para que eu te leve comigo; não hoje, mas em seguida, e ninguém duvidará que foste atrás de mim. Sim, tu serás minha, boneca preciosa e encantadora; a força de tua alma me interessa, tuas visões podem me ser úteis; nunca te entregarei ao miserável escravo hitita que chamas de marido!

Na sala contígua encontrou Roant, que procurava a amiga, e deu um grito de susto ao vê-la desmaiada.

— A nobre Neith devia estar passando mal; desmaiou durante um pequeno passeio que estávamos fazendo no jardim; mas tranquiliza-te, Roant, vamos fazê-la voltar a si.

Numa sala dos aposentos particulares de Horemseb, onde os convidados não entravam, Neith abriu os olhos em seguida, mas parecia extremamente fraca, e com voz baixa e alquebrada, pediu para ser levada imediatamente para casa.

— Vou dar ordem para trazerem tua liteira e te levarei eu mesmo — disse o príncipe. — É uma honra que me cabe como dono da casa e não abrirei mão dela.

Neith não fez objeções; calada e com os olhos fechados, deixou-se erguer por Horemseb, mas o ligeiro tremor que a sacudiu fez o príncipe compreender que ela tinha consciência do que se passava.

Fitou por um instante com um olhar meio cruel e meio apaixonado o rosto encantador da jovem, depois, inclinando-se, murmurou a seu ouvido:

— Tu me amas, bela rebelde, apesar de teu orgulho e tua resistência. Vou partir, mas voltarei quando cessares de dissimular e confessares o sentimento que te unirá a mim pelo resto da vida.

Neith estremeceu e abriu os olhos; seu orgulho parecia quebrado, e encontrando o olhar sombrio mas devorador do Horemseb, uma angústia muda se refletiu no seu; dessa forma a vítima fita o punhal erguido na mão do assassino.

Um instante depois, o príncipe a colocou na liteira onde já se encontrava Roant. Lançando um último olhar a Neith, que tornara a cerrar os olhos, Horemseb inclinou-se respeitosamente e após algumas palavras de despedida, retornou ao palácio. Um sorriso de satisfação bailava em seus lábios, e nunca os convidados o tinham visto mais alegre, animado e brilhante.

As consequências da estadia de Horemseb em Tebas

Dois dias após a festa que acabamos de descrever, o príncipe, numa audiência solene, despediu-se da rainha. Naquela noite, o feiticeiro deixou Tebas sem chamar atenção, e seu vasto palácio recaiu como por encanto no silêncio e no abandono. O jovem misterioso e sedutor, centro e enfeite de todas as festas cujo esplendor e animação tinham tomado conta da capital durante dois meses, retornava à solidão de Mênfis para enterrar-se nela até o fim de seus dias, como dissera a seus numerosos amigos.

Entretanto, a estadia de Horemseb em Tebas iria deixar atrás dele um rastro fatal que pareceria justificar as crenças supersticiosas do povo de Mênfis que o acusava de mau-olhado.

A fascinação que despertava nas mulheres era evidente, mas como ele não demonstrava preferência por nenhuma, não era possível, a rigor, acusá-lo de haver despertado essas paixões de propósito. Contudo, diversas jovens das famílias mais importantes do Egito se haviam tomado de uma paixão tão desvairada por ele que nenhuma persuasão dos pais, nenhuma tentativa de apagar sua lembrança nefasta por meio de casamentos atraentes conseguia fazê-las recuperar a razão. Consumidas por uma estranha febre, por uma angústia sem fim, as infelizes vagavam noite e dia, possuídas por um único pensamento: o de rever o príncipe a qualquer preço. Não se haviam passado quinze dias de sua partida quando duas delas caíram doentes. No delírio da febre, acreditavam ver Horemseb inclinar-se sobre elas, suplicavam que lhes concedesse um olhar de amor, e acabaram sucumbindo à terrível moléstia sem recobrarem a razão.

Essas duas mortes pareceram desencadear uma série de desgraças: a filha de um dos sumo sacerdotes enforcou-se em seu quarto; duas sobrinhas de um conselheiro da rainha buscaram a morte nas águas do Nilo; uma outra jovem apunhalou-se; e duas damas de honra de Hatasu se envenenaram no próprio jardim de Horemseb, onde tinham conseguido penetrar.

Nessa época, os suicídios não eram comuns como em nossos dias; assim, a morte violenta e voluntária de tantas criaturas jovens, o luto inesperado que atingiu tantas famílias nobres, provocaram profunda agitação na capital e despertaram uma surda hostilidade contra o autor de tantos males. Contudo, ninguém ousava acusar Horemseb, pois poderia ser responsável por um sentimento que não havia encorajado? A própria rainha, ao tomar conhecimento desses fatos, sentiu renascer a repulsa que sentira quando da apresentação de Horemseb, e declarou um dia abertamente que se devia agradecer aos deuses que o príncipe houvesse decidido, por uma promessa, viver solitário em seu palácio de Mênfis, e que ela esperava que não faltasse jamais a essa promessa. Essas palavras, que equivaliam a cair em desgraça e ao exílio, se espalharam por toda Tebas e de certa forma deram uma satisfação aos sentimentos hostis desencadeados contra o feiticeiro.

Roant observava com uma inquietude crescente a mudança que se operara na pessoa de Neith, as alternâncias de febre e apatia que a consumiam, sua irritabilidade nervosa, a estranha misantropia com que se isolava da sociedade e da luz do sol, buscando avidamente a obscuridade e o silêncio. A todas as perguntas da amiga, ela respondia evasivamente: "Não é nada, isso vai passar quando eu encontrar Roma". Jamais mencionava Horemseb, mas uma voz interior dizia a Roant que era ele e nenhum outro a causa do sofrimento de Neith. Recordava sem cessar o momento fatal em que o príncipe havia escutado a conversa delas na festa dada por seu marido, e com um aperto no coração, lembrava o olhar fulgurante

J. W. Rochester

e indefinível que endereçara à orgulhosa jovem que declarava zombeteira que não lhe interessava atrelar-se a seu carro triunfal. Horemseb lhe teria jogado um feitiço? Às vezes lhe parecia reconhecer em Neith os mesmos sintomas de Roma, quando fora enfeitiçado por Noferura. Assim, escreveu ao irmão, suplicando que retornasse sem demora, pois talvez sua presença, seu amor, trouxessem o sossego àquele que ele amava.

Inquieta com o estranho comportamento de sua protegida, Hatasu mandou chamar Neith e tentou bondosamente fazê-la confessar o que a atormentava, prometendo satisfazer todos os seus desejos que fossem humanamente possíveis. Embora emocionada e grata do fundo do coração, Neith respondeu apenas com lágrimas; seus lábios se recusavam a confessar que lutava com todas as forças de sua alma contra um amor fatal por Horemseb, que uma força irresistível, dominando-lhe o coração e a vontade, a arrastava para o homem belo e frio que brincava de destruir o coração e a vida das mulheres, sem amar nenhuma. O rubor da vergonha lhe subia às faces à lembrança das acerbas e cruéis zombarias de Keniamun e outros jovens sobre a paixão ridícula das jovens desatinadas que haviam buscado a morte para aliviar o coração apaixonado; iria confessar que ela também havia sucumbido ao encantamento? Sem dúvida, sua poderosa protetora poderia mandar anular seu casamento e ordenar a Horemseb que a desposasse, mas podia fazer com que a amasse? Cada fibra do orgulhoso coração de Neith se revoltava à idéia de reencontrar o olhar irônico de Horemseb, que tinha predito sua loucura e já havia zombado de sua derrota. Não, mil vezes não! Antes viver com Sargon, a quem estava ligada por uma promessa.

Todos esses pensamentos tumultuosos agitavam a alma de Neith enquanto, ajoelhada aos pés de Hatasu, escutava as palavras afetuosas de sua benfeitora; porém a vergonha e a o orgulho lhe selavam os lábios, e foi com esforço que balbuciou:

— Não sei explicar o que sinto: uma angústia terrível me persegue, tirando-me o sono e o repouso; o dia e o sol me fazem mal, e somente à noite e na obscuridade acho um pouco de calma.

Inquieta e aflita, a rainha a despediu, e convencida de que um terrível mau-olhado a atingira, enviou-lhe os melhores médicos de Tebas para que a tratassem, e afastassem o espírito impuro que causara essa enfermidade.

Havia muito que as más notícias transmitidas por Roant estavam deixando Roma inquieto, e fazia tudo que estava a seu alcance para apressar os assuntos que o retinham em Heliópolis; mas ao receber a última carta, abandonou tudo e voltou apressadamente a Tebas. Foi imediatamente visitar a irmã, a qual, feliz de revê-lo, contou das preocupações que lhe despertava o estado de Neith; falou-lhe das suspeitas que tinha de que um feitiço semelhante ao que lhe jogara Noferura, e terminou dizendo:

— Só um detalhe me faz duvidar ainda: Neith não parece sentir atração por ninguém, nenhum nome masculino escapou jamais de seus lábios, e contudo, sinto que se prepara algo funesto; talvez tua influência possa libertá-la do espírito do mal que a subjuga.

— Que a bondade de Hator preserve a pobre criança dos sofrimentos que eu passei – suspirou o sacerdote. – Em todo caso, vou vê-la agora mesmo.

O palácio de Sargon estava vazio e silencioso; nenhuma visita aparecia, porque a jovem senhora, enferma e solitária, não recebia ninguém; no entanto, os criados não opuseram nenhum obstáculo a Roma; sabiam que o irmão de Roant era um visitante sempre bem-vindo. Além disso, nos últimos dias, por ordem de Hatasu, tantos sacerdotes tinham vindo tratar Neith do mau-olhado, que estavam habituados a deixar entrar todos os servidores dos deuses que se apresentassem.

Um velho criado de confiança lhe sussurrou uma indicação, e Roma se dirigiu para uma sala que dava para o jardim, que era da predileção da jovem. Erguendo a cortina listada que fechava a porta, percorreu o aposento com olhar ansioso: estava na penumbra. Ao fundo, sobre um divã, Neith estava estendida, parecendo dormir; a seus pés, agachada, a velha ama, em cuja face enrugada espelhava-se a mais profunda desolação, e seus olhos não abandonavam a jovem senhora. À entrada do rapaz, contudo, ela se voltou e, reconhecendo-o, quis falar-lhe; mas com um gesto, Roma lhe pediu que se calasse e deixasse a sala. Depois, aproximando-se com precaução, inclinou-se sobre a jovem adormecida. Um rubor febril cobria as faces de Neith; a respiração pesada e irregular lhe escapava dos lábios entreabertos, estremecimentos súbitos a sacudiam, e as mãos pequenas cruzadas sobre o peito tremiam nervosamente. Uma dor aguda invadiu a alma de Roma à vista desse sofrimento explícito, e de seu coração apertado ergueu-se uma prece ardente aos imortais.

— Neith! – murmurou, tomando-lhe a mão.

Ela despertou sobressaltada, e com um grito abafado, estendeu-lhe os braços. Sentando à beira do divã, o sacerdote a apertou ao peito e perguntou amorosamente:

— O que tens, minha bem-amada? Que mal é esse que te consome, e o que provocou essa mudança? Fala com franqueza, diz o que te sufoca.

Lágrimas ardentes rolaram nas faces de Neith, e uma profunda angústia se refletia no olhar que fixou nele.

— Ó Roma, salva-me de mim mesma, fica junto de mim para que eu não caia no abismo que me atrai; teu amor puro há de me curar e afastará... o outro – acrescentou com voz baixa – porque ele é uma chama que não aquece, que consome, destrói e mata!

"Ela receia a volta de Sargon; esse temor está acabando com ela", pensou Roma, e com uma resolução súbita, disse, apertando-lhe a mão;

— Acalma-te, Neith, e afasta as preocupações com o futuro; sinto-me culpado de te haver deixado sofrendo por tanto tempo. Hoje mesmo irei ver Semnut e pedirei uma audiência; e amanhã, espero, poderei jogar-me aos pés da rainha, confessar o horror que te inspira Sargon e suplicar-lhe que me permita desposar-te. Queres isso, Neith? Irás recuperar a saúde e a alegria junto de mim?

— Sim, sim, só tu poderás ser meu esposo; teu olhar acalma a dor que me consome; mas não me deixes – murmurou Neith, apoiando a testa em fogo no peito do sacerdote, que a fitava ansioso.

Contudo, ele não chegou a perceber a inquietação dela; com sua conversa, talvez pela influência oculta que sua voz e seu olhar exerciam sobre ela, conseguiu que se acalmasse a agitação febril da moça.

A noite caíra havia muito quando ele finalmente se ergueu.

— Temos que nos separar, minha Neith querida; quero falar com Semnut e preciso me apresentar ao sumo sacerdote; mas amanhã de manhã eu voltarei e faremos as últimas combinações juntos, antes que eu vá falar com a rainha.

Neith ordenara que lhe aprontassem um barco, e quis ir com Roma até o final da escadaria das esfinges; parada nos degraus, acompanhou-o com o olhar enquanto pôde, depois, voltando entristecida, dispensou todos os criados, até sua velha ama, e pôs-se a caminhar pelo terraço deserto, mergulhada em seus pensamentos.

Um bom tempo se passou; a frescura da noite e o profundo

silêncio agiram de forma benéfica sobre ela. Aproximando-se da escada, apoiou-se na esfinge e contemplou o rio, em cuja superfície polida se refletia a lua crescente, espalhando uma claridade doce e misteriosa.

– Deuses misericordiosos – murmurou –, livrai-me desse amor por aquele homem; como poderia comparar-se a Roma, tão puro, tão bom, tão amoroso? – Porém em seu espírito ergueu-se vitoriosa a imagem de Horemseb, seu olhar velado e ardente, a boca zombeteira, o encanto estranho e fascinante que dele se desprendia, e de repente um desejo invencível de revê-lo dilacerou o coração e a mente de Neith; o seu sangue parecia transformado em fogo líquido; serpentes ígneas corriam por seu corpo, espicaçando-o; uma dor aguda lhe trespassava o peito. Com um gemido, apoiou a testa no granito frio da esfinge a que se apoiava.

Absorvida nessas emoções, não percebeu que uma barca grande, de aparência comum e pintada de escuro, mas impelida com perícia por oito remadores vigorosos, se aproximava rapidamente do terraço. Não notou também que um homem alto, envolto num manto escuro, saía de uma cabine na parte posterior do barco, e após um olhar para o alto, ordenou com um gesto que atracassem na escada.

Esse viajante misterioso era Horemseb. Percebendo a silhueta branca da jovem, banhada pelo luar, com a cabeça apoiada no colosso de pedra, numa atitude de desespero sombrio, um sorriso de satisfação irônica se desenhou em seu semblante.

— Estás vencida, criatura orgulhosa, e o acaso facilitou meus planos e te entregou em minhas mãos – murmurou ele, saltando com presteza nos degraus, que escalou sem ruído. Parando a dois passos de Neith, que não vira nem ouvira nada, deteve-se e retirou o manto. Ele sabia que sua figura, vista assim ao luar, produzia um efeito arrasador sobre as vítimas consumidas de amor por ele. Ficou imóvel, com os braços cruzados, fitando a moça que tremia. Uma rosa vermelha que trazia ao cinto espalhava um aroma perturbador que acabaria por atingir o olfato de Neith e arrancá-la do torpor; com um olhar, ele constara que o terraço estava vazio.

Fosse porque o perfume envenenado tivesse agido, ou que em sua sobrexcitação nervosa ela sentisse pesar sobre si o olhar de seu perseguidor, o fato é que Neith se endireitou e, percebendo a dois passos de si a figura fascinadora cuja imagem a obcecava dia e noite, recusou, pálida de espanto, e estendendo as duas mãos como para repelir um espectro, balbuciou:

— Sombra funesta, tem piedade de mim, e cessa de perseguir-me! Com o olhar faiscante, Horemseb se inclinou e tomou-lhe a mão.

Nunca ela lhe parecera tão bela como nesse momento de receio e aflição; algo semelhante a um desejo acabava de despertar em seu coração seco e gelado.

— Neith, não sou uma sombra, sou bem real; aquele com quem sonhavas aqui, sem esperança. Não negues o que diz cada traço de teu rosto; confessa que me amas, linda rebelde! – exclamou ele, acompanhando com ar satisfeito o combate interior que se refletia no rosto de Neith, que, voltada a meio, tentava retirar a mão da sua.

Pela última vez, a alma altiva e enérgica da filha de Hatasu ergueu-se contra o encanto venenoso que a dominava.

— Não, eu te odeio, criatura sem coração! Maldito seja teu amor, que só traz sofrimento! Não me terás nunca a teus pés; antes a morte que humilhar-me assim! – concluiu com a voz entrecortada, e empurrando o príncipe com violência, quis atirar-se ao Nilo com um salto; mas, rápidos como o pensamento, dois braços robustos a seguraram e ergueram como uma pluma.

— Criança louca, não é sofrimento o que te trago, mas a felicidade e a paz – murmurou beijando-lhe os lábios. – Eu te amo, e tenho ciúme de todos os olhares que se encantam com tua beleza; em meu palácio de Mênfis colocarei a teus pés tudo o que tenho, mas ali viverás só para mim.

Cobriu-a com o manto e desceu correndo os degraus. Não percebeu, ao saltar no barco, que o véu de Neith caíra, preso a uma aspereza da escada, arrastando consigo a rosa que ele trazia ao cinto.

Ela não opôs qualquer resistência; como o pássaro fascinado pelo olhar da serpente, deixou-se levar, caída sobre o peito do príncipe; nesse momento, seu poder sobre ela era tal que o teria seguido até sobre um braseiro. Aquele último esforço de vontade a deixara exaurida; as ondas do perfume embriagador que Horemseb exalava a faziam arder e paralisavam ao mesmo tempo, e o beijo que depositara em seus lábios a mergulhara numa embriaguez de felicidade. E no entanto, essa ventura não era perfeita. Pobre Neith! No fundo de seu coração inundado pela paixão dominadora, agitava-se uma angústia indefinível, que a dilacerava: a imagem velada de Roma buscando-a em desespero se ergueu diante dela; cada remada a afastava para longe de Tebas, de seu passado, de seus amigos, para uma felicidade nova, sim, mas desconhecida.

De súbito, Horemseb, que a fizera sentar a seu lado sobre uma pilha de almofadas, a sentiu tremer, e algumas lágrimas quentes lhe caíram nas mãos.

— Estás sofrendo, pequena rebelde – disse com voz cariciosa, apertando-a ao peito. – Bebe alguns goles de vinho, isso te reconfortará. Acercou-se de uma mesinha colocado ao fundo da cabine, que era fracamente iluminada por uma lanterna pedurada a uma viga, e abrindo uma caixinha de ébano, retirou uma pequena ânfora de vinho, uma taça e um frasquinho incrustado de esmalte azul. Enchendo a taça, derramou nela algumas gotas do frasco e ofereceu-a a Neith, que, sedenta, a esvaziou de uma só vez. Quase de imediato, sentiu-se aliviada; um delicioso frescor lhe invadia o corpo, uma languidez calma e fatigada substituiu a agitação febril. Apoiando a cabeça no ombro do príncipe, fechou os olhos e em seguida uma respiração profunda e regular anunciou que adormecera.

Horemseb a estendeu nas almofadas, cobriu-a com cuidado, e sentando-se a seus pés, murmurou satisfeito:

— Isso é o mais seguro, para o caso de o orgulho ou o arrependimento te inspirarem a veleidade de me abandonar no meio do caminho. Dorme, bela caprichosa, só acordarás dentro dos sólidos muros de meu palácio, em Mênfis, e uma vez ali, não há retorno.

Recostado nas almofadas, contemplou longamente a moça adormecida; a claridade da lâmpada revelava seu rosto encantador e a magnífica cabeleira solta.

— É de fato sedutora – murmurou. – Eu a deixarei viver, e espero que Moloch não tenha ciúmes nem me castigue por isso. Sacrificarei a ele minhas mais belas escravas, vivas se necessário, mas guardarei Neith para os dias de alegria e descanso, depois dos dez longos meses de abstinência que devo impor-me. Ninguém suspeitará como ela desapareceu; o príncipe Sargon pode procurar à vontade sua bela esposa!

O sorriso malévolo e irônico que se desenhava em seus lábios extinguiu-se de repente, substituído por uma raiva concentrada; acabava de lembrar que existia alguém que conhecia a força do feitiço e o efeito das rosas vermelhas; esse fantasma ameaçador era Neftis; ela poderia suspeitar onde Neith desaparecera, como mais de uma bela egípcia antes dela. Horemseb crispou os punhos e seus olhos lançaram chispas ameaçadoras.

— Traidora e ladra miserável, onde te escondes de todas as buscas? – sibilou entredentes. – Ah! Se um dia te encontrar, pagarás caro por tua audácia: hei de queimar-te viva nas entranhas de Moloch. Mas eu a encontrarei – pensou mais calmo. – Mena me servirá bem; essa criatura desprezível, cuja dedicação se consegue com um pouco de ouro, vai procurá-la com empenho, e se ela reaparecer, me fará saber, como me informa de tudo que se passa em Tebas. Eu prefiro viver em meu palácio escondido: somente lá me sinto de fato feliz e poderoso; aqui todos, por mais ricos e poderosos que sejam, são escravos, joguetes nas mãos de Hatasu, escravos das leis, como ela própria. Sem uma ordem tua, rainha do Egito, nunca mais irei à tua corte, e não trocaria o teu trono por meu poder ilimitado. Tenho poder de vida e morte, mais que tu; todos os que se aproximam de mim se prosternam e rastejam no pó. Levei impunemente tua protegida, Hatasu; reino nos corações das mulheres, não conheço outra vontade que não a minha, e esse poder, eu o terei para sempre, pois Moloch me prometeu a vida eterna! – um sorriso de indizível orgulho crispou-lhe os lábios. – Sim, eu reinarei sozinho sobre o tempo, que tudo destrói. Oh! Thaadar tem razão, eu sou mesmo Osíris encarnado, um raio da luz de Rá, bendito entre todos os homens!

Quando o sol nascente despertou a grande cidade para um novo dia de atividade, o palácio de Sargon encheu-se de inquietação e espanto: constataram a inexplicável ausência de sua jovem senhora.

A velha ama, encontrando vazio o leito de Neith, pensou de início que ela tivesse saído ao jardim sem chamá-la, embora isso jamais tivesse acontecido antes; mas depois de percorrer a casa inteira, interrogando todos os criados, sem achar rastro da moça, ficou aterrorizada e perdeu a cabeça. Quando Roma chegou, a casa inteira estava tumultuada, e Beki lançou-se para ele em lágrimas.

— Nobre senhor, não sabes onde pode ter ido minha senhorazinha, a luz de meus olhos? A nobre Roant não veio buscá-la ontem à noite? Não a encontramos em parte alguma.

Roma empalideceu.

— Que dizes, mulher? Neith desapareceu? – perguntou segurando o braço da ama.

— Não sei, senhor; ontem, depois que saíste, a nobre Neith dispensou a todos e me disse: "Vai deitar, Beki, vou ficar um pouco no terraço; eu te chamarei". Adormeci ao pé de sua cama, e ao acordar, vi que ela não se deitou e não a achei em parte alguma;

deve ter acontecido alguma desgraça, pois onde iria ela sem mim? – concluiu a velha, chorando alto.

Tremendo de inquietação, o rapaz fez ele próprio uma busca minuciosa no palácio e nos jardins; chegando ao terraço, pousou por acaso os olhos na escadaria e percebeu no último degrau um objeto branco, que mergulhava uma das pontas na água, onde se balançava suavemente.

Com o coração apertado por um pressentimento lúgubre, Roma desceu correndo e reconheceu o véu que Neith usava na véspera; preso nas dobras do tecido fino, jazia uma rosa vermelha. Com a mão trêmula, ergueu os dois objetos e apertou-os ao peito; era tudo que lhe restara de sua ventura destruída. Não podia duvidar: voluntariamente ou não, era evidente que Neith perecera nas águas.

Os gritos desesperados de Beki o arrancaram do torpor; dominando-se com esforço, deixou o palácio enlutado, e tomando o carro, foi ao encontro de Semnut, para informá-lo do acontecido, que tornava inútil a audiência que havia solicitado na véspera.

Agitado e profundamente aflito, Semnut partiu imediatamente para o palácio real. Em pé desde o amanhecer, como de hábito, a rainha acabara de voltar de um passeio matinal e tomava o desjejum quando anunciaram que seu conselheiro pedia para ser recebido imediatamente. Vendo a fisionomia transtornada do fiel servidor, Hatasu empurrou o copo de leite e os bolos à sua frente e ergueu-se inquieta; mas quando Semnut a informou da morte provável de Neith, tombou de novo no assento, arrasada. O golpe inesperado a atingia no coração, quebrava o último elo que a unia à felicidade efêmera que lhe dera o amor de Naromath. Ela amara o jovem hitita com toda a intensidade, todo o ardor próprio de seu caráter; com sua morte, havia enterrado com ele toda a fraqueza feminina, e a ambição reinava absoluta em seu coração enregelado; e agora, essa morte incompreensível vinha roubar-lhe a filha de Naromath, sua imagem viva.

Após um longo silêncio, que Semnut não ousou perturbar por um só movimento, Hatasu endireitou-se, enxugou as lágrimas que lhe inundavam o rosto e perguntou em tom abafado:

— O que sabem das últimas horas da pobre criança? Quem foi o último a falar com ela?

Semnut relatou o que soubera de Roma e levantou a suspeita de que a dor de renunciar definitivamente ao jovem sacerdote, que ficara livre com a morte da esposa, e o temor e a repulsa que lhe

J. W. Rochester

causava o retorno de Sargon talvez houvesse impelido Neith a terminar com a vida.

— Deuses imortais! Por que ela não me disse a verdade quando lhe perguntei há alguns dias? – exclamou Hatasu. – Além disso – acrescentou com dor e amargura – eu mesma falhei por não lhe ter dito há muito tempo quem sou para ela; diante da rainha, ela guardava a reserva devida; à mãe, ela teria aberto o coração.

Vendo a profunda dor da soberana, Semnut tentou convencê-la de que talvez todas essas suspeitas fossem falsas, e que a condição enfermiça de Neith, que se agravara depois da festa de despedida de Horemseb, podia ter provocado uma confusão momentânea, talvez um desfalecimento, fazendo com que ela caísse n'água.

À menção do príncipe, uma súbita suspeita despertou no espírito da rainha; recordou os numerosos suicídios que haviam se seguido à sua partida, de todas as jovens impelidas a dar fim à vida por causa da paixão fatal. Horemseb teria jogado um encantamento em Neith, inspirando-lhe também esse sentimento nefasto? Mas rejeitou de imediato essa idéia: Neith jamais havia mencionado o feiticeiro, tinha evitado ostensivamente reencontrá-lo; no máximo um mau-olhado de Horemseb a teria atingido, mas era difícil acusá-lo disso.

Arrasada e profundamente angustiada, Hatasu sentia necessidade de ficar só. Ordenou a Semnut que sondasse o Nilo, para encontrar o corpo da jovem e dar-lhe as honras fúnebres; depois fechou-se em seus aposentos e proibiu que a perturbassem fosse pelo que fosse.

O fim lamentável e misterioso de Neith despertou tanto interesse quanto compaixão em Tebas; apesar de todas as buscas, seu corpo não foi encontrado, e tiveram que concluir que fora arrastado para longe.

Roant chorou sinceramente sua amiga. O profundo desespero de Roma ultrapassa qualquer descrição. Na família de Pahir, esse triste acontecimento restabeleceu as relações amigáveis, terrivelmente atingidas pela cena escandalosa que quase custara o nariz a Satati e a vida a Mena. Para salvar as aparências, marido e mulher haviam se reconciliado na manhã seguinte, mas essa paz fictícia escondia mil espinhos ocultos. Agora se reaproximavam e esqueciam o passado; sentiam que a morte de Neith lhes roubara a proteção mais segura. Aquela que Pahir e seu sobrinho supunham ser a filha de Mena, e Satati sabia que era algo bem diferente, fora o elo seguro que lhes garantia a benevolência da rainha.

Mas ninguém chorou por Neith por tantas razões como Keniamun; além da verdadeira amizade, o pobre rapaz tinha dívidas; a generosa amiga, que as pagava sempre por ele, estava morta; o futuro era sombrio! O que faria sem ela? Mas teria morrido realmente? Apesar de todas as aparências, Keniamun tinha dúvidas, e decidiu vigiar e pesquisar sem descanso, dedicando a essa empreitada secreta toda a astúcia sutil e a tenacidade de seu espírito.

J. W. Rochester

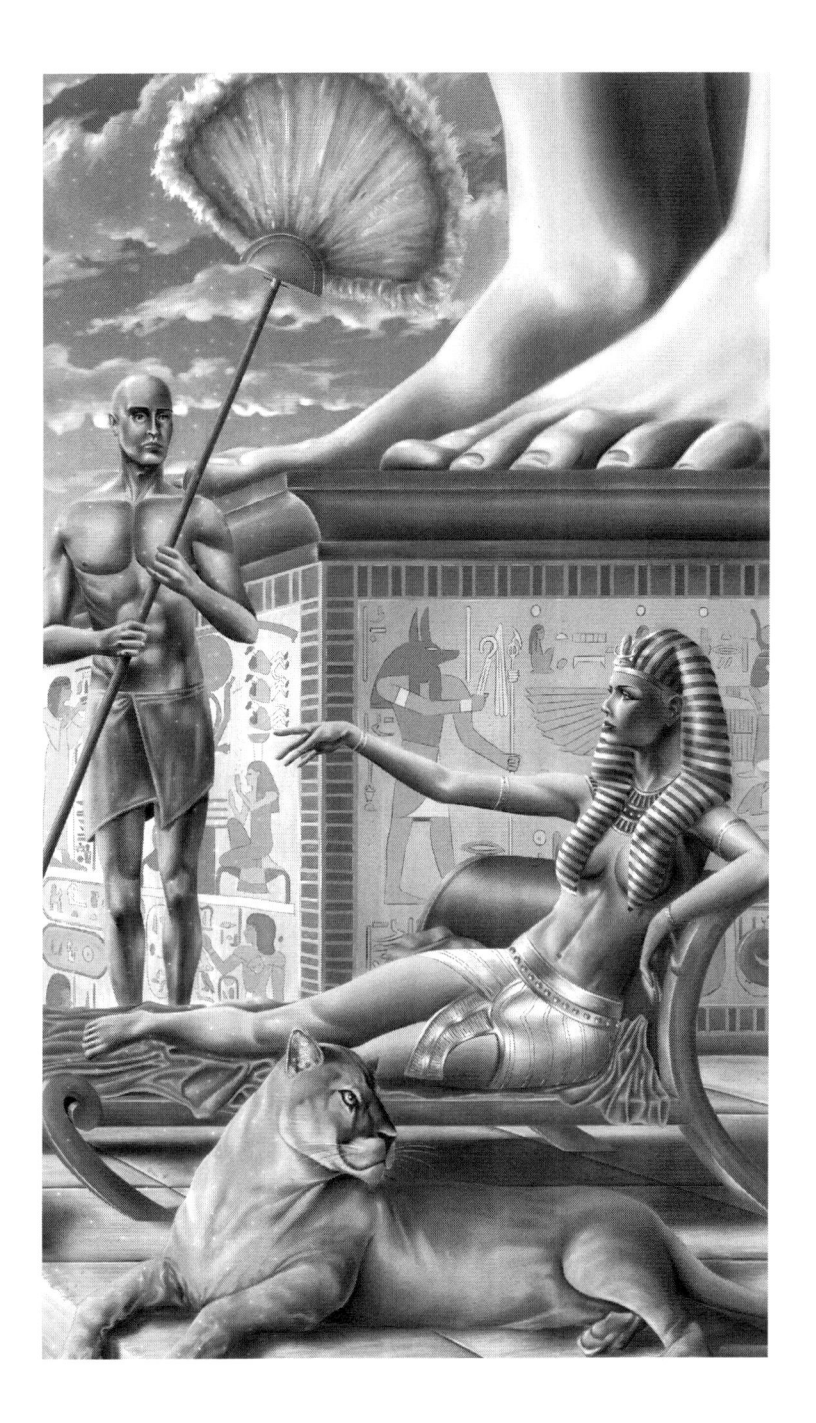

Terceira parte
Neith em poder do feiticeiro

As lágrimas das mulheres atraem
o fogo celeste sobre aqueles que as fazem correr.
— dos Vedas.

Infeliz daquele que ri dos sofrimentos das mulheres;
Deus há de rir de suas preces.
– o Manu.

Velhos conhecidos

A alguma distância de Tebas, em meio a vinhedos e vastos jardins, erguia-se uma habitação pequena mas elegante, protegida dos olhares curiosos pela espessa vegetação de sicômoros, palmeiras e acácias que a cercavam. Nesse agradável refúgio vivia Neftis, juntamente com Ísis, uma jovem parenta de Antef que se tomara de grande afeição por ela e partilhava de bom grado sua solidão. Neftis, na verdade, vivia bastante retirada, evitando o mais possível atrair a atenção e só recebendo raros visitantes, entre os quais o mais assíduo era o príncipe Tutmés, que os boatos diziam ser seu amante.

Para explicar essa situação e os acontecimentos que vão seguir-se, é preciso retroceder alguns meses e retomar a narrativa no dia seguinte ao da fuga do príncipe Tutmés da fortaleza de Buto.

Depois da fuga de Antef, Menchtu caíra gravemente enferma, mas seu estado não a protegeu da cruel lei egípcia, que punia a família inteira dos condenados, sem olhar idade ou sexo. A jovem esposa do comandante que fugira foi feita prisioneira, juntamente com Neftis, que, atormentada pelo remorso, não quis abandoná-la. Quando uma ordem vinda de Tebas suspendeu a ação, determinando que não fosse dado prosseguimento ao caso da fuga de Tutmés, as duas mulheres foram postas em liberdade. O sumo sacerdote do templo de Uadjit[1] se interessou por elas, e quando enfim Menchtu

---

1 N.E. — Deusa egípcia padroeira do Baixo Egito (correspondente ao delta do Nilo), cultuada principalmente em Buto; era representada sob a forma de uma mulher com cabeça de serpente com a coroa vermelha do Baixo Egito.

se restabeleceu, conseguiu que retornassem a Tebas sob a proteção de um velho sacerdote.

Antes da partida, tiveram um encontro secreto com Antef, que não estava sendo procurado nem perseguido, mas não ousava reaparecer abertamente; a ordem real não continha nenhuma disposição específica a seu respeito. Entretanto, a reconciliação de Hatasu com seu irmão dava novas esperanças aos três, e, a conselho de Neftis, Antef decidiu ficar escondido na casa de um velho parente que vivia solitário, numa propriedade isolada, e ali esperar o momento favorável em que sua mulher pudesse obter-lhe o indulto pleno.

Com um compreensível receio, Neftis soube ao chegar que Horemseb se encontrava em Tebas, e um acaso a fez saber, alguns dias depois, que Hapzefaa, seu homem de confiança, estava tomando secretas mas ativas providências para encontrá-la. Se isso acontecesse, estaria perdida, sem sombra de dúvida; assim, tratou quanto antes de colocar-se sob a proteção de seu poderoso cúmplice, e fez chegar-lhe um pedido, em termos que só ele podia compreender, contando de seu retorno e solicitando um encontro secreto para contar do perigo que ambos corriam.

Tutmés, grato e generoso por natureza, e desejando tanto quanto Neftis que não viesse à tona o segredo do feitiço que tão bem lhe servira, foi secretamente à casa de Menchtu, e garantindo a esta que guardava boas lembranças de Antef por sua forma de agir para com ele durante o seu exílio, prometeu que buscaria a primeira ocasião favorável para obter a graça da rainha. Depois teve uma conversa com Neftis, e depois disso fez-lhe presente da bela casa de campo situada não longe da capital, e de uma soma considerável que a tornava rica e independente, fato que despertou até em Menchtu a idéia de que ela fosse amante do príncipe.

Sem mencionar Horemseb, Neftis explicara a Tutmés que havia obtido o segredo do feitiço durante seu misterioso desaparecimento de quase um ano, e que era indispensável que permanecesse escondida por algum tempo, sem o que o caso todo poderia ser descoberto. Suplicava-lhe pois que a ajudasse a permanecer oculta, o que se tornava difícil agora que havia perdido o asilo seguro de Buto. Tutmés, dotado de uma sutileza e percepção bem superiores à sua idade, compreendeu imediatamente que o misterioso dono anterior do feitiço devia ser Horemseb, que obtinha com o aroma envenenado a influência extraordinária que exercia sobre as mulheres, que toda Tebas comentava. Ao invés de atribuir qual-

J. W. Rochester

quer gravidade a essa suspeita, o volúvel e despreocupado jovem só encontrou motivos de rir consigo mesmo; durante alguns dias, a idéia de que somente ele conhecia a verdade sobre o sucesso de Horemseb o divertiu enormemente. Depois esqueceu-se do caso, no turbilhão de todos os prazeres de que parecia não se cansar nunca.

Em verdade, depois de sua reconciliação com Hatasu, o jovem príncipe sentia-se completamente feliz e só pensava em compensar o tédio que o devorara durante o exílio. Hatasu não lhe censurava os gostos; concedera-lhe os meios de divertir-se regiamente, e o tratava com permanente bondade. Uma afeição irresistível, mas estranha e às vezes penosa, a atraía para o irmão, cujo desenvolvimento físico e intelectual ela acompanhava com interesse. A rainha tinha um espírito demasiado perspicaz para não reconhecer uma alma parecida com a sua e o estofo de um grande rei no rapaz, cujo espírito versátil parecia ter muitas facetas. Muitas vezes ela se divertia, na intimidade, perguntando a opinião do príncipe sobre diversas questões políticas, administrativas e particulares, e as respostas de Tutmés sempre denotavam um golpe de vista seguro e surpreendente, por vezes uma astúcia cautelosa, ou uma crueldade disfarçada de despreocupada generosidade que deixavam a rainha estupefata. Sua percepção a fazia compreender que aquela personalidade brilhante, dotada de uma rara flexibilidade mental, de um encanto sedutor e de uma eloqüência natural própria para dominar e entusiasmar as massas, seria um rival perigoso para ela. Assim, respondia sempre com uma recusa a um único desejo do príncipe: o de ser enviado à frente de um exército para uma expedição em terras distantes. Achava prudente não despertar a atenção e admiração do povo por um jovem herói que voltasse vitorioso e carregado de despojos. Ela conhecia o povo egípcio, sua vaidade, sua avidez por riquezas fáceis obtidas nas conquistas; essa auréola de vencedor, achava desnecessário e perigoso dá-la a Tutmés. Contudo, além dessas razões políticas, Hatasu detestava a guerra em si. Favorita de seu pai, ela havia acompanhado Tutmés I em sua longínqua campanha às margens do Eufrates, e embora sem uma sensibilidade exagerada, as cenas de morte e carnificínia que presenciara deixaram uma profunda impressão na alma da jovem princesa, mal saída da infância. O amor por Naromath reforçou ainda mais esse sentimento de repulsa pela guerra e suas conseqüências; vira morrer miseravelmente, degradado e prisioneiro, o homem adorado, sobre cuja cabeça quisera colocar todas as coroas.

Impotente, assistira ao saque e à pilhagem de suas cidades, à destruição de seu povo, à morte ou à escravização de tudo o que fora caro ao belo hitita. Assim, ela evitava a guerra quanto possível, depois que o poder lhe viera às mãos. Desejava um reinado tranqüilo, procurara melhorar a situação do povo, protegia a agricultura e as artes, calava a boca dos sacerdotes reparando numerosos templos arruinados pelos hicsos, e satisfazia a vaidade dos egípcios com expedições brilhantes mas pacíficas a diversos países. Dessa forma, estava preparando há tempo e com cuidado uma flotilha para ir ao país de Puna, que seria integrada, além de soldados e dignitários, por uma comissão de sábios e artistas.

De resto, os impulsos bélicos de Tutmés só tinham por objetivo, nesse momento, uma distração a mais. Ele se sentia, como dissemos, completamente feliz: era o herdeiro do trono, coberto de honrarias, tinha ao seu dispor quanto ouro e prazeres desejasse; até sua vaidade infantil era satisfeita pela rainha, que o mandava representá-la em diversas cerimônias fastidiosas, o que o colocava com freqüência em destaque, sem exigir-lhe o trabalho requerido pelos assuntos de estado.

Com profundo mas disfarçado despeito, os sacerdotes e descontentes da alta nobreza compreenderam que a enérgica e astuta soberana havia retirado habilmente de suas mãos a poderosa arma que pretendiam empregar como instrumento de sua queda. No momento, tinham que baixar a cabeça sob a mão de ferro de Hatasu e esperar com paciência que a idade e a saciedade dos prazeres lhes trouxessem de volta a alma do príncipe, despertando nele a ambição e o desejo de poder.

A estranha beleza de Neftis tinha, desde a primeira vez que a vira, agradado muito a Tutmés; porém, apesar da dedicação de que lhe dera prova, a jovem não tinha encorajado seus avanços. Parecia consumir-se por um desgosto secreto; sempre sombria, solitária, fria, como vivendo num mundo interior.

O volúvel Tutmés não se empenhou muito para arrancar Neftis de sua misteriosa melancolia, e voltou a atenção para Ísis, sua companheira de solidão.

Essa moça, parenta de Antef, era órfã, e mal vista pela família por razões de que não tinha a menor culpa.

Seu pai, um oficial distinguido, irmão da mãe de Antef, fora noivo de uma parenta, porém, tendo trazido da guerra uma jovem prisioneira de grande beleza, rompeu o compromisso e desposou

J. W. Rochester

essa que todos consideravam como escrava. Toda a família voltou as costas ao tolo que elevara à condição de esposa uma criatura que nada lhe impedia de ter por concubina, e acusaram abertamente a moça de ser feiticeira e haver, por meio de algum filtro, se apossado do coração do marido.

Depois de toda essa confusão, o oficial conseguiu uma transferência para Mênfis, e sua felicidade seria perfeita se a morte não lhe tivesse arrebatado em tenra idade quase todos os filhos, deixando apenas duas meninas, Senimuthis, e mais velha, e Ísis, sete anos mais moça. Ambas tinham herdado a exótica beleza da mãe; tinham a pele branca, cabelos louros e olhos de um azul profundo como o céu.

Uma epidemia que grassou em Mênfis deixou as duas meninas órfãs de pai e mãe; mas uma velha amiga, viúva de um escriba real, acolheu-as como filhas, e quando Senimuthis fez dezesseis anos, a fez noivar com seu filho único, Rui. Um acontecimento inesperado impediu essa união: a noiva desapareceu alguns dias antes do casamento, sem que jamais se soubesse o que acontecera. O rapaz morreu alguns meses depois; afogou-se ao se banhar no Nilo, não se sabe se de propósito ou não, e a pobre mãe, arrasada, definhou depois disso.

Sua morte deixou Ísis desprotegida, e Antef foi nomeado seu tutor; mas como Tachot, irmã dele, e Menchtu, instigada por ela, a olhassem com maus olhos, denegrindo-lhe a origem em todas as ocasiões, ela se ligou a Neftis, e quando esta foi para a nova residência, Ísis instalou-se ali junto dela, desempenhando o papel de amante que atraía à solitária vila o jovem herdeiro do trono.

No dia em que retomamos a narrativa, Neftis, sua jovem amiga e Tutmés achavam-se reunidos num terraço sombreado de árvores. Afundada em uma cadeira, pálida e silenciosa como de costume, a dona da casa escutava distraidamente as novidades e histórias de todo tipo que o príncipe contava, enquanto saboreava as frutas que Ísis descascava e lhe oferecia, rindo das observações cáusticas e mordazes com que ele temperava as narrativas.

— Acharam finalmente o corpo de Neith? – indagou Neftis de repente.

— Não, não conseguiram encontrá-lo, embora todos os pescadores e mergulhadores de Tebas estejam sondando o Nilo há seis dias – respondeu Tutmés. – A rainha, que gostava muito dessa pobre moça, prometeu um talento da Babilônia a quem encontrasse o corpo, mas em vão.

— Não sabe dos detalhes desse triste acontecimento, príncipe? – perguntou Ísis. – Lembro que durante um passeio encontramos a nobre Neith que voltava do palácio real; era muito linda, mas parecia triste e enferma.

— Sim, ela estava doente havia alguns meses, e isso a impediu até de assistir à maior parte das festas dadas por Horemseb. De sua morte, porém, ninguém sabe nada de concreto; ela tinha dispensado os criados e ficara sozinha no terraço; pela manhã, encontraram no último degrau da escadaria o seu véu e uma rosa vermelha. Teria escorregado, ou atirou-se de propósito no rio? Quem poderia dizer? Seria o receio da volta do marido que a tinha desesperado, que a levou ao suicídio? Se não chegou, como tantas outras, a enamorar-se do feiticeiro de Mênfis e só conseguiu extinguir sua paixão no Nilo – concluiu Tutmés com um sorriso malicioso.

Neftis estremecera à menção da rosa vermelha encontrada junto com o véu de Neith; mas à última insinuação do príncipe, empalideceu, e um brilho sinistro perpassou em seus olhos esverdeados. Ao cabo de um instante, ergueu-se e desceu para o jardim, deixando Ísis e o príncipe conversando. Com passos cada vez mais rápidos, dirigiu-se a um arvoredo isolado no fundo do jardim, e atirando-se num banco, enterrou a cabeça nos braços cruzados. Mil sentimentos em tumulto a oprimiam, quase lhe cortando a respiração.

A notícia do desaparecimento de Neith havia despertado nela uma vaga suspeita, que o achado da rosa vermelha transformara em certeza. A bela esposa de Sargon não estava morta, fora levada com aquela habilidade demoníaca que nunca deixava traços de seus crimes, e desaparecera atrás dos sólidos muros do palácio de Mênfis, que só libertava suas vítimas por milagre. A ela também não tinham dado por afogada? Mas que motivo teria levado Horemseb a tentar esse rapto perigoso, em vez de se contentar com vítimas comuns, pertencentes à classe média ou à pequena nobreza? Será que ousaria torturar, associar a suas hediondas orgias, e por fim infligir alguma morte horrível à predileta da rainha, uma das primeiras mulheres do Egito? Ou então Neith lhe agradara tanto, a ponto de arriscar tudo para possuí-la? Era suficientemente bela e ilustre para despertar até o coração de bronze do feiticeiro. A essa idéia, um ciúme selvagem apertou o coração de Neftis, e um gemido abafado saiu de seu peito opresso. Nesse momento, um braço envolveu-lhe carinhosamente o pescoço, e a voz de Ísis murmurou com afeto e tristeza:

J. W. Rochester

— Neftis, querida Neftis, o que tens? Tuas mãos estão queimando, teu rosto pálido como um cadáver. Estás doente? Ou uma dor secreta te consome, como suspeito há muito tempo, sem ter coragem de falar?

— Adivinhaste; um terrível segredo me pesa na alma. Mas por que deixaste o príncipe? Eu precisava ficar um pouco só.

— Tutmés se foi — respondeu Ísis. — Mas não poderias contar-me o teu sofrimento? Eu te amo como uma irmã, e juro que serei digna de tua confiança.

Neftis sacudiu a cabeça com firmeza.

— Não, não; o que me consome eu não posso dizer-te, mas sei que me amas com sinceridade, e para retribuir, isso, vou dar-te um conselho; não o esqueças se eu morrer ou desaparecer: não aceites jamais nenhuma rosa vermelha com um aroma sufocante, que torna a respiração opressa e transforma o corpo num braseiro. Queima, queima, destrói essa flor amaldiçoada; és bela, e a fatalidade poderia te arrastar para o abismo, onde serias destruída sem piedade.

— O que estás dizendo? — disse Ísis, empalidecendo. — Que lembrança terrível me trazes à memória! A minha pobre irmã se deliciava com uma rosa vermelha de intenso perfume, um pouco antes de seu inexplicável desaparecimento. De quem teria ganho essa flor? Não sei, isso já faz cinco anos e eu só tinha nove naquela época, mas recordo que Rui tinha ciúmes dessa rosa, que ela aspirava continuamente, e reclamou dela por isso. Depois ela a escondeu numa bolsinha que usava no pescoço, mas à noite eu a vi mais de uma vez abri-la, beijar a rosa, aspirá-la e chorar. Depois, num dia em que eu estava visitando uns amigos, ela desapareceu para sempre.

Ísis se deteve, sufocada pelas lágrimas; após um instante de silêncio, acrescentou com súbita energia:

— Ela deve ter morrido, sem dúvida, minha pobre Senimuthis, tão boa e carinhosa, e sua perda matou Rui e minha segunda mãe. Mas eu estou viva, e se um dia descobrir que uma mão criminosa desencadeou toda essa desgraça, hei de vingar essas três mortes, mesmo que morra tentando. Esse teu conselho, Neftis, me dá a entender que talvez saibas algo a respeito; diz-me o que é, suplico-te.

— Neste momento, não sei e nada posso afirmar— respondeu Neftis. — Mas, quem sabe? Talvez em breve eu possa tomar-te como aliada e satisfazer tua curiosidade.

Em silêncio, as duas moças retornaram à casa e se retiraram cada uma para seu quarto. Neftis refletiu por longo tempo, enroscada numa cadeira junto à janela. Pela profunda ruga que e desenhava em sua testa e pelo clarão que cintilava de vez em quando em seu olhar, via-se que alguma séria resolução estava sendo amadurecida em seu íntimo.

Por fim endireitou-se e afastou com as duas mãos a massa dos cabelos dourados.

– Monstro insaciável de sofrimentos e de vidas destruídas, é o feitiço ou o amor que me fez calar? – murmurou. – Ainda não tenho forças para te trair, mas cuidado, Horemseb! Se poupares a vida de Neith, se te atreveres a estender-lhe um reflexo de teu amor, não haverá piedade para ti: eu te denunciarei ao ódio do Egito inteiro, te destruirei e hei de infligir-te todos os sofrimentos que causas aos outros. E saberei a verdade, nem que tenha que me introduzir em teu palácio!

Os olhos verdes rebrilharam, e uma crueldade implacável lhe recurvou os lábios, descobrindo os dentes agudos e brancos; nesse momento, assemelhava-se a uma pantera prestes a cair sobre a presa, e Horemseb tinha razão em buscar com tenacidade e temer o demônio destruidor que tinha conhecimento de seus segredos.

É preciso dizer algo sobre um personagem de nossa história que ficou esquecido nos últimos capítulos: Hartatef, que, indultado pela intercessão dos sacerdotes, recuperara sua antiga posição em Tebas. Reintegrado em sua condição anterior, havia se instalado no belo palácio que havia construído para habitar após o casamento, e retomara seu modo de viver de antes. O amor persistente e apaixonado por Neith não havia se extinguido nele; apenas, sem esperanças, Hartatef dissimulava os sentimentos.

Seu desejo de rever a moça era, como se pode imaginar, dos mais intensos, mas a indisposição e a vida retirada de Neith, assim como as exigências de seu próprio trabalho, o impediam; foi somente na festa de despedida de Horemseb que a ocasião tão desejada se apresentou por fim. Revendo Neith tão estranhamente mudada, porém mais bela do que nunca, paixão, raiva e desespero lhe apertaram o coração. Observou-a de longe e estava no caminho quando Horemseb a conduziu à liteira. Nada torna a pessoa tão perspicaz quanto o ciúme: sob as pálpebras abaixadas de Horemseb, Hartatef surpreendeu um olhar que se cravou em seu coração como uma punhalada. E quando soube do estranho desaparecimento de Neith, uma irresistível suspeita o fez relacionar Horemseb com esse fato misterioso.

J. W. Rochester

Intuído por sua paixão e ciúme, Hartatef quase adivinhou a verdade. Não acreditava na morte de Neith, e sim que fora seqüestrada pelo feiticeiro de Mênfis. Nenhum indício concreto, é verdade, confirmava essa suspeita: Neith e o príncipe só tinham se encontrado duas ou três vezes, e Horemseb tinha deixado Tebas havia um mês quando aconteceu a desgraça. Portanto, acusar abertamente um membro da família real por uma simples suspeita seria algo perigoso.

Hartatef era prudente demais para arriscar pela segunda vez sua posição numa aventura temerária, mas sua convicção íntima permaneceu imutável, e decidiu pesquisar discretamente, sondar a qualquer preço o mistério do palácio de Mênfis, e se pudesse confirmar a presença de Neith, revelar a verdade à rainha.

Com a paciência tenaz que lhe era própria, Hartatef pôs mãos à obra, sem imaginar que ele próprio era objeto de uma ativa mas oculta vigilância. Quem o espionava assim era Keniamun, que também não acreditava na morte de Neith, e suspeitava que o antigo noivo, cuja paixão violenta por ela era bem conhecida, a tinha raptado. Acreditava que Hartatef teria sido capaz de, à força ou não, ter roubado e escondido a moça, movido por um ciúme selvagem e o desejo de subtraí-la ao marido. Keniamun não sabia que ao espionar os movimentos de Hartatef seria conduzido a uma pista muito mais grave e completamente inesperada.

Ignorando todos esses acontecimentos, com o coração dividido entre a esperança e o receio, Sargon estava a caminho de Tebas. Os dois anos pesados transcorridos desde sua condenação o haviam transformado bastante, física e moralmente. Tinha crescido e emagrecido, seu corpo delicado e feminil estava bronzeado pelo e sol, e uma expressão severa e cheia de amargura emprestava um aspecto totalmente novo a sua fisionomia.

Apesar de toda a consideração que recebera em função de uma ordem secreta, só lhe sendo atribuídos trabalhos mais leves, poupando-o do tratamento desumano e das indescritíveis privações infligidas aos demais condenados, Sargon havia acreditado muitas vezes que ia sucumbir sob o peso daquela vida despojada de tudo a que estava habituado. Porém, a vontade de viver, a esperança plantada em seu coração pela promessa de Neith, o haviam sustentado, dando-lhe a coragem de esperar até que a bondade de Hatasu o libertasse do sofrimento.

Essa libertação veio antes do que esperava. O mensageiro que trazia o ato de indulto para ele e outros infortunados trouxe-lhe também um bilhete de Semnut com a informação de que, por iniciativa de sua esposa, um barco com pessoal seu, contendo tudo de que poderia necessitar, o esperaria num lugar marcado. Transfigurado pela alegria e a esperança, Sargon pôs-se a caminho imediatamente; mas a reação fora demasiada, e uma perigosa enfermidade o assaltou no caminho, e durante semanas, colocou-lhe em perigo a vida. Contudo, os cuidados de um bom e idoso sacerdote e a força vital da juventude triunfaram; o jovem hitita se restabeleceu, e assim que as forças lhe permitiram, recomeçou a viagem.

No lugar indicado por Semnut, encontrou seu pessoal e o barco que o aguardavam. Com indescritível sensação de bem-estar, recolocou as vestes de sua classe e reencontrou o conforto de que fora privado durante tanto tempo. Cheio de impaciência, ordenou que prosseguissem dia e noite quanto fosse possível, só se detendo nas paradas indispensáveis para obter água fresca e provisões. Avançavam rapidamente, pois o barco grande, conduzido por doze remadores que se revezavam de duas em duas horas, parava o menos possível. Estendido em almofadas, à sombra de uma pequena cabine aberta dos dois lados, Sargon devaneava horas inteiras, tentando prever e imaginar como seria seu primeiro encontro com Neith, como ela o receberia e como seria no futuro sua vida conjugal. A exaltação que o sustentara durante o infortúnio desaparecera, agora que tudo havia terminado. Não duvidava de que Neith fosse manter sua promessa feita diante de Hator e o receberia como esposo; o envio do barco, aliás, confirmava isso. Apenas, não cultivava ilusões: o impulso generoso da moça havia sido provocado pelo remorso e a pena que sua infelicidade despertava, mas esses sentimentos haviam tido tempo de esfriar, e o mais que ele podia esperar era ser tolerado. A essa idéia, o sangue inundava as faces emagrecidas do príncipe e um amargo sentimento de desespero, impotência e orgulho ferido lhe apertava o coração. Às vezes se revoltava e só pensava em forçar Neith a retribuir seu amor; mas voltando em seguida a ter idéias mais amenas, propunha-se conquistá-la pela paciência e o afeto, e insensivelmente, radiosos sonhos de futuro o faziam esquecer tudo.

A noite caíra quando se aproximaram de Mênfis. A alguma distância da cidade, uma barca esplêndida, iluminada por uma lanterna vermelha, tendo à proa uma esfinge dourada de olhos rubros, atraiu a atenção de Sargon.

— Nossa gloriosa rainha por acaso estará em Mênfios? – perguntou erguendo-se rapidamente.

Antes que alguém respondesse, a barca em questão, que parecia voar sobre as águas, encontrava-se à altura da de Sargon, e este viu, com espanto, que sob um dossel de púrpura e ouro estendia-se, sobre almofadas, um rapaz extraordinariamente belo e cintilante de jóias. Em sua fisionomia, imóvel como a de uma estátua, só tinham vida dois grandes olhos negros chamejantes, com uma expressão altiva e sinistra; esse olhar, pesado e estranho, deslizou sobre Sargon com glacial indiferença; depois, as duas embarcações se separaram, distanciando-se rapidamente.

— Quem será esse? – perguntou o hitita, tentando libertar-se da impressão desagradável produzida pelo belo passageiro.

— É o príncipe Horemseb, senhor – disse um dos marinheiros.

— E é lamentável que tenhamos encontrado com ele, pois tem mau-olhado e traz infelicidade a quem o vê. Não ria, senhor, o que digo é sabido por todos. Talvez o nobre Horemseb mesmo saiba quanto sua presença é funesta; leva uma vida totalmente retirada, e só sai à noite; mas recentemente, quando esteve em Tebas, toda espécie de desgraças aconteceu.

— De que espécie? – indagou o príncipe.

— Mortes de todo tipo. As mulheres, sobretudo, são atingidas por seu mau-olhado; ficam tomadas de uma paixão desvairada por ele, e depois dão cabo da vida; isso aconteceu com muitas moças das famílias mais nobres.

E o marinheiro enumerou algumas das vítimas do feiticeiro. Sem saber por que, uma angústia repentina apertou o coração de Sargon; esse homem estranho e fascinante estivera em Tebas; Neith devia tê-lo visto. Teria escapado à influência fatal que destruíra tantas jovens? Tão nova, entregue a si mesma, unida a um esposo a quem não amava, estaria sujeita a sucumbir a isso.

Esse pensamento, desde que surgiu na mente superexcitada do hitita, tornou-se sem demora idéia fixa; não podia mais separar a imagem de Neith da do feiticeiro; raiva e ciúme deste lhe enchiam a alma, e gostaria de ter asas para chegar mais rápido.

O sol acabava de se pôr quando o barco do exilado aproximou-se afinal da meta tão desejada. Em pé à frente, Sargon sondava com avidez a obscuridade; enfim distinguiu os contorno maciços de seu palácio, a escadaria e os colossos de granito que velavam à entrada do terraço.

O coração lhe batia aceleradamente, as lembranças do passado e os receios do futuro se chocavam dentro dele; mas quando o barco encostou, saltou nos degraus sem esperar que o amarrassem; um único pensamento suplantava todos os outros: o de rever Neith. Quase correndo, atravessou o terraço vazio, depois várias salas escuras e silenciosas, e deteve-se surpreso; que significava esse silêncio, esse abandono em que todo o palácio parecia mergulhado? Neith estaria ausente ou enferma? Com o coração apertado, continuou, tentando orientar-se na escuridão, não compreendendo a ausência dos criados que normalmente povoavam o palácio, agora deserto. Enfim, chegou a um pátio interno iluminado por tochas e viu diversos escravos que, reunidos em torno de uma fonte, conversavam ruidosamente.

— Que significa esse abandono que vejo aqui? – exclamou em tom irritado. – Que fazem aí conversando, enquanto a casa está vazia, escura e aberta a quem quiser entrar? Ninguém está em seu lugar! Chamem Apopi aqui imediatamente!

Ao ouvir a voz do senhor, todos os escravos se calaram, atemorizados, mas no mesmo instante um homem gordo, atarracado e musculoso surgiu à entrada; tinha lhe parecido ouvir e reconhecer o timbre sonoro da voz de Sargon, e ao vê-lo, prosternou-se, com os braços cruzados.

— Perdoa-me, senhor, não haver preparado uma recepção digna de ti, mas só te esperávamos dentro de dois dias; e além disso, o luto que enche teu palácio dispersou os criados.

— Explica-te, Apopi: de que luto falas? Por quem? – indagou o príncipe, empalidecendo. – Onde está minha esposa Neith? Nenhum luto deve impedi-los de servi-la com dedicação.

Antes que o intendente pudesse responder, Beki, a velha ama, entrou no pátio, soltando gemidos altos; tinhas as vestes rasgadas, os cabelos em desalinho, cobertos de cinza e lama. Precipitou-se para Sargon, e abraçando-lhe os joelhos, gritou em desespero:

— Ó, Senhor, voltaste numa hora de infelicidade; aquela que buscas, Neith, a alegria de teu coração, o sol deste palácio, está morta!

O príncipe soltou um grito rouco e segurou a cabeça entre as mãos; o golpe fora rude demais para seu organismo enfraquecido; cambaleou e teria caído se não o segurassem.

A uma ordem de Apopi, os escravos transportaram Sargon ao quarto preparado para ele. Num instante tudo se iluminou e recobrou vida e animação; o senhor foi deitado no leito e Beki lhe deu os primeiros socorros, friccionando-lhe as têmporas e as mãos e mesclando esses cuidados com soluços e lamentações. Mais de uma hora transcorreu assim. Sargon continuava estendido, mudo, olhos cerrados, aparentemente desacordado; no entanto, o infeliz não estava sem sentidos, mas a concentração febril de todas as energias sobre um único pensamento o tornava inerte, e esse pensamento era: "Neith está morta!" E com ela, o futuro que sonhara, tudo que o havia sustentado até esse dia lhe fugira por entre os dedos. A realidade terrível, inesperada, o esmagava, apertando-lhe o coração com um dor física. Aos poucos, entretanto, a reflexão foi aclarando esse caos de desespero: de que havia morrido essa criatura jovem, cheia de vida, força e saúde? Sem saber por que, ao lado da radiosa imagem de Neith que aparecia em sua lembrança, surgia de repente a sombra negra do feiticeiro de Mênfis, o destruidor de mulheres. Como impelido por uma mola, Sargon se endireitou, e tomando o braço da velha ajoelhada junto ao leito, com um frasco de essência na mão, indagou com angústia febril:

— Quando morreu ela, como aconteceu essa desgraça?

— Ah, senhor! — soluçou Beki —, o mais terrível é justamente que não sabemos de que maneira aconteceu. É verdade que a nobre Neith estava enferma havia algum tempo e que não ia a parte alguma, mas ninguém imaginava uma desgraça. Faz oito dias hoje que vários médicos enviados pela rainha vieram ver a senhorazinha; à noite, veio o sacerdote de Hator, Roma, irmão da nobre Roant, e quando ele saiu, Neith nos dispensou a todos, dizendo que desejava ficar um pouco mais no terraço. Ninguém achou estranho, estava uma linda noite, e muita vezes a senhorazinha ficava assim sonhando à noite, indo dormir só ao amanhecer. Pela manhã, vimos com espanto que ela tinha desaparecido. No último degrau da escada encontramos apenas o seu véu e uma rosa vermelha. Tudo indica que ela caiu no rio, mas seu corpo não foi encontrado, embora há sete dias estejam procurando em todas as direções, e nossa gloriosa rainha tenha prometido um talento da Babilônia a quem encontrasse o corpo dela.

Sargon escutou, pálido e ofegante; às últimas palavras de Beki, ergueu-se da cama e, sacudindo os punhos fechados, exclamou com olhar incendiado:

— Ah! Tudo confirma minhas suspeitas; Neith não está morta: ela desapareceu. Mas eu sei onde encontrá-la, meu coração me diz. Diz-me, mulher, o príncipe Horemseb vinha muito aqui? – acrescentou voltando-se para a ama, que o contemplava perplexa.

— Oh! Não, senhor, ele só veio uma vez, convidar Neith para a festa de despedida que ia dar antes de ir embora, na qual ia estar a rainha, que os deuses conservem e cubram de glória! A senhorazinha foi, mas a nobre esposa de Chnumhotep a trouxe de volta muito mal: ela tinha desmaiado, e depois disso, não se restabeleceu mais até morrer.

Essa resposta parecia desfazer pela base a suspeita do príncipe, mas Sargon, inabalável em sua íntima convicção, só concluiu uma coisa: que a pista do feiticeiro seria bem difícil de seguir; para encontrá-la e desmascará-lo, ele estava pronto a dar sua vida.

Nos dias que se seguiram, Sargon teve um encontro com Semnut, depois com a rainha, que o acolheu com a maior bondade. Falaram muito de Neith, mas o príncipe só escutou dela o que já sabia. Nem Hatasu nem seu ministro julgaram necessário falar do amor dela por Roma; tudo estava acabado, para quê abrir mais essa ferida no coração do infeliz rapaz, já ferido tão cruelmente?

Dividido entre o desespero e a raiva que lhe despertava a suspeita do rapto de Neith, o príncipe ficou alguns dias fechado no palácio; depois, teve vontade de ver Roant e de falar com ela sobre a que fora sua melhor amiga.

A esposa de Chnumhotep estava só com seu irmão quando Sargon chegou. Ela o lamentava, e recebeu-o amigavelmente, mas na alma de Roma a presença do príncipe despertou uma tempestade de sentimentos diversos. Honesto, puro e generoso até o fundo da alma, o jovem sacerdote sentia ciúme, piedade e remorso diante do esposo de Neith, o qual, ignorando que estava diante daquele que lhe roubara o coração da mulher amada, apertou sem desconfiança a mão do feliz rival, do autor de seus sofrimentos. Movido por esse misto de vergonha e hostilidade, Roma sentou-se ao lado, sem tomar parte na conversa, fingindo estar absorvido na leitura de um papiro.

A conversa, como se imagina, foi só sobre Neith.

— Não compreendo esse misterioso sofrimento que a consumia, de que estás me falando, como já me contaram a rainha e a ama – disse por fim Sargon com ar sombrio. – E não sei se isso tem relação com seu estranho desaparecimento, mas uma coisa sei, é que Neith não está morta: a voz do coração, que jamais se engana, me diz isso. Ela foi roubada e eu a encontrarei; com paciência e sem desistir, eu esperarei e procurarei até encontrar a pista e denunciar

J. W. Rochester

o infame raptor. Diz-me uma coisa, Roant: esteve em Tebas um homem cujo olhar atingira mortalmente o coração das mulheres; esse feiticeiro de Mênfis, Neith o conheceu bem?

Como atingido por um raio, Roma estremeceu ao ouvir isso, e levou a mão à testa repentinamente coberta de suor. Lembrou as palavras de Neith em seu último encontro: "Salva-me de mim mesma, Roma, teu amor puro afastará o outro... ele é uma chama que não aquece, mas devora, destrói e mata!" Essas palavras poderiam referir-se a um outro que não Sargon...Teria sido cego ao pensar apenas no hitita?

Roant também empalidecera mortalmente, mas dominando-se com esforço, disse com um gesto negativo:

— Não te entregues a essas suspeitas sem qualquer fundamento; Neith mal conheceu Horemseb, jamais pronunciou o nome do príncipe, que vive em Mênfis numa reclusão absoluta, devotado à ciência e ao estudo. Ele nunca mostrou preferência por nenhuma mulher, porque uma promessa o obriga a viver só.

Sargon deu uma risada seca e estridente.

— Tudo isso nada prova. Sabes acaso o que se trama atrás dos muros desse misterioso palácio? Eu encontrei esse homem, ao passar perto de Mênfis, e a riqueza extravagante de seu barco e dele mesmo é mais que suspeita para um sábio devotado à solidão e ao estudo. Esse homem espalha a desgraça e a morte em seu caminho; várias mortes em Tebas provaram isso, e alguma coisa se revolveu em mim quando enxerguei aquela face insolente, que parece petrificada de orgulho e desprezo pelo mundo. Pelo visto, essa sensação hostil não me veio sem motivo.

Roant escutava cada vez mais perturbada. Fitou com olhar ansioso a fisionomia do rapaz, crispada por um ódio selvagem, e disse em voz baixa:

— Acautela-te, Sargon, de não atacar Horemseb baseado em suspeitas tão vagas; não esqueças de que esse homem é poderoso, faz parte da família real, e poderias arriscar pela segunda vez tua vida e tua liberdade, e provavelmente em vão.

— Sei bem o quanto o destino e a posição de um vencido são frágeis; e dois anos de humilhação e tortura me trouxeram o desgosto pela vida – respondeu Sargon com amargura. – Contudo, seguirei teu conselho, Roant, e serei prudente, porque não quero morrer antes de ser vingado.

Buscas

Já referimos que, movido por uma suspeita secreta, Keniamun vigiava cuidadosamente Hartatef, esperando dessa forma reencontrar Neith, a generosa amiga que ele acreditava ter sido raptada pelo antigo noivo. No entanto, dois meses quase haviam se passado depois do desaparecimento dela sem que tivesse conseguido descobrir a menor pista. O oficial começava a perder a coragem, quando um dia soube que Hartatef partira sozinho para uma viagem de motivo ignorado.

A notícia era grave. Keniamun imaginou que o raptor ia visitar em segredo sua prisioneira; teria que surpreendê-lo no próprio local do crime. Recordando que uma vez Hanofer, mulher de Smenkara, já o tinha auxiliado, revelando os segredos de Hartatef, foi visitá-la, e por um bom presente, a megera contou sem escrúpulos que seu amigo viajara para Mênfis, a fim de auxiliar uma parenta a regularizar um assunto complicado de família. Era óbvio que Hanofer de nada desconfiava, e Keniamun evitou qualquer comentário.

"Ah, miserável!", pensou então, "Levaste tua vítima para bem longe, esperando que ninguém a procuraria ali, mas espera! Se ousaste fazer isso, não escaparás das minas!"

Sem perda de tempo, foi ver Chnumhotep, pediu uma licença para resolver um assunto de família, e conseguindo-o, partiu para Mênfis. Assim que chegou, disfarçou-se e se instalou onde pudesse vigiar a moradia de Hartatef. Constatou sem demora que este saía à noite, desaparecendo por várias horas, e com tal rapidez e habilidade que por três vezes seguidas Keniamun perdeu a sua pista.

Por fim, uma noite, conseguiu segui-lo. Numa ruela escura, viu Hartatef colocar à cabeça uma enorme peruca, enrolar-se até o nariz num manto escuro, e dirigir-se ao Nilo, onde tomou um pequeno barco. Receando perder o rastro dele mais uma vez, Keniamun cortou a corda que amarrava um barco de pesca, e remando vigorosamente, seguiu Hartatef, conservando entre ambos uma distância que não permitisse ser visto pelo outro.

Atravessaram assim a cidade, e margearam o imenso muro que rodeava o palácio de Horemseb. Perto da escadaria das esfinges, Hartatef atracou, escondeu o barco entre os caniços, e desapareceu na sombra dos arbustos que cresciam junto ao muro. Keniamun desceu também, e arrastando-se sem ruído, aproximou-se o mais que pôde de onde devia estar Hartatef. Não estava escondido há muito quando a barca maravilhosa saiu, o príncipe se instalou nela e partiu para seu passeio noturno pelo Nilo.

Quando a barca se afastou, Keniamun viu Hartatef se destacar da sombra e esgueirar-se na direção da escada, em cujos degraus se desenhava indistintamente a silhueta de um escravo agachado. O que aconteceu depois, Keniamun não conseguiu ver: ouviu o murmúrio indistinto da voz grave de Hartatef, bruscamente interrompido por grunhidos roucos e ásperos, depois pisadas, indicando uma rápida luta. Um instante após, Hartatef pulou por cima de uma das esfinges, e curvando-se, correu para seu barco, próximo do qual se havia ocultado Keniamun, tentando ver o que se acontecia.

— Chacal! – murmurou Hartatef enquanto desamarrava a corda do barco. – Seja como for, eu vou saber se estás escondendo Neith atrás desses muros; não é por acaso que gostas da noite e do mistério, animal impuro, maldito feiticeiro! – sacudiu o punho fechado num gesto de ameaça, e saltou no barco.

Keniamun apressou-se a fazer o mesmo, pois acabavam de aparecer na escadaria diversos homens com tochas, preparando-se, segundo as evidências, para fazer uma ronda ao longo do muro. Com rapidez, ganhou a outra margem do rio, e depois sem pressa voltou para casa.

Keniamun estava perplexo: as palavras que escutara derrubavam as suas suspeitas. Hartatef não tinha raptado Neith: ele mesmo a procurava, e no palácio de Horemseb! Era tão inesperado quanto inacreditável.

Keniamun conhecia suficientemente o astuto e prático Hartatef para ter certeza de que ele não devia estar correndo atrás de fantasmas, e que sem suspeitas bem fundadas ele não correria o risco de penetrar a qualquer preço no misterioso e inacessível palácio de Horemseb. Mas o que poderia tê-lo colocado nesse rastro, se é que o louco ciúme não o tinha arrastado para um falso caminho? O jovem oficial dava tratos à bola, tentando inutilmente achar uma relação entre o príncipe e o desaparecimento de Neith, e não conseguia achar o fio da meada. Tinha freqüentado bastante o palácio de Horemseb durante sua estada em Tebas, mas ele jamais parecera interessar-se por Neith, nunca manifestara admiração por sua beleza. Quanto a ela, por essa época tinha se distanciado das festas, não aparecendo quase em sociedade.

Keniamun recordava que o estado enfermiço de Neith começara à época da chegada de Horemseb, mas fora também quando Sargon havia recebido o indulto. A tristeza pesada dela, a agitação que a consumia, o brilho estranho e febril que tinha nos olhos, o tinham inquietado bastante; mas como Neith jamais tinha pronunciado o nome do príncipe, do qual antes fugira que buscara encontrar, ele não podia crer que pudesse ter havido alguma relação oculta entre eles. Somente em duas ocasiões os vira juntos: no banquete de Chnumhotep e na festa de despedida do príncipe, e em ambas Horemseb havia dado atenção a Neith, era inegável, mas era natural que uma mulher tão bela atraísse a atenção, e além disso, era comum que todos prestassem homenagens à protegida da rainha.

Keniamun nunca havia analisado esses fatos, mas sob a influência da suspeita que acabara de despertar nele, lembrou-se de repente de dois incidentes aos quais seu pensamento superexcitado passou a dar uma interpretação diversa de até então. Havia cruzado com o príncipe quando este, saindo de seus aposentos, ordenava a um criado que mandasse trazer a liteira de Neith. Impressionado por sua palidez e pelo aspecto perturbado do príncipe, Keniamun havia indagado o que ocorria. "A esposa do príncipe Sargon está passando mal, e vou levá-la a sua liteira", respondera Horemseb distraidamente. Agora, Keniamun se perguntava se aquela intensa preocupação do príncipe poderia ser causada por um problema de uma moça completamente estranha, convidada por simples polidez. O segundo incidente ocorrera cerca de meia hora depois. O príncipe Tutmés, quase ao lado de Keniamun, havia abordado Horemseb e perguntado a causa da repentina indisposição da protegida de sua irmã.

— A nobre Neith desmaiou ao voltar de um pequeno passeio no jardim; pareceu-me enferma do corpo e da alma. É verdade – acrescentou com um olhar inquisitivo e baixando a voz – que é a perspectiva da chegada de seu marido que lhe faz tanto mal? O hitita deve ser muito feio, se ela receia tanto seu retorno.

— Não, Sargon é um belo rapaz, só tem a mão um pouco rápida demais; e dizem que a bela Neith sofre de um amor impossível por um homem casado, segundo uns, ou por alguém muito inferior, dizem outros – respondeu Tutmés rindo.

Horemseb tinha se voltado bruscamente, pegando um copo de vinho, mas Keniamun notara que a mão lhe tremia imperceptivelmente, e que um olhar sombrio, ameaçador e colérico partira de seus olhos semicerrados.

J. W. Rochester

Nessa altura de suas reflexões, Keniamun deparou-se com uma nova e inexplicável questão. Se Horemseb amava Neith e era correspondido, que necessidade teria de raptá-la, de todo esse perigoso mistério? Hatasu, que protegia abertamente a filha de Mena, teria encontrado um pretexto para anular seu casamento com Sargon, e concederia de bom grado sua favorita a um príncipe de sua família. Tudo isso era inexplicável, e o labirinto era de perder a cabeça.

Keniamun passou a noite insone, mas quando os primeiros raios de sol se insinuavam no seu alojamento, a mente sagaz e criativa do jovem oficial encontrara uma solução que lhe restabeleceu a calma. Havia se convencido de que, mesmo se Neith estivesse viva, era impossível chegar até ela; a posição elevada de Horemseb o tornava por enquanto invulnerável. Sem dúvida, o ciumento e furioso Hartatef não se deteria por causa disso; nada faria diminuir sua tenacidade na busca da mulher amada, e se a encontrasse, o escândalo seria enorme; porém, sem dúvida se passariam longos meses antes disso, e Keniamun, crivado de dívidas, não poderia esperar, se não quisesse ser devorado por seus credores.

Mas não existia um homem que podia tirá-lo das complicações e ainda ficar lhe devendo um favor? Esse homem era Sargon, que, reintegrado na posse de sua imensa fortuna, vivia solitário e desesperado em seu palácio, chorando a morte de Neith. O que não daria a quem lhe desse uma nova esperança, um fio condutor, se ele já tivesse alguma suspeita?

Tendo decidido colocar Sargon no rastro de Hartatef e do feiticeiro, Keniamun tranqüilizou-se, readquiriu o bom humor, e nesse mesmo dia embarcou para Tebas.

Abatido e desencorajado, pois todas as suas pesquisas não tinham conseguido absolutamente nada, Sargon retornava a uma vida mais solitária do que nunca; revoltado e cheio de raiva dos homens e dos deuses, arrastava os dias apático, ou cansando-se a cogitar de um meio para encontrar o raptor de Neith, pois continuava, como antes, sem acreditar na sua morte.

A visita de Keniamun lhe causou pouco prazer, e escutou com a indiferença de um homem cansado a alegre tagarelice de seu visitante. O oficial pareceu não notar essa recepção fria, e interrompendo o assunto banal de que falava, disse com interesse:

— Vejo que estás enfermo da alma, Sargon; a morte de tua mulher deixou-se arrasado, e seria realmente um golpe terrível se estivesse comprovada, mas eu não acredito nisso, e venho participar-te uma descoberta que fiz e que talvez te ofereça uma pista para reencontrar Neith.

Sargon, que estava estendido negligentemente sobre um divã, se pôs em pé de um salto, com o olhar brilhando.

— Ah! Tu também não acreditas que ela esteja morta. Mas fala, fala rápido, o que ficaste sabendo?

— Tem paciência! Sei bem pouco, mas é um indício. Lembras de Hartatef, o antigo noivo de Neith?

— Louco, cego que fui! – interrompeu o príncipe, batendo na testa. – Então é ele? Mas o miserável pagará caro por essa audácia!

— Acalma-te, Sargon, estás te apressando e tomando o caminho errado; só estava te lembrando que esse homem, que é enérgico e tenaz, amava Neith, ainda a ama, e como nós não acredita na sua morte. Não foi ele quem raptou tua mulher.

— Mas se não foi ele, quem foi? – contrapôs o príncipe, desanimado pois pensara ter descoberto o culpado.

— Não, Hartatef não é o raptor, mas nos ajudará a descobrir Neith, que ele está procurando junto de alguém do qual, sem isso, não teríamos suspeitado jamais – e Keniamun relatou o que descobrira em Mênfis. Sargon escutou, pálido e com os lábios cerrados. Quando o oficial se calou, disse em voz sufocada:

— Estou convencido de que o ciúme inspirou certo a Hartatef; a mim também a voz do coração me sussurrava o nome desse homem nefasto. Desde que o vi (pois o encontrei perto de Mênfis) não tive mais sossego, e isso que ainda não sabia do desaparecimento de Neith; quando o olhar dele encontrou o meu, uma raiva cega me encheu a alma! Mas como chegar até o miserável, já que sua posição o torna inatingível? Ah! Se eu tivesse a menor prova!

— Deixa que te diga, Sargon, que acima de tudo é preciso armar-se de paciência; em casos como esse, é a sorte que muitas vezes nos ajuda. Mas com certeza não é te fechando aqui neste palácio que vais encontrar uma pista. Temos em Hartatef, sem que ele saiba, um aliado astuto e corajoso, que precisamos vigiar de perto; mas tu também deves ir a toda parte, ver e ouvir tudo que acontece. Nunca se sabe onde e como se pode chegar a um indício importante – a minha ida a Mênfis prova isso. Assim, deverias visitar Tuaa com freqüência; ela tem parentes e amigos de Mênfis que a visitam com freqüência; agora mesmo, um de seus primos está aqui. Essas relações são necessárias para ti.

— Tens razão, irei à casa de Tuaa; esta inatividade me enerva e não serve para nada. E tu, Keniamun, sê meu aliado: juntos havemos de conseguir, espero firmemente.

O oficial suspirou.

— Receio que não possa te ser útil como gostaria e como me induz minha amizade por Neith; mas meus negócios vão tão mal que nem mesmo sei se poderei continuar em Tebas.

— Tens problemas de dinheiro? Dívidas, por certo? – perguntou o príncipe com vivacidade; e vendo Keniamun fazer um gesto afirmativo, acrescentou, tomando-lhe a mão: — Nem penses em coisas tão insignificantes; fico feliz de livrar de uma preocupação mesquinha o amigo que está me prestando um favor inestimável. Amanhã de manhã te mandarei um talento da Babilônia: é suficiente?

Keniamun se fez um pouco de rogado, depois agradeceu, feliz: era o triplo da soma de que necessitava. Uma hora depois, os dois rapazes se separaram como grandes amigos; Keniamun prometeu vir dali a dois dias buscar Sargon para irem à casa de Tuaa.

A reunião na casa da viúva não tinha muitas pessoas. Quando Sargon e seu companheiro chegaram, Nefert e alguns jovens, seus assíduos admiradores, jogavam bola no jardim. Tuaa, alguns velhos amigos e seu primo de Mênfis estavam reunidos em torno de uma mesa bem servida. Foi a este grupo que se uniram os dois rapazes.

Tuaa recebeu Sargon com grandes demonstrações de alegria, o fez sentar perto dela e procurou arrancá-lo de seu mutismo taciturno. Keniamun, alegre e conversador como sempre, dirigiu com habilidade a conversa e conseguiu fazê-la chegar a Horemseb, indagando ao morador de Mênfis se sabia algo de novo do belo príncipe feiticeiro. O interlocutor, um velho sacerdote melancólico e rabugento, respondeu com evidente contrariedade:

— O que se pode saber de um homem que leva uma vida tão misteriosa e só sai à noite? Só se pode esperar que essa vida, que ele esconde com tanto cuidado, seja agradável aos imortais e não seja culposa aos olhos dos mortais.

Tuaa protestou contra essa opinião suspeita do primo, a quem chamou de velho rabugento; depois se revelou extasiada com a beleza e o encanto fascinante do príncipe, que lhe produzira uma impressão indelével desde a primeira vez que o vira. Levada pelas lembranças, relatou com detalhes o passeio noturno que fizera com Neftis e o encontro com Horemseb, que havia jogado uma rosa à jovem.

Sargon e Keniamun prestaram ouvidos atentos: este último lembrava-se de já ter escutado essa história, mas desta vez ela tinha um novo interesse.

— E o que faz hoje essa moça que foi distinguida com um presente tão lisonjeiro? Guardou-o? – indagou Keniamun com aparente despreocupação.

— Na verdade, não pensei em perguntar-lhe; mas, caros amigos, a história dessa bela moça se tornou tão estranha, depois disso, que não resisto ao desejo de contá-la.

Vendo desperto o interesse dos convidados, Tuaa continuou com animação:

— Preciso dizer que, à época desse encontro, Neftis era noiva de Antef, o antigo comandante de Buto. Ela estava se preparando para ir com sua tia para lá, para celebrarem o casamento, quando desapareceu de repente, algumas semanas após minha partida de Mênfis.

Acharam que ela tinha se afogado no Nilo, pois uma noite, ao voltar da casa de uma amiga, desapareceu do barco onde estava. O escravo cego que a acompanhava falou de um som de remos que escutou, mas pode-se admitir que ela se deixasse raptar sem dizer um ai? O fato é que desapareceu, e sua pobre irmã Noferura, seu noivo e todos mais choraram sua morte. Pode-se imaginar a estupefação geral quando ela reapareceu repentinamente? Onde teria estado durante quase um ano? Ninguém sabe, pois o que ela diz sobre isso é obviamente inventado.

Tenho convicção de que esse mistério oculta algo bem triste, porque a felicidade não transforma assim as pessoas. Imaginem que essa bela criatura, que foi outrora alegre e risonha, fresca como uma rosa, está hoje irreconhecível: pálida como cera, com um olhar ardente e estranho, não ri jamais, mal conversa, foge de todos e parece viver em um mundo de fantasia. Oh! Às vezes até eu mesma penso que o encontro com o príncipe Horemseb traz infelicidade, e que esse belo rapaz sofre de mau-olhado!

Mas, voltando a Neftis: depois que reapareceu, ela foi para Buto, com a intenção de desposar Antef; uma jovem viúva, sua parenta, chamada Menchtu, a acompanhou por questão de conveniência. Agora imaginem: assim que chegaram, Antef ficou apaixonado por Menchtu, que em matéria de beleza não vale a sandália de Neftis, e casou-se com ela. A ex-noiva o dispensou do compromisso. Seria pura generosidade? Ou (Tuaa baixou a voz e sorriu

J. W. Rochester

de forma significativa) porque ela teria agradado a alguém mais além de Antef? O fato é que, atualmente, Neftis mora numa bela casa, não longe de Tebas, que ganhou de Tutmés, o qual a visita em freqüência. Quando soube por Antef que ela estava aqui, fui vê-la uma vez, junto com Nefert, mas ela está tão estranha, tão pouco sociável, que nem me retribuiu a visita.

Enquanto os ouvintes riam e comentavam o que tinham escutado, Sargon e Keniamun trocavam um olhar de compreensão; ambos tinham se lembrado de que uma rosa vermelha também tinha sido encontrada presa ao véu de Neith no dia seguinte ao seu desaparecimento.

— É verdade! Estamos vivendo uma época tão cheia de acontecimentos, que antes, em muitos anos não se via tanta coisa – disse um jovem escriba real. – E vou contar-te, Tuaa, uma história não menos curiosa. Tu, e muitos de vós, amigos, conheceis ao menos de nome Tatmut, a viúva do templo de Amon. Sua filha única, Chonsu, é muito bonita, e a mãe tinha grandes projetos para ela. Pensava em fazê-la casar com Bok-en-Ptah, que a rainha nomeou chefe dos pintores que trabalham em seu túmulo. Tudo estava quase decidido, as famílias de acordo, quando a noiva muda de idéia e se apaixona loucamente... adivinhem por quem? Por um escravo, um *amu*[2] impuro, e com uma paixão tão obstinada que nem castigos, nem súplicas, nem persuasão, nada adiantou. Tatmut faz de tudo para que o escândalo não se espalhe, mas eu soube pela irmã de Bok-en-Ptah, que está furiosa com a ofensa feita ao irmão.

Essa história despertou ainda mais comentários que a anterior, mas a entrada de Nefert e seus companheiros de jogo veio distrair a atenção, e a conversa mudou de assunto.

Ao saírem da casa de Tuaa, Sargon ofereceu a Keniamun levá-lo em seu carro, e para ficarem mais à vontade, dispensou o condutor. Durante o trajeto, e após terem discutido os incidentes da noite, o príncipe declarou com animação:

— Preciso conhecer essa Neftis; tudo indica que existe uma relação entre seu desaparecimento, sua estranha transformação, e o miserável feiticeiro que semeia atrás dele a morte e a loucura. Talvez possamos saber alguma coisa dela. A melhor maneira de conhecermos Neftis seria por intermédio de Antef; consegue isso, Keniamun, se o conheces.

— Sim. Antes de ir para Buto, ele serviu comigo, no mesmo

2 N.E. — Denominação dada pelos egípcios a todos os povos de origem asiática.

destacamento, e depois que voltou foi reintegrado nele – o que não é nada agradável, depois do posto que ocupou. Sou muito amigo do pobre rapaz, e se depender dele nos apresentar a sua ex-noiva, ele o fará; fica tranqüilo, Sargon, amanhã vou falar com ele.

Mantendo a promessa, Keniamun foi no dia seguinte ver o antigo comandante de Buto. Ele também estava mudado, embora tivesse readquirido a serenidade e a frieza, e a agilidade enérgica que o caracterizavam. Mas estava entristecido, seu orgulho sofria visivelmente por ver-se rebaixado à posição anterior, quando esperava ter galgado o primeiro degrau de uma brilhante carreira.

Os dois rapazes sentaram-se e conversaram tomando um copo de vinho. Keniamun sabia inspirar confiança, e Antef trazia o coração cheio de amargura. Toda a família, inclusive Semnut, não lhe poupava recriminações; não lhe perdoavam a fuga insensata que poderia ter levado todos ao exílio nas minas. O ministro não queria mais conceder-lhe nenhum cargo, e fora a própria rainha que havia determinado a sua reintegração no antigo posto. Sob o impulso de todos esses sentimentos, Antef mostrou mais franqueza que o habitual.

— Não posso entender – disse Keniamun – que espírito impuro se apossou de ti naquela ocasião; sei que não és volúvel por natureza, e no entanto deixaste com tanta rapidez a tua noiva, que amavas havia tanto tempo, por um novo amor que te fez negligenciar até o teu dever.

Antef, os cotovelos sobre a mesa, colocou a cabeça entre as mãos.

— Eu mesmo não posso compreender o que aconteceu comigo naquele momento – murmurou com voz abafada. – Eu estava enfeitiçado, teria deixado a vida antes de Menchtu. Hoje, não concebo que tenha podido amá-la, assim como ela se admira daquela paixão passageira que não sente mais por mim. Guardo apenas uma vaga lembrança desse período de loucura, mas ficou-me a sensação de que sofri terrivelmente. Meu sangue parecia em fogo, a cabeça estalava, e um perfume suave mas embriagante me perseguia por toda parte. Sabes que eu sempre bebo com moderação, e em vista da grande responsabilidade que tinha, ainda menos. Pois bem: sentia sempre uma sede terrível, e no dia de meu malfadado casamento, dizem que bebi sem medida. Nessa mesma noite, Tutmés fugiu, o que é uma estranha coincidência. Ah! Foi tudo bem calculado!

O que é mais estranho é que Menchtu sentiu as mesmas coisas: ela me confessou que, apesar da paixão por mim, não se sentia

J. W. Rochester

satisfeita, e nos sonhos enxergava sempre um belo homem de olhos grandes e escuros se inclinar sobre ela e sufocá-la com o hálito de fogo; e o que é totalmente incompreensível é que ela afirma que esse desconhecido é o príncipe Horemseb. Um dia em que ela o encontrou no Nilo, ficou tão emocionada que desmaiou. E no entanto, nunca, antes disso, o tinha visto, nem sequer ouvido o nome dele.

"Sempre esse homem, e sempre ligado a um mistério malfazejo", pensou Keniamun. "Decididamente, começo a acreditar que Hartatef achou o caminho".

Tendo obtido de Antef a promessa de apresentá-lo a Neftis junto com Sargon, se conseguisse vencer a ojeriza dela por novos conhecidos, Keniamun despediu-se.

Alguns dias depois, recebeu de Antef tabuinhas avisando-o de que tudo estava arranjado, e marcando o dia em que poderia, com seu amigo, ir à casa de Neftis. Esta concordara, embora contrariada, deixando-se vencer pelas rogativas de Ísis, que morria de vontade de conhecer o príncipe hitita.

Depois de seu encontro com Sargon, Roma levava uma vida ainda mais retirada, devotando-se exclusivamente ao serviço do templo. A suspeita que as palavras do hitita haviam despertado lhe tinha envenenado a alma. Não conseguia mais chorar Neith como morta; a idéia de que ela fora raptada e talvez estivesse sofrendo, longe dele, o desesperava; a hipótese de que ela amasse Horemseb lhe fazia ferver o sangue. Nos momentos de calma, tentava persuadir-se de que essa história inverossímil era invenção do cérebro doentio de Sargon; no instante seguinte, punha-se a analisar os fatos que tinham precedido o desaparecimento de sua bem-amada, e descobria mil indícios que corroboravam as declarações do hitita. Sob a influência dessas dolorosas preocupações, Roma fugia das pessoas, evitava até a família. Foi com surpresa, pois, que chegando um dia ao templo encontrou um visitante a esperá-lo. Era um velho amigo da família, o venerável Penbesa, pastóforo do templo de Amon, com o qual não falava há muitas semanas. A fisionomia do ancião refletia uma angústia tão intensa que Roma esqueceu por momentos sua própria dor para indagar com sincero interesse o que inquietava tanto o velho sacerdote.

— É um problema de família que me fez procurar-te, Roma, e

venho pedir tua ajuda e conselho – respondeu Penbesa. – Trata-se de Chonsu, a filha de meu pobre filho falecido. Será que alguém, por inveja, teria lançado um terrível feitiço sobre ela, ou um espírito impuro, de enorme poder, estaria dominando a pobre menina? O que acontece é que ela se enamorou de um de nossos escravos da raça impura dos *amu*. Nenhuma persuasão, nada consegue demovê-la; ela não consegue viver sem ver esse rapaz, e vendo a nossa recusa inabalável de deixá-la se casar com ele, quer morrer, e seu estado está piorando a cada dia que passa.

– É preciso afastar esse homem, que certamento a está instigando e excitando.

– Mas é incompreensível: Nephtali só tem dezoito anos, é uma criatura tímida e calma, que se comandava só com o olhar. E agora ele está enlouquecido: não adiantou castigá-lo com chicote e prisão; ela desafia tudo para vê-la. E o mais incrível é que várias criadas também estão apaixonadas por ele. Vim suplicar-te, Roma, que venhas a nossa casa falar com Chonsu e tentes afastar o espírito mau que a consome. Tu, sacerdote da grande deusa que dirige os corações dos mortais, e cuja grande virtude todos conhecem, talvez tenhas a força que nos falta – concluiu Penbesa.

Bastante contrariado, Roma prometeu auxiliar. Não tinha a menor esperança de poder convencer a jovem insensata, mas não teve coragem de recusar algo tão simples a um velho amigo.

No dia seguinte, pois, foi à casa de Tatmuti, a nora do pastóforo. A pobre mãe, chorando, contou com mais detalhes o triste acontecimento. Interessado por alguns aspectos realmente estranhos, o sacerdote pediu-lhe que o conduzisse até a enferma e os deixassem sós.

Tatmut atendeu prontamente, e fazendo-o entrar no quarto de Chonsu, fez sinal a duas escravas que velavam junto dela para que a seguissem, e saiu.

Roma parou junto à porta e fitou atentamente a jovem sentada numa almofada, e que parecia não ter percebido sua chegada. Era uma jovenzinha de doze a treze anos, frágil e emagrecida; o rosto afilado e a prostração revelavam um esgotamento total. Tinha os olhos fechados e a cabeça reclinada na almofada de uma cadeira colocada atrás dela. Um rubor febril lhe cobria as faces, a respiração pesada e entrecortada se escapava dentre os lábios entreabertos e ressecados.

Um suspiro de profunda comiseração ergueu o peito do jovem

J. W. Rochester

sacerdote; a enferma lhe recordava Neith, que também tinha esse aspecto exausto e ofegante, e na alma um sofrimento oculto.

Roma arrastou uma cadeira para junto dela, sentou-se e colocou-lhe a mão na testa. Chonsu abriu imediatamente os olhos e endireitou-se.

— Vim conversar contigo – disse ele, inclinando-se amigavelmente; mas no mesmo instante estremeceu, e as palavras se congelaram em seus lábios.

Do peito agitado da enferma se espalhava com intensidade um perfume suave, que dava vontade de aspirar cada vez mais, porém acre, perturbador, que apertava o coração e derramava fogo nas veias. A respiração do sacerdote ficou perturbada, um arrepio ardente lhe percorreu o corpo, uma nuvem de fogo lhe subiu ao cérebro.

Saltando da cadeira, Roma atirou-se para a janela, afastou a cortina e aspirou avidamente o ar fresco do jardim; depois, avistando uma bacia com água, molhou o rosto e as mãos.

Voltando a si, porém pálido como um defunto e com as mãos trêmulas, encostou-se à parede: havia reconhecido o perfume fatal que outrora o tinha subjugado, tirando-lhe a razão e o sossego, escravizando-o a uma paixão deprimente. Nunca mais o havia sentido em parte alguma depois da morte de Noferura; por que acaso o reencontrava ali?

— Que tens, venerável padre? – indagou Chonsu, que, espantada e com os olhos arregalados, acompanhava o estranho comportamento do sacerdote.

— Diz-me, minha filha, de onde vem esse perfume que tens?

— É raro e suave, não é mesmo? Era da minha pobre amiga Moeris, que se afogou no Nilo; a mãe dela me deu, como lembrança, sua caixinha de jóias, e nela achei vários saquinhos como este.

Ergueu-se, retirou do regaço um saquinho de pano pendurado numa correntinha, e aproximando-se de Roma, mostrou-o a ele.

— Dá-me isso, e também a caixinha de Moeris; eu te devolverei tudo depois.

Quando a menina lhe entregou o objeto, guardou o saquinho na caixa, colocou-a no peitoril da janela aberta, e aproximando-se de Chonsu, a fez sentar e disse bondosamente:

— Agora, vamos falar do assunto que me trouxe aqui: o amor que sentes por um criado, um homem impuro e que está abaixo de ti. Diz-me quando começaste a sentir essa paixão, quando te veio a idéia de casar com Nephtali. Sê franca, minha querida filha, eu desejo o teu bem, e com o auxílio de Hator, espero te fazer recuperar a saúde e a felicidade.

A menina parecia mais calma. Ergueu para Roma um olhar receoso, mas por certo sua fisionomia bela e serena inspirou-lhe confiança, pois respondeu sem hesitar:

— Eu mesma não sei como isso aconteceu; conheço Nephtali desde que nasci, nós brincamos juntos, ele me servia; sempre gostei dele, mas não como agora. Quando ganhei a caixinha de Moeris, mostrei as jóias a ele, que gostou tanto do perfume que não conseguia separar-se dele. Então eu lhe dei de presente um dos saquinhos e comecei a usar um deles. Depois disso, não podemos mais passar um dia sem nos vermos, e quando ele não está perto de mim, sinto-me morrer. Estou doente já faz algum tempo; não consigo esquecer Moeris, e quando durmo, vejo sempre o belo príncipe Horemseb, que ela amava e por causa de quem se afogou.

Depois de fazer mais algumas perguntas e conversar um pouco, Roma despediu-se da menina e foi em busca de Tatmut e Penbesa, que o aguardavam ansiosos. Tranqüilizou-os, recomendou que dessem banhos em Chonsu, vestindo-a com roupas totalmente novas, e que a levassem por algumas semanas para longe de Tebas. Depois mandou chamar Nephtali, tirou-lhe o saquinho de perfume, prescreveu-lhe o mesmo tratamento e despediu-se. Às perguntas insistentes do velho pastóforo, respondeu apenas que esperava ter sido inspirado pela grande deusa para conseguir terminar com o feitiço.

Voltando para casa, Roma sentou-se ao ar livre, prendeu sobre o rosto um pano de linho úmido, cobrindo o nariz e a boca, e depois, abrindo a caixinha que trouxera, retirou dali os saquinhos, quatro ao todo.

Curioso para ver o que continham, cortou o tecido com uma faca, e encontrou apenas uma rosa vermelha completamente murcha, mas não seca; as pétalas, amassadas e levemente pegajosas, pareciam molhadas por um líquido incolor que passara até para o interior do saquinho. Todos os saquinhos continham flores iguais.

Roma pôs-se a refletir. Como essas rosas estranhas teriam caído nas mãos da jovem insensata que fora levada ao suicídio por causa de uma louca paixão por Horemseb? Erguendo-se bruscamente, foi buscar em seu quarto um pequeno cofre de marfim no qual guardava cuidadosamente as últimas lembranças de Neith: seu véu e a rosa encontrada nas dobras dele. Retirando o pano de linho que lhe cobria o rosto, abriu a caixa e começou a retirar

J. W. Rochester

dela o véu; mal as dobras do tecido fino e transparente começaram a se abrir, Roma estremeceu: não podia haver engano, o perfume suave mas sufocante que se desprendia dele era o mesmo que o dos saquinhos; a rosa vermelha, murcha e molhada, era idêntica às flores conservadas pela jovem vítima do inexplicável feitiço. Fremente de dor e indignação, Roma tornou a sentar-se. Que relação existia entre essas flores malditas e o desaparecimento de Neith, a louca paixão de Chonsu e o suicídio da filha do escriba real? Quem tinha oferecido essas rosas fatais?

Depois de refletir, recolocou o véu e todos os saquinhos no cofre de marfim, que guardou bem fechado num móvel.

— Devo guardar essas provas do crime e procurar outras nas famílias das demais vítimas – murmurou. – Está claro que as infelizes não conseguem se separar do veneno até o seu fim. Quem sabe? Talvez buscando essas rosas, eu encontre um rastro do misterioso malfeitor que envia essas mensagens de desgraça e morte.

Mais cedo do que esperava, Roma teve oportunidade de fazer novas descobertas. Havia alguns dias que ele ouvia falar, no templo, de um fato incompreensível acontecido na cidade dos mortos, em relação a dois embalsamadores. No estado de espírito em que se encontrava, ele não tinha prestado atenção a essas notícias sussurradas em segredo, mas de repente a história toda veio à tona. O responsável não foi identificado, mas toda a cidade ficou sabendo que dois embalsamadores haviam se apaixonado pelas múmias de mulheres que estavam preparando, e recusavam-se obstinadamente a se separar delas e entregá-las às famílias.

Perturbação e horror se espalharam entre o povo, e começou uma afluência de curiosos tão grande à cidade dos mortos que tiveram que cercar de soldados o bairro dos embalsamadores para impedir a multidão de penetrar nele.

Já haviam ocorrido, eventualmente, escândalos na cidade dos mortos, mas esses casos, extremamente raros e cruelmente punidos pela lei, eram totalmente diversos do atual, que perturbava e assustava a população. Dizia-se que os dois homens, que pareciam colados aos corpos já prontos para colocar no sarcófago, esqueciam de comer e beber, imersos na louca paixão, e, ambos armados, ameaçavam matar quem quer que tentasse tirar-lhes as múmias. Tal aberração mental era atribuída à atuação de espíritos impuros que, sem dúvida, deviam ter se apossado das múmias da mulheres, ambas vítimas de morte violenta e voluntária.

Os boatos que corriam pela cidade eram de tal sorte que Roma não podia deixar de prestar atenção. Além disso, os detalhes que Ranseneb lhe transmitiu despertaram-lhe imediatamente o interesse: a causa de toda a agitação eram múmias de duas moças que se haviam suicidado por causa de Horemseb. "Ah!", pensou, "O perfume amaldiçoado deve ter algo a ver com isso. Alguma jóia, entregue pelas famílias para enfeitar os corpos, não estaria impregnada dele?"

Sem sequer retornar a casa, Roma atravessou o rio e dirigiu-se à cidade dos mortos. Havia por toda parte ajuntamentos de curiosos mantidos à distância pelos soldados e policiais.

Mas as vestes sacerdotais e as tabuinhas assinadas por Ranseneb abriram todas as portas para Roma. Falou primeiro com um dos funcionários, o qual lhe contou que uma nova tentativa de afastar os dois dementes resultara apenas num grave ferimento em um dos servidores do templo. Contudo, hesitavam ainda para empregar medidas extremas, pois os possessos haviam sido, até então, trabalhadores exemplares, mestres em sua arte.

A seu pedido, o funcionário conduziu o sacerdote de Hator a uma sala destinada aos últimos procedimentos que se fazia com as múmias; continha numerosos bancos de pedra sobre os quais se colocavam os corpos para recobri-los de bandagens.

Naquele momento todos estavam vazios, com exceção de dois, ocupados pelas múmias enfeitiçadas, junto das quais estavam agachados seus apaixonados. Todos os demais trabalhadores tinham sido afastados pelos sacerdotes, que temiam o contágio daquela estranha loucura.

Roma parou perto da porta e examinou atentamente todos os detalhes da cena. Um dos embalsamadores era já idoso; sua fisionomia, habitualmente calma e confiável, ardia como em febre, e os olhos injetados de sangue pareciam procurar quem iria ter a audácia de vir tirá-lo dali. Tinha uma faca na mão, e fora ele quem havia ferido o servidor do templo.

O segundo enfeitiçado era um belo rapaz, pálido e visivelmente exausto. Inclinado sobre a múmia parcialmente envolta em tiras, fitava-a com uma adoração que beirava a demência, e não parecia ver nem ouvir nada. Sobre o peito de uma das mortas, estava um colar de amuletos e próximo delas, caixinhas abertas e repletas de jóias colocadas em banquinhos. Não duvidando mais de que suas suspeitas fossem corretas, Roma aproximou-se do jovem embalsamador, e tocando-lhe o ombro, disse calmamente:

— Não tenhas receio, Nebenhari, não quero tirar-te essa que amas, apenas vê-la.

— Achas que me deixarão ficar com ela? – perguntou o rapaz, fitando-o ansiosamente.

— É possível que a família fique sensibilizada por teu amor. Enquanto falava, Roma remexia na caixinha de onde escapava o intenso aroma deletério, e ao fundo, embaixo das jóias, descobriu duas rosas úmidas envoltas num pedaço de tecido fino. Com desagrado, como se tocasse uma víbora, empurrou o embrulho, e voltando-se para o embalsamador, disse:

— Para que a família te entregue essa múmia, deve se convencer de teu desinteresse; vou levar essas jóias para devolvê-las a eles. Sem aguardar permissão, retirou o colar de amuletos e o colocou na caixa, levando-a e entregando-a temporariamente ao funcionário que o tinha conduzido.

— Os dois infelizes estão dominados por um terrível feitiço que penso ter descoberto – disse. – Arranja-me um pano de linho bem molhado, e manda que os criados preparem vários baldes cheios d'água nesse pátio ao lado; depois, que dois deles venham comigo.

Aproximando-se de Nebenhari, que recaíra na contemplação anterior, envolveu-lhe de súbito a cabeça com o pano molhado, e antes que pudesse resistir, os criados o levaram para o pátio, onde lhe retiraram o pano, derramando-lhe na cabeça uma série de baldes d'água.

— Que significa isso, o que estão fazendo? – gritou o rapaz, assim que o soltaram, e ofegante, encharcado e sem enxergar, deixouse cair num banco.

— Significa, Nebenhari, que era imprescindível te refrescar um pouco; e agora, enxuguem-no, dêem-lhe roupas novas e conduzam-no a seu alojamento para que possa comer e descansar.

Com grande espanto de todos, o rapaz deixou-se levar sem fazer objeções; parecia exausto e como embriagado, e seguiu docilmente os que o conduziam.

Animados por esse primeiro êxito, Roma e os criados voltaram para junto do segundo embalsamador.

Um balde d'água jogado de repente sobre sua cabeça o aturdiu o suficiente para que o pudessem agarrar e desarmar. Levado para o ar livre e banhado em abundância, o ancião desmaiou. Recomendando que lhe dessem os mesmos cuidados que a Nebenhari,

Roma voltou ao supervisor dos embalsamadores, o qual, surpreso e maravilhado com esse rápido sucesso, o felicitou, e agradeceu.

— Faz com que toquem o mínimo possível nas múmias enfeitiçadas, e que sejam fechadas o mais rápido possível. Quanto às duas caixinhas de jóias, eu as levarei, se me permitires, e as entregarei pessoalmente às famílias.

— Antecipaste o que ia pedir, nobre Roma; entendo que esses objetos estão também contaminados com o feitiço e só os entregarás às famílias depois de purificados por tuas preces.

Os boatos a respeito dessa maravilhosa libertação de um feitiço terrível espalhou-se rapidamente por toda a cidade. A cura da jovem Chonsu transpirou também, mas como Roma nada dissera de como havia descoberto o segredo do feitiço, atribuíram seu êxito à sua virtude superior e sua devoção exemplar.

Em poucos dias o jovem sacerdote tornou-se uma figura célebre e venerada em Tebas, objeto de supersticiosa admiração do povo, e de distinção e honra para sua casta.

O objeto dessa fama inesperada não sentia nenhuma satisfação com ela e quase a ignorava, buscando mais do que nunca ficar só. O anseio de descobrir o mistério das rosas fatídicas o absorvia cada vez mais. A cada uma das flores que ia descobrindo ligava-se o nome do príncipe Horemseb. Todas as jovens que haviam morrido por causa da paixão nefasta as possuíam. Mas de que forma Noferura teria conseguido uma rosa daquelas, com a qual o tinha enfeitiçado? Onde a teria ocultado? Nunca a tinha visto com um saquinho daqueles. De repente, lembrou-se de um colar de placas esmaltadas, que Noferura usava sempre, desde que voltara de Mênfis, como lembrança da irmã. Neftis havia reclamado essa jóia, depois de seu inesperado reaparecimento. O colar não tinha sido encontrado; teria sido roubado ou caíra no Nilo? Nesse ponto de suas reflexões, Roma estremeceu: Noferura caíra n'agua no momento em que a barca de Horemseb passava. Os remadores haviam falado da estranha agitação dela, e atribuíam sua loucura súbita ao mau-olhado do feiticeiro. Podia ser uma coincidência, mas por que ela havia perdido o equilíbrio justamente ao enxergar o homem misterioso no qual pareciam dar todas as ramificações do feitiço? E esse colar suspeito havia pertencido a Neftis, cujo desaparecimento e retorno estavam cobertos por um mistério insondável. Ali havia talvez uma relação com Horemseb, Roma o sentia intuitivamente, mas faltava-lhe um fio condutor nesse labirinto; e nem pensava em conseguir esclare-

J. W. Rochester

cimentos com sua cunhada, essa estátua gelada, animada por uma chama sinistra. Pôs-se então a procurar novas pistas.

A conspiração

Sargon e Keniamun haviam se tornado assíduos em casa de Neftis. Com prudência, para não assustá-la, vigiavam a moça, a qual, melancólica, silenciosa e indiferente, os tolerava, sem encorajar-lhes as visitas jamais. Às vezes se encontravam com Tutmés, que também visitava Neftis com freqüência, mas Keniamun convenceu-se sem demora de que, apesar de parecerem íntimos, não existia amor entre eles. Tutmés não tinha ciúmes, a jovem não sentia nada por ele, era evidente; mas que ligação poderia existir entre o poderoso herdeiro do trono e a pobre filha de um negociante? Seria em razão de alguma ligação passageira que o príncipe lhe havia dado essa fortuna? Era possível, e de certa forma isso lhe era indiferente. Qualquer que fosse a razão que conquistara para Neftis sua bela e sólida fortuna, ela a possuía; e essa circunstância havia inspirado a Keniamun uma nova variante de seu plano original. Desejando casar-se e garantir, por uma aliança vantajosa, um futuro rico e tranqüilo, veio-lhe à cabeça a idéia de desposar Neftis. Ela lhe agradava, e o seu passado misterioso devia inspirar-lhe o desejo de um casamento honrado.

Mas contra todas as expectativas, Neftis permaneceu indiferente a acolheu os avanços inequívocos de Keniamun com uma reserva quase irônica. Ferido no amor-próprio, ele redobrou as atenções; à sua intenção de buscar o rastro de Neith mesclou-se o desejo de garantir seu futuro – se o feiticeiro de Mênfis não o atrapalhasse. Por duas vezes, tinha constatado que, ao pronunciar subitamente o nome de Horemseb perto dela, um clarão cintilava nos olhos apáticos de Neftis, e à menção da vida dissoluta que o príncipe havia levado em Tebas, uma indefinível expressão de cólera e sofrimento se espelhava em seu rosto pálido e imóvel.

A partir do pressuposto desse ciúme, Keniamun arquitetou o projeto de uma prova decisiva. Se algo podia levar Neftis a se trair, deixar escapar algo de seu segredo, seria com certeza sob o impulso desse poderoso sentimento que torna os homens cegos e desencadeia todas as paixões.

A ocasião propícia demorou um pouco, mas uma noite em que

Sargon e ele eram as únicas visitas, achou que chegara o momento de dar o golpe decisivo. Ísis, que se tomara de grande simpatia pelo hitita, e talvez de um pouco de amor secreto, e gostava de conversar sozinha com ele, havia saído com Sargon com o pretexto de mostrar-lhe uma flor rara que acabava de desabrochar. Keniamun sabia que ela não voltaria tão cedo, e decidiu aproveitar o momento.

A palestra morria; em seu mutismo taciturno, Neftis não fazia nenhum esforço para alimentá-la, e após um longo silêncio, Keniamun inclinou-se para ela e disse de repente, apertando-lhe a mão:

— Neftis, por que estás sempre tão pálida, tão melancólica? Por que só tens indiferença para aqueles que têm no coração uma fiel afeição por ti?

Ela estremeceu, e seus grandes olhos verdes o fitaram com uma ironia não disfarçada.

— Imagino que não sejas tu, Keniamun, a volúvel e galante borboleta, a ter esses belos e fiéis sentimentos; aliás, seria inútil: meu coração está morto para o amor desde que tive que renunciar a Antef. Um sacrifício desses transforma em pedra a alma mais sensível.

— Tua resposta é dura, mas não vou aceitá-la como definitiva – respondeu ele calmamente. – Sabes que é da pedra que sai o fogo, se a gente sabe fazê-lo; nunca se deve confiar no coração. Sei de um homem que parecia invulnerável, pelo qual as mulheres morriam sem conseguir tocar-lhe o coração de bronze. Pois bem! O amor o venceu, como a todo mundo, pude constatar isso durante uma pequena aventura que me aconteceu em Mênfis, durante minha última viagem.

Como absorto por uma lembrança, calou-se e bebeu alguns goles de vinho. Sua fisionomia refletia uma alegria tão franca, uma malícia tão inocente, que afastava qualquer suspeita.

À menção de Mênfis, uma sombra cobriu o semblante de Neftis. Com gestos nervosos, tomou uma taça de cristal, e enchendo-a, disse com voz alterada:

— Isso parece interessante; conta, Keniamun. Quem é esse homem, e o que viste?

— Prometes guardar segredo? Trata-se de uma pessoa de elevada posição — respondeu alegremente.

Ao gesto de assentimento dela, continuou:

— Pois bem. Confesso-te que o príncipe Horemseb, por tudo que se diz dele, sempre me despertou grande curiosidade. Quando estive em Mênfis, passei várias vezes pelo muro de sua moradia, e esses misteriosos jardins, esse palácio mergulhado na sombra aguçou ainda mais minha curiosidade. Decidi entrar ali a qualquer custo, e uma noite, não sem dificuldade, confesso, escalei o muro e entrei.

— E saíste vivo de lá? – interrompeu Neftis com voz rouca. Estava pálida como um cadáver e seus lábios tremiam nervosamente.

— Por Rá e Osíris, não é um antro de malfeitores! – respondeu Keniamun, fingindo não perceber a emoção dela. – Além disso, não me arrisquei a ir muito longe, e tudo parecia deserto, mas o acaso me conduziu; em uma aléia ao fundo da qual cintilava um lago ou um grande tanque, vi um banco onde estavam sentados um homem e uma mulher. Nele reconheci de imediato Horemseb, nosso herói invulnerável. A ela não pude ver; tinha os braços passados pelo pescoço do príncipe e o rosto escondido no peito dele; notei apenas que parecia magra e tinha cabelos escuros. Como para dissipar minhas dúvidas, ouvi a voz do príncipe, e em suas palavras vibrava uma paixão tão intensa que...

Interrompeu-se, surpreso com o efeito produzido por sua ousada invenção.

Neftis se erguera de um salto, com um grito abafado, enquanto a taça lhe escapava da mão e se esfacelava ruidosamente nas lajes. Os olhos verdes lançavam chamavas; o rosto, de um rubor intenso, crispava-se de paixão selvagem; estava ofegante; era a personificação do ciúme devorador, capaz de matar e destruir.

— Ah! Então ele é capaz de amar! – exclamou em voz entrecortada; e caindo novamente na cadeira, cobriu o rosto com as mãos.

Voltando a si do espanto, Keniamun aproximou-se; tivera êxito além de todas as expectativas, e era preciso aproveitar a oportunidade.

— Cara Neftis, será que te fiz sofrer sem querer? Tua emoção me faz suspeitar que já tenhas estado atrás desse muro enfeitiçado, que foste vítima de alguma ofensa grave. Se assim for, conta-me tudo: acredita, sou teu amigo e saberei vingar-te, mesmo que seja de Horemseb!

Neftis ergueu a cabeça.

— Se ele me ofendeu? – disse com uma risada de desespero. – Ele me torturou, me destruiu, arrancou-me o coração, e apesar disso me calei, sofri em silêncio, porque achei que ele era incapaz de amar; pensei que a poção mágica que ele usa houvesse anestesiado sua alma. Mas agora, Horemseb, que sei que teu olhar glacial pode inflamar-se de amor, tua boca fria e desdenhosa pode dar beijos apaixonados numa mulher, não terei mais piedade; eu te denunciarei e te destruirei, te tomarei o feitiço que faz conquistar corações e te farei pagar por meu sofrimento!

Interrompeu-se, sufocada. Um indescritível expressão de ódio, desespero e paixão lhe crispava a fisionomia.

— Acalma-te, Neftis, e conta com meu auxílio para o que quiseres. Que minha dedicação possa provar-te que meu amor por ti é sincero.

— Eu acredito e agradeço, Keniamun; e juro-te que no dia em que Horemseb, destruído, humilhado, acorrentado, for arrastado pelas ruas de Tebas para comparecer diante dos juízes, eu serei tua esposa. Que Hator e todos os imortais me punam e expulsem minha alma dos mundos felizes se eu faltar a essa promessa!

Keniamun apertou com força a mão trêmula da moça.

— Para conseguir isso, é preciso sabermos o que ele faz, escondido, nesse palácio onde as mulheres desaparecem...

— Onde Neith desapareceu também. – interrompeu Neftis. – Quanto aos segredos dele, conheço uma parte... – e relatou sucintamente o que tinha presenciado.

Keniamun ficou estarrecido; nunca suspeitara de crimes tão hediondos.

— Escuta – disse ele –, para libertar Neith e desmascarar um criminoso de tão alta posição e tão perigoso, nós dois apenas não é pouco? Se perecermos, outros precisam continuar nosso plano; para isso, sugiro Sargon com aliado; ele é confiável, corajoso, e já tem suspeitas do que aconteceu.

— Está bem; e eu proponho incluir Ísis; ela também é enérgica e fiel, e tem três mortos a vingar.

— Estamos combinados – disse Keniamun erguendo-se. – Permite que eu vá buscar nossos aliados; precisamos deliberar e acertar um plano de ação; quanto antes melhor.

Meia hora depois, os quatro conspiradores estavam reunidos numa sala cuidadosamente protegida de ouvidos indiscretos, e Neftis, séria e resoluta, contou, dessa vez com detalhes, como tinha caído em poder do feiticeiro, descreveu a vida estranha que se levava em seu palácio, a terrível mutilação de quase todos os criados, as orgias noturnas, o poder das rosas enfeitiçadas e do contraveneno, o pavilhão misterioso onde o príncipe se ocultava para trabalhar com um sábio desconhecido, e por fim o que o jovem escravo lhe dissera sobre uma morte horrível que terminava com as vítimas inocentes.

Um suor frio cobriu a testa dos ouvintes a esse relato inacreditável. Ísis compreendia agora o que acontecera com sua irmã, sem dúvida morta após atrozes sofrimentos. À idéia de que Neith se encontrava nesse inferno, de que talvez sua alma pura e inocente estivesse maculada pela visão de tais horrores, uma dor física apertava o coração de Sargon. Foi o primeiro a romper o longo silêncio quebrado apenas pelos soluços abafados de Ísis, os suspiros dolorosos de sua amiga, e a respiração ofegante e rouca dos dois homens.

— Como se trata antes de mais nada de libertar uma criatura próxima a mim e que eu amo – disse ele erguendo-se, pálido e com o olhar chamejante –, cabe a mim o direito e o dever de penetrar em primeiro lugar nesse local de morte e depravação. Como atrás desses muros só entram os mudos, serei surdo e mudo; não é fácil fingir isso, mas é possível, e eu conseguirei; farei com que me comprem como escravo. Dizem que o intendente dele compra muitos; é preciso renovar o rebanho humano dizimado pelas orgias! Bem; estando lá, eu vigiarei Horemseb e encontrarei minha mulher, se ela estiver lá.

— Mas, e se te reconhecerem? – murmurou Ísis.

— Quem poderia reconhecer-me? O príncipe nunca me viu, e posso evitar Neith. Além disso, estou bastante mudado e meu olhar altivo não irá descer até um miserável escravo.

— Mas como nos comunicaremos, para saber o que descobrires? – indagou Keniamun.

— Isso decidiremos ao chegar lá. Teremos que encontrar ou fazer um buraco ou fenda no muro, onde eu possa colocar todo dia um pequeno rolo de papiro; se faltar, será um sinal de que fui descoberto, e vocês darão o alarme.

— Eu vou contigo, Sargon; tenho três mortos a vingar nesse miserável e não quero ficar parada – disse Ísis com energia; vendo que os outros faziam gestos negativos, acrescentou: — Não tenham receio, perigo conhecido é perigo evitado, e a tarefa de Sargon será bem mais fácil se ele não estiver sozinho na goela do leão. Nós nos apoiaremos um ao outro, e se um perecer, o outro ficará para contar-lhes. Eu tratarei de fazer com que o feiticeiro me rapte; acho que sou suficientemente bonita para que ele me julgue digna de ser um passatempo. Mas ele não terá poder sobre mim; destruirei as rosas que me der e jogarei fora a bebida enfeitiçada. Não tentem me demover, minha resolução é inabalável.

Após curta discussão, a proposta de Ísis foi aceita, assim como a de Keniamun, de tirar uma licença de alguns meses para acompanhar os aliados a Mênfis.

— O comandante das tropas etíopes é meu amigo; em caso de necessidade, conseguirei com ele soldados para cercar o palácio ou forçar a entrada – disse ele.

— Só nos falta decidir o dia da partida – observou Neftis com o olhar brilhante –, pois, meus amigos, eu posso oferecer-lhes um refúgio seguro onde ninguém nos encontrará. Possuo uma pequena casa, herança de meu pai, situada num subúrbio pobre de Mênfis, não longe do mercado de escravos. Esse morada simples e pobre, mas que poderemos arranjar para o que necessitamos, fica no meio de um jardim quase abandonado. Foi morada de uma parenta minha que morreu faz pouco tempo. Mora nela agora apenas um velho escravo, fiel e devotado como um cão; ninguém o conhece, está em Mênfis faz muito pouco tempo, porque antes cuidava de um vinhedo que possuo. Ele poderá nos atender, e vender Sargon. Garanto por ele, não nos trairá.

Tendo decidido dessa forma a destruição do feiticeiro, os conspiradores se separaram, mas as duas moças, ficando sozinhas, ainda conversaram por muito tempo.

— Uma coisa me assusta e me gela o coração: é tua decisão, Ísis – observou Neith com um suspiro. – Confessa, é por amor ao hitita que queres ir com ele à cova do leão? Mas e se o feiticeiro envenenar tua alma e te destruir? Não subestimes a extensão do perigo; ainda é tempo de voltar atrás. Não conheces a força do feitiço e o poder de fascinação de Horemseb. O que é Sargon perto dele? Eu já senti sobre mim esse olhar que gela e abrasa; vi seu sorriso zombeteiro e que no entanto nos prende a ele para sempre. Eu o odeio, mas não o esquecerei jamais, e é para que ninguém o tenha, já que eu mesma não posso, que o estou traindo e aniquilando!

— Tens razão, eu gosto de Sargon, mas sem intenção egoísta, porque ele é casado e quero ajudá-lo a encontrar a esposa. Quanto a Horemseb, não receies por mim, Neftis; jamais amarei esse homem horrível, de alma escura como um abismo, que não ama

J. W. Rochester

ninguém e destrói para seu prazer criaturas inocentes que não lhe fizeram mal algum. Nunca ligarei minha alma a esse monstro, por mais belo que seja. Quero vingar minha pobre irmã e fazer com que Horemseb pague pelos sofrimentos de tantos infelizes.

Uma noite, cerca de quinze dias após essa ocasião memorável em que, levada pelo ciúme, Neftis traíra o feiticeiro e jurara destruí-lo, o príncipe Tutmés, recostado num divã, jogava damas com um oficial da guarda. O jovem herdeiro do trono estava visivelmente entediado e de mau-humor: três semanas antes, numa caçada, uma roda de seu carro que corria a toda velocidade se quebrara, e ele fora jogado violentamente ao chão, machucando um braço e luxando um joelho. Não era nada grave, mas fora forçado a ficar de cama e condenado ao repouso absoluto e a severas restrições. À medida que as dores diminuíam, o turbulento e ativo rapaz tornara-se cada vez mais impaciente. Na manhã desse dia, seu tédio e mau-humor atingiram o auge; aborrecido de tudo, tratara asperamente o seu pessoal, e para ver uma cara nova (segundo dissera) convocou para uma partida de damas o oficial de serviço, que calhou ser Mena. O jogo não o entreteve por muito tempo; empurrando o tabuleiro, ele se estendeu na cama.

— Não quero mais jogar; vai, Mena, e pede que me tragam os objetos que comprei ontem no mercado dos estrangeiros; depois, conta-me uma história picante. Deves conhecer muitas, pois dizem que és assíduo nos lugares onde vicejam as mais escandalosas aventuras.

— Tentarei contentar-te, príncipe. É verdade que sei muita coisa, e, sem me vangloriar, são as aventuras que correm atrás de mim – respondeu Mena com fatuidade e inclinando-se profundamente.

Em seguida mandou trazer os objetos pedidos, e enquanto Tutmés se divertia olhando os ricos tecidos estrangeiros, as jóias e as armas trazidas do país de Kewa,[3] Mena relatou uma série de histórias cada uma mais audaciosa que a outra. O príncipe recuperou o bom humor, riu desbragadamente, e agradecido, presenteou Mena com um precioso punhal de punho trabalhado. De repente, lembrou que Ísis havia manifestado o desejo de possuir uma jóia fenícia semelhante à que vira em Nefert, a filha de Tuaa, e decidiu

---

3 N.E. – Fenícia.

enviar-lhe uma. Escolheu um colar e uma presilha que pareceram corresponder à descrição, acrescentou um lenço bordado com franjas douradas, e colocou tudo num elegante cofrinho de marfim; mas para não deixar Neftis para trás, encheu uma segunda caixinha de presentes para ela, e disse, fechando-a:

— Amanhã vou mandar entregar essas caixinhas; creio que Ísis e Neftis ficarão satisfeitas.

Mena, que estava ajudando Tutmés, alcançando os objetos que ele apontava, aguçou os ouvidos a esse último nome.

— Não poderia ser teu mensageiro, príncipe? Ficaria feliz com isso – disse obsequiosamente.

Tutmés deu-lhe um tapa no ombro.

— Farejas as mulheres bonitas como um cão fareja um osso – disse rindo. – Mas para te recompensar pelas boas histórias, concordo com teu pedido; leva as caixinhas, e amanhã de manhã vai, próximo a Tebas, a (descreveu o lugar), à casa de Neftis; leva minhas saudações a ela e a sua amiga, a bela Ísis, e entrega-lhes os presentes; diz a elas que irei vê-las assim que puder sair.

Para entender o interesse que o nome de Neftis despertara no oficial, é preciso voltar sete meses atrás, à época da estadia de Horemseb em Tebas. Mena, cuja natureza baixa e interesseira buscava sempre relacionar-se com todos que fossem ricos e bem situados, fizera grandes esforços para imiscuir-se na intimidade do feiticeiro, e em parte o conseguira. Horemseb compreendeu logo que essa criatura moldável e servil lhe poderia ser útil de várias formas, e que, como os hábitos de Mena não eram absolutamente compatíveis com sua fortuna, poderia, em troca de ouro, fazê-lo o instrumento de que precisava.

Para ter certeza de conseguir o que desejava, o príncipe encarregou Mena inicialmente de pequenos serviços extraoficiais, que retribuiu com ricos presentes. Convencido de que nenhum escrúpulo detinha a consciência dele, convidou-o, alguns dias antes de sua partida, para um passeio sozinhos. Quando estavam longe de qualquer ouvido indiscreto, disse em voz baixa mas sem preâmbulos:

— Noto que gostas de jogo e mulheres; são coisas agradáveis, mas custam caro, mais do que podes pagar. Gostarias de ganhar a cada lua uma importância certa por um serviço que farias para mim?

Um brilho de avidez cintilou nos olhos ruços de Mena.

— Que posso fazer para servir-te, Horemseb? Não duvides de minha boa-vontade.

J. W. Rochester

— Desejo algo que será fácil para ti — disse o príncipe lentamente. — Deves deixar-me a par de tudo que se passar de interessante na corte de Tebas e do que falarem de mim; mas sobretudo procurarás saber se não apareceu em Tebas uma mulher chamada Neftis. É bonita, ruiva e de pele branca, com olhos esverdeados. Se a encontrares, me avisarás, e receberás uma recompensa especial. A cada lua, um homem dos meus virá buscar um relatório escrito teu e te trará uma importância que iremos combinar.

O acordo fora feito, e Mena, que nada via de humilhante no papel de espião, já que lhe trazia dinheiro, informava fielmente a Horemseb as notícias da corte e da cidade; apenas Neftis não havia encontrado em parte alguma. Ao ouvir Tutmés pronunciar esse nome, buscou imediatamente um meio de encontrar-se com a mulher em questão. Se acaso fosse aquela que o príncipe buscava avidamente, poderia receber a importância extra prometida — e precisava bastante dela, pois a falta de dinheiro de Mena era uma moléstia crônica.

Na manhã seguinte, pôs-se a caminha da casa indicada. A princípio, o escravo que cuidava da porta não quis deixá-lo entrar, alegando que sua senhora, indisposta, não estava recebendo ninguém, porém Mena identificou-se como enviado do herdeiro do trono e insistiu para ser recebido. O nome de Tutmés surtiu efeito; a porta abriu-se de par em par para o carro de Mena e, um quarto de hora depois, ele se encontrava na presença da dona da casa e de sua amiga. Com palavras escolhidas, desculpou-se por sua insistência, transmitiu a mensagem e entregou os presentes do príncipe, e após um rápido lanche que lhe foi oferecido, retirou-se radiante. Não duvidava de que a sorte favorável o tinha conduzido diretamente ao alvo: essa bela mulher, pálida e de cabeleira dourada, devia ser aquela que Horemseb buscava. Mas que laços haveria entre eles? Teria ela preferido Tutmés a ele, e seria uma questão de ciúme? O mensageiro do príncipe só devia chegar dentro de oito dias. Mena tomou ainda algumas informações, depois preparou um relatório no qual se estendeu descrevendo o trabalho e as despesas que lhe havia custado a descoberta de Neftis. A seguir, contou que ela era amante de Tutmés, o qual, depois da reconciliação com Hatasu, a havia deixado rica. Por último, pedia instruções futuras para o caso.

Mena não desconfiava de que, na noite daquele dia de sua visita, a casa de Neftis iria ficar vazia; ficaram apenas alguns escravos de guarda; todos os outros criados se retiraram para outra propriedade distante, aguardando ordens.

Ao chegar a noite, Neftis e Ísis, cuidadosamente cobertas por véus, atravessaram os jardins, chegaram ao Nilo e tomaram um barco grande, de aparência comum. Dois homens vestidos com simplicidade, como de classe média simples, as esperavam ali: eram Sargon e Keniamun. Este dissera a Chnumhotep que precisava ir ver uma velha parenta de quem esperava ser o herdeiro, e o bondoso chefe da guarda lhe havia concedido uma licença de alguns meses.

Chegaram a Mênfis sem dificuldade e instalaram-se na casinha de Neftis. Ela fez saber sem demora ao escravo de guarda o necessário, e o papel que deveria desempenhar na venda de Sargon.

O velho Cheops era um desses criados que obedecem cegamente sem jamais discutir ou questionar as ordens dos senhores: só se preocupou em executar bem o que se esperava dele. Ademais, ignorava a posição dos dois homens, que conservavam os trajes de pessoas do povo, e mantinham a maior reserva nas conversas.

O príncipe e Keniamun dedicaram o início de sua estada a um indispensável trabalho de preparação: todas as noites, iam até a morada de Horemseb e abriram dois buracos no muro; essas aberturas serviriam para a comunicação de Sargon com seus amigos. Ali ele colocaria os rolos de papiro contando o que descobrisse, e receberia as respostas e novidades de fora. Para poder orientar-se com facilidade lá dentro, o hitita aproveitou uma noite escura para transpor o muro, com o auxílio de uma escada, e colocou alguns sinais que o ajudariam depois a reconhecer o lugar. E escondeu numa espessa folhagem, embaixo de folhas, um punhal, uma machadinha de cabo curto, e uma longa corda com um nó corrediço.

Terminados esses preparativos, era só aguardar que o intendente do príncipe viesse ao mercado de escravos, o que era fácil de saber, pois a casa era próxima dele. No entanto, várias semanas se passaram sem se apresentar a ocasião esperada. Desesperado e impaciente, Sargon começava a perder a coragem, até que enfim, numa manhã, o velho Cheops acorreu esbaforido e anunciou que Hapzefaa acabava de chegar e estava fazendo muitas compras.

Sério e decidido, Sargon preparou-se para partir. Apertou pela última vez a mão dos amigos que o cercavam expectantes, fazendo-o jurar que seria prudente e daria logo notícias, e depois seguiu atrás de Cheops. Na noite daquele mesmo dia, Ísis devia fazer seu primeiro passeio pelo Nilo para encontrar o feiticeiro.

Cheops, inteiramente inserido em seu papel, chegou ao mercado arrastando atrás o falso escravo, oferecendo-o aos que encontrava, e aproximando-se disfarçadamente do lugar onde Hapzefaa negociava algumas jovens. Vários compradores se detiveram e examinaram Sargon, mas ao saber que ele era surdo-mudo, se desinteressaram ou ofereceram um preço tão baixo que Cheops se voltou, cuspindo encolerizado.

— O que vou fazer com este animal estúpido e inútil? – exclamou em desespero; depois, endireitando-se, gritou com toda a força dos pulmões: — Quem precisa de um bom criado, que conhece todos os trabalhos caseiros, e que só tem um defeito, ser surdo-mudo?

A voz aguda e esganiçada chegou aos ouvidos de Hapzefaa, que concluiu seu negócio, e aproximando-se dos dois homens, examinou Sargon com um olhar escrutador.

— É um mudo que estás vendendo, velho? – perguntou. – Como? É surdo também? Um trabalho triplo para explicar-lhe o serviço – rosnou o intendente, dando de ombros.

— Oh! Basta um gesto para ele entender. Karapusa é um criado esperto e trabalhador, não tem igual para fazer guirlandas, arrumar flores em vasos e cestos, manter acesas as trípodes de perfumes, varrer e arrumar a casa, servir as visitas, carregar pacotes e abanar para espantar as moscas; e além disso, não escuta atrás das portas e não pode usar a língua para falar mal dos amos – disse Cheops com uma volubilidade surpreendente, agitando os braços.

— Calma! Achas, velho tolo, que é o primeiro escravo que compro na vida, para me atordoares desse jeito? – respondeu o intendente. – Contudo, o malandro me parece robusto e vou levá-lo, se aceitares um preço razoável e se me convenceres de que não é muito obtuso.

Para atrair a atenção de Sargon, que parecia mergulhado numa indiferença idiota, Hapzefaa o cotucou com o pé, e gesticulando, simulou os movimentos de alguém colhendo flores e arrumando-as numa cesta. O falso Karapusa animou-se, alegre, mostrando os dentes brancos e sacudindo a cabeça em sinal de compreensão. Dando de mão numa cesta e um ramo de flores, começou a arrumá-las, apesar dos gritos e protestos da vendedora. Rindo sem querer da cena cômica, Hapzefaa lhe fez sinal para parar, pagou o valor pedido por Cheops, depois ordenou a Sargon que se reunisse com alguns outros homens que tinha acabado de comprar.

Meia hora depois, Sargon, com o coração batendo forte, carregando uma pesada ânfora, e seus companheiros, em silêncio como ele, davam entrada no enorme pátio do palácio de Horemseb, cuja porta maciça se fechou atrás deles. Hapzefaa passou os novos escravos a um subintendente, e ficando apenas com Sargon, conduziu-o através de longos corredores até uma outra ala do palácio, e o fez entrar numa sala onde um homem gordo, de bochechas caídas, estava entretido em escrever.

— Chamus, trago-te o homem que pediste para substituir Chnum – disse Hapzefaa. – Olha! Acho que fiz uma boa compra para o serviço pessoal do amo; esse rapaz chama-se Karapusa, é surdomudo e me parece atento e trabalhador.

O chefe dos eunucos se ergueu e examinou cuidadosamente Sargon, que simulava a mais completa indiferença.

— Poderia ser mais jovem, mas não faz mal; é suficientemente esbelto e de bom aspecto – respondeu Chamus; vou acomodá-lo sem demora e ele pode começar a trabalhar hoje, na refeição da noite.

Depois de trocar algumas informações de serviço, os dois homens se separaram e Chamus conduziu o rapaz para uma sala grande, no centro da qual havia uma bacia cheia d'agua, e entregou-o a outro eunuco. Este o fez primeiro entrar numa pequena sala contígua, colocou-lhe à frente uma refeição substancial e fechou a porta. Depois de várias horas, que transcorreram para o príncipe com compreensível ansiedade, a porta se abriu, o eunuco o reconduziu à sala anterior, e ordenou-lhe por gestos que tirasse a roupa e entrasse na bacia.

Sargon obedeceu sem hesitar, e depois que se banhou, dois escravos o enxugaram cuidadosamente, e lhe untaram o corpo com um óleo aromático; a seguir vestiram-lhe um avental de fina lã azul, bordado de ouro, colocaram-lhe ao pescoço um largo colar de ouro trabalhado e largas pulseiras nos braços e tornozelos. "É evidente que Horemseb só deseja ver riqueza e elegância em torno dele; tudo que chegar perto desse monstro sanguinário tem que alegrar seu olhar e agradar-lhe ao olfato", pensou Sargon com raiva e amargura.

Quando terminou de preparar-se, foi conduzido pelo eunuco a Chamus, que o examinou, satisfeito, com um aceno de aprovação.

— Os outros também estão prontos?

— Sim, estão esperando na galeria.

Chamus colocou um traje limpo, enfeitou de jóias o pescoço e

　　　　　　　　　　　J. W. Rochester

os braços, depois saiu, fazendo sinal a Sargon para que o seguisse. A noite caíra, e atravessaram em silêncio várias salas iluminadas por tochas, depois uma galeria onde sete escravos jovens, vestidos como Sargon, se reuniram a eles. Ao final do longo corredor, Chamus se deteve, afastou uma cortina de couro e abriu, com uma chave que levava, uma alta grade dourada. Diante deles se estendia uma série de aposentos, mobiliados com luxo principesco e fartamente iluminados. Via-se por toda parte móveis preciosos, objetos de arte e vasos caros cheios de flores raras. Meninos ricamente vestidos andavam em silêncio alimentando as trípodes e deitando nelas perfumes suaves, mas de aroma sufocante.

O coração de Sargon batia acelerado; parecia-lhe ingressar num mundo diferente e enfeitiçado. Nessa residência suntuosa, silenciosa como um templo, é que vivia Horemseb, e talvez, junto dele, Neith, enamorada e feliz nos braços do rival. A essa idéia, raiva e ciúme fervilharam na alma do hitita; e se fosse para libertar uma ingrata que descera ao papel de escravo, entregara-se de pés e mãos amarrados a esse monstro para o qual a vida humana valia menos que a de um animal? Mas não, esse homem frio e cruel não dava a ninguém amor nem felicidade; se Neith estivesse lá, deveria estar sofrendo; mas a vingança estava próxima. Seus punhos se crisparam: o momento em que Horemseb, acorrentado e humilhado, fosse arrastado pelar ruas, esse momento pagaria tudo que ele estava arriscando e sofrendo.

Em seguida, Chamus e os que o seguiam penetraram numa sala grande que, num dos lados, se abria para os jardins. Tochas e lâmpadas, acesas por todos os lados em profusão, espalhavam viva claridade, e vários criados, sob a direção de um mordomo, concluíam rapidamente os preparativos para a refeição de duas pessoas. Sobre um largo estrado dourado havia uma mesa e uma magnífica cadeira; duas esfinges de metal sustentavam o assento; era de espaldar alto, forrado de tecido púrpura com ramagens douradas. Um banquinho de marfim estava diante dele, para o conviva do senhor.

O eunuco designou a Sargon seu lugar atrás da cadeira; entregaram-lhe uma magnífica ânfora cinzelada e explicaram-lhe por gestos que devia encher a taça do senhor quando este a erguesse. A seguir, Chamus ergueu uma enorme e pesada cortina colocada no outro lado da sala, e Sargon percebeu atrás dela uma grade dourada que separava a sala de um aposento ou galeria mal iluminada, e na penumbra desta via-se mulheres vestidas de branco com harpas na mão.

Nesse instante, ouviu-se no interior do palácio um som vibrante e prolongado. Chamus deixou cair rapidamente a cortina, e assumindo uma expressão de adoração quase idiota, correu para junto da mesa, em torno da qual acabavam de postar-se em semicírculo dez homens com tochas, enquanto os criados com pratos na mão se enfileiravam apressadamente, obedecendo às ordens do mordomo.

Fez-se um instante de profundo silêncio, depois se ouviu um ruído de passos, e da sala ao lado surgiram dois adolescentes portando tochas; quedaram-se imóveis como estátuas ao lado da porta, e atrás deles, apareceu Horemseb, seguido de uma mulher e diversos escravos.

Quando o príncipe apareceu, Chamus e o mordomo se prosternaram e beijaram o chão. Todos os criados dobraram os joelhos, e fremindo de cólera, Sargon teve que imitá-los. Quase imediatamente, porém, esqueceu tudo: na mulher que se aproximara e sentou no tamborete, acabava de reconhecer Neith. Dominando com esforço quase sobre-humano o desfalecimento que por um instante quase o fez cair, Sargon se endireitou e assumiu seu lugar, observando com avidez a moça, a qual, assim como seu companheiro, não dirigiu um olhar para os escravos.

Neith estava ricamente vestida, com um traje de lã branca bordado de ouro; jóias de alto preço cintilavam-lhe ao pescoço e nos braços, e uma coroa de flores enfeitava os belos cabelos negros; mas seu rosto encantador estava pálido e emagrecido, uma tristeza profunda lhe encobria o olhar, e a boca obstinadamente cerrada expressava sofrimento e cansaço.

Com surpresa e íntima satisfação, Sargon percebeu que não trocavam uma só palavra ou olhar de amor; com ar frio e altaneiro, o príncipe servia sua companheira, que nem uma vez ergueu os olhos para ele.

Assim que a refeição começou, um canto suave se ergueu de trás da cortina; essa melodia estranha, algo monótona, parecia embalar os dois convivas, provocando um repouso contemplativo e voluptuoso.

Neith mal tocou os alimentos, e em seguida apoiou-se nos cotovelos, como absorvida pela música. Horemseb comia com apetite, erguendo com freqüência a taça, que Sargon enchia, lamentando no íntimo que não fosse um veneno o que lhe servia. Sentiu por um momento um desejo insano de erguer a pesada jarra e fender o crânio do miserável sentado à sua frente, mas a cólera acabou por trazer-lhe à mente uma vingança mais refinada. Oh! Matar Horemseb, apenas, era pouco! A humilhação, a prisão, a tortura, uma morte horrível e degradante, só isso poderia satisfazer o ódio intenso de Sargon!

Quando terminou de comer, Horemseb apoiou-se também nos cotovelos e fitou Neith com um olhar misto de cólera e paixão; mas como os olhos dela se conservavam obstinadamente baixos, uma ruga profunda se desenhou em sua testa, e erguendo-se, se inclinou para ela, enlaçou-lhe a cintura e forçou-a a levantar-se.

— Vamos, bela revoltosa, concede-me um olhar e um sorriso – disse meio rindo, meio zangado.

Neith não resistiu, mas seus olhos continuavam abaixados, mesmo quando ele depositou um beijo em seus lábios cerrados. Felizmente para o falso escravo, Chamus, inteiramente ocupado com o amo, não percebeu o brilho de ódio mortal que cintilou nos olhos de Karapusa ao ver isso.

Na noite do mesmo dia em que Sargon entrou para o serviço de Horemseb, Neftis, com as mãos trêmulas, arrumou sua amiga para o passeio no Nilo, que deveria colocá-la também nas mãos do feiticeiro. Apesar de resoluta, Ísis também estava profundamente ansiosa; esperava recuperar a liberdade, mas não se iludia sobre o perigo mortal a que ia se expor.

Acompanhada de Keniamun, vestido com o avental de pano grosso e do claft grosseiro listado dos escravos, ela entrou num barquinho que o jovem oficial dirigiu rapidamente para o palácio de Horemseb. Parados diante da escadaria, não tiveram que esperar muito; em seguida viram o feiticeiro entrar na barca encantada, e alguns instantes após, as duas embarcações se cruzaram.

Ao ver a bela jovem, a luz do luar iluminando-lhe a pele branca e os cachos dourados, cujos olhos pareciam cravados nele, Horemseb ergueu-se nas almofadas; o sorriso meio zombeteiro, meio passional que lhe era próprio lhe dançava nos lábios. Com um olhar ardente, tirou do cinto uma rosa e a jogou diretamente no colo de Ísis.

Assim que as duas embarcações se distanciaram, ela jogou horrorizada a flor venenosa numa cestinha a seus pés, trazida para esse fim; tinham decidido guardar as rosas como prova de que era Horemseb que as distribuía.

— Qual não seria a raiva do feiticeiro se visse o pouco caso que fazes de seu precioso presente! – disse Keniamun com um sorriso trocista.

— Ah, sem dúvida! E mais ainda se soubesse o horror que me causa. Tão belo, tão bem dotado pelos imortais, ele é duplamente culpado de conquistar corações com um feitiço, e destruir depois as que o amam.

Nos três dias seguintes, os passeios de Ísis foram inúteis. No terceiro encontro, que se deu alguns dias mais tarde, a rosa trazia presa à haste um fino rolo de papiro que Keniamun decifrou ao chegarem em casa. A mensagem dizia: "Bela desconhecida, se teu coração confirma o que dizem teus olhos, se é de propósito que cruzas por mim, sejamos felizes os dois, pois também te amo. Se te inspiro confiança o bastante para acreditares em meu amor, vai amanhã, à primeira hora da noite, à margem do Nilo (indicava o lugar); aí encontrarás um barco com dois homens, um deles com uma rosa no chapéu. Mostra-lhe essa que te dei hoje, e eles te trarão a meus braços, com segurança e discrição".

Pálida e trêmula, Ísis escutou a leitura da mensagem; o momento decisivo chegara.

— Queres desistir? – indagou Neftis tomando-lhe a mão.

Afastando a fraqueza momentânea, Ísis se aprumou.

— Não! – disse com energia. – Não vou desistir e amanhã estarei no lugar indicado. Os deuses, cansados de tantos crimes, protegem nosso plano. Eles hão de me inspirar para que possa ajudar Sargon a vingar os inocentes destruídos pelo feiticeiro.

Naquela noite, as duas moças não dormiram. Sentadas muito juntas num banco do jardim, falaram de início sobre a mensagem que Keniamun havia retirado da fenda no muro, em que Sargon lhes comunicava que Neith se encontrava de fato no palácio e que ele próprio fora designado para o serviço pessoal de Horemseb. Depois Neftis mostrou à amiga como, em seu entender, lhe seria mais fácil subtrair-se à influência do perfume enfeitiçado e evitar beber, sem despertar a atenção de Horemseb, a bebida envenenada. Falaram novamente do uso do feitiço por Tutmés, pois Neftis havia confiado esse segredo aos companheiros, para que pudessem, no caso de sua morte, exercer pressão sobre o príncipe e através dele sobre a rainha, se porventura a orgulhosa soberana quisesse sub-

　　　　　　　J. W. Rochester

trair à justiça seu criminoso parente.

Pouco a pouco, entretanto, a conversa diminuiu até cessar por completo. Pensamentos sombrios e angustiosos tomavam o íntimo das duas jovens. Um pressentimento que tentavam inutilmente combater lhes insinuava que seria mais sensato renunciar à luta desigual do fraco contra o forte; que essa noite seria talvez a última de sua vida em que, livres e sem estarem submetidas a uma tirania odiosa, contemplavam o céu estrelado sobre suas cabeças.

Ao lembrar que no dia seguinte, àquela mesma hora, estaria em poder do cruel feiticeiro, sozinha e separada do mundo, um arrepio gelado percorria o corpo de Ísis, mas sua decisão não se enfraqueceu. Um amor bem maior do que ela admitia a ligava a Sargon, e estava pronta a sofrer o que fosse somente para revê-lo e estar perto dele no momento de perigo.

O dia transcorreu dolorosamente; até sobre o alegre Keniamun parecia ter descido um peso de chumbo, e seu olhar se escurecia ao fitar a corajosa moça que iria expor-se talvez a um fim terrível.

Ao chegar a noite, Neftis, triste e calada, arrumou a amiga, colocou-lhe ao pescoço um amuleto bento, e depois de beijá-la pela última vez, envolveu-a num manto. Despedindo-se de Keniamun, que a quis acompanhar até certo ponto do trajeto, Ísis deixou a casa e dirigiu-se rapidamente para o Nilo. Perto do rio, apertou pela última vez a mão do amigo e correu para um pequeno barco onde se encontravam dois homens, parado no local combinado. Quando ela se aproximou, um deles se ergueu, e vendo a rosa que Ísis trazia na mão, indicou-lhe com um gesto outra idêntica que trazia no chapéu, e depois ajudou-a a embarcar.

Ela se jogou no banco, alquebrada; agora estava feito, a volta era impossível, e por um instante as forças lhe faltaram. Mas Ísis era uma mulher corajosa e enérgica, e a prostração foi curta; o próprio instinto de conservação lhe segredava que mais que nunca ela precisava de sangue-frio e lucidez de espírito para observar tudo e enfrentar todas as circunstâncias.

O trajeto foi feito rapidamente e no maior silêncio; com certeza os remadores eram mudos também, pois nem uma palavra lhes saiu dos lábios. Em breve apareceu o imenso muro que cercava o domínio de Horemseb; sem se deter, o barco passou pela escadaria e penetrou no embarcadouro, cuja porta, que se abrira sem ruído à sua aproximação, fechou-se assim que ele entrou.

Ísis lançou um olhar perscrutador em torno: ao fundo, iluminada por uma tocha presa à parede, estava atracada a barca encantada, e nos degraus de uma escada de pedra achavam-se dois jovens escravos ricamente vestidos, com tochas na mão. Um dos remadores a ergueu, e colocando-a no primeiro degrau, indicou-lhe com um gesto os dois adolescentes, os quais, também por gestos, lhe pediram para segui-los.

Embora o coração lhe batesse descompassado, Ísis seguiu docilmente os dois, que a precediam iluminando o caminho. Atravessaram assim aléias escuras que lhe pareceram não ter fim; tudo estava deserto e o ruído de seus passos quebrava o silêncio profundo e solene da solidão do arvoredo.

De súbito, ao dobrar uma aléia escura, atingiram uma vasta esplanada ao fim da qual erguia-se o palácio. Fascinada, Ísis se deteve, incapaz de tirar os olhos do espetáculo encantado. À esquerda, estendia-se um enorme lago, em cujas águas calmas refletiam-se as chamas acesas em altas trípodes de bronze, colocadas a espaços em torno da margem. A imensa fachada do palácio exibia uma série de colunas imensas, pintadas de cores vivas, iluminadas por uma infinidade de vasos e trípodes onde se queimava alcatrão; essa claridade avermelhada como de um incêndio se refletia de forma fantasmagórica sobre as esculturas e ornamentos multicores, os maciços de flores raras e os degraus de granito que conduziam ao jardim; na bruma avermelhada, via-se algumas silhuetas humanas se movendo, obviamente ocupando-se em manter as fontes de iluminação. Voltando a si com um grunhido rouco de um dos guias, Ísis recomeçou a andar, esperando a qualquer momento encontrar Horemseb. Mas ele não apareceu, e foi Chamus quem a recebeu e conduziu a um elegante alojamento pequeno, semelhante ao que Neftis havia ocupado, com a diferença de que se abria para o jardim grande.

— O amo te saúda — disse o eunuco. — Ele escolheu para tua estadia esses aposentos; aí encontrarás tudo de que poderás necessitar em termos de vestimentas e jóias. Ali, sobre essa mesa, mandei colocar alimentos; come e bebe, se desejares, depois descansa; receberás todas as outras ordens do próprio amo.

E cumprimentando-a de leve, Chamus retirou-se.

Ficando sozinha, Ísis se enroscou num divã, e enlaçando os joelhos com os braços, refletiu concentrada. O que lhe reservavam as horas que viriam? O senhor viria nessa noite ainda dar suas ordens à nova escrava? Infame, que tirava a máscara assim que uma vítima atravessava a porta de sua casa! Oh! Quando soaria a hora do acerto de contas, em que Horemseb, mais humilhado que um escravo, aguardaria a sentença dos juízes? Deixando-se cair de joelhos, ela ergueu as mãos e uma prece ardente e muda se elevou de sua alma para os imortais, suplicando-lhes que apressassem o dia da vingança.

Nessa mesma noite, algumas horas depois, Thaadar, o velho sábio, achava-se sozinho no aposento do pavilhão que lhe servia de sala de estudo e trabalho. Acabava de descer do observatório elevado, acima do teto do pavilhão, onde estivera observando os astros, tentando ler neles o futuro. Mas com certeza o céu não lhe havia predito nada de bom, pois uma profunda ruga lhe marcava a testa, e seu rosto enrugado e anguloso refletia uma profunda preocupação.

Com a cabeça apoiada nas mãos, contemplava uma tira de papiro onde se viam cálculos astronômicos, e estava tão absorto que não notou a chegada de Horemseb; apenas quando este lhe tocou levemente o ombro, endireitou-se sobressaltado.

— Creio que vim interromper tuas preocupações, mestre! – disse o príncipe sentando-se. – Haveria novos obstáculos à grande experiência que Moloch nos prometeu e que nos desvendará o futuro? Ou leste nos astros algum sinal desfavorável?

— Essa experiência que desejas tanto, meu filho, acontecerá antes do que imaginas; mas o que li no céu, já por duas vezes, enche meu coração de preocupações. As estrelas mostram claramente que um perigo mortal paira sobre nossas cabeças. Tu, em especial, és ameaçado por um homem e uma mulher que desejam destruir-te, mas não consigo ver os detalhes, sombras escuras sempre se interpõem e me impedem de distinguir com clareza o que está se preparando.

Horemseb estremeceu, e sua fisionomia, pálida e preocupada desde que chegara, fechou-se ainda mais.

— Esta noite chegou uma mulher destinada a Moloch – disse. – Ela não sairá daqui viva; em poucos meses morrerá como as outras; não acredito que seja ela que os astros indicam. Não seria antes de Neith que viria o perigo? Essa criatura obstinada e orgulhosa tem mudanças estranhas e inesperadas!

O sábio sacudiu a cabeça.

— Não, já te disse que Neith não te trairá; hoje eu acrescento: talvez somente ela permaneça fiel e dedicada a ti. É de uma outra, e de um homem cheio de ódio que virá o perigo mortal que parece ameaçar destruir-te. Tem cuidado, Horemseb, e sê mais prudente que nunca.

Uma expressão de cólera mesclada de ansiedade desfigurou por um instante o belo semblante do príncipe, e seus punhos se crisparam.

— Não duvido, mestre, é Neftis a criatura perigosa que me ameaça; a miserável conhece nossos segredos, roubou a bebida encantada, e suspeito que já a esteja usando. Através dela, tudo será descoberto, se eu não a encontrar a tempo. É dela que vim falar-te. Já te contei do relatório que Mena me enviou, informando que encontrou Neftis, mas que ela é amante de Tutmés. Suspeitei de imediato que essa relação, que lhe trouxe uma fortuna, assim como a miraculosa reconciliação da rainha e seu irmão, são efeitos do aroma sagrado. Escrevi de imediato a Mena que a vigiasse de perto e indicasse sua casa a meu enviado, que é um homem de confiança. Ele devia raptá-la, ou, se fosse impossível, apunhalá-la, mas por certos os espíritos impuros a protegem e avisaram, porque meu enviado voltou e Mena me escreveu que Neftis desapareceu, sua casa está vazia e fechada, e o vigia não sabe nada de sua ama. Teria deixado Tebas? Ou está escondida? Quem sabe? Mas infeliz dela se o acaso a fizer cair em minhas mãos!

— Podes ter razão, meu filho, ao suspeitar dessa Neftis, e se ela colocar Tutmés contra ti, ele poderia tornar-se o terrível inimigo que as estrelas indicam.

Horemseb sacudiu a cabeça.

— Isso me parece improvável; o príncipe real não iria participar de um conluio contra um membro de sua própria família. Mas entre os sacerdotes tenho inimigos terríveis; acalmei um pouco os de Mênfis com os sacrifícios oferecidos e a participação na festa de Apis,[4] mas em Tebas, eles ficaram na defensiva, desconfiados, e um adivinho do templo de Amon, chamado Ranseneb, um homem duro e fanático, me disse um dia sem disfarces: "Dizem, príncipe Horemseb, que tens algo mais que negligência para com a religião e a memória de teus antepassados; quero dizer-te que nem a posição nem o nascimento dispensam os homens da reverência devida aos deuses e a seus servidores; cuida para que Rá não castigue teu orgulho e coloque uma luz acusadora na sombra que envolve

---

4 N.E. — Deus touro cultuado em Mênfis que, segundo a tradição egípcia, teria nascido de uma vaca virgem com o deus Ptah.

J. W. Rochester

tua vida e teu misterioso palácio!'". Sem dúvida, ninguém pode me proibir de viver em minha casa da forma que quiser, mas essa casta cobiçosa é insaciável de riquezas, e Ranseneb bem poderia ser o inimigo que receias.

— Faz sacrifícios, então, e apazigüa os sacerdotes com doações substanciais.

Horemseb suspirou.

— Isso me aborrece, e no momento não posso oferecer o que seria necessário para os fazer calar. Devo confessar-te, mestre, que a vida que levo está acabando com minha fortuna. Sem dúvida, ainda sou rico, mas já tive dificuldades, e prevejo que chegará o momento em que Hapzefaa virá dizer-me que estou arruinado. Preciso descobrir um modo de refazer minha fortuna, porque não posso alterar meus hábitos; estou acostumado com a vida que levo atrás destes muros e não vou renunciar a ela. Eis o que penso fazer, se aprovares, mestre.

Dentro de três semanas, após os grandes sacrifícios, terei alguns meses de descanso; aproveitarei então para me casar com Neith. Ela me ama e possui uma grande fortuna que Hatasu não há de deixar de aumentar. Neith mesma conseguirá o perdão pelo rapto, dizendo que ela veio comigo por sua vontade. E a rainha não pode desejar para ela um partido melhor que um príncipe de sua família.

— Teu plano é bom e prudente, meu filho, mas esqueces que Neith é casada, e que seu marido, indultado, como disseste, voltou a Tebas? Dizem que ele ama a mulher e não abrirá mão de seu direito a ela.

— Por sua vontade não, sem dúvida – observou Horemseb com um sorriso cínico. – Mas um obstáculo tão insignificante não me deterá. Sargon morrerá, porque me atrapalha, e é Mena quem me livrará dele; por dinheiro, ele mataria o próprio pai! Amanhã mesmo eu lhe darei ordem de agir. Mas isso é um detalhe secundário. Diz-me, Thaadar, quando irás tentar a experiência autorizada por Moloch?

— Depois de amanhã à noite, meu filho; purifica-te com uma dieta severa, e depois de tomar um banho e beber a essência que amplia os sentidos, vem aqui junto com Neith, que eu farei adormecer; Moloch exige a presença dela. Faz com que todos os criados estejam longe e nada perturbe nosso silêncio absoluto.

— E poderei ver o que faremos nos séculos futuros, onde só

nós sobreviveremos às gerações que irão descer ao túmulo? – indagou Horemseb com intensa curiosidade.

— O deus assim prometeu; ele avaliará os aromas que nossas almas contêm, e a partir disso verá a direção de nossos impulsos e as circunstâncias onde nossos atos nos colocarão, pois é o excesso de um ou outro aroma que determina nossas ações e as provas que teremos que passar.[5] As outras criaturas morrem e retornam em novo corpo para lutar contra os aromas instintivos; nós, que viveremos sem mudar de envoltório, nos transformaremos mais lentamente ainda, e Moloch poderá determinar e nos mostrar o futuro que nos aguarda por milhares de anos.

Neith e Horemseb

Precisamos voltar atrás e retomar nossa história a partir do momento em que Neith, estendida nas almofadas da cabine, adormecera no barco de Horemseb para acordar somente no palácio deste.

Depois de conduzir a moça aos aposentos que lhe eram destinados, e ordenar a Chamus que ele e os criados da recém-chegada a tratassem com o maior respeito, o príncipe foi ver Thaadar para contar-lhe que bela e ilustre presa acabara de trazer.

Thaadar sacudiu a cabeça, preocupado e descontente.

— Devias ter me consultado antes de trazer essa moça; mas como já está feito, peço que cuides de sua saúde e a faças sofrer o mínimo possível.

— Por que tanta preocupação? – indagou Horemseb com surpresa e desconfiança.

— Porque a filha de Mena não deve ser sacrificada a Moloch; li esta noite nos astros que uma mulher que ia entrar hoje em tua casa se tornaria nossa salvação e proteção num momento de perigo mortal. É em teu próprio interesse que irás protegê-la. Essa explicação é suficiente para dissipar tuas suspeitas? Confesso que esperava mais confiança de tua parte.

— Perdão, mestre; farei o que dizes. Neith irá aspirar o perfume só o suficiente para manter seu amor.

E o feiticeiro se recolheu bastante satisfeito. O conselho de Thaadar ia ao encontro de seu próprio desejo de conservar a vida

5 N.T. – Se substituirmos "aromas" por "energias", teremos uma descrição perfeita do processo técnico que determina, a partir de nossos corpos internos, a programação cármica.

J. W. Rochester

de Neith. Essa mulher orgulhosa e inteligente lhe agradava, e satisfazia seu orgulho ter em mãos finalmente uma jovem de alta estirpe, em vez das escravas e pobres moças da classe média que tinham sido seus joguetes e vítimas, e que o consideravam como senhor. A filha de Mena, por sua origem e caráter, era de uma têmpera completamente diversa: amada, mimada, adulada por todos, gozara da situação honrosa e privilegiada que os costumes egípcios concediam à mulher. Fazer essa bela caprichosa arrepender-se, humilhar seu orgulho, fazer dela um brinquedo dócil e humilde, seria uma distração nova e interessante, que Horemseb programava para distrair-se.

Neith, voltando a si, encontrou-se num pequeno apartamento decorado com luxo principesco. As paredes da sala eram incrustadas de lápis-lazúli sobre fundo dourado; todos os móveis, de madeiras preciosas, eram engastados de pedrarias e marfim, e tinham almofadas de tecido púrpura. Criadas mudas, mas eficientes, a serviam respeitosamente, e os ricos trajes colocados a seu dispor agradaram mesmo seu gosto exigente. Mas essa primeira impressão, bastante favorável à sua nova situação, não durou muito, e a pobre menina compreendeu logo em seguida que essa gaiola dourada era no fim das contas uma prisão. E que ela não estava tratando com Roma, indulgente e amoroso, delicado e generoso, que cedia a todos os seus caprichos, considerava seu amor o mais preciso presente, e que a suas mais absurdas fantasias respondia no máximo com o silêncio. Mesmo Hartatef e Sargon, levados por sua sincera paixão, eram seus escravos. Mas o homem que ela inconseqüentemente seguira lhe provou sem tardança que não estava disposto a agradá-la com seu amor, a passar os dias admirando-a e distraindo-a. Ela se atrelara a um amo rude e insolente, e não iria ter outra vontade que não a dele.

Na manhã seguinte a sua chegada, Neith, após o desjejum, expressou o desejo de fazer um passeio no Nilo.

— É impossível – respondeu o príncipe com tranqüilidade.

— Por que? Teu palácio fica à beira do rio e eu quero sair! – disse ela, surpresa e aborrecida.

— Lamento, mas daqui não se sai depois de entrar; portanto, não poderás fazer um passeio no Nilo.

Neith se ergueu com os olhos faiscantes; não tendo ingerido o veneno, ela recuperara o estado normal, e com ele o ímpeto de seu caráter. Ainda amava Horemseb, mas acreditava que era correspondida, e conhecia o poder que exercia sobre os homens. Além disso, acostumada a ver todos se curvarem a sua vontade, a recusa de algo tão simples a ofendeu duplamente.

— Que significa isso? Eu quero sair e sairei! – exclamou impetuosamente. – Ordeno que me preparem um barco agora mesmo; não vim aqui para ser uma prisioneira.

Horemseb voltou-se na cadeira e a fitou com indisfarçada ironia.

— Repito que de meu palácio não podes sair; tu me acompanhaste por vontade própria; acostuma-te a me obedecer e a não ter outra vontade senão a de teu senhor.

Fremente de orgulho e estupefação, ela o mediu de cima abaixo com desdém.

— Disseste "senhor"? Deves estar enganado; fica sabendo, Horemseb, que a filha de Mena nunca teve senhor; mesmo Hatasu se intitula minha protetora; Tutmés me trata como igual, e os homens que distingui com meu amor se consideravam meus escravos; se ousares jamais tratar-me com essa insolência, eu te odiarei em vez de te amar.

Horemseb se ergueu e seu olhar pousou com dureza glacial sobre a jovem, que estava ainda mais sedutora nessa indignação apaixonada.

— Tenta me odiar – disse em voz vibrante. – Mas fica sabendo que se quiseres conservar meu amor, não deves nunca mais pronunciar palavras tão absurdas. Neste palácio todos me obedecem, eu sou o senhor de tua alma, tua vida e teu corpo. Trata de compreender isso e agir de acordo. Horemseb só admite perto de si mulheres humildes, que suspiram a seus pés e suplicam seu amor, jamais uma revoltada; e se persistires em tua teimosia, eu te afastarei de mim.

— Pois eu é que quero ir embora, não vou ficar contigo – retrucou Neith tremendo de cólera.

Sem conceder-lhe um olhar, o príncipe se voltou e disse com indiferença:

— A solidão, espero, vai curar tua loucura; só me verás quando, humilde e arrependida, implorares meu perdão – e voltando-se para Chamus, acrescentou: — Conduz essa mulher a seus aposentos.

Muda e aniquilada, Neith pensou enlouquecer. Sem ver nem ouvir nada, seguiu maquinalmente Chamus, que a instou respeitosamente a ficar calma e descansar um pouco.

Ficando sozinha, a raiva e o desespero se fundiram em torren-

J. W. Rochester

tes de lágrimas, e a noite estava avançada quando por fim Neith, exausta, adormeceu.

Durante três dias ela não deixou o quarto. De início, vigiou atentamente o menor ruído nos corredores ou no terraço vizinho, esperando a cada momento ver chegar Horemseb, arrependido e apaixonado, que viria implorar uma reconciliação. A espera foi em vão; ele não veio, e com intensa amargura, ela teve que admitir que esse homem não a amava como ela estava acostumada a ser amada; que, duro e indiferente, esperava que ela se humilhasse diante dele. Mas à simples idéia disso, sua alma orgulhosa se revoltava; pedir perdão a esse insolente que era o único culpado, jamais!

Se Neith pudesse ver a irritação e a impaciência do príncipe, ficaria bem consolada; contudo, ele ficou firme, e apenas à noite do terceiro dia lhe enviou uma rosa vermelha por um dos jovens escravos.

Ao receber o pérfido presente, o coração de Neith bateu com violência: ele estava mandando uma flor, era uma prova de que cedia e iniciava as preliminares da reconciliação. Recuperando o bom humor e aguardando a chegada de Horemseb, sentou-se e cheirou a flor envenenada.

Um longo tempo se passou, mas o príncipe não apareceu.presa de inquietação, de uma angústia sem nome, ela pôs-se a percorrer o quarto, depois saiu para o terraço; o ar lhe faltava, parecia-lhe queimar num braseiro, a imagem do príncipe lhe aparecia diante dos olhos, o desejo de revê-lo a qualquer preço lhe invadia o ser. Incapaz de ficar parada, internou-se no jardim e vagueou, presa de sofrimento moral e físico, nas aléias desertas e silenciosas.

Por fim, exausta e alquebrada, avistou um banco à sombra de duas palmeiras e sentando-se na relva, apoiou a testa ardente na pedra fria. A sensação de frescura a aliviou, e mergulhou numa espécie de torpor exausto. A lua, que se erguera no céu, clareava com luz suave a luxuriante vegetação da pequena clareira e as vestes brancas da jovem.

Em sua prostração, Neith não escutou os passos leves que se aproximavam, e mesmo quando Horemseb sentou-se no banco ela não notou. O príncipe a tinha seguido de longe desde que penetrara no jardim. Por um momento, contemplou num misto de despeito e admiração a bela criatura estendida imóvel a seus pés, depois, debruçando-se para ela, murmurou em tom apaixonado:

— Neith!

Ela estremeceu e endireitou-se.

— Horemseb!

Um mundo de sofrimento, humildade e amor vibrava na entonação dessa palavra e cintilava em seus olhos velados de lágrimas.

Cheio de satisfação íntima, ele ergueu Neith e a sentou no banco a seu lado. A rosa cumprira sua missão e quebrara o orgulho da bela caprichosa.

— Então! Neith, meu amor, ainda queres ter outra vontade que não a minha? — perguntou ele em voz cariciosa, dando um beijo ardente nos lábios vermelhos de sua vítima.

— Não, se em troca me deres teu coração — respondeu Neith, em voz tão baixa que suas palavras chegaram num sopro aos ouvidos do príncipe.

As semanas seguintes transcorreram tranqüilamente. Neith não recebeu mais rosas, mas a atmosfera da casa inteira era suficientemente impregnada de aromas deletérios para deixar o organismo delicado dela num estado de superexcitação nervosa; mas não estava sofrendo, e Horemseb, que cuidava dela e se distraia bastante na companhia dessa mulher instruída e inteligente, buscava distraí-la e evitar novas brigas. Era um momento difícil e repleto de privações para ele: com vistas à experiência que queria realizar, para desvendar o futuro, fazia uma dieta rigorosa: só ingeria legumes e leite, só tomava dois copos de vinho por dia, e levava uma vida absolutamente casta e severa.

Thaadar dissera que qualquer excesso lhe consumiria as forças e colocaria em risco o êxito da grande experiência. Embora por natureza violento e sensual em extremo, Horemseb se submetia a esse regime severo e era ajudado pelo suco da estranha planta que cultivava e que tinha o duplo poder de gelar-lhe o sangue e satisfazer-lhe o apetite. Depois de beber essa essência maravilhosa, Horemseb, calmo, com o espírito lúcido e repousado, quase não sentia mais fome; alguns legumes, uma fruta, um copo de leite o satisfaziam completamente.

Mas se os sentidos dominados nada exigiam, os instintos da alma mantinham toda sua intensidade, e Horemseb, nesse período de abstinência, tratava de gozar pelo olhar; tinha grande prazer em contemplar, frio e invulnerável, as orgias mais desbragadas. Entronizado como um deus acima das paixões brutais que desencadeava, contemplava o caos rolando a seus pés.

Uma noite, após a refeição, quando Neith ia, como de costume, passar ao terraço, ele disse:

J. W. Rochester

— Espera, vamos conversar um pouco em tua sala; depois, eu vou te fazer apreciar um espetáculo de que vais gostar, porque não quero que te entedies em minha casa.

— Vais levar-me a passear no Nilo, na barca encantada? – indagou ela, corada de emoção e contentamento.

— Ainda pensas nessa velha história? Não, vou mostrar-te as maravilhas que tenho aqui e verás que posso substituir o Nilo por algo melhor. Vais convencer-te por ti mesma de que aqui estamos melhor que em qualquer outro lugar lá fora; que o sol, com seus raios tórridos que cegam, sua claridade brutal, só é bom para o populacho, e que a verdadeira vida só começa à noite, sob os raios prateados do luar. Passear à sombra das árvores escondidas na penumbra, sonhar escutando o murmúrio das copas ou uma música suave; enfim, amar, mas sem a realidade grosseira do amor; eis aí uma existência digna de nós. E as satisfações grosseiras dos sentidos, podemos vê-las realizadas por seres inferiores. Confessa, pequena caprichosa, que uma vida assim é o máximo da felicidade!

Enquanto ele falava, seu olhar ardente mergulhava nos olhos límpidos e inocentes de Neith, que escutava perplexa.

Uma hora depois, Horemseb, precedido de homens com tochas, conduziu Neith ao jardim. Ao redor do palácio tudo estava, dessa vez, escuro e silencioso; mas em seguida chegaram a uma comprida aléia iluminada por altas trípodes onde queimava alcatrão, em vasos de metal. Ao longo da aléia, o chão estava forrado de pétalas de flores, e defumadores no chão espalhavam nuvens de fumaça aromática. Logo chegaram, ao fim da aléia, a uma rótula coberta de areia, na qual se via a espécie de pequeno templo a que se subia por uma quinzena de degraus. Duas colunas brancas sustentavam o teto, que se projetava para a frente, e num nicho, o grande trono cercado de arbustos com flores. Havia flores espalhadas por toda parte: nos degraus, ao redor do templo, e guirlandas de folhagem, suspensas sobre a clareira, formavam uma cúpula perfumada.

Pareceu a Neith que nos degraus se enfileiravam estranhas estátuas com as mãos erguidas, segurando tochas e lâmpadas: mas ao se aproximarem, viu que eram meninos ricamente vestidos, imóveis como se fossem de pedra. Aos pés de cada um deles, um defumador espalhava perfumes. Tochas e alcatrão queimando iluminavam intensamente a clareira, repleta de uma massa de homens de mulheres reunidos em semicírculo.

Chegando diante da escada, Horemseb se deteve e examinou

tudo com olhar satisfeito. Neith ficou parada, muda e pálida; o que via a surpreendia e deslumbrava, mas o aroma sufocante das flores e perfumes atuava excessivamente em sua natureza nervosa e delicada; sentia a cabeça girar e uma lassidão mista de torpor tomava conta dela.

A um sinal do amo, um grupo de moças trazendo flores e cestas fechadas separou-se do grupo e cercou Neith, e antes que ela pudesse perceber o que faziam, retiraram-lhe as vestes e substituíram-nas por uma túnica de tecido leve e transparente, coberto de bordados de prata. À guisa de cinto prenderam-lhe uma guirlanda de flores, e uma outra foi colocada em seus cabelos soltos. Estupefata, ela não opôs nenhuma resistência, e quando as criadas se retiraram, seu olhar assustado encontrou o de Horemseb, ardente e que parecia trespassá-la. Apesar do torpor que a invadia, um amargo sentimento de humilhação, de vergonha e de cólera impotente se ergueu no íntimo de Neith, que fechou os olhos e cambaleou. Horemseb a segurou e, tomando-a nos braços, subiu os degraus com o leve fardo, sentou-no no trono e colocou-a a seu lado.

Vendo a palidez mortal de sua companheira, cuja testa se apoiava sem forças em seu ombro, o príncipe chamou Chamus que, a uma ordem sua, trouxe um copo cheio de vinho. Erguendo a cabeça de Neith, ele aproximou-lhe a borda dos lábios e murmurou:

— Bebe!

Ela obedeceu maquinalmente e o vinho capitoso se derramou em suas veias como um rio de fogo; suas faces se avermelharam, os grandes olhos negros cintilaram com um ardor febril, e ela se endireitou, com um sorriso nos lábios.

Horemseb bateu palmas; a esse sinal, elevou-se um canto estranho e envolvente, ora melodioso e doce como um hino de amor, ora agudo, estridente, selvagem, sacudindo com as vibrações poderosas os nervos dos que escutavam, excitando em seu íntimo as mais diversas paixões.

No mesmo instante, um grupo de dançarinas havia se destacado da massa. Mal cobertas por longos véus brancos que seguravam, e fazendo tilintar os colares e braceletes que lhes enfeitavam os membros flexíveis, essas belas criaturas executaram uma dança voluptuosa e cada vez mais rápida; os véus volitavam acima de suas cabeças como nuvens esbranquiçadas, e poses diversas exibiam suas formas admiráveis.

Estirado no trono, o olhar em fogo, Horemseb contemplava a

cena com uma satisfação e um bem-estar visíveis. A própria Neith, superexcitada pelo vinho, a música e os aromas que a aturdiam, não podia desviar os olhos desse espetáculo fantástico, ao qual o príncipe pôs fim ao se erguer. Imediatamente as dançarinas desapareceram e todos formaram alas para deixar passar o senhor e sua companheira.

Seguido e precedido por eles, que cantavam e atiravam flores a seus pés, Horemseb se dirigiu com Neith para o grande lago, que estava profusamente iluminado, assim como o palácio. As tochas, as lâmpadas, as chamas do alcatrão aceso envolviam o vasto espelho d'água com um bruma avermelhada.

Junto aos degraus de granito rosa que desciam até a superfície, estava atracada uma flotilha de pequenos barcos enfeitados de flores e iluminados; em cada um havia um eunuco, uma tocadora de harpa e uma grande ânfora. No lugar de honra, ao pé da escada, estava a barca do senhor, dourada e trabalhada. No momento em que Horemseb e sua companheira se acomodaram nas almofadas de púrpura, seis rapazes e seis moças, vestidos apenas com guirlandas de flores, se atiraram à água e, uns tomando a longa corrente de prata fixada na frente do barco, e outros empurrando atrás, foram nadando e levando a pequena embarcação para o meio do lago.

Toda a massa humana que seguia o príncipe ou o aguardava à margem se dispersou então; uns tomaram lugar nos barcos, outros se jogaram n'água, nadando ao redor dos barcos com gritos e cantos de alegria selvagem. Tinham distribuído copos a todos, e os eunucos tornavam a enchê-los cada vez que uma mão ávida se estendia. Não demorou para que a embriaguez tomasse conta dessa massa humana, que nadava misturada, ao som das harpas e dos cantos, cercava o barco do amo ou descansava sobre uma espécie de jangada iluminada, ancorada não longe de margem.

Neith a princípio observara com interesse e curiosidade essa cena fantástica, mas à medida que a festa degenerava em medonha orgia, o terror a invadiu; jamais o seu olhar inocente fora maculado por uma cena tão abjeta. A visão dessas faces inflamadas, descompostas pela embriaguez e refletindo paixões bestiais, que a todo momento apareciam perto da barca, essas criaturas nadando em torno dela e estendendo a mão que empunhava o copo, às vezes crispada como se quisesse descer na cabeça do amo, tudo isso a fazia estremecer, e amedrontada, se encostava no companheiro.

— De que tens medo? – perguntou Horemseb, dando uma

chicotada no braço e no dorso nu de um escravo que se aproximara demais, arrancando de Neith um grito de terror.

A festa, ou antes a odiosa bacanal aquática tinha atingido o auge; o canto e a música se fundiam num caos dissonante; a alegria selvagem das infelizes criaturas embrutecidas pelo vinho, o veneno colocado nele e por todos os excessos, degenerava em loucura. Contudo, os eunucos que circulavam pelo lago procuravam manter uma certa ordem; a golpes de chicote, empurravam para a margem os mais ruidosos, resgatavam com ganchos os que afundavam, e amontoavam mulheres sobre a jangada, impedindo que voltassem para a água. Apesar dessas precauções, vários desses infelizes morreram afogados.

A festa chegara a esse ponto quando apareceu perto da barca do príncipe um nadador excitado até a loucura, um jovem núbio alto e robusto. Seu peito ofegante e os olhos esgazeados e injetados de sangue fitaram Neith com uma expressão que lhe gelou o sangue nas veias. No instante seguinte, o escravo segurou-se na borda do barco com as duas mãos, e erguendo-se com força, inclinou-se para ela e colou os lábios em seu ombro nu. A esse contato que a queimou, e sentindo na face o hálito alcoólico do miserável, ela se atirou para cima de Horemseb, que se voltou, surpreso com o choque violento que quase fez virar o barco. À vista do insolente, um furor insano lhe desfigurou o semblante.

– Animal raivoso, ousas tocar o que é de teu amo? – rugiu fora de si; rápido como o raio, arrancou do cinto um pequeno machado de cabo de ouro e assestou um golpe furioso na cabeça do escravo. O crânio do infeliz partiu-se como uma noz, e um jorro de sangue e massa encefálica respingou em Neith, quase a cegando. Como fulminada, sem dar um só grito, ela caiu desacordada. Por um momento, o hediondo cadáver ficou agarrado ao barco, depois os braços se soltaram e ele afundou pesadamente.

Horemseb se inclinou para Neith, e tomando água com a mão lavou-lhe o rosto ensangüentado. Isso não produziu nenhum efeito, e ele resmungou irritado:

— Incidente estúpido! Mas... ora! Ela vai acabar se acostumando. A seguir, deu ordem de atracar, e erguendo Neith, a levou para seus aposentos.

A partida do senhor terminou com a festa. Todos os infelizes que haviam servido para a ignóbil distração do príncipe foram reconduzidos à terra. Os que ainda podiam se arrastar foram

J. W. Rochester

tangidos a golpes de chicote, como um rebanho de animais, para seu alojamento. Chamus e alguns eunucos fizeram uma seleção dos que restaram; os mortos foram levados para um lugar especial, para serem destruídos; e três ou quatro, feridos tão gravemente pelos ganchos que os tinham pescado que não davam esperanças de cura, foram jogados, inconscientes, num viveiro, para servirem de alimento para os peixes destinados à mesa de Horemseb.

Quando por fim Neith despertou do longo desmaio, todos os sinais do terrível acidente haviam desaparecido dela, e quando lhe voltou a memória, ela se perguntou, angustiada, se essas lembranças podiam ser reais ou apenas um sonho horrível criado por sua mente enferma.

Sentia-se de fato indisposta. Tinha os membros pesados, arrepios de frio a faziam estremecer e a cabeça dolorida parecia cingida por um círculo de ferro. Em contrapartida, as idéias estavam mais lúcidas que nunca e também menos influenciadas pelo aroma deletério; sua prostração nervosa parecia ter amortecido o veneno. Com uma clareza dolorosa, Neith analisou sua situação, e seu coração se apertou. Nesse momento, Horemseb lhe causava horror e angústia, e pela primeira vez depois de muito tempo, o belo semblante de Roma lhe veio à mente, erguendo-se vitorioso entre ela e o feiticeiro. Neith apertou com as duas mãos a cabeça que ardia: seria possível que ela tivesse esquecido e deixado de amar esse homem tão nobre, tão bom, que a cada olhar, cada palavra, despertava nela bons sentimentos, irradiava calma e felicidade em sua alma? Com um sentimento pungente, recordou suas conversas; ela sempre revelara a Roma todos os seus pensamentos, e o que lia nos olhos límpidos dele nunca a fizera corar; seu beijo lhe trazia paz ao coração, entre seus braços ela se sentia como num abrigo seguro.

Em contraste, que inferno era o amor de Horemseb! É verdade que ela a respeitava também, nunca atentara contra sua honra; mas por que, ao vê-lo, todo o sangue lhe subia à cabeça? Por que lhe parecia sufocar numa atmosfera ardente quando ele se inclinava para ela? Por que seu beijo lhe dava uma angústia indefinível, e seu olhar de fogo parecia reduzi-la a cinzas?... Trêmula, Neith admitiu que sua paixão fatal por Horemseb havia destruído sua vida, sem lhe trazer felicidade. O estranho domínio que ele exercia sobre ela a fazia desejar sua presença, e no seu beijo ela buscava um alívio, um remédio para o sofrimento inexplicável que a consumia, mas nunca encontrara nem calma nem descanso.

Pobre Neith! Arrancada de repente de todos os seus hábitos, às afeições sadias que a cercavam, a uma vida saudável e regular, para vegetar num mundo fantástico onde a ordem natural parecia invertida, achava-se como vivendo constantemente num sonho. Nessa habitação estranha, fazia-se da noite dia; os raios do sol poente despertavam os habitantes do palácio; à luz das tochas, começava uma atividade febril, nuvens de fumaça perfumada enchiam o palácio e os jardins, e cenas como aquelas da véspera davam a impressão de que se tratava do reino dos demônios. Todas as condições eram de molde a afetar os organismos mais fortes, quanto mais uma jovem delicada e impressionável. Além disso, a influência nefasta de Horemseb era tão nociva para a alma de Neith quanto esse novo estilo de vida para seu corpo. É verdade que o príncipe não lhe dava o veneno para beber, o que inevitavelmente a faria morrer aos poucos, mas usava amuletos perfumados e de toda sua pessoa se irradiava o aroma deletério que atingia o olfato de Neith quando ele se inclinava para ela, e despertava em seu sangue uma excitação nociva.

O dia se passou penosamente; o sono fugia dos olhos de Neith, e quando o calor foi substituído por um frescor agradável, ela se ergueu e fez sinal às criadas para que a vestissem para a refeição da noite. Queria ir ao jardim para gozar de algumas horas de claridade e um pouco desse sol que ela quase não via mais. Deixou-se vestir maquinalmente. Seus pensamentos se voltavam para Horemseb; a necessidade de encontrá-lo à refeição causava-lhe horror e repulsa, e contudo, e estranhamente, ela não renunciaria por nada a esse encontro, e até contava com ansiedade as horas que faltavam para isso.

Quando ficou pronta, as escravas se retiraram, à exceção de uma única que dava os últimos retoques em sua toalete, colocando-lhe as jóias e aspergindo-a com perfume. Quando a jovem criada lhe apresentou um espelho grande de metal, o olhar de Neith caiu por acaso sobre a fisionomia dela, e impressionou-se com a expressão de melancolia e desespero que parecia estampada nela. Generosa e compassiva por natureza, Neith estava ainda mais suscetível à piedade em sua atual situação. Pela primeira vez ela examinou a criada, e notou as marcas de envelhecimento precoce, de cansaço e sofrimento impressas em toda sua figura.

Pousando a mão na cabeça da jovem escrava, Neith perguntou com bondade:

— Podes me ouvir? Ou és também surda, além de muda? – para fazer-se entender melhor, indicou com um gesto a boca e as orelhas.

J. W. Rochester

A escrava ergueu o olhar: sofrimento e gratidão se lia neles. Depois, em gestos rápidos, deu a entender que ouvia e compreendia perfeitamente.

— De que forma perdeste a fala, pobre menina? Ou tu e tuas companheiras são mudas de nascença?

Com profundo espanto de Neith, uma emoção intensa se apossou da criada a essa pergunta; um tremor nervoso a sacudiu, seus olhos cintilaram e grunhidos roucos escaparam de seus lábios. Depois, dominando-se, sacudiu a cabeça com energia, e com uma animada pantomina, explicou que Chamus (representou o eunuco de forma a não deixar dúvidas) lhe havia cortado a língua.

— Oh! Que horror! Mas por ordem de quem? – exclamou Neith, tomada de um mau pressentimento.

Uma risada dissonante e desesperada escapou-se dos lábios da escrava, e com gestos ainda mais expressivos, mas cheios de terror e aversão, indicou o amo como o causador da mutilação dela e de suas companheiras.

Presa de súbita fraqueza, Neith deixou-se cair numa cadeira e cobriu o rosto com as mãos. Angústia, temor, repulsa por Horemseb mesclavam-se em seu íntimo; as lembranças da véspera uniram-se a essa nova crueldade. E era esse monstro que ela amava! Por ele tinha abandonado e esquecido Roma, que sem dúvida a chorava como morta!

Um ligeiro toque a arrancou desses dolorosos pensamentos; ergueu a cabeça e viu a escrava ajoelhada, com as mãos unidas e fitando-a com ansiedade. Ao encontrar o olhar da senhora, apoiou o dedo nos lábios com ar suplicante.

— Não tenhas receio, pobre menina, não contarei nada do que me revelaste.

Estendeu a mão, que a moça beijou com gratidão, e depois dirigiu-se ao jardim.

O sol ainda não tinha se posto. Seus raios vivificantes se derramavam na espessa folhagem das árvores e cintilavam na superfície polida do lago. Neith aspirou avidamente o ar puro e a luz do dia que não via quase nunca; mas a visão do lago lhe causou repulsa, e virando-se, se internou nas aléias do jardim. Depois de um curto passeio, sentiu-se cansada; o mal-estar que sentira o dia inteiro voltou com mais intensidade. No primeiro terraço que encontrou, sentou-se num banco e encostou-se numa coluna. À sua frente estendia-se uma clareira cercada de arbustos e sombreada por palmeiras, e ao final dela começava uma aléia de sicômoros. Tudo estava deserto, silencioso, nenhum dos criados aparecera para acender as tochas e trípodes e espalhar perfumes, porque ainda não era hora de o amo aparecer.

Pouco a pouco, um estranho torpor foi tomando conta dela; sua cabeça pesava, um arrepio gelado lhe correu pelos membros e um véu escuro parecia descer-lhe diante dos olhos. De repente, pareceu-lhe ver uma sombra surgir detrás de uma palmeira e avançar rapidamente em sua direção. Percebeu uma mulher com o rosto coberto por um véu negro, e os braços enfeitados com braceletes estendidos à frente. Parecia deslizar na direção do terraço, tocando o chão obliquamente.

— Quem pode ser? – pensou Neith. – Uma das dançarinas ou criadas? Mas como ousa vir até aqui e aproximar-se de mim?

Nesse momento, várias outras sombras se aproximaram; pareciam sair das moitas e até das colunas do terraço, e num instante todas cercaram a moça, que, muda de espanto, incapaz de mover-se, parecia pregada no assento. Todas essas mulheres veladas se juntaram ao redor dela; um sopro gelado as envolvia, e o odor nauseante que exalavam a sufocava. Nesse momento, mãos crispadas, com dedos estendidos e cobertos de queimaduras apontaram para ela, e vozes roucas e abafadas exclamaram:

— Aí está ela, essa a quem ele dá beijos diferentes daquele beijo mortal que nos concedeu; essa que ele não vai matar. Foge deste palácio, não admitimos tua presença aqui; foge, Neith, porque esse que amas nos pertence; ou então torna-te uma de nós e partilha nosso destino!

Os véus negros caíram e Neith viu rostos jovens e belos desfigurados pelo sofrimento e paixões brutais; estavam cercadas de chamas, e de uma ferida no peito de cada uma corria um sangue negro e espesso. Os véus se transformaram numa fumaça cheia de raios que girava em torno do medonho grupo. Neith queria fugir, mas os membros paralisados não a obedeciam; toda sua sensibilidade parecia concentrar-se na vista e na audição.

— Olha, essas feridas foram feitas por ele – disse uma das terríveis criaturas, cuja fisionomia crispada expressava um ódio selvagem. – O sangue que correu de nosso peito, Horemseb o bebeu, e com esse laço sangrento se uniu a nós; ele nos pertence, e nós o arrastaremos para o abismo, onde sem o corpo de carne, estará a nossa mercê. Se queres partilhar nosso poder, dá tua vida para alimentá-lo também! – e rindo lugubremente, as sombras horríveis se amontoavam ainda

J. W. Rochester

mais próximas, mas de súbito giraram sobre si mesmas, e como bolas de chama varridas por um golpe de vento, desapareceram.

Sacudindo, com esforço desesperado, o torpor que a pregava no banco, Neith ergueu-se trêmula, e seu olhar assustado encontrou Horemseb, que despreocupado, com um sorriso nos lábios, se aproximava dela, vindo da aléia de sicômoros. Esquecendo tudo, levada apenas pelo desejo de não ficar sozinha, ela se atirou na direção do príncipe; mas as forças lhe faltaram, e com um grito abafado, caiu de joelhos.

— O que tens, Neith? — indagou Horemseb inclinando-se surpreso para ela, cuja face descomposta exprimia um terror alucinado.

— Umas mulheres com uma ferida no peito e cercadas de chamas me atacaram e ameaçaram — murmurou Neith ofegante. — Elas disseram que não tenho direito a teu amor enquanto não beberes o meu sangue como o delas, e que elas vão te arrastar para o abismo, onde ficarás totalmente sob o poder delas. Ah! Elas estão voltando, estão te cercando, estão coladas a ti; afasta-as, se me amas!

Calou-se e caiu por terra, inconsciente.

Horemseb ficou paralisado por um momento; lívido, com o olhar anuviado, parecia encolher-se sobre si mesmo; seu corpo robusto estremecia; não seria o hálito de suas vítimas que, como vento gelado, perpassava em sua testa, inundada de suor, e lhe arrepiava os cabelos? Não eram seus braços que se estendiam para ele de cada moita, de cada canto escuro?

Cerrando os dentes, ergueu Neith, saltou no terraço e colocando-a sobre um banco, bateu palmas.

De imediato, Chamus e diversos escravos acorreram, trazendo tochas.

— Vinho e essências! — ordenou Horemseb com voz rouca.

Graças aos cuidados que lhe prodigalizou, a moça reabriu os olhos sem muita demora.

— Como te sentes? — perguntou ele abraçando-a.

— Melhor; acho que tive um sonho mau — respondeu Neith tentando sorrir.

— Sem dúvida foi um sonho; vem, vamos para a mesa agora; isso vai te recuperar por completo — disse Horemseb enlaçando-lhe a cintura para ajudá-la a caminhar.

A refeição foi silenciosa. Neith não conseguia comer e Horemseb a observava, preocupado, com uma ruga cada vez mais funda na testa.

— Esses sonhos maus te fazem adoecer, Neith; estás pálida, abatida, sem apetite; isso não pode continuar. Depois da refeição, vou levar-te a um grande sábio e médico, e ele te dará remédios que vão te cur...

Interrompeu-se, porque Neith acabava de erguer-se, pálida e trêmula; seus olhos arregalados pareciam fitar algo assustador.

— Quem é essa mulher pálida, cercada de chamas e com uma rosa vermelha na mão, que quer te arrastar, Horemseb? – murmurou.

Seus dedos gelados se agarravam convulsivamente ao colar do príncipe; este se voltou bruscamente:

— Mas não há ninguém aqui, Neith, estás sonhando!

— Ela está aqui! Está no meio de nós, e ali está o abismo! Pára! Pára! Não te deixes arrastar para ele! – exclamou ela, recuando agitada.

— Estás doente, minha querida – disse Horemseb atraindo-a para si. – Tu me amas, estou vendo, pois não queres que eu caia no abismo, mas sossega, nós não vamos nos separar nunca!

Apertou-a nos braços e beijou-a, mas no instante em que tocou os lábios de Neith, esta sentiu um cheiro acre e ardente de fumaça sair dos lábios de Horemseb; línguas de fogo lhe cercavam a cabeça, tingindo-lhe o rosto de um tom sangrento. Sentindo-se queimar, sufocada e cega, ela se debateu; seu corpo frágil se dobrou como numa convulsão.

— Piedade! Horemseb, não me queimes, as chamas estão me sufocando! – exclamou, tentando soltar-se; entesou-se, e depois tombou inconsciente entre os braços do príncipe.

Uma palidez repentina cobriu novamente a fisionomia de Horemseb.

— O que significa isso? Ela está vendo as que morreram? – murmurou ele, inquieto; mas de repente seu olhar desanuviou-se, e uma indefinível expressão de orgulho e satisfação interior pairou em seus lábios sorridentes. "Suas almas não conseguem descansar; elas ainda me amam e têm ciúmes. Pobre Neith, essas almas loucas têm ciúme da preferência que eu dou a ela, e a perseguem. Thaadar deve dar um jeito nisso".

Acalmando-se como por encanto, tomou Neith nos braços e levou-a ao pavilhão do sábio. Como se o esperasse, o velho hitita estava parado na entrada. Sério, silencioso, sem fazer perguntas, tomou a jovem que continuava inanimada, e deitando-a num divã, examinou-a atentamente. Por fim ergueu-se e disse, aborrecido:

— Os sentidos dessa menina se ampliaram mais do que o corpo pode suportar; ela enxerga as vítimas sacrificadas a Moloch e ouve suas palavras cheias de ódio e ciúme.

— Tu sabes disso, mestre? — fez Horemseb, surpreso. — Mas já que falaste sobre isso, permite-me uma pergunta: se Neith enxerga as almas dessas mulheres, então elas existem? É verdade, então, que essas sombras vingadoras me cercam, cheias de ódio e amor, e desejam arrastar-me para um abismo qualquer para vingar-se de mim? Voltara a ficar preocupado e sentiu um calafrio nervoso.

— Já te disse que nada se destrói na criação, e mais ainda esse algo tão perfeito e sutil que chamamos de alma — respondeu gravemente Thaadar. — Sem dúvida, essas criaturas separadas de seus corpos em plena força da vida e da juventude gravitam aqui, nos lugares onde viveram. Essas mulheres queriam te possuir, e têm ciúme de cada olhar, cada pensamento que concedes a uma outra, pois nesses entes sem corpo vibram livremente todas as paixões dos vivos. Os sentidos sobrevivem à morte, apenas lhes faltam os órgãos de carne que eles comandam. O sofrimento então é duplo, porque os desejos impotentes se chocam com barreiras intransponíveis. É por isso que essas criaturas querem arrastar-te para o abismo, que é a morte; somente assim elas poderiam de fato tornar-se perigosas e terríveis para ti. Tornando-te igual a elas em teu corpo sutil, ficarias ao alcance dessas sombras devoradas pelo ódio e a paixão. Mas como nós vamos viver eternamente, nutrindo-nos do sangue das vítimas, esse perigo não existe para ti, e a certeza de que és invulnerável mais desperta a raiva impotente das criaturas invisíveis.

— Oh! Mais que nunca, então, preciso sacrificar vítimas e beber-lhes o sangue — exclamou Horemseb com ímpeto selvagem. – Quero e preciso viver para sempre; essas almas brutais e odientas nunca poderão atingir-me.

— Não tens nada a temer. Mas voltando a Neith: o poder do perfume e um espetáculo como o de ontem superexcitaram seu organismo; ela enxerga e escuta o que é invisível para os outros, nos quais os laços sutis que unem a alma ao corpo estão fortemente atado, e só se afrouxam parcialmente durante o sono. Em Neith, esse desprendimento ultrapassa os limites comuns; nesse estado, os órgãos da alma começam a vibrar e desvendam à criatura o que se oculta no espaço, cheio de coisas extraordinárias. Mas um estado desses é também perigoso, e pode causar um colapso do coração. Essa moça necessita de ar puro e repouso absoluto; eu já tinha te pedido para cuidar dela, mas como deste tão pouca importância a meu pedido, eu ficarei com ela aqui, no quarto de cima do pavilhão, e cuidarei dela. Pois fica sabendo, Horemseb, que Neith é filha de meu povo, e aqui ela está sob a proteção de seu deus e garantida por mim.

O velho sábio se ergueu majestosamente e colocou a mão sobre a cabeça da jovem.

— Estás divagando, Thaadar; como é que Neith, a filha de Mena, chefe das tendas do faraó, poderia ser filha dos hititas? – disse o príncipe, incrédulo.

— Tu é que estás enganado. Neith é filha da rainha Hatasu e do príncipe Naromath, o irmão mais velho de Sargon, e por causa disso eu te disse que em caso de perigo essa menina seria para nós uma poderosa proteção, pois a rainha adora essa lembrança de seu único amor.

Horemseb escutava aturdido.

— E só me dizes isso agora? Mas é impossível: a orgulhosa Hatasu teria amado um vencido? E depois, como ela teria ocultado uma coisa dessas de seu pai?

À palavra "vencido", a face do hitita se escureceu e um brilho malévolo cintilou em seus olhos encovados.

— Vencido pelo destino! Lembra que os hicsos já provaram ao Egito que ele não é sempre o vitorioso! – respondeu duramente.

— Desculpa-me, mestre, não tive intenção de ofender-te; foi o espanto que me fez proferir essa palavra injusta. Mas já que me revelaste tudo isso, dá-me por favor mais explicações, se é que Neith não necessita de teus cuidados de imediato.

Thaadar tomou um frasco, esfregou com essência a testa e as têmporas da moça, e disse, enxugando as mãos:

— No momento, ela não precisa de mais nada, e vou satisfazer tua compreensível curiosidade, embora tenha sido apenas a necessidade de te colocar um freio que me levou a desvendar esse segredo.

Thaadar fincou os cotovelos na mesa e pareceu mergulhar em suas lembranças. Horemseb estava sufocado de impaciência quando do por fim o ancião se endireitou.

— É doloroso para mim voltar a essa época de infelicidade e humilhação – falou. – Os deuses tinham virado as costas a nosso desventurado povo, e os vencedores orgulhosos estavam acampados no palácio semidestruido de nossos reis. Uma batalha decisiva que havíamos perdido entregara aos egípcios milhares de vencidos, e entre eles Naromath, o mais belo dos hititas, esperança e orgulho de nosso povo. Coberto de ferimentos, mas sobretudo fraco pela perda de sangue, o jovem herói foi encontrado entre um monte de cadáveres, quando os egípcios faziam a contagem de corpos na presença do faraó. Sabes que Hatasu acompanhava Tutmés nessa campanha. Era quase uma criança, bela como Hator, mas enérgica e orgulhosa quanto possível, e poderás ver a influência que já tinha sobre o pai pelo que vou contar, e que teu pai me relatou como testemunha ocular. O faraó, que destinava ao trono essa filha, sua favorita, buscava de todas as maneiras dar uma têmpera viril ao seu caráter; à sutileza da mulher devia unir-se a impassibilidade e a coragem de um homem. Com esse objetivo, ele a fazia assistir às batalhas, afastada o suficiente para não ser ferida, e nesse dia a tinha levado para assistir à contagem dos mortos.

Em pé sobre o carro do rei, ela assistia sem pestanejar como se contava as mãos decepadas que traziam de todo lado, e que os escribas anotavam nas tabuinhas, quando começaram a mexer nas pilhas de cadáveres que cercavam o carro do faraó. Dali foi retirado Naromath desfalecido. Pelo capacete dourado e os ornamentos que o cobriam, Tutmés reconheceu o príncipe com que havia lutado na véspera, e disse: "Foi um leão, um herói, que morreu bravamente". É difícil dizer que impulso moveu nesse instante o íntimo de Hatasu, mas o fato é que ela observou:

— Meu pai e faraó, parece-me que um filho de rei não deve ser mutilado por subalternos, mesmo que tenha sido derrotado; e se um vencedor como tu, um deus guerreiro, faz um elogio tão grande à sua memória, esse herói não merece as honras da sepultura?

O faraó pareceu ficar encantado, elogiou o tato e a magnanimidade de sua filha, e ordenou que sepultassem Naromath com honra, sem mutilá-lo. Mas quando estavam levando o corpo, a dor arrancou um gemido ao príncipe ferido; descobriram que ele não estava morto, e o transportaram ao palácio. Como Naromath e a filha de Tutmés I se encontraram e se amaram, não sei; apenas Semnut, que era então um simples oficial subalterno do séquito da princesa, e uma de suas criadas chamada Satati, a apoiaram nessa história. Esse amor, o único que jamais dominou a orgulhosa

Hatasu, a subjugou completamente e abrandou-lhe o coração em favor dos vencidos. A princesa obteve para eles, de Tutmés, muitas concessões, e certamente Naromath teria permanecido no trono de seu pai, como príncipe tributário do Egito, se Hatasu tivesse podido separar-se dele. Mas o egoísmo suplantou os outros sentimentos; o príncipe teve que seguir o exército e... suas feridas se reabriram, Naromath morreu, e Hatasu retornou a Tebas, desesperada e grávida. A sorte a auxiliou a esconder isso. Tutmés I teve que partir quase de imediato para a Líbia, e achando que sua filha estava fatigada da longa campanha que haviam feito, dessa vez não a levou consigo. Foi durante essa ausência que Neith nasceu. Mena, seu suposto pai, estava casado em segundas núpcias com uma parenta do faraó; a princesa se abriu com ele, e como o chefe das tendas reais havia também ficado em Tebas, para recuperar-se dos ferimentos, decidiu assumir a criança como sua. A mulher de Mena havia morrido no parto, colocando no mundo uma criança morta; substituíram essa criança por Neith, e somente Mena, Satati, Semnut e dois hititas, Tiglat e a feiticeira Abracro, souberam do segredo. Eu o soube por Tiglat; e teu pai, e agora tu, por mim.

Horemseb escutara com ávida curiosidade.

— Obrigado, Thaadar; o que acabas de contar-me esclarece muita coisa e explica também o orgulho desmesurado de Neith: é uma herança materna. Quanto ao estado dela, eu me conformo, como é justo, com tuas determinações, e enviarei para cá tudo de que ela poderá necessitar. Mas permitirás que a visite?

— Autorizo-te, sem dúvida; mas é necessário que Neith se restabeleça completamente antes que possa suportar um ambiente tão novo para ela. Eu a devolverei a ti mais forte, porque os perfumes estarão incorporados em seu sangue.

Com grande surpresa, Neith voltou a si no pavilhão e ali ficou vivendo. Habituou-se sem demora com a companhia do velho sábio, que a tratava com bondade e divertia-se com sua viva inteligência e suas tiradas finas e cáusticas. Sob a influência de um sério tratamento e de uma vida mais sã, pouco a pouco ela recuperou as forças e o viço. Horemseb vinha vê-la com freqüência; o segredo de sua origem lhe despertara um novo interesse por ela, e a magnífica beleza da jovem o fazia desejar com impaciência vê-la a seus pés, incendiada de amor. Mas ela ainda estava enferma, e a presença de Thaadar o impedia de recomeçar seu jogo frívolo e criminoso.

Durante essa lenta convalescença, uma luta íntima, mas cada

vez mais intensa, se desencadeava na alma de Neith. Liberta do domínio malsão que o príncipe exercia sobre ela, sua razão e sua consciência despertavam. As lembranças do passado a assaltavam cada vez mais. Admitia que era covarde e ingrata por esquecer Roma e deixar no desconhecimento de sua sorte sua real protetora, sempre tão boa, tão indulgente para ela. E Sargon? Não lhe havia jurado, em nome de Hator, esperá-lo fielmente para reparar, quanto possível, o erro terrível que fizera? Como mantivera essa promessa sagrada? Quase na véspera do retorno de seu infeliz esposo, deixara-se levar, não por Roma, mas por um homem que a tratava como escrava, a degradava pela visão de horrores indescritíveis, e que (ela o sentia com amargura) não a amava, brincando com ela como o gato com o camundongo. O olhar desse homem a fascinava como a serpente fascina o pássaro, mas no fundo desse olhar de fogo escondia-se uma indiferença glacial, e seu coração devia ser mau, porque ordenara a mutilação de infelizes criaturas, e se divertia com a visão de orgias inomináveis. E contudo, coisa inacreditável, apesar dessa convicção, apesar do horror que o príncipe lhe causava com freqüência, a idéia de deixá-lo apertava o coração de Neith com uma angústia inenarrável; não vê-lo mais seria pior que a morte.

Assim se passaram alguns meses; mas, quando sua saúde se restabeleceu por completo, ela deixou o pavilhão e recomeçou, no palácio, o mesmo estilo de vida, reencontrando Horemseb com mais freqüência, e recaiu sob sua influência; não obstante, como ele não a fazia ingerir a essência venenosa, e dosava um pouco o perfume, sua razão não ficou totalmente anulada.

Horemseb havia se ligado, ou melhor, habituado bastante a sua bela e inocente companhia. Apenas a necessidade de privar-se da presença dela nas encenações com as quais se distraía de sua vida ascética o contrariava enormemente, e decidiu tentar novamente habituar Neith àqueles hediondos espetáculos.

Numa noite em que ela havia assistido com ele, no pavilhão que já descrevemos, às danças sobre a relva, trouxeram o trono portátil, e Neith viu com espanto que prendiam nos ombros de Horemseb duas grandes asas douradas, e em sua testa uma tiara cintilante de pedrarias. Mas quando ele lhe fez sinal para tomar lugar ao lado dele, ela compreendeu que teria que assistir a alguma nova orgia, e tremendo de pavor, inundada de um suor frio, estendeu as mãos unidas para ele e exclamou em tom suplicante, onde vibrava indizível horror:

— Não! Não! Peço-te, deixa-me ficar; não quero ir junto! Horemseb não estava habituado a ser contrariado; todos deviam curvar-se à sua vontade. Além disso, sua fatuidade tangia as raias da mesquinhez, e essa recusa diante de seu pessoal, a pouca importância dada à honra de ocupar um lugar junto dele, despertaram lhe um cólera cega.

— Ah! O lugar junto de teu amo não é suficiente para ti! – sibilou, fulminando Neith com um olhar ameaçador.

Inclinou-se então para Chamus, dizendo algumas palavras, e depois ordenou ao cortejo que se pusesse a caminho.

Como embriagada, Neith apoiou-se a uma árvore; raiva, desespero, vergonha lhe mortificavam o íntimo, e esses sentimentos atingiram o auge quando o eunuco se aproximou, com os braços cruzados, e disse respeitosamente:

— O senhor me ordenou que te faça assistir à festa; segueme sem resistir, nobre senhora, não me forces a usar de violência contra tua ilustre pessoa. E se um ínfimo servidor como eu ousar dar-te um conselho, não contraries jamais a vontade do príncipe: sua vingança é cruel, sua cólera te destruiria.

Neith apertou a cabeça entre as mãos. Oh! Por que tinha seguido esse homem abominável, que a desprezava e a degradava como uma escrava, a forçava a assistir a um espetáculo que lhe causava horror e repugnância, e respondia a seu pedido colocando-a à mercê de um criado? A convicção de que Chamus podia realmente usar de violência contra ela aguilhoou o orgulho de Neith; aprumando-se com energia, disse em voz entrecortada:

— Mostra-me o caminho.

Quando chegou ao local da festa, junto com Chamus, viu Horemseb sentado sobre o altar que já descrevemos. A massa humana a seus pés lhe oferecia libações, dançava, e em conseqüência da bebida excitante distribuída em profusão, encontrava-se já em verdadeiro delírio. Chamus fez Neith subir, e indicando-lhe uma coluna próxima do trono, disse:

— Fica aqui! – Mas ela sentiu-se como fulminada por um raio quando o eunuco retirou das vestes uma corda, e passando-a rapidamente em torno de sua cintura, a amarrou à coluna. A esse derradeiro ultraje, que a nivelava a um animal, o sangue lhe subiu com tal violência à cabeça que sua vista se escureceu. Não percebeu nada do que se passava à sua frente, os gritos e o tumulto da orgia lhe chegavam aos ouvidos como um burburinho distante. Ao cabo de um momento, ela cambaleou, caiu ajoelhada e cobriu o rosto com as mãos. Uma cólera selvagem contra Horemseb fervia nela, e sentia os cabelos se eriçarem à idéia de que se achava em seu poder.

Mal percebeu que braços vigorosos a erguiam e colocavam num assento confortável, mas o toque bem conhecido de uma mão úmida e fria a fez abrir os olhos: Horemseb, sorrindo, inclinava-se para ela:

— Volta a ti, caprichosa, minha cólera já passou.

O perfume sufocante que se exalava dele agiu de forma excitante sobre o organismo de Neith: sua cólera pareceu dissolver-se naquele amor apaixonado que a jogava nos braços do príncipe. Mas, numa estranha divisão, sua alma não respondia a esse domínio, e continuava a vibrar de cólera e desprezo. Não entendendo mais a si própria, aniquilada por esse dilaceramento interior, Neith recuou instintivamente e murmurou meio inconsciente:

— Piedade!

Aquele sorriso peculiar que gelava e inflamava suas vítimas bailou nos lábios do príncipe.

— O que pedes, Neith? O que posso dar-te mais que a metade de meu reino? Vamos, chega de caprichos, levanta esse belo rosto e olha como rola a meus pés essa massa desprezível de escravos e criados; convence-te de que, como deuses, nós pairamos acima de todas as paixões brutais.

Ela não respondeu; uma enorme fraqueza se seguia à terrível excitação. Com o olhar esgazeado, apoiou-se ao espaldar da cadeira e caiu numa semiconsciência, que acabou em perda dos sentidos.

Quando voltou a si, achava-se estendida num banco do jardim, não longe do muro externo do palácio. Horemseb estava sentado perto dela e a ajudou a erguer-se.

— Estás melhor? – perguntou ele. – Sim? Então vem, quero te fazer respirar um ar fresco e puro que te fará bem.

Conduziu-a até o muro, abriu uma porta, e ambos se encontraram na escadaria que levava ao Nilo. Os raios do sol nascente faziam a superfície do rio sagrado cintilar como um tecido de ouro e rubis; os cimos das colinas que margeavam o deserto cobriam-se de tons róseos e alaranjados, e o disco radioso do astro do dia surgiu no horizonte, inundando de luz a esplêndida paisagem, os templos e palácios de Mênfis, cujas silhuetas maciças se desenhavam nitidamente sob o céu incendiado. Respirando a plenos pulmões o ar vivificante do deserto, Neith contemplava o mágico espetáculo a que sua vida malsã a tinha desabituado. Despertou com força nela a lembrança do palácio de Sargon, onde tantas vezes, no terraço, tinha contemplado o nascer ou o pôr do sol, respirando o ar fresco do rio e sonhando com Roma ou com seu infortunado esposo. Naquela época achava-se infeliz; e no entanto, era livre, seu coração não sentia o enorme peso que agora a esmagava. Nunca experimentara o terrível combate entre a razão e essa força nefasta que lhe dobrava a vontade e o orgulho e a empurrava, contra sua própria vontade, aos pés do homem que ela odiava, desprezava, e ao mesmo tempo idolatrava.

De repente, a lembrança da humilhação daquela noite lhe voltou à memória. Corou de vergonha, e sentiu-se indescritivelmente degradada e infeliz; uma ânsia profunda de liberdade a invadiu. Nesse momento, ela teria dado a vida para deixar aquela prisão, não enxergar mais esse muro, não respirar mais esse ar viciado.

Sem querer, ergueu os olhos para aquele que exercia esse domínio fatal sobre ela, a cuja mercê se encontrava, e veio-lhe à mente a impressão de que ele também sentia uma espécie de libertação diante da natureza, da luz da manhã, de uma atmosfera livre de aromas deletérios; que talvez, como ela, ansiasse pela liberdade, longe desse palácio sob cujo teto sombrio se tornava escravo de paixões impuras, mergulhando em crimes, sufocando em si próprio os sentimentos humanos.

Encostado no batente da porta, Horemseb, com os braços cruzados ao peito, parecia perdido na contemplação dessa paisagem admirável. Sua fisionomia havia mudado completamente de expressão; orgulho, dureza, ameaça, tudo se apagara, dando lugar a uma calma contemplação. Os olhos sombrios brilhavam de admiração pura, e um sorriso suave e sonhador lhe entreabria os lábios.

O olhar de Neith pousou com admiração na figura alta e esbelta do belo rapaz, coberto de jóias, tendo ainda na cabeça encaracolada a tiara, e nos ombros o manto púrpura que usara para presidir a abominável orgia. "Tão belo de corpo e tão hediondo de alma", pensou, apertando as mãos ao peito. Um misto de ódio e amor dividiu-lhe o coração, depois se fundiu num só desejo: o de deixar aquele lugar de sofrimento, onde estava perdendo o juízo, não entendendo mais o que se passava com ela. Decidindo-se repentinamente, ela tomou o braço do príncipe.

— Horemseb?

— O que é? – indagou ele, estremecendo e fitando surpreso o

semblante estranhamente animado da jovem.

— Devolve-me a liberdade, a minha alma, feiticeiro de Mênfis; tu a aprisionaste, eu sei, e todo meu ser se revolta contra o poder que exerces sobre meus sentidos, e que minha razão condena. Jamais, antes de conhecer-te, eu senti esse fogo devorador que me queima nas veias, me arrasta para teus braços, me rouba a dignidade, me faz envergonhar-me de mim mesma. Mas se sabes prender, deves saber soltar; devolve-me a paz, a minha auto-estima, liberta meu coração da paixão nefasta que me faz sofrer. Isso não te custaria nada, Horemseb, porque tu não me amas, me rebaixas ao nível de escrava, sou apenas um brinquedo para ti.

Neith se animara progressivamente; seus olhos negros brilhavam, seu corpo frágil tremia de orgulho e desespero. De súbito, essa exasperação se fundiu numa torrente de lágrimas; com as mãos unidas, aproximou-se de Horemseb e continuou em tom súplice, entrecortado de lágrimas:

— Tem piedade, Horemseb, deixa-me partir; jamais direi uma só palavra sobre o que vi, jamais perturbarei tua tranqüilidade; ao contrário, procurarei defender-te por todos os meios, até diante da rainha, pois algo me diz que nuvens escuras estão se juntando sobre tua cabeça. Ou então, se me amas, se queres ficar comigo, eu tentarei suportar sem me queixar o encanto que lançaste sobre mim. Mas então, por teu próprio bem, Horemseb, renuncia a essa terrível vida de crimes, a essas festas noturnas, a essa terrível solidão, essa existência contrária à natureza. Assume o lugar que te cabe na sociedade; antes que seja tarde, volta ao convívio dos homens, sob o céu azul e os raios dourados de Rá. Foge destas trevas, desses aromas excitantes, desses espetáculos hediondos que destroem tua alma, gelam teu coração!

O príncipe escutou, surpreso; uma sombra lhe obscureceu o semblante; mas a profunda convicção que vibrava na voz da bela egípcia não deixou de causar efeito. O bom gênio do príncipe lhe sussurrava: "Abandona tudo, antes que seja tarde demais; o próprio Thaadar previu um perigo que te ameaça". Soltando um longo suspiro, ele passou a mão pela testa; empalideceu. Mas o mal já estava arraigado demais; o orgulho e a obstinação venceram a tíbia voz do bem. Com um sorriso indefinível, ele se inclinou para Neith, e enlaçando-lhe a cintura, disse em voz cariciosa:

— Estás imaginando, Neith; o único feitiço que te une a mim é o amor, e esse, não posso tirá-lo de teu coração; mas já que te sentes infeliz aqui, parte: não vou te prender mais. Segue pela margem do rio; o primeiro barco que aparecer te levará a um dos templos de Mênfis, e de lá a Tebas. Não posso ir contigo; devo viver aqui, e nunca mais nos veremos. Volta a tua casa e sê feliz nos braços do teu esposo, o príncipe Sargon. E agora, adeus!

Inclinando-se, abraçou-a, e retirando do cinto uma rosa vermelha, prendeu-a em seus cabelos; depois virou-se, e saudando-a com a mão, voltou lentamente para o jardim.

Neith ficou aturdida por um instante; o perfume sufocante que se exalava do colar do príncipe e da rosa em seus cabelos estava exercendo sua terrível influência; seu corpo queimava, seus olhos fascinados se cravaram em Horemseb, que se preparava para fechar a porta do jardim.

À idéia de não vê-lo mais, não escutar sua voz, não sentir aquele olhar caricioso e dominador, um desespero inaudito se apossou de Neith. Não, antes renunciar à liberdade, ao sol, ao ar puro, mas não deixá-lo.

Como uma pluma tangida pelo vento, ela correu para o feiticeiro e pendurou-se ao pescoço dele.

— Horemseb! — murmurou ofegante. – Fico, por minha vontade, para morrer aqui. Que seja o que quiserem os imortais! Não posso viver sem ti; mesmo com o dia e o sol, longe de ti tudo é escuro.

Incapaz de continuar, apoiou a cabeça contra o peito do feiticeiro, e lágrimas ardentes lhe rolaram dos olhos. Não percebeu o sorriso de satisfação zombeteira que recurvou os lábios de Horemseb.

— Sê bem-vinda de novo em minha casa – disse, apertando-a contra si. A seguir, fechou a porta, passou o ferrolho, e ambos penetraram na sombra espessa das árvores. Neith baixou a cabeça; parecia-lhe que uma pedra tumular se fechara sobre ela.

Desse dia em diante, Horemseb desistiu de fazer Neith participar das festas noturnas que presidia. Poupava-a, mas apreciava sua companhia, pois, inteligente, instruída e suficientemente nobre para tratá-lo de igual para igual, a bela egípcia era a primeira mulher que foi realmente uma companhia para o príncipe. As que tinham passado por ele até então eram belas, mas simples e de origem obscura. Essas vítimas ingênuas e inocentes o temiam como a um senhor, o adoravam como um deus; o respeito lhes cerrava os lábios e mal ousavam murmurar palavras de amor.

Neith, menos afetada pelo veneno, altiva e caprichosa, mordaz e cáustica, resistia ao efeito do feitiço, e essa resistência tenaz, unida a sua maravilhosa beleza, atiçava a alma depravada de Horemseb, lhe causava mais interesse do que jamais sentira por uma mulher, mas o arrastava também a recomeçar o jogo perigoso proibido por Thaadar.

Quanto mais ela se mostrava rebelde e orgulhosa, mais ele saboreava a satisfação de excitá-la, depois subjugar a altiva jovem sob o domínio de uma louca paixão. Acompanhar as nuances da luta entre o amor e o orgulho em sua fisionomia expressiva, em seus grandes olhos vivos, tornou-se uma distração para Horemseb, que não se cansava disso, o que finalmente lhe deu a idéia de casarse com ela. Achou-a a única mulher capaz de refazer sua fortuna e conquistar o título pouco invejável de sua esposa.

Nessas alternâncias de guerra e paz escoaram-se vários meses. Sem que ele soubesse, a tempestade predita pelos astros se armava, cada vez mais sombria, sobre sua cabeça. Dois inimigos mortais estavam infiltrados em seu palácio e, sem que ele suspeitasse, o espionavam e aguardavam avidamente o momento de destruí-lo.

E agora retomemos a narrativa no dia em que Ísis penetrou no palácio de Horemseb e teve lugar a conversa do príncipe com Thaadar na qual foi combinada para o dia seguinte a solene experiência que iria desvendar-lhes o futuro.

O futuro

O dia tão ansiosamente esperado por Horemseb chegara, afinal, e ao cair da noite ele se dirigiu ao pavilhão do sábio para auxiliá-lo nos preparativos finais. Todos os criados tinham recebido ordem de se retirar para a ala do palácio que ocupavam, e não saírem dali sob pena de morte. Todas as atividades foram suspensas. Chamus devia cuidar para que nenhum ser vivo penetrasse nos jardins.

O grande aposento que servia habitualmente de sala de trabalho de Thaadar estava quase vazio; os mil objetos que ali se encontravam tinham sido transportados à sala de cima, substituídos por uma pequena mesa de cedro, duas cadeiras e um divã. Perto da mesa estava colocada uma enorme bacia de cobre cheia d'água até as bordas. Uma lâmpada, num dos cantos, iluminava a vasta sala com uma claridade fraca. Por último, o sábio trouxe uma caixinha repleta de frascos, que colocou num banquinho junto a uma das cadeiras, e voltando-se para Horemseb, que empilhava em silêncio várias peles de leopardo ao pé do divã, disse:

— Tudo está pronto, meu filho; vou trazer apenas a ânfora com vinho aquecido, enquanto vais buscar Neith. Ela tomou a bebida que preparei?

— Sim, mestre; está adormecida no pequeno pavilhão azul, aqui perto; vou buscá-la.

Saiu e voltou sem demora, trazendo nos braços Neith, profundamente adormecida. Ostentava uma palidez profunda, inerte como um cadáver.

Thaadar ajudou Horemseb a colocá-la no divã, arrumou as almofadas para acomodá-la comodamente e cobriu-a com cuidado com uma pele. Depois, encheu um copo de vinho aquecido, colocou algumas gotas de um dos frascos e estendeu-o ao príncipe, que estava atiçando o fogo dos carvões colocados numa tripeça. Assim que ele bebeu, Thaadar tomou da caixinha um punhado de ervas secas e colocou sobre os carvões; uma espessa fumaça se ergueu, enchendo a sala de um aroma acre e sufocante. A seguir, retirou as vestes e Horemseb o imitou.

— Agora, só temos que aguardar o deus – disse Thaadar sentando-se. – Senta aqui à minha frente, Horemseb, dá-me tua mão e fixa o olhar na água: é lá que ele vai aparecer.

Mais de um quarto de hora se escoou no mais profundo silêncio. As mãos unidas com força sobre a mesa, os dois homens fitavam com atenção a bacia.

— Estou gelado, os membros me pesam como chumbo, e sinto picadas de fogo no corpo inteiro – murmurou o príncipe, sacudido por violento arrepio.

— Vai ser bem pior quando os aromas de tuas paixões se retirarem de teu corpo – respondeu o sábio no mesmo tom.

Nesse momento, Neith soltou um suspiro rouco e murmurou com voz quase inaudível.

— Ele está chegando!

Horemseb estremeceu e um temor supersticioso cobriu-lhe a fronte de suor gelado. Nesse momento, a água se agitou, faixas vermelhas e amarelas sulcaram a superfície, e depois, no centro da bacia, ergueu-se girando uma nuvem escura no centro da qual via-se distintamente algumas mãos de um vermelho incandescente como metal fundido.

Essa massa informe aproximou-se rapidamente, envolvendo como um véu negro a cabeça e o peito de Horemseb, que se jogou no encosto da cadeira, murmurando com voz sufocada:

— Vou morrer, estão me arrancando o coração e o cérebro!

— Thaadar apertou com força a mão do pupilo, que quase lhe escapara; estava pálido e seus lábios tremiam, mas com o olhar lúcido e brilhante acompanhava, palpitante de interesse, a cena estranha e fantástica que se desenrolava diante dele.

De todo o corpo de Horemseb saía uma chuva de fagulhas multicores que as mãos de fogo reuniam em uma massa compacta, cintilante, que tomou a forma de um cometa. Esta recuou junto com a nuvem negra até a bacia, flutuando acima d'água e permanecendo unida ao corpo do príncipe por uma larga faixa de fogo que lhe saía do peito.

A massa girou por alguns instantes, como se estivesse se fundindo, com um crepitar seco. As mãos tinham desaparecido. De repente, ouviu-se um estampido: um jato resplandecente de fogo, que parecia vir do teto, caiu sobre a nuvem, que se agitou com violência, dividiu-se, e depois desapareceu. No lugar onde estivera, surgiram sete reflexos de Horemseb, sete figuras transparentes que ostentavam sua fisionomia, unidas entre si por fios de fogo. Todos esses fios mergulhavam na larga faixa de fogo que saía do corpo inerte de Horemseb, que, como sacudido por um vento impetuoso, tremia e se encolhia. Cada uma das figuras era de uma cor diferente, lembrando as do espectro; a de uma extremidade era vermelha, a da outra violeta. Nesses corpos transparentes como cristal, percebia-se claramente todos os órgãos do corpo humano trabalhando com rapidez vertiginosa. A substância colorida de cada um deles circulava como uma cascata cintilante em cada um, e contra esse fundo brilhante destacavam-se, como placas de ébano, duas grandes manchas unidas por uma artéria negra: uma no lugar do coração, outra no cérebro das sete figuras vaporosas.

As mãos de fogo reapareceram, e agiram rapidamente, retirando da água e do ar chamas azuladas, amarelas e esverdeadas; depois, uma delas se elevou e lançou um grande jato de luz branca, ofuscante como neve ao sol, que veio penetrar numa das figuras de Horemseb, envolvendo-a por um momento, e depois lançou-se de volta ao espaço, deixando apenas, sobre as manchas escuras, gotículas como de orvalho. O mesmo fenômeno se reproduziu em cada uma das outras seis figuras, depois uma última torrente de luz as banhou a todas, os corpos transparentes se fundiram num só, e após, numa massa avermelhada, sulcada de veias negras, que correu como uma torrente pela faixa de fogo e mergulhou, junto com esta, no corpo do príncipe. Ele deu um suspiro rouco, e instantes após abriu os olhos e se endireitou.

— Teus aromas foram pesados – murmurou o sábio –, mas suas vibrações foram lúgubres e confusas.

Interrompeu-se, porque, nesse momento, reapareceu uma mão de fogo traçando na água caracteres fosforescentes que se apagavam à medida que ele os decifrava.

— Vais contemplar cenas de um futuro distante e outras de épocas mais próximas, que dizem respeito a tua existência em épocas onde todos os que vivem hoje já terão descido à sepultura.

Palpitante de curiosidade, Horemseb inclinou-se para a frente, fitando uma nuvem azulada que se erguia lentamente da bacia. Aos poucos ela se ampliou e tomou a forma de um enorme globo, ocupando todo o fundo da sala, cujas paredes pareciam ter desaparecido, assim como o teto.

Ao centro do disco luminoso ondulavam nuvens que o cobriram inteiramente por um instante, e depois recuaram, colocando-se ao redor dele, que mudara completamente de aspecto. A superfície polida e cintilante havia se transformado numa imensa praça, cercada de construções totalmente diferentes da arquitetura do Egito; ao fundo erguia-se um grande edifício, ao qual se chegava por escadarias. Mas, estranhamente, as paredes desse prédio pareciam transparentes, mostrando a Horemseb o que acontecia no interior dele, e ali se via um ídolo colossal, em torno do qual movimentavam-se sacerdotes vestidos de branco; o monstro era incandescente e um enorme braseiro ardia em suas entranhas.

A praça inteira e os acesso do templo achavam-se repletos de gente, formando alas junto de uma enorme passagem por onde avançava um lúgubre cortejo. Homens nus, com as mãos presas às costas, acorrentados uns aos outros, caminhavam com faces ferozes e desesperadas; soldados com chicotes e lanças os forçavam a prosseguir. Como uma enorme faixa, essa fila interminável de infelizes atravessava a praça, subia as escadas e, chegando diante do ídolo, eram lançados um após outro na voragem incandescente, nas entranhas ardentes do deus insaciável de vítimas.

A procissão se detinha por um instante ao pé de uma alta tribuna sobre a qual um grupo de mulheres tocava harpa, e que

J. W. Rochester

ocupava a frente da cena. Numa dessas paradas, um dos prisioneiros, um jovem alto e robusto, de cujo corpo marcado de golpes de chicote o sangue escorria, virou a cabeça, e seu olhar turvo e feroz se cravou no de Horemseb. Um arrepio gelado sacudiu o corpo do príncipe: nesse condenado nu, acorrentado, degradado, ele se reconheceu: não era o seu rosto, mas seu coração palpitante lhe gritava: "És tu!" Mas o cortejo recomeçou a andar, e no momento em que o prisioneiro, ao qual a alma do feiticeiro parecia ter se unido, penetrava nas portas do templo, as nuvens se estenderam e recobriram a cena.

— É impossível, eu me enganei, eu não posso morrer! – balbuciou Horemseb apertando entre as mãos a testa molhada de suor. Mas nesse momento o disco, que ficou claro novamente, absorveu outra vez sua atenção.

A cena havia se alterado, mas dessa vez o príncipe estremeceu de alegria: essa rua margeada de casas multicoloridas, a longa aléia de esfinges que terminava ali por uma coluna colossal, não era Mênfis? Sim, decerto, e a multidão que circulava animada e se concentrava perto de uma tribuna sobre a qual havia uma cadeira em baixo de um dossel, era de egípcios, com as vestes brancas e os *clafts* listados.

Mas quem era esse guerreiro estrangeiro coberto de armas preciosas, que avançava montado num soberbo cavalo branco e seguido por imensa escolta? O rosto pálido do cavaleiro era cercado por uma barba negra como ébano; seus grandes olhos escuros perpassavam com indiferença pela multidão. Chegando diante da tribuna, ele desmontou, subiu e sentou-se no trono, em torno do qual se agrupavam guerreiros de sua escolta, mas também dignitários egípcios e portadores de leques reais. "Sou eu mesmo, dessa vez, e serei faraó!", pensou Horemseb, e uma satisfação orgulhosa lhe inflou o coração.

Agora avançava pela avenida de esfinges um cortejo bem conhecido: vinham nele os cantores e cantoras do templo, e sacerdotes carregando as estátuas dos deuses. Era a festa de Apis, e ali estava também o animal sagrado, enfeitado de flores e bandeirolas. O príncipe conhecia bem essa festa e a procissão que fazia parte dela; assim, seu olhar voltou-se novamente para aquele que considerava ser ele próprio, e que devia certamente ter chegado ao trono dos faraós pela extinção da dinastia dos Tutmés.

Mas o que significava aquilo? Ao redor do trono real surgiam, uma após a outra, mulheres pálidas e desgrenhadas; em seu peito nu via-se uma ferida aberta, e nas mãos erguidas sacudiam rosas vermelhas. Esse grupo assustador aumentava rapidamente, formando um círculo em torno do faraó; depois, uma das mulheres deslizou até junto dele, sentou-se no braço do trono, e abraçando-lhe o pescoço, sacudiu com a outra mão um ramo de rosas vermelhas diante dos olhos do guerreiro coroado.

O semblante pálido da mulher se contraía de ódio e sofrimento; longos cabelos ruivos e soltos a envolviam como um véu flamejante. Com espanto e horror, Horemseb reconheceu Neftis.

O homem sentado no trono parecia preso de extraordinária emoção: seu rosto ficou rubro, e nos olhos arregalados brilhava a demência. Nesse momento, seu olhar vago fixou-se no Apis que passava diante da tribuna; como picado por uma serpente, ele se ergueu, saltou na direção do animal sagrado e feriu-o com um punhal que arrancou do cinto.

As nuvens recobriram o tumulto que resultou desse ato sacrílego, e Horemseb não tinha se recuperado da emoção que o deixara ofegante quando uma nova cena apareceu.

Dessa vez, uma planície árida juncada de cadáveres se estendia a perder de vista. Guerreiros com capacetes pontudos, rostos barbudos e selvagens erravam em bandos nesse cenários de carnificínia, tirando despojos dos mortos, mutilando os feridos. Um desses grupos retirou de uma pilha de cadáveres um homem visivelmente aturdido, pois tinha o capacete amassado, e na mão crispada segurava ainda uma espada quebrada.

Entre as mãos brutais dos soldados o homem voltou a si, mas seu ar orgulhoso ou alguma palavra imprudente teriam ofendido os vencedores? O fato é que a cólera deles despertou: num piscar de olhos o despojaram das roupas, cortaram-lhe o nariz e as orelhas, vazaram-lhe os olhos, e depois o largaram, rindo zombeteiramente. O infeliz, vivo apesar das terríveis mutilações, arrastava-se entre os cadáveres, mascando uma erva para enganar a fome, buscando em vão com que matar a sede devoradora, e por fim caiu sem forças, retorcendo-se em desespero. Esse rosto sangrento, desfigurado, nada dizia a Horemseb, porém perdeu a respiração porque, em torno do infeliz, surgia de novo o grupo descabelado das vítimas de Moloch, sacudindo as rosas vermelhas; contemplando o miserável com satisfação sarcástica, mostrando-lhe ao longe a mágica visão do palácio de Mênfis, do Nilo à luz do luar, e da barca encantada

　　　　　　　　　　　　J. W. Rochester

em cujas almofadas se exibia o feiticeiro.

A cabeça de Horemseb girava, suas idéias se confundiam; quase desejou fugir, mas uma força invencível o mantinha pregado ao assento.

Várias cenas se seguiram, mostrando quadros ora de sofrimento e tortura, ora de riqueza e poder; mas o príncipe os compreendia cada vez menos, tanto lhe pareciam estranhos as construções e as pessoas, e até a natureza, completamente mudada; porém três dessas cenas tiveram um efeito especialmente forte sobre ele e vamos descrevê-las.

A primeira mostrava um aposento circular, com as paredes cobertas por uma tapeçaria com personagens, iluminada por duas janelas altas e estreitas; uma luz pálida envolvia o aposento, filtrada pelos vidros coloridos, e descendo sobre os móveis maciços e cadeiras de altos espaldares esculpidos. Numa delas estava sentado um belo jovem de expressão altiva e irônica, e em pé a seu lado, enlaçando-lhe o pescoço e fitando-o com paixão, uma mulher alta e magra, num longo traje negro afogado, o rosto coberto por um véu; no pescoço tinha uma corrente de ouro onde se balançava uma cruz cintilante.

Esse mulher, Horemseb não se enganava, era Neftis; o homem sentado era ele; via-os conversar sem escutar nenhum som, mas entendeu que Neftis falava de amor e ciúme e exigia que ele a desposasse. A isso ele respondeu, com um sorriso e um gesto significativos, que para um casamento havia entre eles *quatro olhos a mais.*[6] A cena se alterou, mostrando um quarto iluminado por uma lamparina, e ao fundo um leito largo com colunas. Neftis, pálida, desgrenhada, se inclinava sobre duas crianças adormecidas, murmurando: "Quatro olhos a mais!". Algo brilhou em sua mão, e inclinou-se rapidamente sobre os pequenos; depois, a mãe criminosa fugiu espavorida; correu para o homem que amava, cuja imagem flutuava à distância; mas quando se aproximou, ele virou-se com horror e asco, e desapareceu no nevoeiro. Neftis ficou só, mas tudo

---

6 N.E. — A história da condessa de Orlamunde faz parte do folclore alemão, também conhecida como a lenda da "Dama de Branco". Conta-se que após a morte de seu esposo — o condo Otto —, a jovem viúva Kuningude de Orlamunde se apaixonou por um certo Albrecht de Hohenzollern, que lhe disse que se casaria com ela não fossem "os quatro olhos entre eles". Albrecht se referia aos parentes da condessa mas ela interpretou a resposta como uma referência aos seus dois filhos. Então, por amor a Albrecht, decidiu matá-los; e, para que parecesse ter sido de morte natural, utilizou uma agulha de ouro para perfurar seus crânios. Albrecht, ao tomar conhecimento, ficou horrorizado e a desprezou. Punida por sua consciência, decidiu devotar sua vida ao trabalho monástico. Entretanto, depois de sua morte, por muito tempo seu espectro passou a assombrar todos os castelos da dinastia dos Hohenzollern, trazendo má-sorte aos seus habitantes.

mudou ao redor dela: um longo corredor mal iluminado apareceu; lentamente, com o olhar fixo e penetrante, mãos cruzadas, ela deslizava, com seu traje negro, mas os que a viam fugiam estarrecidos, e então um sorriso irônico e cruel curvava os lábios do espectro, mensageiro de mau agouro.

Quando as nuvens se abriram novamente, mostrando uma página do futuro, o luar iluminava a superfície lisa de uma imensa extensão de água. Um barco, conduzindo vários homens e soldados, em cujas armas a luz da Lua arrancava reflexos metálicos, deslizava sobre a água, aproximando-se rapidamente de uma grande e sinistra construção à beira do mar, cujas sólidas torres refletiam nas águas as silhuetas com seteiras. Quando o barco atracou e os passageiros desceram, Horemseb viu que um deles, ao qual os demais só se dirigiam com a cabeça descoberta, tinha o rosto coberto com uma máscara negra.

A seguir, viu o mesmo homem numa sala cuja janela estreita e gradeada ficava quase à altura do teto. A máscara negra cobria o rosto do prisioneiro, que caminhava agitado e deixou-se cair por fim numa cadeira, abatido e sem ânimo. Não parecia notar que, do canto mais escuro da sala, uma mulher com um vestido negro afogado e uma corrente de ouro ao pescoço se aproximava dele. Retirando do regaço uma rosa vermelha, a visitante sacudiu-a sobre a cabeça do prisioneiro, e inclinando-se para ele, murmurou-lhe algo ao ouvido. Imediatamente, maravilhosas cenas começaram a aparecer, dissolvendo, em sua imaginação, os muros da prisão: ele contemplava um magnífico palácio cercado de jardins, depois salas com paredes douradas, fartamente iluminadas, nas quais se reunia uma quantidade de homens e mulheres cobertos de jóias. E ali, sob um dossel suspenso sobre vários degraus, estava sentado um homem jovem; compridos cachos lhe caíam sobre os ombros e as costas, uma larga faixa azul lhe atravessava o peito, e um manto com flores de lis, forrado de arminho, lhe cobria os ombros. A multidão cintilante desfilava diante do estrado, saudando com reverências o belo rei, fitando-o com adoração, recebendo como uma dádiva um sorriso ou uma palavra caída de seus lábios. Tomado de inveja furiosa, o prisioneiro se ergueu, rasgando as vestes, tentando arrancar a máscara presa a seu rosto, batendo com a cabeça na parede com um insano. Lá, liberdade, poder, adulação, amor; aqui, solidão, prisão, morte em vida. O contraste era de despedaçar a alma e tirar a razão.

A misteriosa visitante recuara e erguia-se lentamente no ar; seu olhar fixo, brilhando de ódio, se fixava no prisioneiro, parecendo saborear o seu desespero. Um sorriso de crueldade satisfeita lhe passou pela fisionomia e murmurou:

— São teus olhos, desta vez, que são demais! – E deslizando obliquamente para a janela, atravessou as grades, e nesse momento Horemseb reconheceu Neftis.

Com um suspiro rouco, o príncipe encostou-se na cadeira. Sentia medo, horror desse futuro que evocara e que pintava diante dele cenas tão lúgubres e ameaçadoras. Essa vida eterna tão ansiada era terrível; a morte não seria preferível a isso que vira e devia passar? Oh! Por que tinha impensadamente erguido o véu que esconde misericordiosamente o futuro aos mortais? Quis novamente fugir, mas o corpo, pesado como granito, se recusava a obedecer-lhe, e uma força superior à sua vontade lhe atraía o olhar para o disco luminoso que ficara claro novamente. O desfile estranho e arrasador não teria fim?

Dessa vez, via-se uma sala grande, onde numerosos personagens ricamente vestidos reuniam-se em torno de um trono diante do qual estava um jovem em pé, com um manto de arminho nos ombros – um rei, sem dúvida alguma. O coração de Horemseb se dilatou: era ele; sua figura esbelta e flexível, seus olhos grandes, escuros e sonhadores, seu sorriso sedutor. E essa elevada posição prometia-lhe por fim uma existência sem sombras, cheia de glória e poder.

Repleto de alegria e orgulho, ele se debruçava para ver melhor, mas com um arrepio de horror lançou-se de novo para trás: essas sombras que surgiam uma a uma nos degraus do trono eram de novo as vítimas de Moloch; o sangue corria sobre os véus negros que as cobriam, tinham olhares ameaçadores, e nas mãos crispadas sacudiam as fatais rosas vermelhas.

Desse círculo de inimigas destacou-se com nitidez uma mulher alta, vestida de negro, com uma cruz brilhante sobre o peito; sua face pálida era impassível, mas nos grandes olhos esverdeados luzia um ódio implacável. Colocando-se ao lado do jovem rei, tão junto que parecia dividir o trono com ele, colocou-lhe a mão no ombro e seus dedos gelados mergulharam nas dobras do arminho. Um som audível apenas à mente de Horemseb saiu dos lábios do espectro terrível: "Quatro olhos a mais! Agora ficarás sozinho! Nenhuma esposa tomará o lugar que me pertence. Passo a passo nós te arrastaremos para o abismo, te isolaremos de todos, te arrancaremos essa coroa que te dá poder e riqueza; entre tu e cada criatura que quiseres amar se erguerá uma de nós. Quiseste nosso amor: agora contenta-te com ele!"

Como se sentisse a presença do terrível cortejo que o cercava como uma corrente invisível, o olhar do jovem rei se toldou e ele passou a mão na testa pálida, como para afastar pensamentos desagradáveis. Ergueu então os olhos para o alto, e uma sombra branca e pura se inclinou para ele, dizendo:

— Trabalha, sacrifica-te pelo bem de teu povo, e ora; ficarás fortalecido e tuas inimigas se afastarão; mas recorda que a ociosidade te fará recair em suas mãos.

O jovem rei, atendendo a essa boa inspiração, misturou-se com o povo, buscando apoio nele e nos dignitários que o cercavam. Mas as sombras vingadoras se erguiam por toda parte, inspirando-lhe idéias insensatas e lhe obscurecendo a razão. Mudando pouco a pouco, o disco implacável refletiu uma cena trágica: a luta desesperada de dois homens, à margem de um lago, cujas águas calmas recolheram em seguida duas vítimas. A noite desceu sobre aquele lugar funesto, e nessa escuridão desapareceu também o disco brilhante, espelho terrível e impiedoso no qual se haviam refletido os crimes, expiações e lutas futuras do feiticeiro de Mênfis.

Arrasado de medo e horror, mortalmente exausto, Horemseb encostou-se na cadeira, numa prostração total. Não percebeu que Thaadar se erguia, lavava o rosto e as mãos na água da bacia, e depois se aproximava dele trazendo um frasco. Somente quando lhe friccionou as têmporas e colocou-lhe o frasco sob as narinas ele reabriu os olhos.

— Lava-te na água da bacia, meu filho, coloca tua roupa, depois bebe deste copo. Assim que eu acordar Neith, leva-a para seus aposentos; ela precisará de várias semanas de completo repouso para se recuperar desta noite; e tu também, vai deitar-te, estás exausto!

Aproximou-se de Neith que, rígida e gelada, jazia como morta e cuidou dela, enquanto o rapaz obedecia silenciosamente a suas instruções. Depois que a abanou vigorosamente, e derramou entre seus lábios um líquido avermelhado, a moça teve um sobressalto e reabriu os olhos, mas estava tão fraca e alquebrada que não conseguia ficar em pé.

Sério e preocupado, Horemseb despediu-se de Thaadar, e erguendo Neith, conduziu-a ao palácio; depois que a colocou no leito, dirigiu-se a seus aposentos, jogou-se no leito e mergulhou imediatamente num sono semelhante a um desmaio.

Observações do autor

Foi muito difícil para mim redigir este capítulo. Ao tentar reviver os acontecimentos estranhos desse passado longínquo, com freqüência me faltavam palavras para exprimir claramente e fazer compreender aos encarnados assuntos ainda tão pouco conhecidos. O veículo invisível, envoltório de nossa alma, é difícil de atingir; muitos leitores não acreditam nele; e no entanto, desempenha um papel relevante em nossa vida espiritual. Mas as descobertas se sucedem; a ciência já está se aproximando da estrutura fluídica que faz funcionar o invisível; mais um passo e ela irá constatar sua existência.

Mãos inábeis e incertas tateiam ainda nesse mundo novo, porém o magnetismo animal, o hipnotismo, a sugestão mental, já rasgaram uma larga janela nos velhos preconceitos e revelaram faculdades da alma desconhecidas até agora, diante das quais os homens se quedam estupefatos. Os cientistas recalcitrantes serão levados, a contragosto, numa direção em que descobrirão maravilhas de cuja existência não suspeitam. Espero que minha obras auxiliem a apressar o momento em que a ciência vitoriosa descobrirá o corpo astral, pesquisará as leis que regem a alma, e analisará os aromas das paixões com a mesma precisão com que pode hoje determinar as vibrações da luz, a velocidade da corrente elétrica, ou medir as distâncias que separam os astros.

Repito, descrever coisas tão pouco conhecidas custou-me muito esforço e trabalho; procurei ser tão claro e verídico quanto possível. A cena que precede as visões é rigorosamente exata: é a descrição das manipulações e do processo invisível que um espírito precisa utilizar se deseja sondar as condições de uma alma e delinear aproximadamente seu futuro, de acordo com os instintos que residem nela e as paixões que ainda não dominou.

Quanto às próprias visões, precisei, para não cansar o leitor e manter o interesse literário da obra, modificá-las um pouco, não no conteúdo mas na forma. Agrupei as cenas mais interessantes e dei ênfase a algumas que passaram vagas e quase incompreendidas diante do criminoso egípcio contemporâneo dos Tutmés. A enorme diferença determinada pelos séculos nos costumes, idéias, etc, tornaram quase irrelevantes para Horemseb essas vidas futuras cujo alcance ele era incapaz de compreender; e o espírito que dirigia essa experiência sob o nome de Moloch não lhes emprestou nem a precisão nem a ordem cronológica que lhe conferi; inteligência cruel e zombeteira, Moloch desejava impressionar e assustar, e o conseguiu.

Aproveitei esse episódio para esclarecer o leitor espírita, que crê na reencarnação, sobre os caminhos de prova e expiação seguidos pelo feiticeiro de Mênfis. Para isso, delineei, pelos trajes, a cor local da época e cenas bem conhecidas, suas existências mais relevantes, as mais adequadas para fazer perceber o papel imenso que o passado desempenha no presente de cada ser humano.

Assim, ele foi sucessivamente: Cambises,[7] que a loucura dominou nessa terra do Egito onde havia pecado; o amante da sombria condessa de Orlamunde; o máscara de ferro,[8] devorado pela inveja, sonhando com as pompas de Versalhes em sua prisão da Ilha Santa Margarida; e finalmente o infeliz rei Luís II da Baviera, cuja terrível obsessão tinha raízes no passado, no aroma nefasto de que seu corpo astral ainda estava impregnado e criava um laço entre ele e as sombras vingadoras. Estas, infelizmente, não querem perdoar, e após milhares de anos, atormentam o antigo verdugo, envenenando as situações de prova em que lhe foi concedido o poder, e escarnecendo impiedosamente dele na desventura e na expiação.

Não posso resistir ao desejo de dizer mais algumas palavras sobre a última existência do feiticeiro de Mênfis, sobre esse jovem rei tão bem dotado, cuja estranha vida e trágica morte constituíram um enigma para seu contemporâneos.

Melhorado e depurado pelas provações, a expiação e o arrependimento, colocado por seus guias numa posição que lhe dava oportunidade de testar suas forças e o domínio que adquirira sobre os instintos do passado, faltou contudo a Luís II a energia e a perseverança para trabalhar sem descanso pelo bem de seu povo. Não escutou a voz interior e amiga que lhe sussurrava que *somente o trabalho dedicado*, a prece humilde e sincera e a dedicação aos in-

---

7 N.T. — Rei da Pérsia, que conquistou o Egito em 525 a.C.
8 N.T. — Reza a tradição que teria sido um irmão mais velho de Luis XIV, por ele feito prisioneiro e desterrado, oculto pela famosa máscara negra (que teria sido de veludo, não de ferro como no romance de Alexandre Dumas), na Ilha de Sta. Margarida.

J. W. Rochester

teresses do povo poderiam manter afastados os inimigos invisíveis, romper a corrente de criaturas odientas que tentavam tomar conta dele.

Essa coragem, repito, o jovem rei não teve; deixou-se arrastar e subjugar pelas fúrias que o seguiam e excitavam-lhe os sentidos, fazendo com que se refletissem em sua mente as cenas meio apagadas de um passado longínquo. Como Horemseb, ele se abandonou a uma ociosidade perigosa, que lhe transformou a vida real em um sonho doentio. Como derradeiro golpe, nessa vida que falhou, reencontrou-se com aquele que havia outrora arrastado o príncipe egípcio para a senda do crime: Thaadar, o sábio hitita.

Pobre e desconhecido do público, que não queria compreender e apreciar suas composições caóticas e desarmônicas, o ex-sacerdote hitita reencontrou seu antigo pupilo. Apaixonada e tenaz, fervente e revoltada contra todas as leis de harmonia humana e divina, a alma de Wagner buscava uma saída para esse caos interior naqueles sons atordoantes como o aroma da planta que tinha cultivado, selvagens e discordantes como as tempestades que rugiam dentro dele.

Para Luís II, aquela música estranha foi uma revelação; aqueles sons que semelhavam o silvo dos ventos em fúria, rugiam como o furacão, embalavam como uma canção de ninar, fundindo-se de repente em uma melodia suave e voluptuosa, evocaram na alma do jovem rei um mundo de lembranças vagas, confusas, mas excitantes. Essas vibrações poderosas eram a voz do passado, que o público não entendia, sentindo apenas o palpitar de algo grandioso e desconhecido. Para Luís II, esses sons eram o laço que o unia a Horemseb, sacudiam a poeira dos séculos, faziam vibrar nele sensações desconhecidas, o embalavam com visões fantásticas; e assim imantou-se ao compositor desconhecido. Sua fortuna e poder abriram, como outrora, o caminho a Thaadar: o mundo aclamou um grande maestro, o público acostumou-se com essa música sombria e desarmoniosa como a alma que a criava, passou a admirar essa expressão musical de paixões rudes e primitivas. Mas para o jovem rei esse encontro foi fatal; sob o impacto dessas vibrações do passado, sua vontade fraquejou, as sombras sanguinárias readquiriram seu poder, cercando-o cada vez mais de perto, separando-o pouco a pouco de todas as relações com a vida real, com a família, os deveres e os súditos. Com o espírito e o coração obscurecidos, buscando a noite e a solidão, perdido em devaneios fantásticos, o desventurado monarca construía sem descanso, reproduzindo ora esse Versalhes tão desejado, ora as fortalezas e cabanas de um passado lendário. Não tentou reproduzir o palácio de Mênfis: um vago sentimento de temor e repúdio sempre o impediu. Cada vez mais dominado pelos inimigos invisíveis que o atormentavam e arrastavam para o abismo, Luís, com a alma dilacerada por mil sofrimentos incompreendidos, errava por esses castelos desertos, arrastando o manto real pelas galerias vazias e iluminadas que apenas à sua visão se povoavam de uma multidão de sombras saídas do túmulo, enquanto em torno dele adejavam, zombeteiras e repletas de ódio satisfeito, as vítimas de Moloch, sacudindo como troféus, acima de sua cabeça, as rosas vermelhas do feiticeiro de Mênfis.

A fatalidade seguiu seu curso, e somente quando a coroa, o último baluarte de seu poder e orgulho, teve que lhe ser tirada pelo bem do povo, seus inimigos se afastaram. Neftis, a sombria condessa de Orlamunde, o mau gênio do rei, o abandonou, e repentinamente voltando a si, ele compreendeu toda a extensão de sua terrível situação: estava destronado e considerado louco; e por certo o tinha sido, mas não era mais, nesse momento de humilhação. Os grandes sábios que acompanhavam e constataram essa doença mental não a podiam curar nem entender-lhe as mudanças, porque não admitiram a doença da alma e não acreditavam nas poderosas influências que o passado exerce sobre o presente do homem.

É difícil de descrever tudo o que fervia de desespero e humilhação na alma do rei destronado. Mas usando de astúcia cautelosa, mesmo dentro do próprio infortúnio, dissimulou sua ira e ódio contra o médico que o tratava. Não sabia que era Amenófis, um dos sacerdotes de Mênfis, que o acusara implacavelmente no processo do feiticeiro, mas um instinto de ódio, vindo das profundezas do passado, insuflou-lhe o desejo de acabar com ele. Um luta terrível teve lugar dentro d'água entre o rei e o robusto médico; com uma força centuplicada pela exasperação do momento, o rei o derrubou e só o largou depois de morto. Mas o esforço o deixou exaurido; sua cabeça girava; escorregando no fundo lodoso do lago, aturdido, presa de uma vertigem, caiu e... a alma se desprendeu do corpo atormentado. Tivera lugar um dos dramas mais impressionantes da época moderna.

Acima desse local infeliz, girava como uma mancha negra o enxame de entidades vingadoras, impregnando a atmosfera com o aroma deletério que as tinha destruído e do qual suas almas rebeldes não queriam separar-se.

J. W. Rochester

Aguardando a libertação do espírito do feiticeiro, elas se atiraram sobre ele, acorrentando-o sobre o próprio local de seu crime, acusando-o pelo passado sempre próximo para elas, pois o espaço e os séculos não existem para o ódio, e o tempo é um sopro na eternidade, que a centelha indestrutível do homem não sabe medir. Ninguém suspeita que acima das águas serenas do lago se agita um estranho grupo, no meio do qual se debate uma alma torturada pelo remorso e o arrependimento. Mas infelizes daqueles que estejam ligados por algum laço oculto a esse passado e venham desavisadamente aspirar o aroma fatal que paira sobre esse lugar funesto! Impressentido pelos sentidos materiais, esse perfume sutil e deletério envolve o imprudente, lhe obscurece a mente e o atrai sem piedade para essas águas transparentes onde está presa a alma do feiticeiro de Mênfis.[9]

Últimos dias de poder

Dez dias haviam transcorrido desde a noite em que o futuro erguera o véu diante de Horemseb, e Ísis ainda não tinha encontrado seu senhor. O príncipe, lhe dissera Chamus, estava adoentado, apenas o velho Hapu o atendia, e todos os divertimentos noturnos estavam suspensos.

A surpresa era grande entre a criadagem, pois nunca se vira algo semelhante, mas ninguém ousava, sequer com o olhar, fazer qualquer pergunta. Esperavam todos, abatidos e desanimados, que seu trabalho recomeçasse.

Apenas Sargon achava-se numa inquietação indescritível: que significava a ausência de Neith e Horemseb desde a noite misteriosa onde o palácio e o jardim tinham sido interditados? O que teria acontecido? Mil suposições o atormentavam, suscitando ora o ciúme, ora a apreensão por uma desgraça. Rangendo os dentes, jurava a si próprio que assim que tivesse certeza do que acontecera

9 N.E. — Ludwig II da Baviera nasceu em 1845, e tornou-se rei com 18 anos. Depois de uma guerra perdida contra a Prússia, perdeu todo o interesse pela política e tornou-se cada vez mais excêntrico. Construiu, a custos fabulosos, três castelos magníficos: Linderhof, inspirado no Petit Trianon de Versailles, o único que chegou a ser concluído e o seu predileto; Herrenchiemsee, o maior deles, uma réplica de Versailles, e Neuschwanstein, um castelo de contos de fadas, mundialmente famoso. A extravagância, os gastos perdulários e a aparente insanidade de Ludwig o levaram ao ponto de, diagnosticado como doente mental, ser destituído do trono; alguns dias mais tarde, em 13 de junho de 1886, ele e seu médico foram achados afogados no Lago Starnberger. Nunca se comprovou se fora acidente ou homicídio.

com sua mulher, fugiria para colocar o mais rápido possível um fim a essa situação intolerável.

Horemseb havia estado realmente doente do corpo e da alma. As múltiplas emoções daquela noite terrível o haviam exaurido completamente e lhe causado tal perturbação na mente que não conseguia ordenar as idéias. Durante alguns dias permaneceu deitado, abatido, refletindo sobre o que vira, tentando orientar-se e compreender o caos dessa vida futura tão estranhamente mesclada de miséria e grandeza.

Por fim, sua natureza flexível começou a reagir; auxiliado pelo orgulho e a fatuidade, explicou tudo atribuindo-o à sua glória e honra, admitindo ingenuamente que no decurso de uma vida sem fim não poderiam faltar algumas gotas de fel. Contudo, seu organismo estava ainda abalado demais para que desejasse as distrações habituais.

Por fim, na noite do décimo primeiro dia, Chamus foi pedir a Ísis que se aprontasse para participar da refeição do senhor. Tremendo nervosamente, ela se arrumou; iria enfrentar o momento mais perigoso de sua missão: os deuses a ajudariam a evitar os efeitos do perfume nocivo, e descartar o veneno que lhe seria oferecido? A idéia de ser dominada pelo feitiço, de ser forçada a amar o homem odioso que havia destruído os seus, e que abominava mortalmente, dava-lhe vertigens.

Uma prece ardente a reconfortou. Os imortais não poderiam recusar sua proteção a uma causa tão justa. Assim, quando Chamus veio buscá-la e a levou à galeria, Ísis recuperara a calma e a força, e estava preparada para fingir amor e humildade diante daquele que desejava destruir. Em seguida viu chegar o príncipe, seguido do cortejo habitual. Estava bastante pálido, mas impassível, e seu olhar duro e frio perpassava pela galeria, buscando a nova vítima. Tremendo, Ísis se prosternou, e com as mãos cruzadas ao peito, inclinou a cabeça até o chão. Dedos úmidos e frios lhe tomaram o braço, e uma voz sonora e doce disse bondosamente:

— Ergue-te, bela menina; uma indisposição me impediu de ver-te até o dia de hoje.

Ísis se ergueu, mas ao encontrar o olhar ardente e irônico que a fitava, abaixou a cabeça.

Horemseb sorriu:

— Toma estas rosas e segue-me, garota; mas ainda não sei o teu nome.

J. W. Rochester

— Ísis – murmurou ela.

— Belo nome – disse o príncipe. – E tua beleza pode rivalizar com a da grande deusa.[10]

A refeição desenrolou-se como de costume. Apesar do cuidado que tinha para não aspirar o aroma das rosas envenenadas, o perfume que se exalava do príncipe e tudo a seu redor atuava penosamente sobre a jovem; peso e fraqueza lhe tomavam os membros, e sentia o coração apertado por um vago terror. Terminada a refeição, foram para o pavilhão do jardim. Ísis assistiu às danças sobre a relva e conseguiu derramar num vaso de flores a bebida funesta que lhe fora dada. Horemseb, que de nada desconfiava, não percebeu e partiu calmamente para seu passeio pelo Nilo.

No dia seguinte, tudo se repetiu; apenas, em lugar do espetáculo sobre a relva, Ísis assistiu a uma orgia íntima, não menos odiosa, e que terminou com a morte de uma jovem e bela escrava. Tomado de um furor súbito, Horemseb se jogou sobre ela e a estrangulou; depois, voltando a si, mas aborrecido com o incidente, encerrou a festa. Pela primeira vez, a bebida que lhe gelava o sangue não fizera efeito total; o perfume malsão que se exalava dele parecia ter se tornado uma arma de dois gumes. As paixões brutais adormecidas em seu íntimo haviam despertado, com o desejo selvagem de mergulhar o punhal naquele belo regaço, depois beber em grandes goles o sangue quente e rubro, apertar os lábios no talho e saborear voluptuosamente os últimos estertores daquela vida se extinguindo, para reviver em suas veias.

No entanto, beber sangue só era permitido em ocasiões específicas, e recordando a proibição de Thaadar, o príncipe recolocou o punhal no cinto, mas a vítima morreu sufocada em um aperto mortal.

Ísis retornou a seus aposentos estarrecida e incapaz de dormir. Ocupou o resto da noite a colocar num papiro o relato detalhado dos horrores a que tinha assistido. Pela manhã, enquanto todos dormiam ainda no palácio, Sargon esgueirou-se pelo jardim e veio até a grade que o separava do jardim pequeno dos aposentos de Ísis. Ela aguardava, pois várias vezes já tinham conversado dessa forma.

Rapidamente ela entregou-lhe o papiro, e o fez assinar como

---

10 N.E. — Ísis era a deusa mais popular do Egito, representava a maternidade, o amor, a magia e os mistérios de todo Egito. Esposa e irmã de Osíris, segundo o mito egípcio, partiu pelo Egito em busca dos pedaços de seu amado quando este fora assassinado e o trouxe de volta à vida com a ajuda de Anúbis, para poder gerar seu filho, Horus.

ela o fizera, para ser colocado de imediato no buraco do muro.

— Se nós dois morrermos neste antro de malfeitores, ele servirá como acusação contra Horemseb, uma prova dos horrores que aqui acontecem – acrescentou.

Sargon falou-lhe de seu temor pela sorte de Neith, e declarou que, se dentro de poucos dias não a visse mais, fugiria de qualquer jeito, e indicou a Ísis um vaso grande, numa aléia onde ela tinha permissão de passear: ali poderia colocar suas mensagens, e encontraria as dele. Feita a combinação, separaram-se, e na mesma noite Keniamun levou a Neftis o terrível depoimento, assinado por Ísis e Sargon.

— Conheço tudo isso, e também já assisti a uma morte mais ou menos semelhante – disse Neftis, suspirando. – Sargon fará bem em fugir quanto antes; já temos provas suficientes para condenar esse perverso.

O organismo de Neith tivera um choque ainda maior que o do príncipe, e durante vários dias após aquela noite memorável, sentiu uma fraqueza tal que precisou ficar deitada, mergulhada num semitorpor. Aos poucos, entretanto, foi recobrando as forças e admirou-se de não ver Horemseb. O orgulho e o ciúme começaram a espicaçá-la: o que significaria essa ausência? Haviam lhe dito que o príncipe estava indisposto, mas ela não acreditou nem um pouco nessa desculpa, e cansou a cabeça tentando imaginar as razões da ultrajante indiferença do homem amado. Não sabia que, para proporcionar-lhe repouso absoluto, Thaadar havia proibido o príncipe de vê-la.

Apesar do ciúme que a corroía, o orgulho e a obstinação a impediam de chamar Horemseb. A simples idéia de mendigar sua presença a fazia corar, e decidiu, se acaso o encontrasse, mostrar-lhe desprezo e indiferença.

Um dia, à hora em que o príncipe normalmente estava em seus aposentos, ela foi para o jardim. Ainda enfraquecida, caminhava lentamente, cabeça baixa e profundamente absorta, quando, ao dobrar uma aléia, chocou-se com alguém que vinha com pressa: era Horemseb, que acabava de ver Thaadar. Reconhecendo-o, Neith recuou como se tivesse pisado numa serpente. O sangue altivo de Hatasu lhe ferveu nas veias, emprestando-lhe nesse momento, apesar da diferença de traços, uma semelhança notável com a rainha: o mesmo olhar faiscante e acerado, a mesma boca de cantos recurvados expressando desmedido orgulho, o gesto altivo da inabordável soberana.

Horemseb a fitou com o olhar admirado e apaixonado; essa arrogância real o seduzia, mas também espicaçava seu amor-próprio. Que prazer teria de quebrar de imediato esse enorme orgulho, transformar o desdém e o menosprezo em amor e humildade! Contudo, recordou as recomendações de Thaadar e disse, recuando um passo e desviando o olhar:

— Como está tua saúde, Neith? Esse rubor intenso que vejo em teu rosto me leva a pensar que ainda estás doente.

A zombaria irônica que vibrava nessas palavras transformou de imediato o rubor dela numa palidez mortal.

— É verdade que em tua casa esqueci o que seja a paz e a saúde; porém estou forte o bastante para deixar esta prisão, e aproveito este encontro para dizer-te que aceito a liberdade que me ofereceste. Deixa-me partir; manterei minha palavra e nada direi sobre a tua vida.

Horemseb mediu-a por sua vez com um olhar surpreso e ameaçador; toda a sua presunção ofendida vibrava no tom duro e sucinto da resposta:

— Devias ter aceito e partido daquela vez; agora não o quero mais... – e virando-lhe as costas, desapareceu numa aléia vizinha.

Neith voltou a seus aposentos desesperada; chorou alucinadamente por várias horas e recaiu em tal estado de fraqueza, que durante dois dias não pôde sair do quarto.

No terceiro dia à noite sentiu-se melhor, mas tão triste e oprimida que saiu novamente para o jardim, esperando que o ar fresco a reanimasse.

Era uma noite magnífica; o ar doce e perfumado, o céu cintilando com milhares de estrelas, e a calma imensa da natureza atuaram como um bálsamo na alma ferida e doente de Neith. Caminhava há bastante tempo, sem destino, pelas aléias desertas, quando um canto longínquo lhe chegou aos ouvidos. Deteve-se, trêmula; depois, tomada pelo desejo invencível de rever Horemseb e descobrir o que fazia, tomou a direção dos sons melodiosos. Logo acercou-se deles, e afastou com cuidado os ramos espessos de uma moita que a separava de um lugar intensamente iluminado. Enxergou o pequeno pavilhão aberto no qual ela tinha assistido muitas vezes às danças e cantos dos escravos.

Horemseb estava, como de hábito, estendido a meio sobre um divã, mas a seus pés estava sentada uma mulher de extraordinária beleza; os cabelos dourados como espigas maduras lhe cobriam os ombros e as costas com um manto sedoso, e os braços alvos e cheios de pesadas pulseiras descansavam nos joelhos do príncipe. Este inclinava-se sorrindo para a desconhecida, murmurando o que só podiam ser palavras de amor.

O que se passou no íntimo de Neith ao ver essa cena é difícil de descrever. Seu primeiro pensamento foi que acabava de descobrir a razão do abandono ultrajante a que estava relegada. A convicção de que ele preferia outra mulher a ela, que tantos homens nobres tinham idolatrado como uma deusa, subiu como um raio à mente da jovem orgulhosa. Um misto de raiva e cego ciúme cortou-lhe a respiração; uma névoa avermelhada lhe obscureceu a vista. Apertando com as duas mãos o peito que parecia arrebentar, deu um grito violento e caiu desmaiada sobre a relva.

Embora amortecido pelos cantos, esse grito foi escutado por Horemseb e Chamus. Num salto, o príncipe se achou junto à moita de onde partira o som, e auxiliado pelo eunuco, que afastava os galhos, chegou junto de Neith, caída como morta. Não a reconhecendo na penumbra, os dois homens se debruçaram com curiosidade; mas reconhecendo a filha de Hatasu, Horemseb começou a rir. Ordenou a Chamus que levasse Ísis de volta e encerrasse o espetáculo; depois, erguendo ele mesmo Neith, levou-a de volta para o palácio. "Olhem só como essa louquinha é ciumenta, apesar do orgulho! Pobre Neith! Se soubesses como teu ciúme é vão, e como essa mulher vai pagar caro por alguns olhares de amor, ficarias consolada", pensou no caminho.

Graças a seus cuidados, ela voltou a si, mas manteve os olhos obstinadamente fechados. Compreendendo que para não perturbá-la ainda mais o melhor seria deixá-la sozinha, Horemseb se retirou, dissimulando um sorriso.

Assim que ele saiu, Neith se ergueu, e com um gesto brusco dispensou as criadas. A tempestade que lhe rugia no íntimo era tal que pensou enlouquecer. Além do ciúme e da raiva, não podia suportar a idéia de haver revelado a Horemseb a extensão de sua louca paixão por ele. Agora ele sabia a que ponto a podia atingir, e não deixaria de se aproveitar disso.

Como ele zombaria de seu orgulho destroçado! Já imaginava o sorriso irônico que lhe fazia ferver o sangue e a cobria de vergonha. Numa superexcitação nervosa, tremendo como em febre, andava de um lado para outro, torcendo as mãos e soltando exclamações abafadas. Não, essa vida assim não podia continuar, e se não podia

J. W. Rochester

recuperar a liberdade, podia ao menos morrer; a morte seria também a libertação e o repouso.

Um tanto mais calma com essa resolução, sentou-se de novo no divã. "Ó, Roma, se soubesses quanto sofro, perdoarias a minha traição. Nunca saberás como estou sendo cruelmente castigada; enquanto tu e os que me amam choram por mim, eu vou me matar aqui, miserável, mais degradada que uma escrava, sem ter sequer uma sepultura, como um animal impuro", pensou.

Enterrando o rosto nas almofadas, chorou amargamente. As lágrimas lhe deram algum alívio, mas não a fizeram esquecer sua decisão. Neith era enérgica como a mãe, e nos momentos graves, assumia aquela decisão fria que era uma das características marcantes de Hatasu. Chegando à conclusão que era impossível continuar vivendo, não hesitava em buscar a morte. Enxugou as lágrimas e se ergueu. Pensou por um momento em fazer um laço corrediço com uma echarpe que estava numa cadeira, e enforcar-se num gancho de bronze da parede; porém rejeitou rapidamente a idéia: esse tipo de morte desfigurava a pessoa. Sua vaidade o rejeitava. E por quê isso, se ela podia morrer afogada? Sem hesitar, saiu para o jardim e correu na direção do lago.

Chegando junto à água, percebeu que todas as luzes próximas ao palácio estavam apagadas; a fachada escura do vasto edifício desenhava-se como uma massa negra contra o azul escuro do céu pontilhado de milhões de estrelas. Por um momento, Neith contemplou, com o olhar faiscante e o coração cheio de amargura, a magnífica prisão onde havia sofrido tanto; depois, virando-se bruscamente, ajoelhou-se no primeiro degrau, e retirando do regaço uma pequena figura de Ísis em lápis-lazúli, presa a uma corrente de ouro, ergueu-a para o alto.

De início, orou em silêncio; mas exaltando-se cada vez mais, começou a dizer em voz alta o que lhe passava na mente, implorando a todas as divindades do reino das sombras, lembrando aos imortais tudo o que tinha feito por eles em sua vida, recordando os inúmeros sacrifícios, as doações magníficas feitas aos templos, para conseguir dos deuses que sua alma fosse liberta da paixão nefasta por Horemseb. Por fim, erguendo os braços para o alto, exclamou:

— Ó Ísis, poderosa deusa! Osíris, senhor do reino subterrâneo; Anúbis, protetor das almas, perdoai-me por colocar fim a uma existência que não posso mais suportar. Fostes surdos a minhas preces, não me libertastes desse amor indigno; protegei-me agora nas esferas inferiores, defendei-me dos espíritos impuros que irão atacar-me nas regiões trevosas; intercedei por mim diante de Osíris, no momento solene em que os quarenta e dois juízes irão pesar meu coração e meus atos. Poderoso Anúbis, não permitas que meu *ka* imortal pereça com minha alma se meu corpo ficar privado de sepultura e se nenhum servidor dos deuses abrir meus olhos e meus ouvidos. Meu pai Mena, minha mãe Tachot, cuja sepultura está cheia de honrarias, ajudai-me e protegei-me!

Ergueu-se então, beijou o amuleto e quis descer os degraus correndo para jogar-se no lago, quando uma mão forte segurou de repente o largo cinto de prata que usava, e a deteve.

Neith soltou um grito abafado: seu olhar perturbado acabava de encontrar o de Horemseb, que, ardente e irônico, parecia mergulhar até o fundo de sua alma.

— Oh, Neith! Morrer de ciúme, tu, a mais orgulhosa das mulheres! Mas tranqüiliza-te, eu nunca amei a outra!

Não acrescentou: "Só amo a ti" porque, na verdade, ele não amava ninguém; no coração gelado e pervertido, só tinha lugar para a adoração de si mesmo.

Neith não respondeu; captara apenas o tom zombeteiro das palavras do príncipe e sentia-se morrer sob o peso da humilhação. Ficou petrificada por um momento, mas de súbito abriu o fecho do cinto, e libertando-se, saltou na direção da água.

Horemseb, que não esperava por isso, cambaleou e quase perdeu o equilíbrio, mas endireitando-se imediatamente, saltou vários degraus de um só pulo e agarrou Neith no momento em que ela se jogava n'água. Tomando-a nos braços, subiu os degraus e dirigiu-se a um banco próximo. Ela não opunha mais resistência: chegara ao limite das forças. Apoiava pesadamente a cabeça no ombro do príncipe, e o aroma perturbador que se desprendia do colar dele a envolvia, despertando novamente a excitação apaixonada que lhe fazia tanto mal.

Quanto a Horemseb, estava dividido entre a cólera e a admiração. Jamais Neith lhe parecera mais bela que nesse momento, e a fascinação que ela exercia em seus sentidos atingiu o auge.

Novamente, como acontecera dois dias antes com a escrava, despertou nele o desejo selvagem de mergulhar o punhal naquele corpo frágil e flexível e beber o sangue, que devia ter um sabor especial, porque era um sangue real. Sob esse impulso abominável, o sangue começou a ferver-lhe; apertou a moça contra si, quase até

J. W. Rochester

sufocar, e beijou a boca pálida. Mas um último lampejo de razão lhe fez recordar que era a filha de Hatasu, sua proteção em caso de perigo, que ele ia destruir. Dominando-se com esforço, largou-a e recuou. Qual não foi sua surpresa quando Neith caiu no chão e ficou estendida, imóvel.

"Eu a matei!", pensou ofegante, passando a mão na testa coberta de um suor gelado. Depois, decidindo-se bruscamente, ergueu o corpo inerte e correu para o alojamento de Thaadar, ao qual relatou o que acabara de suceder, enquanto ele examinava cuidadosamente a jovem.

Com ar sombrio, sobrancelhas franzidas, o hitita se endireitou.

— Insensato! – disse com severidade, apertando o braço de Horemseb. – Estou começando a acreditar que os imortais querem mesmo te perder, porque te obscureceram a razão e te impelem a destruir a única criatura que pode te defender em caso de perigo. De que adiantaram meus conselhos e ordens? Fica sabendo que se eu não conseguir reanimar essa pobre menina dentro de uma hora, essa letargia a levará à morte.

Pálido e com os dentes cerrados, Horemseb nada respondeu a essa dura repreensão; em silêncio, ajudou o sábio, e só respirou aliviado quando, após uma hora de esforços, Neith esboçou um movimento e abriu os olhos.

A um gesto de Thaadar, o príncipe se afastara para o fundo do aposento. Neith estava numa prostração total; não respondeu às palavras doces e amigáveis do sábio, mas bebeu sem resistir o conteúdo de um copo que ele lhe ofereceu. Ao cabo de instantes, tornou a fechar os olhos e recaiu na imobilidade.

— Eis o que faremos – disse Thaadar chamando Horemseb com um gesto. – Faz com que preparem um leito cômodo, num lugar bem arejado, no qual esta menina ficará; a essência que acabo de dar-lhe a mergulhou num sono que vai durar algumas semanas. Isso era indispensável para suspender o funcionamento de sua mente, que ela não pode mais suportar. Sem esse completo repouso, ela morreria de uma congestão cerebral, de uma falha do coração ou do mal que acaba com teus escravos, que morrem com o tempo por não poderem mais suportar a atmosfera saturada de perfumes. Para manter as forças dela, lhe colocarás na boca a cada dia dez gotas da essência contida neste frasco; isso substituirá a alimentação. Se estiver com os dentes cerrados, deves entreabri-los com o punhal. Quando chegar o momento, eu lhe darei o remédio necessário para despertá-la, e enquanto isso, a visitarei a cada três ou quatro dias.

— Não poderíamos deixá-la aqui, no quarto de cima, onde já esteve uma vez?

— Não, ficaria muito perto da planta sagrada; além disso, os perfumes que estou preparando para o grande sacrifício que iremos celebrar dentro de oito dias lhe seriam nocivos. Deves levá-la para o pequeno pavilhão de pedra próximo ao Nilo, e não descer as cortinas das janelas, porque ela necessita de ar fresco dia e noite.

Uma hora depois, Horemseb transportou Neith para o pavilhão indicado, deitou-a comodamente nas almofadas de um divã e cobriu-a com um largo véu de gaze. Depois saiu, deixando a porta destrancada, e retornou ao palácio, preocupado. Depois de dar ordem a Chamus para que proibisse aos escravos se aproximarem do pavilhão de granito, deitou-se e dormiu. Não imaginou que alguém ousasse afrontar suas ordens.

A inquietação de Sargon, por não enxergar mais Neith havia mais de quinze dias, se transformara em raiva e desespero. Percorria em vão todas as aléias do jardim, espionava o palácio e pavilhão de Thaadar, arriscando-se às vezes até o limite da imprudência, mas Neith continuava desaparecida. Ísis também de nada sabia, e em sua exasperação, o rapaz acabara de tomar a decisão de enviar a Neftis ordem de ir para Tebas, revelar tudo à rainha e obter a autorização para cercar e revistar o palácio pelas autoridades. Mas o acaso o fez descobrir o que buscava.

Certa manhã em que estava de serviço nos aposentos do príncipe, o viu descer ao jardim, e esgueirando-se com cuidado, o seguiu. Horemseb dirigiu-se para a parte do jardim que margeava o Nilo, e entrou no pavilhão de pedra do qual os escravos estavam proibidos de se aproximar nos últimos dias. Escondido numa espessa moita, Sargon não tirava os olhos da pequena construção. "Que novo crime estará ele tramando aí?", pensava irado.

Depois de um tempo que pareceu uma eternidade para o jovem hitita, Horemseb saiu. Parecia alegre e despreocupado, e assobiando uma canção militar, tornou o caminho do palácio. Sargon o acompanhou com o olhar, e seus punhos se crisparam de raiva e aversão.

— Canta, canta, são tuas últimas cantigas, matador de mulheres, monstro saído do inferno; muito breve a justiça te porá as mãos e o castigo há de curvar tua cabeça insolente; não sabes como está

J. W. Rochester

próximo o teu fim, assassino, envenenador! – disse consigo.

Quando Horemseb desapareceu, ele se esgueirou até o pavilhão, cuja porta estava fechada só por um ferrolho externo, que abriu. Encontrou-se numa pequena peça iluminada por duas janelas grandes, com as cortinas erguidas, contendo apenas uma mesa com uma ânfora de alabastro e um copo, e um divã no qual se achava deitada uma mulher, a julgar pela longa e espessa trança negra que caía até o chão. Estava coberta por um véu branco.

Sem hesitar, Sargon aproximou-se e ergueu bruscamente o véu; mas imediatamente lançou um grito abafado e recuou cambaleante.

– Neith! – exclamou, empalidecendo, e caindo de joelhos, inclinou-se para o rosto lívido da jovem, que parecia petrificado numa expressão de indizível sofrimento. – Morta! – murmurou Sargon, beijando as pequenas mãos geladas, cruzadas sobre o peito, inundando-as de lágrimas ardentes.

Súbito, estremeceu: acabara de notar uma respiração leve, mas perceptível, que lhe soerguia o peito. Sim, não havia dúvida: um sopro imperceptível ao observador pouco atento escapava dos lábios de Neith.

Trêmulo de alegria, ele se ergueu, e sacudindo-a, tentou acordá-la, repetindo:

– Neith! Neith! Desperta, não estás mais sozinha e abandonada, tua libertação está próxima! – Mas vendo que seus esforços eram vãos, que a cabeça de Neith recaía inerte e seus olhos permaneciam obstinadamente fechados, sua alegria se transformou em angústia e desespero. – Ele a mergulhou num sono enfeitiçado! – murmurou, apoiando-se na parede e apertando a cabeça com as mãos. Mas esse momento de prostração foi curto. "Chegou a hora de agir; preciso fugir e dar um fim a esses horrores; mas pobre de ti, maldito feiticeiro, se essa respiração se extinguir até eu voltar!" Com um esforço de vontade, tornou a ficar calmo e enérgico; inclinou-se por um instante sobre a face imóvel da esposa, e depositou um beijo apaixonado em seus lábios pálidos; depois cobriu-a com cuidado, e fechando novamente a porta com o ferrolho, correu de volta ao palácio.

Decidido a fugir sem mais demora, aguardou avidamente uma ocasião de fazê-lo; e para sua surpresa, percebeu que algo inusitado estava se preparando no palácio. Como não era nem surdo-mudo, nem embrutecido, nem aterrorizado como os outros escravos, que executavam suas tarefas com apatia taciturna de animais, surpreendeu uma conversa de Chamus com outro eunuco, e soube que haviam trazido um novo carregamento de escravos, composto exclusivamente de mulheres e crianças, e também que estavam separando e colocando numa sala separada os escravos atingidos por um estranho mal que Sargon já havia notado. Esses infelizes, aparentemente sãos, pareciam embriagados; ficavam deitados, inertes, durante muito tempo, num semi-torpor de que nem ameaças nem pancadas conseguiam despertá-los, e quando esse estado passava, seu olhar esgazeado e brilhante, os lábios caídos e as contrações nervosas da face davam-lhes um ar de idiotia. Viu também Thaadar, que quase nunca se mostrava, conversar intensivamente com Hapzefaa. Pouco depois, fez a desagradável descoberta de que Chamus o observava, e captou um olhar suspeitoso do eunuco, que reforçou sua decisão de fugir de qualquer jeito. Mas, na noite do segundo dia após a descoberta de Neith, Chamus o conduziu à sala onde se encontravam os escravos enfermos e o fechou ali, e um negro pressentimento apertou o coração do jovem hitita.

O dia seguinte lhe pareceu uma eternidade; foi o único entre seus infortunados companheiros que não conseguiu dormir quando as sombras da noite invadiram o vasto aposento. O ruído da porta que se abria o arrancou dos pensamentos agitados: deitado a um canto e fingindo que dormia, viu diversos eunucos com tochas examinarem os que dormiam. Reuniram junto à porta os que conseguiam levantar-se, e derramaram algumas gotas de um frasco que traziam na boca dos que não conseguiam despertar. Trêmulos, como eletrizados, os infelizes se punham de pé e em breve todo o grupo estava erguido e, conduzidos pelos eunucos, dirigiu-se para o jardim. Depois de atravessar toda a extensão do parque, chegaram a uma vasta clareira cercada por uma sebe de arbustos espinhosos e árvores de espessas ramagens, no centro da qual se erguia uma pirâmide de pedra.

Sargon nunca vira esse lugar, tão habilmente dissimulado na espessa folhagem que sequer suspeitara de sua existência. Ademais, aquela parte do jardim, próxima do pavilhão de Thaadar, era interditada aos escravos, que só iam ali sob controle de alguém, e ele próprio só tinha se aventurado naquela área escondido.

Examinou com curiosidade o que o cercava: tudo estava intensamente iluminado pela claridade das tochas. Próximo da sebe, à esquerda da pirâmide, sobre uma mesa de pedra, estava uma bacia

J. W. Rochester

grande cheia de um líquido que lhe pareceu vinho, e copos. Do interior da pirâmide vinham sons metálicos e um crepitar parecido ao de um grande braseiro. Sem demora a clareira se encheu de uma quantidade de mulheres e crianças de todas as idades, e de eunucos, que começaram a encher os copos e fazer os infelizes beberem. A embriaguez começava a se generalizar quando apareceram Thaadar e Horemseb. A massa humana os seguiu, amontoando-se diante de uma espécie de altar erguido à entrada da pirâmide. Chamus trouxe uma ânfora cinzelada e duas taças de ouro; depois de beber, junto com o príncipe, Thaadar entoou um canto selvático, a massa humana fez coro, e começou a dançar, girando cada vez mais rápido. Sargon não tocara na bebida, fingindo que o fazia, e esgueirando-se para um canto escuro, escondeu-se nos arbustos. Ninguém notou, porque o delírio da massa atingira o auge, e entre aquelas criaturas que rodopiavam com rapidez vertiginosa, era difícil distinguir alguém. Além disso, os eunucos estavam ocupados vigiando todas as saídas e servindo novas doses de bebida.

Súbito, Sargon viu Horemseb agarrar uma das dançarinas desgrenhadas e jogá-la sobre o altar; Thaadar tirou um punhal do cinto e mergulhou o mesmo no peito da vítima. No mesmo instante, o olhar do jovem hitita atravessou a porta aberta da pirâmide, e com uma exclamação abafada ele apertou a cabeça com as mãos: o ídolo que se erguia ali, iluminado pela claridade avermelhada das tochas, cujos membros inferiores se tingiam do tom rosado do metal incandescente, era Moloch, o deus de seu povo, a quem ele mesmo havia rezado em sua primeira infância!

O que se passou nesse momento na mente de Sargon é indescritível. Mil recordações despertaram nele, e uma luta inesperada se desencadeou no seu íntimo. Ali estavam sacrificando ao deus dos hititas, à divindade de seu povo, e ele queria trair esses homens, destruir esse santuário! Poderia fazer isso? Ousaria cometer esse sacrilégio? Com o olhar estático, viu Thaadar atirar a mulher imolada na fornalha, e depois Horemseb jogar nos braços fumegantes do deus uma criança arrancada dos braços da mãe. Sargon sabia que isso devia ser dessa forma, e que muitas outras vítimas ainda seriam engulidas pelas entranhas da sangrenta divindade. Mas de repente um novo raciocínio despertou na sua mente superexcitada: que consideração devia ele a esse deus, que deixara seu povo ser vencido, sua família ser morta, que o deixara ser levado como prisioneiro a esse país inimigo? E por causa dessa divindade ingrata iria abandonar sua vingança, deixaria vivo e vitorioso o homem que mais odiava no mundo, renunciaria a Neith e morreria ele próprio miseravelmente? Não, nunca! E precisava fugir imediatamente, porque Chamus suspeitava dele, e o havia trazido ali para morrer. Mas como fugir? A saída estava bem guardada, e a sebe era espessa e alta como uma muralha. A iminência do perigo decuplicava as faculdades de Sargon: arrastou-se pelo chão como uma serpente, até bem próximo da saída, e esperou um momento propício. Sua espera não foi em vão: convencidos de que os infelizes destinados a morrer não eram mais capazes de fugir, os dois eunucos deixaram seu posto e se aproximaram um pouco para ver melhor os sacrifícios, e Sargon aproveitou o ensejo. De um salto, transpôs a saída, jogou-se na sombra de uma moita, e constatando que não o seguiam, fugiu como um cervo perseguido pelos cães. Chegou, não sem dificuldade, à parte conhecida do jardim, e traçando algumas linhas numa tabuinha escondida no vaso que guardava sua correspondência com Ísis, correu para o lugar onde, antes de ser trazido ao palácio, tinha ocultado uma machadinha, um punhal e uma corda. Não precisou procurar muito: todos esses objetos estavam no mesmo lugar. Com o punhal em uma das mãos, a machadinha na outra, deslizou ao longo do muro até a porta que dava para a escadaria do rio. Dois escravos montavam guarda, agachados. Como um tigre, Sargon saltou sobre um deles e partiu-lhe o crânio; e antes que o outro, estarrecido, pudesse dar um grito, teve a mesma sorte. Sem perder um segundo, Sargon abriu o ferrolho e ganhou a escada; fechou a porta e deixou-se cair aos pés de uma das esfinges, e abrigado entre as moitas, deteve-se um instante para tomar fôlego. O mais difícil estava feito, e o ar fresco e puro do rio lhe refrescou a fronte que brilhava de suor. Mas o chão lhe queimava os pés, e de imediato retomou a caminhada e só se deteve diante da casa de Neftis.

Keniamun e ela acordaram, e todos se uniram para deliberar. Decidiram por unanimidade que Sargon e Keniamun deveriam partir imediatamente para Tebas e revelar tudo à rainha; e como, prevendo essa eventualidade, Keniamun tinha previamente alugado um barco com dois hábeis remadores, tudo se arranjou rapidamente, e a noite ainda cobria Mênfis com seu manto quando os dois rapazes se instalaram na embarcação, dirigindo-se rapidamente para a capital.

J. W. Rochester

Quando, na manhã seguinte a essa noite memorável, Chamus acordou, um dos sub-intendentes lhe anunciou, pálido e preocupado, que os dois escravos de guarda à porta que dava para o Nilo tinham sido encontrados mortos pelos homens que os tinham ido substituir, e constataram que a porta tinha sido aberta. O eunuco deu um salto ao ouvir isso; e como receava acordar Horemseb, que dormia, exausto, fez por conta própria uma pesquisa minuciosa e chegou à conclusão que o assassino que fugira devia ser o escravo Karapusa.

— Eu tinha razão de desconfiar do miserável! – grunhiu Chamus, jogando-se exausto num divã. – Ele andava demais por aí nos últimos dias. Talvez ele não fosse surdo nem mudo, e fingisse só para espionar melhor. Mas quem poderia ser ele? E como conseguiu escapar? Não consigo entender.

O sol se punha quando Horemseb, repousado e bem disposto, ordenou que lhe servissem uma refeição; mas seu apetite desapareceu por completo quando Chamus, pálido e trêmulo, lhe deu parte do sucedido durante a noite e de suas suspeitas sobre a identidade do fugitivo. O eunuco esperava um acesso de cólera e pancadas; para sua surpresa, o príncipe apenas empalideceu, e com as sobrancelhas franzidas, fincou os cotovelos na mesa. Após um longo silêncio, disse com toda a calma:

— É imprescindível verificar antes de mais nada se o miserável não deixou cúmplices no palácio. Para isso, vais fazer uma vigilância severa, mas disfarçada, de todos aqueles de quem não tens absoluta certeza, e se descobrires qualquer coisa, virás informar-me de imediato, a qualquer hora do dia ou da noite.

No dia seguinte, à hora costumeira, Chamus veio buscar Ísis e a conduziu ao jardim, e depois retirou-se. Todas as manhãs era assim, e a moça podia passear durante duas horas; depois, um sinal a fazia retornar ao palácio.

Nada desconfiando do que acontecera na véspera, e não sabendo que era observada, Ísis dirigiu-se ao lugar onde ficava o vaso de granito com as mensagens de Sargon. Conferindo mais uma vez se ninguém a seguia, enfiou a mão no fundo do vaso e retirou a tabuinha deixada por Sargon; leu-a, e em seguida a escondeu nas vestes. Mas qual não foi a sua surpresa quando, no mesmo instante, um homem surgiu da sombra das árvores e jogando-se sobre ela, arrancou-lhe brutalmente as tabuinhas.

— Ah! Miserável traidora, peguei-te no ato; vamos ver que

mensagem vieste buscar aqui – disse Chamus amarrando firmemente as mãos e os pés da jovem.

Feito isso, abriu as tabuinhas e leu com espanto: "Estou fugindo agora, e se escapar vivo deste antro de assassinos, partirei ainda esta noite com Keniamun. Toma cuidado, e só em caso de urgência coloca uma mensagem no lugar que conheces; Neftis virá buscá-la e te dará notícias, se for necessário".

– A coisa está se complicando e assumindo a proporção de um complô organizado – rosnou o eunuco carregando Ísis no ombro. – O amo vai custar a safar-se, se é esse demônio de Neftis que está atrás dele.

Atirando a moça como um fardo no chão de seu quarto, Chamus fechou a porta e foi atrás de Horemseb.

O príncipe estava dormindo, mas Hapu, que sem dúvida recebera instruções, foi despertá-lo, e alguns minutos depois, o eunuco foi levado à presença do amo. Tendo contado o que se passara, estendeu-lhe as tabuinhas. Mal Horemseb passou os olhos por elas, saltou do leito com um grito de cólera.

– Neftis! Essa traidora miserável está metida nisso! Mas quem é seu cúmplice, esse suposto Karapusa? Ísis deve saber.

Tremendo de cólera e impaciência, Horemseb vestiu-se e se dirigiu, seguido de Chamus, ao quarto de Ísis.

O terror de ver-se descoberta a tinha feito perder os sentidos, e Horemseb a encontrou desmaiada no chão. Tomando uma ânfora com água, derramou-a na cabeça da moça, e após alguns instantes ela abriu os olhos; mas, ao encontrar o olhar encolerizado do príncipe, o terror emudeceu-a literalmente, e apesar da raiva, Horemseb se convenceu de que no estado em que se encontrava, ele poderia matá-la, mas não fazê-la confessar o que sabia – e o mais importante era descobrir isso. Fremente de inquietação e de cólera, mandou Chamus buscar em seu quarto um frasco de gotas calmantes, colocou-as na boca de Ísis, e impondo-se uma calma fictícia, assegurou à jovem que a considerava apenas um instrumento de Neftis, e que, se desejava salvar a vida e merecer sua clemência, devia confessar tudo o que soubesse, sem restrições.

– Primeiro, diz-me quem era o escravo Karapusa e com que objetivo tu e ele penetraram aqui. Depois, quem é esse Keniamun de quem ele fala?

– Era Sargon, o esposo de Neith; e Keniamun é um oficial da guarda do palácio que o está ajudando – murmurou Ísis.

Ao ouvir o nome de Sargon, Horemseb sentiu como se um raio o atingisse. Dessa vez ele é quem ficou emudecido durante alguns minutos; depois, em voz rouca, recomeçou o interrogatório, e a cada resposta da moça lhe parecia que a terra se abria sob seus pés, empurrando-o para o abismo entrevisto por Neith. A descoberta do terrível perigo que pairava sobre ele o fez esquecer, num primeiro momento, até o desejo de vingar-se de Ísis; só teve um pensamento: contar tudo a Thaadar e pedir-lhe conselho.

Sem lançar sequer um olhar para Ísis, semimorta de terror, saiu, para correr à presença de Thaadar; mas quando descia os degraus do terraço, seu olhar caiu sobre o lago e de repente lhe veio a idéia de que estavam acabadas as festas noturnas e sua vida mágica, e que se os sacerdotes egípcios descobrissem ali o culto de Moloch, as conseqüências seriam imprevisíveis. Ao pensar na possibilidade do que talvez o aguardasse, e tudo graças a essa Neftis, aquele brinquedo desprezível, Horemseb foi subitamente tomado por um acesso de raiva insana: correndo como cego, batia a cabeça nas árvores, depois, caindo no chão, rolou na areia, rasgando as vestes e destruindo tudo que alcançava. Soltava gritos animalescos, espumava, e seu corpo se torcia como numa crise epilética. Seu aspecto era de tal forma assustador que os criados, atraídos pelos gritos, não ousavam aproximar-se, e só quando o frenesi terminou num desmaio e ele ficou estendido imóvel, os aterrorizados escravos o ergueram e levaram para o quarto.

Era noite fechado quando Horemseb despertou da prostração que se seguiu ao desmaio. O velho Hapu, pálido e inquieto, velava sozinho junto dele. O príncipe se ergueu, sacudindo com esforço o torpor que lhe pesava no corpo. Tentou organizar as idéias e avaliar a situação. Estava mais calmo, e ocorreu-lhe que talvez nem tudo estivesse perdido ainda, e que se conseguisse dissimular as evidências mais comprometedoras de seus crimes, não iriam perseguir implacavelmente um homem de sua posição, cuja desonra recairia sobre a família real; e em face da lentidão dos procedimentos, ele teria certamente tempo para arrumar tudo antes da chegada de um comissário real ou um emissário dos sacerdotes. Quanto a Neftis, pagaria caro pelas horas de tortura que estava passando. À simples lembrança dessa mulher, parecia-lhe sufocar; mas antes de mais nada precisava conversar com Thaadar.

Reconfortado por esse raciocínio e pela perspectiva de uma vingança requintada, Horemseb foi em busca de Thaadar, e o encontrou à porta do pavilhão.

— Ia procurar-te, meu filho; fui ver-te, horas atrás, mas teus criados não souberam explicar a causa de tua súbita indisposição.

— A causa é a descoberta repentina de uma infâmia inacreditável de que estamos sendo vítimas – respondeu Horemseb, sentando-se junto com Thaadar à mesa de trabalho deste. – Fomos traídos, mestre, e com toda a probabilidade, uma comissão de sacerdotes virá visitar o palácio. Se não conseguirmos esconder ou destruir Moloch e a planta sagrada, estamos perdidos, porque irão acusar-nos de sacrilégio e feitiçaria.

— Destruir o deus e a planta sagrada? É impossível! – exclamou Thaadar, saltando da cadeira e apertando a cabeça com as mãos. – E quem foi que nos traiu?

— Neftis! A miserável desconfiou da presença de Neith aqui e contou a Sargon. O hitita, fingindo ser surdo-mudo, entrou aqui disfarçado de escravo, ajudado por essa moça que imagino estar enamorada dele, espionou tudo e fugiu, na noite dos grandes sacrifícios, e foi para Tebas junto com outro cúmplice. Pretende denunciar-me à rainha. Resta saber como Hatasu receberá uma denúncia contra um membro da família real. É provável que, por orgulho, ela não permita um escândalo público, ao menos até que se comprove a verdade, e ordene uma sindicância secreta. Bem! Essa comissão não pode encontrar nada de suspeito aqui. Neith irá declarar que me seguiu por sua vontade, fugindo do amor de Sargon, e... com a ajuda do deus, tudo pode se arranjar – concluiu Horemseb, retomando progressivamente sua calma e auto-suficiência habituais.

Thaadar sacudiu a cabeça.

— Terás tempo de arrumar tudo? Só a demolição da pirâmide e a destruição da estátua levarão vários dias. Não seria mais seguro e prudente fugires comigo, levando teus bens mais preciosos? Uma vez longe do Egito, podemos nos estabelecer noutro lugar, em vez de nos arriscarmos a cair nas mãos dos sacerdotes que te odeiam, como tu mesmo disseste. Não contes com Hatasu: tu a atingiste no que ela mais amava.

— Pois será essa criatura que ela ama que advogará minha causa e a ganhará. Quanto a fugir, para viver miseravelmente no meio de estrangeiros, não, Thaadar; no entanto, sempre nos restará essa alternativa, e antes vamos tentar alguma coisa melhor. Antes de duas semanas ninguém virá incomodar-nos.

— Seja como queres – disse Thaadar. – Dá-me algumas horas

para buscar em minhas anotações a forma de lidar com a planta num caso desses. Vais começar pela demolição da pirâmide?

— Não, desejo ainda oferecer um sacrifício ao deus; outras providências indispensáveis nos ocuparão até então – respondeu Horemseb, e uma expressão de indescritível crueldade lhe crispou a face.

Aos primeiros raios do sol, o príncipe, seguido por Chamus, foi até o muro e procurou a fenda indicada por Ísis; encontrando-a, ele próprio enfiou a mão e retirou um fino rolo de papiro.

Com os lábios trêmulos de raiva, Horemseb leu: "Eles se foram; daqui a quatro noites depois desta, virei buscar tua mensagem; não deixes de dar notícias".

— Perdemos a miserável hoje, mas ela não perde por esperar – disse, voltando-se para Chamus; depois transmitiu-lhe suas ordens e foi em busca de Thaadar.

Sua raiva de Neftis era indescritível, e por um momento pensou em ir buscá-la em casa; mas refletindo, achou a idéia muito arriscada, e o tempo precioso demais para perder inutilmente; a traidora não lhe escaparia.

A partir desse momento, uma atividade febril se iniciou no palácio. A primeira tarefa, o príncipe e Thaadar a realizaram eles mesmos, no maior segredo: retiraram do tanque a planta misteriosa com sua cesta, e em seguida fizeram uma cova funda, num lugar sombrio e úmido. Nessa cova, cheia d'água, colocaram a planta, curvaram suas hastes e recobriram tudo com terra fresca e relva.

Depois Thaadar encheu dois grandes frascos, um azul e outro vermelho, com o líquido nocivo, e uma caixinha com as sementes da perigosa planta; reuniu seus manuscritos mais importantes, bem como alguns objetos de culto e as insígnias de sua posição sacerdotal, e os colocou num pequeno cofre. Ao cair da noite, o fez colocar num barco, e o transportou para um lugar de que falaremos mais tarde. Todo o resto – ervas, frascos, ungüentos, papiros e outros instrumentos científicos – foi enterrado sob uma árvore.

Feito isso, começou-se a demolir a construção sobre o pilotis e o pavilhão. O tanque que era ocupado pela planta foi retirado, as lajes quebradas, bem como os altares de sacrifício, e dois dias após, só restava, no centro do pequeno lago, uma ilhota vazia, coberta de mato e sem ligação com a margem. Depois, foi destruído ou levado para o mais longe possível dos locais das orgias tudo que pudesse lembrar a utilização para esse fim, e o próprio palácio sofreu uma transformação radical. As centenas de trípodes e incensórios, com os perfumes que eram utilizados, foram postos numa adega subterrânea, que foi murada. Todas as salas foram arejadas, e as grades que fechavam os aposentos das vítimas de Moloch foram arrancadas. A seguir, os criados foram despojados dos ricos trajes e das jóias que usavam, e vestidos simplesmente de linho; Horemseb reuniu a esses objetos tudo que possuía de mais precioso em matéria de jóias, baixelas e armas, e também as asas douradas, a tiara e os trajes hititas que usava, e esses tesouros foram enterrados em diversos lugares do imenso jardim.

Em meio a essa intensa atividade, o tempo passou com rapidez e chegou a noite indicada por Neftis para sua vinda. Horemseb estava bastante satisfeito; tudo se fazia rápido e bem, e se ainda conseguisse destruir a pirâmide e quebrar a estátua, cujos pedaços pensava em jogar no Nilo, a sindicância podia ser feita; as provas palpáveis de seus crimes teriam desaparecido. Mas antes de empreender essa última parte do trabalho, queria apoderar-se de Neftis e vingar-se dela com uma tortura requintada. À simples idéia do que lhe estava custando a traição da moça, o fim da vida estranha que adorava, os aborrecimentos, perigos e humilhações que talvez o aguardavam, cada fibra de seu corpo robusto se contraía de raiva; o ódio e a sede de vingança quase lhe tiravam a respiração.

Assim que o sol se pôs, Horemseb em pessoa, acompanhado por Chamus, saiu do palácio pela escadaria das esfinges, e esgueirando-se ao longo do muro, os dois se ocultaram nos arbustos, a poucos passos da fenda.

Tiveram que esperar bastante, e já era bem tarde quando por fim perceberam uma sombra que se aproximava cautelosamente: era Neftis, envolta num manto escuro, que vinha buscar notícias da amiga. Chegando junto da fenda, ajoelhou-se e procurou o rolo de pergaminho; mas nesse momento, dois braços fortes a agarraram, viraram bruscamente, e antes que pudesse dar um só grito, um lenço grosso lhe foi enrolado em torno da cabeça. Sentindo que a carregavam, ela debateu-se em desespero: sentiu que algo fora descoberto, e que uma vez dentro daqueles muros, entregue à vingança de Horemseb, seria a morte, e uma morte horrível. Exausta de lutar, sufocada pelo pano que lhe cobria a cabeça, teve um desfalecimento e perdeu os sentidos.

O próprio Horemseb a tinha carregado, apesar da resistência, e auxiliado pelo eunuco, a levou para o jardim. Enquanto Chamus

J. W. Rochester

fechava cuidadosamente a porta, ele atirou o fardo no chão e disse:

— Acende uma tocha, Chamus; precisamos conferir se não erramos a presa.

O eunuco obedeceu.

— Não, é a víbora mesmo, e desmaiou de medo! – disse Horemseb com desdém. – Pega-a, Chamus, e segue-me até a pirâmide; vamos ver como a traidora se entende com o deus. Mandaste acender o braseiro?

— Sim, senhor – respondeu Chamus carregando Neftis nos ombros.

Chegando à pirâmide, o eunuco depositou a carga no chão e desapareceu. Horemseb encostou-se à entrada, ora fixando a vítima com um olhar de cólera, ora prestando atenção ao crepitar das chamas nas entranhas do ídolo, que aquela mulher ia fazer destruir.

Chamus retornou em seguida, trazendo uma cesta fechada e uma jarra com água, e enquanto Horemseb abria a cesta, que estava repleta de rosas, e retirava dali um copo e um frasco vermelho, o eunuco molhava o rosto e o peito da moça, procurando despertá-la.

Vendo Neftis fazer um movimento, Horemseb jogou sobre ela todas as rosas. A jovem estremeceu e sentou-se, com o olhar vago; o perfume perturbador lhe subia ao cérebro, incendiando-lhe as faces pálidas com um rubor intenso. Mas ao encontrar o olhar do príncipe que a fitava, sombrio e ameaçador, cheio de implacável crueldade, ergueu as duas mãos e disse:

— Piedade!

— Piedade para ti? Traidora, espiã, ladra! – respondeu Horemseb com uma risada estridente – Piedade para ti, que me denunciaste, me traíste? Diz-me, que tortura devo inventar para te fazer pagar o que ousaste fazer contra mim? Devo cortar tua língua delatora ou furar teus olhos de serpente?

A raiva lhe tirou a voz; rangendo os dentes, espumando, tinha um aspecto hediondo e assustador. Por um momento, o punhal que tirou do cinto reluziu tão perto de Neftis, que ela sentiu na pele o frio da lâmina.

Ficou petrificada por um instante, de medo e horror; mas Neftis era uma alma enérgica, de coragem viril; era também por demais passional, vingativa e cheia de ódio. Compreendeu que sua hora chegara e que o criminoso que brincara com ela e a destruíra, ousava arrogar-se a posição de juiz, como se ela tivesse pago com ingratidão e traição uma imensa bondade. Seu íntimo se revoltou, e esse sentimento foi tal que dominou por momentos até a influência do veneno. Empurrando as rosas que a cobriam, endireitou-se, com o olhar flamejante.

— Tens razão, Horemseb; fui louca de pedir clemência; seria mais fácil pedir a um tigre faminto que a ti, para quem a morte é uma distração. Quando a sorte me ajudou a fugir, eu tinha compreendido que não passava de um brinquedo destinado por fim a uma morte horrível, e no entanto, eu silenciei durante mais de um ano, e nunca teria te traído, porque te amo mais que a vida, apesar do deboche frio e impiedoso com que me davas o veneno, despertando em mim uma louca paixão, que repelias quando eu erguia os olhos para ti, recusando-te a me dar até o amor indigno que se dá a uma escrava. E apesar disso, e tomo por testemunha os deuses imortais nesta hora terrível, eu teria sofrido em silêncio este amor jamais correspondido, e não teria te traído, porque pensava que teu coração gelado era incapaz de amar.

Mas Neith desapareceu, e soube que haviam achado uma rosa vermelha presa ao véu que ela perdeu na escada. Tive uma suspeita: essa mulher, tão bela e nobre, poderia ter conquistado teu coração. E quando uma pessoa te viu sentado num banco com uma mulher nos braços, beijando-a apaixonadamente, a raiva e o desespero me cegaram.

— Quem foi essa pessoa, e onde me viu? – indagou Horemseb, que escutara, surpreso, o veemente discurso de Neftis.

— Foi Keniamun, que, levado pela curiosidade, pulou o muro e te reconheceu. Ele não sabia quem era a mulher, mas eu compreendi que era Neith, e que a *ela* tu podias amar.

— Louca! – interrompeu o príncipe, com uma risada rouca. Ele tinha consciência de não amar Neith, apenas o jogo de sedução com a nobre egípcia lhe parecia mais excitante que com as pobres moças como Neftis.

Esta continuou, exaltando-se progressivamente:

— Sim, naquele instante cruel meu amor por ti transformou-se em ódio; contei a verdade a Sargon e a Ísis, cuja irmã mataste; a infeliz que também tinha ganho rosas, as mensageiras da morte que envias a tuas vítimas. O marido de Neith penetrou em teu palácio, fazendo-se passar por escravo; Ísis, que o ama e deseja vingar a irmã, o seguiu, e nossa vingança se cumpriu. Todos os detalhes de tua vida misteriosa, todas as provas de teus crimes, devem achar-se agora nas mãos da rainha. A justiça será feita, e sobre a tua cabeça criminosa vão cair sofrimentos e humilhações iguais aos que infligias a tuas vítimas!

A essas últimas palavras, a relativa calma com que Horemseb havia escutado transformou-se em furor; por um momento, pareceu que um golpe de punhal ia dar fim a Neftis; mas contendo-se bruscamente, Horemseb recolocou a arma no cinto, e com uma cólera fria ainda mais temível que sua excitação contida, tomou o copo, encheu-o, e apresentando-o a Neftis, disse com ironia sarcástica:

— Bebe! Muda teu ódio em amor. Será mais doce para ti morrer me amando!

Ela recuou horrorizada.

— Deixa-me, não quero beber esse veneno.

— Bebe!— rugiu Horemseb. – Ou te furo os olhos! – E agarrando a nuca de Neftis, derramou-lhe na boca o conteúdo do copo.

Por instantes, a infeliz ficou prostrada, completamente aniquilada; depois, um calafrio lhe correu pelo corpo, seu rosto ficou vermelho, e os grandes olhos verdes brilharam, fixando-se no príncipe com a expressão da fera espreitando a presa. De repente, saltou na direção dele, e enlaçando-lhe os joelhos, exclamou com voz rouca, em que vibrava um estranho misto de ódio e amor:

— Horemseb, concede-me um olhar de amor, um único beijo, e eu morrerei sem te maldizer.

Por um instante ele contemplou com satisfação cruel a bela criatura vencida, palpitante a seus pés; depois, inclinando-se, murmurou com um sorriso sarcástico:

— Toma o beijo que merecem as traidoras.

Neftis dobrou-se com um grito lancinante: o sangue jorrava de uma ferida em seu flanco. Com uma risada lúgubre, Horemseb ergueu o corpo da vítima, e subindo os degraus da escada portátil, atirou-a nos joelhos do ídolo.

Neftis não estava morta; a dor atroz arrancou-a ao torpor da agonia. Com gritos que não pareciam humanos, rolava na superfície incandescente, mas em seguida as forças lhe faltaram, de seus lábios escapou sibilando uma terrível maldição; depois imobilizou-se, e só os estremecimentos convulsivos indicavam que a vida ainda não deixara o organismo jovem e forte. A cena era tão terrível que até Chamus caíra de rosto no chão, tapando os ouvidos para não ouvir o crepitar do sangue sobre o metal rubro, esforçando-se para não sentir o odor nauseabundo da carne queimada. Horemseb, ao contrário, não se movia; impassível, de braços cruzados, saboreava sua vingança. Nem uma fibra de seu coração de pedra estremecia ao ver o belo corpo da infeliz ficar intumescido, a pele romper-se, os membros se retorcerem como tições nas brasas, depois seus cabelos dourados se inflamarem e revolutearem em torno dela como uma nuvem de centelhas. Mas nesse instante, seu olhar encontrou o da vítima cravado nele. Esses olhos fixos, fulgurantes, injetados de sangue, não pareciam mais pertencer a uma criatura humana; os sofrimentos e a maldição de uma criatura torturada a ponto de enlouquecer se concentravam nesse olhar horrível, ardente como chama, pesado como chumbo, que parecia trespassar e paralisar a alma do feiticeiro.

Horemseb virou o rosto com um arrepio involuntário. Não sabia que nessa hora nefasta uma alma transbordante de ódio se havia ligado a ele por milhares de anos, que esse olhar fatal o perseguiria através dos séculos, pesando sobre suas sucessivas existências, roubando-lhe o sossego, destruindo-lhe por vezes a razão.

Quando ele conseguiu dominar o mal-estar e seu olhar retornou à vítima torturada, o olhar terrível se apagara. Neftis estava morta.

Horemseb saiu da pirâmide e chamou Chamus, que se erguera pálido e trêmulo.

— Manda apagar o fogo em seguida; enquanto isso, joga a carcaça da traidora no forno vazio; depois, que os homens escolhidos se ponham a trabalhar imediatamente, e comecem a demolir a pirâmide.

Agitado por estranha inquietação, Horemseb foi para seu quarto e atirou-se no leito. Sentia-se alquebrado de cansaço. Fechou os olhos, mas em sua mente revia a cena que acabara de se passar: o olhar agonizante de Neftis o fitava sem cessar, o odor da carne queimada o sufocava, e uma espessa fumaça negra, que surgiu e o envolveu, lhe pesava nos membros, colava-se em seu corpo, lhe tirava o fôlego. Com um grito surdo, o príncipe ergueu-se e seu olhar esgazeado caiu sobre o velho Hapu, que, trêmulo, lhe estendia uma tabuinha.

— Senhor, um homem chegado de Tebas pede para te falar imediatamente; insistiu tanto que ousei despertar-te.

O príncipe tomou a tabuinha e abriu-a bruscamente. Uma única palavra se lia nela: "Mena", mas foi suficiente para cobrir as faces do feiticeiro de súbita palidez.

J. W. Rochester

— Faz entrar esse homem – disse, levantando-se.

Alguns minutos após, um homem envolto num manto escuro que lhe escondia o rosto foi trazido por Hapu. Assim que o escravo se retirou, o recém-chegado tirou o manto: era o irmão de Neith, e seu traje sujo e em desalinho mostrava que viera na maior pressa.

— Que graves notícias trazes? – indagou Horemseb, apertando a mão do visitante e oferecendo-lhe um assento.

— Sim, o que tenho a dizer-te é tão grave que arrisquei a cabeça para te prevenir. Com a desculpa de um assunto de família, pedi uma dispensa e vim em segredo avisar-te. Estás perdido, príncipe, se não conseguires fugir. Dizem que Sargon te acusou diante de Hatasu de sacrilégio, de mortes horríveis e do rapto de Neith, que manténs prisioneira aqui.

— Neith está aqui, é verdade, mas ela me acompanhou por sua vontade, para fugir de um marido que ela teme e detesta. Mas conta-me em detalhes o que aconteceu.

— Ninguém sabe exatamente o que aconteceu; Sargon teve uma audiência com a rainha, Tutmés estava presente e por razões desconhecidas, apunhalou o hitita, que expirou duas horas depois. Mas Hatasu reuniu um conselho extraordinário em torno do moribundo, ao qual ele fez uma denúncia detalhada, acusando-te de crimes inauditos. Desde então, o príncipe Tutmés está encerrado em seus aposentos; mas teu nome está em todas as bocas. Tebas está fervilhando dos mais diversos boatos, e soube por Satati que uma comissão composta por Ranseneb, Roma e alguns outros sacerdotes vem a Mênfis, e juntamente com o sumo-sacerdote Amenófis, fará uma devassa em teu palácio.

Keniamun, o oficial da guarda que conheces, vem junto com Ranseneb. Traz uma ordem para o comandante de Mênfis para que coloque forças armadas à disposição dos sacerdotes, no caso em que o destacamento comandado por Antef não seja suficiente para prender-te. Estou chegando antes deles, que, acho, só chegarão amanhã de manhã. Portanto, tens tempo para fugir, e se queres um conselho, trata de deixar o Egito, pois aqui tua vida não vale um anel de prata, e só por minha dedicação desinteressada fui capaz de correr o risco de te prevenir numa hora destas.

— Recompensarei tua dedicação, Mena, e se conseguir superar o perigo que me ameaça e me inocentar, podes ter certeza de que te farei ficar rico – respondeu Horemseb, cuja face se cobrira de uma palidez terrosa durante o relato do oficial.

— Esperas ainda escapar dessa ameaça e conservar tua posição? – indagou Mena espantado. – Não estás iludido? Dizem ainda que Neftis vai testemunhar contra ti e que irá revelar fatos terríveis.

— Neftis não dirá nada; está morta, e quanto ao resto, os deuses me ajudarão a ajeitar tudo, espero – disse Horemseb erguendo-se. Retirou de um móvel uma caixinha cheia de jóias e um saco de anéis de ouro e entregou a Mena.

— Aceita-os como um primeiro sinal de minha gratidão; e agora, vai descansar. Com certeza desejas ver Neith?

— Não, não é necessário que ela saiba que estive aqui. Já que me dizes que ela está viva e bem, fico tranqüilo; além disso, devo partir de imediato, ainda tenho algo a fazer na cidade, e tenho pressa de retornar a Tebas. Mas, a propósito; dizes que Neftis está morta: sabes onde ela vivia, aqui?

— Sim – e Horemseb indicou o lugar. – Mas toma ao menos um copo de vinho para te reconfortar. Espera! Vou buscá-lo eu mesmo, e aproveito para dar algumas ordens.

Assim que o príncipe saiu, Mena correu para a mesa junto da cama, na qual tinha notado um colar e braceletes de alto valor que Horemseb havia retirado ao deitar-se; escondeu-os no cinto, junto com alguns objetos pequenos de lápis-lázuli e malaquita, e depois, envolvendo-se no manto, murmurou, escarnecendo e lançando em torno um olhar dissimulado:

— É louco; com a corda no pescoço, pensar em ajeitar as coisas, em vez de fugir como um cervo perseguido pelos cães! Pensei que era mais esperto. E quanto ao seu vinho, obrigado! Poderia não voltar jamais a Tebas!

Nesse momento, Horemseb voltou trazendo um copo de vinho. Mena o aceitou, fingindo levá-lo aos lábios, depois, largando-o, disse:

— Agradeço-te, príncipe, mas desculpa, cada minuto é precioso. Adeus! Que os deuses me permitam rever-te em seguida, livre de todos esses aborrecimentos.

Ficando sozinho, Horemseb deixou-se cair numa cadeira e fechou os olhos; precisava organizar os pensamentos e tomar uma decisão. Seu plano inicial de apagar todos os traços de seus crimes falhara, porque demolir da noite para o dia a pirâmide e o ídolo colossal era algo impossível. Contudo, à perspectiva de perder em definitivo a sua posição e fortuna para vagar, fugitivo e miserável, longe do Egito, seu orgulho se rebelava. Essa alma tirânica,

J. W. Rochester

cega pela fatuidade, a adoração de si próprio e uma obstinação desmedida, não podia admitir que o príncipe Horemseb fosse ser tratado como um criminoso comum. Iriam ter consideração, desde que oferecesse aos juízes um pretexto para inocentá-lo. De repente, lembrou-se da morte de Sargon, que acabava de saber, e isso lhe inspirou um novo plano que devia garantir-lhe a salvação.

Ergueu-se instantaneamente e foi em busca de Thaadar. Instalado no palácio, o velho sábio não estava dormindo; sombrio e preocupado, andava de um lado para outro em seu quarto, e não pareceu surpreendido com as funestas notícias que Horemseb lhe transmitiu.

— Ainda hesitas em fugir? – perguntou apenas.

— Tenho outro plano que me parece mais eficaz; como te disse, Sargon está morto; nada me impede de casar com sua viúva e fazer dela um sólido escudo. Venho pedir-te que despertes Neith; eu falarei com ela, e dentro de poucas horas eu e ela partiremos para Saïs.[11] Lá, o sumo-sacerdote do templo da deusa Neith,[12] meu tio Ameni, nos casará, e dará asilo a minha mulher até que ela vá a Tebas advogar minha causa diante de Hatasu. Depois disso, se eu sentir algum perigo, irei encontrar-te junto de Sapzar, e ficaremos os dois escondidos ali até que a tempestade passe.

Thaadar escutou em silêncio.

— Seja; vou despertar Neith, e depois que partirem, tomarei as últimas providências antes de ir para junto de Sapzar. Quando Neith estiver pronta, eu te chamarei.

— Não, leva-a a meu quarto; enquanto isso, vou resolver um assunto importante e preparar tudo para a partida.

Voltando a seus aposentos, Horemseb chamou Chamus e Hapzefaa. Este recebeu ordens a respeito da viagem; depois, acompanhado do eunuco, o príncipe se dirigiu ao quarto de Ísis. Por ordem dele, rasparam-lhe os cabelos, e depois, amordaçada, foi levada para um barco junto com os dois. Afastando-se rio acima a alguma distância, Horemseb desferiu um golpe de punhal em Ísis, e erguendo o corpo que sangrava, atirou-o no rio.

Retornando a seu quarto, exausto de fadiga e emoção, o prín-

11 N.E. — Antiga cidade egípcia situada na parte ocidental do Delta do Nilo, que se tornaria capital do país durante a XXIV dinastia. Tinha por divindade local a deusa Neith.
12 N.E. — Uma das divindades mais antigas do Antigo Egito, Neith era cultuada desde a era pré-dinástica, e principalmente durante as primeiras dinastias. Era a deusa da guerra e da caça, e seu principal emblema era um arco e duas flechas cruzadas. Já Neftis também era uma divindade egípcia, irmã de Osíris, Ísis e Seth, de quem era também esposa. A utilização de nomes de deuses pelos egípcios parecia ser comum, como podemos observar nesta obra.

cipe deitou-se, pensativo, mas ao cabo de um instante se ergueu, tomou uma pequena ânfora vermelha e deitou o conteúdo dela no copo de vinho que havia oferecido a Mena. Mal terminara de fazê-lo quando a cortina da porta se ergueu e Neith, perturbada e indecisa, deteve-se na soleira. Restabelecida e revigorada pelo longo sono, havia recuperado a beleza e o viço. Com uma exclamação de alegria, o príncipe se dirigiu para ela e apertou-a apaixonadamente ao peito.

— Minha bem-amada, como me afligiste com teu louco ciúme! Fica sabendo que é só a ti que amo! És a dona de meu coração e de minha casa. Mas, como te sentes?

— Bem, apenas um pouco cansada e com a cabeça vazia – respondeu ela, apoiando a cabeça no ombro do príncipe

— Então, toma este copo de vinho para te reconfortar, minha bem-amada, porque tenho coisas muito graves a dizer-te.

Ela tomou o vinho e quase de imediato um rubor intenso lhe cobriu o rosto. Horemseb observou com satisfação; agora tinha certeza de que nada lhe tiraria Neith: o veneno a ligava a ele com uma paixão insensata.

— O que queres dizer-me, Horemseb? É uma notícia alegre ou triste? – indagou a jovem, erguendo para ele um olhar cheio de amor e ansiedade.

— Quero dizer-te que um perigo mortal me ameaça, porque fui traído.

Neith deu um grito. Ela tinha previsto esse momento; em vão suplicara a Horemseb que renunciasse a sua vida criminosa, que acabaria por condená-lo.

— Quem te traiu?

— Sargon, teu marido, que disfarçado de escravo, se insinuou no palácio, e depois de espionar tudo, me denunciou a Hatasu. Ele pagou isso com a vida: Tutmés o apunhalou. Mas uma comissão de sacerdotes, acompanhados por soldados, vai chegar amanhã para prender-me sob acusação de sacrilégio, feitiçaria e outros crimes. E tu também vais me acusar, Neith? Irás admitir o que viste aqui? Ou me amas o bastante para guardar segredo e não contar nada, quando os sacerdotes te interrogarem?

Ela recuou, empalidecendo; seu rosto expressivo refletia uma violenta luta entre a verdade que estava acostumada a dizer e a mentira que lhe era pedida. O coração do príncipe se apertou: se a força do feitiço não conseguisse subjugar essa natureza altiva e pura, sua última esperança se acabaria. Com um suspiro rouco,

Neith torcia as mãos; compreendia que a confissão da verdade seria a morte de Horemseb. Como iria viver quando se extinguisse para sempre esse olhar ardente que mergulhava no seu? E essa voz harmoniosa, iria calar-se definitivamente?... Apertou a cabeça entre as mãos, e debulhando-se em lágrimas, exclamou:

— Não, não, jamais uma só palavra de meus lábios te trairá, meu bem-amado; antes morrer que revelar aos sacerdotes o que iria te incriminar, e para te salvar, eu daria minha vida mil vezes; mas foge, foge!

Horemseb a abraçou apaixonadamente.

— Obrigado! Mas antes de fugir, queria unir-me a ti para o resto da vida. Queres, Neith? Sargon está morto, nada te impede de ser minha esposa, e com isso poderás salvar-me.

— Sim, eu quero! Mas como nosso casamento poderá salvar-te? – balbuciou Neith.

— Irás pedir a Hatasu por teu esposo, e conseguirás o seu perdão para meus erros.

— Oh! Sem dúvida, hei de suplicar como jamais o fiz a ela; mas apesar de sua bondade, será que a rainha me atenderá num caso tão grave?

Horemseb se inclinou para ela, com o olhar brilhante.

— Se existe no mundo uma criatura a quem Hatasu não pode negar nada és tu, filha dela e de Naromath, o único homem que ela amou.

— A rainha, minha mãe? – repetiu Neith estarrecida. Mas, recordando a afeição inexplicável que a soberana tinha por ela, e as palavras de Satati sobre um laço misterioso que as unia, convenceu-se, e abraçando o príncipe, exclamou emocionada: — Sim, sim, a rainha não há de querer destruir a felicidade de sua filha; ela te salvará. Oh! Depressa, vamos unir-nos para que eu tenha direito de defender-te!

Horemseb explicou-lhe sucintamente o seu plano, e uma hora mais tarde, um barco coberto os levava para Saïs.

Ele havia ordenado a Hapzefaa que mantivesse o palácio fechado até seu regresso e apressasse a demolição da estátua do deus; mas quando estava no barco e a silhueta escura de seu palácio se perdia na noite, baixou a cabeça, abatido, e Neith, com o coração apertado por um lúgubre pressentimento, encostou a cabeça no peito do príncipe e desmanchou-se em lágrimas.

A morte de Sargon

Cansados e profundamente inquietos, Sargon e Keniamun chegaram a Tebas. Tinham viajado a toda pressa, pois o hitita ansiava por fazer seu relato à rainha. Certamente a notícia de que Neith vivia lhe encheria o coração de alegria, e ele conhecia Hatasu o suficiente para ter certeza de que a libertação da moça e uma punição a Horemseb que satisfaria até sua própria sede de vingança não se fariam esperar.

Levando os papiros de sua correspondência com Neftis e um mapa do palácio e dos jardins que desenhara durante a viagem, Sargon dirigiu-se ao palácio real, e com satisfação soube que Chnumhotep estava de serviço; pediu para vê-lo de imediato.

O chefe da guarda o recebeu com alegria e surpresa.

— De onde vens, Sargon? Pensamos que o Nilo te havia engolido. E como estás de mau aspecto! – acrescentou, apertando-lhe a mão.

— Oh! O ar era muito ruim onde eu estava; mas não importa; preciso falar imediatamente com a rainha para lhe transmitir fatos da mais alta importância. Posso ser recebido?

— A rainha está na salinha dos tapetes com Tutmés; vou consultá-la – respondeu Chnumhotep.

Após uma espera que pareceu ao impaciente rapaz não ter fim, o chefe da guarda retornou.

— Segue-me; a rainha consente em receber-te – disse, e o conduziu através de uma sala e uma pequena galeria até uma cortina listada de branco e dourado, que ergueu.

Sargon encontrou-se num pequeno salão; um dos lados, completamente aberto, dava para um pátio interno plantado de palmeiras, acácias e arbustos perfumados. A folhagem dessa luxuriante vegetação penetrava no aposento, entre as colunatas pintadas, formando uma cortina fresca e perfumada. Junto a uma mesa de cedro dourada, colocada sobre um estrado pintado de púrpura, estavam sentados Tutmés e Hatasu; um jogo de damas estava entre eles, mas o aviso de Chnumhotep havia interrompido a partida, e o jovem rei tamborilava com ar descontente no tabuleiro de faiança, e seu olhar deslizou com desdém irritado sobre o hitita, que se prosternava depois de entrar.

— Ergue-te, Sargon, e diz o que tens de grave a me comunicar – disse a rainha, com amabilidade.

— Filha de Rá, tua sabedoria julgará da importância de meu depoimento, mas o que tenho a dizer só pode ser escutado por teus ouvidos – respondeu Sargon, fixando Tutmés com olhar sombrio e significativo.

O jovem rei ergueu a cabeça, e um lampejo de cólera e surpresa se irradiou de seus olhos negros.

— Fala sem receio, o faraó meu irmão goza de minha inteira confiança – respondeu a rainha, apoiando-se na mesa e lançando um olhar amigável a Tutmés, que, satisfeito e grato, se ergueu, e depois de apertar-lhe a mão, veio apoiar-se ao espaldar de sua cadeira.

— Já que ordenas, minha gloriosa soberana, falarei, e vou revelar crimes inauditos – disse Sargon após breve hesitação. – Trata-se de Neith.

Ao ouvir esse nome, a rainha estremeceu e seu olhar se toldou.

— O que ficaste sabendo sobre ela?

— Ela está viva, mas acha-se em poder do príncipe Horemseb; esse homem criminoso, que possui um veneno desconhecido, mas terrível, que submete a ele a alma e os sentidos de suas vítimas, enfeitiçou Neith, que está presa de amor por ele. Ela está, nesse momento, mergulhada num sono enfeitiçado; insensível como uma morta, mas viva, dorme há semanas num pavilhão escondido do jardim do palácio dele.

— Tens noção da gravidade de uma acusação dessas contra um membro da família real? – disse Tutmés em tom de suspeita.

– Pode muito bem ser que um homem belo e sedutor como Horemseb tenha conquistado o coração de Neith sem feitiço algum, que ela o tenha acompanhado por sua vontade e se esconda em seu palácio justamente para evitar a ti, Sargon, o esposo que ela nunca amou, cuja paixão furiosa já uma vez atentou contra sua vida.

Um lampejo de ira mortal se acendeu no olhar sombrio de Sargon.

— O que digo, posso prová-lo, faraó. Eu entrei, disfarçado de escravo, no palácio do príncipe Horemseb, vergonha do Egito; presenciei sua vida íntima, descobri seus crimes e segredos. Sei que, com a ajuda e sob o comando de um sábio idoso, ele cultiva uma planta venenosa cujo suco desprende um aroma embriagador e sujeita os que o aspiram a paixões brutais. Ele joga rosas vermelhas, molhadas nesse veneno, às mulheres que deseja dominar por uma paixão alucinada. Ele próprio usa um perfume que as atrai de forma irresistível, e quando se cansa de torturá-las, mata as infelizes, sacrificando-as a um ídolo impuro que ele adora, renegando os deuses de seu povo. Oh! Minha língua se recusa a relatar todos os horrores de que fui testemunha. Foi uma das vítimas do feiticeiro, que escapou por milagre de seu poder, quem me colocou na pista da verdade; é uma mulher chamada Neftis. Ela me ajudou, e aqui está a correspondência que mantivemos durante minha estada no palácio de Horemseb – acrescentou Sargon, fitando com olhar dissimulado e irônico a fisionomia de Tutmés, que empalidecera e tinha estremecido ao ouvir o nome de Neftis.

– Conta em detalhes o que viste e ficaste sabendo, quero saber tudo – disse Hatasu com voz rouca de emoção, tomando os rolos de papiro das mãos de Sargon antes que ele pudesse ajoelhar-se para apresentá-los.

Com satisfação cruel, saboreando de antemão a vingança que se aproximava, o jovem hitita relatou sucintamente as revelações de Neftis, o plano que combinara com ela, Ísis e Keniamun, e a forma como penetrara no palácio. Mas descreveu minuciosamente tudo que descobrira da vida de Horemseb, de suas relações com Thaadar, o misterioso sábio guardião da planta nefasta, os sacrifícios humanos que ambos faziam a Moloch, e por fim as festas noturnas e as orgias indescritíveis com que o príncipe se distraía, e a que fazia Neith assistir, apesar do medo e horror dela, que estava irreconhecível.

– Pobre criança! Enfim serás liberta e vingada! – exclamou Hatasu, pálida de emoção e cólera. – Vou, sem perda de um instante, dar ordens para que prendam os dois miseráveis, e farei com que sejam julgadas essas iniqüidades que esgotaram a paciência dos imortais.

Quis levantar-se, mas Tutmés, cuja palidez havia aumentado gradativamente durante o relato de Sargon, inclinou-se com vivacidade e colocou a mão em seu braço.

– Minha rainha e irmã, inclino-me sempre diante de tua vontade, ditada por uma superioridade de espírito que reconheço; mas desta vez, antes de tomar uma decisão definitiva, permite-me algumas reflexões. Não será uma imprudência lamentável entregar ao poder dos sacerdotes um príncipe de nossa família? Esses homens insolentes e ávidos de poder não deixarão, por certo, escapar essa ocasião de humilhar a família real, condenando um de seus membros a uma morte humilhante. Pensa também que se o escândalo se tornar público, o pânico se espalhará entre o povo, que enxergaria feitiços por toda parte, e esse segredo perigoso, que hoje só Horemseb detém, ficaria ao alcance de todos. As rosas que ele ofereceu e que talvez se conservem nas famílias das vítimas, se tornariam, nas mãos dessas pessoas, armas terríveis a serviço de seus interesses. Enfim, como último argumento, lembro que essa Neftis, que denunciou o príncipe (cujo único feitiço talvez seja a sua beleza) pode também, por ciúme, ter inventado muita coisa; uma amante abandonada e exasperada é capaz de tudo. Suplico-te, Hatasu, confia-me esse caso; eu trarei Neith de volta, destruirei a planta venenosa e porei fim a essa história, sem barulho e sem envolver os sacerdotes.

A rainha escutara com atenção o plano especioso apresentado pelo jovem rei; a idéia de ser o único juiz naquele assunto de família, excluindo os sacerdotes, agradava evidentemente a seu caráter altivo e dominador.

— Tu és tão jovem! – murmurou, entretanto.

— Se receias que me falte prudência e severidade, deixa Semnut ir junto – disse Tutmés. – Com ele e alguns homens leais eu irei a Mênfis, faremos uma pesquisa secreta, e se Horemseb é de fato culpado disso de que é acusado, se merecer a morte, ele morrerá, mas sem ruído, e a honra de nossa raça ficará limpa de culpa e mácula, pois, seja o que for que tenha feito, é nosso sangue que corre em suas veias. Somente nós o podemos julgar, somente tu condená-lo; os sacerdotes nada têm a ver com isso; e eu cumprirei fielmente as tuas ordens.

Com agitação crescente, Sargon acompanhara a conversa entre os dois irmãos; não duvidava de que Tutmés queria encarregar-se do caso somente para impedir a descoberta de sua cumplicidade com Neftis; e de que o jovem rei, que, através desse mesmo feitiço, conquistara o lugar que ocupava, não usaria para com Horemseb da severidade merecida, e talvez o deixaria fugir.

A idéia de que, graças a esse príncipe que nesse momento mesmo usava ao pescoço um colar que Sargon sabia provir de Neftis, o miserável que lhe havia roubado Neith, que calcara aos pés todo sentimento humano, escaparia à humilhação e à justiça, tornando inútil seu pesado sacrifício – essa idéia deu uma vertigem a Sargon.

— Rainha! – disse em voz rouca. – Existem crimes tão grandes que sua punição deve ser proporcional; ao arriscar minha vida nessa aventura perigosa, jurei que se os imortais me protegessem, eu arrastaria o miserável feiticeiro e blasfemo pelas ruas de Tebas, coberto de correntes e de vergonha. Que o que ele semeou recaia sobre ele! E tu, faraó Tutmés, não assumas um julgamento que poderia ser pesado demais para ti; poderias recuar e abrandar-te diante do perfume das rosas vermelhas e dos colares encantados que submetem a alma e a vontade das mulheres.

O tom e o olhar que acompanharam essas palavras fizeram subir uma onda de sangue à fisionomia de Tutmés.

— Insolente! – exclamou fora de si. – Teu ciúme contra Horemseb te cega ao ponto de ousares te intrometer na conversa de teus senhores!

Depois, inclinando-se inteiramente para Hatasu, que observava com surpresa a altercação e o furor dos dois jovens, acrescentou:

— Minha irmã e soberana, como sinal de teu favor e confiança, de que nunca fui indigno, concede-me, como primeiro príncipe de sangue, resolver esse caso de família.

Sargon, que acompanhava todos os movimentos dele, compreendeu a intenção de Tutmés; o perfume excitante do colar devia atingir o olfato da irmã e submeter a ele a vontade independente e enérgica de Hatasu. Uma raiva insensata dominou Sargon e só deixou nele um pensamento: destruir a qualquer preço o sortilégio que ia roubar-lhe a vingança.

— Abaixo o feitiço com o qual consegues a afeição da rainha! Que ela saiba por que razão estás protegendo Horemseb e receias o processo – exclamou Sargon — e que não se diga que um faraó do Egito governa, não por sua vontade, mas pelo feitiço de um bruxo!

Jogou-se sobre Tutmés como um alucinado, e agarrando o colar, arrancou-o com tal violência que as argolas quebradas e os amuletos voaram por toda a peça e o jovem rei cambaleou, dando um grito.

— Ah! Bando de traidores! – disse a rainha erguendo-se lívida, e medindo o irmão com um olhar chamejante. – Não respeitaram nem a minha pessoa! Agora entendo a rosa vermelha!

Nesse momento, Tutmés, que contemplava como apalermado os restos do colar, voltou a si.

— Víbora, caluniador, morre! – rugiu, arrancando um punhal do cinto, e antes que Sargon, que não esperava nada semelhante na presença de Hatasu, pudesse pensar em se defender, caiu sobre ele como um tigre e mergulhou a arma em seu peito; o hitita caiu dando um grito feroz.

— A mim, guardas! – gritou a rainha com voz estridente, e

J. W. Rochester

vendo Tutmés levantar o braço para desferir um segundo golpe, lançou-se sobre ele e arrancou-lhe a arma com uma força e agilidade de que não a julgariam capaz.

Espumando, louco de raiva, o rapaz ergueu-se e é difícil prever o que teria acontecido se, nesse momento, a cortina não se abrisse com violência e Chnumhotep, de arma em punho e seguido de vários oficiais e soldados, não aparecesse. Vendo o que acontecia, o chefe da guarda ficou petrificado por um instante, mas dominando-se, ordenou aos soldados que guardassem as saídas, e depois colocou-se junto da rainha com os companheiros, aguardando suas ordens. Ainda com o punhal na mão, Hatasu estava parada, muda, imóvel como uma estátua; seus grandes olhos escuros se fixaram chamejantes sobre o irmão, que, cambaleando como ébrio, encostou-se na mesa. Nem por um instante a corajosa mulher perdera a presença de espírito, e apenas o movimento agitado do peito e o tremor dos lábios demonstravam que uma tempestade rugia nela.

Por alguns segundos, reinou na sala um silêncio assustador; depois Hatasu largou a arma ensangüentada, e dando um passo na direção de Tutmés, disse em voz surda:

— Sai! E não ouses aparecer diante de mim sem ser chamado. Eu te comunicarei o que decidir. E até lá, Chnumhotep, que o príncipe não saia de seus aposentos sem minha ordem expressa; responderás por isso com tua vida.

Tutmés soltou uma exclamação abafada e dirigiu-se bruscamente para a porta; mas, sem dúvida, o acesso de cólera que acabava de ter, mais a humilhação desse momento, tiveram efeito excessivo sobre sua natureza nervosa: cambaleou subitamente e tombou sem sentidos.

Enquanto o carregavam, sob a direção do chefe da guarda, a rainha ajoelhou-se perto de Sargon e encostou o ouvido em seu peito. Subitamente estremeceu e ergueu-se com vivacidade:

— Ele ainda está respirando! Rápido, chamem os médicos; e levantem-no!

Sargon foi erguido e o colocaram com cuidado sobre um divã; a própria rainha fez uma bandagem provisória no ferimento com um lenço que tomou de um dos oficiais.

Tiglat, o velho médico hitita, foi o primeiro a chegar, e extremamente emocionado, inclinou-se sobre o ferido.

— Oh, rainha! Qualquer recurso humano será inútil; a ferida é mortal – disse com pesar.

Um médico egípcio que chegou em seguida confirmou essa opinião. Com ar sombrio, sobrancelhas franzidas, Hatasu não deixara a cabeceira de Sargon.

— Por quanto tempo ele viverá? Irá recuperar a consciência, poderá falar e responder a algumas perguntas diante de um conselho extraordinário? – indagou ela com voz alterada.

— Ele viverá até o pôr do sol, e penso que irá recuperar a consciência – respondeu o médico egípcio. – Se ordenares, faraó, poderemos dar-lhe remédios que despertarão suas últimas forças vitais e assim poderá falar.

— Façam tudo que estiver a seu alcance para dar-lhe forças de repetir diante do conselho um depoimento que acaba de fazer-me.

Enquanto os dois médicos se ocupavam de Sargon, Hatasu dirigiu-se à sala contígua, onde se tinha reunido silenciosamente um grande grupo de oficiais e cortesãos, todos ansiosos e perturbados, pois a notícia de que uma cena extraordinária se dera nos aposentos reais já havia se espalhado pelo palácio.

— Ameni! – chamou a rainha.

Um jovem cortesão que usava um colar honorífico aproximou-se respeitosamente.

— Vais de imediato enviar mensageiros aos sumos sacerdotes dos principais templos, a Semnut, aos anciãos do conselho secreto e ao chefe dos escribas reais, com ordem de se apresentarem aqui imediatamente – disse com um olhar que fez Ameni criar asas.

Sem lançar um só olhar aos cortesãos ali reunidos, a rainha voltou-se e veio sentar-se novamente à cabeceira do ferido, observando em silêncio os esforços dos médicos para reanimá-lo. Ao cabo de meia hora, Sargon abriu os olhos e soltou um gemido surdo. De imediato, Tiglat ergueu-lhe a cabeça com precaução, enquanto o sacerdote aproximava de seus lábios um copo com uma poção que haviam preparado.

Depois de beber, ele pareceu reconfortado e seu olhar desanuviou-se. Então Hatasu ergueu-se, e ordenando aos dois médicos que se afastassem para o outro extremo da sala, inclinou-se para Sargon.

— Reúne tuas forças, pobre menino, para repetir o que me disseste diante de um conselho extraordinário que vai se reunir – murmurou. – Teu depoimento será o fim do miserável sacrílego; só não digas que Tutmés usou o perfume contra mim.

Um brilho de satisfação feroz irradiou-se dos olhos do moribundo.

J. W. Rochester

— Nada direi do sacrilégio que ousaram fazer contra ti; mas prometes, rainha, que não irás perdoar o miserável? Um sorriso frio e cruel perpassou fugidio pelos lábios de Hatasu.

— Tranqüiliza-te, tu serás vingado. Mas chega, não te canses mais.

Quase meia hora se passara em profundo silêncio quando Semnut surgiu, pálido e inquieto, e anunciou à rainha que os dignitários convocados estavam reunidos, aguardando suas ordens.

A rainha determinou algumas providências rápidas que foram imediatamente executadas: o divã do ferido foi colocado no centro da peça, a cadeira real ao lado, e alguns tamboretes para os conselheiros mais velhos; e sobre uma esteira foi colocado todo o necessário para a escrita.

Concluídos os preparativos, os sacerdotes e dignitários entraram. Hatasu ergueu-se e disse em voz firme:

— Veneráveis servidores dos deuses, fiéis conselheiros, chamei-os aqui para que ouçam dos lábios do próprio acusador os crimes e sacrilégios que são imputados ao príncipe Horemseb. Como guardiões da justiça e do respeito devido aos imortais, irão deliberar e tomar uma decisão no caso. Aproximem-se, porque a voz do ferido está fraca; e tu, Nebsu-on, prepara-te para registrar por escrito o depoimento do príncipe Sargon.

Quando todos estavam reunidos em torno do divã, Semnut ergueu o ferido, e recostando-o em almofadas, disse-lhe:

— Fala agora; os veneráveis aqui reunidos estão prontos para escutar-te; mas faz um depoimento preciso, pois esse que vais acusar é um membro da família real.

Em voz fraca, entrecortada, mas clara, Sargon iniciou seu relato. Quando a respiração lhe faltava, o médico lhe oferecia a poção que restaurava as forças. Quando chegou à descrição do culto de Moloch, exclamações de espanto e horror se ergueram entre os egípcios, mas uma palidez mortal cobriu a fisionomia de Tiglat. Concluindo com esforço seu depoimento, Sargon recaiu sufocado nas almofadas.

— Ai, estou sufocando! – murmurou após um instante; levem-me para o terraço, quero ver o céu pela última vez!

— Quais são tuas ordens, faraó, diante de um caso tão extraordinário? – indagou um dos sumos sacerdotes, dominando a agitação intensa suscitada pela denúncia de Sargon.

— Desejo que a justiça siga seu curso tão inexoravelmente como se se tratasse de um plebeu – respondeu Hatasu. – Permaneçam aqui e deliberem sobre as medidas a serem tomadas, enquanto eu velo os últimos momentos do agonizante, que acaba de prestar ao Egito um imenso serviço.

Enquanto ocorria esse diálogo, Tiglat, vendo todos ocupados, inclinou-se para o ferido e murmurou em voz vibrante:

— Traidor, que renegas teu deus e entregas à morte um homem venerável de teu povo, maldito sejas!

Uma centelha de desprezo colérico brilhou no olhar mortiço do hitita.

— Esse deus que nos deixou destruir, e que me deixa morrer como um animal, eu o renego e abomino! – murmurou, mas dominado pela fraqueza, calou-se.

A rainha se aproximou, e à sua ordem, o ferido foi colocado numa cadeira, e alguns homens fortes a transportaram para o terraço mais alto, e depois se retiraram. A rainha e Semnut ficaram sozinhos junto do agonizante. O olhar velado de Sargon errou sobre a paisagem que se estendia a seus pés: o sol se punha, um espetáculo mágico nessa região; parecia que a natureza ostentava todo seu esplendor para tornar mais penoso para o infeliz rapaz o adeus à vida. No magnífico firmamento, raiado de rosa e vermelho metálicos, que se uniam por uma faixa de verde brilhante no horizonte azul-safira, o astro-rei descia rapidamente, transformando numa cena feérica o mundo que deixava. Como um último adeus, tudo se iluminou, e sob esse céu como feito de gemas, todos os edifícios pareciam de ouro, os campos e jardins de esmeralda, o deserto ao longe uma imensa ametista cuja moldura de colinas mergulhava na bruma.

— Destino infeliz, que me fez nascer livre às margens do Eufrates para morrer escravo junto do Nilo! – murmurou Sargon com indizível amargura.

A rainha se inclinou e tomou-lhe a mão; uma lágrima orlava seus longos cílios.

— Pobre rapaz! Eu quis fazer-te feliz, mas meu poder foi vão diante da fatalidade que se abateu sobre ti.

— Eu agradeço, Hatasu; tua bondade foi incansável para comigo; eu darei testemunho disso a Naromath, quando encontrar a sua sombra. Que poderias fazer contra o destino? Mas liberta Neith, não a deixes nas mãos do perverso.

— Tens alguma dúvida? Eu o juro. Mas qual é tua última mensagem para tua esposa? Não penses que ela quis fugir de ti; Neith foi vítima do feitiço, mas eu sei que ela desejava reparar sua inconseqüência infantil e ser para ti uma esposa amante e devotada. Um fraco sorriso iluminou a fisionomia lívida do moribundo.

— Diz-lhe que a amei mais que tudo neste mundo e que morri para libertá-la.

A voz lhe faltou; uma espuma avermelhada lhe subiu aos lábios, seguida por um jato de sangue vivo. Sargon recostou-se, com o olhar fixo; uma ligeira convulsão lhe sacudiu o corpo, depois ele inteiriçou-se e ficou imóvel.

— Terminou, faraó, ele está morto – disse Semnut.

A rainha, que tinha recuado, não respondeu. Seu olhar sombrio estava fixo no céu, cujos últimos tons azul-índigo se dissolviam nas sombras; um instante depois, passou a mão nos olhos e se endireitou.

— Preciso descer; tu, Semnut, vai reunir-te a nós na sala do conselho assim que tiveres dado as ordens relativas ao falecido. Faz com que o corpo do príncipe seja embalsamado como as múmias reais.

Quando a rainha voltou para junto dos dignitários, concluiu, pelas faces inflamadas e a agitação de todos, que a discussão fora das mais acaloradas.

— Muito bem; o que decidiram? – indagou ela, tomando lugar novamente em sua cadeira.

Ranseneb, que substituía o sumo sacerdote de Amon, enfermo há algum tempo, aproximou-se respeitosamente.

— Somos de opinião, faraó, que convém em primeiro lugar prender o culpado. Para esse fim, uma comissão que designarás deve ir a Mênfis, e junto com Amenófis, ir ao palácio e deter o príncipe e o seu cúmplice.

— Na minha opinião, um criminoso da têmpera de Horemseb não se deixará prender assim; ele já foi longe demais para recuar mesmo diante de uma rebelião aberta – observou um ancião do conselho secreto. – Atrás daqueles muros sólidos, ele está como numa fortaleza; tem numerosos escravos, e se defenderá.

— Então é necessário que, para qualquer eventualidade, a comissão disponha de uma força armada – disse Hatasu. – Ranseneb, é a ti que designo para dirigir a sindicância em Mênfis. Amanhã darei as ordens necessárias, e à tarde o conselho se reunirá de novo para decidir em definitivo as últimas providências e escolher os membros da comissão que acompanhará Ranseneb. Tudo deve ser feito com rapidez, a fim de que nenhum boato chegue ao criminoso. Ficando só, a rainha fechou-se em seus aposentos. Mil sentimentos diversos lhe agitavam o íntimo. A notícia de que Neith, a filha que tanto pranteara, estava viva, a inundava de alegria; o pensamento de que Tutmés, o insolente rapaz, ousara enfeitiçá-la, e depois assassinar na sua frente o irmão de Naromath, lhe fazia ferver o sangue. Depois, pouco a pouco, todas essas emoções se fundiram numa ira profunda contra Horemseb. Para castigar o insolente que ousara tocar em sua filha com as mãos impuras, o sacrílego instigador de tantos crimes, nenhuma tortura lhe parecia suficiente. À simples lembrança disso suas mãos se crispavam e uma implacável crueldade lhe endurecia a alma.

Na própria noite desse dia agitado, os boatos sobre acontecimentos inexplicáveis ocorridos no palácio real se espalhavam pela cidade, e no dia seguinte esses mesmos boatos, aumentados, amplificados e até distorcidos encheram de um rumor surdo a imensa cidade. Um fundo de verdade havia transpirado pela indiscrição de funcionários subalternos, e a notícia de que Sargon estava morto, assassinado numa rixa sangrenta com Tutmés na frente da rainha, passava de boca em boca com variações cada vez mais inverossímeis. Uns acreditavam numa conspiração instigada pelo hitita, o que seria confirmado pela reunião do conselho extraordinário no palácio, e dizia-se que a rainha estava morta, boato que motivou ajuntamentos diante do palácio; mas a visão de Hatasu, que em sua liteira, acompanhada pelo séquito habitual, fora ao templo, tranqüilizou o povo.

Outros diziam que Sargon, para vingar-se do exílio, tentara assassinar a rainha, e Tutmés o impedira; outra versão dizia que, ao contrário, o jovem rei havia tentado matar a irmã e o hitita fora morto tentando defender sua benfeitora, depois de ter ferido gravemente o herdeiro do trono, que fora levado inconsciente para seus aposentos.

Quem teria sido o primeiro a introduzir no misterioso caso o nome de Horemseb, seria difícil saber, mas de repente o príncipe feiticeiro passou a ocupar um lugar de destaque no caso. Dizia-se que Horemseb havia raptado e morto a bela Neith, que era acusado de feitiçaria, de sacrilégio e outros crimes hediondos. A lembrança da morte violenta de tantas jovens vítimas de louca paixão voltou à memória de todos, e apenas a inexplicável briga de Sargon e Tutmés confundia as versões. Era inexplicável que a descoberta

J. W. Rochester

dos crimes do feiticeiro fosse a causa de um combate mortal na presença da rainha.

Enquanto essas notícias estranhas e contraditórias se disseminavam e discutiam nas ruas, uma agitação ainda maior reinava nos palácios. Satati, ao acordar, soube de Pahir uma parte da verdade; depois, o supervisor das cavalariças reais foi à casa de um sacerdote seu parente, e soube por ele detalhes ainda mais precisos, corroborados pelas notícias que a própria Satati fora buscar no palácio. Neith estava viva, e isso encheu de alegria o casal; embora por razões diversas, ambos viam a jovem como uma fonte e garantia de sua sorte.

Mena, que estivera de serviço no palácio naquela noite, só voltou para casa bem tarde nesse dia, e causou espanto na tia pelo ar concentrado e a indiferença que demonstrou pelos acontecimentos que excitavam toda a Tebas. Depois de sair novamente à noite, o oficial avisou que um assunto urgente o chamava a uma propriedade distante, e tendo obtido uma folga, iria partir ao amanhecer. Em outra ocasião, Satati teria suspeitado de algo na conduta do sobrinho, mas nesse momento ela e o marido estavam absorvidos demais no que estava acontecendo para se ocuparem com Mena.

Uma agitação ainda maior assaltava Roant. Em vez de voltar a casa à noite, após o serviço, o marido lhe enviara uma mensagem curta, informando que acontecimentos inesperados iriam retê-lo no palácio naquela noite, mas que não devia inquietar-se. Apesar dessa recomendação, Roant atormentou-se com mil suposições, e pela manhã, quando os rumores lhe chegaram, seu receio e curiosidade aumentaram ainda mais. A visita de duas amigas suas a levou ao cúmulo da inquietação; elas tinham vindo na esperança de saber a verdade da esposa do chefe da guarda, que sem dúvida estaria melhor informada que ninguém, e tinham contado a Roant todos os detalhes extravagantes com que se coloria a notícia da morte de Sargon e a descoberta dos crimes de Horemseb.

Ao ficar sozinha, Roant pôs-se a caminhar agitada de um lado para outro, com ansiedade cada vez maior. Chnumhotep não viria nunca, para confirmar ou desmentir o que acabara de saber?

Por fim, o passo rápido e firme do chefe da guarda soou na sala da frente; e sem sequer notar que Chnumhotep não estava sozinho, Roant jogou-se em seu pescoço.

— Enfim chegaste! Oh, diz-me toda a verdade sobre o que estão dizendo!

— Se eu soubesse toda a verdade, ficaria bem satisfeito – respondeu o chefe, meio rindo e meio aborrecido. – Mas posso dizer-te duas coisas com certeza: Neith está viva e Sargon está morto. E agora, acalma-te e cumprimenta Keniamun; ele sabe mais que todos sobre o belo Horemseb, o qual parece que é um canalha como ainda não se viu neste mundo.

Um pouco constrangida, Roant cumprimentou Keniamun, que parecia triste e preocupado, e conduziu os dois para o terraço, onde um lanche e vinho estavam preparados.

— Aqui estamos longe dos indiscretos; falem, os dois: será possível esta felicidade? Neith está viva?

— Sim, ela está viva, mas não te alegres muito – respondeu Keniamun, enquanto Chnumhotep se servia de um copo de vinho. – Neste momento a infeliz está mergulhada num sono enfeitiçado, nem viva nem morta. Conseguiremos despertá-la? É uma dúvida. Sargon, que se introduziu no palácio disfarçado de escravo, e a encontrou, tentou em vão reanimá-la.

— Deuses imortais! Então Horemseb será mesmo feiticeiro? – exclamou Roant perturbada.

— Pior que isso, é um envenenador, que cultiva uma planta encantada cujo suco desperta uma louca paixão por ele; oferece rosas vermelhas molhadas nesse perfume a suas vítimas, e quando se cansa delas, mata-as, bebe seu sangue ou as sacrifica a um hediondo ídolo hitita. Às vezes ele próprio se faz adorar como um deus; e para que nenhum criado possa revelar esses horrores, os mutila, corta-lhes a língua. Mas deixa-me contar em detalhes o que sei... – e Keniamun descreveu tudo o que ficara sabendo de Neftis e Sargon sobre a vida do feiticeiro.

— A mente se recusa a conceber crimes tão espantosos – murmurou Roant, que escutara pálida e petrificada. – E o que vai acontecer agora?

— Uma comissão da qual faço parte como uma das principais testemunhas vai a Mênfis – respondeu Keniamun. – Estava saindo do palácio, onde fui chamado para prestar depoimento, quando teu marido me encontrou.

— Mas qual foi então a causa da morte de Sargon? Conta-se tantas versões disso que é impossível entender – indagou Roant.

— Não entendi nada disso, embora tenha sido uma das primeiras testemunhas do fato – observou Chnumhotep pensativo. – Ao grito da rainha, nos precipitamos na sua sala; Sargon já estava caído ao chão, banhado em sangue; Hatasu, trêmula, segurava o punhal ensangüentado de Tutmés, e este, como alucinado, parecia querer jogar-se sobre ela. Que teria acontecido? É difícil imaginar. Quando a rainha ordenou que o príncipe ficasse preso, ele desmaiou, e não sei os detalhes do que aconteceu depois, porque recebi ordem de ficar vigiando Tutmés. Contaram-me apenas que Sargon, reanimado pelos médicos, prestou ao conselho um depoimento arrasador.

— Pode ser que Tutmés, que é tão orgulhoso, encolerizado, tenha matado o hitita por causa de sua audaciosa acusação contra um membro da família real? – sugeriu Roant.

— Pode ser, embora no orgulho a irmã e o irmão sejam iguais, e no entanto Hatasu entregou Horemseb à justiça sem restrições; ela ordenou que se desse andamento ao processo com o maior rigor, sem nenhuma consideração pela origem dele.

— Infeliz Horemseb, que destino terrível te espera! – exclamou Roant emocionada.

— Guarda tua compaixão para outro mais digno que esse celerado – disse uma voz vibrante e irritada.

Todos se voltaram, surpresos.

— Roma, tu aqui? Já sabes que Neith está viva? – perguntou Roant correndo para o irmão.

— Viva, talvez, mas que vale uma vida semidestruída por esse veneno? – respondeu o jovem sacerdote com amargura.

Sua fisionomia doce e calma refletia uma cólera concentrada, uma dureza que nunca lhe tinham visto.

— De resto, as revelações de Sargon não me surpreenderam; há muito eu suspeitava da verdade, só que os indícios eram fracos demais para me permitir acusá-lo. Agora é diferente, e já prestei a Ranseneb meu depoimento, que corrobora o do hitita, e coloquei nas mãos dele as provas palpáveis da culpabilidade de Horemseb.

Vendo o espanto dos interlocutores, Roma contou sucintamente as circunstâncias que o haviam colocado na pista das rosas vermelhas, e os indícios que aos poucos haviam concentrado suas suspeitas em Horemseb.

— Pobre Sargon, sua dedicação e coragem foram realmente sublimes e sua morte compensa todos os erros que cometeu com Neith – concluiu Roma com um suspiro.

— A memória dele será cercada de honrarias – observou Chnumhotep. – A rainha ordenou que o embalsamassem como as múmias reais. Os funerais serão por sua conta, e Ranseneb declarou que todos os sacerdotes assistirão à cerimônia, realizarão os rituais e dirão todas as preces devidas a um príncipe de sangue real, o que o defunto merece pelo serviço que prestou à religião delatando um sacrilégio abominável, renegando com isso o deus impuro e sanguinário de seu povo.

— Sim, ele mereceu os deuses do Egito. Mas uma outra razão me traz aqui – disse Roma. – A comissão parte amanhã, e como vou junto, vim despedir-me de vocês.

–' Já amanhã? – exclamou Keniamun. – Pensei que seria dentro de três dias; nem sabia que ias junto.

— Eu o solicitei, embora Ranseneb me fosse indicar de qualquer modo; é compreensível que queira ver Neith e trazê-la de volta. Quanto à partida, está sendo apressada o mais possível. Ranseneb está ansioso para colocar as mãos no sacrílego.

— E também na fortuna dele, que ficará para os templos – acrescentou Chnumhotep com um sorriso malicioso.

Enquanto Keniamun, o chefe da guarda e sua mulher continuavam a discorrer sobre os incríveis acontecimentos, Roma sentou-se e, cotovelos apoiados na mesa, mergulhou em seus pensamentos. Uma verdadeira tempestade de sentimentos coléricos, desesperados e ciumentos se havia desencadeado na alma pura e harmoniosa do jovem sacerdote. Previa a dura batalha que o aguardava, a dor pungente de ver a mulher que amava preferir um outro, sob influência do terrível veneno cujo poder ele já experimentara. À simples lembrança do abominável criminoso que havia roubado seu ídolo para o macular, que derramara gota a gota o veneno e a corrupção na alma honesta e cândida de Neith, seus punhos se crispavam e entregaria Horemseb, sem piedade, às torturas mais atrozes. Nenhum castigo era suficientemente duro para esse assassino de almas. Que cenas hediondas, que vícios repugnantes teriam maculado o olhar dela, que sentimentos abomináveis teriam devastado talvez a alma da jovem que ele, Roma, havia respeitado, não abusando jamais do poder que o amor lhe dava? Quanta paciência e abnegação, e luta íntima contra seu ciúme legítimo, teria que suportar até resgatar, purificar, curar o que o monstro havia rebaixado, ferido e destruído?

A voz de Keniamun, que se despedia, arrancou Roma dessas pungentes reflexões; ergueu-se também, e pouco depois do oficial deixou a casa da irmã; ainda tinha alguns preparativos a fazer para poder partir no dia seguinte.

Alguns dias após a partida da comissão para Mênfis, a rainha se encontrava de manhã sozinha em uma sala de seus aposentos particulares. Esse refúgio predileto de suas horas de liberdade era em grande parte devotado às lembranças de seu pai Tutmés I, cuja memória era sagrada para Hatasu. No fundo da sala, em um nicho, via-se a estátua do finado faraó; em prateleiras, estavam objetos que tinham pertencido a ele, alguns troféus que trouxera de suas campanhas, enquanto as pinturas que cobriam as paredes representavam os altos feitos do faraó, suas vitórias às margens do Eufrates e suas expedições de caça.

Os diversos objetos que havia nessa peça mostravam que o espírito versátil da dona se ocupava dos mais diversos assuntos; via-se ali objetos de caça e de pesca, mapas e modelos do túmulo que estava sendo construído na cidade dos mortos, bem como anexos que deviam ser erguidos no templo de Amon-Rá. Uma grande harpa de vinte e quatro cordas, maravilhosamente trabalhada, estava em um canto, e um trabalho de mão sobre um tamborete. Uma mesa de trabalho repleta de papiros e tabuinhas estava colocada perto da janela.

Reinava um profundo silêncio na sala e nos aposentos vizinhos, cortado apenas pelo ressonar sonoro do cão favorito da rainha, que dormia sobre uma enorme almofada listada, com franjas nas duas pontas. Apoiada no alto espaldar de sua cadeira, Hatasu refletia, mas os lábios apertados com força indicavam que seus pensamentos eram penosos. Realmente, a decisão que havia tomado e da qual se preparava para dar conhecimento ao irmão, lhe custara uma intensa luta íntima. Seus olhos retornavam constantemente a um papiro aberto diante dela e que já continha sua assinatura.

Ao ouvir o ruído de passos, ora vivos ora hesitantes, que se aproximavam da sala, Hatasu endireitou-se; sabia que era Tutmés, que ela não tinha visto mais depois do dia fatal da morte de Sargon. Um instante depois, a cortina bordada a ouro da porta se ergueu e a figura elegante do jovem príncipe apareceu na soleira. Tinha emagrecido e empalidecera visivelmente; seu ar preocupado e taciturno mostrava claramente que não esperava nada de bom dessa entrevista com sua real irmã; mas no olhar brilhante, na curva obstinada dos lábios, se mesclavam a teimosia e a resolução desesperada de encarar o inevitável. Evitando o olhar claro e penetrante da rainha, aproximou-se dela e, sem fazer as saudações de hábito, cruzou os braços e disse em tom abafado:

— Chamaste-me; aqui estou, minha irmã! (acentuou a palavra). O que desejas dizer-me?

Hatasu franziu de leve as sobrancelhas, mas sua fisionomia permaneceu impassível enquanto dizia, com calma e severidade:

— Teimosia e insolência em vez de humildade e arrependimento; é uma solução útil quando não se pode negar o que foi feito, recurso dos covardes que temem o castigo justo. Ah! Enganei-me contigo, achando que junto com o sangue também tivesses herdado as qualidades de alma de teu glorioso pai, o qual, de arma em punho, vencia os inimigos e conquistava, rei pela coragem tanto quanto pelo nascimento! E *tu*, filho dele, que sonha ser um dia Tutmés o Grande, munido de colares encantados e flores envenenadas, segues um caminho tortuoso para o poder? Vergonha para ti e para o sangue real que corre em tuas veias, por usares desses expedientes!

À medida que ela falava, um rubor violáceo tomava conta das faces bronzeadas do príncipe; a vergonha e uma cólera insensata o sufocavam. Ofegante, espuma aos lábios, não conseguiu falar por um momento; depois, uma torrente de palavras entrecortadas e incoerentes lhe saiu da boca. Por fim, dominando-se com esforço, balbuciou em tom sufocado:

— Corta-me a cabeça, mas não me insultes; prefiro ser morto a ser escarnecido por uma mulher.

Hatasu observara impassível o insensato acesso de raiva, e a mesma calma severa lhe vibrava na voz quando falou, erguendo a mão:

— Chega! Cai em ti, insensato, e cala-te quando tua soberana fala. Não preciso de tua cabeça, criança tola que colocas tua honra nas mãos de uma mulher insignificante, que vende filtros enfeitiçados e está ligada a um tenebroso caso de crimes! Necessitas, pelo que vejo, de uma escola mais severa que a vida da corte para tornar-te digno do poder. Como vice-rei da Etiópia, vais testar tuas forças; não esqueças, a partir deste momento, que não é um menino sem juízo, mas o primeiro funcionário do reino que está diante do faraó.

Ao ouvir o título de vice-rei da Etiópia, uma surpresa incrédula se desenhou inicialmente no rosto expressivo de Tutmés; depois, subitamente calmo, disse com uma gravidade respeitosa que trouxe um ligeiro sorriso aos lábios da rainha:

— Não esqueço a augusta presença diante da qual me en-

J. W. Rochester

contro; apenas lembrei que teu irmão, o vice-rei da Etiópia, como acabaste de dizer, não deve ser acusado e desconsiderado.

— Não são minhas palavras, mas teus próprios atos que te desconsideraram; mas quero esquecer o tom inadequado de tuas observações.

— Sempre fui cumpridor obediente de tuas ordens, minha irmã – observou Tutmés corando. – Minha única culpa foi ter utilizado o feitiço, mas nunca abusei dele, contentando-me com tua amizade, sem inspirar-te uma louca paixão, o que teria sido fácil!

— Sabes te desculpar muito bem; mas desta vez estás transformando o teu interesse em virtude – retrucou a rainha com ironia. – Não tenho mais idade para que me desejes como mulher; por outro lado, meu amor e ciúme seriam os mais incômodos possíveis para um jovem libertino. Então, sabiamente, preferiste despertar com o feitiço a minha amizade, que te traria facilmente todos os favores que desejasses. Mas chega desse assunto: que seja esquecido para sempre isso que aconteceu! Horemseb vai pagar pelos abusos provocados pelo filtro que inventou; e tu partirás dentro de três dias para teu destino, com um séquito do qual eu indicarei a metade, deixando-te livre para escolher a outra metade. É muito perigoso ter por perto um irmão munido de filtros de amor. Quem sabe? Talvez ainda tenhas de reserva esse recurso irresistível.

— Não, não, agora isso me causa horror – disse o príncipe com vivacidade.

— Tanto melhor! – respondeu a rainha estendendo-lhe o papiro aberto à sua frente. – Aqui está tua designação; torna-te digno de minha benevolência. Ao te envolveres nesse assunto criminoso, colocaste em minhas mãos uma arma terrível contra ti; não faças jamais com que eu me arrependa de ter salvo tua vida, talvez arriscando a minha. Será ainda efeito do feitiço? Não sei, mas não quis destruir-te.

Tutmés ajoelhou-se e pegou respeitosamente o precioso papiro que lhe restituía a liberdade e o poder.

— Perdoa-me, Hatasu – disse em voz baixa. – E despede-te de mim sem cólera; nossa amizade, infelizmente, foi induzida pelo feitiço, mas o poder do filtro é recíproco, minha irmã; esse feitiço que me ajudou também me impedirá de erguer a mão para tua coroa.

— Se ele te inspirar a paciência de esperar com honestidade que eu me vá para te ceder o lugar no trono de teus antepassados, esse feitiço terá sido útil a nós e ao Egito – disse a rainha melanco-

licamente – Sabes que vais ser meu herdeiro, a esperança da gloriosa raça de Tutmés. Agora vai preparar-te para a viagem, e possam
os deuses inspirar-te e conceder-te êxito em tudo que empreenderes
nessa terra aonde te envio!

Tutmés, sempre ajoelhado, tomou a mão da irmã e beijou-
a com respeito e gratidão; depois despediu-se e partiu alegre, de
cabeça erguida; sua natureza mutável e flexível havia recuperado
todo o aprumo.

Hatasu ficou mergulhada num devaneio melancólico, e com o
olhar fixo na efígie do falecido faraó, murmurou:

— Mantive a promessa que te fiz; que seja o que tiver que ser!

As derradeiras vítimas

Após a partida de Horemseb e Neith para Saïs, Thaadar, que
os acompanhara até o barco, voltou rapidamente ao palácio. Preocupado, subiu ao terraço mais alto e examinou atentamente o céu
estrelado; mas quanto mais estudava os astros e calculava sinais
traçados num pedaço de papiro, mais sua fisionomia se escurecia e
refletia raiva e ansiedade.

— Só trevas, constelações maléficas, presságios de desventura
e de morte – murmurou. – Está evidente que as forças contrárias
o inspiram, e que Horemseb não retornará mais como senhor a
este palácio. E se ele não quis fugir, é que o destino inexorável lhe
obscureceu a razão. Maldita fatalidade! Quando penso que só mais
dois anos tranqüilos seriam suficientes para completar a grande
obra, conquistar a vida eterna! – rangia os dentes, e brandia os
punhos cerrados contra o invisível. Tinha um aspecto assustador
nesse momento; o frenesi interior dobrava e sacudia sua figura os-
suda, e o rosto anguloso, os olhos profundos, refletiam uma ira e
maldade infernais.

Ao cabo de alguns instantes, acalmou-se, passou a mão pelo
rosto, depois esticou os braços.

– Mãos à obra, em vez de perder tempo, que é precioso! – murmurou.

Enrolou o papiro que tinha consultado e desceu para o quarto.
Lá tomou uma pequena ânfora que escondeu nas largas vestes, e
depois fez uma visita misteriosa à área de serviço do palácio, que
levou quase uma hora. Isso feito, chamou Chamus, que junto com

Hapzefaa e todos os homens válidos, trabalhava na demolição da pirâmide.

— Suspendam o trabalho; amanhã recomeçarão, quando eu mandar – disse; – é preciso dar um descanso aos homens; que vão para seu alojamento. Hapzefaa e Chamus, sigam-me, e venham, junto com todos os eunucos e vigilantes, à sala de refeições.

Quando estavam todos reunidos ali, Thaadar disse-lhes:

— Cada um tome uma dessas preciosas taças que aí estão: sirvam-se, há vinho nessas ânforas. Bebam, e guardem as taças, é um presente do príncipe Horemseb em retribuição a seu empenho de servi-lo nesse momento difícil que está atravessando. Se permanecerem fiéis a ele e não revelarem a quem quer que seja o que viram de mais aqui, ele os recompensará ainda melhor quando retornar, pois sabem que um parente do faraó se livra de qualquer dificuldade ou calúnia.

Felizes e surpresos com essa liberalidade principesca, os homens beberam, reafirmando sua fidelidade e dedicação, e depois se retiraram para descansar.

— Agora serão fiéis e discretos, tenho certeza – murmurou Thaadar com ironia; e ainda os poupo da tortura que poderia muito bem ser usada para soltar-lhes a língua.

Voltou a seu quarto, despojou-se da longa veste branca, da qual fez um pacote, e colocou o avental de tecido grosseiro e o *claft* listado de um homem do povo; depois, colocando ao ombro um saco no qual amontoara diversos objetos, saiu para o jardim, que atravessou em toda a extensão. Habilmente dissimulada numa espessa vegetação, havia uma pequena porta escondida que ninguém suspeitaria existir. Abrindo-a, encontrou-se numa outra área de vegetação, próxima à margem do Nilo. Seguiu margeando o rio sem encontrar viva alma; ainda era noite, e além disso, todos evitavam as proximidades do palácio do feiticeiro. Sem dificuldade, ele procurou entre os caniços e encontrou um pequeno barco; tomando os remos, dirigiu-se rapidamente para a margem oposta. Ali seguiu ao longo da cidade dos mortos até os confins dela, atracou num local afastado, escondeu o barco e continuou o caminho a pé. Após uma caminhada rápida e cansativa, aproximou-se de uma cadeia de rochedos, nos quais se via aqui e ali aberturas escuras, saídas de velhos túmulos violados pelos malfeitores.

Era um lugar ermo, deserto, desolado, e que despertava um medo supersticioso nos que se aventuravam por ali, pois lá repousavam, em milhares de tumbas, gerações desaparecidas, contemporâneas das primeiras dinastias faraônicas.

E apesar disso, vários habitantes de Mênfis se dirigiam em segredo para esse local desolado, pois ali vivia um homem que desempenhava na cidade mais ou menos o mesmo papel que Abracro em Tebas. Era um feiticeiro que aparecera por ali pouco depois do retorno de Tutmés I de sua campanha na Ásia. Os boatos diziam ser um hitita liberto, ou fugido de alguma forma de seu captor. O tipo do mago, sua tez clara e o sotaque estrangeiro com que falava um egípcio precário confirmavam essa hipótese. Ninguém sabia seu nome, chamavam-no de o homem da montanha, e o mistério que cercava sua vida conferia-lhe uma aura de temor supersticioso que lhe dava mais segurança que uma escolta. Desde seu aparecimento, o desconhecido nunca mais abandonara o lugar solitário que tinha escolhido como refúgio. De quê se alimentava? Era um mistério, porque jamais comprava nada e não aceitava absolutamente nenhum pagamento dos que tinham a coragem de vir consultá-lo. Esse desinteresse e a fama de extraordinário saber lhe atraíam consulentes, embora em menor número que os de Abracro.

Chegando próximo de um monte de rochas, Thaadar ocultou-se e imitou com perfeição o grito prolongado de um pássaro noturno; respondeu-lhe um grito semelhante, e depois de trocar por três vezes esse sinal, ele se ergueu e dirigiu-se correndo para a cadeia de rochedos. A meio do caminho, encontrou o solitário habitante, que o saudou respeitosamente.

— É a desgraça prevista que te traz, venerável mestre?

— Sim, Sapzar, tudo aconteceu pior ainda do que eu pensava; mas vamos entrar rápido, estou exausto.

Acabavam de chegar ao sopé do monte. Sapzar, seguido pelo companheiro, esgueirou-se, arrastando-se com mãos e joelhos, entre os fragmentos de rocha e pedras enormes, depois afastou uma cortina de arbustos e penetrou num longo e obscuro corredor. Depois de várias voltas em total escuridão, Sapzar empurrou uma laje de pedra que deslizou sobre si mesma e penetrou com Thaadar numa caverna espaçosa, iluminada por uma lâmpada. Era uma antiga tumba, composta de duas câmaras, que o hitita arrumara para residir; o ar, embora pesado e quente, era respirável. Quem desse uma olhada na segunda câmara não se admiraria de que ele pudesse viver sem suprimentos, pois ali se acumulavam provisões em abundância: carnes defumadas e salgadas, frutas secas, queijo,

J. W. Rochester

mel, etc, bem como grandes ânforas com óleo, vinho e cerveja. A fonte de tudo isso era Horemseb, que autorizara Thaadar a fornecer a seu compatriota tudo de que necessitasse. A cada mês o sábio transportava para lá, durante a noite, tudo que era preciso, e quando começou a temer que fossem denunciados, Thaadar escondera no refúgio de Sapzar seus haveres mais preciosos.

Na primeiro câmara, mobiliada com conforto, Thaadar estendeu-se sobre um divã. Retemperando-se com um copo de vinho, relatou a Sapzar os últimos acontecimentos.

— Se Horemseb estivesse aqui comigo, neste abrigo seguro, eu ainda teria esperança no futuro; mas o insensato preferiu fazer uma última tentativa para manter sua posição, e receio que nisso acabe perdendo a vida. Em todo caso – concluiu com um suspiro – ele sabe o caminho de teu refúgio e poderá esconder-se aqui se for preciso.

No dia que se seguiu a essa noite movimentada, pelas seis horas da tarde, vários barcos com sacerdotes e soldados chegaram a Mênfis: era a comissão encarregada da sindicância no palácio de Horemseb, que chegava algumas horas depois do que Mena previra. Enquanto Ranseneb, Roma e os outros sacerdotes se dirigiam ao templo de Apis, para entender-se com o sumo sacerdote Amenófis e transmitir-lhe o depoimento de Sargon, Antef, com o destacamento sob seu comando, dirigiu-se para o quartel de Mênfis para entregar uma ordem real ao comandante. Keniamun ficou para fazer a flotilha de barcos se posicionar, devendo manter-se à parte e não fazer contato com ninguém. Ele estava encarregado também de prevenir Neftis e ir até a fenda do muro para obter as últimas notícias. No dia seguinte, ao amanhecer, pretendiam forçar a entrada no palácio. O jovem oficial ia começar a subir a rua que conduzia do rio ao interior da cidade quando, para grande surpresa sua, percebeu Hartatef que, preocupado, caminhava ao lado de uma liteira coberta, carregada com cuidado por quatro homens. Keniamun aproximou-se e bateu no ombro de Hartatef.

— Pensei que ainda estavas em teu posto! – disse após cumprimentá-lo. – Mas o que estás levando aí em segredo, se não é uma pergunta indiscreta?

— Terminei o que tinha a fazer antes do que imaginava; e nessa liteira, está uma mulher ferida que meus homens retiraram do Nilo esta noite, e estou levando para Tebas, para onde vou.

Sem aguardar permissão de Hartatef, Keniamun pegou a cortina da liteira e ergueu-a com curiosidade; ao primeiro olhar para o interior, recuou empalidecendo e exclamou em tom sufocado:

— Ísis!

— Conheces esta mulher, que murmura sem cessar o nome de Horemseb? – perguntou Hartatef com vivacidade.

— Sim, mas deves conduzi-la de imediato não a Tebas, mas ao templo de Apis; salvaste uma tremenda testemunha contra o feiticeiro! Mas não estás sabendo de nada; vou te colocar a par de tudo e depois me contarás onde e como encontraste essa pobre menina.

Keniamun relatou sucintamente a morte de Sargon, seu depoimento, que Neith estava viva, e que estava se preparando uma sindicância.

Um rubor súbito cobriu as faces de Hartatef ao ouvir essas extraordinárias notícias.

— Eu já desconfiava disso há muito tempo, e não me enganei achando que os deuses haviam me colocado nas mãos uma arma contra o miserável! Eis o que que se passou. Eu estava voltando ontem à noite, quando, ao me aproximar de Mênfis, pensei ouvir um gemido fraco dentro d'água. Mandei parar e iluminar em torno de nós, e então percebemos uma mulher agarrada a um tronco, que largou assim que a vimos. Meus homens a socorreram, e quando a puseram no barco, percebi que estava gravemente ferida. Enquanto lhe colocava uma bandagem no ferimento, ela abriu os olhos e murmurou: "Horemseb, não me mates!". Essas palavras me deixaram alerta, e como o nome do feiticeiro lhe volvia constantemente aos lábios, decidi tratá-la em minha casa.

Aceitando o conselho de Keniamun, Hartatef transportou Ísis ao templo, onde os sacerdotes lhe prestaram todos os cuidados possíveis. Algumas horas depois, Keniamun, bastante inquieto, avisou que Neftis, que saíra na noite anterior, não tinha retornado a casa.

Os primeiros raios de sol douravam o horizonte quando os destacamentos de soldados cercaram o palácio de Horemseb e bloquearam a saída que dava para o Nilo, enquanto os sacerdotes, à frente de uma escolta reforçada, batiam à porta que dava para a cidade. Um silêncio de morte lhes respondeu e prolongou-se por longo tempo; estavam se preparando para abrir caminho a golpes de machadinha, quando os ferrolhos correram e um jovem negro apareceu, tremendo. Agarraram-no, mas a todas as perguntas ele respondia apenas que nada sabia, que desde a noite anterior o chefe dos eunucos, Chamus, o intendente Hapzefaa e todos os vigilantes tinham desaparecido, e quanto ao amo, ele nunca o tinha visto.

— Pressinto que vamos descobrir algum novo crime – disse Amenófis a Ranseneb, ordenando ao escravo que lhes mostrasse o caminho para o alojamento do intendente.

Com espanto e horror, a comissão constatou que o intendente, assim como todos os eunucos e vigilantes, estavam mortos, evidentemente envenenados, pois seus corpos não apresentavam nenhum sinal de violência, nenhum ferimento; os infelizes pareciam tranqüilamente adormecidos. Os sacerdotes ordenaram então que todos as pessoas vivas no palácio fossem reunidas num dos pátios, e logo um rebanho trêmulo de homens e mulheres estava reunido; mas o interrogatório deles também não levou a qualquer resultado.

– Não sabemos nada, nós somos as dançarinas e cantoras do amo – repetiam as moças. Outros, que trabalhavam nas atividades grosseiras da casa, jamais haviam transposto os limites da área do palácio; apenas alguns homens declararam ter sido levados ao jardim, na noite da antevéspera, para demolir uma construção de pedra, mas que o trabalho em seguida fora suspenso. Quanto aos criados que atendiam aos serviços pessoais, tanto homens como mulheres, eram invariavelmente mudos, e em parte também surdos. Era impossível saber algo por eles, e os sacerdotes se preparavam para continuar a vistoria, quando um rapazinho se destacou do grupo, e prosternando-se, começou a traçar com o dedo diversos sinais no chão.

— Sabes escrever? – exclamou Ranseneb admirado; e erguendo o adolescente, acrescentou com bondade: — Vamos te dar tabuinhas; escreve, se puderes, tudo o que sabes sobre teu amo.

Quando um escriba lhe apresentou o necessário para escrever, o rapazinho grafou rapidamente: "Anteontem à noite, Horemseb partiu para Saïs com a mulher chamada Neith".

Os sacerdotes trocaram olhares surpresos, mas Roma exclamou impulsivamente:

— Temos que perseguir o miserável e saber com que intenção ele arrasta a vítima junto consigo. Deixem-me ir libertar Neith!

— O que dizes é certo e o faremos assim que terminarmos a vistoria aqui – respondeu gravemente Amenófis. — Quando voltarmos ao templo, vamos interrogar a fundo esse rapaz e talvez consigamos informações que te ajudarão a libertar mais rapidamente a infortunada jovem. Neste momento, ele nos servirá de guia: como era da criadagem particular, deve conhecer todos os recantos do lugar.

Conduzidos pelo jovem escravo, cujo olhar brilhava de raiva satisfeita, os sacerdotes, oficiais e soldados penetraram na misteriosa habitação onde por tanto tempo Horemseb ocultara a todos os olhares indiscretos sua vida de ócio e crimes, suas orgias e assassinatos. O palácio tinha perdido em boa parte seu aspecto original: os mil incensórios não existiam mais, o ar estava livre dos aromas sufocantes; os objetos mais preciosos tinham desaparecido, os criados enfeitados não circulavam mais nos aposentos desertos. Contudo, o luxo real do mobiliário, a arquitetura exótica, a decoração extravagante e original despertavam a cada passo a surpresa dos recém-chegados.

Através do terraço onde Horemseb tantas vezes escutara os cantos ou contemplara, devaneando, o encanto da natureza, e no qual um dia Chamus lhe apresentara Kama, a inocente vítima que substituíra Neftis, a comissão ganhou os jardins. Ali também se notava que grandes alterações haviam ocorrido após a fuga de Sargon. O pavilhão do sábio e a planta misteriosa tinham desaparecido inteiramente.

Ao verem finalmente a pirâmide em vias de demolição, os sacerdotes e funcionários tiveram certeza de que Horemseb havia tentado eliminar todas as evidências de seus crimes, e o teria conseguido, se a chegada deles não o tivesse impedido. Mas como teria sido avisado? Faltava descobrir isso.

Quando os soldados desobstruíram a entrada da pirâmide, cheia de tijolos e lajes de pedra arrancadas, os sacerdotes e oficiais entraram, e diante deles apareceu, em todo seu horror e tamanho, o colossal ídolo hitita, a divindade sanguinária que surgira insidiosamente no coração do Egito vitorioso, para se saciar durante anos com o sangue de seus filhos.

— Ah! – exclamou Amenófis, com o olhar faiscante. – Infame sacrílego! Então essa era a verdadeira razão de tua negligência para com os deveres religiosos! Muitas vezes eu lembrei a ele que precisava cumprir os deveres para com os deuses; agora entendo por que ficava surdo a minhas advertências. Mas Osíris, cansado de seus crimes, fez surgir a verdade!

— Eu também desconfiava dele há muito tempo!— observou Ranseneb. – Mas o que será esse odor putrefato que se exala deste lugar impuro? Seria o cadáver de alguma vítima?

J. W. Rochester

Os soldados procuraram, iluminando com tochas cada recanto, sem sucesso. Por fim, perceberam a porta entre as pernas do colosso e a abriram: um odor nauseabundo escapou do interior. Apesar disso, todos se debruçaram ávidos para ver o que os soldados iam retirar da entranhas do ídolo. Primeiro surgiram restos de substâncias combustíveis e ossos calcinados; depois, um objeto volumoso foi retirado de um monte de cinzas úmidas, que atestavam ter sido o fogo extinto de repente.

Era o corpo de uma mulher, coberto de hediondas queimaduras, enegrecido, inchado, mas não consumido. Quando o cadáver foi levado para fora, viu-se que no flanco havia uma ferida aberta e que o sangue, que correra em abundância, tinha se calcinado em torno dos quadris, formando como que um cinto enegrecido. O rosto intumescido, com a pele crestada, estava, apesar de tudo, menos desfigurado que o resto, e do crânio pendiam, em alguns lugares, tufos de cabelos ruivos colados na testa pelo sangue ou o suor da agonia.

Petrificados de horror, todos contemplavam esse resto humano de membros retorcidos, com a face crispada, na qual parecia colada uma expressão de sofrimento sobre-humano, quando Keniamun soltou um grito abafado, e recuou cambaleando.

— O que tens? – indagou Ranseneb, segurando o oficial.

— É Neftis! – murmurou o rapaz, apertando a cabeça entre as mãos e tentando recuperar o sangue-frio.

Fez-se um silêncio mortal; esse revelação caía como um peso sobre todos. De repente, um dos sacerdotes se inclinou, e tomou a mão enegrecida e crispada do cadáver, que parecia segurar algo. Afastou com dificuldade os dedos inertes e descobriu, apertada na palma que permanecera branca e delicada, uma rosa vermelha murcha e dilacerada.

— A prova flagrante da culpabilidade de Horemseb, conservada pela justiça divina na própria mão de sua vítima! – disse o ancião solenemente. – Essa flor, idêntica àquelas reunidas por Roma, afasta as últimas dúvidas sobre a origem dos crimes cometidos em Tebas.

Enquanto isso se passava no interior do palácio, havia se espalhado pela cidade o rumor de uma sindicância no palácio misterioso, e de acusações graves contra Horemseb. As sentinelas postadas nas saídas do palácio confirmaram a notícia, e aos poucos uma multidão de curiosos, entre os quais se viam não poucas pessoas de classes abastadas, se juntou ao redor do palácio. A agitação era intensa, falava-se de crimes, de mortes confirmadas, de sacrilégios inauditos. Toda a raiva e suspeita que havia anos se ocultavam na alma dos habitantes de Mênfis começou a transbordar. Assim, quando a comissão apareceu na entrada, foi cercada por pessoas ilustres que solicitavam uma explicação.

Os sacerdotes não se fizeram de rogados para relatar o que tinham acabado de encontrar e só não contaram que o príncipe tinha fugido para Saïs levando Neith. Enquanto Amenófis falava com os dignitários, e lhes concedia a permissão para visitarem o palácio junto com suas famílias, Antef comunicou a Ranseneb que os escravos de Horemseb diziam não ter comido nada desde a antevéspera, e rogavam que lhes dessem algum alimento. O sacerdote de Amon disse-lhe para verificar se ainda se encontravam provisões no palácio, e em caso afirmativo, que as distribuíssem aos infortunados servos, enquanto se decidia o que fazer com eles. A seguir, todos os sacerdotes retornaram ao templo para deliberar, levando o jovem escravo que iam submeter a um interrogatório em regra.

Depois de registrar o depoimento dessa importante testemunha, foi decidido que Roma, Keniamun e um destacamento de soldados se dirigiriam a Saïs para prender o criminoso, caso este ainda estivesse ali, e tomar-lhe Neith, para reconduzi-la a Tebas de acordo com a ordem da rainha.

Amenófis estava terminando uma carta dirigida ao sumo sacerdote do templo da deusa Neith, em Saïs, que Roma iria levar para obter o auxílio dessa autoridade, quando chegou, sem fôlego, um jovem oficial enviado por Antef. Tinha vindo solicitar aos sacerdotes que fossem o mais rápido possível ao palácio de Horemseb, onde estranhas ocorrências se sucediam. Os privilegiados a quem fora permitido visitar a misteriosa habitação, que por tanto tempo constituíra um enigma para todos, tinham se distraído examinando detalhadamente os maravilhosos aposentos, os jardins encantados, palco das orgias selvagens, das mortes e dos feitiços com que o príncipe de divertia. Entre os curiosos encontravam-se diversos rapazes e meninas que os pais tinham imprudentemente levado junto; estes desavisados tinham encontrado, no vaso que servia para a correspondência de Ísis e Sargon, um embrulho com as rosas maléficas que a jovem conspiradora tinha colocado ali para livrar-se desses presentes mortais. Desconhecendo o perigo, os imprudentes tinham aspirado avidamente o perfume deletério, e, tomados de loucura, esqueciam o pudor e a compostura. Com esforço, os pais espantados os separaram e levaram embora; contudo, o efeito do veneno foi tão violento sobre os jovens organismos, que muitos deles ficaram doentes, e uma das meninas ficou alienada.

A perturbação causada por esse incidente ainda agitava a todos, quando gritos vindos dos pátios e áreas de serviço atraíram os oficiais: viram os infelizes escravos correr descontrolados, batendo a cabeça nas paredes, ou inclinar-se angustiados sobre os companheiros caídos imóveis junto das tigelas de alimentos que tinham ingerido. Alguns caíram para não se erguer mais. Antef, fora de si, tinham mandado chamar os sacerdotes; mas quando estes chegaram, a toda pressa, só puderam constatar a morte de todos os infelizes que haviam consumido as provisões encontradas no palácio, e entre eles vários soldados, que se tinham deixado tentar por uma ânfora de vinho, envenenado como tudo mais por Thaadar, antes de partir.

Mudos de horror, os sacerdotes circulavam em meio a essa hecatombe indescritível, contemplando os homens de todas as idades, as encantadoras jovens caídas em grupo, como flores ceifadas. Todos os que haviam servido Horemseb, recreado seus olhos com as danças, encantado seus ouvidos com os cantos, estavam mortos; todas essas bocas não o podiam acusar mais diante dos juízes terrestres, mas a quantidade dessas novas e inocentes vítimas enchia de horror os mais corajosos.

Embora Horemseb ignorasse esses últimos crimes, cometidos por Thaadar, foi sobre ele que se acumulou a cólera excitada pelo fato. Um clamor de acusação e horror se elevou da cidade inteira, e o nome do feiticeiro, amaldiçoado e vaiado, tornou-se sinônimo de crime, e sua figura, aumentada pelo temor e os relatos exagerados, tomou a dimensão de um ser fantástico e terrível que trazia a morte a todos que se aproximavam dele.

O palácio foi fechado e se tornou inacessível como à época de seu esplendor; a entrada foi proibida a todos, sob pena de morte; ficou vigiado ao redor por sentinelas, como uma fortaleza, e nas salas vazias e silenciosas, Antef se instalou com uma companhia de soldados e alguns oficiais subalternos.

Neith e seu companheiro chegaram a Saïs sem incidentes e foram recebidos de braços abertos pelo velho sumo sacerdote parente de Horemseb. Este evitou cuidadosamente mencionar ao venerável Ameni as verdadeiras causas de sua fuga de Mênfis; disse que uma intriga da corte, junto com uma rivalidade amorosa, lhe havia criado inimigos tão poderosos que julgara prudente esconder-se com a jovem que desejava desposar, até que a situação se resolvesse. Solicitava a Ameni que lhe concedesse asilo e proteção por algum tempo.

O velho sacerdote não teve dúvidas sobre a veracidade desse história, e depois de haver consagrado e legalizado de forma adequada a união do príncipe e de Neith, escondeu os jovens esposos numa pequena casa que possuía fora da cidade. Essa moradia, à qual se chegava por uma comprida alameda de plátanos e sicômoros, se comunicava pela área de serviço com um vasto pomar e horta, cortados por aléias sombreadas, vizinhando o campo. Temendo, entretanto, ser descoberto, Horemseb mantinha dia e noite um cavalo arreado num pátio antes dos jardins, para fugir ao primeiro sinal de alerta. Planejava enviar Neith a Tebas para pleitear sua causa diante de Hatasu, e ela só esperava, para partir, uma ocasião segura e cômoda que Ameni havia prometido conseguir-lhe. Em caso de perigo, Horemseb pretendia esconder-se no refúgio inacessível de Sapzar e esperar o perdão e a reabilitação; em caso contrário, estava decidido a deixar o Egito. Neith estava a par de todos esses planos, e o príncipe lhe havia informado dos detalhes precisos, tanto sobre o esconderijo de Sapzar como sobre a forma de penetrar no palácio de Mênfis pela porta secreta do muro externo; ela precisava ter condições para se comunicar com ele em todos os casos, mesmo imprevistos.

Numa tarde, cerca de três dias após o casamento de Horemseb, um grupo de homens composto por um sacerdote, um escriba real, um oficial e um destacamento de soldados veio bater à porta do templo de Neith: era Roma, Keniamun e um funcionário do departamento de justiça, que chegavam de Mênfis para prender o criminoso príncipe e pedir sua extradição ao templo, se estivesse refugiado ali.

— De que é acusado o príncipe? — indagou Ameni quando o grupo se achou em sua presença.

— Esta carta, enviada pelo sumo sacerdote Amenófis, traz todos os esclarecimentos necessários, venerável padre — respondeu Roma, apresentando-lhe a missiva.

Mal o ancião terminou de ler, deixou-se cair numa cadeira, tomado de horror.

J. W. Rochester

— Deuses imortais! Que conjunto de crimes me relata Amenófis! O criminoso me enganou com mentiras, mas vou de imediato indicar-lhes seu refúgio e pôr-lhes à disposição servidores do templo que lhes indicarão o caminho e ajudarão a prendê-lo.

Embora se achando seguros sob a proteção de Ameni, Neith e Horemseb estavam tristes e preocupados; uma ira desesperada consumia o príncipe, e o pressentimento de uma infelicidade próxima atormentava a jovem. Desde a manhã daquele dia, em especial, sua inquietação e angustia aumentavam a cada hora, e cedendo a seus pedidos, Horemseb subira com ela para o terraço. Debruçada na balaustrada, Neith sondava avidamente os campos em derredor; de súbito, estremeceu e fixou o olhar numa nuvem de poeira que se aproximava. Em seguida reconheceu dois carros com sacerdotes e oficiais e um destacamento de soldados e servidores do templo.

— Olha! – disse, tomando o braço do príncipe, que devaneava, com as sobrancelhas franzidas.

Ele se ergueu e ambos viram o grupo deter-se à frente da alameda, conversar, e depois uma parte deles se afastou com intenção evidente de cercar a habitação.

— Tenho que fugir, eles vêm me prender! – murmurou Horemseb, pálido como um morto.

— Sim, sim, apressa-te; eu fico e irei pleitear tua causa em Tebas – respondeu Neith empurrando-o, trêmula.

Sem perder um instante, o príncipe tomou as armas e envolveu-se num manto escuro; depois, atraindo sua jovem esposa, deu-lhe um beijo ardente.

— Adeus, minha bem-amada! Silencia sobre o passado, não esqueças que é por teu esposo que vais pedir, e que a rainha do Egito é tua mãe. Se tiveres uma boa notícia para mim, me encontrarás com Sapzar ou escondido no palácio; Mena servirá de mensageiro.

Neith lhe devolveu o abraço; seu corpo tremia de paixão e desespero; depois, empurrando-o, exclamou:

— Foge! Cada instante é precioso!

O príncipe lhe acenou pela última vez, depois lançou-se porta afora.

Neith deixou-se cair arrasada numa cadeira; mas golpes violentos na porta da frente a arrancaram à prostração. Com súbita energia, ergueu-se, e tomando uma machadinha que ficara sobre a mesa, saiu correndo. As batidas continuavam, aos gritos de: "Em nome da rainha e do sumo sacerdote Ameni, abram, sob pena de morte!"

Um escravo, trêmulo, abriu os ferrolhos, e os soldados iam se precipitar no interior da casa, quando, do estreito corredor da entrada, surgiu uma mulher vestida de branco. Surpresos, os homens recuaram por um instante, e Neith apareceu no limiar da porta, brandindo a machadinha e exclamando em voz vibrante:

— Para trás! Aqui não passarão, e o primeiro que se aproximar eu matarei!

Estava soberba na exaltação do desespero: os olhos flamejantes, os lábios frementes de orgulho e energia, parecia um gênio guerreiro, uma aparição fantasmagórica.

Por um momento todos recuaram; mas destacando-se do grupo, Roma se adiantou.

— Neith, volta a ti, pobre criança!

Ao ouvir essa voz melodiosa, ao ver aquele que amara tanto, Neith estremeceu como saindo de uma embriaguez; seus braços erguidos se abaixaram, o machado caiu ao chão, e correndo para o sacerdote, exclamou em voz sufocada:

— Roma! Tu aqui? Então está tudo bem.

— Sim, Neith, teus sofrimentos terminaram, estás livre de Horemseb.

— Horemseb? Eu o amo mais que a vida. Salva-o, Roma, se me tu me amas! – suplicou ela, com as mãos unidas.

O sacerdote recuou como picado por uma serpente.

— Salvar esse assassino infame? Jamais!

Vendo que a jovem estava em boas mãos, Keniamun, o escriba e os soldados invadiram a casa. Neith cobriu o rosto com as mãos e chorou amargamente.

— Minha bem-amada – murmurou Roma tomando-lhe as mãos –, volta a ti, entende que estás cega por um feitiço que te faz amar esse homem abominável: Horemseb roubou tua paz, envenenou tua alma, maculou teus olhos e teu corpo com um feitiço que te subjuga. Essa paixão não vem de teu coração, é o resultado do veneno que excita os sentidos e te rouba a dignidade. Minha orgulhosa Neith, volta a ti, desperta desse sonho mau: devolve-me teu coração, a mim que te amo mais que a mim mesmo. Podes me trocar por esse assassino que se nutre de sangue humano?

Ela baixou a cabeça, arrasada; tudo que ouvia era verdade, sabia; mas esse fogo que lhe ardia no peito consumia o ódio e o desprezo, deixando apenas a louca paixão.

— É feitiço ou amor que me devora? Não sei – murmurou baixando a cabeça. – Mas de qualquer jeito, não existe mais salvação para mim, minha vida está destruída, meu coração estraçalhado só tem lugar para a imagem dele; não posso mais viver sem seu olhar de fogo, sem seu amor, e tanto o sentimento como o dever me unem a ele. Não sabes que há três dias sou sua mulher?

Roma soltou um grito.

– Casaste com Horemseb? Ah! O miserável coroou muito bem sua carreira criminosa unindo a vítima inconsciente a seu vergonhoso futuro!!

Um silêncio penoso se fez; o sacerdote foi o primeiro a se recompor.

– Em todo caso, continuo teu amigo – disse, passando a mão na testa úmida. – Tem confiança em mim e deixa que acompanhe a Tebas, de acordo com a ordem da rainha; não podes ficar mais aqui.

– Sim, sim, quero ir para Tebas, vamos! – respondeu Neith, e uma centelha de esperança lhe brilhou no olhar.

Roma viu, compreendeu e voltou-se com um sorriso amargo e irônico; ela teria esperança de salvar o criminoso? Mas, sem responder, envolveu-a num manto, conduziu-a a um dos carros e tomou o caminho do templo.

Horemseb conseguira fugir: ao escapar da casa, parecia que o solo o engulira, e depois de várias horas de buscas infrutíferas, o escriba voltou ao templo com uma parte dos servidores. Keniamun, enraivecido, atirara-se à perseguição do príncipe, cuja pista pensava ter encontrado, e não se sabia quando voltaria.

Roma decidira partir o quanto antes, e Neith, que esperava obter em Tebas a salvação do marido, tinha o mesmo desejo; assim, à primeira claridade do amanhecer, o sacerdote instalou sua companheira de viagem numa grande barca comodamente preparada, e depois de dar ordem de içar a vela, colocou-se em silêncio no outro extremo da cabine.

Neith deixara-se cair nas almofadas da cadeira; sentia-se alquebrada. A excitação, as emoções dos últimos dias, junto com o terrível veneno que Horemseb lhe havia dado, tinham extenuado seu organismo frágil, e apenas com a força de vontade dominava a fraqueza que a invadia cada vez mais. Ela compreendia que era a única que podia ajudar Horemseb, e enquanto estivesse de pé, poderia ter esperança de salvá-lo. No momento em que, morta ou enferma, ela saísse de cena, nem uma voz se ergueria em favor do homem que todo o Egito odiava, e que não soubera fazer um único amigo. Gostaria de poder dormir e juntar forças para a luta que a esperava, e esquecer também a presença de Roma, cujo silêncio e olhar sério e entristecido lhe dilaceravam o coração. Uma voz interior lhe dizia que ele tinha direito de sentir-se magoado, que era muito superior ao homem impiedoso que lhe tinha causado tanto sofrimento e dor; mas diante da paixão cega que ardia em si, todos os outros sentimentos desapareciam. A presença de Horemseb, o aroma suave que se desprendia dele, lhe faziam falta como a água a uma planta. Aquela atmosfera asfixiante tornara-se necessária à sua vida, e o ar fresco e vivificante do Nilo lhe parecia picante e cansativo.

Evitando o olhar do jovem sacerdote, Neith apoiou a cabeça nas almofadas e cerrou os olhos, mas o sono lhe fugia. Maquinalmente, prestou atenção ao ruído compassado dos remos, ao marulho da água, e embalada por esse barulho monótono, esqueceu onde se encontrava, e sua imaginação evocou as imagens do passado recente. Via-se sob a folhagem espessa do jardim misterioso; sobre a relva iluminada pelo luar as jovens vestidas de branco giravam numa dança fantástica, e do fundo do bosque elevava-se um canto estranho, ora vibrante e selvagem como os elementos em fúria, ora doce, melancólico, lânguido, extinguindo-se como o lamento da brisa.

Esses sons, lhe dissera Thaadar, eram o reflexo dos sentimentos da alma, e de certa forma sua respiração, na luta com a divindade. Uma tempestade irresistível e destruidora não invade o peito humano quando, impotente e dolorida, a criatura se choca com o destino? Os sentimentos não amortecem, lânguidos e inebriados, nos momentos inefáveis de felicidade? E ela não estava atravessando uma dessas horas terríveis em que a alma luta contra o inevitável? Não rugia dentro dela uma tempestade desencadeada contra o destino que a esmagava?

A voz sonora do piloto, comandando uma manobra, arrancou Neith bruscamente do devaneio. Abriu os olhos: danças, cantos mágicos, o feiticeiro e seu palácio, tudo desapareceu; a realidade, o futuro em toda sua nudez lhe voltaram à lembrança, e tomada de súbito desespero, desatou em soluços.

Raiva e ciúme apertaram o coração de Roma: ele estava ali, e ela não lhe pedia consolo, não estendia as mãos para ele; seu coração e pensamentos pertenciam a outro.

Neith chorou por muito tempo, e finalmente, vencida pela fadiga e exausta de chorar, acabou por adormecer, de um sono pesado e febril.

Só então Roma aproximou-se e fitou com um olhar de profunda aflição e fisionomia desfeita e emagrecida da mulher amada. – Neith! Neith! – murmurou. – Será que te perdi para sempre, que viraste um joguete infeliz da mão impura que te arrancou dos que te amavam para te destruir e aprisionar tua alma? Não, deve existir uma forma de curar-te, de te libertar do carrasco por quem vais suplicar.

Estava corroído pela cólera e a amargura, pensando na ironia do destino que levava a vítima inocente, cega pelo feitiço infame, a defender com amor aquele que lhe destruía a vida.

A noite caía quando se aproximaram de Mênfis, onde Roma precisava parar para dar conta a Amenófis dos resultados da incursão, e aguardar o dia seguinte para continuar a viagem. A noite caía com a rapidez própria dessas regiões, envolvendo tudo nas sombras. Debruçada na amurada do barco, Neith tinha contemplado com olhar vago a cena feérica do poente; seu olhar e pensamento só buscavam um objetivo: o palácio misterioso, que abrigara tantos crimes e sofrimentos, e testemunhara a revoltante violência perpetrada pelo forte contra o fraco.

A lanterna acesa à frente do barco iluminava fracamente a margem ao longo da qual deslizavam, e nessa claridade Neith percebeu o imenso muro que cercava os jardins de Horemseb. Uma angústia repentina apertou-lhe o peito: invadiu-a uma convicção irrecusável de que seu amor seria impotente para defender o príncipe; o temerário não tinha desafiado todas as leis divinas e humanas? As maldições das vítimas tinham alcançado os imortais, e entregue às forças do mal, ele ia rolar no abismo que ela vira desdobrar-se a seus pés.

Nesse instante apareceu a escadaria das esfinges, iluminada por uma tocha; duas sentinelas guardavam os degraus. Mas o que eram essas sombras que revoluteavam entre os soldados, parecendo alongar-se nos degraus, ou, como longas faixas de reflexos sangrentos, ondular sobre as águas? Os olhos de Neith se fixaram nas estranhas aparições, mas de repente seu coração parou de bater: as nuvens escuras tomaram forma, e ela reconheceu as terríveis mulheres, transbordantes de ódio, que já tinha visto empurrando Horemseb para o abismo. Duas delas pareciam nadar na direção do barco, e erguendo acima d'água o peito coberto de chagas, sacudiam nas mãos erguidas ramos de rosas vermelhas, e gritavam:

— Não penses que vais tirar de nós esse monstro que bebeu nosso sangue, se alimentou de nossa vida; ele vai rolar no abismo, entregue à nossa vingança!

Pálida como um cadáver, Neith recuou e soltou um grito de angústia, depois caiu inconsciente nos braços de Roma, que se precipitara para ela. Ele não tinha visto nada, e pensou que a visão do palácio de Horemseb é que desencadeara a dolorosa emoção. Sério e com as sobrancelhas franzidas, Roma a cercou de cuidados, mas Neith só voltou a si depois de algumas horas, e em tal estado de fraqueza, que na opinião dos médicos do templo seria indispensável conceder-lhe alguns dias de repouso antes de seguir para Tebas.

Num entardecer, cerca de cinco dias após esses acontecimentos, a barca do sacerdote de Hator aproximava-se rapidamente de uma escada que servia de atracadouro. Ainda pálida e abatida, Neith, em pé, procurava com os olhos Roant, que ela mandara avisar por um mensageiro, e que deveria vir buscá-la, pois desejava ficar na casa da amiga enquanto aguardava os acontecimentos. O palácio vazio de Sargon lhe dava medo, e desde aquela visão noturna em Mênfis, sentia-se nervosa e impressionável. Quanto mais se aproximava da capital, mais diminuía sua esperança de salvar Horemseb. Talvez a risonha Roant, a quem nunca faltavam idéias, pudesse dar-lhe algum conselho.

Quando a embarcação atracou, Neith percebeu com surpresa Chnumhotep que descia rapidamente, e ajudando-a a descer, conduziu-a a uma liteira fechada, dizendo cordialmente:

— Graças sejam dadas aos deuses, que me permitem te reencontrar, pobrezinha! Roant está mal de um pé e não pôde vir, mas te aguarda com impaciência.

Tendo instalado a jovem na liteira, o chefe da guarda voltou-se para o cunhado, que o seguira em silêncio, e apertando-lhe a mão, disse:

— Felicito-te pelo sucesso da missão; vem no meu carro, conversaremos no caminho.

— Agradeço-te, mas devo ir, já que coloquei Neith em tuas mãos. Minha presença é dispensável para ela; não posso aliviar-lhe o sofrimento, ela recusa qualquer tratamento. Vou para casa, e amanhã irei abraçar Roant e as crianças.

Surpreso com a amargura dessas palavras, Chnumhotep não fez qualquer objeção e fitou Neith com curiosidade; de olhos baixos, ela parecia não ter escutado, e após rápidas despedidas, separaram-se.

Roant recebeu a amiga com alegria mesclada de dor. Vendo o ar doentio de Neith, acolheu-a com palavras entrecortadas, e apertando-a ao peito, a cobriu de lágrimas e beijos. Neith retribuiu em silêncio as carícias; seu corpo tremia nervosamente. O chefe da guarda, que as observava, julgou de bom alvitre interromper a cena emocionante.

— Tua recepção não vai fazer muito bem a Neith; não vês, Roant, que ela precisa de repouso, de uma refeição reconfortante, e não de lágrimas? – disse com sua franqueza animada.

Roant aprumou-se e respondeu com um sorriso:

— Tens razão, vou levá-la para o quarto e acomodá-la, e depois conversaremos; dá-me o braço, Neith, e vamos, porque ainda estou arrastando um pouco o pé.

Ao penetrar no quarto que lhe fora destinado, Neith foi recebida por sua velha ama, que louca de alegria, rindo e chorando, jogando-se aos pés dela, apalpava com incredulidade ansiosa sua senhorazinha adorada, que por tanto tempo pranteara como morta. Profundamente emocionada, Neith passou os braços no pescoço de sua fiel ama, e como no tempo de criança, encostou o rosto inundado de lágrimas na cabeça encarapinhada da velha negra.

— Acalma-te, minha velha, e ajuda-me a deitar a senhora, que precisa de repouso – disse Roant.

A ama ergueu-se imediatamente, e as duas despiram e deitaram Neith, que, exausta e apática, entregava-se em silêncio a seus cuidados. Atendendo ao pedido da amiga, bebeu um pouco de vinho e comeu com esforço uma porção de ave. Roant sentia um aperto no coração ao constatar os estragos que o sofrimento e a enfermidade haviam produzido em todo o ser de Neith. Depois de dispensar as criadas, Roant inclinou-se para a amiga e disse com ternura:

— Minha pobre amiga, estamos sozinhas; espero que, como antes, me abras teu coração. Estou vendo que sofreste muito; mas estás livre, e a saúde e a alegria irão retornar. Mas se algo te oprime o coração, confia em mim: farei tudo para te ajudar.

— Obrigada, Roant; sei que tu me compreenderás e não me condenarás como Roma, que se afastou de mim encolerizado – murmurou Neith. – É verdade, estou livre, mas não tenho nenhuma esperança no futuro.

— Compreendo, amas Horemseb apesar de todas as acusações – respondeu Roant com hesitação. – Mas deves entender, minha querida, que esse amor fatal é conseqüência do terrível feitiço com o qual ele destruiu tantas mulheres!

— De que feitiço falas? — disse Neith espantada. — Sei que atribuem injustamente a Horemseb toda espécie de crimes; estarão acusando-o também de usar um feitiço para fazer-se amar?

— Sem dúvida! Todos sabem agora que ele possuía um veneno desconhecido, mas terrível, que tem um aroma delicioso, e o colocava nas rosas vermelhas que dava às mulheres nas quais desejava despertar louca paixão. Tu mesma recebeste uma, pois no dia seguinte ao teu desaparecimento encontrou-se uma flor envenenada presa ao véu que perdeste na escadaria. E às vezes, dizem que ele dava a beber esse veneno.

— Existem provas reais desse feitiço? — indagou Neith com voz sumida.

— Sim; em Tebas mesmo foi descoberta uma série de delitos e de flores envenenadas.

Com um suspiro rouco, Neith cobriu o rosto com as mãos. Não podia duvidar: lembrava-se das rosas que ele lhe dava cada vez que ela tinha a veleidade de resistir-lhe. Antes da partida para Saïs, não a tinha feito beber um vinho de sabor estranho? Depois de tomá-lo, sua louca paixão não havia aumentado ainda mais? Oh! Que covarde era esse homem que impunha assim um sentimento! E no entanto, apesar do desprezo e da dor que lhe trituravam a alma, sentia-se imantada a ele, e as palavras de Horemseb "Ficarás fiel da mim, apesar de tudo que disserem? Não revelarás nada do que viste?" lhe soavam aos ouvidos.

Levada por uma decisão súbita, ergueu a cabeça:

— Seja feitiço ou amor, estou presa a ele; não me desprezes como eu mereço, Roant, por amar ainda o homem que me destruiu levianamente, sem me amar, e para quem eu não passei de um joguete quando ele estava bem, de quem me tornei esposa na hora da desgraça.

Roant recuou soltando um grito:

— Esposa dele? É impossível, faz só quinze dias que Sargon morreu!

— Alguns dias depois que soubemos dessa notícia, o sumo sacerdote do templo de Neith em Saïs nos casou formalmente, e é o perdão de meu marido que vou implorar a Hatasu.

Num gesto de compaixão carinhosa, Roant a abraçou.

— Então, minha pobre e querida amiga, arma-te de coragem; tenho que prevenir-te de que não há esperança. Os crimes de que

Horemseb é acusado são tão grandes, que os sacerdotes e a lei não terão piedade. E a rainha, mesmo que quisesse, *não pode* se opor à satisfação justa que o povo exige do sacrílego que escarneceu de todos os sentimentos de humanidade.

Neith baixou a cabeça, abatida.

— Não importa! Preciso tentar comover a rainha e os sacerdotes; talvez a doação de tudo que possuo possa demovê-los.

Roant não protestou; compreendeu que seria inútil.

— Pois bem! Esperemos que consigas! E agora, procura dormir; vais precisar de todas as tuas forças amanhã.

Literalmente exausta, Neith deitou-se e fechou os olhos. Roant a cobriu com cuidado e só se afastou quando a viu profundamente adormecida.

Quando Neith acordou no dia seguinte, sentiu-se mais forte. Ergueu-se auxiliada pela ama, e mal havia terminado a toalete quando Roant entrou dizendo que Semnut acabara de chegar com ordem de conduzi-la sem demora à presença da rainha. Neith tomou o véu e ia sair do quarto, mas detendo-se de súbito, disse:

— Querida Roant, pede a Semnut que venha falar-me um instante; queria conversar com ele sem testemunhas.

— Então vem à sala ao lado; aí estarás a salvo de curiosos. Vou transmitir teu pedido a Semnut.

Trêmula de emoção, Neith encostou-se a um móvel e o coração lhe bateu quase explodindo quando, minutos após, a cortina da porta se ergueu e o poderoso ministro de Hatasu se aproximou dela, saudando-a com amabilidade.

— Benditos sejam os deuses, que me permitem rever-te com vida, nobre Neith – disse ele apertando afetuosamente as duas mãos que ela lhe estendia.

— Semnut, em nome da amizade que sempre me testemunhaste, tu que tantas vezes me carregaste no colo quando eu era pequena, não te recuses a me ouvir e aconselhar; minha alma está cheia de receio e desespero.

— Eu sei; mas acalma-te e fala; conta com minha amizade e ajuda.

Fez Neith sentar-se e a imitou; mas, vendo a penosa hesitação da jovem, disse gravemente:

— Adivinho em parte o que queres dizer: Roma veio ver-me ao amanhecer e disse-me que o amaldiçoado cujos crimes acabaram cansando os deuses ousou fazer de ti sua mulher.

— Oh, Semnut, não fales tão cruelmente – exclamou ela juntando as mãos. – Ele não é tão culpado como pensas, e é meu marido; ajuda-me a conseguir o perdão de Horemseb, tu que consegues tanto da rainha!

As sobrancelhas de Semnut se franziram.

— Estás sonhando! Seria mais fácil tirar do lugar a pirâmide do faraó Queops que subtrair à justa punição um criminoso assim. Apenas o feitiço que te domina a alma e te obscurece a razão pode desculpar um pedido desses.

Intenso rubor invadiu as faces de Neith, e seus olhos faiscaram.

— Tu também condenas Horemseb? Muito bem, preciso arriscar meu último recurso, porque a vida dele é a minha. Vou implorar a *minha mãe*; ela não vai querer que eu morra junto com ele!

Semnut ergueu-se, empalidecendo:

— Infeliz criança, o que estás dizendo, e quem te insinuou uma idéia dessas?

— Quem me disse não importa; eu sei que Naromath é meu pai, e que Hatasu o amou como eu amo Horemseb, e que *ela* me compreenderá.

Semnut segurou o braço de Neith, e inclinando-se para ela, murmurou com severidade:

— Cuida para não tocar imprudentemente nesse perigoso segredo, que só um infame pode ter te revelado; os reis não gostam que lhes recordem o que eles querem esquecer, e poderias prejudicar mais que ajudar aquele que desejas salvar! Não esqueças também que teu casamento com Horemseb pode ser declarado nulo; os sacerdotes decidirão se uma união com um sacrílego assim, e quando o corpo de Sargon nem está enterrado ainda, é válida; portanto, sê prudente. E agora, vamos: a rainha nos espera.

Cambaleante e abatida, Neith o seguiu, e em silêncio se deixou instalar na liteira. Nem uma palavra foi trocada até o palácio.

A rainha achava-se no pequeno aposento particular que descrevemos no momento de sua despedida de Tutmés, e estudava com atenção o projeto de uma casa de campo que pretendia construir. Ao ruído dos passos de Semnut, que acabava de entrar com sua acompanhante, Hatasu ergueu a cabeça, e vendo Neith, pálida e trêmula, que permanecia à entrada, estendeu-lhe as duas mãos:

— Minha querida, aproxima-te; deixa-me abraçar-te, depois de chorar a tua morte!

Neith correu para ela, e abaixando-se, abraçou os joelhos da rainha, e murmurou sufocada de soluços:

J. W. Rochester

— Perdão! Perdão! Hatasu ergueu-a e beijou-a; mas sem dúvida, as emoções tinham sido fortes demais para o organismo enfraquecido de Neith, pois de repente ela desmaiou e caiu. Semnut correu, ergueu-a e a estendeu num divã.

— Como a pobre menina está mudada! O que esse miserável fez com ela em poucos meses! – murmurou a rainha, com os olhos úmidos. – Mas que perdão é esse de que falou?

— O perdão de Horemseb, que ela espera conseguir de ti, faraó: e sou obrigado a revelar-te algo, ó rainha! Neith conhece o segredo de seu nascimento, que sem dúvida o criminoso lhe revelou. Só ele pode ter sabido disso, pelo hitita que vivia em seu palácio, e que sem dúvida tinha relações com os homens de seu povo.

Um rubor fugidio passou pela fisionomia da rainha, e ela franziu as sobrancelhas.

— Agora entendo com que intenção o infame uniu essa pobre criança a ele. Mas engana-se (sua voz soou com dureza), não escapará ao castigo que merece; e nós vamos curá-la. Semnut, manda buscar no templo de Amon os melhores médicos, diz a Rameri que venha de imediato vê-la.

O velho médico chamado por Hatasu não demorou a aparecer, e graças a seus cuidados, Neith reabriu os olhos em seguida; estava consciente, mas tão fraca que Rameri aconselhou que não falassem com ela.

Sem demora os sacerdotes de Amon convocados reuniram-se na sala de trabalho de Hatasu, depois de terem examinado Neith.

— Qual é vossa opinião, veneráveis padres, posso esperar a cura dessa menina? – indagou a rainha. – As rosas envenenadas que têm em mãos lhes revelaram o segredo do feitiço que se liga a esse veneno?

— Poderosa filha de Rá, seriam necessários anos para descobrir todas as propriedades dessa substância nefasta – respondeu gravemente um velho sacerdote de ar venerável. – No entanto, podemos dizer que se a nobre Neith apenas aspirou o aroma venenoso, poderemos curá-la completamente da paixão cega que sem dúvida sente por Horemseb; mas se ele a fez beber o veneno, será mais difícil, pois nesse caso ela teria que tomar o contraveneno, que é a essência da planta gêmea, que não possuímos. Em todo caso, pedimos que nos entregues a jovem para conduzi-la ao templo e permanecer ali durante alguns dias. Temos que purificá-la e estudar sua condição para poder ajudá-la.

A rainha achou razoável a proposta e concordou de imediato. Neith estava indiferente a tudo, e algumas horas depois achava-se instalada num dos edifícios anexos do templo de Amon para ser purificada antes de entrar no lugar santo.

Sob a orientação de um velho sacerdote centenário, célebre por seus conhecimentos médicos, Neith foi submetida a um tratamento rigoroso. Remédios para ingerir, abluções, defumações, deveriam purificar seu corpo dos miasmas deletérios, do excesso de aromas sufocantes que nele estavam acumulados. Algumas vezes um dos sacerdotes lhe impunha as mãos sobre a cabeça, pronunciando evocações aos deuses, e então ela caía num sono profundo como a morte, que durava várias horas, e do qual despertava mais forte e mais calma. Depois de oito dias desse tratamento, Neith parecia restabelecida exteriormente. Estava mais forte e com mais viço, reconquistara a calma exterior, mas sua alma continuava enferma como antes; algo ardia dentro dela, e cada fibra de seu ser chamava por Horemseb.

Os sacerdotes de Tebas não conheciam o veneno que a consumia, e por conseguinte não podiam administrar o antídoto; mas apesar disso a deram por curada e a autorizaram a voltar para casa após uma última e solene purificação.

No dia da cerimônia, Neith foi conduzida pelas virgens do templo ao lago sagrado, e depois que mergulhou sete vezes na água consagrada, as jovens lhe colocaram vestes novas, de um branco brilhante, a enfeitaram de jóias, e com cantos e danças simbólicos a conduziram à entrada do templo, onde foi recebida pelo sumo sacerdote. Depois de abençoá-la e colocar-lhe no pescoço amuletos sagrados, junto com os sacerdotes mais veneráveis a fez entrar no recinto sagrado, onde ele sacrificou aos deuses e orou com fervor – orou por seu carrasco, implorando aos imortais que o livrassem do destino que o aguardava!

Finda a cerimônia, Neith tomou sua liteira enfeitada de flores, e seguida da família de Pahir, de Chnumhotep com a esposa, numerosos amigos e dignitários da corte, que se haviam reunidos no templo, foi para o palácio de Sargon, onde estava preparado um banquete. Contudo, foi tudo simples e com o caráter de uma reunião de família, pois a morte recente do príncipe hitita, ainda não enterrado, impunha à viúva, apesar de seu estranho casamento, a maior reserva.

J. W. Rochester

Ao longo de todo o percurso, havia gente postada; o povo estava curioso para ver a jovem egípcia miraculosamente ressuscitada e cuja sorte estranha e misteriosas aventuras já tinham assumido as proporções de lenda.

Naquela mesma noite, Neith foi ao palácio real para uma audiência marcada por Hatasu. Foi encaminhada ao gabinete da rainha, e assim que se viu sozinha com ela, jogou-se a seus pés e desmanchou-se em lágrimas. Hatasu a ergueu, abraçou e beijou.

— Filha querida, enfim não há mais segredo entre nós; sabes que o amor de tua mãe vela por ti. Oh! Seu eu tivesse te dito a verdade antes! Muitas desventuras teriam sido evitadas.

— Mãe, salva-o! – murmurou Neith com indescritível angústia.

— Minha pobre filha, não estás curada, e ainda sonhas com o impossível? – disse a rainha com tristeza. – Entende, Neith, que eu não poderia salvá-lo mesmo que quisesse.

— Teu poder é tão grande!

— Sim, mas por maior que seja, meu poder e minha vontade são limitados pelas leis, que eu devo manter e não afrontar. Esse homem, que calcou aos pés todos os princípios divinos e sociais, pertence à justiça do reino e ao julgamento dos sacerdotes; esse é o limite onde termina meu poder. O povo grita e pede vingança para o sangue de suas filhas; quantas infelizes morreram sem ter sequer uma sepultura! Horemseb destruiu seus corpos e destroçou suas almas; por tudo isso, as famílias ultrajadas têm direito a uma reparação incontestável.

— Então não há esperança para ele? – murmurou Neith, sufocada de soluços.

— Neste mundo, não. Mas esse homem ímpio e criminoso merece, na verdade, tanto sofrimento? Ergue a cabeça, Neith, e dizme, com franqueza, se acreditas no amor de Horemseb por ti!

Neith baixou a cabeça em silêncio. Não, ela sabia que não era amada, que era apenas um recurso de salvação para ele.

— Tua resposta é suficientemente eloqüente; – disse a rainha com gravidade. – Isso dito, apelo à tua dignidade de mulher: lembra-te do sangue real que te corre nas veias, fortalece tua vontade, e livra-te do feitiço impuro que te cega. Com o esquecimento, verá a felicidade.

Hartatef

Depois dessa conversa com a rainha, um profundo desânimo tomou conta de Neith, e Hatasu, receando que a tristeza e o isolamento em que se fechava em seu palácio lhe prejudicassem a saúde, designou-lhe aposentos no palácio real, onde Neith devia passar uma grande parte do tempo, trabalhando junto da soberana ou atendendo as numerosas visitas que a curiosidade e a adulação a faziam receber.

A amizade de Roant era um apoio permanente para Neith; essa amiga alegre e feliz sabia melhor que ninguém distraí-la, e lhe transmitia fielmente todas as notícias relativas a Horemseb que enchiam a capital, e isso apesar da proibição de seu marido e Semnut; mas Roant era tagarela e romântica demais para privar Neith das notícias que sabia iam interessá-la, e na verdade, o destino do belo Horemseb lhe inspirava pena e curiosidade.

Dessa forma, Neith ficou sabendo dos detalhes da visita dos sacerdotes ao palácio de Mênfis, e da morte em massa dos infelizes criados do príncipe, que encolerizou o Egito inteiro. Apesar do horror que lhe despertaram esses novos crimes, Neith continuava escrava da paixão, e a idéia do destino terrível que aguardava o príncipe a fazia tremer. Com o coração palpitante, esperava a cada momento a notícia de sua prisão; mas o tempo passava, já fazia um mês que ela estava em Tebas e Horemseb continuava desaparecido. Teria conseguido deixar o Egito, ou sucumbido em algum esconderijo? Neith esforçava-se em vão para adivinhar.

Certa manhã, Roant, que viera passar um tempo com ela, contou-lhe que na véspera Hartatef chegara de Mênfis trazendo Ísis, em vias de convalescença, e que seria submetida a um interrogatório, como uma das principais testemunhas contra Horemseb. Hartatef, que demonstrava o maior interesse por sua protegida, instalara a jovem em sua casa, cercando-a de cuidados e conforto.

Quando a amiga se foi, Neith entregou-se a pensamentos agitados. Sentia quase ódio pela pobre Ísis, que havia traído o príncipe e não deixaria de relatar com todos os detalhes os segredos da vida fantástica que o feiticeiro tinha o maior interesse em esconder. Lembrou-se do interrogatório que ela mesma tinha sofrido, mas *ela* tinha ficado calada, e a todas as perguntas de Ranseneb e do funcionário encarregado de instruir o processo, limitara-se a responder que não sabia e não tinha visto nada, que habitara sempre em aposentos iso-

J. W. Rochester

lados de onde só saía para fazer refeições com o príncipe ou passear nos jardins, sempre vazios nessa hora. De Ísis, seu pensamento foi a Hartatef, evocando a imagem quase apagada de seu antigo noivo. Que sentimento o levara a proteger Ísis? Seria o rancor, ainda, e desejaria vingar o amor desdenhado, destruindo o rival?

A entrada da ama veio interromper as reflexões de Neith: vinha anunciar que um homem, que se dizia enviado por seu irmão Mena, pedia para ser recebido de imediato, e tinha a entregar-lhe uma mensagem destinada somente a ela, e da maior gravidade. Surpresa e intrigada, Neith mandou passar o mensageiro, e em seguida a ama fez entrar um homem obeso, de pele escura, portando uma enorme peruca e vestido como um criado de casa rica.

Assim que ficaram sós, o homem retirou do cinto um rolo de papiro e o estendeu, murmurando:

— De parte do nobre Hartatef.

Neith desenrolou com vivacidade a folha e leu, estupefata: "Tenho notícias daquele em quem pensas dia e noite, e informações tão sérias que necessito de uma conversa secreta para comunicarte. Não tenhas desconfiança: juro pelos quarenta e dois juízes do Amenti que venho como amigo leal. Marca a hora e o local do encontro. Não recuses, te arrependerias amargamente. O mensageiro é um homem de confiança; destrói esta carta de imediato".

Não tinha assinatura, mas o portador indicara o autor da estranha carta. Mil pensamentos contraditórios passaram pela mente de Neith. Que poderia querer Hartatef, e o que saberia do príncipe? A alusão a Horemseb era clara. O desejo ardente de saber notícias do fugitivo venceu todas as restrições de Neith. Afinal, o que tinha a recear? Era livre para fazer o que quisesse, e conhecia Hartatef o suficiente para saber que não precisava recear nenhuma afronta da parte dele.

Sob o impulso dessas reflexões, tomou de tabuinhas e escreveu: "Ao por do sol, estarei no jardim perto do pequeno pavilhão que dá para o Nilo; a porta estará aberta".

Não assinou, também; lacrou as tabuinhas e deu-as ao mensageiro, que a cumprimentou com deferência e retirou-se.

O dia pareceu interminável a Neith. Que iria dizer Hartatef? Qual seria o seu objetivo trazendo-lhe notícias do fugitivo, cuja cabeça estava a prêmio? Com uma sensação estranha, lembrou-se da época em que Pahir a tinha feito noivar contra sua vontade com esse homem tenaz e apaixonado; então ela pensava amar Keniamun; mais tarde Roma tinha dominado seu coração; depois a imagem de Roma empalidecera diante de paixão desenfreada que a unia a Horemseb, que lhe consumia o coração e o corpo, mas que sua razão e orgulho condenavam. Essa emoção poderosa tinha obscurecido todas as outras, destruído sua capacidade de sentir; todo o passado lhe parecia pálido e longínquo. Os poucos anos transcorridos pareciam uma longa existência de lutas e sofrimentos, em que haviam perecido sua paz e felicidade. Outrora ela tinha detestado Hartatef; agora ele só lhe inspirava indiferença.

Quando finalmente o sol começou a descer no horizonte, Neith, seguida pela fiel ama, dirigiu-se ao jardim. Chegando ao pequeno pavilhão onde tivera o nefasto encontro com Roma, no dia de seu casamento com Sargon, abriu a porta que dava para o rio, depois sentou-se num banco próximo à entrada, ordenando a Beki que ficasse na aléia próxima, ao alcance de sua voz.

Não esperou muito; estava sentada havia poucos minutos quando a figura alta de Hartatef apareceu à porta. Estava envolto num manto escuro e um *claft* listado de tecido grosseiro dava-lhe a aparência de um homem do povo. Parou a dois passos da moça, cumprimentando-a respeitosamente, e apenas o olhar brilhante com que a envolveu revelava que seu amor obstinado não se extinguira. Neith, absorvida por sua única preocupação, nada notou.

— Sê bem-vindo, Hartatef, e explica rapidamente o sentido de tua misteriosa carta – disse ela, indicando-lhe com um gesto impaciente um lugar no banco.

O rapaz sentou-se e disse sem preâmbulos:

— Conheço o refúgio de Horemseb, mas ele não estará seguro por muito tempo ali; de ti depende que eu o denuncie e o deixe morrer, ou que o salve. Não penses que estou te enganando – acrescentou, surpreendendo na fisionomia pálida de Neith uma expressão de desconfiança –; ele está escondido perto de Mênfis, na velha necrópole, numa tumba antiga violada, onde vivia um renomado feiticeiro que desapareceu pouco depois das sindicâncias no palácio dele. Acho que esse homem era um hitita, e tinha relações com o criminoso sábio que causou a desgraça de Horemseb, porque este também desapareceu sem deixar rastro. Não vou contar-te a que custo consegui encontrar a pista do príncipe; em resumo, sei que ele está escondido na necrópole, eu o vi à noite quando saía para tomar ar, mas é claro que a longo prazo ele morrerá de fome, ou será preso se ousar sair dali. Entretanto, eu posso salvá-lo e o farei

J. W. Rochester

por dedicação a ti... se me pagares como desejo.

Neith escutara ofegante; não tinha mais dúvidas.

— Tu, Hartatef, tu concordarias em salvá-lo? Mas como, e a que preço?

— É muito simples: irei ao encontro dele à noite, e explicarei que vou como amigo; o farei esconder-se num sarcófago com aberturas para respirar à vontade. Ninguém suspeitará de nada, e o conduzirei à vista de todos a alguma cidade do delta onde ele poderá reunir-se a uma caravana que vá para a Babilônia[13] ou Tiro.[14] Quanto ao pagamento (inclinou-se, e seu olhar ardente mergulhou nos olhos dela), és tu, Neith, pois nunca deixei de te amar. Teu casamento com Horemseb será anulado de qualquer forma; Sargon está morto; portanto, nada pode impedir-te de casar comigo, depois que passe o luto. Prometes ser minha esposa, se eu salvar esse que amas?

— Queres que eu seja tua esposa, apesar do amor ardente que sinto por Horemseb? – balbuciou Neith.

— Tu nunca me amaste, e Horemseb estará longe – respondeu Hartatef com amargura. – Ninguém te foi mais fiel que eu; serei um esposo indulgente e carinhoso, contentando-me em possuir-te, sem exigir teu amor, até que teu coração se cure e tu o entregues voluntariamente a mim. A certeza de haver salvo o homem que amas te trará sossego. Deixa-te amar: minha dedicação vencerá tua aversão e nos trará a felicidade.

— Oh! Não é felicidade o que eu trago aos que me amam, mas a desventura e a morte. Porém, se desejas unir meu destino nefasto a tua vida, seja como queres: salva Horemseb e eu serei tua mulher. Dou-te a mão como penhor de minha palavra; mas consente que o veja uma última vez antes que deixe o Egito para sempre.

Hartatef apertou-lhe a mão com força, e retendo-a nas suas, disse com gravidade:

— Não teria dúvida em te conceder esse último encontro, mas avalia tu mesma se isso é possível: não podes sair de Tebas, e trazer aqui o fugitivo é um risco mortal: se quisermos poupá-lo de uma sorte terrível – ele será torturado e emparedado vivo se o prenderem – é preciso...

Neith deu um grito rouco.

— Emparedado vivo? Sim, sim, Hartatef, faze-o fugir do Egito

---

13 N.E. – Antiga e importante cidade de Mesopotâmia, capital do império do mesmo nome (cerca de 2100 a 539 a.C.), célebre pelo esplendor e pelos costumes dissolutos.
14 N.E. – Antiga cidade fenícia e importante centro comercial.

quanto antes! Não quero encontrá-lo, desde que se salve; mas vais conseguir isso, sozinho? E do quê ele irá viver?

— Tranqüiliza-te, estarei com alguns homens confiáveis e entregarei a Horemseb uma importância que nós dois combinaremos, e tanto em Tiro como na Babilônia, ele terá o apoio dos sacerdotes de Moloch. Trarei para ti uma carta dele que te provará que cumpri o prometido.

— Agradeço-te, Hartatef, e repito minha promessa de pertencer a ti e a ninguém mais. E agora, vou dar-te algumas informações que te poderão ser úteis.

Rapidamente, ela transmitiu ao rapaz os detalhes que lhe dera o príncipe sobre a porta secreta no muro, os esconderijos do jardim e os meios de se comunicar com ele; deu-lhe também as indicações que lhe permitiriam orientar-se no palácio e nos jardins.

Depois de discutir tudo minuciosamente, Hartatef se ergueu.

— Preciso ir, pois cada hora é preciosa. Adeus, Neith! Estou arriscando a cabeça para conquistar-te, mas te amo mais que a vida. Que os deuses me permitam rever-te bem!

Atraiu-a bruscamente para si, depositou-lhe um beijo nos lábios, e saiu. À porta, parou e acenou-lhe:

— Até breve, minha noiva!

Dividida entre o receio e a esperança e um desespero sombrio, Neith retornou a seu quarto e deitou-se, recusando-se a ver quem quer que fosse.

Como Roant contara à amiga, Ísis retornara a Tebas sob a proteção de Hartatef, e os sacerdotes o tinham autorizado a conservar em sua casa a órfã que salvara da morte. A convalescente fora instalada num pequeno apartamento que dava para um vasto jardim, e uma velha criada fora encarregada de cuidar dela.

Tendo sabido disso, Hanofer, cheia de desconfiança e ciúme, veio oferecer sua ajuda, que Hartatef aceitara sob o império do estranho poder que a megera tinha sobre ele.

Ísis estava bastante mudada, embora em vias de restabelecimento. Pálida e exaurida ao extremo, os cabelos que nasciam novamente na cabeça raspada lhe davam a aparência de um garoto.

A notícia do retorno da corajosa moça, que arriscara a vida para vingar a irmã e desmascarar Horemseb, espalhara-se rapida-

J. W. Rochester

mente na capital, e durante todo o dia, senhoras nobres, entre as quais Roant, iam visitar Ísis, dando-lhe atenção e indagando com curiosidade sobre sua estada na casa do feiticeiro.

À tarde, Ranseneb e Roma tinham ido também; examinaram o ferimento, fizeram algumas perguntas, e garantiram à jovem que seu estado não tinha mais perigo, e que só seria chamada para depor quando estivesse suficientemente forte e recuperada. Após a saída dos sacerdotes, Ísis viu-se finalmente sozinha. Hanofer também desaparecera, a pretexto de uma saída; mas na verdade para dirigir-se à área de serviço, onde tagarelava e brigava com os criados, intrometia-se no serviço e tomava conta, sem o menor constrangimento, das provisões e outros bens de Hartatef.

Apesar do grande cansaço, Ísis saiu para o jardim; precisava ficar só e receava a volta de sua acompanhante, cuja tagarelice e curiosidade brutal lhe repugnavam. Chegando a um bosquete fechado no centro do qual havia um banco, sentou-se, cansada, e apoiando-se ao tronco de uma acácia, entregou-se a um vago devaneio. A noite chegara, mas estava tão fresco e perfumado ali, que não sentiu vontade de deixar o local. O rumor de dois homens que caminhavam, falando a meia voz, arrancou-a do torpor. Prestou atenção e reconheceu Hartatef e Smenkara, que pareciam estar passeando, e iam e vinham ao longo do bosquete. De súbito estremeceu, e inclinando-se avidamente, tentou captar a conversa. Quanto mais escutava, mais agitava ficava; raiva e surpresa se alternavam em seu rosto pálido, e quando por fim os dois interlocutores se afastaram, ela voltou quase correndo para o quarto.

A escuridão e a emoção a fizeram errar o caminho, e quando a luz do luar lhe permitiu finalmente orientar-se, e conseguiu chegar, o cansaço e a superexcitação a fizeram desmaiar. Quando voltou a si, a noite ia alta e Hanofer, que a atendia, indagou curiosamente do que acontecera.

— Ah! – murmurou Ísis em voz sumida. – Querem salvar Horemseb, e se escapar da punição, o miserável dará jeito de voltar aqui e vingar-se de todos.

— Estás sonhando, minha filha; quem iria salvar um sacrílego cuja cabeça vale cinco talentos de prata? Se soubessem onde ele está, o prenderiam, é claro, nunca o deixariam fugir.

Ísis ergueu-se; o ódio e a sede de vingança quase a sufocavam e lhe faziam esquecer a repulsa que tinha por Hanofer.

— É teu marido e Hartatef que querem ajudá-lo a fugir para

a Babilônia, escondido num sarcófago de múmia; estão de conluio com uma mulher que vai casar com Hartatef em pagamento do serviço.

O rosto bronzeado da megera enrubesceu de súbito, e com as sobrancelhas franzidas debruçou-se para Ísis e a fez repetir palavra por palavra o que pudera escutar da conversa.

— Não pude ouvir tudo porque eles se afastavam, caminhando de uma ponta a outra, mas o principal é isso.

— Não duvido, esse asno de Hartatef é incorrigível, — disse Hanofer com uma risada rouca. – E esse crocodilo velho, Smenkara, não consegue viver sem uma intriga. Mas tranqüiliza-te, Ísis, e deixa que eu me encarrego de fazer abortar esse plano que desaprovo e que vai render a meu caro marido uns tabefes como nunca recebeu. Se os dois imbecis já não partiram, como pensas, não sairão de Tebas; mas se não, será inútil essa viagem a Mênfis.

Com uma rápida pesquisa, Hanofer descobriu que os dois homens realmente haviam partido num barco já preparado. Enraivecida, pensou na forma mais segura de impedir a execução do plano; e mal a primeira claridade da manhã surgiu no horizonte, dirigiu-se ao templo de Hator e pediu para falar com Roma. Com espanto, o sacerdote ouviu a estranha denúncia, que, apesar das lacunas, compreendeu tão bem como Hanofer.

Recomendando-lhe o maior segredo, despediu-a, e sem perder um instante, dirigiu-se ao templo de Amon e informou ao sumo sacerdote o que estava acontecendo. Imediatamente este deu ordens, e duas horas mais tarde partia para Mênfis um correio levando uma carta para Amenófis, contendo instruções para impedir a fuga com o menor escândalo possível, se não pudesse evitá-la. Hartatef era descrito como um desatinado cuja cega paixão lhe obscurecia o raciocínio, a quem convinha antes salvar de si próprio que condenar.

Dolorosamente aflito, Roma retornou a casa. A idéia de que Neith pudera consentir em entregar-se a Hartatef para salvar o miserável que a tinha enfeitiçado desencadeara uma tormenta dentro dele. Nenhuma tortura lhe parecia suficiente para satisfazer o ódio que sentia de Horemseb. Sob a pressão desses sentimentos tumultuados, não suportou a solidão de sua casa e dirigiu-se à de Roant, e ficou desagradavelmente surpreendido ao encontrar Neith ali.

Levada também por uma irritação sufocante, ela viera buscar na amiga alguma distração. Ao encontrar o olhar sombrio e estranhamente perscrutador de Roma, baixou os olhos. Não tinha renunciado em definitivo a ele, fiel e generoso como era, para salvar o homem que ele com razão desprezava? Que diria quando viesse a saber?

Vendo o constrangimento que se estabelecia entre o irmão e a amiga, Roant quis distraí-los e perguntou:

— Foste ontem ver Ísis como planejavas, Roma? Eu fui vê-la durante o dia; como ainda está bonita, a pobre menina!

— Sim, estive com ela junto com Ranseneb, e constatamos que está em plena recuperação.

Neith erguera a cabeça de repente; seus olhos fuzilavam e os lábios lhe tremiam.

— Como? Tu e Roma visitam ainda essa miserável? – exclamou em voz entrecortada.

— Não sei por que – disse Roant surpresa – não daríamos atenção a essa vítima inocente, que voluntariamente sofreu uma sorte terrível para prestar um serviço ao Egito.

— Ela teve o que merecia, essa traidora! — exclamou Neith fora de si. – Ela e seu cúmplice, como dois ladrões, se insinuaram onde não eram chamados, para espionar e trair. Sargon teve seu castigo, e estou feliz de não o ter reencontrado; eu o empurraria com o pé, essa criatura odiosa que traiu Horemseb! E quanto a Ísis, o príncipe lhe fez uma concessão ferindo-a com as próprias mãos! É essa serpente, que vai recuperar a saúde para acusar o príncipe de mil mentiras, que me jogou em cima tanto sofrimento e infelicidade! – a voz lhe faltou.

Roant escutava pálida e consternada essa veemente declaração; mas a fisionomia de Roma se cobrira de intenso rubor; seus olhos, habitualmente tão doces e serenos, faiscavam, e uma cólera mista de desprezo lhe vibrava na voz quando, colocando a mão no braço de Neith, disse com severidade:

— Pára, antes que tuas palavras indignas caiam sobre ti como uma mancha! Entendo e desculpo teu estado, porque sei o poder do veneno que te cega, mas esse poder só se exerce sobre os sentimentos, não tira a razão. Tu pareces ter prazer nesse aviltamento, pois não fazes nenhum esforço para sacudir esse jugo, não queres te curar. Muito bem! Não tenho o direito de acusar-te, mas tenho o de avaliar a injustiça que fazes com a pobre Ísis, que se sacrificou corajosamente para salvar outras vítimas. Quanto a Sargon, ele teve para contigo um devotamento ainda maior que o meu, que te amei tanto; para te libertar de uma escravidão vergonhosa, ele entregou o bem mais precioso que uma criatura possui: a vida! Com uma coragem e um sangue-frio heróicos, entregou-se nas mãos desse monstro sanguinário, quando o menor imprevisto o poderia trair, e ele teria se vingado de forma tão desumana como fez com Neftis! Sem dúvida, ele não podia prever que a orgulhosa Neith beijaria suas correntes e odiaria a memória do homem que morreu por ela. Tua paixão indigna te corrói como uma lepra, e não queres entender que não foi por amor que Horemseb te poupou, mas por conveniência. Só tu queres salvar o criminoso cuja cabeça todo o Egito deseja; mas teus esforços são inúteis, porque os deuses o abandonaram!

À medida que ele falava, uma palidez lívida cobria o rosto de Neith; com as mãos apertando o peito, respirava com dificuldade; cada palavra a atingira como uma martelada. Tudo o que Roma dizia era verdade e era culpada, mas podia arrancar de si aquele sentimento ardente, diante do qual *tudo* enfraquecia e se apagava? Não, ela tinha lutado e sofrido demais; essas censuras, justamente por serem merecidas, lhe colocavam sal nas feridas. Deixando-se levar por seu irascível orgulho e teimosia, ela aprumou-se e disse em tom gelado:

— Tuas palavras só me provaram uma coisa: que em parte alguma estou livre de censuras e controle. No palácio, a rainha se faz surda a meus pedidos, não posso esperar dela o perdão de Horemseb; aqui, vejo que para condenar podes ser bastante duro e cruel; portanto, vou para minha casa e lá esperarei o que tiver que acontecer; mas não deixarei o infeliz que todos abandonaram, e têm que me provar que é um feitiço e não amor que me domina o coração!

Virou-se e se dirigiu rapidamente para a porta, mas Roma chegou antes dela.

— Neith! – disse apenas.

Mas essa única palavra a pregou ao chão e fundiu todo seu orgulho, pois um mundo de ternura e piedade vibrava nessa voz que amara tanto, que sempre exercera sobre ela um poder benéfico. Ergueu os olhos cheios de lágrimas, e encontrando o olhar de Roma que a fitava cheio de dor e censura, desatou em soluços, e atirando-se em seus braços, balbuciou:

— Roma, não sejas duro, não me condenes!

Ele a apertou contra o peito; seus lábios tremiam, mas seu coração generoso venceu e suplantou a própria dor.

J. W. Rochester

— Tens razão, Neith; para ti, a quem amo mais que tudo neste mundo, devo ser quem consola, não o juiz; vamos fazer as pazes, pobre criança; esquece meu ciúme, minha justa ira contra aquele que te roubou de mim; recupera a calma e a confiança. Deste momento em diante, volto a ser teu amigo, teu apoio e confidente de tuas dores como fui antes, e talvez Hator me conceda a graça de curar teu coração doente.

— És o melhor dos homens, Roma! Ah! Se soubesses de uma coisa! Mas não, não posso falar, eu sofreria mais ainda.

Um sorriso melancólico perpassou nos lábios do sacerdote.

— Não quero saber de nada por ora; confia na sabedoria e na misericórdia dos deuses, eles farão tudo pelo melhor. E agora vamos voltar para junto de Roant, que está perturbada.

Voltaram à mesa. Roant, muito feliz com o fim da disputa, dirigiu a conversa para assuntos gerais; e quando Neith voltou para casa, estava tranqüila e feliz como há muito tempo não se sentia.

Quarta parte
Contam-se as vítimas

Sombra, serás a presa da sombra;
tu que vens da escuridão,
retorna ao Érebo.

Mistérios de Dionísio

O feiticeiro em poder das sombras vingadoras

Um acaso afortunado fizera com que Horemseb escapasse dos soldados que o perseguiam e o bom cavalo que o conduzia o fez ganhar um avanço considerável; mas em seguida deu-se conta de que a montaria o denunciaria, e forçado a abandoná-la, teve que continuar a pé, só andando à noite, escondendo-se de dia nos campos, nos rochedos e nos caniços. Alquebrado pelo cansaço e as privações, chegou por fim a Mênfis, e seria difícil mesmo a um velho conhecido reconhecer o soberbo príncipe Horemseb no miserável esfarrapado, de barba crescida, exausto e de olhar inexpressivo, que se arrastava penosamente.

Em um vilarejo grande próximo de Mênfis, onde a necessidade de buscar algum alimento o forçou a entrar, uma última surpresa o aguardava. O som de fanfarras sacudia a população, e a atraía para a margem do rio, onde um escriba real leu uma ordem da rainha, depois uma proclamação do conselho dos sacerdotes, ordenando a todos os egípcios que procurassem, perseguissem e entregassem à justiça o príncipe Horemseb, acusado de crime capital, e proibindo sob pena de morte que lhe dessem asilo, alimento ou proteção. Quem o entregasse receberia uma recompensa de cinco talentos de prata.

Atordoado e cheio de terror, o príncipe deixou o vilarejo, e ao cair da noite chegou com mil precauções à necrópole e ao esconderijo de Sapzar, onde esperava encontrar seu mestre e cúmplice; mas o refúgio estava vazio. Thaadar e seu companheiro haviam partido, deixando apenas um recado escrito no qual informavam que iam para Tebas, onde estariam mais seguros, e o aconselhavam a não perder a coragem e a esperança.

Apesar desse contratempo, Horemseb sentiu-se feliz, porque no esconderijo havia roupas, alimentos, e mesmo objetos de luxo em abundância. Durante alguns dias o cansaço o lançou numa verdadeira prostração, mas o sono e o alimento restabeleceram em seguida as forças de seu corpo jovem e robusto, fazendo com que o sofrimento físico fosse substituído por uma tortura moral cada vez mais intolerável. Forçado a só respirar ar fresco à noite, o fugitivo começou a sofrer de palpitações e sufocação; o ar pesado e quente da morada destinada aos mortos tornava-se insuportável, pois não podia, como Sapzar, deixar o lugar a qualquer momento. Os dias transformaram-se em semanas, e nenhuma notícia, nenhuma mensagem lhe chegava; as provisões estavam acabando, e mesmo seu esconderijo não lhe parecia mais seguro, pois havia surpreendido um homem rondando à noite na necrópole, espionando suas saídas.

O príncipe confinou-se ainda mais no esconderijo; mas embora o misterioso espião houvesse desaparecido, receava a todo instante uma surpresa. Torturado pela incerteza, acossado pelo silêncio de Neith e a ausência de qualquer notícia de fora, ameaçado de morrer de fome em poucos dias, Horemseb decidiu deixar o vale dos túmulos e ir para seu palácio. Lá também podia esconder-se, e talvez ficar sabendo de algo, especialmente de Neith, sua última esperança. Estaria morta? Ou teria, ela também, o abandonado, apesar do veneno que ingerira?

Tendo tomado essa decisão, Horemseb colocou num saco suas últimas provisões, e ao cair da noite esgueirou-se do esconderijo e tomou o caminho de seu palácio. Chegou sem dificuldade à porta secreta e penetrou no jardim. Estava silencioso como à época de seu domínio, mas como tudo estava diferente! Com passo hesitante, atravessou as aléias bem conhecidas, todos os lugares que lhe recordavam as orgias, as mortes ou as diversões fantásticas com que preenchia suas noites.

A lua minguante acabara de surgir, inundando com uma claridade pálida o grande lago, próximo ao qual se erguia, escuro e isolado, o vasto palácio, com seus terraços e galerias, suas esfinges e vasos de bronze; mas as luzes avermelhadas não se viam mais, nenhum criado acorreu para recebê-lo, nenhum aroma agradável se fazia sentir. Sentindo uma vertigem, Horemseb encostou-se a

J. W. Rochester

uma árvore e segurou a cabeça entre as mãos: estava destruído e perdido, abandonado por todos; voltava como um miserável fugitivo a esse palácio onde reinara como senhor, onde um olhar seu era uma ordem, e todos se arrastavam a seus pés. Um estertor surdo escapou de seus lábios, um desespero mesclado de louca raiva lhe sacudiu o corpo como num acesso de febre. Toda essa desventura, essa derrocada de sua existência, Neftis é que desencadeara; à lembrança da traidora, rangeu os dentes e um desejo insano de torturá-la de novo lhe invadiu a alma.

Nesse instante, seu olhar caiu sobre o lago e fixou-se nele com espanto: da superfície da água, da sombra das árvores das margens, surgiam vapores cinzentos que, estirando-se e se condensando, assumiam a forma de mulheres descabeladas, envoltas em panos negros.

Essas criaturas estranhas deslizaram em sua direção, tornando-se cada vez mais nítidas à medida que se aproximavam: o vento da noite erguia os mantos negros, descobrindo-lhes os corpos nus manchados de sangue: os longos cabelos em desordem lhes caíam no peito, as fisionomias lívidas refletiam sofrimento e paixão, e nas mãos crispadas tinham rosas vermelhas.

O bando terrível, que aumentava sempre, lançou-se para ele, envolvendo-o como num círculo de fogo. À frente de todas estava Neftis, como se o ódio de Horemseb a tivesse evocado; os cabelos ruivos a envolviam como um manto flamejante, e os olhos ardendo de ódio violento paralisavam seu carrasco.

Tremendo de pavor, olhos arregalados, Horemseb contemplava o bando de espectros, cujo círculo se estreitava cada vez mais; conhecia todas elas, essas fisionomias outrora tão belas, essas criaturas jovens, cheias de vida e de amor, que ele matara lentamente, divertindo-se com sua agonia, alimentando-se de seu sangue. E agora Neftis sacudia diante de seu rosto a rosa vermelha que segurava na mão crispada; o perfume sufocante e suave lhe chegou ao olfato, mas dessa vez despertou-lhe aversão e repulsa.

Como um ébrio, Horemseb cambaleou, depois jogou-se para a frente tentando fugir, mas sentia-se pregado ao solo, faltava-lhe o ar, seu cérebro estava prestes a explodir, e as sombras vingadoras se colavam a ele; braços gelados lhe envolviam o pescoço, lábios frios, exalando um odor pútrido, se colavam aos seus, dedos rígidos se grudavam em seus braços e em sua roupa. Desatinado, semi-sufocado, o príncipe tentou desvencilhar-se. Sua cabeça girava; tinha enlouquecido ou um terrível pesadelo o envolvia? Num esforço sobre-humano, estendeu os braços, afastando os espectros; depois, como um cervo perseguido pelos cães, correu na direção do palácio, mas atrás dele volitavam como flocos de plumas arrastados pelo vento as sombras de suas vítimas.

Levado pelo instinto, não pela reflexão, Horemseb havia se dirigido para o terraço que dava para seus antigos aposentos. Entrou como um vendaval; as portas estavam abertas, e de súbito respirou aliviado: o palácio não estava vazio como supusera – ali, na galeria suavemente iluminada, deslizavam como outrora criados ricamente vestidos, e ao final da galeria, dois meninos agachados junto das trípodes pareciam colocar perfumes nelas.

Horemseb dirigiu-se para eles, mas à medida que se aproximava, eles pareciam recuar, e depois desapareceram de repente. Tomado de espanto outra vez, ele se precipitou noutra galeria aonde uma luz o atraiu: era a sala de refeições, e junto de sua cadeira erguida sobre o estrado, estavam Chamus e Hapzefaa, acompanhados de um grupo de eunucos. Cercaram imediatamente o amo, mas suas fisionomias estavam estranhamente lívidas e crispadas, e nas mãos sacudiam taças cheias de um líquido negro, e as vozes surdas como um rumorejar longínquo diziam:

— Bebe esse veneno que nos deram como pagamento por nossos serviços, nossa fidelidade!

O príncipe ignorava esses últimos morticínios cometidos por Thaadar; à idéia de que ali também só encontraria os espectros de suas vítimas, seus cabelos se eriçaram de pavor e caiu ao chão. No mesmo instante as luzes se apagaram e apenas um débil raio de claridade continuou a brilhar no terraço ao lado da sala de refeições.

Com um grito feroz, Horemseb se ergueu, e como perseguido por mil demônios, ganhou o jardim; mas aí o esperava o cortejo descabelado das mulheres sangrando; à sua frente, cercando-o, ondulando ao seu redor, pareciam arrastá-lo de aléia em aléia, colando-se a ele, envolvendo-o com um frio glacial quando tentava parar.

Nessa louca corrida, chegou subitamente à rotula depois da qual se erguia o estrado de pedra onde ele sentava outrora, enquanto a seus pés se curvava o bando embrutecido de seres humanos que lhe serviam de joguetes. A cadeira dourada havia desaparecido, as guirlandas de flores tinham sumido, apenas a luz do luar se estendia nos degraus de pedra e nas colunas brancas que sustentavam o dossel do pequeno nicho. Pareceu-lhe que lá no alto estaria a salvo de suas perseguidoras; estava no limite das forças. Coberto de suor, ofegante, tropeçando a cada passo, subiu a escada e agachou-se numa reentrância.

Tudo estava tranqüilo ao redor, o cortejo terrível desaparecera, e extenuado, apertando com as mãos o peito palpitante, Horemseb fechou os olhos. De repente estremeceu: sons confusos, um canto longínquo lhe chegaram aos ouvidos. O ruído se aproximou aos poucos, aumentando de intensidade: era como o sopro de um vento tempestuoso, entremeado de um rugido surdo que diminuía, extinguindo-se como um queixume de agonizante; depois, uma melodia selvagem retinia como uma fanfarra, acompanhada de gritos dissonantes e do som de uma orgia. Tremendo, ele se ergueu, e seu olhar estarrecido fixou-se na clareira que começava a se encher. Ali deslizavam em fila as cantoras, com harpas nos braços; os dedos lívidos perpassavam nas cordas, os lábios azulados se entreabriam, enquanto as dançarinas, tão vaporosas que se viam os objetos em torno através de seus corpos diáfanos, dançavam sem cessar, sacudindo os panos brancos, girando numa ronda desenfreada. Ao redor, agrupava-se um bando silencioso, imóvel e de faces pálidas: era a corte do feiticeiro, que ele mantinha prisioneira no palácio, e que vinha como antes cercá-lo para o distrair. Mas todos que aí tinham vivido, trabalhado e divertido o amo, haviam morrido na flor da idade, e a diversão que ofereciam a seu ex-carrasco era uma vingança diabólica.

Acossado como um animal ao fundo do nicho, o corpo coberto de suor gelado, Horemseb contemplava o terrível espetáculo; queria fugir, mas não ousava, porque nos degraus estavam sentadas Neftis e suas companheiras, e se ele colocasse o pé ali, elas se jogariam sobre ele e o abismo negro e insondável que Neith vira o enguliria. Não, ele estava preso ali, e tinha que contemplar as danças, escutar o canto que em sua melodia dissonante e rude parecia incorporar as paixões insaciáveis daquelas almas sofredoras, excitar os desejos desordenados do coração humano, que adquiriam vida e rugiam como uma tempestade. Quem não a conhece, essa música dolorosa, imagem da luta entre o homem e a divindade, entre o bem e o mal, entre a destruição e a conservação?

Aqueles sons atravessavam como flechas agudas o coração ulcerado do homem encarnado, criminoso, que sucumbia diante da expiação, como o espírito que vaga sem repouso no espaço, gritando-lhe em suas vibrações: "As leis divinas que afrontaste te punem; teus próprios abusos criam teus sofrimentos. Criatura cega, que matas com ódio, sabe que só destróis uma forma de argila: a centelha imortal que nela habita se transforma e eleva na marcha grandiosa da obra eterna! Não olvides também que o gozo do crime é apenas um instante passageiro, e a ele se segue o peso do castigo. Por uma inflexível lei de equilíbrio, o mal que cometes recai sobre ti, sobre teu coração, e o tritura na dor e na expiação até que, tornando-se suave e flexível, seja capaz de refletir a perfeição infinita da divindade". Sem o saber, Horemseb pagava nessa noite infernal suas diversões criminosas; ele se achava invulnerável quando *todos* se curvavam sob seus pés.

O primeiro raio do sol nascente deu fim a essas horas de angústia; as trevas desapareceram, e com elas as sombras vingadoras. Um calor agradável invadiu o corpo entorpecido do criminoso e dissipou-lhe o torpor. Rá parecia dizer:"Vê! Eu sou a luz, o inimigo das trevas, e meus raios brilhantes fazem fugir a maldade. Se tivesses sido fiel a mim, não temerias a noite; eu te daria tudo: repouso, calor, amor!"

Lentamente, cabeça baixa, Horemseb desceu e arrastou-se até o pavilhão onde Neith havia dormido o sono mágico.O divã ainda estava ali, e atirando-se nele, o príncipe adormeceu num sono de chumbo; estava no limite das forças.

Quando despertou, o sol descia no horizonte. Estava alquebrado, com a cabeça pesada, e atormentado pela fome e a sede. Aproximando-se de um nicho, abriu um pequeno armário secreto e retirou dali uma ânfora de vinho e um pequeno cofre contendo frutos confeitados no mel.

Tendo acalmado um pouco a fome, tornou a deitar-se e refletiu. O horror de sua situação lhe surgia em toda sua realidade: estava perdido, com a cabeça a prêmio, e esse palácio deserto era seu último refúgio. Os mortos, é verdade, o serviam fielmente; mas à simples recordação da noite, um arrepio gelado o sacudiu. Pensou em Neith, a vítima que poupara, não por amor, mas por interesse: evidentemente o tinha abandonado, ou sua intercessão fora infrutífera. Decididamente, tudo estava acabado. Um desânimo amargurado, um cansaço indescritível o assaltaram; não seria melhor terminar com tudo e entregar-se?

A noite o surpreendeu nessas reflexões, e com as trevas seus terrores voltaram: cada ruído o fazia estremecer, em cada canto lhe parecia ver um dos terríveis espectros. Tomando uma resolu-

J. W. Rochester

ção súbita, ergueu-se: tudo seria melhor que ficar nesse lugar. Indo ao armário secreto, retirou dali uma tocha, acendeu-a, e evitando olhar para os lados, dirigiu-se ao palácio. Parecia-lhe que atrás de si marchava uma horda invisível, e que da sombra de uma coluna se destacava a cabeça desfigurada de Neftis, fitando-o com um riso de escárnio odiento.

Reunindo toda sua coragem, seguiu adiante, atravessou correndo seus aposentos e em seguida chegou à parte do palácio que servira outrora à criadagem. De súbito, um murmúrio confuso de vozes lhe chegou aos ouvidos. Parou para orientar-se, e deu-se conta de que um numeroso grupo de pessoas devia estar no pátio ao lado, contíguo aos aposentos antes ocupados por Hapzefaa, Chamus e outros criados de confiança.

Horemseb apagou a tocha, e abrindo uma porta secreta achou-se sob a arcada de colunas que cercava um vasto pátio, no centro do qual havia uma fonte. Respirando com dificuldade, encostou-se à parede e fitou com olhar sombrio os hóspedes inesperados que se abrigavam em seu palácio. Em torno de alguns braseiros sentavam-se soldados conversando ou polindo as armas, enquanto num pequeno terraço bem iluminado dois oficiais jogavam damas. Um esquadrão, comandado por um terceiro oficial, estava nesse momento voltando de uma ronda.

Decidindo-se de repente, o príncipe deixou o esconderijo e dirigiu-se diretamente para o terraço; assim que apareceu na claridade, os soldados puseram-se em pé, aos gritos, os oficiais tomaram as armas, e num piscar de olhos, ele estava no centro de um círculo ameaçador de lanças e espadas.

— Isso não é necessário – disse Horemseb calmamente. – Estou me entregando.

— Fazes bem – respondeu Antef abaixando a arma – em evitar uma luta. Vou mandar avisar o sumo sacerdote Amenófis de tua prisão, e até segunda ordem, ficarás detido aqui.

Depois de dar algumas ordens, Antef colocou a mão no ombro de Horemseb, que permanecia em silêncio, e disse:

— Vem comigo. Vamos te servir uma refeição e preparar uma cama para ti; alimenta-te e descansa, pareces exausto.

Meia hora mais tarde, o príncipe estava à mesa diante de um bom jantar, numa sala de seus antigos aposentos, mas pelo menos não estava só.

— Come sem receio, não está envenenado como as provisões que deixaste e mataram teus criados – disse Antef com azedume. Horemseb baixou a cabeça. Com esforço, comeu uma fatia de carne de caça e tomou um pouco de vinho; depois, voltando-se para o oficial, perguntou hesitante:

— Sabes onde está agora Neith, minha esposa?

— A nobre Neith está em Tebas, mas se contas com ela para conseguir teu perdão, esperas em vão, a menos que consigas te inocentar dos crimes e sacrilégios de que és acusado – respondeu Antef com ironia. E agora deita e dorme, porque vais precisar de tuas forças.

Em silêncio, Horemseb estendeu-se na cama preparada para ele, e seu cansaço moral e físico era tal que sem demora adormeceu.

Na tarde desse mesmo dia, Hartatef, Smenkara e um escravo negro dedicado tinham chegado a Mênfis, ocultando no fundo do barco um grande sarcófago, destinado a esconder o perigoso fugitivo procurado em todo o Egito.

Quando a noite caiu, Hartatef e seu cúmplice se dirigiram ao vale dos sepulcros; mas procuraram e chamaram em vão pelo príncipe. Guiado pelas indicações de Neith, Hartatef chegou a entrar no esconderijo de Sapzar e convenceu-se de que Horemseb o abandonara. "As provisões terminaram e ele se refugiou no palácio", pensou Hartatef, e maldizendo o acaso infeliz, decidiu procurar imediatamente o príncipe nesse lugar.

Penetraram sem dificuldade no jardim, deixando o barco escondido nos caniços; mas revistaram em vão todos os esconderijos indicados por Neith: Horemseb não estava.

— Estaria no palácio? – murmurou Smenkara enxugando o suor da fronte.

— Vamos lá e o acharemos, a menos que já esteja preso. Eu sei onde estão instalados os soldados – respondeu Hartatef.

E os dois aventureiros penetraram resolutamente no palácio, que revistaram sem sucesso.

Mas de súbito o audacioso rapaz se deteve, estremecendo, e apertou o braço de Smenkara: através de uma porta aberta, via-se uma sala iluminada por uma tocha presa à parede, e à sua claridade avermelhada, acabava de reconhecer Horemseb estendido num divã, com os olhos fechados. Um soldado etíope, de costas para eles, vigiava, apoiado a uma colunata.

Rastejando como serpente, Hartatef deslizou até a sentinela e enfiou-lhe o punhal nas costas. Sem dar um grito, o homem abriu os braços e, seguro pelo assassino, caiu ao chão sem ruído.

Então Hartatef, leve como uma sombra, aproximou-se do leito do príncipe e, colocando-lhe a mão na boca, murmurou:

— Não grites, Horemseb, e vem comigo – e acrescentou, vendo o prisioneiro abrir os olhos: — Sou um amigo enviado por Neith para te salvar.

Sem discutir, animado por uma nova esperança, o príncipe se ergueu e seguiu seu salvador. Smenkara reuniu-se a eles, e estavam atravessando sem dificuldades uma grande sala contígua, quando de repente uma porta se abriu, e mudos de susto, encontraram-se diante de um esquadrão de soldados comandados por um oficial, que acabava de trocar as sentinelas.

– Traição! – gritou ele, reconhecendo o príncipe. Este, junto com os companheiros, tentou a fuga; lançaram-se contra os soldados, e um combate encarniçado se iniciou, pois Hartatef tinha armado o príncipe com um punhal e um machado.

Os gritos e o ruído da luta alarmaram o palácio, e Antef, junto com uma dezena de homens, precipitou-se na sala. Um instante depois, tudo terminara. Horemseb, desarmado, estava seguro por vinte braços, e em meio a sete ou oito cadáveres caídos ao chão, via-se Hartatef com um punhal no peito, e Smenkara com o crânio fendido por um golpe de machado.

— Não acreditaria que em todo o Egito houvesse alguém, e sobretudo um dignitário, que quisesse te fazer escapar à justiça! – disse Antef limpando a espada. – Mas parece que ainda possuis sortilégios capazes de virar uma cabeça tão sólida como a de Hartatef. Como não desejo arriscar novamente minha cabeça por tua causa, vou te fazer acorrentar e eu mesmo te vigiarei.

Uma hora mais tarde, um mensageiro do templo informava o comandante sobre o projeto de fuga de que acabavam de ter conhecimento pelo enviado de Tebas. Antef respondeu a isso conduzindo o mensageiro até os corpos dos dois cúmplices e mostrando-lhe prisioneiro cheio de correntes.

Ao amanhecer, Amenófis, acompanhado de vários sacerdotes, foi ao palácio, e após um curto interrogatório ao qual Horemseb nada respondeu, decidiu que dentro de duas horas partiriam para Tebas, ordenando a Antef que conduzisse o prisioneiro sob escolta ao embarcadouro onde se encontrava a flotilha que iria transportar à capital ele, o prisioneiro, os soldados e algumas testemunhas importantes.

A notícia de que o feiticeiro fora preso se espalhou pela cidade como um rastilho de pólvora, e uma horda colérica, ávida para ver a abominável criatura enfim derrotada, cercou o misterioso palácio, enchendo as vizinhanças e esperando ansiosamente a saída da escolta. Ao saber desse ajuntamento, Antef quis fazer o prisioneiro sair pela porta que dava para o Nilo, mas o rio também estava coalhado de barcos que bloqueavam a escadaria, e ele desistiu dessa idéia.

Depois de uma espera que pareceu uma eternidade para a multidão, a pesada porta se abriu, dando passagem a um destacamento de soldados e policiais que forçaram o povo a abrir caminho; em seguida vinha Horemseb, com os pés e mãos carregados de correntes, escoltado por Antef com a espada desembainhada e cercado por uma escolta de soldados. Ao ver aquele que haviam temido durante tanto tempo, o feiticeiro que desprezara todo o sentimento de humanidade, matando tantos inocentes e semeando em seu caminho a infelicidade e a loucura, uma intensa agitação tomou a multidão, e um clamor de raiva e condenação ergueu-se como um rugido. Horemseb ergueu a cabeça, e seu olhar vago errou sobre as milhares de cabeças que ondulavam até onde a vista alcançava, mas vendo os punhos erguidos, ouvindo as vociferações, aprumou-se orgulhosamente, e fervendo de raiva e desespero, continuou andando.

Mas os clamores aumentavam: "Assassino", "Sacrílego", "Envenenador!" rugiam centenas de vozes, e pedras, lama, lixo e até punhais começavam a ser jogados no prisioneiro, ferindo-o assim como a escolta.

Abrindo passagem com dificuldade, o cortejo se dirigiu para o Nilo, reforçado por alguns sacerdotes que se dirigiam para os barcos, e cuja autoridade suspendeu os ataques. Porém, sob essa tempestade de acusações e ódio, esses gritos de injúria e maldições, Horemseb sucumbiu; cambaleando como um ébrio, a cabeça baixa, arrasado pela humilhação e a vergonha, arrastava-se com dificuldade, e ao subir no barco, desmaiou.

Voltando a si, o príncipe fechou-se num silêncio irado, absorto em seus pensamentos desesperados. Às vezes lhe parecia estar vivendo um pesadelo, sendo impossível que ele, um príncipe de sangue real, o poderoso e rico senhor, houvesse chegado a esse ponto de decadência. Uma verdadeira tormenta de desespero se desencadeou em sua alma quando, à claridade do amanhecer, percebeu, desenhando-se contra o azul do céu, os templos e palácios de Tebas.

J. W. Rochester

Quando teria sonhado em voltar assim à esplêndida capital que deixara um ano antes, coberto de honrarias? Oh! Se tivesse podido prever o futuro, não teria levado Neith!

Para evitar as cenas lamentáveis que tinham ocorrido em Mênfis, as autoridades de Tebas, prevenidas por um mensageiro, haviam tomado precauções, e fileiras de soldados colocados ao longo do percurso da escolta continham as ondas de povo que tinham acorrido também para ver o criminoso cujo simples nome fazia tremer o Egito.

Graças a essas precauções, o trajeto sem fez sem incidentes, e sem demora as portas de bronze da imensa área do templo de Amon-Rá se fechavam atrás de Horemseb e sua escolta, e a horda em tumulto se dispersou aos poucos.

O prisioneiro, sempre acompanhado por Antef, foi conduzido a uma sala onde estavam reunidos Amenófis, Ranseneb, que substituía o sumo sacerdote de Amon, enfermo havia algum tempo, e uma quantidade de autoridades do templo.

Sombrio, mas de cabeça erguida, Horemseb se deteve, fitando os assistentes com um olhar altivo e impassível.

— A cólera de Amon-Rá te atingiu por fim, e te fez chegar aqui coberto de correntes e desonra – disse Ranseneb após um instante de silêncio – e ousas ficar de cabeça erguida, em vez de encarar teus juízes de joelhos, com arrependimento e humildade!

Um clarão ameaçador cintilou nos olhos do príncipe; não se moveu. Ódio, raiva e obstinação o sufocavam. Um murmúrio de desaprovação correu entre os sacerdotes, e um velho pastóforo gritou com indignação:

— Malfeitor infame, curva-te com o rosto no chão diante dos representantes dos deuses, ou receberás o tratamento que dobra os mais teimosos!

Vendo Horemseb sorrir com desdém e as autoridades sacerdotais franzirem as sobrancelhas, o velho pastóforo, vermelho de cólera, ergueu um chicote que tinha na mão, e um golpe sibilante atingiu as costas nuas do prisioneiro, traçando um sulco sangrento. Um grito selvagem escapou dos lábios de Horemseb; espumando, virou-se, e apesar das correntes que o prendiam, saltou com a agilidade de um tigre sobre o pastóforo, derrubou-o, e cravou-lhe os dentes na garganta. Tudo aconteceu com tal rapidez que os assistentes, petrificados, só entenderam o que se passava quando os dois homens rolaram no chão. Antef e dois jovens sacerdotes se jogaram sobre o prisioneiro, mas foi em vão que tentaram arrancá-lo de cima do ancião, cujo corpo se inteiriçava em convulsões. Horemseb parecia colado nele, a boca pregada na garganta que sangrava, com os dedos apertando-a como tenazes. De súbito, seus braços caíram, e rolou pesadamente para um lado, com os olhos fixos e uma espuma sanguinolenta na boca: a superexcitação causada pelo ultraje, mais a violência de seu caráter, pareciam ter-lhe causado a morte.

— Vê-se que espíritos impuros habitam esse criminoso – disse Amenófis voltando a si do estupor. – Verifiquem se está morto, e se não estiver, levem-no para a prisão e tratem dele.

— Vou dar as ordens necessárias e dobrar as sentinelas, para que o feiticeiro não se vá antes de confessar seus segredos – disse Ranseneb, que tinha examinado os dois corpos. – O miserável está apenas desmaiado, mas a alma do pobre Penbesa se foi para Osíris; reparem, a artéria está cortada como por uma navalha pelos dentes desse chacal.

Alguns criados do templo, sob a direção de Antef e de um jovem sacerdote médico, transportaram Horemseb para a prisão subterrânea destinada aos grandes criminosos e acenderam uma lamparina colocada num nicho. Quando o príncipe estava estendido no catre que servia de leito, o médico mandou que lhe tirassem as correntes e trouxessem mais luz; a seguir fez uma bandagem na ferida que lhe atravessava as costas dos ombros até os rins.

— Seu estado é grave? – indagou Antef curioso.

— Receio que sim, e que desperte com uma febre das mais intensas – respondeu gravemente o sacerdote –; seria lamentável que morresse sem revelar o segredo do terrível veneno e de seu antídoto.

— Ele já tinha desmaiado em Mênfis, depois dos insultos e maldições com que o povo o cobriu no trajeto de seu palácio até o Nilo; foi terrível, pensei que o iam fazer em pedaços.

— Sim, não é fácil suportar uma queda assim, dos degraus do trono a uma abjeção dessas – suspirou o médico, lavando o rosto do enfermo.

Nesse momento Horemseb abriu os olhos, mas o olhar vago parecia não reconhecer ninguém, e seu corpo cobria-se de um suor gelado. Vendo o sacerdote ocupado em cuidar dele, ajeitando-lhe um leito mais cômodo, Antef retirou-se. Tinha pressa de voltar para casa e descansar, mas a sorte decidira outra coisa.

Ao dobrar de uma esquina encontrou Chnumhotep, que voltava do palácio real, e quando o viu chegou-se a ele, querendo saber dos detalhes da prisão. O chefe da guarda o convidou a tomar o carro e vir até sua casa para conversar e tomarem juntos a refeição matinal. Antef tentou inutilmente desculpar-se com o cansaço; Chnumhotep não quis saber de nada e o arrastou consigo.

Chegando com o visitante na sala que abria para o jardim, onde o aguardavam Roant e uma refeição já servida, o chefe da guarda encontrou o cunhado. A fisionomia alterada do sacerdote e algumas palavras veementes da mulher mostravam que acabara de haver uma altercação entre eles.

— Por Anúbis, acho que viemos cair no meio de uma briga — disse Chnumhotep rindo.

— Oh! Se chegasses mais cedo, terias ouvido os hinos de admiração de tua mulher em louvor do irresistível criminoso que chegou hoje — replicou Roma com irritação.

— Disse e repito que é pena que um homem belo e inteligente como Horemseb tenha cometido tantos crimes, que seu destino causa dó, e que entendo que uma mulher que teve seu amor o ame até a morte e não o esqueça jamais.

— Esse miserável de que o Egito inteiro pede a cabeça! — resmungou Roma.

— Acalmem-se os dois, e ouçam as incríveis notícias de Antef. É inegável que Horemseb é um mago extraordinário, se pôde conquistar uma cabeça tão sólida como a Hartatef, que morreu para tentar libertá-lo.

— Ah! Está morto! — murmurou o sacerdote, enquanto Roant cobria Antef de perguntas.

Este relatou os detalhes da prisão do príncipe e a audaciosa tentativa de resgate que custara a vida a Hartatef e Smenkara; e a seguir, as cenas terríveis ocorridas durante o trajeto do prisioneiro até o Nilo.

— E hoje — concluiu Antef — o belo Horemseb recebeu a primeira chicotada numa sala do templo, por ter se recusado a se prosternar.

Roant, que escutara muito pálida, deu um grito e cobriu o rosto com as mãos.

— Não queres tomar um pouco de vinho? Receio que desmaies — disse Roma com ironia. — Que idéia terrível, um dorso principesco e tão belo receber um chicotada! Em minha opinião, *uma* é pouco; esperemos que receba o resto.

— Não estou te reconhecendo, Roma! – exclamou Roant, com as faces em fogo. – Uma crueldade dessas é indigna de um servidor dos deuses, mas teu ciúme te torna cego e enraivecido.

— O resto não teria faltado, nobre Roma – disse Antef rindo – se Horemseb tivesse dado tempo ao executor, mas jogou-se nele, e literalmente lhe cortou a garganta com os dentes; depois, de raiva, ficou duro e caiu no chão. O pobre do velho Penbesa já estava morto quando o erguemos.

— Ele matou Penbesa! Que terrível! – murmurou Roma estarrecido.

— É um verdadeiro animal feroz. Mas teria morrido de raiva? – indagou Chnumhotep.

— A princípio achamos que sim, mas era só um desmaio. Foi levado para a prisão e um sacerdote está cuidando dele, porque desejam de qualquer modo arrancar-lhe o segredo dessa planta misteriosa de que Sargon falou, veneno maldito que quase me custou a cabeça com a fuga de Tutmés. Ah! O que eu daria para saber a verdade sobre isso! É óbvio que Neftis me fez casar para se livrar de mim, mas teria tido algo a ver com a fuga dele e o teria auxiliado a obter os favores da rainha? Essa benevolência súbita que despertou assim que Tutmés chegou de Buto, e acabou num exílio dourado depois da morte de Sargon, cuja misteriosa briga com Tutmés nunca foi esclarecida!

— Sim, nunca saberemos a verdade nessa confusão toda – suspirou o chefe da guarda. – Quanto a Horemseb, vai pagar duramente por seus crimes.

— O que vão fazer com ele? – indagou Roant.

— Será morto de forma vil: enforcado e seu corpo atirado aos corvos, ou então emparedado vivo.

— Isso é terrível! Como a pobre Neith irá suportar saber disso? Por enquanto, estamos escondendo dela a prisão e ela não sabe da chegada dele, mas não se pode esconder essas coisas por muito tempo.

— O mais sensato seria enviá-la a fazer uma peregrinação a algum templo distante – observou Chnumhotep. – Assim ficaria longe durante o julgamento e a execução, seria poupada desses sofrimentos, e depois que Horemseb morresse, choraria por ele, mas, como é natural, acabaria esquecendo-o aos poucos.

Todos concordaram com isso, mas como Neith estava no palácio real e ninguém ousava aconselhar isso à rainha, que decidia tudo que se relacionava com sua protegida, tiveram que conformar-

J. W. Rochester

se, e pouco depois se separavam. Antef para voltar a casa, Chnumhotep para ir dormir e Roma para ir à casa da filha de Penbesa e consolar a família subitamente enlutada pela morte do velho pastóforo de todos estimado.

Corroída pela angústia e a expectativa, e consumida pelo veneno sutil que lhe ardia nas veias, Neith se confinava o mais possível na solidão de seus aposentos, e apenas quando o dever a chamava para junto da rainha sacudia o torpor e sondava avidamente nos olhos da soberana um momento favorável para arrancar-lhe uma promessa de perdão.

Após o jantar, no mesmo dia que trouxera para Tebas o feiticeiro, cujas emocionantes peripécias ela era a única a ignorar, Neith estava deitada quando lhe avisaram que Mena pedia para vê-la. Mandou-o entrar, e assim que os dois irmãos ficaram sós, ele disse com ar misterioso:

— Gostaria de te dar notícias *dele*, tu me compreendes, mas juras não dizer quem te falou? É proibido falar disso contigo, e estou arriscando a cabeça ao desobedecer.

Neith se erguera, empalidecendo.

— Juro pelos quarenta e dois juízes do Amenti que morrerei antes de te trair; mas suplico-te, diz o que sabes dele!

Sem se fazer de rogado, Mena contou tudo que sabia da prisão do príncipe, da morte de Hartatef, da cena ocorrida pela manhã no templo, e por fim do estado de Horemseb.

Ela escutou sem fôlego; quando chegou no episódio de Penbesa, soltou um grito de horror.

— Castigá-lo como um escravo! É terrível, pobre Horemseb! – disse torcendo as mãos. – É óbvio que os deuses o abandonaram; Hartatef está morto, minhas preces e sacrifícios são inúteis, e ele está doente, sozinho, privado de tudo. Oh, Mena, ajuda-me, dá-me um conselho; o que posso fazer para ajudá-lo, ao menos?

Mena coçou a orelha.

— Não é fácil, mas eis o que me parece melhor: suplica à rainha que te permita enviar-lhe roupas, móveis e alimentos. Sei que amanhã de manhã Amenófis e Ranseneb têm uma audiência com ela a respeito desse caso; espera por eles, e pede-lhes também autorização para socorrer o doente. Para predispô-los bem a teu pedido, envia de manhã cedo algumas dádivas ao templo; se quiseres, eu me encarrego de oferecê-los em teu nome.

— Sim, Mena, faz isso! — disse Neith, apertando reconhecida a mão do irmão. — Vou dar-te uma ordem para meu intendente.

— Podias também ajudar-me um pouco; estou em grande dificuldade.

— Precisas de dinheiro? Porque não disseste antes? De quanto precisas?

Mena não era modesto; indicou uma boa soma, que Neith lhe concedeu sem discutir; depois escreveu uma lista de objetos valiosos que iria oferecer ao templo de Amon e ao de Ápis em Mênfis. Quando o rapaz se despedia, ela o chamou:

— Diz que te dê também uma pele de tigre que Tutmés me ofereceu; as garras são de ouro e Ranseneb gostou sempre muito dela.

Neith passou a noite insone. Sua imaginação superexcitada lhe pintava a prisão de Horemseb, os sofrimentos do enfermo, e sua alma se enchia de desespero e compaixão.

Estava decidida a tentar pela última vez sensibilizar a rainha; era mais fácil chegar até ela sem chamar atenção porque estava de serviço pela manhã; mas as horas que a separavam desse momento lhe pareceram uma eternidade.

Hatasu era bastante matinal. Quando Neith entrou nos aposentos reais, a velha Ama lhe indicou o terraço onde a rainha tomava o desjejum. Para isso, ela jamais admitia o numeroso séquito que, de acordo com o protocolo, devia cercar os reis do Egito desde que se levantavam até deitarem. A mulher inteligente e original que carregava virilmente o peso do cetro e da dupla coroa tinha mostrado, nas questões de protocolo, a independência de espírito que caracterizava todas as suas ações. Afastando o cerimonial sufocante que regulamentava cada gesto do faraó, tinha reservado só para ela as horas que ficavam entre o despertar e a primeira audiência, e apenas uma de suas damas de honra de serviço tinha permissão para chegar até ela nesses momentos.

Quando Neith entrou no terraço, a rainha tinha os cotovelos apoiados na mesa do desjejum, no qual se via que não tinha tocado: os pãezinhos corados estavam intactos na cesta de prata trabalhada, e a taça hitita de ouro que usava sempre estava cheia de leite. A bela fisionomia severa da rainha estava pálida, e via-se que tristes e dolorosos pensamentos a oprimiam. Não percebeu a entrada de Neith, s somente quando esta se ajoelhou e beijou-lhe as vestes ela estremeceu e se voltou.

— És tu, Neith! Como tens mau aspecto, pobre menina! – disse Hatasu, acariciando a cabeça abaixada da jovem. – Vamos, não recomeces a chorar, tua dor me fere o coração; eu a sinto também sem poder fazer nada. Compreende, minha querida, que sou a rainha do Egito, e devo preservar as leis; esse louco furioso, ébrio de matança, não me deixou nenhuma saída para que possa salvá-lo. Aceita o inevitável; o tempo, que cura todas as feridas, te fará esquecer esse homem indigno, e a vida vai continuar.

Eu sei disso por experiência, e perdi mais do que tu, porque Naromath era um herói, tão nobre quanto belo, um guerreiro corajoso que tombou defendendo seu país, cujas façanhas despertaram a admiração dos próprios inimigos. Os deuses às vezes são cruéis e não concedem jamais aos mortais a felicidade completa; deram-me o poder, mas me negaram todas as outras alegrias. E a ti, minha pobre filha, não posso te reconhecer diante do mundo, e quando quis ao menos te dar a felicidade, me vi impotente diante do destino.

— Não penses que sou ingrata, minha mãe e benfeitora – murmurou Neith pousando os lábios ardentes na mão da rainha. – Eu te bendigo em todos os momentos de minha vida, e por ti gostaria de dominar este sentimento infernal que me devora, mas não consigo; não me condenes por isso, pois lutei e luto ainda contra esse poder que me domina. Feitiço ou amor, que sei eu! Não sei dizer o que se passa comigo, mas longe de Horemseb eu morro como uma flor sem água, e a idéia de perdê-lo para sempre me faz enlouquecer.

A entrada da velha Ama interrompeu-a: vinha anunciar que o sumo sacerdote Amenófis e Ranseneb, o vidente do templo de Amon, solicitavam a graça de serem admitidos à presença da rainha.

— Está bem— disse Hatasu. – Diz que os façam passar à sala junto de meu gabinete de trabalho; irei num instante.

Ao aviso da chegada dos sacerdotes, um intenso rubor cobriu o rosto de Neith, e assim que a cortina se fechou atrás da escrava, ela correu para a rainha, que tomava apressadamente alguns goles de leite, e erguendo para ela as mãos unidas, murmurou:

— Eu sei que Horemseb, doente e prisioneiro, está em Tebas; concede-me, não o perdão dele, mas a permissão de confortá-lo um pouco e pedir aos sacerdotes que façam chegar a ele o que eu lhe enviar.

Hatasu escutou, surpresa e com as sobrancelhas franzidas; uma centelha sombria perpassou em seus olhos negros.

— Quem ousou contrariar minhas ordens e te falar da prisão do miserável? – indagou com severidade.

— Ah! Pode-se esconder aquilo que toda Tebas sabe? E pensas que meu coração não me dizia que ele estava perto? Tem piedade, concede-me essa humilde alegria de aliviar o sofrimento dele.

Um recusa severa pairava já nos lábios da rainha, mas vendo a fisionomia desfeita de Neith, seu olhar febril, seu nervosismo, comoveu-se.

— Seja! Vai e implora aos sacerdotes; se eles permitirem, eu te autorizo a enviar algumas coisas para aliviar o prisioneiro.

Com um grito de alegria, Neith abaixou-se, beijou as vestes da rainha, depois saiu; atravessou correndo os aposentos reais e entrou na sala indicada no momento em que os sacerdotes entraram por outra porta. Era uma sala grande, um pouco escura, com as paredes incrustadas de ouro e cornalina, com colunas pintadas de cores vivas. Ao fundo, junto a uma porta fechada por uma cortina púrpura bordada de ouro, dois oficiais armados estavam de sentinela; um terceiro funcionário, portando um colar honorífico, estava junto de uma coluna. Quando o camareiro que trouxera os sacerdotes se retirou, Neith aproximou-se e ajoelhando-se, ergueu as mãos para eles em súplica. As doações feitas nessa manhã ao templo por Mena, em nome da irmã, os tinham feito compreender; não duvidavam de que a súplica muda da jovem significava uma graça que desejava obter para Horemseb. Os dois a abençoaram e depois Ranseneb indagou com bondade:

— Desejas algo de nós, pobre menina? Vejo em teus olhos que tens a alma ainda enferma.

— Santos e veneráveis servidores dos deuses – murmurou Neith com a voz repassada de lágrimas –, se vossa alma sente alguma compaixão por meu sofrimento, permiti-me a graça de confortar um pouco Horemseb, meu esposo; ele está ferido, doente, privado de todo o conforto a que está habituado; permitam-me enviar a ele roupas, uma cama e alimento.

Os dois sacerdotes se entreolharam.

— Está bem, minha filha; concordamos com teu pedido – respondeu Amenófis. – Envia ao prisioneiro o que desejares para confortá-lo, vinho, frutas, cobertas e roupas.

— E posso confiar que isso lhe será entregue? – indagou ela timidamente.

— Não tenhas receio – disse Ranseneb. – Manda um de teus

criados e encaminha os objetos ao sacerdote Sepa, que está tratando do prisioneiro; eu darei ordem para que tudo lhe seja entregue.

— Já que tua bondade é tão grande, permite-me ver Horemseb por um momento.

O sacerdote sacudiu a cabeça.

— Isso, minha filha, não depende de mim, mas da rainha; se ela te autorizar a vê-lo, eu te conduzirei até ele e poderás falar-lhe, mas somente em minha presença.

Nesse momento, um som metálico, vibrante e prolongado, soou no gabinete.

— A rainha está nos chamando — murmurou apressadamente Ranseneb. — Mas espera aqui, vou transmitir teu pedido a Sua Majestade e te trarei a resposta.

Transcorrera talvez um quarto de hora, que para Neith pareceu uma eternidade de angústia, quando subitamente a cortina da porta de ergueu e Ranseneb a chamou com um gesto. Ao primeiro olhar que lançou à rainha, compreendeu que ela estava irritada.

— Contenta-te com o que te foi concedido; já é uma graça imerecida confortar e mimar esse criminoso e sacrílego. Não autorizo que o vejas, pois isso não teria nenhum sentido e só aumentaria a força do veneno que te consome.

Vendo Neith cambalear, pálida como uma morta, Hatasu acrescentou com mais bondade:

— Em todo caso, não será quando te vejo agitada assim que permitirei que o vejas; fica calma e sensata, e talvez eu autorize o que proíbo hoje. E agora, criança, vai!

Com benevolência paternal, Ranseneb se aproximou de Neith, e abençoando-a, disse:

— Não desesperes, a bondade de nossa rainha é infinita como a de seu divino pai, Amon-Rá; se Sua Majestade vier a consentir, vem procurar-me e eu te levarei ao prisioneiro; mas lembra que deverás trazer-me o selo real.

Quando a jovem deixou o gabinete, a rainha se voltou para os sacerdotes:

— Não se pode apressar a instrução do processo e a execução do criminoso, para terminar com a expectativa e a incerteza desta pobre vítima? Talvez o fato consumado faça com que se quebre o encanto.

— Teu desejo, rainha, é uma lei para nós, mas digna-te notar que o criminoso está enfermo e que é necessário obter um depoimento dele a respeito da planta venenosa e seu antídoto; além disso, a cada dia chegam novos depoimentos, e a principal testemunha, a jovem Ísis, ainda necessita de algum tempo para recuperar as forças. E por último, o cúmplice de Horemseb, o miserável hitita, ainda não foi preso, e seria útil confrontá-los.

— Ainda não acharam a pista do infame, causador de todas essas desventuras? – exclamou a rainha encolerizada. – Eu *quero*, entendem, *eu quero* que o encontrem; dobrem a soma da recompensa para quem o entregar, esse malfeitor que ousou esconder-se no coração do reino para corromper e destruir um príncipe do Egito! Vou ensinar-lhe, como a todo estrangeiro insolente, o que vai lhe custar essa audácia! Farei queimá-lo nesse deus impuro como ele, inventarei para ele uma tortura que fará tremer de espanto os demônios do Amenti!

— Por certo os deuses satisfarão tua justa ira, divina filha de Rá, e lavarás a alma no sangue desse criminoso; a longo prazo ele não escapará, pois parece certo que não deixou as fronteiras do Egito; mas, como é de teu desejo, não aguardaremos a prisão do hitita para condenar Horemseb – disse Ranseneb respeitosamente.

— Perfeitamente. Horemseb mereceu a morte e a terá; o povo tem direito a essa reparação; apenas, não desejo que a execução seja pública. Que espécie de morte pretendem dar-lhe?

— Será emparedado vivo na própria muralha do templo – respondeu Amenófis com dureza. – Mas quais são, rainha, tuas disposições quanto à fortuna dele?

— Faço doação dela aos imortais; ao retornar a Mênfis, tomarás posse de tudo, Amenófis. Quanto ao palácio amaldiçoado, desejo que seja demolido e no local se erga um templo a Ptah, a fim de que a presença do deus e de seus servidores purifique esse lugar manchado de sangue.

— Tua generosidade, faraó, iguala a de teu divino pai, e tua sabedoria confunde os humanos – disse Amenófis cheio de satisfação.

Ranseneb, que escutava atento, indagou de súbito:

— A morte de Hartatef deixa também sem dono nem herdeiro uma fortuna considerável; qual será o destino dela?

Um sorriso imperceptível deslizou nos lábios de Hatasu.

— Acho justo entregar esse patrimônio a Ísis, a corajosa moça que arriscou a vida para desvendar esses crimes inauditos; já que os deuses lhe conservaram miraculosamente a vida, ela tem direito a uma recompensa. Veneráveis padres, não os retenho mais, e confio em vossa sabedoria para a condução do processo.

A rainha os saudou com um gesto e os sacerdotes se retiraram. Depois de sair do gabinete da rainha, Neith se dirigira a seu palácio e preparava o que ia enviar a Horemseb: cobertas macias, roupa branca, perfumes, e também vinho, leite e algumas aves assadas, em uma das quais escondeu um bilhete que dizia: "Todo dia receberás de mim tudo que necessites, consegui permissão para isso. Neith". Mas quando o portador saiu, ela se desmanchou em lágrimas: o que seria dela quando essas remessas cessassem porque *ele* não precisasse mais, porque estivesse morto? A essa idéia, sua visão se escureceu, e ela ansiava por morrer junto com ele.

Os dias que se seguiram foram penosos. O processo que tinha seguimento no templo de Amon pesava sobre todos como um pesadelo. As ramificações do drama aumentavam sempre mais; novas vítimas eram descobertas, e muitas não tinham relação direta com Horemseb, mas tinham sido postas em contato com as rosas envenenadas – tal como os embalsamadores e a jovem curada por Roma. E ainda algumas pessoas se calavam, por exemplo Antef e Satati, a qual entendia agora sua fraqueza inconcebível por Mena, na memorável noite que quase lhe havia custado o nariz. Os acusadores mais implacáveis eram as famílias das jovens que se haviam suicidado após a partida de Horemseb de Tebas.

Ísis recuperava rapidamente a saúde, e a doação real que a tornava dona do palácio de Hartatef tinha ajudado consideravelmente a sua convalescença.

Estava livre também de sua antipática acompanhante, pois um justo castigo chegara também à abominável criatura. Ao saber da morte de Hartatef e Smenkara, Hanofer ficou fulminada; depois, fora presa de um acesso de raiva e desespero: urrando, arrancando punhados de cabelo, ferindo o rosto, rolara pelo chão, invectivando e maldizendo a si própria, pois atribuía à sua denúncia a morte do marido e do amante. Após dois dias de gritos e demência, Hanofer acalmou-se; azeda e concentrada, entregou-se a um atividade secreta e intensa em todos os lugares onde o defunto Hartatef guardava seus objetos mais valiosos. Os resultados dessa atividade oculta, acumulados no quarto que ela ocupava, deveriam ser transportados durante a noite para sua casa. Foi quando a fatalidade a atingiu. Primeiro, a chegada do comissário real anunciando a Ísis que seria a herdeira de Hartatef, deixou Hanofer amarela de inveja. Mas sua raiva se transformou em susto quando, algumas horas depois, foi presa, primeiro por ser mulher de Smenkara, que morrera como traidor, e também como sua cúmplice em diversos casos escusos recentemente descobertos, assim como por duas mortes cometidas na taberna. Alguns meses mais tarde, a megera, com seus crimes comprovados, era mandada para as minas para morrer.

O julgamento

Mais de um mês transcorrera após a prisão do feiticeiro, sem que a agitação febril que tomava conta de todos tivesse diminuído. Um acontecimento que se deu nesse ínterim tinha sacudido a população: fora trazido de Mênfis o ídolo de Moloch e toda a Tebas acorrera ao vale deserto e pedregoso, nos confins do deserto, onde o colosso fora provisoriamente colocado; com que intenção? Ninguém sabia. Mas com essa avidez de sensações que caracteriza as multidões, todos queriam ver o deus sanguinário em cujos joelhos em brasa tantas vítimas inocentes tinham perecido, não somente seus corpos mas também suas almas destruídas.

Sabia-se que Horemseb se restabelecera e que o julgamento, em conseqüência, devia acontecer a qualquer momento. A pobre Neith sofria indescritivelmente, e teria por certo buscado o suicídio como uma saída para sua dor, se não tivesse tido a ingênua idéia de que sua vida representava uma garantia para Horemseb, uma espécie de defesa contra algo terrível.

No dia marcado para o julgamento, uma atividade lúgubre reinava no templo de Amon-Rá. Numa sala grande e escura, iluminada por lâmpadas suspensas no teto, tinham sido colocadas em semicírculo as cadeiras destinadas aos juízes. Em vista da gravidade da causa e da posição do acusado, tinham sido convocados os pontífices e sumos sacerdotes dos principais templos do Egito. Eram na maior parte anciãos, e suas fisionomias severas e enrugadas, e suas longas vestes brancas aumentavam ainda mais a solenidade da cena. Ao fundo, em um gabinete disfarçado por uma cortina, estava uma cadeira destinada a Hatasu, que desejava assistir ao julgamento.

Assim que a rainha ocupou o lugar que lhe estava reservado, o mais idoso dos juízes mandou trazer o acusado. Fez-se um silêncio solene. A claridade vacilante das lâmpadas oscilava de forma fantasmagórica sobre as pinturas que ornamentavam as paredes

J. W. Rochester

e representavam o julgamento de Osíris e os horrores do Amenti, e se refletia nos crânios luzidios dos juízes e concentrava-se nos escribas que, sentados em esteiras, estavam prontos para anotar as respostas do acusado.

Entre os sacerdotes mais jovens sentados nos últimos lugares estava Roma. Quando o acusado, com correntes nas mãos, foi trazido, ele fixou um olhar cheio de raiva no homem que Neith amava apesar de tudo, o carrasco que a tinha destruído e nos entanto a fascinava. Horemseb estava de uma palidez lívida; tinha emagrecido e como que envelhecera, mas nos grandes olhos sombrios lia-se uma obstinação lúgubre, quando se deteve silenciosamente diante dos juízes.

A um sinal de Amenófis, um escriba se levantou e leu em voz alta o ato de acusação, enumerando os crimes cometidos e a atuação nefasta das rosas envenenadas, levianamente postas nas mãos das vítimas.

— Vais confessar todos os crimes de que és acusado, e revelar o segredo da planta misteriosa, e a forma como veio parar em tuas mãos? – indagou o sumo sacerdote.

Horemseb baixou a cabeça, e permaneceu obstinadamente mudo.

Foram então trazidas as testemunhas: os pais das jovens desaparecidas; Keniamun, que relatou o que Neftis revelara, o plano que tinham feito e o achado do corpo terrivelmente mutilado; Roma, que falou de suas descobertas; depois o rapazinho mudo que escapara miraculosamente à morte. Por fim adiantou-se uma mulher coberta por um véu. Quando ela descobriu o rosto, Horemseb recuou com uma exclamação abafada de terror: reconhecera Ísis, que ele mesmo tinha apunhalado e jogado no rio. Os mortos estariam voltando do túmulo para o acusar?

Pálida, mas decidida, Ísis inclinou-se diante dos juízes e com voz vibrante descreveu a vida abominável do palácio de Mênfis, os criados mutilados, o luxo desenfreado, as orgias noturnas, a lenta tortura das vítimas que eram envenenadas aos poucos antes de morrer; todos esses horrores e crimes apareciam vivamente dos ouvintes, evocados pela palavra colorida e eloqüente de Ísis.

Quando ela concluiu, Ranseneb se voltou para o acusado:

— Vês – disse ele – que teus crimes estão amplamente comprovados, mesmo sem tua confissão; só nos falta saber o que diz respeito à planta venenosa e às circunstâncias que te colocaram em relação com o feiticeiro hitita, e fizeram de um príncipe egípcio um bebedor de sangue, um assassino, um adversário dos deuses de seu povo. Fala, pois, e conta sem esconder nada o que sabes, se não queres que te façam confessar sob tortura.

Um estremecimento sacudiu o corpo de Horemseb e seus olhos lançaram chamas, mas dominando-se com esforço, respondeu com voz rouca:

— Vou falar; meu silêncio já não teria sentido.

Foi meu pai quem trouxe Thaadar, o sábio hitita, para o Egito, e o conheceu do seguinte modo. Durante a guerra vitoriosa do faraó Tutmés I no país junto ao Eufrates, houve uma batalha sangrenta próximo da vila de Carquemish.[1] Lá existia um templo onde tinha se refugiado uma parte dos guerreiros, e o defendiam com tal empenho que foi preciso um cerco para conquistá-lo. Quando por fim as tropas o invadiram, a luta continuou no interior do templo e só terminou com o massacre de todos os inimigos. Durante essa terrível confusão, meu pai tinha se separado de seu amigo e companheiro de armas, Rameri. Não o vendo retornar, meu pai se preocupou e apesar do cansaço ergueu-se e foi ao local do combate para procurar o amigo e socorrê-lo se estivesse ferido.

Recordando que fora dentro do recinto do templo que havia perdido Rameri de vista, dirigiu-se para lá, e enquanto vagava entre os escombros e cadáveres, viu surgir de um canto escuro um homem de meia idade, que se arrastou até ele, e suplicou-lhe que lhe poupasse a vida, prometendo-lhe em troca imensos tesouros e o poder secreto de comandar as forças da natureza. Meu pai ficou tentado: a voz e o olhar desse homem, que era o sumo sacerdote do templo destruído, o fascinaram estranhamente, e ele jurou poupar a vida do hitita se ele cumprisse as promessas. Então o sacerdote, por uma entrada secreta, o conduziu a uma caverna, onde estavam amontoados não só o tesouro do templo, mas também o do rei e dos cidadãos mais notáveis do reino.

Meu pai ficou deslumbrado: era um espólio mais que principesco. Então escondeu Thaadar, e depois o levou para Tebas em segredo, junto com os tesouros, de que ninguém ficou sabendo. Mas já durante a viagem o sábio hitita adquiriu um domínio absoluto sobre ele.

Eu tinha quinze anos quando meu pai voltou a Mênfis e co-

---

1 N.E. — Antiga cidade hitita e importante centro comercial que situava-se na parte superior do Rio Eufrates, posteriormente conquistada pelos assírios.

J. W. Rochester

meçou, sob a direção de Thaadar, a reconstrução do palácio. Cultivaram a planta, cuja semente o sábio tinha levado, e entregaram-se secretamente ao culto de Moloch. Contudo, meu pai nunca se isolou como eu e continuava a freqüentar a sociedade. Durante os três últimos anos de sua vida, esteve constantemente enfermo; seu corpo não suportava os excessos a que se entregava.

Quando eu tinha dezessete anos, voltamos a Tebas para assumir nosso lugar na corte. Meu pai morreu aqui, e antes de expirar, contou-me a verdade. Tudo que me disse dos mistérios desse culto e da planta sagrada me fascinou.

Apressei-me a voltar a Mênfis e fiquei inteiramente subjugado por Thaadar. Terminei rapidamente as construções iniciadas por meu pai, e a conselho de Thaadar, o palácio se fechou para todos. Os criados de meu serviço pessoal eram totalmente separados e privados da fala quando faltavam surdos-mudos para comprar. Pouco a pouco acostumei-me com essa vida mágica onde não existia a realidade, com sua crueza e misérias. A luz do dia se tornou detestável para mim; somente na penumbra, nas sombras de meu jardim eu me sentia feliz. Cercado de perfumes, embalado por uma música maravilhosa, pelos cânticos celestes que Thaadar adorava e ele próprio ensinava, eu esquecia tudo.

Eu tinha que fazer sacrifícios a Moloch, Thaadar assim o desejava, e sua vontade era lei para mim. Foi ele também que instituiu as orgias e festins noturnos que destruíram a saúde e a vida de meu pai, que não soube gozá-los com moderação.[2] A mim ele deu uma bebida que me gelava o sangue, e me impôs uma vida rígida de jejum e abstenção, que me deu a força de gozar pela vista sem entregar meu corpo à destruição.

Da primeira vez que bebi sangue, fiquei embriagado com seu sabor estranho, que iria conferir-me a vida eterna, e se agora quise-

---

2 N.T. – Quando se sabe como funcionam os mecanismos de dominação do astral inferior sobre os encarnados (o que acontece há milênios, em todas as épocas e povos) é facílimo entender o processo estabelecido no culto de Moloch, sob o comando do bruxo Thaadar. O sangue derramado nos sacrifícios humanos era a fonte de energia vital, para os comandos das Trevas, propiciando-lhes o comando de encarnados e desencarnados (e atualmente continua nas guerras, homicídios e sacrifício animal para o consumo humano). As orgias instituídas por Thaadar, a participação em massa dos desencarnados, permitiam-lhes recolher larga quota de energias kundalínicas – recurso muito comum dos rituais de magia negra de todas as épocas, e que continua a se processar ainda hoje. O papel do feiticeiro Thaadar é o mesmo exercido por todos os antigos e modernos servidores do astral inferior, que em cultos de derramamento de sangue o oferecem aos magos negros do além – os *únicos* a solicitar, em qualquer circunstância, essa oferenda, embora os desavisados se iludam muitas vezes quanto à identidade de seus mentores.

rem matar-me (deu uma risada rouca) não o conseguirão, porque a morte não tem poder sobre mim. Na minha vida se concentram todas as vidas que tomei dos corações palpitantes das mulheres sacrificadas. Eu me embriaguei com a visão dessas belas mulheres que, desfalecendo de amor, morriam nos meus braços; estava proibido de amá-las porque a alma devia dominar as paixões do corpo; no entanto, elas morriam felizes. Uma delas me traiu, e eu tinha o direito de puni-la, e Neftis só recebeu a morte que merecia. Nada mais tenho a dizer.

— E o que fizeram da planta venenosa? – indagou Ranseneb que, como os demais juízes, escutara em silêncio a confissão.

— Nós a queimamos – respondeu Horemseb sem pestanejar.

— Por que?

— O mestre assim quis. Ao sabermos da investigação, eu quis apagar os vestígios do culto de Moloch; faltou-me tempo para isso, mas Thaadar não quis entregar a planta sagrada nas mãos dos inimigos e a destruiu.

— E o que fizeste de teus tesouros? Não encontramos a maior parte dos objetos preciosos descritos por Sargon.

A vida dispendiosa que eu levava consumiu uma grande parte de meus bens, e eu já me encontrava em dificuldades. Quanto aos objetos de valor, como baixelas, jóias, etc, joguei-os no Nilo. Tudo estava acabado, e nós pretendíamos fugir do Egito.

— Estás mentindo! – interrompeu Amenófis com gravidade. – Teu palácio foi destinado aos deuses pela rainha; ele será demolido, e no lugar será erguido um templo. Durante a demolição, que já começou, encontramos uma adega repleta de objetos preciosos; digo isso para mostrar que caíste tão baixo que, numa hora destas, não receias te sujar com uma mentira!

Ao ouvir que estavam demolindo seu palácio, Horemseb estremeceu e cerrou os punhos, mas nada pôde dizer, porque os guardas o levaram para fora da sala.

Depois de longa deliberação dos juízes, o acusado foi reconduzido à sala e Amenófis, erguendo-se, declarou solenemente:

— Teus crimes hediondos, Horemseb, mereceram um castigo igual. Sendo um príncipe do Egito, renegaste os deuses de teu povo e assassinaste mulheres inocentes que, por tua posição, devias proteger. Com teus crimes, semeaste a vergonha e a desgraça nas famílias mais nobres; teus criados, mutilaste ou mataste; todos esses crimes merecem de sobra a morte a que te condenamos. Acabaste de dizer

J. W. Rochester

que a morte não pode atingir-te; que seja! É mais uma razão para prender-te de forma que não possas mais prejudicar ninguém. Serás portanto emparedado vivo na muralha deste templo. Continua vivo nessa tumba o quanto os deuses te permitam, mas quando morreres, será de corpo e alma, porque não serás embalsamado, e teu *ka* errante, não encontrando asilo na terra, será devorado pelos demônios do Amenti. Teu nome será esquecido, pois se proibirá a todos, sob penas severas, pronunciá-lo, e será riscado e apagado por toda parte. A posteridade não saberá dos crimes que horrorizaram o Egito. Serás triplamente morto, a alma destruída e esquecido. Ao amanhecer do dia depois de amanhã será executada a sentença.

Lívido, os olhos muito abertos, Horemseb escutou a terrível condenação. Não só a matéria se rebelava contra o horror desse destino, mas também era, apesar de tudo, suficientemente egípcio para não tremer diante da idéia de que seria privado de sepultura, de ser embalsamado, e seu nome votado ao esquecimento.

Com um rugido rouco, levou as mãos à cabeça e depois desabou no chão.

Enquanto essa cena impressionante se passava no templo de Amon-Rá, três personagens se achavam reunidos numa sala quase às escuras na casa de Abracro. Dois homens, vestidos como trabalhadores, estavam sentados numa esteira perto de uma trípode cheia de carvão que a dona da casa alimentava jogando de quando em quando um punhado de pó branco; erguia-se então uma chama viva, iluminando com a fraca claridade as fisionomias de dois velhos conhecidos, Thaadar e Sapzar, o solitário do vale dos mortos. Ambos estavam magros e pálidos, e o rosto de Thaadar parecia petrificado numa expressão de raiva e angústia. A cada vez que as chamas se erguiam, crepitando, Abracro se inclinava e parecia estudar o fogo que se consumia, serpenteando em linhas curiosas sobre o fundo negro dos carvões; depois murmurava:

— A morte! Sempre a mesma resposta; tudo será inútil.

Desanimada, abandonou a trípode e sentou-se, de cabeça baixa, num tamborete. Fez-se um longo silêncio.

— Quando Tiglat disse que viria? – indagou Thaadar finalmente.

— Assim que soubesse com certeza os detalhes do julgamento; acho que não deve demorar – respondeu Abracro suspirando.

Quase uma hora se passou ainda em penosa espera, e enfim o som baixo e distante de uma sineta se ouviu; era o sinal combinado. A velha se ergueu e fez entrar um homem envolto num manto escuro, que ele jogou sobre um banco. Era Tiglat.

— Que notícias trazes? – perguntou Thaadar se erguendo e aproximando-se da mesa onde Abracro tinha colocado uma lâmpada acesa.

— Tristes, embora esperadas, mestre! Horemseb foi condenado a ser emparedado vivo, e a execução terá lugar depois de amanhã ao amanhecer. Ele não acrescentou nada aos depoimentos de outros interrogatórios. Quanto ao nosso plano de salvá-lo, teremos que desistir; será colocado na própria muralha do templo e seria loucura tentar qualquer coisa.

Uma contração nervosa repuxou o rosto anguloso do velho sábio.

— Contudo, eu não posso abandoná-lo a essa morte atroz; preciso fazer algo por ele, já que não podemos salvá-lo – exclamou Thaadar com energia. E voltando-se para a velha: — Abracro! Achas que podes chegar até Neith, sem despertar suspeitas, e entregar-lhe uma caixinha?

— Acho que sim, mestre.

— Dirás a verdade a ela; ela ama Horemseb, e se for humanamente possível, conseguirá chegar até ele e entregar o que vou enviar, que é sua salvação.

— Já pensaste, venerável mestre, no risco que isso representa? – indagou Tiglat, preocupado. – Um acaso qualquer pode denunciar Abracro e levar à tua prisão. Por um milagre dos deuses escapaste até aqui à perseguição dos inimigos, mas ouve meu conselho e foge sem demora, se não queres ser preso assim como todos nós.

— Em três dias vou deixar Tebas junto com Sapzar, mas não posso abandonar Horemseb completamente. Abracro levará a Neith a caixinha que vou dar-lhe. Se ela chegar ao destino, Horemseb irá ingerir uma substância que lhe dará a aparência de morto, mas será apenas um sono de que poderei despertá-lo dentro de doze luas ou menos. Sabes onde pretendem emparedá-lo?

— Num muro do pequeno pátio norte que está fechado desde que um sacerdote se enforcou ali.

— Tanto melhor. No espaço de um ano, poderemos encontrar um momento favorável para retirar o corpo; acredito que os sacerdotes manterão o pátio fechado. Tiglat, vou deixar-te todas as instruções necessárias para despertar Horemseb; depois o mandarás encontrar-me em Kadesch, para onde vou. E agora, vou buscar o que disse; e tu, Abracro, prepara-te.

Saiu e voltou em seguida com uma pequena caixa de cedro contendo dois frascos de cristal com tampas de prata e uma taça de vidro, no fundo da qual colocou um fino rolo de papiro. Fechando a caixa, entregou-a a Abracro e deu-lhe as últimas instruções. A velha enrolou-se num manto escuro, cobriu a cabeça com um véu grosso, e deixou a casa por uma porta secreta.

Neith passara o dia numa inquietação indescritível. Embora ignorasse que era o dia do julgamento, nunca sentira uma angústia semelhante. Quando a noite chegou, um estranho estado se apossou dela: parecia-lhe ver Horemseb que lhe falava, mas não conseguia ouvir o que dizia; imagens imprecisas passavam de forma vaga diante de seu olhar, ora uma sala com sacerdotes sentados, ora um muro onde estava aberto um nicho escuro, e por fim um calabouço onde um homem acorrentado estava estendido no chão. Exausta, acabou adormecendo de um sono pesado e febril. Quando acordou, viu sua fiel ama que se inclinava, esperando que abrisse os olhos.

— Senhorazinha, está aí uma mulher que deseja falar-te de um assunto sério; está esperando há uma hora.

— Quem é?

— Não sei, está coberta por um véu e não quis dizer o nome; diz apenas que pensas dia e noite no que ela vem dizer-te.

— Deixa-a entrar e sai – disse Neith empalidecendo; uma voz interior lhe segredava que ia saber algo de Horemseb.

Alguns instantes após, Abracro entrou, e quanto Neith a reconheceu, a sua suspeita tornou-se quase uma certeza.

— Vens falar-me *dele?* – perguntou em voz baixa.

— Sim, nobre senhora, trago notícias de teu esposo e apelo a tua coragem para livrar esse desventurado de torturas atrozes.

Em voz baixa, contou do julgamento da véspera e da condenação do príncipe – ser emparedado vivo ao amanhecer do dia seguinte. Neith, que a escutava pálida e ofegante, deu um grito abafado e desmaiou.

Abracro tirou do bolso uma garrafinha azul, fez Neith aspirar o conteúdo e massageou-lhe as têmporas e a testa. Ela voltou a si quase de imediato, mas seu nervosismo era tremendo.

— O que posso fazer, deuses imortais, para poupá-lo desse suplício desumano? – exclamava, torcendo as mãos.

— Venho trazer-te uma solução – murmurou Abracro. – Olha esta caixinha: um homem devotado a Horemseb a envia. Se conseguires entregá-la a ele nesta noite (mas deves fazer isso pessoalmente), ele terá aí uma poção que provavelmente lhe salvará a vida, e de qualquer forma, lhe poupará o horror do suplício. Não posso dizer-te mais, mas se o conseguires, teu marido te bendirá neste mundo e no outro. Penso que se conseguires obter o selo ou o anel da rainha, te deixarão entrar na prisão sem dificuldade.

— Eu o conseguirei, Abracro, conseguirei o selo, e nesta noite a caixinha será entregue a Horemseb, ou estarei morta – disse Neith com energia febricitante.

— Os deuses te protegerão, nobre senhora; mas permite que te dê estas gotas, que te trarão a calma indispensável para agir, sem revelar nada do que acabei de dizer.

— Dá-me, sei que nunca precisei mais de calma e prudência.

Depois de fazê-la beber o remédio que preparou numa taça de vinho, Abracro retirou-se, deixando Neith calma como por encanto.

Cheia de energia e de uma fria decisão, esta se deixou vestir pelas criadas, depois dirigiu-se aos aposentos reais, onde foi conduzida até Hatasu, que acabava de concluir seu frugal desjejum. Apesar da palidez cadavérica, Neith estava tão calma e senhora de si que a rainha de nada desconfiou e acreditou que a insônia era a responsável por seu ar abatido. Conversou amavelmente com ela, e com um sorriso indulgente acedeu ao tímido pedido de Neith de permanecer em sua sala de trabalho até a hora do conselho.

Semnut fora anunciado. A rainha, seguida por Neith, passou ao gabinete e em seguida absorveu-se nos diversos assuntos que seu fiel conselheiro lhe trazia; tratava-se de várias contas e despesas imprevistas determinadas pelas construções que estavam sendo feitas no templo de Amon. Hatasu assinou e selou uma ordem a seu tesoureiro para entregar a Semnut as importâncias de que necessitava. Nunca antes Neith havia prestado tanta atenção a esses assuntos tão pouco interessantes; com intensa ansiedade, seguia cada movimento dos dois interlocutores, e seu olhar fixou-se no anel de engaste móvel que a rainha acabara de utilizar: era seu selo particular, conhecido de todos, e se conseguisse obtê-lo, a porta da prisão de Horemseb se abriria sem dificuldade.

Como se a vontade superexcitada da jovem a tivesse influenciado, Hatasu parecia ter esquecido o anel, coberto por acaso por uma folha de papiro. A rainha, com efeito, estava preocupada; o ar absorto de Neith a inquietava, e estava com pressa, pois a aguar-

J. W. Rochester

davam no conselho. Dando as últimas ordens a Semnut, ergueu-se, deixando os projetos espalhados na mesa, mandou Neith descansar o resto do dia, e deixou a sala.

Mal a cortina descera atrás da soberana, Neith tomou o anel e deixou o gabinete, onde ninguém tinha o direito de entrar na ausência da rainha. Mas a partida ainda não estava ganha, pois Hatasu podia dar-se conta do esquecimento.

Nada aconteceu; após o conselho, ela deixou o palácio para assistir a uma solenidade religiosa, e como depois tinha que ir à cidade dos mortos para fazer sacrifícios no túmulo dos pais, Neith ficou tranqüila. No dia seguinte, daria um jeito de recolocar o selo no lugar, e mesmo que tivesse que confessar o furto, que importava! A preciosa caixinha já estaria há muito tempo nas mãos de Horemseb.

Quando o cortejo real deixou o palácio, Neith foi para casa, onde estaria mais à vontade; mas nunca um dia lhe pareceu mais longo. E se, apesar de tudo, notassem o desaparecimento do anel e viessem atrás dele? Cada ruído a fazia tremer, e seu nervosismo doentio aumentava a cada hora.

Enfim a noite chegou, e com ela o momento de agir. Neith ordenou que lhe preparassem uma liteira fechada com quatro carregadores, colocou uma roupa escura, envolveu-se num grande véu de lã, e nas dobras deste escondeu a preciosa caixinha. Com grande espanto da ama e do intendente, instalou-se sozinha na liteira, recusou os batedores e portadores de tochas prontos a acompanhá-la, e mandou seguir ao longo do Nilo. Mas assim que chegou a alguma distância do palácio, mandou mudar de direção e que a levassem ao templo de Amon.

A muralha do templo já estava fechada, mas o vigia da porta conhecia perfeitamente de vista a jovem protegida da rainha, e não teve dúvidas em deixar passar a liteira, indicando o caminho a seguir para o lugar onde se encontrava o famoso prisioneiro. Num pequeno pátio com soldados, a liteira se deteve e Neith pediu ao oficial que se aproximou que a conduzisse até Horemseb, pois a rainha a autorizara a despedir-se dele; para comprovar, estendeu-lhe o anel real. O rapaz inclinou-se, mas declarou que precisava avisar o sacerdote encarregado de vigiar o prisioneiro, e correu a chamá-lo. Neith aguardou tremendo de receio e impaciência; mas ao ver o ancião que chegava com o oficial, respirou aliviada: conhecia o velho sacerdote, que havia encontrado na casa de Roant, e sabia que era amigo de Ranseneb.

— Venerável Amenephtah, deixa-me entrar na prisão onde está meu esposo; apiedada de minhas lágrimas e súplicas, nossa gloriosa rainha permitiu que eu me despeça dele. Ranseneb sabe que eu aguardava essa graça, e aqui está o anel real que confirma o que digo.

O sacerdote tomou o anel e o examinou cuidadosamente à luz de uma tocha.

— É o selo do faraó; desce, nobre senhora, e segue-me. O venerável Ranseneb me preveniu da possibilidade de tua vinda.

As últimas horas do condenado

Na manhã do último dia que iria passar entre os vivos, Horemseb tinha sido levado de sua prisão subterrânea para outra, próxima do lugar da execução. Era uma peça quadrada, de paredes nuas e sem teto. Apenas um telheiro de tábuas cobria cerca de metade dela, e nessa parte havia uma mesa e um banco de pedra, e um amontoado de palha. Durante o dia, o ar e o sol tinham penetrado à vontade nesse último retiro do condenado; agora o céu cintilante de estrelas estendia sobre a sua cela a cúpula de um azul escuro, e no lado de dentro, uma lâmpada de bronze fixada acima da mesa oferecia uma luz pálida e vacilante.

Horemseb estava sentado, com os cotovelos na mesa, o rosto nas mãos. Um sentimento terrível lhe tomava a alma, e a angústia que desperta em qualquer mortal a idéia da extinção o fazia estremecer.

Ao voltar do longo desmaio, o príncipe mergulhara numa prostração total, mas essa apatia benfazeja logo se dissipara, dando lugar a um nervosismo desesperado. Estava condenado à morte, e no entanto, se o que ele pensava era certo, não podia morrer, e essa imortalidade tão desejada, para cuja posse havia sacrificado tantas vidas inocentes, iria tornar-se um suplício sem fim, uma ironia do destino. E cada hora o aproximava mais do terrível momento em que, emparedado num nicho estreito, sem ar nem alimento, separado do mundo dos vivos, iria definhar numa agonia interminável. Rangeu os dentes e um suor gelado lhe cobriu o corpo. E se, nessa condição tão antinatural, ele viesse a morrer, apesar de tudo, que tortura aguardaria sua alma, cujo envoltório carnal, sem ser

J. W. Rochester

embalsamado nem sepultado, se transformaria em pó num buraco imundo? A essa idéia, o pavor do nada o acometeu – essa incerteza do além que angustia de forma idêntica os homens de todas as épocas, porque os sentimentos humanos não mudam. Hoje, como há milhares de anos, o ódio, a cupidez e a ambição constituem as eternas alavancas de nossas quedas, e o criminoso de todas as épocas, com a aproximação da morte, sente-se esmagado interiormente. O sentimento instintivo da responsabilidade por seus atos, que traz ao nascer, desperta no fundo de sua consciência entorpecida, e o faz tremer diante do abismo desconhecido que o vai engolir, onde não poderá errar mais como na terra, mas onde não sabe se estará livre das conseqüências de seus crimes.

O dia se passou para Horemseb nessa tortura moral, e quando as sombras da noite o cercaram de penumbra e silêncio, um outro sentimento o invadiu, com pungente amargura: o de uma completa solidão. Nessa hora terrível, em que, acusado, degradado e condenado, ia desaparecer do mundo, estava só; nem uma criatura o lamentava, nem um pensamento de piedade ou afeto vinha ao seu encontro. Nesse Egito onde o destino lhe reservara um lugar tão destacado, todos o abominavam, desejavam sua morte; o desprezo e a maldição cairiam sobre seu nome, até que fosse esquecido. Pela primeira vez, esse sentimento de absoluta solidão apertou o coração de bronze de Horemseb com indizível angústia, e com um gemido rouco, ele apertou a cabeça como se quisesse esmagá-la.

Absorvido nesses pensamentos amargos, não notou que a porta da prisão se abrira e fechara, e que uma mulher se detinha na entrada. Por um momento, Neith o contemplou num desespero mudo: era o mesmo Horemseb, o refinado, o terrível e sedutor feiticeiro, esse miserável prisioneiro encolhido no banco de pedra? Em sua mente perpassou como um visão o palácio encantado de Mênfis, e uma imensa piedade, uma onda de amor inundou-lhe o coração. Colocou a caixinha no chão, tirou o manto e o véu, e aproximando-se, com as mãos estendidas, chamou Horemseb com voz sufocada.

Ele estremeceu e levantou-se; vendo Neith, ficou petrificado por um momento, e depois, com o olhar brilhando, jogou-se para ela e a apertou contra o peito. Ambos ficaram mudos, mas Horemseb, dominando-se, a levou para o banco de pedra, e sentando a seu lado, murmurou:

— Neith, só tu ficaste fiel a mim, pobre menina que eu torturei tanto; perdoaste-me por te ter tornado tão infeliz? Oh! Se eu tivesse escutado tuas palavras proféticas, que me preveniram de que a humilhação e a desventura me rondavam!

A emoção lhe tirou a voz. Talvez pela primeira vez um sentimento de afeto e gratidão aqueceu seu coração gelado, e quando Neith ergueu para ele o olhar cheio de amor e viu as lágrimas que lhe corriam nas faces, apertou-a com força contra o peito.

— Ah! Se eu pudesse viver para ti e reparar os meus erros! Mas tudo acabou, Neith, tem coragem para suportar o golpe que vai nos atingir em poucas horas.

Ela estremeceu e lembrou-se do recado que trazia.

— Meu bem-amado, não desesperes, eu te trago um recurso! – exclamou, e correu a buscar a caixinha, que colocou sobre a mesa. – Olha! Um amigo te enviou isso: essa caixinha, disse ele, contém tua salvação!

Extremamente agitado, o príncipe abriu a caixinha, examinou o conteúdo, e desenrolando o papiro, leu-o avidamente. De súbito, um rubor intenso lhe cobriu o rosto, e um grito sufocado de alegria e triunfo escapou de seus lábios. Num impulso de louca paixão, pegou Neith e ergueu-a como uma pluma acima da cabeça.

— Minha salvação, mensageira divina que me trazes a liberdade! – murmurou cobrindo-a de carícias ardentes.

— Vais fugir, Horemseb? – indagou Neith radiante. – E vais me levar, não é?

— Sim, vou fugir, mas diferente do que imaginas; e quem sabe ainda poderei possuir-te e pagar este instante de devotamento com uma vida inteira de amor e gratidão. Mas diz-me, mensageira da alegria, como conseguiste chegar aqui.

Ela contou rapidamente tudo que se passara desde a separação deles até a visita de Abracro, e o feliz acaso que lhe tinha permitido apossar-se do anel da rainha.

— Mas diz-me, recebeste todas as remessas de vinho, de alimentos, de roupas que te enviei todos os dias? – indagou ao terminar.

O príncipe sacudiu a cabeça.

— Recebi, enquanto estava doente, vinho e carne, nada mais.

— Ah! Os infames me enganaram, até Ranseneb, depois dos ricos presentes que dei ao templo, e te roubaram, a ti, o desventurado que eles destruíram! – balbuciou Neith, pálida de indignação.

— Quiseram acalmar-te por achar que eu seria reconfortado

com tuas providências; mas esquece isso, minha bem-amada, e não te amargures; vou escapar deles, parecendo estar morto. Aqui, junto de ti, vou adormecer, mas não estarei morto, será um sono repleto de sonhos tranqüilos e felizes. Não posso explicar-te mais, pobrezinha, porque poderias sem querer, dormindo, revelar isso, e eu estaria perdido. E agora, mãos à obra! O tempo passa, e podem vir te buscar a qualquer momento.

— Horemseb, não entendi nada do que disseste — exclamou Neith desesperada. – Só sei que vou te perder por muito tempo, talvez para sempre; que querem matar-te (encostou a cabeça no peito dele). Oh! Diz-me se é verdade que não me amas e se o amor que sinto por ti é conseqüência de um feitiço; e acalma o fogo que me devora... – as lágrimas a impediram de continuar.

Horemseb passou a mão pela testa; sentimentos estranhos e variados o tomavam e pela primeira vez, despertaram em seu coração duro e gelado o arrependimento, a piedade e a gratidão por aquela jovem criatura, a única que lhe ficara fiel.

Inclinou-se, e seu olhar mergulhou, com uma expressão indefinível, nos olhos úmidos de Neith.

— A paixão dos sentidos que sentes por mim, é o feitiço; as lágrimas que derramas por mim são o sentimento puro e divino do amor – disse em voz baixa. – O feitiço pode dominar o corpo, nunca fazer sofrer o coração. O feitiço, minha querida Neith, não me poupou do ódio e do ciúme feroz de Neftis e de Ísis; ambas beberam e aspiraram o veneno; seu corpo palpitava ao meu olhar, mas não seu coração, que me odiava e destruiu. Mas tu não vais sofrer mais e ficar ardendo de paixão; seja o que for que aconteça no futuro, só quero conservar o teu coração, teu afeto puro, sem o feitiço que te envenena.

Aproximando-se da mesa, Horemseb tomou um pano, embebeu-o na água de seu cântaro, e molhou as mãos e o rosto febril de Neith. Depois retirou da caixinha um dos frascos e a taça, e vendo a mensagem de Thaadar, rasgou-a em pedacinhos.

Nesse momento, pelo lado aberto da cela penetrou uma claridade suave, mas tão intensa que a luz avermelhada da lamparina se diluiu por completo; era a Lua que se erguia no céu, o astro amado de Horemseb, que ao vê-la soltou uma exclamação de alegria. Levantando os braços para o disco prateado, proferiu em voz compassada, em tom animado, uma invocação a Astarte. Voltando-se depois para Neith, disse alegremente:

— Mãos à obra! A rainha da noite ouviu minhas preces; compassiva e radiante, veio acalmar-me com sua doce luz, dar-me coragem, embalar-me no sono encantado.

Respirou fundo, passou as mãos pelos cabelos, e depois, tomando um frasco, derramou na taça a metade de seu conteúdo; com o restante do líquido, friccionou a própria testa, têmporas e peito. Feito isso, estendeu a taça a Neith:

— Bebe!

— É a morte? – indagou ela estremecendo. – Eu a prefiro, a uma vida sem ti!

— Não é a morte, e sim a calma, a paz, o fim do feitiço. Espero que teu coração continue fiel a mim – respondeu Horemseb, e seu olhar ardente mergulhou no olhar de Neith, que levava a taça aos lábios.

Mal bebeu, uma sensação estranha, um frio glacial lhe correu nas veias. Sentindo uma fraqueza, cambaleou, mas o príncipe a segurou e a fez sentar no banco iluminado pelo luar. A seguir, tomou da caixinha o outro frasco e esvaziou-o na taça. Um aroma suave e tonificante perfumou a cela.

Sentando-se junto de Neith, ele lhe estendeu a taça.

— É de ti que desejo receber o líquido mágico que me promete a vida e a esperança, e se eu morrer, pelo menos escaparei à vergonha e de dar uma satisfação perversa a esses sacerdotes insolentes. Ficar vivo emparedado seria uma tortura horrenda!

Trêmula e abatida, ela aproximou a taça dos lábios do homem amado; mal ele terminou de beber, ela a deixou cair dos dedos sem força e a taça tombou ao chão, quebrando-se.

— Obrigado! – murmurou Horemseb. – E atraindo Neith para si, acrescentou: — Fica assim, quero adormecer vendo teu lindo rosto e teu olhar carinhoso!

Encostou-se à parede e fitou o astro adorado ao qual se sentia unido por um laço misterioso; fora a pálida confidente de seus sonhos, a testemunha silenciosa de seus crimes, das festas tenebrosas do palácio de Mênfis. E nessa hora fatal, em que degradado e abandonado, ele nem sabia se era a vida ou a morte que o aguardava, ela iluminava sua prisão, e em seus raios prateados refletiam-se os terríveis e angustiosos pensamentos do condenado. Essas imagens indeléveis, a Lua as transporta de século em século, impassível mas sem esquecer nada, reconhecendo em cada lugar, em cada nova fisionomia, aquele que lhe confiou suas dores e alegrias, reatando

J. W. Rochester

silenciosamente os misteriosos laços do passado. O homem encarnado muda de aspecto físico, de cor, de posição; esquece onde, em que século, depois de que graves acontecimentos, ao peso de quais sentimentos ele viu essa confidente muda visitá-lo no leito de morte ou na prisão, única testemunha de um crime oculto ou de alegrias desconhecidas dos homens. Ignora em que horas de angústia seus olhos mortais fitaram, cheios de lágrimas, o disco prateado da lua; mas ela sabe, e foi encontrar Horemseb sob a aparência do desventurado rei cujo fim trágico comoveu o mundo.

Não era sem razão que Ludwig II da Baviera gostava tanto da noite e dos devaneios ao luar, e se compreendia apenas vagamente as confidências de seus raios, que lhe falavam de um passado longínquo, de crimes esquecidos, de vidas de sofrimento e expiação, sentia a fascinação estranha que vinha desse elo misterioso, a vibração de uma sentimento desconhecido que o atraía para o astro da noite, que tinha adorado outrora.

Imerso em seus pensamentos, Horemseb esquecera de tudo que o cercava; de repente, Neith ergueu a cabeça, apoiada em seu ombro, e balbuciou assustada:

— Elas estão aqui, as terríveis mulheres; oh, Horemseb, vamos nos separar!

— Que estás vendo, Neith? – murmurou o príncipe com um arrepio.

— Vais te separar de mim, de nós, muito tempo; ficarás só com teus inimigos, e vais sofrer, te sentir sozinho, sempre vencido pelo destino. Desprezaste o verdadeiro amor: só te restará o feitiço; com o coração vazio, a alma enferma, tentarás reconquistar a chama que aquece, e só o conseguirás quando o amor nascer em teu coração e vencer as paixões e o ódio. Oh! Aprende rápido a amar para que possamos nos reencontrar novamente!

— Tentarei – murmurou Horemseb. Um peso estranho lhe invadia o corpo, e ele a apertou maquinalmente contra si. Mas de repente ela jogou-se para trás, com os olhos muito abertos:

— Deixa-me! O que aconteceu contigo? Não és tu, essa borboleta sangrenta, vermelha como fogo! Deixa-me, não me queimes, estás me sufocando, está escorrendo sangue de ti!

Debatendo-se alucinada, empurrou Horemseb; mas as pernas enfraquecidas recusaram-se a sustentá-la: caiu, e com a cabeça nos joelhos do príncipe, desfaleceu.

Horemseb tinha oferecido apenas uma leve resistência: um

profundo torpor o invadia. Como através de uma bruma, viu Neith cair junto dele, depois sentiu-se girar como uma pluma numa voragem negra, e perdeu a consciência.

Cerca de um quarto de hora mais tarde, a porta se abriu, e o oficial de serviço disse respeitosamente:

— Nobre senhora, é hora de ir.

Não recebendo resposta, entrou e deteve-se espantado ao ver a jovem caída como morta. Achando que a emoção a tinha feito desmaiar, aproximou-se rapidamente, mas ao primeiro olhar que lançou aos olhos vidrados do prisioneiro, ao tocar-lhe a mão gelada, soltou uma exclamação surda e saiu às pressas.

Nos aposentos de Ranseneb, ainda estava reunida uma dúzia de sacerdotes conversando sobre a execução do dia seguinte e o profundo desapontamento de não terem conseguido informações mais precisas sobre a misteriosa planta da paixão. Entre eles, estavam Roma e Amenófis, hóspedes de Ranseneb nessa noite.

A entrada impetuosa de Amenephtah, seguido do oficial, interrompeu as conversas, e quando o velho sacerdote, pálido e trêmulo, contou da visita de Neith e da descoberta feita pelo oficial, todos se ergueram, transtornados, e se dirigiram quase correndo para a prisão.

Alguns minutos depois, os sacerdotes, sérios e consternados, rodeavam a estranha cena. Roma, trêmulo de desespero e ciúme, arrancou Neith de junto do odiado rival e, ajudado por um dos companheiros, tentou em vão reanimá-la.

Um velho médico aproximou-se de Horemseb, examinou-o e declarou que estava morto. A jovem estava viva, apenas desmaiada, e aconselhou que a levassem de imediato desse local funesto, e indicou o que devia ser feito com ela. Para obedecer-lhe, Roma conduziu Neith à liteira para transportá-la ao palácio de Sargon; não desejava ir para o palácio real àquela hora imprópria.

Após a saída de Roma, os sacerdotes ficaram deliberando. Examinaram cuidadosamente a caixinha, os frascos vazios e os restos do papiro, mas isso não os ajudou muito.

— A jovem desatinada evidentemente lhe trouxe um veneno que o matou, e também um recado de um cúmplice; mas quem teria dado isso a ela? – indagou Ranseneb.

— Só pode ter sido o miserável hitita que certamente está escondido em Tebas e possui o veneno misterioso e a planta amaldiçoada – observou Amenófis (inclinou-se para o morto e apalpou-o).

J. W. Rochester

— Estranho cadáver! Nenhum sinal de sofrimento, os membros não estão rígidos, e no entanto há palidez cadavérica, frio glacial, o coração parado.

— Isso importa menos que a revoltante conclusão de que o miserável escapou do merecido castigo. O que vamos fazer agora? Depois de curta deliberação, ficou decidido que ocultariam o acontecido, de que poucas pessoas sabiam, e procederiam à execução como se nada tivesse ocorrido.

Em decorrência, tudo se realizou conforme o programa aprazado, na presença das testemunhas indicadas. Horemseb, levado por dois homens, como se estivesse desmaiado de pavor, foi levado ao pequeno pátio, onde uma longa e estreita cavidade fora feita na espessa muralha. O corpo, ainda não enrijecido, foi sentado num pequeno banco colocado ao fundo e encostado à parede. Em seguida, os operários apressaram-se a colocar os tijolos, e logo desapareceu da vista dos assistentes o rosto do terrível feiticeiro de quem tanto se falara.

Naquele nicho estreito iria transformar-se em pó o corpo ávido de luxo e prazer, o cérebro orgulhoso, cruel, criador de sanguinárias voluptuosidades. Logo a abertura ficou inteiramente fechada, e apenas a argila úmida indicava o lugar onde estava enterrado o ilustre criminoso. Pensavam estar livres dele por toda a eternidade. Os sábios sacerdotes não imaginavam que, por um mistério da natureza, a sombra fatal do feiticeiro de Mênfis iria reaparecer e novamente fazer tremer o Egito.

Auxiliado por um sacerdote seu amigo, Roma levara Neith da prisão e a conduzira a seu palácio, sempre desfalecida. Impondo silêncio à ama, que soltava gritos de medo e susto, colocou Neith sobre o leito e deu-lhe os primeiros cuidados.

Mas enquanto obedecia, com a ajuda de Beki, às instruções dadas pelo médico chefe do templo de Amon, a mente de Roma trabalhava, reunindo todos os detalhes do acontecimento que acabava de subtrair Horemseb ao castigo.

Apesar de sua ira e ciúme e do receio pelo estado de Neith, ele tinha visto a caixinha, os frascos vazios, a taça quebrada e os fragmentos de papiro. Ouvira os comentários dos sacerdotes sobre o veneno desconhecido que matara o príncipe. Somente Neith poderia lhe ter trazido o veneno: mas de quem teria conseguido ela a misteriosa caixinha? Quando?

Dominado por esses pensamentos, Roma ordenou a duas escravas que friccionassem com as essências prescritas os pés e mãos da moça. Levou a ama para a sala contígua e tomando-lhe o braço, indagou com severidade:

— Quem informou à senhora da condenação do feiticeiro, e quem lhe deu a estranha caixinha que ela levou esta noite, quando saiu? Confessa, mulher, sem esconder nada, e cuida para não repetir a ninguém essas perguntas que estou te fazendo.

Assustada, a velha caiu de joelhos.

— Beki é inocente, nobre Roma; Beki não contou nada à senhorazinha, e ninguém veio aqui, a não ser ontem, ao amanhecer, uma mulher com um véu que não disse o nome.

— Neith falou com essa mulher?

— Sim. Depois de ler um papiro que eu lhe dei, ela mandou entrar essa mulher e me dispensou. A mulher trazia alguma coisa embaixo do manto; mas se era uma caixinha, não sei. Como eu estava perto da porta, me pareceu que a senhorazinha disse:"Abracro"...

— Ah! – disse Roma, batendo na testa. – Uma luz se fez em sua mente: Abracro, a hitita, sem dúvida devia manter relações com o maldito sábio desaparecido; por ordem dele, viera informar Neith do destino de Horemseb e lhe dera a caixinha com o veneno e a carta. Levada pela loucura, Neith tinha conseguido ou roubado o anel da rainha, que lhe abrira as portas da prisão.

Mil pensamentos de raiva e ressentimento lhe enchiam a mente. Sua alma, compassiva e harmoniosa, estava perturbada e ferida pelo ciúme e o receio que lhe inspirava o estado da mulher que adorava. Destruir o miserável estrangeiro que desencadeara tantas desventuras sobre ele e o Egito lhe parecia um dever sagrado. O chão lhe queimava os pés, porque acabava de ocorrer-lhe que, se nessa mesma noite, fizessem uma busca na casa de Abracro, poderiam talvez descobrir Thaadar, ou pelo menos uma pista dele.

Quando chegara ao palácio de Sargon, Roma enviara um mensageiro a Satati, pedindo-lhe que viesse imediatamente, e o velho médico do templo de Amon que já havia tratado de Neith tinha prometido vir assim que pudesse. Fiel ao prometido, o ancião chegou, munido de sua farmácia portátil, e um pouco depois Satati, afobada. Deixando a enferma nas mãos deles, Roma tomou um carro que mandara preparar, e a toda pressa dirigiu-se ao palácio real, onde sabia que Chnumhotep estava de serviço nessa noite.

Encontrou o chefe da guarda falando com Ranseneb, que acabara de chegar, trazendo o anel real para entregá-lo a Hatasu, assim que esta despertasse, e contar-lhe o sucedido. Ambos ouviram com atenção o relato de Roma, e Chnumhotep observou com sua vivacidade habitual:

— Ele tem razão: é preciso prender imediatamente a feiticeira. Quem sabe se poderemos chegar à raiz do mal, o maldito hitita? Esses malfeitores não imaginam que possam ser perseguidos tão de imediato – pois isso é obra de mais de um desses estrangeiros, que continuam nossos inimigos por mais que se faça bem a eles. Alguém deve ter informado Abracro sobre a condenação de Horemseb.

— Deve ter sido Tiglat, o único hitita que ficou sabendo em seguida – observou Ranseneb. – De qualquer modo, Abracro *tem* que confessar quem a mandou levar a caixinha à pobre Neith, que não é responsável por nada, por causa de seu estado. Mas apressa-te, Chnumhotep; seria ótimo que pudéssemos dizer à rainha que o culpado está preso; essa notícia iria atenuar a sua cólera.

Meia hora mais tarde, um destacamento comandado por Antef dirigia-se silenciosamente à casa de Abracro. Depois de cercá-la e guardar todas as saídas, Antef entrou com uma escolta. Roma não se enganara: Thaadar, surpreendido junto com Sapzar e Abracro, foi preso e os três, acorrentados, foram levados à prisão.

Hatasu ficou sabendo com surpresa e cólera das aventuras da noite. Um recado de Satati acabara de informá-la de que Neith tinha aberto os olhos, mas havia se declarado uma violenta febre com delírio. À idéia de que o miserável que fizera tanto mal a sua filha, que despedaçara essa vida jovem, tinha escapado ao castigo, o coração da rainha enchia-se de cólera impotente. Assim, ao saber que o verdadeiro autor do mal estava preso, tudo que havia de crueldade e sede de vingança na alma da orgulhosa soberana despertou, e uma dureza implacável luzia em seus olhos negros e lhe vibrava na voz quando, depois de um breve silêncio, virou-se para Semnut e Ranseneb, que humildes e silenciosos aguardavam suas ordens.

— Há muito tempo a impura estátua de Moloch empesta com sua presença a terra do Egito; mas antes de destruí-la, acho que convém oferecer-lhe um sacrifício digno dele: seu próprio sacerdote. Vais cuidar, Semnut, para que no prazo de três .dias Thaadar seja executado. Para esse criminoso, sedutor de príncipes egípcios, será uma morte ainda boa demais ser assado vivo nos braços de seu deus. Quanto a Sapzar, será enforcado, junto com Abracro e Tiglat, se ficar provado que era cúmplice deles. Seus corpos serão jogados aos corvos, porque ambos abusaram de minha confiança e pagaram com ingratidão minha ajuda constante. Agradeço-te, venerável Ranseneb, assim como a teus confrades, pela prudência que demonstraram nesse caso, e aprovo suas decisões. Quanto ao furto de meu selo, que seja esquecido; a pobre Neith está doente e não é responsável por seus atos.

Dois dias depois, uma enorme multidão se reunia num vale árido, nos confins do deserto. Ao centro de um círculo de soldados, erguia-se o soturno ídolo hitita, avermelhado pelo fogo que bramia e crepitava em suas entranhas, e perto dali erguiam-se três forcas. Os prisioneiros tinham sido levados sob a guarda de um destacamento comandado por Antef, e aguardavam o fim com atitudes bem diferentes. Soturnos, enraivecidos, mas decididos, Tiglat e Sapzar não demonstravam nenhum temor; Abracro, apalermada, aterrorizada, parecia ter perdido a noção das coisas; mas Thaadar estava medonho, terrível de se ver. Ao saber do terrível suplício que o aguardava, fora preso de cólera e pavor; começou a duvidar da eficácia de seus conhecimentos, e o sofrimento o aterrorizava. Fazer os outros sofrerem fora mais fácil; e tinha sido preso tão de repente que não tinha sequer um veneno para livrar-se da tortura.

Ao contemplar o ídolo incandescente, ficou alucinado. Rugindo como um animal selvagem, olhos injetados de sangue, espumando, rolava-se no chão, fazendo ranger as correntes, e resistindo com força sobre-humana aos homens que tentavam agarrá-lo. Então, por ordem de um funcionário, trouxeram um enorme gancho de ferro, e prendendo pelo cinto o infeliz grudado ao solo, o ergueram e atiraram na fornalha. Gritos que não pareciam humanos ecoaram nos rochedos e fizeram a multidão recuar estarrecida. Sob o efeito disso, a morte de Tiglat e seus companheiros passou quase desapercebida.

Do criminoso sábio que condenara ao sofrimento e à morte tantas criaturas inocentes só restou dentro em pouco um punhado de cinzas, resíduo informe de um corpo robusto, animado por vasta inteligência. Mas essa cinza iria reviver, séculos depois, sob o nome de Richard Wagner,[3] e em melodias selvagens e desarmoniosas, derramar o caos que lhe fervia na alma, e despertar e seduzir com o encanto do passado seu pupilo de outrora. Como o bramir das ondas, essas melodias, ora selvagens, ora insinuantes e volup-

---

3 N.E. — Compositor e maestro alemão (1813-1883), um dos representantes do neo-romantismo e considerado um dos mais influentes compositores de música erudita.

J. W. Rochester

tuosas, chegaram aos ouvidos do rei que tinha sido Horemseb; do alto do trono, ele estendeu a mão ao compositor desconhecido e lhe aplainou o caminho do sucesso.

Ludwig II não se dava conta do poder daqueles sons, que evocavam a lembrança do palácio de Mênfis, com as rosas vermelhas e as vítimas sangrentas, mas o conteúdo do inconsciente dele despertou, fazendo-o buscar o isolamento, o luar e os perfumes embriagantes. Foi esse enigma incompreendido que a ciência cega o declarou louco.

Sei que os incrédulos sorrirão com desdém ao ler isto, que dirão ser fruto de um cérebro doente e fantasioso, mas o futuro me dará razão. Enquanto se obstinarem em seu orgulho e negação, os médicos continuarão impotentes diante das moléstias da alma, tão estranhas e incompreensíveis, e somente quando procurarem no passado as razões que obscurecem a alma do insano, encontrarão a chave do enigma, e o mal poderá ser tratado em sua origens, pois o presente é a continuação e a conseqüência do passado.

O feiticeiro revive em Mena

A execução do mago e dos dois hititas protegidos por tanto tempo pela rainha causou uma profunda satisfação em Tebas, por dois motivos; o ódio inveterado dos egípcios por todos os estrangeiros fora por fim satisfeito, e o temor que inspirava o perigoso sábio estava afastado. Quem sabe o que ele não poderia ter inventado em sua sede de vingança? E milhares de pessoas suspiravam aliviadas ao saber de sua morte.

A alegria geral causada pela libertação do sangrento pesadelo não era partilhada pela rainha, pois Neith continuava a pairar entre a vida e a morte. Os terríveis momentos de sua estadia em Mênfis, o veneno aspirado e bebido, as lutas e angústias dos últimos tempos já lhe tinham abalado a saúde, mas o último encontro com Horemseb e a violenta reação desencadeada pelo antídoto que ele a fizera tomar aniquilaram em definitivo seu organismo frágil. Tomada por uma febre violenta, perseguida em delírio por visões do passado recente, a pobre menina descrevia as cenas hediondas a que tinha assistido no palácio de Mênfis, e o nome de Horemseb não lhe saía dos lábios.

O que havia em Tebas de celebridades médicas se reuniu em

torno de seu leito; Roant e Satati a cuidavam com absoluta dedicação, auxiliadas pela fiel ama, que não deixava nenhuma criada
tocar em sua senhorazinha adorada.

Com freqüência a barca ou a liteira reais chegavam ao palácio
de Sargon, e a soberana, com o olhar sombrio e o rosto preocupado,
inclinava-se para a filha amada, cujo estado quase desesperador a
afligia profundamente. Quando pensava nessa jovem criatura tão
bem dotada que, feliz e sem cuidados, despertava para a vida como
uma flor recém desabrochada, e que se encontrava agora num estado pior que a morte; quando via Neith destruída, para a diversão
criminosa de um homem contra o qual nada fizera, e que, sabendo
com quem estava tratando, havia esmagado e partido essa vida
inocente com as mãos sacrílegas e insolentes, uma cólera indescritível lhe enchia a alma, crispando-lhe as mãos. Quisera torturá-lo,
saciar-se com seu sofrimento, e ele encontrara um jeito de subtrair-
se à punição, usando como instrumento, por uma suprema ironia,
a vítima cega por ele!

Quase três semanas haviam transcorrido desde a morte de
Horemseb. À noite, o velho médico do templo de Amon-Rá veio
visitar a enferma, acompanhado por Roma, e ambos se inclinaram
ansiosos para Neith que, exausta e emagrecida, repousava com os
olhos fechados e insensível a tudo que se passava.

— O fim está próximo; a menos que ocorra alguma reação
inesperada, esse alento frágil se extinguirá ao nascer do sol, amanhã – murmurou o ancião com tristeza.

Uma intensa palidez recobriu o rosto de Roma; ele também
emagrecera, e em seus olhos normalmente serenos e calmos refletia-se um amargo desespero.

— Então eu vou ficar aqui até o fim e darei a ela as gotas que
trouxeste – respondeu em voz hesitante.

— Está bem, fica, mas não a perturbes se esse estado continuar; voltarei dentro de duas horas, e então veremos.

Quando o velho médico deixou o quarto, Roma deixou-se cair
numa cadeira perto da cabeceira, e seu olhar caiu por acaso sobre
a velha ama abaixada ao pé do leito e meio adormecida de cansaço.

— Vai descansar um pouco, Beki; Roant vai chegar, e até lá eu
cuidarei dela e farei as conjurações necessárias.

A escrava retirou-se obediente, e satisfeito de ficar sozinho nessa hora suprema com o ser amado que ia perder, o rapaz ajoelhou-
se e apertou nas suas a mãozinha inerte e gelada pousada sobre a

J. W. Rochester

coberta de fina lã violeta. Neith parecia mergulhada numa espécie de letargia. Os olhos estavam semicerrados, os lábios entreabertos, a respiração imperceptível, e em sua fisionomia já se refletia algo da rigidez da morte.

Com os olhos cegos pelas lágrimas, o sacerdote debruçou-se para ela. Nunca a amara tanto como nesse momento. Não importava que lhe tivessem roubado o coração de Neith por um artifício indigno; seu primeiro e puro amor tinha sido dele. Oh! Se pudesse prolongar essa vida que se extinguia, mesmo sem nenhuma esperança para seu amor! Os homens, sem dúvida, eram impotentes, mas os deuses que adorava e servia não tinham o poder de afastar a morte? Apertando com força a pequena mão que guardava entre as suas, Roma ergueu os olhos para o céu azulado que se via através do terraço, e uma prece ardente se elevou de seu coração atormentado, para as forças do Bem. Qualquer que seja o nome que lhes demos, Amon-Rá ou Deus, Ísis ou a Virgem Maria, é o mesmo princípio divino, a fonte pura e renovadora que retempera a alma e o corpo, que a prece humana vai buscar, implorando o socorro do Criador para sua criatura, quando o saber humano se detém, impotente. A prece de Roma se erguia ardente como uma chama, mas pura e despojada de egoísmo. Sua alma inteira parecia fundir-se num único desejo: o de subtrair à morte a mulher que amava mais que a si próprio. Não sabia que a corrente de vontade que dele se irradiava, unida ao fluído divino, descia sobre o organismo da enferma em eflúvios quentes e vivificantes, purificando-a, enchendo-a de energias renovadoras, realizando o milagre que ele implorava.

Imerso em sua prece ardente, Roma não percebera que a cortina se erguia atrás dele e Hatasu se aproximava sem ruído. Triste e desesperada até o fundo da alma, viera passar os últimos momentos junto da filha agonizante. Os médicos lhe haviam dito que não havia mais esperança. Ao ver um homem ajoelhado junto de Neith, ficara surpresa, mas ao reconhecer Roma e perceber seu alheamento extático, compreendeu que ele orava, e como se a ardente invocação do sacerdote a tivesse contagiado, sentiu o desejo de orar também.

A orgulhosa filha de Tutmés I desconhecia totalmente a prece humilde e confiante, já que se considerava descendente dos próprios deuses.[4] Os desenganos e sofrimentos que a tinham atingi-

4 N.T. – Essa crença, que vinha dos primórdios das primeiras dinastias egípcias, de iniciados realmente de origem extraterrestre, continuou ligada à figura dos faraós, que se consideravam descendentes diretos dos "deuses", e como tal eram venerados.

do durante a vida só haviam despertado nela cólera e revolta; os êxitos, tinha pago por eles aos deuses, com as dádivas e sacrifícios dignos deles e dela. Para obter a cura de Neith, tinha oferecido sacrifícios em todos os templos de Tebas, mas a idéia de orar ela mesma não lhe tinha ocorrido.

Nesse momento, contemplando o pequeno rosto imóvel, imagem fiel do único homem que amara, sua alma abrandou-se e sentiu-se fraca e impotente como o mais humilde de seus súditos. Junto a esse leito de morte terminava seu poder; contra a força inexorável que ia apoderar-se da criatura que amava, um único recurso lhe restava: a prece. Baixando a cabeça orgulhosa, mãos unidas sobre o peito, Hatasu orou, talvez pela primeira vez, do fundo da alma, acercando-se da divindade como suplicante.

Enquanto esses dois corações amantes rogavam assim por ela, um ligeiro colorido se espalhava nas faces transparentes de Neith, suas pálpebras se fecharam e seu estado de torpor se transmutou em sono.

Erguendo a cabeça, a rainha notou de imediato essa mudança; estremeceu, aproximou-se de imediato, e inclinou-se sobre a enferma. Esse gesto tirou Roma de seu alheamento; recuou instantaneamente para saudar Hatasu conforme a etiqueta, mas esta voltou-se para ele cheia de benevolência, e colocando-lhe a mão no ombro, disse:

— Tua prece, Roma, me fez compreender, e uni a minha súplica à tua; talvez os imortais nos concedam o que negaram aos nossos sacrifícios e à ciência dos médicos: a vida de Neith! Mas convenci-me também de que não existe nenhum coração mais fiel que o teu que bata por ela, que te amou com todas as forças antes que o veneno lhe tirasse a razão. Portanto, prometo, neste momento solene, que se Neith se salvar e se seu coração voltar para ti, eu a darei a ti como esposa.

Presa de múltiplos sentimentos, o sacerdote prosternou-se e agradeceu à rainha; depois pousou os lábios na mão agora morna de Neith.

Quando, meia hora mais tarde, o médico retornou, viu que a enferma dormia profundamente, corpo inundado de suor. Murmurou, com os olhos brilhando:

— Filha de Rá, um grande milagre aconteceu pela vontade de teu divino pai: a princesa vai viver!

❀ ❀ ❀

Durante a convalescença de Neith, que recobrava a saúde e a vida com extrema lentidão, uma outra vítima de Horemseb esquecia as desventuras e sofrimentos, com a força da juventude. Falamos de Ísis, que dia após dia recuperava as forças e a beleza; a par disso, sua posição em Tebas era tão agradável que contribuía consideravelmente para seu restabelecimento moral e físico.

Tornara-se uma rica herdeira, graças à generosidade da rainha, que acrescentara à fortuna de Hartatef a magnífica habitação doada a Neftis pelo príncipe Tutmés, que ficara sem dono também. Além disso, o papel desempenhado por ela no sangrento drama do feiticeiro a cercara de uma aura romântica e despertava o interesse geral em seu favor. Recebiam-na com prazer nas casas mais aristocráticas, e Roant tomara-se de verdadeira amizade por ela. Ísis tornou-se por isso uma visita constante na casa do chefe da guarda. A família deste fora aumentada por uma sobrinha, filha do irmão dele, de quem se tornara tutor recentemente.

Asnath e Ísis simpatizaram imediatamente uma com a outra, e com freqüência um círculo de admiradores e pretendentes se reunia na hospitaleira casa de Chnumhotep, em torno das duas jovens.

Entre os visitantes mais assíduos e melhor recebidos estava Keniamun, por quem o chefe da guarda e sua mulher tinham uma gratidão permanente pela feliz intervenção que conduzira a seu casamento. Roant, em especial, não podia lembrar sem um arrepio da sorte terrível que teria sido a dela como esposa de Mena, esse libertino egoísta e gastador, e considerava o jovem oficial, que a tinha prevenido, como o verdadeiro responsável por sua felicidade.

As visitas cada vez mais freqüentes de Keniamun tinham um objetivo: sonhava em desposar Ísis, que agora era suficientemente rica para assegurar-lhe a independência, e cuja inteligência, honestidade e coragem ele tinha podido apreciar.

A jovem também se havia acostumado a ele, e sua vida em comum em Mênfis, durante o complô contra Horemseb, havia criado entre eles uma intimidade e solidariedade excepcionais. Assim, acolhia com bons olhos a assiduidade do oficial, que Roant protegia abertamente, persuadindo Ísis de que ela necessitava de quem a protegesse, e de que nunca encontraria alguém mais digno que Keniamun.

Ísis deixou-se persuadir sem grande dificuldade. O amor que

sentira por Sargon ainda dormitava no fundo de sua alma, mas ele estava morto, sem jamais ter correspondido com um único olhar a essa afeição muda e fiel. Keniamun era alegre, bom, amável, sabia dessa antiga fraqueza e a perdoava; que podia desejar mais? Em vista dessas disposições de ambos, o noivado não se fez esperar, e quatro meses após a morte do feiticeiro, o casamento de Ísis e Keniamun foi celebrado na casa de Roant, que quis fazer o papel de mãe da noiva.

Vários rapazes invejaram a sorte de Keniamun, mas ninguém viu seu casamento com tão maus olhos como Mena. Não que ele houvesse jamais pensado em casar-se com Ísis, pois em sua vaidade, achava-a muito abaixo de si pelo nascimento; mas porque a felicidade do próximo o irritava.

Na verdade, Mena ambicionava também resolver seus problemas com um casamento rico; mas depois de sua desdita com Roant, não tivera mais nenhuma oportunidade. Vários partidos magníficos lhe tinham escapado entre os dedos, e a idéia de que Keniamun encontrara uma esposa bela e rica o melindrava como se fosse uma ofensa pessoal.

Apesar da própria fortuna, dos auxílios de Neith e das somas consideráveis que recebera de Horemseb, Mena estava sempre sem dinheiro, e sua reputação em Tebas deixava muito a desejar. Ultimamente, sobretudo, havia perdido bastante no jogo, e sua ligação com uma conhecida cortesã dera o que falar em toda a cidade. Essa reputação de gastador e libertino afastava dele as mulheres ricas e sensatas, mas Mena não se dava conta disso, e em sua cega fatuidade, achava-se irresistível. Contudo, o descontentamento que sentira com o casamento do companheiro teria se dissipado como outros análogos, se um incidente banal não colocasse Mena numa nova direção.

Ele era um visitante assíduo da casa de Tuaa. Gostava das festas originais, dos magníficos banquetes que a viúva e sua filha organizavam com gosto requintado, e que eram o ponto de encontro da juventude despreocupada de Tebas e de todas as belas mulheres que não se preocupavam em aparentar virtude.

Numa reunião dessas, alguns dias após o casamento de Keniamun, falava-se da festa dada por Roant na ocasião.

— Foi magnífica, me diverti muitíssimo, e desejaria que outra parecida acontecesse – disse um jovem oficial que fizera uma descrição entusiasta da felicidade de Keniamun e da beleza de sua esposa. – Mena, poderias nos oferecer essa ocasião, casando-te – acrescentou ele rindo. – Asnath, a sobrinha de Chnumhotep, foi feita para ti; é encantadora e imensamente rica.

– Só há um problema, é que Mena não freqüenta a casa do chefe da guarda; ele não perdoa a Roant o menosprezo que a levou a colocar a guirlanda de noivado na cabeça de seu vizinho da esquerda em vez do da direita – observou Nefert maliciosamente.

Mena enrubesceu intensamente e retrucou com despeito:

– Só posso me congratular com esse menosprezo que salvou-me de uma esposa ciumenta, vaidosa e já meio madura. Chnumhotep, que tinha ciúmes de mim, mentiu bastante a meu respeito, e com suas intrigas, acabou ficando com a viúva. Foi bem castigado, porque é ela, e não ele, quem manda em casa.

– Cuidado para que ele não te prejudique de novo, convencendo a sobrinha de que és um jogador, gastador e conquistador – disse zombeteira e incorrigível Nefert.

– Duvido que ele conseguisse desta vez, se eu quisesse tentar a aventura; não sou dos que as mulheres rejeitam como marido – respondeu Mena empertigando-se pretenciosamente.

Esse diálogo casual despertou a atenção de Mena para Asnath, e por um duplo motivo suscitou-lhe o desejo de desposá-la. Primeiro, soube de fonte segura que a fortuna da jovem era das mais consideráveis; depois, ele desejava ardentemente causar um desgosto a Roant e seu marido, forçando-os a dar-lhe a sobrinha em casamento, apesar da frieza e da pouca consideração que ambos lhe demonstravam depois da história da múmia penhorada.

Contudo, o plano era difícil de realizar, e depois de algumas tentativas infrutíferas para se aproximar da moça, Mena, que se obstinava cada vez mais nisso, resolveu utilizar um recurso extremo.

Mas, para que se possa entender o plano que ele forjou durante uma noite de insônia, precisamos voltar atrás e relatar alguns fatos ocorridos após a descoberta dos crimes de Horemseb.

Quando Tutmés foi preso, após o assassinato de Sargon, Mena estava de guarda nos aposentos do herdeiro do trono e foi colocado à porta do quarto dele. Quando Tutmés voltou do desmaio, ficou extremamente aflito e via a situação pintada com os tons mais sombrios. Pensava, com secreta angústia, que se a investigação chegasse a descobrir que Neftis, a mulher que ele tornara rica, possuía o temível veneno do feiticeiro, isso seria uma arma terrível contra ele. Atormentava-se buscando um meio de subtrair o frasco vermelho, esse perigoso testemunho, das mãos de Neftis. A presença de Mena, que ele imaginava ser inteiramente dedicado a sua pessoa, pareceu-lhe uma bênção dos deuses. Aproveitando o primeiro instante favorável, mandou que o oficial fosse em segredo à casa de Neftis, deserta no momento, e procurasse entre suas coisas o frasco, que descreveu minuciosamente, e pelo qual prometeu a Mena uma recompensa principesca.

Ao amanhecer, assim que deixou o posto, Mena executou a incumbência, mas sua busca não teve êxito. Contudo, os rumores que circulavam na cidade sobre as feitiçarias de Horemseb lhe abriram os olhos a respeito do conteúdo do frasco que Tutmés desejava tanto, e lançaram outra luz sobre a súbita benevolência conquistada pelo príncipe.

Lamentou não encontrar o precioso frasco, mas com sua duplicidade habitual, decidiu prevenir Horemseb do perigo que o ameaçava. Já descrevemos antes sua visita ao palácio de Mênfis, mas deixamos de mencionar que, sabendo pelo príncipe da morte de Neftis, ao sair dali se dirigiu diretamente à casa da moça, que Horemseb lhe indicara. Não teve maiores dificuldades para entrar: prostrou com um soco repentino o pobre escravo velho que guardava a porta, e dessa vez teve mais sorte: encontrou o frasco cheio pela metade do perigoso líquido.

Mena pensava, inicialmente, em obter com esse achado as boas graças do herdeiro do trono ou da rainha, conforme as circunstâncias. Mas ao retornar a Tebas, encontrou uma outra situação. O jovem vice-rei da Etiópia tinha deixado a capital na manhã daquele dia, e pelo andamento do processo, Mena achou mais prudente nada dizer de sua viagem e esconder o frasco.

Foi a esse recurso infalível que Mena decidiu recorrer para conseguir o coração e a mão de Asnath. Mas, compreendendo o perigo desse plano, agiu com astúcia e prudência. Precisava ter cuidado sobretudo com Roma e Neith, que poderiam reconhecer o perfume – tanto mais que escolhera a casa de sua irmã como cenário de seus manejos: Asnath costumava visitá-la com freqüência, sozinha ou junto com Roant, e ele não tinha outra forma de aproximar-se dela.

Cautelosamente, buscando as ocasiões propícias, começou a concretizar seu plano. Encharcou do perfume um amuleto valioso que tratava de pendurar no pescoço sem ser notado, quando estava com Asnath, e deu um jeito de fazê-la examinar a jóia. O perfume reagiu com tanta violência sobre a jovem que ela passou mal, sem desconfiar da causa da indisposição. O próprio Mena passava mal cada vez que usava o amuleto, porque não conhecia a dose necessária a utilizar. No entanto, seu plano teve êxito. Asnath apaixonou-se violentamente por ele, vinha cada vez com mais freqüência à casa de Neith, e acabou por confessar sua paixão. Mena, ao ouvir isso, a fez ingerir algumas gotas do líquido, para ligá-la definitivamente a ele e tornar impossível a retirada.

Em seguida, Asnath ficou gravemente indisposta, teve febre, e o nome de Mena estava todo o tempo em seus lábios, ao delirar; mas sua natureza jovem e forte superou os efeitos do veneno, conservando apenas uma excessiva irritabilidade e uma cega paixão pelo oficial.

Roant e o marido estavam aflitos: a perspectiva de entregar a sobrinha ao jogador e libertino que desprezavam do fundo da alma os exasperava, e Asnath estava a tal ponto excitada e rebelde a toda a persuasão, que receavam um escândalo. Nem por um instante supuseram que essa paixão tivesse uma causa oculta. Só uma pessoa teve suspeitas: Roma. A apatia mesclada de nervosismo de Asnath recordava-lhe o estado de Neith, e por diversas vezes ele surpreendera a fisionomia de Mena estranhamente corada, os olhos turvos como os de um embriagado, e sabia que não podia ter ficado ébrio de repente, sem beber nada.

Roma observou Asnath e interrogou-a, mas em vão; não encontrou nada consistente, e as respostas dela o convenceram de que jamais recebera rosas de presente, e a origem de sua paixão não lhe evocava nenhuma circunstância peculiar.

Algum tempo depois, Mena fez o pedido, e embora a contragosto, foi aceito e recebido como noivo na casa do chefe da guarda. O casamento foi marcado para dali a três semanas, e Mena, no auge da satisfação, ocupou-se ativamente em preparar uma moradia principesca para receber a jovem esposa. Inflado de orgulho, gastava dinheiro a mancheias, e sua arrogância não tinha limites. Experimentava uma satisfação especial com a cólera mal disfarçada de Chnumhotep e sua mulher.

Apesar desse brilhante sucesso de seus planos, a vaidade excessiva de Mena buscava novos triunfos. Queria marcar seu casamento com algo de especial e mgnífico, e buscando algo nesse sentido, teve a infeliz idéia de encerrar sua vida de solteiro por uma série de conquistas espetaculares. Pois não possuía um meio irresistível de se fazer amar? E que inveja não despertaria se as belas mulheres de Tebas se apaixonassem por ele às vésperas de seu casamento, e se jogassem a seus pés, traindo maridos e amantes!

Esse plano seduziu Mena definitivamente, e sem pensar sequer nas conseqüências possíveis de algo tão indigno, foi ver Tuaa, que escolhera, não como confidente mas como instrumento de suas conquistas. Após uma conversa amigável, disse à viúva que vinha solicitar-lhe um grande favor: o de organizar em sua casa uma festa, que ele pagaria, para reunir umas vinte mulheres, que ele indicou.

— Queria, pela última vez, em total liberdade, festejar com essas gentis criaturas que foram tão boas para mim, e oferecer a cada uma delas uma lembrança – disse rindo. – Não posso convidá-las para minha casa, e mais tarde, terei que me cuidar do ciúme de Asnath, que é feroz.

— Isso quer dizer que por algum tempo ficaremos privados de tua companhia, porque sem dúvida tua futura esposa nos detesta tanto quanto Roant, essa pretensiosa – respondeu alegremente Tuaa. – Não faz mal! Concordo com teu pedido e reunirei minhas amigas em tua homenagem, mas às minhas custas.

Mena protestou, e após uma discussão, concordaram que ele ofereceria o vinho e as frutas, e Tuaa o restante do banquete, que marcaram para a antevéspera do casamento.

No dia aprazado, Mena enviou pela manhã o combinado; mas, fechado em seu quarto, preparou a bebida enfeitiçada que lhe garantiria o triunfo com o qual se deleitava antecipadamente. Tinha decidido oferecer a Tuaa uma magnífica ânfora esmaltada cujas alças, ornamentos e a tampa em forma de cabeça de bode eram de ouro; às outras vinte e duas mulheres, incluindo Nefert, ofereceria taças ricamente trabalhadas.

Encheu essa ânfora com o vinho mais caro e despejou nela, sem pestanejar, uma quantidade do perigoso líquido que seria suficiente a Horemseb para desencadear suas orgias durante um mês. O vinho borbulhou por um instante, parecendo escurecer, mas depois recobrou a cor natural. O aroma suave mas embriagante que invadira o quarto, fazendo Mena ficar com as faces em fogo, evaporou-se rapidamente, e satisfeito, cantarolando uma canção indecente, ele recolocou o frasco quase vazio no cofrinho onde o tinha escondido.

Ao chegar à casa de Tuaa, encontrou todas reunidas; as belas e frívolas criaturas de reputação algo arranhada que freqüentavam a casa da viúva formavam um enxame brilhante e enfeitado que cercou imediatamente o herói da festa – duas vezes herói, porque era o único homem presente.

Conversaram alegremente, depois puseram-se à mesa. No meio da refeição, Mena voltou-se para a dona da casa e pediu-lhe que fizesse entrar os escravos que aguardavam com os presentes que destinava a suas convidadas. Ao ver a belíssima ânfora e as magníficas taças, até Tuaa se encantou, e um coro de elogios se ergueu louvando a generosidade do doador.

Mena esquivou-se dos agradecimentos com amável modéstia, e tomando a ânfora, fez ele mesmo a volta à mesa, enchendo as taças que as mulheres esvaziaram de uma só vez à sua saúde. A seguir, voltou a seu lugar e ficou observando com curiosidade disfarçada o que ia acontecer.

Sem demora a alegria das convidadas transformou-se numa estranha agitação: um rubor repentino tomou-lhes o rosto e do pescoço, e olhares ardentes e apaixonados se fixaram em Mena, que, extremamente divertido e afetando indiferença, esperava o momento em que todas se prostrariam a seus pés. Saboreando seu triunfo por antecipação, achava-se um segundo Horemseb em seu palácio de Mênfis.

Apesar da astúcia e da duplicidade que evidenciava às vezes quando se tratava de sua cobiça, Mena era um homem de inteligência limitada, e em sua vaidade, de uma cegueira inconcebível. Se fosse mais inteligente, por certo não brincaria de forma tão imprudente com o terrível veneno que, não sendo cuidadosamente dosado, causava infalivelmente a loucura e a morte. Não fora essa cegueira, teria receado a estranha cor violácea que cobria as faces das vítimas, o faiscar sinistro de seus olhos, os tremores convulsivos que as sacudiam e os olhares ávidos e selvagens que lançavam para ele, encolhidas sobre si mesmas como tigres prestes a saltar.

Mas fechado em sua estupidez orgulhosa, Mena não via nem entendia nada. De repente, dois braços se fecharam em seu pescoço num abraço feroz, e um hálito ardente lhe queimou a face: era Nefert que, os olhos injetados de sangue, espumando, se colara nele. Tomado de susto e desagrado, quis empurrá-la, mas como enlouquecida, a moça se grudou nele e cravou-lhe os dentes na face. Mena deu um grito, debateu-se e quis fugir, mas outros braços lhe enlaçaram o corpo e as pernas, e por todos os lados corpos flexíveis o apertavam, rostos crispados de forma assustadora e com expressão bestial se debruçavam sobre ele, e as mulheres lhe cravavam as unhas na carne com uivos de animais selvagens. Mena era forte, e com o pavor lhe decuplicando as forças, resistiu por um momento ao ataque furioso da turba enlouquecida que ele mesmo desencadeara. Apertado por todos os lados, virado de cabeça para baixo, meio sufocado, rolou no chão, dobrando-se, com gritos atrozes, no meio da turba humana que fervilhava ao seu redor.

Toda a cena se passara tão rapidamente que os escravos, petrificados, não sabiam o que pensar; por fim, alguns mais corajosos tentaram arrancar Mena dali, mas atacados também pelas loucas furiosas, caíram ao chão cobertos de mordidas e fugiram aterrorizados. Gritos e alarido encheram a casa, e sem saber o que fazer, dois dos criados, desatinados, correram à casa de Roant, que ficava próxima.

Roma estava na casa da irmã e conversava com ela e Chnumhotep, que acabava de chegar do palácio. Ao saber do inexplicável acontecimento, os dois homens lançaram-se ao carro de Chnumhotep, ainda não desatrelado, e correram a toda velocidade para a casa de Tuaa. Uma multidão compacta já tomava os arredores, mas ao ver Chnumhotep e Roma, ambos bem conhecidos em Tebas, o povo recuou e lhes deu passagem. Conduzidos pelo velho intendente, que em voz entrecortada contava o que sabia da catástrofe, Roma e o companheiro entraram na sala do banquete, transformada de inopino em cenário de carnificina. Um espetáculo terrível, hediondo, se apresentou diante deles: no chão, juncado de cacos de louça, em meio a poças de vinho e sangue, estorciam-se em dores atrozes ou nas convulsões da agonia escravos e mulheres com roupas despedaçadas, fisionomias descompostas, cujos gemidos enchiam o ambiente. Junto da mesa, um monte se corpos se mexia debilmente.

Mudo de horror, Roma aproximou-se de uma jovem mulher que fora amiga de Noferura, e que encontrara muitas vezes em sua casa. Abaixada, com os olhos saltando das órbitas, segurando a cabeça com as mãos, a infeliz criatura vomitava jatos de sangue escuro e de espuma, mas quando o sacerdote se inclinou para ela, apiedado, tentando erguê-la, deu um grito e recuou: o aroma terrível e bem conhecido, mas acre e nauseabundo como nunca sentira, acabava de atingir-lhe o olfato.

— Água! Água! – gritou, correndo para a saída e arrastando Chnumhotep. Em seguida, despachou um mensageiro correndo ao templo de Amon para chamar os médicos, e um segundo para chamar soldados e cercar a casa.

Sob o comando dos dois homens, foram jogados baldes d'água

sobre os corpos amontoados e as demais vítimas; graças a isso, puderam separar as infelizes grudadas umas às outras.

Algumas já estavam mortas, outras agonizavam; Mena, com o corpo coberto de feridas e mordidas, estava horrível de se ver. O cadáver de Nefert continuava grudado em seu rosto, com os dentes convulsivamente cerrados. Nenhuma das mulheres estava viva quando os médicos chegaram, e os sete escravos mordidos expiraram algumas horas depois com os mesmos sintomas. Foram portanto trinta e uma vítimas, vinte e três mulheres e oito homens a sucumbir no sinistro banquete, graças à inacreditável estupidez de Mena, que havia pago com a vida por isso.

O inquérito constatou que o vinho trazido por ele tinha sido envenenado e que o veneno era o mesmo usado por Horemseb. Uma busca nos aposentos de Mena descobriu o frasco vermelho, que Ísis reconheceu, por ter pertencido ao príncipe; mas como o veneno do feiticeiro de Mênfis teria caído em poder do oficial? Isso continuou sendo um mistério.

Nota do Autor

A evolução do espírito se faz lentamente; arrastado por suas más tendências, prostrado pelas conseqüências inevitáveis de seus erros, às vezes ele fica parado durante séculos, criando novos inimigos por causa de seu orgulho e egoísmo.

O espírito de Mena, cujo impiedoso fim acabamos de descrever, está nesse caso. Os leitores de minhas obras anteriores já o reencontraram: Rhadamés, o condutor do carro do faraó Mernephtah; Daphné, em *Herculanum*; Kurt de Rabenau em *A Abadia dos Beneditinos,* demonstram as etapas que ele percorreu, e cujo resultado será resumido na obra *O Judas Moderno*, que espero publicar. Aí encontraremos Mena em uma existência contemporânea, sob o nome de Alexandre Hasenfeldt. Inteligência limitada e mesquinha, coração ingrato e cobiçoso, penosas lutas o aguardam no futuro para fazê-lo capaz de subir os degraus da evolução.

A festa do Nilo

A morte de Mena e das vítimas de sua imprudência teve grande repercussão em Tebas, e os mais diversos boatos circularam a respeito. Mas a verdade completa só foi conhecida por poucas pessoas, pois a rainha e os sacerdotes acharam que era preciso dar fim ao escândalo provocado por Horemseb e não trazer de novo à tona a lembrança de seus crimes.

Passou-se a acreditar, então, que o vinho ou os alimentos servidos no banquete tinham sido envenenados por um acaso infeliz e inexplicável; depois novos acontecimentos acabaram fazendo esquecer essa lúgubre história.

Neith também só ficou sabendo dessa última versão, e deve-se reconhecer que ela recebeu a notícia da morte do irmão com muita tranqüilidade. Depois do incidente da múmia penhorada, Mena se tornara antipático a ela, que desaprovava sua conduta frívola e dissipada, e considerou sua morte trágica como uma justa punição.

A jovem viúva de Sargon já estava completamente restabelecida, ao menos fisicamente; recuperara todo o vigor e elasticidade da juventude; seu sono e apetite estavam normais. Mas moralmente, havia sofrido uma estranha metamorfose: o quanto tinha sido impulsiva, obstinada, caprichosa e exaltada, estava agora dócil, apática e silenciosa.

Devaneava horas inteiras, estendida num divã; não estava triste, seus olhos brilhantes não expressavam nenhuma preocupação, mas estava indiferente a tudo e parecia agir maquinalmente.

Roma a visitava com assiduidade, cercava-a como antes de cuidados e afeto. A amabilidade vaga que Neith lhe dispensava não o desencorajava: atribuía às consequências do veneno a essa apatia moral, e como ela jamais pronunciava o nome de Horemseb, nunca perguntava por ele; Roma esperava que o tempo, o supremo remédio, apagaria essas lembranças nefastas, e que Neith acabaria por encontrar a felicidade em seus braços.

A rainha, no fundo do coração, partilhava essa esperança, bastante preocupada pela mudança de Neith. A união com o jovem e belo rapaz que fora seu primeiro e verdadeiro amor deveria ser o melhor remédio para sua alma ferida: sob o efeito desse afeto puro e fiel, ela deveria reencontrar a felicidade.

Hatasu atribuía a miraculosa cura de Neith às preces ardentes de Roma, e desde aquele dia em que o encontrara junto da agonizante, ela testemunhava ao jovem sacerdote uma benevolência especial. Em recompensa pelos serviços prestados por ele no caso dos enfeitiçamentos pelas rosas fatais ocorridos em Tebas, concedeu-lhe um cargo importante no palácio, e o distinguia em todas as ocasiões: ninguém duvidava de que esse favor explícito da rainha pressagiava para ele uma brilhante carreira.

J. W. Rochester

Certo dia, cerca de oito meses após a morte do feiticeiro, a rainha, ao voltar de uma cerimônia religiosa, retirou-se para descansar; dispensou a todos, com exceção de Neith, e quando ficaram sós, ela beijou a jovem a disse carinhosamente:

— Há tempo, minha querida filha, eu desejava falar-te seriamente. Vejo-te restabelecida, bela e viçosa como antes, e no entanto teu coração parece estar vazio, tua alegria desapareceu. Penso que um verdadeiro amor, novas responsabilidades, são o que poderia trazer novas forças a tua alma cansada.

— Gostarias que eu me casasse; mas com quem? – indagou Neith, estremecendo, e fitando ansiosamente o semblante da rainha.

— Gostaria, mas apenas se estiveres de acordo, sem nenhuma restrição, e se teu coração aprovar minha escolha. Mas ouve o que me inspirou essa idéia. Enquanto estavas doente, estávamos temendo uma fatalidade; estavas desenganada, e quando Amenephtah me avisou eu vim, com desespero na alma, velar teus últimos momentos. Ao entrar, vi um homem ajoelhado junto de ti; estava rezando como nunca vi ninguém fazer. Uma prece assim devia chegar ao trono dos imortais, e a presença divina parecia iluminar o seu rosto. Senti algo desconhecido, e compreendi que os sacrifícios e oferendas não são sempre suficientes, e que é nosso coração dolorido e cheio de humildade que precisamos colocar aos pés dos deuses se desejamos ser ouvidos; e pela primeira vez eu também me aproximei da divindade para suplicar.

Esse homem era Roma; e enquanto nós dois implorávamos a Rá que te concedesse a vida, aconteceu um milagre: teu estado de agonia se transformou num sono benéfico, e quando Amenephtah chegou, declarou que estavas salva.

Foi então que eu prometi ao sacerdote que, se ficasses boa e se teu coração concordasse, eu te daria a ele como esposa.

Durante esse relato, um rubor intenso inundara as faces de Neith e seus olhos negros brilhavam como outrora quando perguntou:

— Achas que Roma ainda me ama e que ficaria feliz em se casar comigo?

— Estou certa disso; seu amor passou pelas mais duras provas, e quem seria mais digno de ti que o homem cujo amor te arrancou às garras da morte? No entanto, minha querida, não te consideres obrigada de maneira alguma por minha palavra. És livre, e somente se o amares, se desejares essa união, colocarei tua mão na de Roma.

Neith ficou pensativa por um momento; depois, inclinando-se para a mão da rainha, murmurou:

— Tua vontade é a de teu povo, tua sabedoria guia a todos os egípcios, do primeiro ao último; tua filha iria querer outra? Que seja assim como dizes, que a vida que ele salvou pertença a Roma!

Como no dia em que se iniciou esta história, Tebas festejava a cheia do Nilo. As águas benfazejas inundavam os campos com excepcional abundância, e enchiam até as bordas os numerosos canais que cortavam a grande capital em todos os sentidos. Aparentemente, nada mudara desde então; como cinco anos antes, uma multidão enfeitada e alegre enchia as ruas e os cais, e ao pé da grande escadaria de granito, a flotilha que iria conduzir ao templo e rainha e seu séquito aguardava.

O cortejo apareceu, e Hatasu tomou lugar em seu barco; entre os portadores de leques que a seguiam encontrava-se Roma, elevado a esse alto posto por ocasião de seu casamento com a protegida da rainha.

Entre as embarcações mais notadas do cortejo real estava uma grande barca magnificamente enfeitada, conduzida por remadores ricamente vestidos e ocupada por seis pessoas. Os lugares de honra eram de Neith e Roant; à frente delas estavam sentados Keniamun e sua mulher, e depois Asnath, que recentemente ficara noiva de Assa (o filho mais velho de Satati), com o noivo. Todos conversavam alegremente; apenas Neith conservava-se calada, e imersa num devaneio melancólico, contemplava o rio coberto por centenas de barcos. Ricamente vestida e coberta de jóias, a jovem esposa de Roma estava extremamente bela, mas estava novamente pálida e emagrecida, um vinco duro e amargo lhe curvava a boca pequena, e sob a frieza calma do olhar e da fisionomia, parecia ocultar-se uma surda irritação.

Neith pensava no passado, na festa semelhante a que tinha assistido cinco anos atrás. Hartatef a perseguia, então, com seu amor obstinado, e tinha ciúmes de Keniamun que pensava amar; agora, Hartatef estava morto, Mena também, assim como muitos outros, especialmente um do qual ela nunca pronunciava o nome, cujo fim ignorava, e que sem dúvida sofrera alguma morte terrível.

E ela própria, o que tinha sofrido desde aquela festa do Nilo, em que, despreocupada, caprichosa e loquaz, tinha brigado com seu tenaz adorador e sonhava desposar Keniamun, agora casado com outra! Parecia-lhe que tinha se passado uma eternidade, que envelhecera, e que eram cenas de um passado distante que desfilavam agora em sua mente.

— Em que pensas, Neith? – indagou Keniamun, vendo-a suspirar, e inclinando-se alegremente para ela.

Neith estremeceu e respondeu com um leve sorriso:

— Estava pensando em tudo que aconteceu depois da cheia do Nilo que festejamos há cinco anos atrás; lembro que Hartatef nos levava em seu barco; encontramos contigo, Keniamun, e depois com Tuaa e Nefert, quase fazendo virar o barco delas, que depois levaram Mena junto. Os quatro já se foram para o Amenti. Estava pensando como em tão pouco tempo tantas vidas se aniquilam, ou se destroem como a minha!

— Não pensas no que estás dizendo, e no que diria Roma e te ouvisse – disse Roant em tom de severa censura.

— Roma sabe o que penso, ele entende que minha vida está destruída e encara isso calmamente – respondeu Neith, com as sobrancelhas franzidas. – Ele me condena até me fazer perder a paciência, e mostra tão pouco caso por mim, que tenho motivos para pensar que se arrepende de ter casado comigo – acrescentou tão baixo que apenas a amiga a escutou.

Vendo o rumo que tomava a conversa, Keniamun voltou-se e iniciou uma conversa animada com os outros companheiros; no entanto, seu ouvido atento ouviu a resposta murmurada por Roant:

— Tu não acreditas no que dizes, Neith; tu mesma afastas Roma, e o tornas infeliz; ele mereceu isso, por seu amor fiel? Um homem como ele não vale a pena que faças um esforço para te animar, sacudir essa apatia, essa preguiça moral que te consome? Basta um pouco de boa vontade; renuncia a esses devaneios insanos e sem propósito, busca as pessoas, as distrações, e o passado se apagará. A vida não se estende feliz diante de ti? Recuperaste a saúde; teu marido, cumulado de honrarias pela rainha, está numa situação digna de ti; ele te ama, e tu rejeitas a felicidade e o amor!

Neith voltou-se sem responder, e durante o resto do passeio fechou-se num silêncio obstinado. Quando iam dirigir-se a casa, ela se voltou para a cunhada e disse com ar taciturno:

— Peço-te, Roant, que me leves para casa; sinto-me cansada e um pouco indisposta; desculpa-me por não participar da tua festa.

— De novo estás te afastando e fugindo de todos— observou aborrecida a esposa do chefe da guarda. – O que dirá Roma quando voltar do palácio e não te encontrar?

Os lábios de Neith tremeram nervosamente.

— Nada; ele nunca diz nada, talvez nem note minha ausência!

— Não entendo essa tua amargura e não posso crer que Roma te trate com rispidez – observou Roant, surpresa com o tom acerbo da amiga.

Não recebendo resposta, calou-se, e um quarto de hora mais tarde, a barca se detinha ao pé da escadaria do palácio de Sargon. Neith desceu, ajudada por Keniamun, saudou a todos com um gesto, e dirigiu-se rapidamente a seus aposentos. Com impaciência nervosa, retirou as jóias, o pesado vestido bordado, o claft que parecia esmagar-lhe a cabeça, e colocando um traje leve de linho, envolveu-se num véu de gaze e voltou para o terraço, onde se estendeu sobre um divã e entregou-se a profundo devaneio.

Pela centésima vez, tentou com dolorosa obstinação analisar seus sentimentos e avaliar sua situação, e como todas as vezes, um sentimento pungente de solidão e abandono lhe apertou o coração e lhe fez rolar nas faces lágrimas silenciosas.

Estava casada havia apenas seis meses, e a felicidade já se fora. Mas podia queixar-se? Sua consciência dizia: "Não!". E com profundo desgosto, admitia que estava agindo mal, mas acostumara-se a essa apatia, a essa preguiça; comprazia-se nessa indiferença.

Acolhera com uma frieza indolente a adoração apaixonada do marido, recebia seu amor como um tributo que lhe era devido, correspondendo apenas por uma morna amabilidade, até que por fim Roma, profundamente ferido, afastou-se, deixando-a entregue a si mesma e não lhe impondo mais nem sua companhia nem seu carinho.

Esse isolamento a fez despertar. Algo da antiga Neith despertou nela. O espírito de contradição despertou primeiro, depois a cólera: Roma, seu dócil escravo, ousava revoltar-se, fugir dela com desdém e indiferença! E então desejou ter o amor que desdenhara, mas o orgulho feroz e desmesurado que dominava todos os outros sentimentos lhe segredava: "Vais mendigar um amor que ele não te dá, que talvez não tenha mais? Nunca!". E com uma frieza glacial, afastou-se do marido, disfarçando o vazio do coração, a necessidade de afeto que redespertara nela; e recomeçou, apaixonadamente, a sonhar com Horemseb e o tempo que passara junto dele.

E no entanto, não amava mais o príncipe, sua lembrança não lhe despertava mais a mesma perturbação, não ansiava vê-lo, e apenas a incerteza sobre o fim do feiticeiro às vezes lhe torturava a alma. Mas à medida que o passado se desvanecia e apagava, seu antigo amor por Roma renascia, e a convicção de que havia perdido o afeto do marido, que de novo seu futuro estava destruído, tornava-lhe a vida odiosa.

Ao pensar na humilhante negligência com que o marido a tratava, rubor e palidez se alternavam nas faces de Neith. Nesse dia mesmo, Roma não viera saber por que ela não tinha ido à festa de Roant. Ficara tranqüilamente no banquete, e no entanto, ela poderia estar doente, havia dito que se sentia indisposta. Com as narinas frementes, ela se ergueu e ordenou que lhe servissem uma refeição; mas quase nada comeu, a cólera e o orgulho ferido a sufocavam. Voltando ao terraço, retomou sua distração habitual, sonhando com Horemseb, buscando ressuscitar o momento em que, nesse mesmo terraço, ele chegara, enfeitiçando-a com seu olhar flamejante, e a carregara para seu barco.

Um ruído de remos fez se desvanecerem de súbito essas cenas do passado, e alguns instantes depois, um passo firme e ágil subiu a escadaria, e a alta e esbelta figura de Roma apareceu na entrada do terraço, iluminada pelo sol poente. Ao ver a esposa, o sacerdote se deteve, e depois de ligeira hesitação, aproximou-se dela, saudando-a com um gesto; depois encostou-se na balaustrada. Neith respondera com uma inclinação de cabeça. Fez-se um silêncio; Roma contemplava o rio semeado de rubis pelo sol que se punha; ela deixava o olhar errar sobre a figura do marido, cujo esplêndido traje de cerimônia realçava-lhe a bela fisionomia.

— Minha presença não te incomoda? – indagou o sacerdote voltando-se para ela com um sorriso ligeiramente irônico.

Os olhos de Neith flamejaram como outrora.

— Poderia fazer-te a mesma pergunta, se não estivesse convencida de que minha presença te é totalmente indiferente e que sequer a notas. Nossa união foi um equívoco: eu não devia ter unido minha vida destruída a tua existência cheia de energia e de esperanças no futuro. Teu amor de outrora recaiu no hábito; quando teu capricho foi satisfeito, abriu-se um abismo entre nós e a convicção desse erro deplorável está nos esmagando.

Roma endireitou-se e fitou a esposa com um olhar severo e profundo.

— Sim, houve um erro, mas só de minha parte: pensei que com a saúde do corpo retornaria a saúde de tua alma; achei que era impossível que a lembrança de uma criminoso, que desprezou todas as leis, zombou de todos os sentimentos de humanidade, se tornasse o ídolo de tua alma. Há algum ultraje que ele não te tenha feito passar? Uma mulher de tua classe, ele seqüestrou como uma escrava; com um feitiço infame inspirou-te uma paixão vil que te desconsiderou diante do Egito inteiro; teu olhar puro, ele maculou com a visão de horrores que fariam estremecer uma cortesã. E todas essas lembranças não revoltam tua dignidade de mulher?

Teu orgulho, que é tão sensível para comigo, fica inerte quando se trata dele, e não tens sequer um pensamento de arrependimento ou de gratidão para Sargon, o infeliz que destruíste e que, apesar disso, sacrificou a vida para te libertar de uma escravidão vergonhosa. Consulta tua consciência, Neith, antes de me acusar. Enquanto estavas doente, tive paciência e esperei, atribuindo ao veneno tua tristeza; mas não posso ser eternamente cego: o que devo pensar dessa indiferença, desses devaneios eternos, desse distanciamento de todas as distrações sadias, de todas as reuniões de família?

Qualquer que seja meu sofrimento interior, minha dignidade me impede de mendigar um amor que retorna obstinadamente para uma criatura desprezível; não posso suportar eternamente a humilhação de ser apenas tolerado junto de ti, e tenho que te deixar entregue a ti mesma. O abismo de que falas é obra tua, mas tua amargura é injusta: nunca faltei a meus deveres para contigo, e se não posso ser um esposo que te ame, continuo teu amigo e protetor, sempre pronto para te ajudar, a cuidar-te se estiveres doente, e até a distrair-te se desejares; mas não quero é te impor a minha presença!

À medida que ele falava, uma palidez mortal, depois um rubor ardente se sucederam na fisionomia mutável de Neith; tudo que ele dizia não era literalmente verdadeiro? Voltou-lhe à memória o tratamento humilhante que sofrera em Mênfis; recordou a dura recusa de Horemseb de levá-la a passear no Nilo, sua ordem para amarrá-la como um animal para forçá-la a assistir à abominável orgia a que havia se recusado a ir, e o distanciamento com que ele punia todas as suas tentativas de revolta, forçando-a, com o veneno, a implorar seu perdão de joelhos. Toda a raiva e o desespero que então sentira despertaram no coração orgulhoso de Neith;

J. W. Rochester

respirando com dificuldade, levou as mãos ao peito.

— O que foi, Neith? – indagou Roma que observava com inquietação essa súbita mudança. – Acalma-te, pobre criança, e esquece minhas palavras duras – acrescentou pousando-lhe a mão na testa.

— Tuas palavras são verdadeiras e merecidas – murmurou Neith estremecendo. – Mas diz-me a verdade, sob tua palavra de honra, sobre algo que não ficou claro, e seja o que for, eu acreditarei. O que aconteceu com ele?

— *Ele* de novo, sempre *ele*! – disse Roma, endireitando-se com tristeza. – Mas já que desejas, fica sabendo que ele morreu; foi encontrado já frio, tinha acabado com sua vida criminosa com um veneno que tu mesmo lhe levaste. Tu estavas agonizante; sem dúvida ele quis matar-te também, mas por felicidade escapaste. Agora já sabes de tudo, e se tens consideração por mim, não pronuncies jamais diante de mim o nome do maldito que destruiu minha vida também.

— Morto! Tudo acabou! Ele não voltará mais! – balbuciou Neith respirando a plenos pulmões. – Oh! Que os deuses sejam louvados! Roma, perdoa-me e dá-me de novo teu amor – acrescentou jogando-se impulsivamente ao pescoço do marido. – Quero riscar de meu coração esse passado e amar só a ti, a ti que nunca condenaste minha fraqueza, cujo amor sempre me perdoou. Mas ainda podes acreditar em mim, Roma, e ajudar-me a encontrar forças para viver, e me tornar digna de teu afeto?

Uma torrente de lágrimas a impediu de continuar.

— Como podes duvidar que eu perdoe e esqueça tudo, já que voltas para mim, que tua alma se libertou da sombra fatal que a escurecia, minha esposa querida? – murmurou ele apertando-a carinhosamente contra o peito.

Sentaram-se no divã, e abriram seus corações há tanto tempo separados, numa conversa íntima. A noite chegou, a lua apareceu, mas os dois, felizes, não tinham notado.

De repente, Neith estremeceu e se endireitou, fremente: com os olhos muito abertos, fitava o canto do terraço.

— O que foi? – indagou Roma tomando-lhe a mão.

— Não viste, ali, a sombra de um homem? Era vermelha como sangue e estendia a mão para mim.

— Pensaste ter visto isso, mas olha, o terraço está vazio!

— Oh, Roma, disseste que ele morreu, mas não sabes que ele não pode morrer, que ele tem a vida eterna? E se ele viesse vingar-se de mim, vendo que o esqueci? Não sei por que, mas tenho medo!

— Acalma-te, minha querida, e esquece esses sonhos doentios: ele está bem morto e nada mais vai perturbar tua tranqüilidade. E agora, vem, é hora de entrarmos.

O vampiro

A noite estava magnífica; no céu azul-escuro a lua resplandecia com um brilho desconhecido no pálido Ocidente, e seu brilho prateado inundava Tebas adormecida depois do trabalho do dia; apenas alguns vagos rumores indicavam que a vida na imensa metrópole nunca cessava por completo.

Nos imensos edifícios do templo de Amon-Rá reinava profundo silêncio, interrompido apenas pelos gritos dos vigias. Os servidores do grande deus repousavam; não teriam que estar prontos, aos primeiros raios do amanhecer, para saudar seu renascimento vitorioso do reino das sombras?

Num pequeno pátio vazio e isolado nos limites do recinto sagrado, os raios de luar cobriam uma alta e grossa muralha pintada de cal. De repente, na superfície branco-prateada surgiu uma grande mancha cinzenta, que se tornou negra, depois avermelhada; essa forma vaporosa se condensou e a figura definida de um homem alto deslizou da muralha. Seus olhos grandes, abertos, tinham um olhar fixo e vago, a expressão do rosto era aterrorizante, os lábios entreabertos, as narinas dilatadas. Essa criatura estranha, transparente como um vapor, e contudo de uma realidade impressionante, deslizou sem tocar o solo através do pátio e desapareceu no interior do templo. Com os braços estendidos à frente como se procurasse algo, o fantasma percorreu os corredores, e atravessando uma parede, penetrou em um aposento onde dormiam diversas mulheres, sacerdotisas e cantoras do templo.

O ser fantasmagórico se deteve; seus lábios se moveram, as narinas dilatadas aspiravam avidamente, e o olhar vidrado se cravou num dos leitos, iluminado por um raio de luar filtrado obliquamente por uma janela. Ali repousava uma jovem mergulhada em profundo sono. O fantasma deslizou para ela e inclinou a cabeça sobre o peito da moça adormecida. Ela se agitou, e despertando de repente, tentou debater-se; mas fascinada pelo olhar terrível que mergulhou por um instante no seu, voltou a imobilizar-se.

O fantasma se ergueu; parecia mais pesado e compacto. Sem lançar um só olhar para a vítima, que estava sem cor como se o sangue tivesse fugido de suas veias até a última gota, elevou-se pesadamente, parecendo deslizar no raio de luar para fora da janela, e instantes depois, a sinistra aparição desaparecia, engulida pela muralha de onde surgira.

Nota do autor

O que vou descrever provocará, na maior parte de meus leitores, um sorriso de ironia; os que buscam apenas um romance passarão por esta dissertação sem a ler. Sei disso, porque falar com seriedade de vampirismo em nossa época não é fácil. A ciência oficial, que só reconhece aquilo que seu escalpelo pode sondar, nega a existência dos vampiros, e os fatos indiscutíveis que aconteceram em diversos países foram amaldiçoados, negados ou escondidos sistematicamente, como outros fenômenos não menos comprovados, e que aos poucos se impõem à atenção dos cientistas, porque o fato é um argumento brutal que não se pode suprimir eternamente.

Isso dito, penso ter o dever de explicar o melhor que possa, a meus leitores espíritas, o fenômeno do vampirismo, ainda pouco estudado, embora, sendo um fenômeno natural, tenha existido sempre, à época de Hatasu como nos tempos modernos.

Que o corpo evolui, se transforma e progride tanto quanto a alma, já é um fato comprovado. Nas diversas condições dos três reinos da natureza, e por fim na humanidade, a alma se desenvolve e progride. O perispírito, seu companheiro inseparável, se adapta a essas variadas condições, conservando fielmente em si, nas menores nuanças, as marcas das transformações experimentadas. Na composição química do perispírito encontramos todas as substâncias, o reflexo de todos os instintos, qualidades e inclinações do ser havidos durante as inumeráveis existências e transformações através do mineral, do vegetal, do animal e por fim do homem, a criatura mais perfeita que se conhece sobre a terra. O átomo indestrutível lançado pela força criadora no turbilhão do espaço e significando apenas um principio vital, se reveste de imediato de seu *duplo* eterizado, intermediário entre a centelha divina e a contraparte material, o corpo. Esse intermediário é o agente principal que coloca em vibração as funções da alma, o que significa que a vida da alma se reproduz na vida material nessa rede (invisível para vós) que consiste de milhares de fios luminosos de uma delicadeza indescritível.

Como nos favos de cera se condensa o mel, assim sobre o perispírito se condensam os elementos e as substâncias compostas. "Alma vestida de ar", disse um grande sábio e gentil poeta descrevendo a composição de nosso corpo, o qual, assim que o perispírito se separa dele, torna-se presa da putrefação e se decompõe em seus elementos primitivos. Uma regra sem exceção determina que o perispírito reflete a alma, e o corpo reflete o perispírito, com as substâncias que podem, de acordo com uma lei imutável, acumular-se sobre a rede fluídica.

Assim, o perispírito de um molusco só pode atrair em sua condensação material substâncias gelatinosas, e apenas pelo esforço da existência o ser adquire e se apropria de forças novas, de substâncias variadas e de um acréscimo suficiente do fogo elétrico, que numa próxima condensação, farão com que o perispírito do molusco de outrora possa formar um corpo mais perfeito.

Mencionei o fogo, esse grande agente universal de toda a vida, ao qual se poderia quase dar o nome de Deus, tão poderosa é sua ação, e que se encontra em toda parte aonde se olhe. De fato, em toda a parte onde a mente do cientista busca, ele encontra o fogo na origem da vida; ele ferve nas entranhas da terra e está latente nas nuvens.

O fogo funde a matéria e a modela, a une de forma indestrutível; o fogo une a alma à matéria e a separa dela; esse laço é o rastro luminoso que os sonâmbulos clarividentes enxergam.[5]

O calor extremo queima como fogo e o frio intenso produz a mesma sensação de queimadura. Quanto mais fogo existe na fonte perispiritual, mais evoluídos são a alma e o corpo. Tudo que é pesado, lerdo, tem falta de fogo e pertence a um grau inferior de desenvolvimento; toda a criatura, e mesmo todo o planeta, onde atua mais o fogo vivificante, se distingue por um grau superior de atividade e de desenvolvimento intelectual. E enfim, a própria perfeição se resume no fato de que, liberto de todas as substâncias materiais, o espírito se torna outra vez uma pura centelha e retorna ao lar de onde saiu cego para voltar inteligente e servir ao Criador, que nos separa de si mas não quebra jamais o elo que o une a nós, e que através de todos os sofrimentos e vicissitudes da depuração, deve reconduzir-nos mais cedo ou mais tarde a essa origem divina.

---

5 N.T. – O cordão prateado que une a alma ao corpo, nos encarnados.

J. W. Rochester

Essa longa viagem através dos três reinos da natureza deixa marcas profundas nos gostos, necessidades e instintos do homem, ser imperfeito e ainda bem próximo do animal, que ele despreza ao ponto de negar-lhe uma alma, uma inteligência, o direito a sua proteção.

É que o orgulho de possuir enfim uma vontade menos restrita, um horizonte maior, mais espaço para seus vícios, sobe à cabeça do homem e o faz esquecer de que ele apenas escalou um degrau na escala da criação, que já foi o que são ainda seus irmãos inferiores, e que na embriaguez e na euforia de seu avanço, o homem, tão orgulhoso de seu livre-arbítrio e do dom da palavra, recai muitas vezes, pelos sentimentos e abusos, mais baixo que o animal que despreza. Sim: esquecendo todas as semelhanças estruturais, de necessidades e emoções que ainda o ligam estreitamente ao animal, o homem se considera senhor absoluto e freqüentemente feroz dessa população muda e indefesa entregue a sua mercê. O homem abusa cruelmente de seus direitos imaginários sobre esse irmão menor, porque a inteligência deste é mais limitada e seus instintos mais refreados pelas leis da natureza.

Bastam alguns exemplos: a ferocidade e a voracidade do animal só têm por motivo a satisfação das necessidades ou a defesa; desde que saciado e livre de ataques, o animal não ataca ninguém. Mas a que requintes esses dois impulsos têm levado o homem! A tortura física e moral, a avidez insaciável enquanto restar algo para pilhar ao seu redor, são apanágio do homem; ele também inventou a traição, o morticínio em massa e o assassinato, enquanto o animal só luta corpo a corpo; e por fim, se ao animal falta a palavra para mentir e dissimular seu pensamento, isso não é de lamentar muito; e existem poucas virtudes sobre a terra que a orgulhosa criatura humana possa ostentar como sua característica exclusiva.

Sem dúvida o que acabo de dizer se aplica à massa que, cega de orgulho, acredita ser o centro e a coroa da criação, e não às almas mais evoluídas que reconhecem na animalidade uma fase de seu próprio passado e condenam severamente qualquer crueldade desnecessária.

Voltando ao assunto que nos interessa especificamente, recordo ao leitor a existência de um animal chamado vampiro que, preferindo a noite ao dia, se atira sobre as vacas, cavalos e também homens, se puder atingi-los, e chupa-lhes o sangue.

Em face da tenacidade com que os instintos animais se conservam no homem, esse hábito ou necessidade de sangue permanece em estado latente na criatura, e se a educação, as circunstâncias, a compreensão do mal não levam o homem a dominar o instinto sanguinário que ainda vibra em seu perispírito, a necessidade bestial vem à tona e resulta em criaturas como certos bebedores de sangue da Índia, já por demais conhecidos para que se possa negar sua existência. Mas ninguém tentou ainda analisar o que pode ter inspirado a essa seita o rito selvagem que ela recobre com um motivo religioso; contudo, essa causa reside numa condição peculiar do perispírito adquirida pelo ser em suas existências vegetais e animais.

Em conseqüência de várias causas, como o terror, uma comoção moral, certos venenos, asfixia, criaturas assim podem cair num estado particular de letargia que tem toda a aparência da morte,[6] e são enterrados como se estivessem mortos. Em condições comuns, essas criaturas singulares não costumam despertar, e na maioria perecem, mas às vezes, em condições favoráveis, esses supostos cadáveres aguardam apenas a luz da Lua para despertar, influenciados por sua claridade, para uma sinistra atividade. Todas as criaturas cujo perispírito conserva alguma predisposição ao vampirismo são lunares e com freqüência sonâmbulos clarividentes. Sob a poderosa influência da luz do luar, produz-se neles um estado excepcional, misto de *lunatismo* e de sonambulismo, mas de um grau maior e mais elevado. Todos os sentidos, nessa estranha letargia, têm um extraordinário refinamento: eles ouvem, enxergam, cheiram, a grandes distâncias, e como o corpo, ainda ligado ao perispírito, funciona em certa medida, e necessita, em intervalos mais ou menos longos, de revitalizar-se, o vampiro vai em busca de uma vítima humana, cujo sangue quente, cheio de fluido vital, lhe dará a nutrição indispensável para sua condição de existência, e ao mesmo tempo satisfará seus antigos apetites.

O túmulo e as paredes não constituem, infelizmente, obstáculos para essa criatura temível e perigosa; a Lua é para ela um auxílio, porque absorve o peso do corpo e o desmaterializa até um grau de expansão que lhe permite atravessar portas, paredes e outros objetos materiais. Meus leitores espíritas sabem, e numerosas sessões já comprovaram que a passagem de corpos materiais através de outros é um fato: o transporte de frutas, flores, objetos diversos e até animais não são raros, e sob todas as condições possíveis de controle. Como um laço indissolúvel une os três reinos da natureza

6 N.T. – A catalepsia.

J. W. Rochester

e o homem, uma única lei rege esses fenômenos: o que é possível com a flor, a fruta ou o metal, é possível também com o homem, e em condições adequadas, seu corpo pode, como uma laranja ou uma cigarreira, atravessar uma parede.

Deixando portanto o lugar onde está enterrado, o vampiro se dirige com precisão infalível para a vítima escolhida, da qual, graças a seus sentidos aguçados, ele determina à distância a idade, o sexo e a constituição. Nunca um vampiro atacará um velho ou um enfermo (salvo em caso de necessidade absoluta). Chegando junto de sua presa, o vampiro cai sobre ela, fascinando-a com o olhar, e de preferência procura visar o coração, para sugar o sangue na fonte; mas se a vítima estiver vestida, ele se joga ao pescoço, quase sempre desnudo, corta a artéria e suga todo o sangue, a menos que seja detido. Se sentir a aproximação de um ser vivo, ele foge (pois compreende perfeitamente que sua ação é criminosa) na direção de onde veio. Guiando-se pelo mesmo rastro luminoso,[7] o vampiro retorna para o lugar de onde saiu, exatamente como o sonâmbulo que volta infalivelmente a seu leito se nada o impedir. Então, se estiver suficientemente saciado, ele recai na imobilidade por um tempo mais ou menos longo, até que, numa nova noite de Lua cheia, recomece sua trajetória homicida.

Os vampiros femininos são mais raros que os masculinos, porque o organismo feminino, menos forte, perece quase sempre. Os vampiros masculinos escolhem de preferência suas vítimas entre mulheres e crianças.

Nos casos em que tais criaturas foram reconhecidas, o instinto popular sugeriu a idéia de desenterrar o morto a cortar-lhe a cabeça, ou empalá-lo com um ferro em brasa. O processo é brutal e primitivo, como todo ato inspirado por paixões desenfreadas, mas em princípio cumpre seu objetivo, pois uma vez que o corpo é ferido de forma irremediável, os laços que o unem ao perispírito são destruídos, a letargia cessa e tanto a alma como o corpo volta a sua condição normal. Se um ato de violência não interromper esse estado letárgico, ele pode se prolongar durante anos, e o vampiro vegetará nessas condições até que um acidente qualquer o destrua.

Nos países frios, o vampirismo ocorre muito raramente; as regiões próximas ao equador, sobretudo a Índia, são sua verdadeira pátria; esta é uma terra misteriosa e estranha cujos mistérios pouco

---

7 N.T. — O cordão prateado, que continua ligando o perispírito ao corpo físico nas projeções astrais de qualquer natureza, e só se rompe com a morte definitiva.

são conhecidos. Quem suspeitaria, por exemplo, de que existem muitos seres vivos que se nutrem quase exclusivamente da força vital de criaturas a eles subjugadas, cuja existência decorre num transe embrutecido, em que todas as funções vitais e intelectuais se acham suspensas, porque uma outra criatura se nutre e sustenta da energia que lhes é tirada? Essas pobres criaturas são vistas com espanto e desprezo, zombam delas, mas ninguém suspeita de que são vítimas de um vampirismo cultivado por uma categoria de homens que possuem bastante conhecimento.

O homem se depara em todas as direções com mistérios entre os quais vagueia como cego; nossa existência inteira é uma luta na qual procuramos no escuro o porquê do passado, do presente e do futuro, e apesar disso, rejeitamos obstinadamente a chave do enigma, que se apresenta sob a forma de diversos fenômenos inexplicados. Somente quando a ciência orgulhosa renunciar ao *non possumus* obstinado, e se dedicar sinceramente ao estudo das energias misteriosas da alma das quais o magnetismo, a mediunidade, o hipnotismo constituem apenas uma pequena parte, e se desvendarem pouco a pouco as leis ocultas que regem o universo, tudo será explicado, e não haverá mais milagres, nem feitiçaria, mas leis naturais e fatos que delas decorrem.

Antes de concluir estas observações sobre o vampirismo, direi algumas palavras sobre os vampiros inconscientes, que são pouco numerosos, mas bem menos raros que os outros que descrevi.

Sua origem é a mesma; apenas, o instinto voraz causado pela composição especial de seu perispírito se manifesta inconscientemente por um fluído acre e voraz que exalam, e que absorve as forças vitais dos que os cercam, devorando-as, por assim dizer.

Essas criaturas são em geral baixas, secas, nervosas, seu olhar é penetrante, têm uma atividade febril e incessante; todos a seu redor definham, ficam fracos, enfermiços, e só eles são de uma saúde extraordinária. Mas não se pode acusá-los de maldade nessa destruição do próximo, porque a força que utilizam é inconsciente.[8]

Horemseb tinha abusado demais do sangue humano e superexcitou tudo que restava nele de instinto animal; o veneno com o qual se colocara voluntariamente em letargia impedira o rompimento dos laços perispirituais, e com todas as condições reunidas, ele se tornara um vampiro.

8 N.T. – Ver a propósito os capítulos "O Mau-Olhado" e "Os Males do Vampirismo" da obra *Magia de Redenção*, de Ramatís, **EDITORA DO CONHECIMENTO**, que tratam de fenômenos dessa espécie.

J. W. Rochester

❀ ❀ ❀

A morte estranha e inexplicável da jovem sacerdotisa despertou grande emoção no templo, que se transformou em terror quando, dali a duas noites, uma nova vítima pereceu; dessa vez, era a filha de um sacerdote, e sua irmã, despertada por um grito meio sufocado, viu a sombra de um homem deslizar para fora do quarto. As mais severas medidas foram tomadas para prender o assassino que ousava profanar assim o recinto sagrado, mas a vigilância foi em vão, pois dez dias após, uma menininha de quatro anos e uma jovem, ambas pertencentes a famílias de mercadores que moravam num bairro distante de Tebas foram encontradas mortas, tendo no coração uma ferida semelhante a uma mordida, e sem uma gota de sangue nos corpos lívidos.

Toda a cidade se alvoroçou, e a rainha, indignada, ordenou um inquérito severo, que entretanto não chegou a nada; o criminoso não foi encontrado e imaginou-se que tivesse fugido, pois as mortes não se repetiram. Contudo, o medo não passou, os pais e mães receavam por seus filhos, as moças e mulheres se achavam também ameaçadas pelo misterioso malfeitor.

Roant, sobretudo, ficara aflita: mal ousava separar-se dos dois filhos, velava à noite junto deles, e nenhum argumento do marido e dos amigos conseguia tranqüilizá-la.

Uma noite, o chefe da guarda, que devia passar a noite no palácio real, colocava as armas e se preparava para partir e tentava serenar Roant que, pálida e inquieta, o ajudava, repetindo:

— Oh! Como detesto essas noites que tens que passar fora de casa! Sem ti, o perigo me parece ainda mais próximo e não posso evitar o pressentimento de que uma desgraça ameaça nossa pequena Nitetis!

— Minha querida esposa, sê sensata e não te atormentes por nada; já faz quase um mês que os atentados não se repetem mais; sem dúvida o miserável fugiu. E porque ele iria visar justamente Nitetis? Só porque matou uma criança? Sem dúvida deve ter sido por acaso, e se buscar uma nova vítima, por certo se contentará com alguma que possa atingir mais facilmente.

Chnumhotep prendeu a espada, colocou o capacete polido sobre os espessos cabelos negros e, abraçando a mulher, acrescentou:

— Se me amas, fica calma e descansa; já que as crianças ficarão dormindo junto de ti, o que pode acontecer?

Depois de despedir-se do marido, Roant voltou às pressas para seu quarto. Era uma peça grande forrada de esteiras, cujas paredes pintadas e trabalhadas simulavam tapetes. Um janela alta e larga deixava entrar o ar fresco e perfumado do jardim, e a Lua cheia inundava a peça com sua luz prateada. Perto da cama, num leito improvisado, dormiam tranqüilamente um menininho de uns quatro anos e uma garotinha de dois.

Roant beijou as cabeças encaracoladas dos dois inocentes, cobriu-os com o mosquiteiro transparente, e parcialmente tranqüilizada, dirigiu-se à janela, junto da qual uma cadeira grande convidava ao repouso. Ela não tinha sono, a noite estava magnífica, e o profundo silêncio convidava ao devaneio. Acomodou-se na cadeira, pousou os pés num tamborete, e retirando uma flor de lótus de um grande vaso esmaltado à beira da janela, aspirou-a, entregando-se a seus pensamentos. Chnumhotep tinha razão: porque ela envenenava sua vida tão feliz, tão calma, com preocupações sem fundamento? E qual era a probabilidade de que um criminoso, por mais ousado que fosse, atacasse a família do poderoso chefe da guarda, cuja casa fervilhava de escravos que ao menor ruído acorreriam? Insensivelmente e sem que ela se desse conta, um peso de chumbo lhe invadiu os membros, suas idéias se anuviaram, e sua cabeça recaiu pesadamente no espaldar da cadeira. Ela tentou sacudir o torpor, depois, com preguiça, entregou-se a ele. Por que não? Queria descansar, depois do calor do dia.

De repente, na moldura da janela, intensamente iluminada pelo luar, desenhou-se uma forma humana: um homem alto, de cabeleira crespa, cujo rosto indistinto, voltado para o outro lado, despertou em Roant, apesar disso, uma vaga lembrança.

Com extrema agilidade, o desconhecido pareceu deslizar mais que saltar para dentro do quarto; Roant quis detê-lo, gritar, mas como tomada por uma paralisia súbita, ficou imóvel, incapaz de abrir a boca, e acompanhou com os olhos o audacioso intruso que atravessava o quarto sem ruído e, chegando perto do leito das crianças, inclinou-se sobre elas.

Um pensamento terrível, lancinante, "É o sugador de sangue!" atravessou nesse momento a mente de Roant, e desencadeou-se uma luta desesperada entre sua vontade e o torpor que lhe imobilizava o corpo: seu peito ofegava como sob um peso enorme, seu cérebro parecia prestes a estalar, mas seus lábios permaneciam mudos. Por fim, ela caiu de joelhos, ergueu os braços sem força, e um grito rouco e dissonante escapou de sua garganta apertada.

No mesmo instante a sombra humana se ergueu, passou perto de Roant com uma rapidez vertiginosa, e desapareceu pela janela como se tivesse se fundido com a luz do luar.

Atraídos pelos gritos desesperados da senhora, vários escravos se precipitaram no quarto, assim como a ama das crianças, com uma lâmpada. Ergueram Roant, que incapaz de falar, apontava o leito das crianças, acima do qual a ama ergueu a lâmpada. O movimento e o barulho tinham acordado o pequeno Pentaur; de pé, ele chorava, estendendo os braços para a criada, mas Nitetis não se movia, e ao primeiro olhar que lançou a ela, a desventurada mãe compreendeu que o crime fora consumado. Sem dar um gemido, ela caiu desmaiada nos braços das criadas.

Em alguns minutos a casa inteira despertou e o velho intendente decidiu que era preciso avisar imediatamente o amo, e além disso chamar para junto de Roant alguns familiares, pois Chnumhotep não podia deixar seu posto no palácio. Enviou um escravo para chamar Roma e um outro a Ísis, cuja casa era a mais próxima.

O sacerdote e sua mulher se preparavam para deitar quando o mensageiro esbaforido chegou ao palácio de Sargon e fez um relato bastante confuso da desgraça que acontecera. Profundamente angustiados, os jovens esposos mandaram imediatamente preparar uma liteira, e enquanto oito carregadores fortes os levavam a toda pressa à casa do chefe da guarda, Neith encostou a cabeça no ombro do marido e murmurou:

— Roma, tens dúvida sobre quem é o criminoso? Não te disse que ele não pode morrer, e quem é que gostava como ele do sangue das meninas? Oh! Meu sangue gela ao pensar no que ainda nos aguarda!

Roma estremeceu mas não respondeu nada; não sabia como expressar a angustia que lhe apertava o coração.

Encontraram Ísis já atendendo Roant, que voltara do desmaio, mas parecia haver perdido a razão de desespero. Com gritos e gemidos, arrancava os cabelos, feria o peito e maldizia a fraqueza inexplicável que a tinha impedido de deter o miserável e salvar a criança.

Só depois de várias horas, os cuidados e consolo dos demais conseguiram acalmá-la o suficiente para que respondesse às perguntas do irmão e fazer um relato detalhado do acontecido. Descreveu a figura e a aparência do assassino, mas não pudera ver-lhe o rosto, embora ele lhe parecesse familiar.

Completamente exausta, Roant concordou por fim em deitar-se e adormeceu, num sono febril e agitado. As duas moças retiraram-se para uma sala contígua para descansar um pouco, e Roma foi ao palácio para falar com o cunhado.

Neith e Ísis tinham intenção de dormir, mas o sono lhes fugia; Ísis, sobretudo, parecia agitada, e erguendo-se, veio sentar-se perto da poltrona de Neith.

— Diz-me — disse tomando a mão da outra —, não tens uma suspeita sobre a identidade desse misterioso assassino? Eu tenho uma idéia que me faz verdadeiramente enlouquecer. Olha! — e foi buscar em cima da mesa um tecido plissado. — Esse véu cobria o corpo de Nitetis, a ama tinha coberto as crianças com ele: e agora tem um cheiro bem estranho!

Aproximou o tecido do rosto de Neith, e esta recuou com uma exclamação de espanto:

— O perfume fatal! Meu pressentimento não me enganou!

— Ah! Adivinhaste, como eu, que nenhum outro podia ser tão perverso? Infelizes de nós, agora!

— Achas que ele vai querer se vingar? — indagou Neith, estremecendo.

— Com certeza! Se o carrasco de Neftis ainda tem condições de matar, ele não vai deixar vivas a quem o traiu e a mulher que o esqueceu— murmurou Ísis soturna e abatida.

A morte da pequena Nitetis e de uma jovem carregadora de água que morreu no dia seguinte provocaram um verdadeiro pânico em Tebas. Nenhuma jovem, nenhuma criança mais tinha certeza, ao deitar-se, de que veria o sol do dia seguinte, e no entanto o criminoso continuava desaparecido. A suspeita de Neith e Ísis fora rechaçada pelos maridos de ambas como impossível, e não chegara ao conhecimento das pessoas.

Contudo, o sinistro pressentimento da esposa de Keniamun não se concretizava: não apenas o vampiro não atacava nem a ela nem Neith, mas parecia ter desaparecido completamente; três meses se passaram e nenhuma outra morte indicava sua presença. Todos, inclusive Neith, se acalmaram pouco a pouco; a vida, com seus interesses variados, apagara a terrível impressão; apenas Ísis continuava sombria, nervosa e inquieta; tinha perdido o sono e o apetite. A toda a insistência do marido, respondia;

— Que queres? Parece que uma desgraça paira sobre mim; às vezes, à noite, acordo coberta por um suor frio, ou sinto junto de mim a presença de alguém invisível; um sopro gelado me toca o rosto, e uma angústia indescritível me aperta o peito.

Uma noite em que ela se sentia mais angustiada ainda que de costume, Keniamun estava ausente em razão de serviço, mas devia retornar de um momento para outro; triste e fatigada, Ísis deitou-se, mas não querendo dormir até a chegada do marido, ordenou a duas escravas que ficassem junto dela.

— Toma o bandolim e toca alguma coisa, Nessa, e cuidem bem para não dormir até a chegada do senhor.

As duas mulheres sentaram-se junto ao leito e Nessa cantou, acompanhando-se ao instrumento, uma longa e monótona melodia, mas sua senhora a escutava distraidamente, e logo absorveu-se inteiramente em seus pensamentos. O passado retornava, e lhe voltavam incessantemente à memória o palácio de Mênfis, as orgias noturnas, a descoberta de sua traição e por fim a bela e feroz imagem do feiticeiro.

Perdida em seu devaneio, ela não notou que a música cessara e que as duas mulheres tinham adormecido. De súbito, estremeceu e endireitou-se: um lufada de um aroma sufocante e bem conhecido acabava de chegar-lhe ao rosto, fazendo-lhe disparar o coração e lhe oprimindo a respiração.

Quis gritar, mas um terror alucinado lhe tirou a voz e lhe paralisou o corpo; perto da cama, inteiramente iluminado por um raio de luar, estava Horemseb; seus olhos tinham perdido a fixidez vaga e a olhavam com a crueldade feroz de um tigre; em seus lábios entreabertos errava um sorriso de maldade infernal. O frio glacial que o espectro exalava envolveu Ísis, como se fosse um véu de chumbo. Como num sonho, ela viu a sinistra aparição inclinar-se sobre ela, sentiu seus dentes se cravarem em sua carne, depois seu sangue afluir para a ferida, abandonando-lhe o corpo.

Contudo, o terror e o medo da morte eram tão fortes nela que, num esforço quase sobre-humano, ela tentou lutar. Dobrando-se sob a figura do monstro que a enlaçava, deu um gemido surdo. No mesmo instante, uma voz exclamou:

— Olá! O que está acontecendo aqui? – Era Keniamun que voltava, e à luz do luar, percebeu um homem inclinado sobre o leito. Furioso, arrancou a machadinha presa na cintura, enquanto as escravas acordadas pelo duplo grito se erguiam espavoridas. Mas antes mesmo que o oficial pudesse brandir a arma, o desconhecido passara por ele como um raio e desaparecera pela janela. Mas Keniamun pensou reconhecer o perfil e a figura do feiticeiro, e levado por outro pensamento, lançou-se para a mulher, que, virada, com uma ferida sangrenta na garganta, estava agonizante.

— Ísis! – exclamou ele, erguendo-a.

Ela abriu os olhos; agarrando com a mão desfalecente o colar do marido, soergueu-se a meio, lívida, o olhar se apagando, mexeu os lábios, depois exclamou em voz rouca e irreconhecível:

— É *ele*, Horemseb, o sugador de sangue!

Esse esforço rompeu os últimos laços da matéria: Ísis estava morta.

As últimas palavras da agonizante tinham sido ouvidas pelas duas escravas, e enquanto Keniamun, profundamente agoniado, se retirava para tomar as providências indispensáveis, as duas mulheres correram para a área de serviço, e com gritos e lamentações, informaram a criadagem do que acabara de acontecer.

Propagada pelo pessoal da casa de Keniamun, e transmitida com a rapidez de uma corrente elétrica, a notícia de que Horemseb era o sugador de sangue se espalhou por toda a Tebas. Amplificado pelo terror, esse boato tomou proporções gigantescas, e o dia que se seguiu à morte de Ísis não tinha terminado, e três quartos da população da capital estavam convencidos de que o príncipe tinha, de alguma forma, escapado ao castigo, que estava escondido na cidade, e se vingava de sua execração com essa série de mortes. A população, superexcitada, se dirigira em massa ao templo de Amon, declarando em alta voz as dúvidas que tinha sobre a morte do feiticeiro, e embora acalmada pelos sacerdotes, retirara-se reclamando e fora se reunir em torno do palácio real.

Com sua decisão habitual, Hatasu apareceu numa sacada, e tendo ouvido as queixas da multidão, respondeu que iria reunir o conselho e tomar providências para esclarecer esse caso tenebroso, e que no dia seguinte comunicaria sua decisão.

Naquela noite mesmo, os sacerdotes e conselheiros se reuniram, mas completamente convencidos de que o feiticeiro estava morto, taxaram de loucura os boatos populares, e Ranseneb declarou, com um sorriso incrédulo, que os mortos não voltavam para comer os vivos, e que um vivo não poderia passar através de uma parede.

— Tens razão – observou a rainha – isso parece inverossímil, e contudo, um relato que Keniamun e Chnumhotep acabam de fazer-me contém um detalhe estranho: os tecidos que tocaram os cadáveres de Ísis e da filha de Roant exalavam o aroma nefasto do veneno que

Horemseb usava. Em todo caso, o povo precisa ser acalmado e convencido de que o criminoso foi executado; portanto, ordeno que o cadáver seja exumado na presença de representantes de todas as castas, em número que irão determinar, e de funcionários que eu indicarei. Em cumprimento dessa ordem real, na tarde do dia seguinte, uma numerosa assembléia se reuniu no pátio traseiro do templo de Amon. Cada bairro de Tebas tinha enviado representantes que pertenciam a todas as classes da população. Nas primeiras filas, via-se alguns sacerdotes de alta condição e representantes da rainha, o portador de leque Roma, e o que seria hoje o chefe de polícia – o ouvido do faraó, como se denominava essa funcionário à época de Hatasu.

O muro, intacto, não tinha nenhum sinal do nicho que fora cavado ali dezoito meses antes, mas as picaretas dos pedreiros fizeram nele uma abertura, em cujo fundo apareceram em seguida dois pés lívidos.

— Vejam! Os pés estão intactos e provam sem sombra de dúvida o absurdo desses boatos – observou um dos sacerdotes.

— Os pés nada provam, todos os pés são parecidos, e o corpo pode ter sido trocado – replicou um rico mercador. Algumas vozes de populares o apoiaram.

Silenciosamente, o trabalho continuou. Sem demora todo o nicho ficou a descoberto, e apareceu o corpo de Horemseb intacto e perfeitamente reconhecível; a aparência cadavérica, os olhos abertos e vidrados não tinham sofrido qualquer alteração.

— Vejam! Aqui está o corpo do criminoso! – declarou solenemente Ranseneb. – Privado de sepultura e de honras, aguarda aqui sua destruição, mas sua alma lamentosa, rejeitada por Osíris, vaga sem dúvida, ávida de crimes como antes. Portanto, se Horemseb for culpado das mortes que afligem Tebas, só podem acusar disso a sua alma, pois o corpo, fechado aqui, não pode ter tomado parte nisso. E agora, aproximem-se todos, dois a dois; vocês conheceram o príncipe: constatem que é ele mesmo que se encontra nesse nicho.

Concluído o lúgubre desfile, a abertura foi fechada novamente, e a assembléia se dispersou, taciturna e preocupada.

Roma também voltou para casa com o coração opresso. Ao saber da morte de Ísis, Neith passara mal, e suas primeiras palavras ao voltar a si tinham sido: "Agora é minha vez, depois dela é a mim que ele vai matar!", e apesar dos protestos da razão, essa sinistra predição tinha sacudido a alma do sacerdote. A possibilidade de perder de forma tão ignóbil e mulher amada que por fim reconquistara, o enchia de uma raiva desesperada.

Duas noites após a constatação da presença do corpo de Horemseb, duas novas mortes agitaram a capital. Dessa vez foram cometidas no palácio real: uma menina de dez anos, sobrinha do supervisor dos jardins, e uma jovem, a cantora e tocadora de harpa preferida da rainha, tinham sido mortas; além disso, três pessoas afirmavam ter visto Horemseb nas galerias e corredores do palácio.

Dessa vez, o pânico atingiu o auge, mesmo entre os sacerdotes. Que significaria esse caso inexplicável? Geralmente, a morte era o suficiente para tornar inofensivos os mais perigosos malfeitores; e agora, o Amenti parecia fechar as portas e jogar de volta à terra essa alma nefasta e maculada. O vampirismo era quase desconhecido no Egito, já que a mumificação dos corpos impedia que essa faculdade se manifestasse.

Ranseneb, chamado ao palácio, foi coberto de censuras pela indignada soberana, que o acusou, assim como a seus companheiros, de uma negligência culposa, deixando que fossem mortos tantos inocentes sem buscar em seus imensos conhecimentos uma solução para essa calamidade.

À noite, uma conselho secreto se reuniu no templo de Amon: cinco dos sacerdotes mais sábios participavam, assim como Amenófis, que estava em Tebas havia alguns dias, e Roma, admitido de forma excepcional, apesar da idade, em virtude do papel relevante que tivera no caso, e como marido da vítima mais ameaçada. Depois de acalorados debates, Amenófis falou:

— Em vista da gravidade do caso e da necessidade de agir com rapidez, para preservar seres inocentes e sem defesa, proponho, irmãos, que se faça entrar uma das jovens do templo no sono sagrado; os olhos do espírito se abrirão e ela verá o que nos escapa; através dela, a divindade nos indicará como agir. Se concordarem, pediremos a Ranseneb que designe entre as virgens consagradas ao templo a mais apta a nos servir.

Após ligeira discussão, todos manifestaram concordância, e Ranseneb mandou buscar uma sacerdotisa que indicou. Em seguida apareceu uma jovem frágil e delicada, com grandes olhos brilhantes, e intimidada pela solene assembléia, inclinou-se com os braços cruzados ao peito. Vestia uma longa túnica branca, pesadas pulseiras lhe cingiam os braços e os tornozelos, e tinha uma flor de lótus presa à testa por uma fita bordada.

— A divindade solicita teus préstimos, Nekebet; através de ti, nos manifestará sua vontade – disse Ranseneb com gravidade. – Eleva pois tua alma em prece, e agradece aos imortais pela honra que te concedem.

A jovem se ajoelhou por um instante, e com um olhar extático, ergueu os olhos para o alto; depois, erguendo-se, murmurou:

— Estou pronta.

Roma fora designado para provocar o sono sagrado e conseguir, por ação de sua vontade, as preciosas indicações que os outros sacerdotes se preparavam para anotar em suas tabuinhas. Aproximando-se gentilmente, ele conduziu a jovem para uma cadeira, pronunciou uma curta invocação, depois fitou-a com um olhar ardente, erguendo as duas mãos acima da cabeça de Nekebet.

Em seguida, um arrepio sacudiu a moça, ela empalideceu e cerrou os olhos. Roma então apoiou os dedos sobre sua testa, e após um instante, perguntou:

— Estás dormindo?

— Sim.

— E estás vendo?

— Sim.

Roma voltou-se para os sacerdotes:

— Veneráveis irmãos, ela está mergulhada no sono sagrado e a luz de Osíris inunda e ilumina sua alma; que me ordenais que lhe pergunte?

— Que ela busque a alma do sugador de sangue e a encontre, nem que seja no fundo do Amenti – respondeu Ranseneb. – Para guiá-la, coloca-lhe na mão este amuleto que pertenceu a Horemseb.

Roma tomou o escaravelho de madeira perfumada, colocou-o primeiro na testa de Nekebet, depois em sua mão, e disse:

— Vai e encontra a alma do príncipe; acalma-te – disse, ao ver a moça em transe agitar-se e gemer – e segue a corrente irradiada por este objeto.[9]

Por um instante reinou o mais profundo silêncio, mas de repente a sacerdotisa jogou-se para trás com todos os sinais de horror e de medo:

— Não posso... estou sufocando... oh! Quanto sangue!... E

---

9 N.T. – A corrente em questão é constituída pelas partículas de éter físico que se agregam a qualquer objeto, vestimenta, etc, usados por cada pessoa, oriundos de seu duplo-etérico, e que guardam sua vibração pessoal, como uma "impressão digital etérica" ou "endereço vibratório" individual. Foi colocada inicialmente na testa da sensitiva para impressionar seu chacra frontal. Não é preciso dizer que o "sono sagrado" era um transe hipnótico; os sacerdotes egípcios eram exímios em produzi-lo, assim como as manifestações hoje chamadas de mediúnicas.

mulheres com rosas me empurram e não me deixam passar.

— O que fazem essas mulheres, e por que não te deixam passar?

— Elas estão ao redor de um homem sentado, imóvel, em um nicho; apenas seus olhos estão vivos e seu olhar é terrível; não consigo chegar perto dele.

A sacerdotisa se torceu convulsivamente.

As veias na testa de Roma se intumesceram, e seus olhos lançaram flamas.

— Afasta as mulheres, passa e identifica o homem.

— É Horemseb, e as mulheres são as vítimas que ele sacrificou; o terrível veneno ainda enche suas almas atormentadas; elas tem ciúme de mim.

— A alma está separada de seu corpo criminoso? – indagou Ranseneb.

— Ou seja, ele está morto ou vivo? – acrescentou Amenófis.

Roma transmitiu as duas perguntas.

— A alma ainda está ligada ao corpo – murmurou a clarividente. – Ele vive uma vida especial.

— Por que seu corpo, aparentemente morto, há dezoito luas privado de ar e de alimento, resiste à decomposição?

— Porque ele se nutre de sangue, e seu corpo...

A sacerdotisa interrompeu-se, sua fisionomia expressava terror, seu corpo tremia...

— Não posso, ele me proíbe de falar; seu olhar terrível me paralisa a língua.

— Fala, eu te ordeno! O que é necessário fazer para destruir o corpo do feiticeiro e lançar sua alma no Amenti?

A sonâmbula não respondeu; duas vontades contrárias lutavam visivelmente nela, quase destruindo seu organismo frágil. O peito de Nekebet ofegava, espuma lhe subia aos lábios, e seu corpo flexível torcia-se em convulsões terríveis: mas Roma lutava pela sua felicidade, pela vida de incontáveis inocentes, e sua vontade decuplicada acabou por triunfar.

A jovem pareceu acalmar-se por um momento, depois reclinou-se, exangue.

— Eu... eu não posso – murmurou com uma voz que mal se ouvia; mas tragam ao templo a múmia de Sargon; depois de sete dias de preces e na presença de Neith, invoquem sua alma; ele, o inimigo mortal de Horemseb, vos indicará a solução...

Nova crise a interrompeu.

J. W. Rochester

Roma endireitou-se, e enxugando o suor que lhe brilhava na fronte, repetiu aos sacerdotes as palavras de Nekebet.

Mas como se esse instante de distração tivesse entregue a jovem à influência oposta, um rubor intenso inundou de súbito seu rosto contraído; o sofrimento deu lugar a uma expressão de felicidade extática, e caindo de joelhos, ela estendeu as mãos para algo invisível.

— Ah! Que perfume suave! – murmurou aspirando com avidez. – Não, não, Horemseb, não tenhas receio, eu te amo e jamais de trairei, mesmo que isso me custe a vida!

— Vejam! – disse Ranseneb, o veneno terrível está enfeitiçando a alma dela! Desperta-a, Roma, mas antes ordena-lhe que odeie Horemseb.

O jovem sacerdote reuniu toda sua energia e, impondo as mãos sobre a cabeça da moça adormecida, disse com força:

— Ordeno-te que odeies e temas a memória de Horemseb, esqueças esse perfume nefasto e te acalmes de imediato.

Uma brusca transformação se operou na fisionomia da sacerdotisa; expressou primeiro medo e temor, depois a mais profunda calma. Roma aplicou-lhe vários passes e depois a despertou. A jovem não se recordava de nada, mas estava visivelmente exausta. Os sacerdotes a fizeram tomar um copo de vinho, a abençoaram e ordenaram-lhe que fosse descansar.

Em seguida, decidiram acatar a indicação recebida e começar naquela noite mesma o jejum e as preces após os quais evocariam o espírito do príncipe hitita para saber dele o meio de acabar com o vampiro. Roma ficou encarregado de preparar sua mulher e convencê-la a assistir à evocação.

Ao saber o que esperavam dela, Neith foi tomada de verdadeiro terror. A simples idéia de voltar a ver a alma do infeliz esposo cujo amor por ela o fizera morrer, estremecia. Mas Roma a persuadiu de que se algo neste mundo pudesse atrair e tocar a alma de Sargon, seria o chamado, o pedido daquela por quem tinha sacrificado a vida. Pelo futuro deles, por piedade pelas vítimas inocentes ameaçadas a cada dia, ela devia ser forte, e dominando os temores femininos pueris, auxiliar os sacerdotes nessa tarefa. Neith tinha uma natureza enérgica e generosa; deixou-se convencer, e uma vez decidida, foi nessa mesma noite para o templo, para se preparar, com sete dias de jejum, abluções e preces, para o terrível encontro com seu falecido marido.

Na noite marcada para a evocação, os cinco sacerdotes de

Amon, Amenófis e Roma se reuniram numa cripta do templo. Sete lâmpadas de cores diversas, colocadas num pequeno altar de pedra, iluminavam parcamente a sala, incidindo com reflexos fantásticos nos vasos de ouro destinados às libações e nas esplêndidas incrustações de um sarcófago colocado em pé num nicho.

Nesse sarcófago pintado e dourado encontrava-se o corpo preciosamente embalsamado de Sargon, transportado na véspera para o templo, e junto do qual os sacerdotes tinham velado e rezado sem parar.

Agora, vestidos com os trajes cerimoniais brancos, os sacerdotes, portando as insígnias de sua classe e a pena de avestruz, símbolo da iniciação superior,[10] estavam reunidos em torno do nicho, com os braços solenemente erguidos para o alto. Tinham pronunciado as conjurações que chamavam a alma do morto e a intimavam a manifestar-se visivelmente.

Terminada essa primeira parte do ritual, fizeram entrar Neith, a qual, pálida e com as faces inundadas de lágrimas, foi ajoelhar-se diante da múmia.

Estava vestida de branco, com simplicidade, os longos cabelos soltos, e uma faixa de ouro prendia-lhe uma flor de lótus na testa.

— Ó Sargon! Divino esposo que te tornaste Osíris – disse em voz de súplica –, perdoa minha falta de amor por ti, o mal que te causei por minha imprudência infantil; agora que podes ler sem empecilhos em minha alma, deves perceber meu arrependimento verdadeiro, a honra que presto a tua memória. Tem piedade de mim, a próxima vítima do sugador de sangue; tem piedade também das mães e crianças ameaçadas, e indica-nos o meio de mandar para o Amenti a alma do feiticeiro, porque ele não pode continuar entre os vivos.

Calou-se, sufocada de lágrimas, mas tudo continuou em silêncio. Tomada de súbito desespero, ela estendeu os braços para o nicho e exclamou emocionada:

— Sargon! Sargon! Teu amor era tão grande que deste a vida por mim; terás deixado de me amar, e ficas surdo a minhas lágrimas e pedidos?

Nesse momento, vários golpes surdos e secos se fizeram ouvir; pareciam ser dados no sarcófago. Seguiu-se um crepitar estranho, e uma claridade fosforescente apareceu no nicho. A voz da mulher amada teria chegado à alma do jovem hitita, e viria do reino das sombras

---

10 N.T. – A pena, símbolo do vôo do espírito e da suprema liberdade em todos os planos conferida pela iniciação, sempre foi emblema dos iniciados de nível superior.

J. W. Rochester

para salvá-la pela segunda vez de Horemseb, dar-lhe do além-túmulo uma suprema prova de afeto? Todos cruzaram os braços ao peito, em respeitoso silêncio. Neith permaneceu ajoelhada, os olhos cravados na múmia, que parecia cobrir-se de um vapor transparente.

Esse vapor se condensou, espalhou-se, tomando conta do nicho como uma nuvem cintilante, atravessada por cintilações: a seguir, um turbilhão elétrico saiu da nuvem e encheu o nicho com uma claridade suave, azulada, tão intensa que tudo mais empalideceu, iluminando inteiramente a cripta e os assistentes. Nesse fundo cintilante desenhou-se distintamente a figura esbelta de um homem erguido diante do nicho, a um passo de Neith, petrificada. Nenhum dúvida podia haver sobre a identidade desse visitante vindo do reino das sombras: era a fisionomia pálida e característica, os olhos escuros e sonhadores do príncipe hitita; usava o claft e a túnica de linho, e as pedras preciosas que lhe ornavam o colar e os braceletes cintilavam como se iluminadas pelo sol.

A aparição ergueu a mão e falou, com voz distinta mas como velada pela distância:

— Vós me chamais para vos ajudar a libertar o Egito; que seja! A súplica de Neith chegou a meu coração, e venho dizer que ainda nesta noite, antes que Rá se levante, devem exumar o corpo do feiticeiro; um de vós deverá enterrar-lhe na garganta o punhal sagrado dos sacrifícios. Feito isso, Tebas ficará livre do sugador de sangue; ele não atacará mais ninguém.

E tu, Neith, tu nunca me amaste! (O espectro inclinou-se com um leve sorriso para a moça, e pousou-lhe a mão na cabeça). Não faz mal; vive e sê feliz, para que o sacrifício de minha vida não tenha sido em vão!

A luz apagou-se de repente, a visão desapareceu e outra vez as lâmpadas espalharam sua claridade vacilante sobre o nicho misterioso mergulhado na penumbra, e sobre o traje branco de Neith, caída sem sentidos ao chão.

Emocionados e cheios de alegria, os sacerdotes concordaram em colocar em execução sem perda de um minuto a orientação que lhes chegara por uma graça dos deuses. Munidos de tochas e das ferramentas necessárias, dirigiram-se para o muro funesto. Não desejando ter testemunhas, abriram eles mesmos o nicho, e em seguida apareceu, iluminada pela claridade avermelhada das tochas, a face lívida, de olhos anuviados, do feiticeiro de Mênfis, cujo corpo inatingível pela morte parecia uma estátua de pedra. Fez-se um instante de silêncio sinistro, depois Ranseneb, que se dispusera voluntariamente a isso, elevou o punhal de sacrifícios, e com mão firme, enterrou a lâmina cintilante na garganta do cadáver.

Com um borbulhar semelhante ao da água saindo de um funil, uma torrente de sangue vermelho jorrou da ferida, e provocou exclamações de espanto de todos.

No mesmo instante, Ranseneb recuou com um arrepio de terror: parecia-lhe que os olhos baços do cadáver tinham se iluminado com uma centelha de vida, cravando-se nele com uma indescritível expressão de angústia, dor e ódio mortal. Talvez não passasse de ilusão, porque o olhar terrível se extinguiu, retomando sua imobilidade vaga; mas o sangue continuava a correr sobre o corpo.

Silenciosamente, retiraram o punhal do ferimento e fecharam novamente o nicho, recolocando apressadamente os tijolos; depois Ranseneb disse, secando a fronte coberta de suor:

— Amanhã, meus irmãos, viremos apagar os últimos vestígios de nossa passagem; agora voltem, para descansar um pouco; eu irei ver o faraó, para contar-lhe como o hitita que ela protegia pagou sua dívida de gratidão e terminou com a calamidade que assolava o povo do Egito.

Roma encontrou Neith já desperta, mas perturbada e abatida. Em silêncio, deixou-se instalar na barca, e não trocaram uma só palavra até que a embarcação se deteve diante da escadaria do palácio de Sargon. Amparada pelo marido, subiu ao terraço, e à entrada dele ambos se detiveram. A escuridão se diluía no horizonte, torrentes de ouro e púrpura inundavam o céu, anunciando a chegada do astro-rei que sem demora surgiu, vitorioso e resplandecente, inundando a terra com os raios vivificantes. Um suspiro de imenso alívio ergueu o peito de Neith: a desgraça estava terminada, o feiticeiro não apareceria mais, dissera Roma, e a vida se estendia diante dela sem sombras; o aparecimento do benfazejo deus no momento de sua chegada lhe parecia um feliz augúrio.

Num impulso emocionado, ergueu os braços para o céu:

— Olha, Roma, depois das trevas desta noite terrível, Rá saúda nossa volta; é um presságio de que nossa infelicidade terminou, e que a vida de ora em diante será para nós de luz e calor.

— Será o que os deuses decidirem, mas nosso amor nos sustentará e nos trará a paz à alma – respondeu o sacerdote emocionado. – Agora, minha querida, vem, vamos agradecer aos imortais por sua infinita bondade.

J. W. Rochester

Um instante depois, os jovens esposos se ajoelhavam diante do pequeno altar, enfeitado de flores, de sua devoção doméstica, e uma ardente prece de gratidão se ergueu para as forças do Bem, que, em todos os tempos e sob diversos nomes, sempre protegeram as frágeis criaturas humanas que a eles se dirigem com fé. Aquele que sabe orar de verdade possui a chave do céu.

Epílogo

Gradativamente, como a luz do dia mergulha nas trevas da noite, o tempo devora tudo que é criado; gigante insaciável, seu lema é a destruição. Nada é sagrado para ele, nem monumentos célebres, nem obras de arte, beleza ou poder; tudo passa, insensível, imutável, e tudo destrói. Tudo, com exceção de uma coisa, tão persistente e eterna como o próprio tempo: a alma, o principio da vida, que renasce sempre dos escombros do passado, dando ao tempo um trabalho constante.

É noite; como milhares de anos atrás, a Lua banha com a luz prateada uma planície da velha terra do Egito e se mira nas águas do Nilo; o rio sagrado não mudou, mas em suas margens o gigante destruidor criou um deserto.

Sobre os montículos de areia, os templos arruinados, as estátuas mutiladas que são os tristes remanescentes de Tebas, a soberba, a cidade das cem portas, flutuava oscilante uma nuvem esbranquiçada, compondo por vezes uma silhueta humana, vaporosa e quase imponderável.

Essa nuvem era uma inteligência, centelha divina e indestrutível, que vagava pensativa e triste sobre esses lugares onde vivera, evocando na memória a época distante em que essas ruínas eram esplêndidos monumentos, em que gerações há muito extintas animavam de intensa vida a orgulhosa capital do mundo antigo.

Junto da necrópole o espírito se deteve e examinou com um suspiro uma construção imensa e devastada, enterrada a meio nas areias; ele a tinha visto em seu primitivo esplendor, esse templo funerário da rainha Hatasu, com seus imensos pátios, seus terraços, suas colunatas sem fim e suas pinturas de cores vivas.

O tempo tinha consumido o esplendor desse monumento; nem um traço restava da imensa avenida de esfinges pela qual desfilavam outrora as pomposas procissões que vinham sacrificar aos manes dos soberanos.

As tumbas reais estão vazias; as vicissitudes dos séculos tiraram delas os corpos embalsamados dos belicosos Tutmés e da orgulhosa mulher que criou esse monumento original, tão diferente de tudo que se construiu no Egito, lembrança imperecível das conquistas de seu pai às margens do Eufrates e de sua própria vitória sobre os preconceitos de seus contemporâneos.

Um suspiro lamentoso partiu do coração fluídico do espírito; a visão dessa destruição toda lhe era penosa, e apesar disso as ruínas desse passado o atraiam invencivelmente. Rápido como o pensamento, deixou as ruínas de Tebas e penetrou como um raio de luz fugidia em um edifício cujas salas estavam repletas de uma coleção dos mais diversos objetos.

Tudo o que ali se via provinha do Egito antigo, e o que não se encontrava ali! Estátuas e objetos funerários, jóias e objetos de toda espécie, desde o rico brinquedo que pertencera ao palácio do faraó, até o grosseiro instrumento do operário; e ali, numa das salas, aquelas compridas caixas numeradas eram os sarcófagos dos faraós. Um raio de luar se estende sobre a madeira escurecida, as pinturas esmaecidas e as faixas desenroladas que deixam ver algumas fisionomias, essa mesma Lua que iluminou com seus raios esses mesmos homens quando vivos, cheios de vigor e orgulho.

Uma dolorosa inquietude oprimia o visitante invisível do museu de Bulacq[11] enquanto contemplava esses objetos amontoados para satisfazer a curiosidade dos homens. Pensava que mãos sacrílegas tinham violado essas tumbas, arrancado do repouso que acreditavam eterno essas tranqüilas figuras adormecidas cujas testas mumificadas os séculos haviam cingido com uma nova e venerável coroa.

Pobres faraós do Egito, átomos presunçosos que imaginavam poder desafiar o futuro em seus retiros inacessíveis, o tempo justiçou vosso orgulho; não vos acordastes nas tumbas quando os estrangeiros invadiram vossa pátria, devastaram vossas cidades, destruíram vosso império, só deixando em pé as indestrutíveis ruínas dos templos e das pirâmides, onde mesmo a loucura dos bárbaros teve que se deter.

Como por ironia do destino, seus frágeis despojos humanos sobreviveram aos monumentos de granito, e eles, aos quais se prestavam honras divinas, e de quem as pessoas só se aproximavam

---

11 N.E. — Conhecido atualmente como Museu Egípcio do Cairo, possui a mais extensiva coleção de antiguidades egípcias do mundo.

J. W. Rochester

com o rosto em terra, tornaram-se objetos numerados expostos à curiosidade banal dos passantes.

Ali repousa agora o orgulhoso Ramsés II, ainda envolto nos tecidos de linho que teceram para ele as mãos de seus súditos; sua face, enegrecida pelos séculos, ainda reflete o orgulho que o animou outrora, e os visitantes examinam com curiosidade essas mãos ossudas que brandiram as armas nas batalhas contra o povo desaparecido dos hititas, essa boca de lábios cerrados cujas palavras decidiam sobre a vida e a morte de milhares de homens. Ali se encontra também a múmia de Tutmés III. Mãos bárbaras quebraram o corpo do grande conquistador que subjugou a Ásia e construiu templos maravilhosos que lhe imortalizaram o nome. Ele também era um tipo desses velhos soberanos do Nilo, obstinados e valentes, que à frente não apenas dos triunfos, mas das batalhas, obtinham vitórias e eletrizavam os guerreiros pelo exemplo, persuadidos de que os deuses protegiam sua sagrada cabeça.

Essa geração de heróis morreu e desapareceu. O tempo e os costumes mudaram, as bombas e a dinamite substituíram o machado e as flechas, a morte à distância sucedeu às lutas corpo a corpo, e os soberanos atuais, se vão à guerra, contemplam do alto de alguma colina, cercados por um brilhante estado-maior, o massacre de seus súditos. Não combatem mais, porém condecoram com uma cruz de ferro os heróis que lhes são recomendados.

A cabeça fluídica do visitante se inclinou pesadamente à recordação do passado glorioso dessa pátria tão amada, pela qual ele havia pecado e trabalhado tanto. Ele também tinha usado a mística coroa dos soberanos do Nilo, e sentiu um desejo invencível de rever outra vez, em seu primitivo esplendor, os lugares onde vivera. Sem dúvida, ao olhar humano, Tebas, Mênfis, Tanis desapareceram da terra, o tempo e a barbárie só deixaram seus nomes na lembrança, mas nos arquivos do passado elas se conservam intactas e vivas. A mão piedosa da criação conserva nesses arquivos fluídicos[12] e eternos o reflexo fiel de tudo que existiu, desde os continentes submersos, as civilizações desaparecidas com seus monumentos e costumes, até às figuras, atos e pensamentos dessas raças extintas. Ali a destruição não existe, e basta uma vontade poderosa para fazer reaparecer a *fata-morgana*[13] do passado mais longínquo.

---

12 N.E. — Também conhecido por Akasha, estes arquivos fluídicos contêm a memória do tempo com tudo que se passou no plano físico. Para maiores informações vide a obra *Anais do Akasha* de Daniel Meurois-Givaudan, **EDITORA DO CONHECIMENTO**.
13 N.T. – Fada Morgana, figura mítica das lendas de Avalon, sinônimo de imagem

Tal força de vontade animava nesse instante a sombra pálida e vaporosa que flutuava no ar, que emanou dela como um jorro de luz que iluminou o espaço, arrastando o espírito com uma velocidade vertiginosa através das camadas fluídicas dos séculos transcorridos. Em seguida, apareceu por todos os lados, em torno desse ser espiritual, uma cidade maravilhosa, cheia de vida e atividade como outrora. Seus templos e palácios se refletiam nas águas do Nilo coberto de embarcações; mas tudo era transparente, mergulhado numa claridade azulada, suave, oscilante e como atravessado por ela.

Com um leve sorriso, o antigo soberano do Nilo contemplou a magnífica cidade tirada do esquecimento por sua vontade; pois se o tempo reina sobre as ruínas do passado, acima dele reina o pensamento, para o qual não existe nem tempo nem destruição.

Era Mênfis ao tempo de Hatasu que revivia aos olhos do espírito que acabava de evocá-la e contemplava esses lugares outrora tão conhecidos. Nada mudara ali: a alta e espessa muralha cingia como outrora os jardins e o misterioso palácio do feiticeiro. O visitante etéreo deslizou pelas aléias sombreadas até o palácio esplendido e silencioso que parecia cercado por uma nuvem que exalava um perfume suave mas sufocante.

O visitante se deteve: a alguns passos dele, apoiado a uma coluna, estava uma pessoa que pertencia, como ele, à população de outrora; não a criatura, mas seu reflexo, e seus traços lembravam os de Horemseb, porém as insígnias reais que o cobriam eram as de um monarca moderno.

— Mau príncipe do Egito, triste rei da Baviera que os devaneios malsãos e os perfumes deletérios do passado arrastaram de novo para o abismo – murmurou o antigo faraó. – É nos reflexos do passado que buscas esquecer os sofrimentos do presente; e não estás sozinho! – acrescentou, prestando atenção às melodias estranhas, ora suaves ora discordantes e selvagens, que faziam vibrar a atmosfera. – O grande maestro que protegeste te acompanhou até aqui? Para sossegar sua alma inquieta, ele mescla suas criações atuais com os sons rudes que acompanhavam os ritos sangrentos do sacerdote Thaadar!

Com expressão de tristeza, o visitante ergueu a mão transparente, e uma chama acre e abrasadora partiu dela, paralisando os sons da música pungente, que se calou imediatamente.

— Por que vens perturbar-nos e nos censurar por buscarmos

---

encantada, mágica.

J. W. Rochester

nas lembranças do passado o esquecimento do presente? – disseram encolerizados Ludwig II e Richard Wagner. – Não fazes o mesmo, átomo impotente despojado da coroa e do cetro? Tua mão não empunha mais o chicote, não brande mais as armas, não conduzes mais batalhas, tua glória e teu poder viraram poeira, e fugindo do triste presente, não vens assim como nós te consolar no reflexo de tua extinta grandeza?

O espírito se aprumou e pareceu iluminar-se inteiramente com uma suave e brilhante claridade.

– Enganam-se, pobres companheiros do passado; não fujo do presente e não me faltam batalhas, mais gloriosas que aquelas de outrora. Não uso mais a coroa do Egito,[14] mas a do trabalho espiritual; empunho a arma acerada do pensamento, e a uso contra as trevas que obscurecem a inteligência.

A luta entre Rá e Moloch ainda continua, e os sacerdotes de Moloch não morreram convosco. É o espiritismo, mensageiro de luz e amor, que deve combater a magia negra moderna, essa ciência envolta em trevas e que teme a luz, cujos sacerdotes não bebem mais o sangue das vítimas, mas, num altar manchado, consomem a vitalidade moral, matam o despertar da alma, o impulso de arrependimento e de renovação espiritual. Esses servidores do oculto distorcem a verdade com um egoísmo indescritível, praticam ritos impuros e apesar disso prometem a seus adeptos desmoralizados a união com a divindade, embora sabendo perfeitamente que as trevas não podem se unir à fonte luminosa de todas as coisas. Não se pode abrir as portas do invisível e evocar a divindade com orgias; não é possível aos que têm as mãos impuras erguer o véu de Ísis para lançar um olhar sobre seu rosto sublime.

Os sacerdotes e sacerdotisas, diante do altar sagrado, devem ser puros de alma e corpo e deixar nos degraus do templo todos os maus desejos. Para invocar o invisível, o homem precisa se espiritualizar, aquecer a alma com uma prece isenta de todo interesse material, e colocar seu corpo num nível superior da existência material. Se enviardes a luz ao encontro do invisível, a luz vos responderá; sua mensagem será pura como vossa fé, vossa prece e vossos desejos; trar-vos-á a saúde do corpo e a paz da alma sem pedir em troca nada de material. Mas se sacerdotes viciosos e materialistas enviarem trevas como mensageiras aos habitantes do mundo invi-

14 N.T. – Rochester (pois era ele o visitante fluídico) foi o faraó Mernephtah, à época de Moisés. Ver a obra de Rochester, *O Faraó Mernephtah*, **EDITORA DO CONHECIMENTO**.

sível, um espírito das trevas surgirá e lhes fará pagar por sua vinda um tributo material.

Mas volto a vocês, meus irmãos. O que buscam nesse passado que só lhes trouxe sofrimento? Quiseram gozar sem amar, e só colheram sofrimento e vazio da alma. Afastem o erro e o egoísmo, dominem a matéria para que ela não os arraste para um abismo de trevas, em cujo fundo não verão a luz. A vocês e a todos cuja alma está escurecida, desejaria dizer: "Façam um esforço na direção do Bem, e tudo se tornará luz em vocês e ao seu redor, e não precisarão buscar o vício para sustentar sua existência, que lhes parece vazia sem ele!"

Uma luz deslumbrante havia se concentrado aos poucos em torno do espírito; a miragem da cidade de outrora empalideceu e fundiu-se sob a abóbada azulada e vaporosa que parecia se abrir, descortinando um horizonte sem fim cheio de luzes encantadoras.

Os pobres espíritos sofredores acompanharam com um olhar triste o vôo rápido e audacioso do espírito que lhes falara.

Ele não estava só naquele oceano de claridade. Uma falange numerosa de combatentes do progresso e da perfeição descia para afastar as trevas do planeta, e a seu encontro vinham, de toda parte, inteligências ávidas de paz, de sabedoria e de fé, prontas para levar a chama do progresso aos lugares onde iriam trabalhar. E todas essas almas alquebradas, cansadas das trevas da matéria, murmuravam pelas esferas afora: *Fiat lux!*[15]

FIM

---

15 N.E. — Faça-se a luz!

HATASU - A RAINHA DO EGITO
foi confeccionado em impressão digital, em setembro de 2023
Conhecimento Editorial Ltda
(19) 3451-5440 — conhecimento@edconhecimento.com.br
Impresso em Luxcream 70g. – StoraEnso

J. W. Rochester